Anonymous

Ausgaben und Abhandlungen aus dem Gebiete der romanischen Philologie

1. Band

Anonymous

Ausgaben und Abhandlungen aus dem Gebiete der romanischen Philologie
1. Band

ISBN/EAN: 9783744676106

Hergestellt in Europa, USA, Kanada, Australien, Japan

Cover: Foto ©ninafisch / pixelio.de

Weitere Bücher finden Sie auf **www.hansebooks.com**

AUSGABEN UND ABHANDLUNGEN

AUS DEM

GEBIETE DER ROMANISCHEN PHILOLOGIE.

VERÖFFENTLICHT

VON

E. STENGEL.

I.

LA CANČUN DE SAINT ALEXIS UND EINIGE KLEINERE ALTFRANZÖSISCHE GEDICHTE DES 11. UND 12. JAHRH.

MARBURG.

N. G. ELWERT'SCHE VERLAGSBUCHHANDLUNG.

1882.

LA CANČUN

DE SAINT ALEXIS

UND EINIGE KLEINERE ALTFRANZÖSISCHE GEDICHTE DES 11. UND 12. JAHRHUNDERTS.

NEBST

VOLLSTÄNDIGEM WORTVERZEICHNISS

ZU E. KOSCHWITZ'S: LES PLUS ANCIENS MONUMENTS DE LA LANGUE FRANÇAISE UND ZU BEIFOLGENDEN TEXTEN.

HERAUSGEGEBEN

VON

E. STENGEL.

BEIGEFÜGT SIND ÜBERSICHTEN DER ASSONANZ- UND REIM-WÖRTER WIE DER WORT-KLASSEN UND FORMEN.

MARBURG.

N. G. ELWERT'SCHE VERLAGSBUCHHANDLUNG.

1882.

Gaston Paris

in dankbarer Gesinnung

zugeeignet vom

Vorwort.

Die Sammlung der 'Ausgaben und Abhandlungen' glaubte ich nicht besser eröffnen zu können, als durch eine neue Ausgabe des so wichtigen altfranzösischen Sprachdenkmals 'Canc"un de saint Alexis' und dreier sprachlich ähnlich interessanter altfranzösischer Gedichte geringeren Umfangs, der Bearbeitung des Hohen Liedes, der Epistel vom h. Stephanus und des Bruchstückes eines Alexanderliedes, welches nach der Angabe des deutschen Bearbeiters von Alberic de Besançon verfasst sein soll*). Ein sorgfältiges Studium dieser Texte seitens der angehenden romanischen Philologen muss ja in gleicher Weise erwünscht erscheinen, wie ein solches der ältesten französischen Sprachdenkmale. Für letztere liegt Koschwitz's diplomatischer Abdruck bereits in zweiter Ausgabe**) vor, ein gründliches Studium der ersteren ist dagegen

*) Doch haben wir jedenfalls das erhaltene Bruchstück nicht als der Vorlage des Pfaffen Lamprecht selbst, sondern als einer (wenn auch nur wenig veränderten) Bearbeitung derselben angehörig zu betrachten. Das ergiebt sich aus meiner in den Nachträgen ergänzten Vorbemerkung.

**) Mit der Art, wie Koschwitz die ältesten franz. Texte abgedruckt, kann ich mich nicht durchweg einverstanden erklären. Bei den Eiden war m. E. eine gleichmässige Behandlung des lat., deutschen und franz. Textes und Beibehaltung der handschriftlichen Zeilenabtheilung angezeigt. Markirung dieser war auch für Passion und Leodegar erwünscht. Für sämmtliche Texte ist auch die typische Gruppirung der abweichenden Lesungen und Besserungen in Fussnoten wenig übersichtlich, zumal im Text nirgends auf sie hingewiesen wird. Im Einzelnen entscheide ich mich öfters für eine andere dem Studirenden noch nicht recht möglich. Zwar sind sämmtliche Gedichte bereits mehrfach abgedruckt, aber die Ausgaben

---

Lesung als K. So ersetze ich EID I Ueberschrift *deinde* nicht durch 3 Punkte, würde die Abkürzung für *deo* etc. nicht durch *dō* sondern·*do͝* wiedergeben, fasse das *e* von *en* I, 2 nicht als *'barré'* sondern als in *i* geändert auf und lasse den im Facsimile kaum erkennbaren, wohl nur scheinbaren Doppelaccent über *a"uant* unberücksichtigt. I, 1 war *ſit* st. *sit* zu drucken. In EUL scheint *r* von *raneiet* 6 unterpunktirt (vgl. hierzu meine zusammenfassende Anmerkung über Eulalia im Wörterbuche) statt *preiemen* 8 lese ich ziemlich deutlich *preiement* — *omq*, 9 ist undeutlich und wie in dem handschriftlich vollkommen identischen *q;* von *nonq;* eher durch *q)* zu ersetzen. (Dass Diez es nach Elnonensis in beiden Fällen irrig durch qi wiedergiebt, ist nicht notirt). — *n̄-amast* 10 ist durch *n̄ amast* zu ersetzen, der Bindestrich ist zufällig, ebenso auch der Haken über *g* in *pagiens* 12 — *Illi* lese auch ich st. *Elli* 12 (vgl. 25 *In*). In PAS und LE war die doppelte Form des *a* zu beachten, ferner dass *o* von *hora* PAS 1 in das initiale *h* eingefügt ist. Die stärkere Interpunktion am Schlusse der Strophen, die der im Alexanderbruchstück am Tiradenschluss verwandten ähnelt, ist nicht getreu reproducirt, vgl. Z. 4, 8, 16 etc., auch dass die erste Strophe mit linienlosen Notenzeichen versehen ist, verdiente angeführt zu werden. — statt *ans* 5 lese ich *ant* = *anç* — vor *redemptions* 14 ist noch ein radirtes *rede* zu lesen und scheint der ihm folgende Text bis Z. 16 incl. auf Rasur zu stehen und ist auch dadurch zu erklären, warum *mult granz*, wie ich den Schluss der Z. 16 lese, in der Zeile selbst keinen Platz fand — st. *ciutat* Z. 15 lese ich *ciutas* (vgl. *lagrimes* 52) — st *laser* 30: *laçer*, mit dem Bemerken, dass das Schluss-*r* fast wie *s* aussieht — die häufige Verwendung der Majuskel für *n* und mit Ligatur für *nt*, *ns* in PAS und LE ist zu beachten, so *eN* 36 *alaquaNt* 38 *graN*, *dauaN* 45 *soN* 51 *venraNT'* 57 *asaldraN* 58 *Non* 64 *tradissaNT* 83 *seNS* 268 *boNS* 297 etc., bietet sie doch zusammen mit der Verwendung der älteren *a*-Form ein deutliches Indiz für das hohe Alter der Hs. — Der Doppelpunkt 74 ist als Rest eines Grundstriches anzusehen, zumal ihm ein freier Raum für mindestens 2 Buchstaben voraufgeht, offenbar also ein Wort ausradirt ist. — st. *talens* 84 lese ich *talenç* — in *condurmis* 107 steht *s* für *r* ähnlich wie 30 *laçes* st. *laçer* gelesen werden könnte (vgl. Anm. zu *preiar* im Wörterbuch) — st. *noit* 114 scheint die Hs. *nout* mit zusammengeschriebenem *ou* zu bieten — *com* 132 ist in oder aus *cum* geändert, ebenso ist *o* in oder aus *u* gebessert in *fellon* 159, *donc* 165 *loi* 184 *sunt* 413 ähnlich ist LE 14, 22 *o* durch übergeschriebenes *v* in *u* geändert, an ein merovingisches *o* ist dabei nicht zu denken (cf. Wörterbuch s. v. *duistrent*) — hinter *solor* 134 ist wieder eine grössere Wortlücke mit deutlichen Rasurresten, ebenso hinter *nas* 151 —

sind entweder nicht recht zugänglich, so vor allem die epochemachende, aber schon seit länger vergriffene Ausgabe des Alexis von G. Paris, oder es fehlen ihnen die nöthigen Zusammenstellungen, vor allem ist aber die Behandlung der Texte in ihnen einer selbständigen gründlichen Durcharbeitung eher hinderlich als fördernd. Um eine solche zu erleichtern, bedarf es meiner Ansicht nach vor allem eines diplomatisch genauen Abdruckes und demnächst eines objectiv angelegten Variantenapparates und einer möglichst vollständigen Zusammenstellung des Wortschatzes. Eine Sammlung der abweichenden Lesungen, wie der vorgeschlagenen und vorzuschlagenden Textverbesserungen ist zwar erwünscht, muss aber abgesondert von dem Variantenapparat gehalten werden, damit sie die selbständige Ausnutzung desselben nicht beeinträchtige.

---

st. *uez* 139 l. *ueç*, ebenso st. *las* 158: *laç*, st. *desans* 168: *desanç* — st. *sequed* 159 l. *segued* — st. *quar* 168 l. *quae*, doch scheint das *e* erst nachträglich hergestellt zu sein. — st. *fit* 196 l. *fis* — *Pilaz* 205 ist aus *Pilat* gebessert, ebenso *pilad* 220 aus oder in *pilat* — *ruprel* 231 ist aus *ruplel* gebessert — 247 steht auf Rasur, das vor *dos* radirte Wort lautete *gran*. Der Schreiber war durch Versehen in die Z. 2 der folgenden Strophe (Z. 286) gerathen — *cital* 302 möchte ich eher als *atal* auffassen — *dones* 304 *mel* 441 und LE 76 *ent* zeigen ein durchzogenes *o*, wie es auch die Hildesheimer Alexis-Hs. 19e, 25b, 45b, 68e, 80a, 96e aufweist, um *o* in oder aus *e* zu ändern. Der Bindestrich in *r-oches* 323 ist zu beseitigen, da er nur irre führt, denn das Strichelchen der Hs. scheint nur eine Federspritze zu sein. — st. *mariǽ* 329 l. *mariæ* (vgl. für *ǽ* z. B. 321, 322 etc, für *æ* z. B. 359, 421 *mariæ* 419 ist undeutlich) — st. *cors'p* 352 l. *corsp'* (s. Wörterbuch S. 192 anm.) — st. *elsoi* l. *elfoi* (natürlich in *el soi* zu bessern) — st. *pǽdres* 423 hat die Hs. *pǽdces* — st. *castel* 427: *caftel* — *p'* 446 deuten alle Drucke als *por* oder *pro*, während es nur *pus* bedeuten kann — st. *ensembla* 451 l. *emsembla* — 487 in der leeren dritten Spalte stehen hier einige ausgekratzte Worte. — Ueber den Worten *laissas* — *fus* LE 106-7, welche die erste Z. von Sp. 3 der zweiten Seite des Leodegar ausfüllen, sind Notenzeichen angebracht, auch über den Tonvocal von *enavant* 113 und über *duis* und *dom* 198 (Z. 1 von Sp. 2 der 3ten Seite) findet sich ein solches. — st. *gladies* 133 l. *gladief*. — Mit 151 beginnt Seite 3 — *pod* 165 ist einfach aus *pot* geändert — *fiis* 225 ist in *fais* geändert. Es ist übrigens zu bedauern, dass die Platten des Albums retouchirt worden sind, da hierdurch gerade die radirten und nachgetragenen Schriftzüge stark gelitten haben. — *aud* 229 ist aus *aut* geändert.

Meine Ausgabe der vier genannten Gedichte sucht diesen Anforderungen gerecht zu werden und namentlich auch typisch Text, dazu gehörigen Variantenapparat und Lesungen und Besserungsvorschläge möglichst übersichtlich zu gruppiren. Die Anordnung musste daher bei den einzelnen Gedichten verschieden getroffen werden. Während bei dem Alexander-Bruchstück der Variantenapparat jeder Tirade angefügt und die abweichenden Lesungen sowie die Besserungsvorschläge am Rande untergebracht wurden, ist bei der Bearbeitung des hohen Liedes und der Epistel vom h. Stephanus der zu Grunde liegende lateinische Text am Rande, die verschiedenen Lesungen und Aenderungen aber am Schluss jeder Strophe mitgetheilt. Bei dem Alexis endlich sind die Varianten und getrennt davon, die anderen Lesungen und Emendationen jeder Textzeile direkt angefügt. Bei Anlage des Variantenapparates hatte ich als Princip im Auge: sämmtliche Lesarten der minder guten Hss., freieren Bearbeitungen wie der Vorlage anzuführen, welche den Text der diplomatisch genau reproducirten Hs. entweder zu sichern oder zu bessern irgendwie geeignet erschienen *); doch bin ich hierbei vielleicht manchmal zum Schaden der Deutlichkeit etwas zu knapp verfahren. In anderen Fällen stand mir die Ueberlieferung nicht in hinreichender Vollständigkeit oder Zuverlässigkeit zu Gebote, so konnte ich für den Alexis weder den Text selbst noch auch eine vollständige getreue Copie der wichtigen Hss. A und P verwerthen, sondern nur Collationen, die ich der Güte von P. Meyer und Suchier **) verdanke, auch die lat. Vorlage des Alexis war mir nur in Drucken zugänglich, doch konnte ich in den 'Verbesserungen und Nachträgen' einige Angaben über die Pariser Hss. der *vita* machen und zwar

*) Es wäre mir erwünscht zu erfahren, ob dieses Princip von den Fachgenossen gebilligt wird. Denn ich glaube, dass auch für das Rolandslied in ähnlicher Weise eine sichere kritische Basis gewonnen werden könnte und würde ich mich gern der wahrlich nicht geringen Mühe einer derartigen Rolandsliedausgabe unterziehen, falls die Fachgenossen dieselbe, wie ich, für nützlich halten sollten.

**) Die Varianten von P hat nach Suchiers Abreise von Paris A. Darmesteter freundlichst nochmals über den Druckbogen revidirt.

nach Mittheilungen meines Zuhörers A. Schäfer, der mir auch aus handschriftlichen Alexanderbearbeitungen in Paris eine Anzahl, in den Nachträgen ebenfalls mitgetheilter, Stellen ausgehoben hat, welche an das alte Alexander-Bruchstück anklingen.

Was die diplomatische Wiedergabe der abgedruckten Hss. anlangt, so habe ich keine Mühe gespart, dieselbe so getreu wie typisch ohne entstellende Spielerei durchführbar war, herzustellen, auch hier hat mich Suchier durch Copie der Bearbeitung des Hohen-Liedes*) bereitwilligst unterstützt. Für die Epistel vom h. Stephanus stand mir Förster's Photographiedruck in der 'Revue des Langues romanes' zur Verfügung, doch habe ich hier wie in den andern drei Texten die einzelnen Verszeilen abgesetzt, während die Hss. dieselben nur durch Punkte trennen. Die Zeilenanfänge der Hss. habe ich übrigens durch die in Klammern beigefügte Zeilenzählung markirt. Nur in einigen Lesungen weicht mein Abdruck von dem sorgfältigen Förster'schen ab. Besonders interessant dürfte die Bemerkung zu VIIc sein. Auch für das Alexanderbruchstück konnte ich einen heliographischen Abdruck zu Grunde legen, den ich Monaci verdanke. Seitdem ist derselbe ja durch Monaci's vortreffliche Sammlung 'Facsimili di antichi manoscritti. fasciculo I. Roma 1881' allgemein zugänglich geworden.

Merkwürdige Schwierigkeiten machte dagegen die Beschaffung einer diplomatisch genauen Copie und noch grössere die der photographischen Aufnahme der Hildesheimer Alexis-Hs. Schon im Jahre 1878 hatte ich, ermuthigt durch das Gelingen des

---

*) Erst durch Suchier's Copie ist die Lesung *aromatigement* festgestellt, sowie der interessante Umstand zum Vorschein gekommen, dass auch im HOH der Doppelaccent zur Bezeichnung modificirter Aussprache des *c*, ähnlich wie im Alexis, im appendix dazu, im Oxforder Psalter und im londoner Brandan verwandt wird. Der Doppelaccent scheint meist sehr schwach aufgetragen worden zu sein und daher heute fast völlig verwischt. Auch im Alexis ist er auf den ersten 3 Seiten derart verwischt, dass ich die Fälle, wo er hier vorkommt, erst auf der Photographie constatirt habe, während sie früher weder von mir noch von Hofmann und Lücking notirt wurden. Auch andere alte Texte verwenden bekanntlich den Doppelaccent, z. B. Passion: vo"ls, po"s.

diplomatischen Abdruckes und der photographischen Wiedergabe des Oxforder Roland erste aber vergebliche Schritte gethan, um auch den Alexis in ähnlicher Weise vor der Gefahr der Zerstörung sicher zu stellen. Im Frühjahr 1880 erneuerte ich den Versuch durch Vermittlung meines ehemaligen Zuhörers Dr. H. Freund, der gerade damals nach Hildesheim übergesiedelt war, aber ebenfalls vergeblich. Dr. Freund vermochte nicht ein Mal die Erlaubniss zur Einsicht und neuen Copie der Hs. zu erlangen. Hierauf setzte ich mich direkt mit dem Herrn Dechant Krüger an der hildesheimer St. Godehardikirche in Verbindung und konnte durch seine gütige Fürsprache im Monat August in der Ladenstube des Herrn Materialwaarenhändlers Schütte die Hs. einsehen und collationiren. Mit unausgesetztem Interesse verfolgte dieser Herr meine Collationirthätigkeit*) und bin ich ihm für die mir gewährte freundliche Aufnahme, sowie für anderweite spätere gütige Hilfleistungen zu vielem Danke verpflichtet. Mein weiteres Gesuch wegen leihweiser Ueberlassung der Hs. nach Marburg oder wegen Gestattung photographischer Aufnahme in Hildesheim selbst, konnte ich damals nicht anbringen, da der Herr Dechant verreist und der Herr Generalvicar und der Herr Bischof, an die ich gewiesen wurde, verhindert waren mich zu empfangen. Ich wandte mich deshalb schriftlich unter Beilegung einer warmen Empfehlung seitens seiner Exc. des Herrn Cultusministers v. Puttkammer an den direkt allein zuständigen löbl. Kirchenvorstand der Hildesheimer St. Godehardikirche, in deren Besitz sich die Hs. befindet. Der Kirchenvorstand, bestehend aus dem Herrn Anstreicher Thiesing als Präses, dem Herrn Materialwaarenhändler Schütte als Kassenführer, ferner aus einem Herrn Schuhmachermeister, einem Herrn Barbier, einem Herrn Kammmacher, einem Herrn Töpfermeister, einem Herrn Schreinermeister und einem Herrn Schneidermeister, schlug jedoch mein Gesuch rundweg ab und liess mir das durch

*) Die Genauigkeit meiner Arbeit hat, wie ich mich bei nochmaliger Collation des Druckes über der Photographie leider überzeugen musste, dadurch einige Einbusse erlitten. Die 'Verbesserungen und Nachträge' bringen das Resultat der neuen, hoffentlich nun abschliessenden Collation.

Herrn Dechant Krüger wissen. Ich beruhigte mich indessen hierbei nicht, sondern unterhandelte im vergangenen Juni nochmals persönlich mit dem Herrn Dechant Krüger und dem Herrn Anstreicher Thiesing, reichte hierauf ein neues Gesuch an den Kirchenvorstand ein und bekam nun 6 Wochen später die Erlaubniss die Blätter der Hs., welche Al. enthalten, in Hildesheim selbst photographiren lassen zu dürfen. Für Gewährung dieser Erlaubniss spreche ich hiermit dem löbl. Kirchenvorstande meinen pflichtschuldigsten Dank aus. Mit der alsbaldigen Aufnahme beauftragte ich den Herrn Photogr. Bödeker in Hildesheim, doch konnte mir derselbe erst vor wenigen Wochen ein erstes Probeexemplar fertig zustellen. Mit Ausnahme der ersten 3 Seiten, welche abwechselnd rothe und blaue Zeilen aufweisen und bei denen die blaue Schrift nur schwach in der Photographie wiedergegeben wird, ist dasselbe recht schön gelungen. Ein elegant cartonirtes und solid gebundenes Exemplar der 12 Seiten, welche die Canc"un nebst Einleitung und Appendix ausfüllen, soll auf 20 Mark zu stehen kommen. Etwaige Bestellungen sind direkt an Herrn Bödeker zu richten, dem ich das Recht der Vervielfältigung überlassen musste; allerdings wäre es erwünscht, wenn Herr Bödeker sich zur weiteren Vervielfältigung des heliographischen Verfahrens bediente, da dieses Verfahren den Vortheil der Dauerhaftigkeit mit dem der grösseren Wohlfeilheit verbindet und im vorliegenden Falle ohne Retouche der Platten anwendbar ist. Herr Bödeker hat übrigens ausser dem Alexis auch die schönen Bilder, welche zahlreiche Blätter der Hs. zieren, photographisch aufgenommen; darunter ist namentlich das des Schlussblattes der ganzen Hs. von grossem Interesse; es stellt nämlich ein mittelalterliches Orchester dar, den Violinspieler in der Mitte, zu beiden Seiten einen Harfenisten, darüber zwei Hornbläser, die auch noch ein zweites mir unklares Instrument führen und unten zwei Glockenspieler.

Den Texten der 4 Gedichte habe ich ein ausführliches Wörterbuch beigefügt, welches auch den gesammten Wortschatz der in Koschwitz's 'Les plus anc. mon. de la langue fr.' enthaltenen Texte in sich begreift und ausserdem noch den des zuletzt von Böhmer

(Rom. Studien Bd. IV 99 ff.) veröffentlichten 'Sponsus', welchen ich selbst anfänglich wieder abzudrucken beabsichtigte, und den nun Koschwitz in der nächsten Aufl. in seine Sammlung aufzunehmen gedenkt. Koschwitz hat mir die in seinem Besitz befindliche Copie des Sponsus für diesen Zweck freundlichst zur Verfügung gestellt und Dr. Vetter hatte die Freundlichkeit, dieselbe in einigen Punkten für mich über der Hs. zu verificiren. Ueber die nähere Einrichtung des Wörterbuchs giebt die Vorbemerkung dazu Aufschluss. Die Fertigstellung desselben hat längere Zeit in Anspruch genommen, als ich mir vorgestellt hatte. Derzeit übermässig ausgedehnte amtliche Beschäftigung hat allerdings das ihrige dazu beigetragen und durch Zersplitterung der Mussestunden auch manche Unebenheit, die sonst wohl vermieden wäre, entstehen lassen. Die mir bisher aufgestossenen gewichtigeren Irrthümer berichtigen die Nachträge; besonders häufig ist (:) zur Markirung eines Assonanz- oder Reimwortes vergessen. Diese Unterlassung fällt indessen minder schwer ins Gewicht, da ich in Anhang I eine Uebersicht der sämmtlichen Assonanz- und Reim-Wörter gegeben habe. Die in Anhang II gebotene Zusammenstellung der Wortklassen und -Formen dürfte ebenfalls von Interesse sein. Bei Abfassung beider Anhänge wie auch bei Beschaffung des lexicalischen Materials wurde mir von einigen meiner Zuhörer bereitwilligst Hilfe zu Theil.

Möge das Buch denn, so wie es ist, freundliche Aufnahme finden und sich nützlich erweisen. Sollte namentlich das Wörterbuch Beifall finden, so würde ich mich bemühen, es durch Hinzunahme weiterer alter Texte, durch systematischere Behandlung der Verweise und durch Beseitigung mancher Inconsequenzen und Versehen in einer neuen Auflage noch brauchbarer zu gestalten. Wegen verschiedener, im Wörterbuch gelegentlich gemachter Bemerkungen und Besserungsvorschläge verweise ich besonders auf die Anmerkungen.

Marburg, den 26. April 1882.

Texte.

LA CANĆUN DE SAINT ALEXIS.

Text: L = Blatt 29—34 der Hs. der Godehardikirche in Hildesheim, ehemals den englischen Benedictinern des Klosters Lamspringe unweit Hildesheim gehörig, geschrieben Anfang oder Mitte des 12 Jahrh. in England.

Bl. 29 und 30a mit rother und blauer Tinte, welche Zeile um Zeile wechseln, Bl. 30b ff. mit schwarzer Tinte geschrieben. Der ganze Text rührt aber nur von einer Hand her. Strophenanfänge durch bunte Initialen markirt, Verse meist durch Punkte getrennt, aber nicht abgesetzt. Jede Seite der Hs. enthält 35 Zeilen mit Ausnahme von 29a, deren oberer Theil ein wohlerhaltenes Bild (den Abschied des Heiligen von seiner Braut darstellend) einnimmt. Der Text hier genau nach eigner Collation von L, nur Strophen und Verse abgesetzt (in der Einleitung ist die Zeilenabtheilung der Hs. beibehalten), Eigennamen durch grosse Anfangsbuchstaben hervorgehoben, Abkürzungen mit cursiven Lettern aufgelöst, ſ durch *s* ersetzt.

Varianten (wobei Anfangsworte der Verse und Eigennamen gross geschrieben werden) aus 1) A = Bl. 11b—19b einer Hs. des Lord Ashburnham (Catalog Libri No. 112) nach P. Meyer Mitte des 12 Jh. in England geschrieben, Ende des 12 Jh. von zweiter Hand geschlimmbessert und öfter unleserlich gemacht. Varianten vollständig (für Str. 1—24 unter Einschluss der rein orthographischen) nach P. Meyers Collation mitgetheilt. Lesarten zweiter Hand sind in ( ), getilgte erster Hand in [ ] gesetzt.

2) P = Bl. 26c—30d der Hs. 19525 (alt S. Germain 1856) der Nationalbibliothek in Paris, geschrieben Ende des 13 Jh. in England. Von P nur Sinnvarianten mitgetheilt, nach den Angaben von C. Hofmann und G. Paris, die durch Suchier verificirt und ergänzt sind.

3) **S** = Bl. 51 v° – 74 r° der Hs. 12471 (alt Suppl. fr. 632[2]) der Nat.-Bibl. in Paris, geschrieben Ende des 13 Jh. in Frankreich. Interpolirte die fünfzeiligen Strophen in einassonanzige Tiraden verwandelnde Bearbeitung, vollständig abgedruckt in G. Paris, 'Vie de S. Al.' S. 222 ff. nach C. Pelletan's Copie. Diesem aus eigner Copie hier und da berichtigten Abdruck sind nur die Sinnvarianten entnommen, welche zur Reconstruction des alten Textes beitragen oder wenigstens deutlich an denselben anklingen; unterdrückt sind also die jüngeren Zusätze, sowie die Ummodelungen des Originals, in welchen der Wortlaut desselben völlig verändert ist.

4) **M** = Bl. 393—399 der Hs. 1553 (alt 7595) der Nat.-Bibl. in Paris aus dem 13—14 Jh. in Frankreich. Reimbearbeitung der Redaction **S** (nicht **S** selbst), vollständig abgedr. l. c. S. 279 ff. nach Maréchal's Copie. Sinnvarianten hier nur soweit wie bei **S**.

5) **Q** = Redaction in 4zeiligen einreimigen Alexandrinerstrophen nach 7 Hss. veröffentlicht l. c. S. 346 ff. von L. Pannier. Es ist eine Ueberarbeitung der Redaction **M** (nicht **M** selbst) Sinnvarianten hier nur soweit wie bei **SM**.

Besserungsvorschläge und Lesarten, durch vorgesetztes † von den Varianten unterschieden und im Text durch * angedeutet. a) aus den vollständigen Ausgaben von 1) W. Müller in Haupt's Zeitschrift f. deutsches Alterthum Bd. V (1845) S. 299 ff. = *Mü.* 2) Gessner in Herrig's Archiv f. d. St. der n. Spr. u. Lit. Bd. XVII (1855) S. 189 ff., wieder abgedr. im Progr. d. h. Töchterschule zu St. Maria Magdalena, Breslau 1856 = *Ge.* 3) C. Hofmann: Alexis, München 1868 (Separatabdruck aus d. Sitzungsber. der k. Akad. d. W. 1868 I, 1 = *Ho.* [enthält auch S. 37 Berichtigungen von Druckversehen in *Mü.* und Conjecturen von Theodor Müller = *ThMü.*] 4) G. Paris: La vie de Saint Alexis, Paris 1872 = *Pa.* [dazu die ausführliche Besprechung von A. Tobler in den Götting. gel. Anz. 1872 I S. 881 ff. = *To.*] 5) E. Lidforss in seinem Choix d'anciens textes français, Lund 1877 S. 11 ff. = *Li.* (Die frühere Ausgabe von *Li.* in seinen: VII anciens textes fr., Lund 1866 konnte, da sie nur *Ge.* reproducirt, unberücksichtigt bleiben. b) aus den theilweisen Ausgaben von 1) Bartsch; Str. 1—67 in seiner Chrest. de l'anc. fr. (Hier wird nur die 4te Ausgabe [1880] citirt) = *Ba.* 2) P. Meyer Str. 79—110 in seinem Recueil d'anciens Textes = *Mey.* Lesarten, in welchen alle Herausgeber übereinstimmen, werden mit *edd.* bezeichnet, *Li. Ba. Mey.* nur angeführt, wenn sie von *Pa.* abweichen. Die durch prinzipielle Regelung der Orthographie veranlassten Aenderungen von *Pa.* sind ebensowenig notirt. Man vgl. noch Lücking's Collation (Aelteste fr. Mundarten S. 13). Eigene Besserungsvorschläge habe ich absichtlich nur wenige gegeben und mit *Ste.* bezeichnet.

(Bild)

(29ª) Ici cumencet amiable cancun | espiritel* raisun | diceol* noble barun | Eufemien par num. | e de lauie* de sum filz boneuret | del quel nus auum oit lire ecanter*. | par le diuine uolentet. | il desirrables icel* sul filz angendrat.* Apres le naisance co fut emfes de deumethime* amet*. | e de pere e de mere par grant certet nurrit*. la sue iuuente fut honeste e spiritel. | par lamistet | del surerain* pietet* | lasue* spuse iuuene cumandat* alspus* uif de ueritet | ki est unsul* faitur e regnet an trinitiet*. | Icesta istorie est amiable grace esuuerain consulaciun* acascun* memorie spiritel. | les quels uiuent purement sulunc castethet. | e dignement sei delitent esgoies* del ciel & es nocces uirginels.

Findet sich nur in L *und danach Mü.* S. 300 *Ho. Pa.* S. 177 f. *Ho. glaubt, diese Einleitung sei in Reimprosa geschrieben und zwar in zwei Tiraden, einer kürzeren auf* un, um *und einer zweiten längeren auf* el, er etc. *Er sieht sich aber dadurch veranlasst nicht nur drei Stellen, welche im übrigen unanstössig sind, zu verändern* (4 angendrat: ad angendret 6 nurrit *wird vor* par grant certet *gerückt.* 7-8 cumandat: ad cumandet), *sondern auch* ciel *als* Assonanz *zu* castethet, uirginels *aufzufassen, wogegen Pa. Einsprache erhoben hat.* — 1 e spiritel *edd.* di ceol *Mü.* — 2 la uie *edd.* — 3 e canter *edd.* — 4 icil *Ho.* — 5 deu methime *edd.* — 7 suuerain *edd.* del soverain pedre *Pa.* — la sue *edd.* — 8 al spus *edd.* — un sul *edd.* — 9 trinitet *Mü.* — Cesta *Ho. Pa.* — e suuerain (st. suueraine *wie* 7 *und* cascun 10) *edd.* — 10 consulacium (*nach Pa. durch den Gedanken an lat.* solacium *entstanden, wodurch auch das flexivisch-fehlerhafte* suuerain *hervorgerufen sei*) *edd.* — a cascun *edd.* — 12 es goies *edd.*

29ᵇ **B**ons fut lisecles* al tens ancienur

Initial, welcher den vorderen Theil der ersten 12 Zeilen einnimmt L = P S10 sie-les A Cha en arriere au t. a. M1
† li s. *edd.*

b quer (2)feit* iert* e iustise & amur.

= S11 f. ert P Fois fut en tiere i. M2 e i. e a. A
† feiz *Ho.* feit[e] *Li.* i ert *edd.* (-- *Mü.*)

c si* ert creance (3)dunt ore* niat* nul* prut.

Si iert A or APS12 nul pru *geändert zu* nus iur *oder* udur A ni a mais pror S Et verites et creanche et doucors M3
† S'i *To.* or *ThMü. Pa.* n'i at *edd.* nul *tilgt Ho.* nuls *To.*

d tut est muez (4)perdut* ad sa colur*

Si est S13 perdue PS culur A ualour S
† perdude *Pa.* (perdut *Li.*) valur *Ho.*

e ia mais niert tel* cum (5)fut as anceisurs.

= PM5 nier .... ancessurs A *fehlt* S
† tels *Ho. Pa.*

2.

a Altens* Noe & al tens (6)Abraham.

Blauer Initial L = S Abraam AP Moysant M8
† Al t. *edd.*

b & al Dauid qui* deus par amat (7)tant

Et al tenz D. q. des p. ama t. A Au tans Dauid cui M9 Et a S20 Daui que d. PS par *fehlt* P
† que *Pa.* cui *To.*

c bons fut li secles iamais* nert si uailant*.

= P Fud bons li siecles A S21 i. niert si uaillant A narons mae si u. M10
† ja mais *edd.* (— *Mü.*) vailanz *Ho. Pa.*

d (8)uelz est efrailes* tut sen uat remanant*.

Faillis est li siecles A tut sen uait declinant AP defalant M11 Fraisle est la uie ... se va toute falant S31'30'
† e f. *edd.* vait declinant *Pa.*

e (9)sist ampairet* tut bien uait remanant*.

Si est empiriez t. sen u. A t. b. i uait morant P et li biens va morant S22
† ampairez *Ho.* empeiriez *Pa.* t. b. i vait morant *Ho.*

3.

a (10)Puis icel tens *que* de*us* nus uint saluer

Rother Initial L = AP icel iour S47

b nostra (11)anceisur ourent cristientet.

= PS48 Nos ancessurs orent χρistiente A

c si fut un* (12)sire de Rome la citet

= P sire en R. la cite A Fu nes uns sires a R. S49
† uns *Ho. Pa.*

d rices hom fud de (13)grant nobilitet.

= S50 Riches hum fu.. nobilite A f. e de g. n. P

e pur hoc* uus di dun sonfilz* uoil parler.

Pur cel u. di dun suen f. vol p. A P. ceo P P. cou.. dun sien fil S51 Vous uoel conter M22[1] Vous veul je recorder Q1c[1] et dun sien chier enfant M23[1]Q1d[1]
† Purhoc *Ge.* Pur ço l' *Pa.* (*To.* = L) son f. *edd.* fil *Ho. Pa.*

4.

a (14). ufemien* si out annum* lipedre*.

Initial fehlt L Eufemien AP Eufemiens S52 issi ot num sis pere A ensi ot non li peres S52 Li diu uasaus ot non Eufemiens M24 Ce preudoms que je dis out nom Euphemiens Q2a
† Eufemiens *Ho. Pa.* (*Li.* = L) ensi out nom *Pa.* si o. a nnum *Ho.* li p. *edd.*

b cons fut de Rome des* melz (15)ki dunc ieret*.

Cuens iert de Lune des mels .. iere A del miex qui dunc ere P et molt bons crestiens M25 Des belisors qui a cel iour i erent Quens fu de Roume de toute la contree S53 54
† i erent *Mü. Ge. Ho. Li. Fö.* (Ch. à II e. 11349) del i eret *Pa.* (—*Li.*)

c sur tuz ses pers lamat li emperere.

les p. lama A Et sainte eglisse ama sor toutes riens M28 Car sainte yglise amoit de cuer sus toute riens Q2c *fehlt* PS

d dunc prist (16)muiler uailante & honurede.

Muilier li dunad uaillant e hunuree A uaillant P Et p. m. puis ki fu auques siens (?) M30 *fehlt* S
† vaillant *Pa.*

e des melz* gentils de tuta la (17)cuntretha.

Des mels g. de tute la cuntree A Des plus g. P *fehlt* (*vgl.* b) S M
† plus *Ste.*

5.

a Puis conuerserent ansemble longament

Sämmtliche Initialen von hier bis 22 sind grün L = P S59 M31 P. cunu. ens. lungem. A P. c. il Q3a

b nourent (18)amfant* peiset lur enforment*.

Que enfant norent AP Qu'enfant nen orent poisent S60 pesa A l. forment P Mais dune riens lor poise molt forment Kil nont enfant M36—7 Mez d'une seule chose leur aloit malement Car eus deus ne povoient nisun enfant avoir Q3d4a
† Que enfant n'ovrent *Pa.* (*Li.* = L), *danach stärkere Interpunktion als am Schluss von* a *To.* en f. *edd.*

c e deu* apelent andui parfitement.

Deu en apelent A P S61 M38 amdui A andui *fehlt* P
† Deu en *Pa.* (E deu *Li.*)

d (19)ereis* celeste* par ton cumandement.

= P O r. del ciel A E rois de glore S62 M39
† E reis *edd.* celestes *Pa.*

e amfant nus done ki* seit (20)a tun talent.

= P Enfant . dune A Quenfant S64 Un fil M40
† *Nach Mü. hat* L qui

6.

a Tant li prierrent* par grant humilitet.

oder prieirent L = S65 le preerent .. humilite A len p. p. bele h. P Tant li deproient M41 Tant deprierent dieu p. Q5a
† *Nach edd. hat L.* prierent.

b q*ue* la (21)muiler dunat fecunditet.

Qua la mullier duna fecundite A Que a la P Que sa m. S66 Ke ... En sa m. tramist f. M45—6.

c un filz* lur dunet silensourent (22)bont* gret.

= P S67 sil en seuent M47 *fehlt* A
† fil *Ho. Pa.* si l'en (sil en *Mü.*) s. bon (*vgl.: Hohes Lied*) *edd.*

d de sain* batesma lunt fait regenerer.

= P S68 del saint baptisme A lont tost regenere M48
† saint *Pa.*

e bel num li (23)metent sur la* cristientet.

mirent selunc *x*ρistiente A P S69 B. don li donent en le c. M49
† mistrent *Ste.* selunc *Ho.* sulonc *Pa.*

7.

a Fud baptizet* si out num (24)Alexis.

baptizez . ot . Alexi A Baptizie(es) fu P S70 si out Alix anun P s'ot a non Alessis S
† baptizez *Ho.* batiziez *Pa.* baptiziez *Ba.*

b ki lui portat suef le fist nurrir*.

Ki lot porte A P Qui le p. S71 volentiers le nurri A P S Soingneusement fisent lenfant warder M53 Mout richement le firent nourrir et alever Q7b
† Qui l'out portet *Pa.* volentiers le nodrit *Pa.* (*Li.* = L)

c puis ad escole li bons (25)pedre* le mist.

P. (E P) li b. pere a e. le A P S72 Puis si le fisent a lescole aler M56 Pour aprendre le firent a l'escole mener Q7d
† Pois li b. p. ad e. *Pa.* (*Li.* = L)

d tant aprist letres que bien enfut* guarnit*

= APS73 A lire e a chanter aprist asez brement Q8b
† en fut *edd.* guarniz *Ho. Pa.*

e (26)puis uait li emfes lemperethur seruir.

= P li emfes *unleserlich*, lemperere A Puis lenuoia l. S74 Droit a le court le roi en est ales Tant le serui M63—4 A la court lempereur (lemperere A) de Romme ala (le fist aler B lenvoya pour CP) servir Q9c

8.

a Quant ueit lipedre* (27)que mais naurat amfant.

Or S84 Dont M68 uit P li peres ... enfant A
† li p. *edd.*

b mais que cel sul que il par amat (28)tant.

Fors Alexis A Mais celui sol kil ainme t. P Fors que M69 ce seul S85 par aimme t. S M

c dunc se purpenset del secle anauant*.

= P S86 purpense que fera en a. A Dont .... a en a. M70
.† a. a (*l.* ad) en a. *Pa.*

d or uolt que prenget (29)moyler asun* uiuant.

La li uolt femme duner a s. u. A E(Sil) ueut kil prenge P S87 en sen u. M71
† a sun *edd.*

e dunc li acatet filie dun* noble franc.

D. li aplaide fille a un n. farant A D. lui porchace f. a un n. f. P Pour li a quise le fille un a. f. S88 Il en a quise une molt auenant M72
† ad un (*vgl.* 9b) *Ste.*

9.

a (30)Fud la pulcela nethe de* halt parentet.

pulcele de mult h. parente AP La p. iert de moult grant p. S89 *fehlt* M
† p. de mult (molt) h. p. *Ho. Pa.*

b fille ad un conpta de (31)Rome la ciptet.

= P S90 F. a un conpte de Rume la cite A F. a un duc un riche homme vaillant M73 La fille d'un haut conte fist pour son fiex requerre Q11a

c nat mais* amfant lui* uolt mult honurer.

Not plus enfant si lot mult en chierte A Na plus denfans P S92 mult la uout h. P bien le puet marier S *fehlt* M
† plus *Pa* (*Li.* = L) lei *Ho. Pa.*

d (32)ansemble anuunt* li dui pedre parler.

Ensemble en unt .. pere (p. *hinzugefügt*) parle A P en vont S93 *fehlt* M
† an vunt *edd.*

e lur dous amfanz (33)uolent faire asembler.

= P Pur lur enfant (cum i soitent) asemble[r] A Les II e. S94 *fehlt* M

10.

a Doment* lur* terme de lur adaise(34)ment*.

oder Doinent **L** Nument le (lor **M**) t. de lur asemblement **APS95 M76**
† Doinent *Mü. Ge. Ho.* Noment *Pa.* le ... asemblement *Pa.* (*Li* = **L**)

b quant uint al fare* dunc le funt* gentement.

Quanque unt a faire funt mult isnelement **A** Q. u. al ior **PS96** mult le f. **P** se fisent belement **S** sel f. molt liement **M77**
† al jurn *Ho.* ail funt mult *Ste.*

c danz Alexis (35)lespuset* belament.

La lespusa [dun] Alexis gentement **A** D. A. lesposa uairement **PM79** Sains A. ... L'a espousee moult hounerablement **S98—9** La pucele espousa mout debonnairement **Q12d**
† l'espusat *Ste.*

d mais co est* tel plait* dunt ne uolsist nient*

Mais de cel p. ne u. il neent **APM80** M. de tout çou ne v. il n. **S100** Car des chozes du monde ne li estoit noient **Q12a**
† c'est *Ho. Li.* tels plaiz *Li.* M. de cel p. ne v. il n. *Pa.*

e 30ᵃ de tut antut* ad adeu* sun talent.

= **S101** en tut a deu a a. t. **APM81**
† an tut . a deu *edd.* a deu ad *Ste.*

11.

a Quant liiurz* passet & ilfut* anuitet*.

= **P** Q. le iur passa e fud tut anuitie **A** Dont va li iors e vous la nuit cangier **S112** Li iours s'en va si prent alauesprer **M88**
† li jurz .. il fut *edd.* aniutet *Mü.*

b (2)co dist li pedres* filz quar ten* uas* colcer.

Ce d. li pere f. kar te uai culchier **A** Fiz d. l. p. car te ua c. **P** biaus fius ales (va t'ent) c. **S113 M92**
† pedre *Ho Pa.* te *Ste.* va *Ho.* vai *Pa.*

c auoc taspuse* al cumand (3)deu del ciel.

= **P** A. tespuse al cumant **A** A. tesp. a Damediu congie **S114** A. tesp. dex te doinst iretier **M93**
† ta 'sp. *edd.*

d ne uolt* li emfes sum pedrecorocier.

Ne uolst **APS115 M94** li enfes sun pere curucier **A** Mez sez amis n'osa couroucier nullement **Q12c**
† volst *Pa.* (*Li* = **L**).

e uint* en la cambra (4)ou ert* sa muiler*.

Vait **APS117** Vint **M96** en sa chambre **A** od sa gentil (gente) mullier **AS** a la ch. dreit a sa m. **P** c. si se fait descauchier **M**
† Vait *Ste.* ou eret *Ho. Li.* od sa gentil m. *Pa.*

12.

a Cum ueit* le lit esguardat* lapulcela*.

Quant uit .. esguarda la pulcele AP Sains A. e. la p. S124 Et Alexis regarda se mollier M100 Adonquez regarda Alexis sa moulier Q16d
† Quant vit *Ste.* esguardet *Ho.* la p. *edd.*

b dunc li (5)remembret de sun seinor celeste.

Si lui menbre P remenbre .. segnur c. A Ses oels en torne vers le s. c. S127 Dont li r. de sa celeste drue M105 Adont li remembra .... comme li dous Ihesus Q18c 19a

c que plus ad cher q*ue*tut* aueir terrestre.

Kil P S128 amoit plus que nule riens t. S chier que tute rien t. A tote honor t. P
† que tut *edd.* que tute rien *Ste.*

d (6)edeus* dist il cum fort pecet* mapres..set*.

O de*us* A Elas S129 si grant pechie mapresse AP com fors pechies m. S He dex d. il tu nos as a sauuer M111
† E d. *edd.* fors pechies *Pa.* fort pekies *Li.* m'apresset *edd.*

e se or* ne men (7)fui mult criem que ne tem* perde.

Se ore ne m. f. .... me p. P S'or nen m'en vois iou crien .. te p. S130 f. or criem que t[u](e) en p. A Dont crient il molt ke s'arme soit perdue .... Sor ne men fui tot me velt afoler M109 s. 119
† s'or *Ho. Pa.* t'en *Pa.* t'em *Li.*

13.

a Quant an la cambra furent (8)tut sul remes.

= P en la chanbre f. amdui r. A S139

b danz* Alexis la prist adapeler*.

= P D[u](a)nz A. la prent ad aparler A Sains A. prist a li a parler S140 D. Alesin .... Sa franche espeuse castoie douchement M121 123 La pucele apela et doucement li dit Q22d
† dans *Mü.* ad a. *edd.*

c la mortel uithe (9)li prist mult ablasmer*.

= PS141 uie A Et il li blasme ceste uie forment M125
† a. b. *edd.*

d de laceleste* limostret* ueritet.

= S142 mustra uerite AP Et lautre voie de glore li aprent M126
† la c. li m. *edd.*

e mais lui (10)est* tart quet il sen seit turnet*.

Kar (Que) lui iert t. que .. fust turnez A S143 Tart lui esteit que ... fust ale P
† ert t. *Pa.* (*Li.* = L) seit turnez *Ho. Li.* fust alez *Pa.*

14.

a Oz mei pulcele celui tien ad (11)espus.

Os tu p. c. tieng P Bele dist il c. trai S149 a espuz A Gentils p. cestui prent a signor M153.

b ki nus raens* de sun sanc precius

= P S150 reinst … precius A ki en le crois souffri mort por tamor M154
† redenst *Pa.*

c an ices* secle nenat* parfit* (12)amor.

An cest AP Car en cest S151 siecle nen ad p. amur A parfite PS N'a en cest s. nule parfite a. M157
† icest *Ge. Pa.* nen at *edd.* L *hat* parait *nach Mü.* parfite *Pa.* (*Li.* = L)

d la uithe est fraisle niad* durable honur.

= P La vie est fragele . . amur (*in* honur *geändert*) A
† ni ad *edd.*

e cesta lethece (13)reuert agrant* tristur.

= P Ceste leece A Mais il desoiurent (departent) a doel et a tr. S153 M160 Lasel la joie d'ier tourra a grant misere Q31c
† a grant *edd.*

15.

a Quant saraisun* li ad tute mustrethe.

= P mustree A Quant ses paroles li ot issi contees S154
† sa r. *edd.*

b (14)pois li cumandet les renges de sespethe*.

Dunc AP li duna l. r. de sespee A la renge de sa e. P II pars en fist al trencant de lespee S158
† s'espethe *Ho. Li.* sa spede *Pa.*

c & un anel a deu li ad* co(15)mandethe*.

E cel a. A Prist un a. S157 dunt il (il *fehlt* P) lot (ot S) espusee APS Puis prent laniel dont il ot engagie M133 Car me montrez l'anel dont vous ai espousee Q26a
† a d. l'ad *ThMü. Ho. Li.* dont il l'out esposede *Pa.*

d dunc en eissit* de la cambre sum pedre.

Puis ist fors de la chambre sun pere A D. sen ist fors P Lors isy de la chambre n'i vout plus demourer Q34d
† en eist fors *Pa.* (*Li.* = L)

e ensur* nuit (16)sen fuit de la contrethe.

Ia senfuit fors de [tute] sa cuntree A En cele nuit P A mienuit …. oite S320
† E ensur *ThMü.* Ensur *Ho.* En mie *Pa.*

16.

a Dunc uint errant dreitem*en*t alamer*

= P Puis u. curant A Droit en la mer en aquels son eerer S337 Sains Alesins uint a le mer fuiant M335 Mes tant erra ... Qu'a un port de mer vint hastivement courant Q35d 36a
† a la m. *edd.*

b (17)lanef* est preste ou il deueit entrer.

La n. fu prest u il dut enz e. A Preste est la nes S338 ou il pora e. PS Il trova une nef c' on aloit aprestant Q36b
† La n. *edd.* nefs *Ho.*

c dunet sum pris & enz est (18)aloet*.

Dunad sun p. si [s]est [fait] ens [porter] entrer A sest aloez P si est tous tens entres S339 si entra ens corant M338 L'enfant fist son marchie et poia tout avant Q36c
† aloez *Ho. Pa.*

d drecent lur sigle laisent curre par mer.

= P S340 laissent c. en m. A D. L uoiles ..... Parmi la mer sen eskipent atant M339. 340.

e la pristrent (19)terre odeus* les* uolt mener*.

L[I]a .. u d. lur uolst duner A La prenent t. ou deu lor uout doner P
† o d. *edd.* lor volst doner *Pa.* (*Li.* = L) lest *Mü.*

17.

a Dreit a Lalice* co fut citet* mult (20)bele.

alaliche une cite A S357 ceo fu une c. m. b. P D. a. cuident uenir siglant M341 Droit a une chite cuidierent ariver C'on apele Lalice Q49a b
† a la Lice *Mü. Ge. Ho.* a Lalice une c. *Pa.* (*Li.* = L) cites *Ho.*

b iloec ariuet sainement la nacele.

= P Iluec ariue saluement lur n. A I. sen ua sains A. par terre S358

c dunc an eisit danz (21)Alexis acertes*.

Dunc sen issi dunz A. a terre A issi fors d. A. a terre P *fehlt* (*vgl. aber* b) S E de la barge fors a la terre issu M351
† a certes *Ge. Ho.* a terre *Pa.*

d co ne sai io* cum longes iconuerset*.

Mais ce ne sai c. bien il i uolst estre A Mes ieo ne sai P S359 M361 cumme P c. l. i estut M361
† Mais jo ne sai *Pa.* (*Li.* = L) Mais c'o ne sai *Ste.* i conu. *edd.*

e ouqueilseit* (22)de deu seruir ne cesset.

= P S360 Uq. [de deu seruir] ne cesse (pas durer) A U kil ala diu serui et connut M362
† Ou que il a. *edd.*

18.

a Diloc* alat an Alsis la ciptet.

Dunc sen alad en Arsis la cite **A** Puis sen ala en Axis **P** Apres en ua en Ausis **S**362 Droit en Alis le cite sen ala **M**366 ... d'ileuc se remua En Alphis la chite trestout droit s'en ala **Q**60ab
† Dunc s'en *Ste.*

b par une (23)imagine dunt il oit parler.

imagene . . [oi] parle[r] **A** Por **PS**363 **M**367 ymage **PS** kon illuec li prisa **M** Pour l'amour d'un image que l'en li ensengna **Q**60c

c qued angeles* firent par cumandement dev.

Que .. par le c. de[u] **A** angre .. le c. d. **P** angle .. le commant de De **S**364 Que li sains angeles de ses mains figura **M**368 Que l'angre Gabriel (se dist on) i porta **Q**60d
† angele *Ho. Pa.*

d (24)el num la uirgine ki portat saluetet.

El n. de la uirgene ki porte saluete **A** n. de la uirge **P** n. celi **S**365 Ki a le uirgene le messaige annoncha **M**369 L'image resembloit a la vierge pucele **Q**61a

e sainta Marie kiportat* (25)damne deu.

= **P** Sainte .. porta damede **A** Sans nostre dame la mere d. d. **S**367 Quant nostre sires en son cors saombra **M**370
† Ki p. *edd.*

19.

a Tut sun auer quod sei enad* portet.

aueir que il ad aporte **A** kil out o sei porte **P** que il en ot porte **S**383 Puis prist la uoie ki de Romme gieta **M**383 Lors donna tout l'avoir que de Romme aporta **Q**62d
† en ad *Mü. Ge. Ho. Li.* en out *Pa.*

b tut le depart (26)par Alsis lacitet*.

T. le d. nient **A** Si depart que rien **P** A departi aine riens **S**384 ne len remest **APS** Que onques maile sor lui ne resierua **M**385
† la citet *edd.* que giens ne l'en remest *Pa.* (*Li.* = **L**).

c larges almosnes que gens nelen* remest*.

L. a. en (par **PS**) Arsis (Axis **P** Ausi **S**) la cite **APS**385
† ne len *edd.* par Alsis la citet *Pa.* (*Li.* = **L**)

d dunet (27)as poures u quil les pout trouer.

Dunad **APS**386 u il l. pot truuer **A** q. l. p. **S** A povres gens le rendi et donna **M**384
† Dunad *Ste.*

e pur nul auer no* uolt estra (28)ancúmbret.

no *in* ne *geändert* **L** = **P** ne vaut **S**387 De n. aueir (ne se uout) encumbre[z](r) **A**
† Par *Pa.* ne *Pa.* (*Li.* = **L**).

20.

a Quant sun auer lur ad tot de partit*.

= S389 Q. sun aueir (tut lur) [tut] departi(st) A a. out a toz departis P Quant li sires eut departi son auoir M386 Quant le bon amy Dieu eut donne son avoir Q64a
† departit *edd.*

b ent[a]* (29)les poures sesist* danz Alexis.

Entre l. p. (danz Alexis sasist) A E. les autres S390 sasist d. A. PS sen va el renc seoir M387 Entre l. p. gens s'ala errant seoir Q64b
† ent[a] *Mü.* entre *Ge. Pa.* se sist *Mü. Ge. Ho.* s'asist *Pa.* (*Li.* = L)

c recut lalmosne quant deus lalit[a]mist*.

= P de(u) A la u Dius li t. S391 quant il le pot auoir M388 Voulentiers prist l'aumone quant il la pout avoir Q64c
† la li tramist (t[a]mist *Mü.*) *edd.*

d (30)tant anretint* dunt ses cors puet* guarir.

T. an receit (recut) d. sun c. AP pot g. P en guarist A que son cors en soustint S392 Quant ne retint del disner mie au soir M390 Car il n'en retenoit que pour li soutenir Q67a
† an retint *edd.* sun c. *mais* L *pourrait se défendre Pa.*

e se luin* remaint (31)sil rent as pouerins.

Se len r. (as poures le partist) A Se lui r. as plus poures le rent P Le remanant en rent as poureins S393 Le remenant aloit as autrez departir Q67b
† lum *könnte auch* luin *gelesen werden Mü.*

21.

a Or reuendrai al pedra & ala* medra.

Ore uendrai P Or reuenrons S394 Or uus dirai del pere e de la mere A a chiaus de la contree M398
† a la m. *edd.*

b & ala (32)spuse* qued il out espusethe*.

Et de la pulcele que il ot espus(liere) A qui sole fu [en est] remese PS395
† a la s. *edd.* qui sole fut remese *Ho. Pa.* (*Li.* = L)

c quant il co sourent qued il fudsi* (33)alet*.

Q. il ce sorent que il (il *fehlt* P) fui sen ere AP S396 Quant le saront que il la relenkie M332
† fud in a. *edd.* q. il fuiz s'en eret *Ho. Pa.*

d co fut granz dols quet il unt demenet*.

Ce fu grant duel AP *Schluss fehlt* P que il en demenere (demenerent) A S397 Ki tel dolor ont por lui demenee M399
† d. par tote la cuntrede *Ho.* qued il en demenerent *Pa.*

e egranz* deplainz* (34)par tuta lacitiet*.

Et g. complaintes S398 p. t. la contree (*Anfang fehlt* P) PS E grant (trop la) plainte (dulorosse e amere) A *fehlt* (*vgl. aber* a) M
† E granz *edd.* deplaint *Mü.* la citiet *Mü. Ge.* la citiede *Ho.* la contrede *Pa.*

22.

a Co dist li pedres cher filz cum tai (35)perdut.

Diua d. li p. M414 Ce d. li pere chier ... perdus A bel f. P *fehlt* (*vgl. aber* b) S

b respont la medre lasse qued est* deuenut*.

= P Respunt la mere lasse que est deuenus A Dius dist la m quest mes fiex deuenus S455 *fehlt* (*vgl. aber* c) M
† qu'est *ThMü. Ho. Pa.* devenuz *Ho. Pa.*

c co dist la spuse pechet* (30ᵇ)lemat* tolut.

= P Ce d. lespuse peche le ma toluz A Cou d. li peres S456 Respunt la mere M415 *Von* 30b *ist* L *durchweg mit schwarzer Tinte geschrieben, aber von gleicher Hand. Die Stropheninitialen sind von jetzt an abwechselnd roth und blau.*
† pechiez *Pa. Mit* 30b *scheint eine andere aber gleichzeitige Hand zu beginnen Mü. S.* 300 le mat *edd.*

d e chers amis* si pou uus ai out.

Amis bel sire AP sipoi .. euz A Dius dist lespouse com (Lespeuse crie molt) petit lai eu S457 M416
† Amis, bels sire *Pa.* (*Li.* = L)

e or sui si graime que* ne (2)puis estra plus.

Ore P greine ... estre A Or sui dolante onques mais si ne fu M417 *fehlt* S
† qui *Mü.*

23.

a Dunc prent li pedre de se* meilurs serganz.

= P prist S460 pere de ses mellurs serjan(t) A ses messages errant M442
† de ses *Ho. Pa.*

b par (3)multes terres fait querre sun amfanz*.

Par plusurs t. AM443 P. maint p. P P. moult de t. S461 enfant APSM Son pere le faisoit par maint pals querir Lez mesagiers au comte par plusieurs liex alerent Q67d 68a
† amfant *edd.*

c iusque an Alsis uenuindrent* (4)dui errant.

u *vor* en *später eingemalt, ebenso* n *nach* na 23e L Desque en Axiſen u. P Dedens Ausis u. tout droit e. S462 Droit en Alis en u. M444 Dreit a Tarsis en u. A tant que deus s'en entrerent En Alphis la cite Q68cᵈdˡ
† A. en u. *edd.*

d iloc truuerent danz* Alexis sedant.

= P Iluec t. dum A. seant A dant A. S463 Illuecques trueuent saint Alesin s. M445 Saint Alexis troverent a logestez seant Q69a
† dan *Ho. Pa.*

e mais na *n* conurent* (5)sum uis ne sum semblant.

Wegen nan L *s.* 23c Mais ne c. P Ne recounurent S465 Nel recunerent nal fait ne al s. A Si a muet son uis et son s. M447
† nan c. *Mü.* n *hinter* a *ausgelöscht Ge.* ne c. *Ho.* n'enc. *Pa.*

24.

a Des* at* liemfes* satendra* carn mudede.

Si out l. P Dont ot S446 *fehlt* AM (*vgl. aber* 23e)
† *Vielleicht* Tres ('*völlig*') *vgl.* 124a *ThMü.* Si at *Pa.* li e. sa t. *edd.*

b (6)nel reconurent li dui sergant sum pedre.

= PS469 Que il ne pueent rauiser tant ne quant M448 *fehlt* A

c alui* medisme unt lalmos(7)ne dunethe.

= PS470 Entre les astres (*vgl.* S *zu* 20b) l. li dun[er]ent A Mais lor aumosnes li presentent deuant M449
† A lui *edd.*

d illa* receut cume li altre frere.

= P receit cum un des altres (la prent) A Il le rechoit liement em plorant M450 *fehlt* S
† Il la *edd.*

e nel reconurent sempres (8)sen returnerent.

= P Li messagier s. s. return[er]ent A Si commenchierent ariere a retorner M486 *fehlt* S

25.

a Nel reconurent nenel unt* anterciet.

= AS471 entecie P
† ne nel unt *Mü. Ge.* ne ne l'unt *Ho. Pa.*

b danz Alexis (9)anlothet* deu del ciel

= P Sains A. S472 en ha deu mercie A Et sen aoure Damediu le poissant M451
† an l. *edd.*

c di cez* sons sers qui* il est prouenders*.

sons *in* sens *geändert* L Des sers son pere S473 cui A il ert S almosniers APS De ces s. s. cui .. aumosnans M452
† Dicez *Ge.* D'icez *Ho. Pa.* cui .. almosniers *Pa.* (*Li.* = L)

d il fut lur sire (10)or est lur almosners*.

= M453 d *und* e *umgestellt* A Ains fud AS474 provendier AP
† provendiers *Pa.* (*Li.* = L)

e neuus* sai dire cum ilsen* firet liez.

sai a d. c. il sen fist l. A cumme il se fist l. P comme il par sen fist l. S475 con forment il fu liez M489
† Ne uus ... il sen *edd.*

26.

a Cil sen repairent (11)a Rome la citet.

Puis S501 sen retornent P en R. AS Es uous a Romme les serghans repairies M495 Quant les messages furent au pere revenus Q76a *b* nuncent alpedre* que nelpourent* truuer.

= A qu'il ne p. S502 nel pueent t. P Noserent dire ke ia mais niert baillies M496 Il ne sourent a dire qu'il estoit devenus Q76b
† al p. q. nel p. *edd.*

c set ilfut* grąim* (12)nel estot demander.

Sil f. dolent (dolenz P S) A P S503 Or pues croire que molt furent iriet M497 Adoncques fu li duel dez amis maintenus Q76c
† il f. *edd.* graimz *Ho. Li.* S'il f. dolenz *Pa.*

d labone* medre semprist* adementer*.

se prist A P Li dame crie con fame forsenee M400 Au cuer out tel destraice qu'a terre se pama Q39b *fehlt* S
† La bone .. a d. *edd.* s'em p. *Ho. Pa.*

e esun* ker filz* (13)suuent aregreter*.

= A P *fehlt* S
† E sun ... a r. *edd.* fil *Ho. Pa.*

27.

a Filz Aleis* purquei* portat tamedre*.

Fiz Alexis p. te p. P Fius A. de ta dolante mere S399 Fiuls Alesins quel tristour m'as donnee M401 He! chier fis Alexis, dont te vint tel pensee Q42b
† Alexis *Ho. Pa.* pur quei t' p. *Ho. Pa.* ta m. *edd.*

b tu mies* fuit (14)dolente ansui* remese.

fuis A P S400 Fiuls tu ten uais sas laissie tespousee M402 Qu'as lessie pere et mere et ta fame espousee Q42c
† mi es *Mü.* fuiz *Ho. Pa.* an sui *edd.*

c ne sai le leu ne nen sai lacontrede*.

= A nen *fehlt* P Le liu ne sai ne ne sai S401
† la c. *edd.* contreda *Ge.*

d u talge querre (15)tute ensui* esguarethe.

Ou te puisse q. P U jou te quiere S402 tute sui e. A P
† en sui *edd.*

e iamais nierc lede. kers filz nul ert tun* pedre.

liez tis pere ne ta mere A Ia niere (niero) mes (*fehlt* S) lie bel fiz non (si n) iert ti (tes) pere P S403 Iamais par homme nen ert reconfortee M407 Biau fiex, j'ai si grant duel que bien mourir vouroie Q43a
† nul = nu l' *ThMü.* f. ni n'ert (ne n'iert) tes *Ho. Pa.*

28.

a (16)Vint en la cambre plaine de marrement.

= S406 en sa c. P p. de guarniment A Ceurt en le chambre toute sest deskiree M405

b si la despeiret que niremest* nient.

destruist A despoille P S407 ni laissa S *fehlt* (*vgl. aber* a) M
† n'i r. *edd.*

c (17)niremest* palie ne nelil* ornement*.

Ni laissa (laisse) paile ne nul P S408 ne nus A aurnement AP cier garniment S

† Ni r. *Mü. Ge.* N'i laissat *Ho. Pa.* neul *Dies Altr. Spr. Denk. S.* 24 *Ge. Ba.*[1] *Ho. Pa.* *Nach Lücking hätte in* nelil *der Schreiber* li *zu* u *corrigirt, ohne den überschiessenden Theil des* l *wegzuradiren.* ne nuls dornemenz *Ste.*

d atel* tristur aturnat sun talent

= A A tristor torne s. t. P Tost a tourne a grant duel s. t. S409

† A tel *edd.*

e (18)unches*. puis cel di nese* contint ledement.

Puis icel iur mult surient (? = suuent *Pa.*) se demet (= dement *Pa.*) A Unc ..: ne uesqui liement P Ains .. iour nen fu lie granment S411

† Unc ... nes *Ba.*[1] *Ho. Pa.* ne se *Mü. Ge.*

29.

a Cambra dist ela iamais* ne(19)stras parede.

= A iamais ne serez P mal fuissies atornee S417 La chambre qu'on avoit a grant joie parée Q47c

† ia mais *Ge. Ho. Pa.*

b neialedece* nert antei* demenede.

Jamais l. A Ne iames l. P Jamais en vous niert leece trouuee S419

† ne ia l. n. an tei *edd.*

c si lat destruite cumdis* (20)lait host depredethe*.

cum hum (sel) laust preee AP comme elle ert la uespree S413

† cum dis *Mü. Ge.* cumdis lavust predethe *Ho.* com s'hom l'oust predede *Pa.* *zur* dis *ist zu beseitigen Ba.*[1] *To.*

d sas ifait* pendre curtines* deramedes*.

Elle i f. p. curce (? = cince *Pa.*) d. r. A Sacs i f. tendre e cinces d. P Ostent les pailes et les courtines lees S414 Oste ses pailes et sa courtine lee M406 *vgl.* Q *zu e*

† i fait *edd.* e cinces *Pa.* der amedes *Mü.*

e sagrant* (21)honur agrant* dol ad aturnede*.

Cele g. h. A Sa g. ricoise a a grant duel S415 a g. dolor P est AP turnee APS Fut en duel et en plours ce jour descourtinée (*vgl. zu a*) Q47d

† Sa grant . a g. *edd.* turnede *Ge. Ba.*[1] *Ho. Pa.*

30.

a Del duel sasist la medre iusq;* a terre.

De d. AP De la dolour sasist la S422 la sue mere A ius P m. a t. AS Andoi sasisent sous un marbre tot nu M412

† jus *Th Mü. Ho. Pa.*

b (22)sifist* laspuse* danz* Alexis acertes*.

= AP saint A. la bele S424

† Si f. la s. *edd.* dans *Mü.* dan *Ho. Pa.* a certes *Ge. Ho.*

c dama dist ele i''o* iai* sigrant* perte.

E deu d. e. mult par ai fait g. p. P io ai fait A8425 moult g. p. S Dame fet ele quant tes fils ma laissie M422

† io (íó *Ho.*) i ai (iai *Mü.*) si g. *edd.* jo ai fait *Pa.* (*Li.* = L).

d (23)ore uiurai an guise de turtrele.

= A Desor P Ormais u. a loi de tourtereule S427 Ains vivré chastement quant vo fis m'a leesie Q44c

e quant nai tun filz* ansemblot tei (24)uoil estra.

Nen ai t. f. A Ore nei t. f. P ensamble toi S429 *Schluss scheint* = L *ist aber geändert zu:* desor serai tancelle A Or me retien od toi en ta maisnie (*für Anfang vgl. Var. zu* c) M423 *vgl.* Q *zu d*

† fil *Ho. Pa.*

31.

a Co dila* medre se amei* te uols tenir.

a—e *fehlen* M Respont la .. od mei te A P Respont li pere ... Sensamble a moi te voloies tenir S435'436

† di la *Mü. Ge.* dist la *Ho. Li.* Respont la *Pa.* s'a mei *Ho. Li.* s'od mei *Pa.* se a mei *Mü. Ge.*

b sit guardarai pur (25)amur Alexis.

= A G. tei por lamor Alexi P Seruirai toi p. a. a mon fil S437

c ia nauras mal dunt te puisse guarir.

= A P S438

d plainums an(26)semble le doel de *nostre* ami.

= A P Plourent ensamble del duel de lor a. S451

e tu de* tun* seinur iol frai* pur munfilz*.

Tu pur tun sire e ie pur m. chier f. A Tu por t. s. iel ferai p. m. fis P Lune son fil et lautre son ami S452

† Tu — seinur *braucht nicht geändert zu werden ThMü.* De t. s. tu *Ba.*[1] del *Pa.* tun *tilgen Ho. Pa.* per *To.* ferai *ThMü. Ho. Pa.* mun f. *edd.* fil *Ho. Pa.*

32.

a (27)Ne poet estra altra turnent el* consirrer.

a—e *fehlen* M Ne . altre estre A P Veullent u non S504 metent al (el) c. P S

† metent l'el *Pa.* (*Li.* = L)

b mais la dolur ne pothent (28)ublier.

= P Mais lor grant duel S505 ne porent u. A

c danz Alexis en Alsis la citet.

A. est en Ausis S506 Arsis A Axis P Il estoit en Alphis devant le saint image Q77a

d sert sun seinur par bone uolentet.

= A Son signour sert S507 par grant humilite P S En Dieu servir avoit si bien mis son courage Q77b e (29)ses enemis nel* poet anganer*.

nel pueent P Que anemis ne lem puet encombrer S508 *fehlt* A
† ne le *Ba.*[1] *Ho.* p. onc enganer *Pa.*

33.

a Dis eseat* anz nen fut nient adire*.

De X anz A ne fu P ainc rien nen fu a d. S509 si est si maintenus M499 En Alphis la cite fu bien dis et set ans Q78a
† e seat (— *Mü.*) .... a d. *edd.*

b (30)penat sun cors el damne deu seruise.

= A en d. d. s. S510 c. iloc el deu s. P

c pur amistet ne dami ne damie.

P. a. dami ne d. P Ce ne fist il pour ami ne amie S511 *fehlt* AM

d (31)ne pur honurs ki len fussent tramise*.

honor que nul lui ait pramise P honnor qui li en fust a dire S512 De deu ne voldra turner ne de sainte eglise (*vgl.* e) A
† qui lui f. *Pa.* tramises *Ba.*[1]*Pa.* pramises *Ho.*

e nenuolt* turner tant cum (32)il ad auiure*.

Ne veut .... ait a u. P Pour nul auoir ne sen tornera mie S514 Pur or ne pur argent ne pur rien ki uiue (*vgl.* d) A Que l'orguel de ce monde ne prisoit un fromage Q77c
† Nen uolt *edd.* a uiure *Ge. Ho. Pa.* amure *Mü.*

34.

a Quant tut sun quor enad* si afermet*.

cuer i a P si aturne A P Quant son coraige ot a cou atourne S515 Quant li sains a le borch si ename M519
† en ad *edd.* atornet *Pa.* (*Li.* = L)

b que iasum* uoil (33)nistrat de la citied.

= S516 Que mais s. wel P nen i. A ke ia nistra mais par sa uolonte M520
† ia s. *edd.*

c deus fist limagine pur sue amur parler.

D. f. une i. A f. lymage P S517 por lamor de lui p. P pour A. p. S517 Li sainte ymagene dont iou uous ai conte M521

d al (34)seruitor ki serueit al alter.

Un saige clerc S526 seruoit AS serui P A le coustre dou mostier apiele M522 Un geune clerc pasoit devant le saint imaige Pour alumer lez lampez, car il l'avoit d'usaige Q83a b

e c"o* li cumandet apele lume deu.

Ce dist limagene A S527 fai uenir l. d. AP *vgl.* M *zu* d
† Co *Mü. Ge. Ho.* Ço *Ba.*[1] *Pa.*

35.

a (35)Co dist limagena fai lume deu uenir.

= A lymage P S533

b q*r il ad deu bien seruit & agret*.

En cest mustier A S534 Enz el mostier P car bien la deserui S kar il la (il a) deseruit AP Le biel sieruiche ... A nostre sires molt recoillit en gre S531

† bien et a gret servit *Ba.*[1] *Li.* a gret *Ge.* Enz el muster quar il ad-deservit *Ho.* En cest monstier quer il l'at deservit *Pa.*

c (31°) & il est dignes* dentrer enparadis*.

= A Car S535 Et *fehlt* P

† digne *Mü.* en p. *edd.*

d cil uait sil quert mais ilnel* set coisir.

= S536 Et il le uait querre A mes nel s. P Le moustier cerke e de lonc e de le S M533 *vgl.* Or ua sil quier M529[1]

† il nel *edd.*

e (2)icel saint home de cui limagene dist.

h. dunt l. li d. A lymage P S537

36.

a Reuint licostre* al imagine (3)el muster.

li mes .. al m. A R. tost al ymage P Li clers (*vgl.* M *zu* 34 d) reuint S538 M540 esmaris al m. S538 a limagene en plorant M Le clerc au saint ymaige s'en retourna arier Q86d

† li c. *edd.*

b certes dist il ne sai cui antercier.

= P d. il ie nel sai a. A Gentiels ymaige ne sai qui e. S541

c respont limagine (4)c"o* est* cil qui tres* lus set.

Lymage dist P Con dist lymaige celui qui les lui s. S544 cest .. lez luz s. P q. lo ... iet (*wohl* = qui les luz siet?) A Elle respont (Une vois li a dit) trouuer le pues seant Derrier (La derriere) cel huis M544 545[1] Q87cd[1]

† co *Mü. Ge.* c'o' 'st *Ho.* ço 'st *Pa.* c'est *Li.* lez *Ste.*

d pres est de deu edes* regnes* del ciel.

e del regne P S545 de ciel S *fehlt* A

† e d. *edd.* del regne *Pa.*

e par (5)nule guise nesen* uolt esluiner*.

= S Por nul auoir ne se uout e. P *fehlt* A

† ne sen *edd.* eslumer *Mü.*

37.

a Cil uait sil quert fait lel muster (6)uenir.

Cil le uait querre f. lal A f. lei al m. u. P Quiert le li clers cele part uint corant M546 *b* est uus* lesample* par trestut* le pais.

E vous la noise S569 Eteuous la nouele par tot P t. cel p. A
† Est vus *Ho. Li.* Es vos *Pa.* les a. p. tres t. *Mü.*

c que cele imagine parlat (7)pur Alexis

= A ymage P S570 Que nostre sires fist lymagene parler M559 Lors leur dist comme Dieu fist l'ymage parler Q90b

d Trestuit* lonurent li grant eli* petit.

= A P Tout les hounorent S571
† tres t. *Mü.* e li *edd.*

e etuit* le* prient (8)que de els ait* mercit.

li p. kil ait de els merci P de e. aust m. A
† Et tuit *Mü. Ge. Ho.* E toit *Pa.* li *Ho.* d'els aiet *Ho. Pa.* e eut m. *Mü.*

38.

a Quant il c″o ueit quil* uolent onurer.

= A ceo uit que hum le uout P Q. il uoit cou que (que *fehlt* M) u. S573 M564
† co *Mü. Ge.* c'o' *Ho.* ço *Ba.*[1] *Pa.* que l' v. *Ho. Pa.*

b (9)certes dist il ni ai mais ad ester.

= P E dieus S575 ci ne uoel (quier) mais e. S M566 d. il mei uolez (?) deporter *folgt:* Ci entre uus nai cure a ester A

c dicest* honur nen* reuoil* ancum(10)brer.

De ceste h. ne me uoil P ne (se) volt [estre] encumbre(r)[z] A *fehlt* S M
† di cest *Mü.* D'iceste . nem *Ba.*[1] *Pa.* neme voil *Ho.*

d ensur nuit* senfuit* delaciptet*.

la — ? (*so Meyer am Rand von Li.*[1], ensur *und* la ciptet *von* L *sind von ihm unterstrichen, Pa. deutet es:* En la ......, *Ste.:* La nuit senfuit de *Rest unleserlich*) A En une n. P A mienuit S578 M569 lor eschape li ber M Car endroit mienuit .... Il s'enfuy Q92b[1] c[1]
† E ensur *Th Mü.* En mie noit *Pa.* s'en f. *Ge. Ho. Pa.* de la c. *edd.*

e dreit ala* lice* reuint* li sons (11)edrers.

D. a la riue (*vgl.* M341 *Verbesserung zu* 17a) li serf deu uint errant *dies und Lesart zu* 39 a *wohl späterer Nachtrag* A reioint li suens orez P Droit a la mer en aquelt son esrer S581 Et vint fuiant droitement a le mer M570 Courant vint a la mer Q92d[1]
† a la *Mü. Ge. Ho.* a Lalice *Ba.*[1] *Pa.* rejuint *Pa.* rejunt *Ho.*

39.

a Danz Alexis entrat en une nef.

Dunz A. encuntra un chalant *vgl. zu* 38 e A Saint A. P Pres est la barge qui outre doit aler M571

b ourent lur uent laisent (12)curre par mer.

= A Drescent lor sigle P S584

c andreit* Tarson espeiret ariuer.

E dreit a Ronme espeirent P Dreit en Ters .. (?) la cuiderent a. A Droit a Troholt quidierent a. S586 Droit uers Corsant en cuidierent aler M573 Droit au port de Coursant cuidierent a. Q93b
† Dreit a *Pa.* (Endreit *Li.*)

d mais ne puet (13)estra ailurs lestot aler.

cautre part sont tourne S587 Mais aillors lor estuet torner P Mais nostre sires nes i laissa sigler M574 *fehlt* A Mes le dous Ihesu Crist fist la barque tourner Q93c

e andreit* aRome* les portet li orez.

Tut dreit AP S588 les conduit S li ures A Vers sen pais fist la barge torner M575
† Tot dreit *Pa.* (Endreit *Li.*) a R. *edd.*

40.

a Aun* (14)des porz ki plus est pres de Rome.

= P p. iert p. A qui ert p. p. S590 Et a siet liues pres de Romme ariuer M576
† A un *edd.*

b iloec ariuet la nef* aicelsaint* (15)home.

= A a cel s. h. P S591
† nefs *Hü.* ai cel s. *Mü.* a icel s. *Ge. Ba.*[1] a cel s. *ThMü. Ho. Pa.*

c quant uit* sun regne durement sen* redutet.

sun — redutet *überkritzelt* A Q. s. r. forment se P Q. ueit s. r. mout forment sen r. S592 Et quant li sires voit Romme la maior ... il en eut grant paor M578 580[a]
† ueit ... se *Pa.*

d de ses parenz (16)qued il nel recunuissent.

= A que nel reconeussent. P De ses amis qui nel connoissent onques S595

e e del honur del secle nel encumbrent

encumbrent *auf Rasur von gleicher Hand* L = P Ne S596 E que lonur ... encumbre A Si lembatront en la terre a honor M584 *vgl.* en terrien onnour Q94d[a]

41.

a (17)E deus dist il bels* sire* qui tut guuernes. (reis *übergeschrieben*)

Statt bels *stand ursprünglich* ber *oder* ben, *die Besserung von gleicher Hand,* reis *von etwas späterer Hand übergeschrieben.* Oi ... ki tut le mund g. A bon reis q. P glorious rois celestres S597 Hai dist il fius sainte Mariie M587
† bons *Ste. zu lesen ist:* sire *nach Mü.*, reis *nach Ge. Ba.*[1] *Ho. Pa.*

b se tei ploust ci* ne uolisse (18)estra.

= S598 Sil te pleust P ici AP volsisse A je ne uausisse mie M588 ... je ne vousisse mie Se vostre plezier fust Q95a[a]b[1]
† ici *Ho. Pa.*

c sorme* conuissent miparent* dicesta* terre.

dicesta t. *überkritzelt* A deste t. P Se me c. la gens de ceste t. S599 Sem uoit mes peres ki Romme a en bailie M590
† S'or me . mi p. *edd.* di cesta *Mü.* d'esta *Ho.* d'este *Pa.*

d ilme* prendrunt (19)par pri ou par poeste.

pri — poeste *überkritzelt* A pri e p. p. P par force e p. p. S600 Il prenderont par forche et par vigor M583
† il me *edd.*

e se ios ancreid* il me trairunt a perdra*

il *überkritzelt*, me feront A Se iaus en croi S601 Se ies crei tot me torrunt P a perte PS Si me tauront le toie compaignie M596
† an creid *edd.* (– *Mü.*) a perte *Pa.* (*Li.* = L)

42.

a Mais ne (20)pur huec* mun* pedre me desirret.

Ne sai dist il mi p. A E neporquant mis p. PS612
† nepurhuec *Ga.* mes *Ho. Pa.*

b si fait mamedra* plus q; femme (21)qui uiuet.

= S613 plus — uiuet *überkritzelt* A pl. que huem q. u. P.
† ma m. *edd.*

c auoc maspuse* que i"o* lur ai guerpide.

E cele pulcele q. A Si fait lespouse S614 Auoc ices lespose que ai g. P
† ma 'sp. *edd.* io *Mü. Ge.* ió *Ho.*

d or ne lairai nen* (22)mete anlur* bailie.

Or nel l. que ne mie m. A l. ne m. P A iaus irai parler un mot u dous M605 *fehlt* S
† ne m *Ba.*[1] *Ho. Pa.* an l. *edd.*

e nen* conuistrunt tanz iurz ad que nen* uirent.

c. mult . a q. *überkritzelt* A Ne me c. lunc tens a ne me u. P Il ne le saront ia car tos sui captiuous M606 *fehlt* S
† Ne m ..... ne m *Ba.*[1] *Ho. Pa.*

43.

a (23)Eist de la nef euint* andreit* aRome*

Dunt issi de la nef P e (si) uait errant AP Sains A. est issus de la nef (mer) S629 M617 *vgl.* Tout un cemin sen commence a aler S630 Sains Alesins sen vait a abandon Et vint a Romme M641—2[1] Adonc saint Alexis isi hors du vessel ... En Romme s'en entra Q97a98b[1]
† e vait edrant *Pa.* (*Li.* = L) e u. a. a R. *edd.*

b uait par les rues dunt il ia (24)bien fut cointe*.

dunt — cointe *geändert zu:* cum co fust un autre hume A dunt iadis fu bien cointes P Parmi les rues u il fu ia bien cointes S657
† cointes *Ho. Pa.*

c naltra pur* altre mais sun pedre iancuntret*.

Que uus dirrai ce s. A Ne un ne altre m. s. p. encuntre P Autre puis autre et s. S658 Que le sien pere encontrast li frans hom M644 Il encontra son pere qui estoit mout proudon Q98c

† viell. N'estat (*'blieb nicht stehen'*) *ThMü.* Altra *Ba.*[1] Altre pois *Pa.* i a. *edd.*

d (25)ansemblot lui grant masse de ses humes.

= AP Ensamble lui g. masses S659

e sil reconut par sun dreit (26)num le numet.

Il le r. A Sil apela P Bien le counut S660

44.

a Eufemien bel* sire riches hom.

= A Eufemiens P Eufemiien escoute ne raison M649 Il li a dit: Chier sire Q99a[1] *fehlt* S

† Eufemiens, bels *Pa.*

b quar me herber(27)ges* pur deu an tue* maison.

Herberge mei P ta m. AP S668 Hebregier quier pour Diu le roi del mont M650 veulliez moy herbergier Q99a[2]

† herberge *Pa.* ta *Ho. Pa.* (*Li.* = L)

c suz tun degret mefai* un grabatum

= AP *fehlt* SM

† m. f.· *edd.*

d (28)em pur* tun filz dunt tuas* tel dolur.

E por P S671 M651 dunt as si grant tristur A qui Alessis ot non S Alesin le baron M

† empur *Ge. Ba.*[1] *Pa.* tu as *edd.*

e tut soi amferm* sim* pais pur (29)sue amor.

si me p. p. P Enfers hom sui pais moi pour diu amour S670 Kar tut sui plein de mal e de dulur Fai le pur deu pais me pur sue amur A *fehlt* M

† amferms *Ho.* enferms *Pa.* sun *Mü.*

45.

a Quant ot li pedre le* clamor desun* filz*.

Q. sis p. ot le parler de A Q. oi li p. la c. d. fil P p. ramenteuoir son fil S675 pere dAlesin le baron M655 Quant le pere entendi le reclain Alexis Q100a

† la *Pa.* de sun *edd.* fil *Ho. Pa.*

b plurent (30)si oil* ne sen puet astenir.

o *in* oil *zu* e *gebessert* L Plore des oilz .. pout a. P S676 sen p. a. *überkritzelt* A Tant forment pleure M656 Mout tendrement ploura Q100b des biaus ieus de sen front (vis) MQ

† oil *edd.*

c por amor deu epur* mun cher ami.

= A Por deu amor P Por diu dist il S677
† e p. *edd.*

d tut (31)te durai boens hom quanq; mas quis.

ferai PS678 q. tu as requis A cou que tu dis S

e lit & ostel e pain e carn (32)e uin.

= APS679 Hostel aras ... Ne te faura ne pains ne cars ne vins M660[1]662 Vous arez bon ostel .... Jamez ne vous faudra ne pain, ne char, ne vin Q100d[1]104c

46.

a E deus dist il quer ousse un sergant.

Oi A car eusse ieo ore un s. P servant A Dius dist li pere S752 M739 cor eusse S se jauoie un serghant M Il me faut un sergant Q112a[1]

b ·kil me guardrat* i"o* (33)len fereie franc.

qui le me P ki le (me *fehlt*) S753[1] Qui me M740 guardast APSM tot (iou) le f. f. PS754[1] cel pelerin errant Jel franciroie M Qui le me gardera il ara bon louier Q112c
† guardast *ThMü. Ho. Pa.* io *Mü. Ge.* íó *Ho.* jo *Ba.*[1] *Pa.*

c un en íout* ki sempres uint auant.

ki *fehlt* P uient A i a M742 qui sen presente auant S755 M Un des escuiers dist: je m'en met en present Q113a
† i out *edd.*

d asme* dist (34)il kil guard pur* ton cumand.

Jel garderai dist il a tun c. A Prest sui dist il quel gart par P Ves me ci sire sel garc par vo c. S756 Jel garderai sire par ten talant M648 Je le garderai bien non pas pour vostre argent Mes pour vostre chier fis Q113bc[1]
† as me *Ge. Ba.*[1] *Ho. Pa.* par *Pa.* (*Li.* = L)

e pur tue amur an,ferai* lahan.

so *blässere Schrift* L Por uostre a. en sofrirai l. P Mais por lamor au tien gentil enfant Le seruirai a trestout mon viuant M746-7 *fehlt* AS
† an so ferai *Mü.* an soferai *Ge. Ba.*[1] *Ho. Pa.*

47.

a Dunc* (35)le menat andreit suz le degret.

Cil AP tot dreit P Len adestra desous les degres M752 Le serjant Alexis sous les degrez mena Q115a *fehlt* S
† Cil *Pa.* (*Li.* = L)

b fait li sun lit oil* pot reposer.

= A Fist lui ... pout P *fehlt* S
† o il *Ge. Ba.*[1] *Ho. Pa.*

c tut li (31[b])amanuet quanq; bosuinz llert*.

= A apreste q. ois li fu asez P De tout en tout li fait ses volentes M763 L'escuier li fezoit son plezir sans demeure Q117c *fehlt* S
† li ert *Ge. Ba.*¹ *Ho. Pa.*

d contra* seinur ne sen uolt mes aler*

Vers sun s. APM764 ne u. P ne se u. mal mener A nen velt estre coupes M764 *fehlt* S
† Vers son *Pa.* Contre-l *Li.* mesaler *Pa.*

e (2)par nule guise ne lem puet hom blasmer.

= S762 En .... pout un b. P Que pur nule chose len puisse ia b. A

48.

a Souent le uirent e lepedre* (3)e le* medra.

= S763 *überkritzelt* A uirent le p. e la P Puis a li p. souuent son fil ueut M768 Son chier pere et sa mere l'ont maintes fois veü Q118b
† le p. *Mü. Ge. Ba.*¹ *Ho. Li.* li p. *Pa.* la m. *Ba.*¹ Ho. *Pa.*

b e la pulcele quet liert* espusede.

= A kil out e. P que il ot e. S764 Aussi fist la p. Q118c ki tant lot atendut M770 Q
† li ert *Ge. Ba.*¹ *Ho. Pa.*

c par nule guise unces (4)nel auiserent.

= A En P rauiserent S765 Que onques nus de rien nel reconnut M771 Mez onquez ne pout estre par nul d'eus coneü Q118d

d nil ne lur dist nelf* nel* demanderent.

deutliches f *in* nelf L Il ne lur dist AS766 Ne il nel d. ne cist n. P ne il n. d. A nil ne lor d. S Ne ne li ont demande ne enquis M772
† nels *Mü.* ni els *Ba.*¹ ne ils *Ho.* n'il ne li *Pa.*

e quels hom (5)esteit ne de quel terre il eret.

de q. t. *überkritzelt* A regne P e de quele contree S767 Quel hom il ert ne de quel terre fu M773

49.

a Souentes feiz lur ueit grant duel (6)mener.

= A l. uit PS768 demener P Son pere uoit ... souuent grant duel esmut M775¹-776²

b e delur* oilz* mult tendrement plurer.

= AP Et .. souuentes fois p. S770
† de lur *edd.* oilz *fehlt, wird aber conjicirt Mü.*

c e tut pur lui unces (7)nient pur, eil .*

eil *mit blässerer Schrift übergeschrieben* L Trestut APM777 et nient tout p. el S769 n. p. e. *überkritzelt* A kil ont ensi pierdut M
† pur eil *Mü. Ge. Ba.*¹ *Ho.* por el *Pa.*

d danz Alexis le* met el consirrer.

Il les esgarde P S771 M778 sil m. P S et si sen fait si mut M D. A. les ueit suuent pasmer A

† Il les esguardet si l' *Pa.* (*Li.* = L)

e ne len est rien issi est (8)aturnet*.

Nad sun de quanquil ueit ... A Na soig que voie si est a diu tornes S772 Kar en deu est tot le suen penser P A diu se tient par itele uertut M780

† aturnez *Ho. Li.* N'at soin que l' (que *To.*) veiet si est a Deu tornez *Pa.* (— *Li.*)

50.

a Soz le degret ou il gist sur sanate*.

Sour le d. S773 ou gist suz (sour) une n. P S la n. A Sous ses degres a guise daumosnier M787

† ou gist sor une n. *Pa.* (*Li.* = L) sa n. *Ge. Ba.*[1] *Ho.*

b iluec* paist lum (9)del relef de la tabla.

La le A S774 Iloc le p. P p. on S Li aportoient le grant relief entier M791

† La le *Pa.* Iloc *Li.*

c agrant* pouerte deduit sun grant parage*.

Sa pourete d. a g. S775 A g. dulur A g. barnage P S s. g. p. *überkritzelt* A

† A g. *edd.* barnage *Pa.* (*Li.* = L)

d (10)c"o* ne uolt il que sa mere lesacet*.

Mais ce (Et si) ne u. que A P sis peres P Il ne veult mie ...· nel s. S776

† co *Mü.* c'o' *Ho.* ço *Ba.*[1] *Pa.* le s. *edd.*

e plus aimet deu que tut* sun linage.

= P Mielz a. d. q. trestut A S777

† trestut *Ba.*[1] *Ho. Pa.*

51.

a (11)De la uiande ki del herberc liuint*.

del ostel li vient S778 *que* deuant lui u. P Le relief qui venoit du grant palais hautain Q120a *fehlt* A

† li u. (vient *Pa.*) *edd.*

b tant anretint* dunt sun cors (12)ansustint*.

Tant en recut (retient) *que* a P S779 en soustient S Un poi em prent por son fain apaier M792 *fehlt* A

† an r. (retient *Pa.*) ... an s. (sostient *Pa.*) *edd.*

c se lui en* remaint sil rent as pourins*.

Sil en .... asmosniers P Le remanant en rent as prouuendiers S780 Et lautre rent a chiaus ki nont mestier M793 *fehlt* A

† lui 'n. *Ho. Pa.* poverins *Ba.*[1]*Ho.* almosniers *Pa.*

d nen fait musgode* (13)pur sun* cors engraisser.

Ne fist estui P mugot S781 M794 escarsier *fehlt* A
† misgode *Ho.* son *Mü.*

e . . . .*

fehlt L A Mais as plus poures le done a mainger P As poures gens le redonne a mangier S782
† Mais als (as) plus povres le donat (donet) a mangier *Ho. Pa.*

52.

a En sainte eglise conuerset uolenters.

= P S783 *fehlt* A

b (14)cascune feste se fait acomunier*.

= P se f. communiier M795 *fehlt* A S
† a comunier *Mü.*

c sainte escriture c''o* ert ses con(15)seilers.

ceo est sun c. P Tout si conseil repairent au sautier M796 *fehlt* A S
† co *Mü. Ge.* c'o' *Ho.* ço *Ba.*[1] *Pa.*

d del deu seruise se uolt* mult esforcer*.

das s in efforcer *deutlich* L De (A) d. seruir P S786 le roue e. P se commence e. S ki le roue e. M797 *fehlt* A
† le rovet *Pa.* (*Li.* = L) efforcer *Mü. Ge. Ho.* efforcier *Ba.*[1] *Li.*

e par nule guise (16)ne sen uolt esluiner*.

Danz Alexis ne se uout e. P Sains A. ne S787 E li sains hom ne sen velt atargier M798 *fehlt* A
† eslumer *Mü.*

53.

a Suz le degret ou il gist e conuerset

= A P S788 Sains Alesins uit dedesous le degre M800

b (17)iloc deduit ledement sa pouerte.

= A P A grant barnaige deduit sa grant p. S791

c li serf sum pedre kila* maisnede (18)seruent.

= P S792 Li felon sierf li font mainte uilte M805 *fehlt* A
† Ki la *edd.*

d lur lauadures li getent sur la teste.

Les A S794 Lors ... sus P Il prendent liaue quant il ont parlaue Si le reuersent celui sur les costes M806-7 (*vgl. zu* 54b)

e ne sen corucet (19)net il nes, apelet*. (ea written above nes)

c. neis nes en a. S795 [apelet] (tampeste) A Ne se ... nes a. P
† nes en a. *edd.*

54.

a Tuz* le scarnissent* sil tenent pur bricun.

= APM813 (M)out lescarnissent et tienent a b. S796
† Tuit (Toit) l' escarnissent *Ho. Pa.*

b (20)legua li getent si moilent sun linc"ol*

g. m. a. grabatun A et m. S797 lieun PS Des laueures li moilent son plicon (*vgl. zu* 53d) M814 Mout souvent li jetoient au nez et au menton Laveures et ordurez Q124bc'
† lincol *Mü. Ge. Ba.*' linc'ol *Ho.* linçol *Pa.*

c ne sen corucet giens* cil sain(21)tismes hom.

Un ne se A Ne se P c. icil s. APS798 Et li dex sers sen couce a orison M815
† giens *Mü.*

d ainz priet deu quet ille* lur* parduinst.

= A que trestout l. S799 kil lor p. P Sen proie diu par bonne entencion M816 Que Ihesu Crist prioit qu'il leur feïst pardon Q124d
† il le *Ge. Ba.*' *Ho. Pa.* luz *Mü.*

e par sa (22)mercit quer ne seuent que funt.

= A kil ne s. kil f. P mais ne s. quil f. S800 Kil lor en fache et merci et pardon M817

55.

a Iloc conuerset eisi dis eset* (23)anz.

= PS882 dis e uit ans A Dis e siet ans i a si conuerset M896 Dis et set ans entiers il avoit ja este Q138d
† e set *edd.*

b nel reconut nuls sons apartenanz.

conut nuls hum aparceuanz A conurent les suens P recounurent ne li serf ne li franc S883

c ne nuls* hom ne sout (24)les sens ahanz.

ne set les A Nest hom en terre qui sace les suens a. P Nonques nus hom ne sot de ses haans S884
† neuls *Ba.*' *Ho. Pa.*

d . . . .*

fehlt, doch ist Raum gelassen L Fors sul (Mais que P) le lit (li lis S) u il ad jeu tant APS885
† Mais que (Fors sol) li lis (liz *Pa.* le lit *To. Li.*) ou il a geü (at geut) tant *Ho. Pa.*

e . . . .*

fehlt L Ne (Nel P) puet (pot S) muer (celer P) ne seit (cil est P) aparissant (cil fu aparissans S) APS886
† Ne l' (Ne) pot celer si l'est (muder ne seit) aparissant *Ho. Pa.*

56.

a (25)Trente quatre anz ad si sun cors penet.

= A S900 a le suen c. p. P

b deus sun seruise li uolt guere(26)duner.

= P S901, *mit c umgestellt* A Ke li trauail li erent presente Et ens el regne Jesu guerredonne M901-2

c mult li angreget lasue* anfermetet.

agrege P agriene AS905 icele a. A Pries est ma fins car molt uois agreuant M889
† la sue *edd.*

d or set il bien. qued il (27)sen* deit aler.

= A Ore P Et si set bien S906 Pries est la fins si que tres bien le set M903
† sen *fehlt Mü.*

e cel son seruant* ad asei* apelet.

Son bon sergant M904 seriant P S908 a lui A S908 M Apela son serjant et li dist: Dous amis Q139d
† serjant *Pa.* (*Li.* = L) a sei *edd.*

57.

a Quer mei bel* frere (28)& enca eparcamin*.

= S912 Or me quier f. M911 f. enque P Turne mei frere si quier del p. A Mais pour Dieu va me quere enque et bon p. Q140d
† bels *Pa.* e p. *edd.*

b & une penne c"o* pri* tue mercit.

= P p. par ta m. A si ferai vn escrist S913
† co *Mü. Ge.* c'o' *Ho.* ço *Ba.*[1] *Pa.* *nach* pri *setze Komma To.*

c cilli* aportet (29)receit le* Aleis*.

a. e cil la coilli P [r. le A.] A Cil li va querre si li a aporte S917 Enque et bon parchemin li a lors aporte Q141d
† cil li *edd.* les Alexis *Ho. Pa.*

d escrit la cartra tute de seimedisme*.

De sei meisme A P dedens ad tut escrit A tote la chartre escrist P Tout i escrit quanquil a manouure S919 Et li sains hom si escrist ens sa vie M923 Adonc saint Alexis escript toute sa vie Q142a
† sei m. *Mü. Ge.* sei medism *Ba.*[1] De sei m. t. la c. e. *Ho. Pa.*

e cu*m* sen alat (30)ecum* il sen reuint.

C. en a. e cument sen fuit A e cum sentui P en Ausi la cite S921
† e cum *edd.*

58.

a Tres sei la tint ne lauolt* demustrer.

= A Triers .... la uout P Les lui le t. ne vaut pas d. S927
† la uolt *edd.* volst *Sta.*

b ne* re(31)conuissent usque il sen seit alet*.

tresque al iur quil sen deie aler A Que nel concissent desquil P Com nel councisse dusquil S928

† Ne l' ..... alez *Ho. Pa.*

c parfitement se ad adeu* cumandet

P. sest a deu cummandez P *fehlt* A S

† s' ad Ho. *Pa.* a deu *edd.*

d (32)sa fin* aproismet ses cors est agrauet*.

= A aproce P S930 li cors S

† fins *Ho.* agravez *Ho. Pa.*

e detut* antut* recesset del par(33)ler.

recessat A cesse de p. P Droit entour none sacoise de p. S931

† de t. an t. *edd.*

59.

a An la sameine qued il sen dut aler.

= A S935 kil sen deit a. P

b uint une uoiz treis* feiz (34)enla* citet.

= A P S936

† treiz *Mü. Ho.* en la *edd.*

c hors del sacrarie par cumandement deu.

= S937 cum deu la commande P *fehlt* A

d ki ses fedeilz* (35)li ad tuz amuiet*.

f. tuz i ad aunez A f. a a sei enuiez P

† fideilz *Mü. Ho. Pa.* fedeilz *Ge. Ba.*[1] *Li.* amviet *Ba.*[1] amuiet *richtig* (amuier = admotare) amviez *Ho.* envidez *Pa.*

e prest est la glorie qued illi* uolt duner

= A quil leur ueut d. P uil porra entrer S939

† il li *edd.*

60.

a En* lalt (32ᵃ)uoiz lur dist* altra summunse.

A A P l. feiz l. fait A u. l. fist une s. P A haute u. lors uint a. a. S941 Puis i reuint une autre uois cantant M938

† A ... vint (dist *Li.*) *Pa.*

b que lume deu quergent ki est* an Rome

= A ki gist en R. P S942 Car ales querre le damediu serghant Ki gist a R. M942-3[1]

† gist *Pa.* (*Li.* = L)

c (2)si* depreient que la citet ne fundet.

Et si li preient A Si lui d. P *fehlt* S Se li proiles a damediu le grant M949

† si deu *Ba.*[1] si li *Th. Mü. Ho. Pa.*

d ne ne perissent lagent* ki enz* (3)fregundent.

p. cil ki A perisse ... fregunde P *fehlt* S

† la g. *edd.* genz *Ho.* ki la *Mü.*

e ki lun* oid remainent en grant dute.

= A P Quant il loirent durement le redoutent S944 Cil qui lentendent en vont molt sospirant M953 Apres vint une vois parmi Romme criant Q144a
† l'unt *bessern Ge. Ba.*[1] *Ho.* l'ont *Pa.*

61.

a Sainz Innocenz (4)ert idunc* apostolie.

ert dunc P iert a. adonc S945 qui dunt iert a. A I. estoit donc a. M957 S. I. estoit pape en icelui tans Q146a
† dunc *Mü.*

b alui* repairent* eli* rice eli* poure.

A l. en uindrent A S946 A l. vienent P Et tout le pule les maluais et les pers M961
† A lui *edd.* en vindrent *Pa.* (*Li.* = L) e li r. e li *edd.*

c sili* requerent (5)conseil dicele* cose.

Requisent li S947 de ceste A P de cele S Si lor r. c. de ceste c. M962
† Si li *edd.* di cele *Mü.*

d quil unt oit* ki mult les desconfortet.

= P A tut le pople (*vgl.* 64d) A oie qui si l. d. S948 *vgl.* est molt espoentes M963[2]
† odide *Pa.* odit *Li.*

e ne guar(6)dent lure que terre nes anglutet*.

t. les encloe A les engloute S949 les asorbe P *vgl.* est a le tiere ales M964[2]
† enclodet *Pa.* asorbe *To.*

62.

a Li apostolie* eli* empereor.

= A P S950 *vgl.* Sains Innocens .... Et li doi roi M963[1] 966[1]
† Li apostolies *Ho. Pa.* e li *edd.*

b (7)li uns Acharies* li altre* Anories* out num.

Akaries .. Honorie P Onories A Li uns ara del autre oneres ot hounour non S951 Lun fu nomme Aquere (Dont lun eut nom Acaire B) lautre Honore li frans Q146c *vgl.* Et sains Acayres et ses freres Honoires M958
† Arcadie *Pa.* Acharie *Li.* l'altre *Ho.* Honorie *Pa.* Anorie *Li.*

c e tut le pople* par com(8)mune oraisun.

Trestot li pueples P Et tous li pules S952 M967 ki la est assambles M reisun (raison) A S Tout le peuple en requist la sainte trinite Q147b
† tuz li poples *Ho. Pa.*

d depreient deu que conseil lur anduins*.

= P S953 *fehlt* A *vgl.* Proierent diu ... Quil leur demostre M968[1] 969[1]
† an d. *Ge. Ba.*[1] *Ho. Pa.* duinst *Ho. Li.* doinst *Pa.*

e dicel* (9)saint hume par qui il guarirunt.

De cel P S954 garunt P U cis sains hom pora estre trouues M970 *fehlt* A
† di cel *Mü.*

63.

a Co li deprient la* sue pietet.

Trestout d. S955 par sa grant p. P *fehlt* A; *vgl.* par les siues bontes M969
† par la *Ho.*

b (10)que lur anseinet ol poissent recourer.

= A enseint ou le porunt (puissent) trouer P S956; Se le saint corps n'enseigne Q150c[1]
† anseint *Ho.* enseint *Pa.*

c uint une uoiz ki lur ad (11)anditet.

= A P S957 Une vois leur a dist qu'il ne seroit trouve Q147c

d anlamaisun* Eufemien quereiz.

= A A la m. P S958 A le maison Eufemien tout droit M976 Fors chiez Euphemiens, conte de la cite Q147d
† an la m. *edd.*

e quer* iloec est &* iloc* (12)le trouereiz.

= A et la le P et *fehlt* S959 La est li sires dont vous ancui ores M977
† quar *Mü.* et *tilgen Ba.*[1] *Ho. Li.* e la *Pa.*

64.

a Tuz* sen returnent sur dam Eufemien.

s. d. E. *undeutlich* A Tout .. sus P Tost sen tournerent S960
† Tuit *Ho. Li.* Toit *Pa.*

b alquanz* (13)li* prennent forment ablastenger*.

= A le P S961 forment *fehlt* P
† alquant le *Ho. Pa.* a b. *edd.*

c iceste cose nus douses nuncier.

= A n. deussies n. P c. deussies anoncier S962

d (14)atut* le pople ki ert* desconseilet*.

= A P S963
† a t. *edd.* qui est *Pa.* (*Li.* = L) desconseilez *Ho.* desconseiliez *Pa.*

e tant las celet mult ias* grant* (15)pechet.

m. en as g. A P T. la c. m. i a g. S964 fait as grant mesprison Que tant nous as cele ce saint baron M986' 987
† i as *edd.* i ad *ThMü.* grant *fehlt Mü.*

65.

a Ilescondit* cume* cil kil* nel set.

Il sescondit P S965 Cil l. c. li hum ... A cum c. qui P que li hom qui ne s. S Il dit qu'il n'en scet rien, ne lui vault deux espis Q149d
† Il le scondit *Mü.* Il lescondit *Ge. Ba.*[1] *To.* Il s'escondit *Ho. Pa.* cum *Mü.* com li hom *Pa.* (*Li.* = L) ki *Ge. Ba.*[1] *Ho. Pa.*

b mais nelen* creient al (16)helberc* sunt alet.

Cil n. A Il n. croien al herenc a. a. S966 al hostel s. a. A P Mais iaus ne caut de quankil a iure .... A son palais en sont trestout ale M1000, 1002
† nel en *edd.* herberc *Ge.*

c il uat auant lamaisun* aprester.

= P ua deuant sa m. atorner S967 Cil .. les bons (?) fist conreer A Il queurt deuant et la bien encense M1003
† la m. *edd.*

d forment len(17)quer* atuz* ses menestrels.

= S970 F. enquer A lenquiert .. menesterez P m. *undeutlich* A *vgl.* du saint corps leur enquist Q151a*
† l'enquert *Ho.* l'enquiert *Pa.* a t. *edd.*

e icil respondent que neuls dels nel set.

que *bis Schluss undeutlich* A E il r. que nul de els nel s. P Mais il respont que nus dels riens nen set S971 Il virent tuit que nus diaus ne le set M1012

66.

a (18)Li apostolie* eli* empereur.

= A P S972
† apostolies *Ho. Pa.* e li *edd.*

b sedent es* bans pensif* e plurus.

al b. A en banc S973 pensis e corocous P
† et b. *Ma.* ez b. *Ho.* e pensif *Ba.*[1] *Ho. Pa.*

c iloc es(19)guardent tuit cil altre seinors*.

Il les e. P E deuant (entour) els A S974 li prince e li baron S
† seinor *Ho. Pa.*

d si preient* deu que conseil lur (20)anduins*.

Depreient A P S975
† Depreient *Pa.* (*Li.* = L) an d. *Ge. Ba.*[1] *Ho. Pa.* duinst *Ho. Li.* doinst *Pa.*

e di cel* saint hume par qui il guarirunt.

= A De s. h. S976 De cele chose dunt si desiros sunt P
† dicel *Ge.* d'icel *Ba.*[1] *Ho. Pa.*

67.

a An tant de(21)mentres cum il iloec unt sis.

Et t. P En d. que iloec se sunt s. A Endementiers que S977 il unt iloc s. P S

b deseiuret laneme del cors sainz* (22)Alexis.

= A P S978
† saint *Ho. Pa.*

c tut dreitement enuait* enparadis*.

Dreitement P Diluec en ua tout droit em p. S978 Angeles lenportent el ciel e. p. A
† en uait en p. *edd.*

d a sun seinor q,l* aueit tant (23)seruit.

= A q. a. a. P *vgl.:* Se or eusse tant damediu serui S998
† q'l *Mü.* quil *Ge.* qu'il *Ba.*[1] *Ho. Pa.*

e ereis* celeste* tunus* ifai* uenir.

Deu r. c. la n. fai paruenir P c. kar *Rest unleserlich* A *fehlt* S
† e r. *edd.* celestes *Pa.* tu nus i fai *edd.*

68.

a Li boens serganz kilserueit* (24)uolentiers.

= A qui le s. P qui serui u. S1035 Et li serghans qui laimme si forment M1054 Le sergent vint au conte et li a dist ainsi Q158d
† kil s. *edd.*

b ille* nuncat sum pedre Eufemien.

= S1036 Cil A Il la nuncie a danz Eufemiens P Il queurt au pere se li dist coiement M1055
† il le *edd.*

c suef lapelet si li ad (25)conseilet.

= PS1037 Vint li deuant si A *vgl.* Tout basset en l'oreile Q159a *u.* M *zu* 68b

d sire dist il morz est tes prouenders.

= APS1038 Sire dex a recoillut ton paumier M1056

e e c"o* sai dire quil (26)fut bons cristiens.

in bons *ist* e *zu* o *gebessert* L = P Cou mest auis quil· ert S1039 *geänderter Text:* A mon poeir serui le volentiers A
† co *Mü. Ge.* c'o' *Ho.* ço *Pa.*

69.

a Mult lungament ai a* lui conuerset.

ai (a S) od lui APS1040
† od *Pa.* (*Li.* = L)

b de nule (27)cose certes nel sai blasmer.

= P nen (*od.* neu) s. S1041 *fehlt* A

c e c"o* mest uis que c"o* est lume* deu.

Çou m. auis ... li hom de S1042 E mei est u. kil est home d. P Si esper bien que il seit ume d. A Cest li dex sers bien le tos afichier M1064 *vgl.* bien croi que Dieu l'a chier Q159a[1]
† co ... co *Mü. Ge.* c'o' ... c'o' *Ho.* ço ... ço *Pa.* li hum *Ho.* (hom) *Pa.*

d tut (28)sul* sen' est Eufemien* turnet*.

= AP seus en est S 1043 Tout soef ist del grant palais plenier M1068
† tuz suls *Ho. Li.* Toz (*ebenso:* 1d, 2d, 44d *u. s. w. To.; vgl. L. Eichelmann Flexion des Adj.* S. 35) sols *Pa.* Eufemiens turnez (tornez) *Ho. Pa.*

e uint asun* filz* ou il* gist suz lude(29)gret*.

Vient P Va a s. S1044 ou gist PS ou est s. sun d. A sour son se d. S sos les degrez P Deuant son fil sen ua agenoillier M1070
† a s. *edd.* fil ou g. *Ho. Pa.* lu d. *Mü. Ge. Ho.* le d. *Li.* son d. *Pa.*

70.

a Les dras fuz* leuet* dum* il esteit cuuert*.

Le drap souslieue dont P S1045 iert acouuetes S cuuert *unleserlich* A
† suz l. *bessert Ge. Li.* suzlevet *Ho.* suzlievet *Pa.* dunt .. coverz *Ho. Li.* dont .. coverz *Pa.*

b uit del sain* home (30)le uis e cler e bel.

= P le uis en apert A le uis et bel et cler S1046
† saint *Ho. Pa.*

c en sum puing tint* le* cartre le deu serf*.

Tient en s. p. P Tint en sa main sa chartre li d. s. A Et en sa main sa cartre et son seel S1047
† tient sa *Pa.* tient la *Li.* li . serfs (sers) *Ho. Pa.*

d . . . .*.

fehlt L U (Ens en S) aueit (a P S) escrit trestut le suen cunvers A P S1048
† Ou a (ad) escrit trestot le suen (son) convers *Ho. Pa.*

e Eufe(31)mien* uolt saueir quet espelt.

que ceo espialt P kele espialt S1049 *überkritzelt* A
† Eufemiens *Ho. Pa.*

71.

a Illa* uolt prendra cil ne li uolt (32)guerpir.

= A P Il le u. p. mais ne li pot tolir S1050 Le brief li uelt fors del puing esrachier Mais li cors ni li vout pas balier M1071-2 Mout bien la cuida prendre mez ne la pout avoir Q161a
† Il la *edd.*

b alapostolie* reuint tuz esmeriz.

reuing S1051 t. esbahiz P S t. e. *unleserlich* A Tantost sen vint au pape ... lors fu tout esbahis Q161c 160e
† a l. *Mü. Ho. Pa.* al a. *Ge. Li.*

c ore ai trouet c″o* que (33)tant auums quis.

= P S1053 tant par a. q. A Je croi bien que ce soit le saint cors que queron Q163a
† co *Mü. Ge.* c'o' *Ho.* ço *Pa.*

d suz mun degret gist uns morz pelerins.

= A P g. mors uns p. S1054 Uns pelerins gist mors sos mes degres M1077

e (34)tent une cartre mais nali* puis tolir.

m. ne li A P S1055 Et tient un brief ... Jou le vauc prendre mais il le ma uee M1080' 1081 Un brief tient en sa main, bien prendre l'ay cuidé Ne le me veult laissier Q162bc'
† na li *Mü. Ge.* no li *Th Mü.* ne li *Ho. Pa.*

72.

a Li apostolie* eli* empereor

= P S1067 *fehlt* A
† apostolies *Ho. Pa.* e li *edd.*

b (35)uenent deuant ietent sei an* ureisuns.

Deuant lui uienent getent sa orison S1068 Vindrent auant et firent oreisuns P Et deuers lui cient a orison M1093 *fehlt* A
† s'an *Ho.* s'en *Pa.*

c metent lur cors (32ᵇ)en granz afflictiuns.

= A Mistrent P S1069 c. getent sa orison S Et si se misent en grant affliction M1094

d mercit mercit mercit* saintismes hom.

= AS 1071 Merci funt il por deu s. h. P Merchi ciers sire pour la toie douchour M1096
† mercit funt il por deu *Ho.*

e nen* coneumes (2)net uncore nen* conuissum.

Ne te conumes P S1072 ne uncore ne c. A nencor ne c. P ne se te c. S
† Ne t. *ThMü. Ho. Pa.* net uncor *Ho.* n'uncor ne t' *ThMü. Pa.*

73.

a Ci deuant tei estunt dui pechethuor*.

= AP soumes d. p. S1073
† pechetuor *Mü.*

b (3)par la deu grace uocet amperedor.

= P vuchie A clame S1074

c c″o* est* samerci* quil nus consent (4)lonor.

= P S1075 *fehlt* A
† co *Mü. Ge.* c'est *Ho. Li.* ço 'st *Pa.* sa m. *edd.*

d detut* cest* mund sumes* iugedor*.

De cest empire s. S1075 gouerneor PS Ke desous lui sommes gouureneour M1098 *fehlt* A
† de t. *edd.* est *Ho. Pa.* (*Li.* = L) nus sumes *ThMü.* sumus guvernedor *Ho.* somes nos j. *Pa.*

e del tons* conseil sumes tut (5)busuin*us*

s *in* tons *verwischt* L De ton c. s. mult besoignos (soufraitous) PS1076 *fehlt* A
† ton *edd.*

74.

a Cist apostolies deit les anames baillir.

Cil a. des almes a baillie P anmes A ames garir S1078

b c″o* est* ses mesters dunt (6)il ad aseruir*.

= A P S1079
† co *Mü Ge.* c'ęst *Ho. Li.* Ço 'st *Pa.* a s. *edd.*

c dune* li la c″artre* par tue* mercit.

Lai li A Rent li S1080 par la t. PS *vgl.* Lisiez la cartre sire pour Diu amour M1100
† Dun *Ho.* Rent *Pa.* (*vgl. aber* Errata *zu S.* 189 *Z.* 33 *wo* lai *vorgeschlagen wird*) cartre *Mü. Ge. Li.* c'a'rtre *Ho.* chartre *Pa.* p. la t. *ThMü. Ho. Pa.*

d c″o* nus dirrat* quenz (7)trourat* escrit.

= A kil trouera e. P Si nous dira quil treuue en e. S1081 Si nous dires sounour et sa ualour M1101

† co *Mü. Ge.* c'o' *Ho.* ço *Pa.* dirat *Ho. Pa.* (*Li.* = L) trouerat *Ho. Pa.*

e ec″o* duinst* deus quoren* puisum* grarir*.

E ceo (Si) nos d. d. P S1082 quencor p. S quor li p. plaisir P Ce uoille deus que nus or en p. goir A

† e co *Mü. Ge.* e c'o' *Ho.* E ço *Pa.* duist *Mü.* quor en *edd.* puissum *Ge.* guarir *bessern edd.*

75.

a Liaposto(8)lie* tent samain* ala* cartre.

= P A Li a. mist sa m. S1083 Le cartre a prise a sa main saintefie M1106

† Li a. *edd.* apostolies *Ho. Pa.* sa m. a la *edd.*

b sainz Alexis lasue* li ala*cet.

= A S1084 Danz P Li sains li a douchement consentie M1107 *vgl.* le saint li a lessie Q165b*

† la sue *edd.*

c lui le* con(9)sent ki de Rome esteit pape.

A li A la c. A P R. ert p. A P Cil le recut ki ert de R. p. S1085 *vgl.* ne le consenti mie Q165d

† la *Pa.*

d il ne lalist* ne il dedenz ne guardet*

ne d. ne esguardet A Mais ne la l. ne d. nesgarde P *fehlt* S

† la list *edd.* n'esguardet *Pa.* (*Li.* = L)

e (10)auant la tent ad un boen clerc esauie*.

un clerc bon e sage A P *fehlt* S Un cardonnal a la cartre liuree M1131 Un saige cardinal la pucele aressonne Q169d

† Esauie *Mü. Ge.* e savie *Ho. Pa.*

76.

a ·Licancelers* cui li mesters (11)aneret*.

= A a qui li m. P Cil ert euesques et canceliers saint Piere S1128

† Li c. . . . an e. *edd.*

b cil list le* cartre li altra lesculterent.

= A la c. P Il list la letre S1129 c. et cil lont escoutee M1133

† la *Ho. Pa.*

c le num lur dist* (12)del pedre ede* la medre.

= A S1130 Lor dist le nun P Lor a le non et le uie contee Et le sien pere et sa mere nomee M1135-6

† Lur (Lor) dist le num (nom) *Ho. Pa.* (*Li.* = L) e de *edd.* (cf. e)

d e c″o* lur dist de quels parenz ileret*.

= A P Et si l. S1132 Et de quel lieu il est et qui sont si parent Q164c

† co *Mü. Ge.* c'o' *Ho.* ço *Pa.* il e. *edd.*

e dicele* (13)gemme qued iloc unt truuede*.

steht vor c P *fehlt* A *vgl.* Et de celi que il ot espousee S1131 Et la moitie de lanel ont trouuee S1133 M1138
† di cele *Mü.* e *setzen vor* c *Ho. Pa.*

77.

a E c''o* lur dist cumsenfuit* par mer

= A Et si l. d. S1143 cum il senfui P
† co *Mü. Ge.* c'o' *Ho.* ço *Pa.* cum sen f. *edd.* cume s'en *ThMü.*

b (14)ecum* ilfut* enAlsis* la citet.

= A Et cum en ala en Auxis P Con sen ala S1144 En Alphis la cite fu bien dis et set ans Q172a
† e c. il f. en A. *edd.*

c e que limagine d*eus* fist pur lui parler

Et com l. f. d. pour S1145 Et cum d. f. lymage p. P Deus fist l. p. soe amur p. A

d (15)e pur lonor dunt nes uolt ancumbrer.

= P E de lo. d. il ne u. estre ancumbred A dont le vant enc. S1146

e sen refuit* en Rome la citet.

= A a R. P S1147
† sen est refuit *ThMü.*

78.

a (16)Quant ot lipedre* coque* dit ad la cartre.

= A c. dist P ke on troeue S1150 en la c. P S Quant ses ciers peres ot le brief et entent M1148
† li p. co q. *edd.*

b ad ambes mains derumpet* (17)sa blance barbe.

A ses deus m. P S1151 detire A detrait P desront S Ses poins teurdoit de raige et desiroit son vis Q176d
† derumpt *ThMü. Ho. Li.* derompt *Pa.*

c e filz dist il cum dolerus message.

= P dist ele S1152 Chou dist li peres ai sires Alesin M1158 Hée! chier fis Alexis .... cestre lestre est sauuage Q179a¹178a² *fehlt* A

d i''o* atendi* quet (18)amei* repairasses.

Tant A Vif atendoie P Jou aesmoie ke tu vis r. S1153 Encore hui main tatendoit cis caitis Que tu deusses a moi repairier uis M1154-5 Encore t'atendoie au jour d'uy par ma foy Q179b
† io *Mü. Ge.* ió *Ho.* Vis (jo) atendeie *Pa. Li.* a m. *edd.*

e par deu merci que tun* reconfortasses.

Pour d. m. si me r. S1154 que tu me confortasses P Que une feiz ensemble od mei parlasses A Et conforter les tiens dolans amis M1156
† tu m' *ThMü. Ho. Pa.*

79.

a A halte uoiz (19)prist li pedra acrier*.

= P En h. A Haute u. S1155 Ha h. u. a li peres escriet M1159
† a c. *edd.*

b filz Alexis quels dols mest apresentet*.

E fius dist il que d. m. demores S1156 cist d. A m. presentet AP
† presentet *ThMü.* presentez *Ho. Pa.*

c malueise (20)guarde tai faite* suz mun degret.

= A Con male g. ai fait S1157 tei fait sos mes degres P Mout male garde t. fait sus M1160
† fait *Ho. Pa.*

d alas* pecables cum par fui auo(21)glet*.

Et jou peciere S1158 p. tant p. P sui a. PS c. mal f. A Dolans pechieres con euc le sens derue M1161
† a las *Ge. Ho. Pa.* auoglez *Ho. Pa.*

e tant lai* uedud si nel* poi auiser

= A T. tai ueu si ne te pui a. P cains ne sot a. S1159 Ke de tant iour nai mon fil reuide M1162
† t. t'ai v. si ne t' p. a. *Ho.*

80.

a Filz Alexis d*o** ta dolenta medra

in do *ist* o *zu* e *gebessert* L = PS1160 F. A. e ta A
† de *edd.*

b (22)tantes dolurs ad pur tei andurede*.

Tante (Mainte) dolour S1161 P T. angoisses A ai p. S
† anduredes *Ho. Pa.*

c e tantes fains etantes* consireres*

Et tant grant fain et tant soif trespassee S1162 e t. seis passees A *fehlt* P
† f. e t. *edd.* seiz passedes *Pa.*

d (23)e tantes lermes pur le ton cors pluredes.

le tuen A le tien S1163 l. a por ton c. P

e cist dols laurat en quor* par (24)acurede*.

C. d. encui la parauerad acuree A l. enqui par tuee P l. sempres paracoree Qui est moult grans anqui sera tuee S1164-5
† enquoi *Ho. Pa.* (*Mey.* = L) paraourede *Ge. Mey.*

81.

a O filz cui erent mes granz ereditez.

E f. qui ... herites P Filz a cui lairrai jo m. A Fils qui seront mes grandes iretes S1166 Fius qui tenra mes larges yretages M1169 *vgl.* M *zu* b

b mes larges terres dunt (25)io* aueie asez.

= AP S1167 Et mes alues et mes grans fermetaiges M1170
† is *Mü.*

c mes granz* paleis de* Rome la citet.

en R. APS1168 Et les palais dont iou auoie asses M1171
† Mi grant *Pa.* en *Pa.* (*Li.* = L).

d puis mun deces (26)en fusses enoret*.

mit e verstellt APS Apres mun deces A en fussiez AP Se tu uesquisses ten f. S1170 sires apelez A honorez PS Quant pries me mort en f. iretes M1173
† enorez *Ho. Pa.* *mit e verstellt Ho. Pa.*

e & enpur* tei* men esteie penet*

E pur tei AP fis m. e. penez P m. e. ge p. A Par (Pour) toie amor m. iere mout (en estoie) penes S1169 M1172
† Empor tei, filz *Pa.* en pur *Mü.* penez *Ho. Pa.*

82.

a Blanc ai le chef (27)e le* barbe ai* canuthe.

B. ai lu c. A e la barbe c. APS1171
† la *Ho. Pa.* b. c. *Pa.* (*Li.* = L).

b ma grant honur taueie* retenude.

h. aueie r. AP Mes grans onors auoie retenues S1172
† n'aveie *ThMü.* aveio *Pa.*

c & an(28)pur* tei* mais nen aueies cure.

Et pur tei bel fiz m. A Por tei fiz m. P Je vous seruoie mais vous nen auies c. S1173
† que ampur tei *ThMü.* Empor tei, filz *Pa.* enpur *Ge.*

d si grant* dolur or* mest aparude*.

d. mest ui a. P d. mest hui cest iour tenue S1174 *fehlt* A
† granz *Ho.* ore *ThMü.* hoi *Pa.* (*Mey. Li.* = L) apareüde *Ho. Pa.*

e (29)filz la tue aname elciel* seit* absoluthe.

anme seit el (al) ciel a. APS1175
† el ciel *edd.* seit el c. *Pa.* (*Li.* = L).

83.

a Tei cuuenist helme e brunie (30)a porter.

Str. 83 *steht vor* 81 A *nach* 84 S — a = A halberc broigne a p. P lance et escu p. S1181

b espede ceindra cume tui altre per.

= PS1182 E. a c. A

c e grant maisnede dou(31)ses guuerner.

Ta g. AP Et g. maisnie ricement conreer S1183

d cum fist tis pedre eli* tons parentez

mit e verstellt APS — = A Si f. t. p. et tous tes p. S1185 Cumme f. t. p. et si altre per P
† e li *edd.* *mit e verstellt Ho. Pa.*

e le gunfanun lem(32)peredur porter

= AS1184 al empereor p. P

84.

a A tel dolur & a si grant pouerte.

Str. 84 *fehlt* **A** — = S1176 A tels dolors ... grans pouertes **P**

b filz ties* deduit* (33)par alienes terres

Fils est d. S1177 Estes d. P
† ti es *Mü.* deduiz *Ho. Pa.*

c e dicel* bien* ki toen* doust* estra.

E de cest bien qui tous deust tiens estre S1178 Ices granz biens qui tuens deussent e. P
† di cel *Mü.* d'icels biens .. doussent *Ho.* ki li toen *ThMü.* qui tos doust tons *Pa.*

d quer* amperneies* en (34)ta poure herberge.

Poi em presis en la toie h. S1179 Ne uousis prendre ains amas pouerte P
† que n'am perneies *ThMü. Ho. Li.* quer amper nei es *Mü. Ge.* Poi en p. *Pa.* Quer n'am p. *Mey.*

e se deu* ploust. seruit* en dousses estra

Sil te pleust P sire en P S1180 deussies e. S
† se te *Ho.* sire *Ho. Pa.*

85.

a De la (35)dolur quen* demenat li pedra.

que d. A P S1186 demenoit S
† que *Pa.* (*Li.* = L).

b grant* fut li dols* si lantendit la (33ᵃ)medre.

f. la noise A P S1187 si lentroi sa m. S
† granz *Ho. Mey.* la noise *Ho. Pa.*

c la uint curante* cum femme forsenede.

Dunc u. A curant A P S1188 cumme f. P S deruee S
† curant *Ho. Li. Mey.* corant *Pa.*

d batant ses palmes criant (2)escheueledc.

= A P p. corant e. S1189

e uit* mort sum filz* a terre c͏ʰet* pasmede.

= P Veit A S1190
† Veit *Pa.* (*Li.* = L) fil *Ho. Pa.* (fils *Mey.*) cet *Mü. Ho.* chet *Ge. Mey.* chiet *Pa.* kiet *Li.*

86.

a Chi dunt* liuit* sun (3)grant dol demener.

dunc lui ueist P le u. S1191 C. la veit A
† dunt *stigt Ho.* dunc *Mü. Li. Mey.* donc *Pa.* li v. *add.* veist *Ho.*

b sum piz debatre esun* cors deieter.

= P S1192 degrater A
† e s. *add.*

c ses crins derumpre (4)e* sen uis maiseler*.

e. detraire e .. desmaisseler A d. son u. desmaiseler S1193 Son uis d. ses cheuels detirer P
† d. sen vis desmaiseler *Pa.* (*Li.* = L).

d sun mort amfant* detraire & acoler.

Et sun mort fis (fil) A S1194 Et son fis mort acoler et baisier P baisier et a. A
† E son mort fil (fils *Mey.*) *Pa.* (*Li.* = L).

e mult fust il* (5)dur* ki nestoust* plurer.

Ni out si dur nel e. (kil n.) p. A P Not si dur cuer ne lestueoe p. S1195
† N'i out si *Pa.* (*Li.* = L) durs *Ho. Li.* ne l'e. *Mey.* estout *Mü.*

87.

a Trait ses cheuels edebat* sa peitrine.

Str. 87 *fehlt* A — = P Desront ses crins si d. S1196
† e d. *edd.*

b agrant (6)duel met lasue* carn medisme.

= S1197 A doel demeine P
† a grant .. la s. *edd.*

c efilz* dist ele cum mous enhadithe.

fait e. cumme maues haie P com me eus e. S1198
† e f. *edd.*

d (7)ei"o* dolente cum par fui auoglie.

E iou caitiue c. p. sui a. S1199 E ie pechable cumme io sui auogle P
† e io *Mü. Ge.* et ió *Ho.* E jo *Pa.*

e nel* cunuissele plus que* unches nel* (8)uedisse

Ne te conui .. unc ne te ueisse P Nel reconnui onques tant le ueisse S1200
† ne t' *Ho.* qu' *Ho. Pa.* ne t' *Ho.*

88.

a Plurent sioil* esietet* granz criz.

Plore des oils P S1201 et gete mult g. c. P si escrie a haus c. S En halte vois prist a crier g. c. A
† si o. *edd.* e sietet *Mü. Ge.* e si jetet *Th Mü. Ho. Li. Mey.* e si getet *Pa.*

b sempres regret* mar te por (9)tai bels filz.

Si lu regrete A Puis se regrete mais tel p. S1202 Apres le regrete mal te p. P
† regretet *Ho. Pa.*

c ede* ta medra* quer* aueies* mercit.

Seuealz de .. kar auiez m. A m. nen a. m. P cam nen eus m. S1203
† e de *edd.* medre *Ge. Pa.* que n'a. *Ho. Pa.* quer n'a. *Mey.*

d purquem* uedeies (10)desirrer amurrir*.

Ja me ueis tu d. A Por tei uees P Pour toi ueir desiroie a ueir S1204
† Por tei m' *Pa.* a m. *edd.*

e c''o est* grant* merueile que pietet* ne ten prist

Ja est m. com iel puis sofrir P Cou fu m. que pecies ne lempriet S1205 *fehlt* A

† co est *Mü. Ge.* c'est *Ho. Li.* Ço 'st *Pa.* Ço est *Mey.* granz .. pietez *Ho.* pitet *Pa.* (*Mey.* = L).

89.

a (11)Alasse* mezre* cum oi fort auenture.

Str. 89 *und* 90 *umgestellt* AS — Lasse maleuree mult oi f. a. A Ohi l. m. c. si forte P E l. m. comme f. S1216 Diex dist li m. con pesant a. M1185

† A l. *Ge.* Ho. *Pa.* *l.* medre *nach Mü.*, mesre *nach Pa.*

b or* uei i''o* morte tute ma por(12)teure.

Ici (Ci) uei mort (morte) AP Que ci uoi morte S1217 M1188 t. ma nonreture S Quant je voy mort gesir mon fis a tel ledure Q182c

† Ci *Pa.* (*Li.* = L) io *Mü.* *Ge.* ió *Ho.* jo *Pa.*

c ma lunga atente agrant* duel est uenude.

= P entente mest a g. d. reuenue A a. a quel duel mest u. S1218

† a g. *edd.*

d pur quei* portai* (13)dolente malfeude*.

Que porai (purra A) faire dolente creature (ma faiture A) P S1219 A

† purquei *Ge.* Que porrai faire *Pa.* (*Li.* = L) mal feude *Mü. Ge.*

e c''o* est* granz* merueile que li mens quors tant (14)duret

granz *fehlt* AP Molt mesmerueil M1186 Biaus fis, c'est grant merveille que mon las cuer t. d. Q182a *fehlt* S

† co *Mü. Ge.* c'est *Ho. Li.* Ço 'st *Pa.* Ço est *Mey.* grant *Pa.* (*Mey.* = L)

90.

a Filz Alexis mult ous dur curage.

= P mult par ous A *fehlt* S

b cum* auilas* tut tun (15)gentil linage.

Si as adosse A Si adoisaisses S1212 Quant adosas trestot ton l. P

† Si adossas *Mey.* C. adosas *Pa.*

c set amei* sole uels une feiz parlasses.

Se une feiz A P S1213 ensemble od mei p. A a moi seule p. S uncore p. P

† a mei *edd.*

d ta lasse medre (16)sila* confortasses*.

Et ta chaitiue de m. seueals A m. que (si) la P S1214 reconfortasses A P S

† si la *edd.* si lu la *Th Mü.* reconfortasses *Ho. Pa.*

e ki sist dolente. cher* fiz bor ialasses*.

= A Quist si dolans biaus fiels b. S1215 Que si est graime chier fiz bon i leuasses P

† chiers *Pa.* Kiers *Li.* (*Mey.* = L) i a. *Ge. Ho. Pa.*

91.

a Filz-Alexis de (17)la tue carn tendra.
= A P S1206

b aquel* dolur deduit as ta iuuenta.
b-e *fehlen* S = A A tel d. as d. ta char tendre P (iouente)
† a q. *edd.*

c pur quem* (18)fuis* iate* portai en men uentre.
= A Porquei teusse ieo porte de mon u. P
† purquem *Mü.* purqueim *Mey.* purquei o fius *ThMü.* fius *Mü. Ge.* fuis *Ho. Li. Mey.* fuiz *Pa.* ia te *Mü. Ge.* ja t' *Ho. Pa.*

d e deus leset* que tute sui dolente.
= A le s. or sui ieo mult d. P
† le s. *edd.*

e (19)iamais* nerc lede pur home ne pur femme.
= A P
† ia mais *Ge. Ho. Pa.*

92.

a Ainz que tei uedisse* (20)fui mult desirruse.
Str. 92 *und* 93 *umgestellt* A — t. ousse A te(t) eusse P S1221 tant en f. d. A en fui si dolerouse S
† t' vedisse, en *ThMü.* t' eüsse si 'n *Ho. Pa.*

b ainz que ned* fusses* sin fui mult angussuse..
A q. fus n. en f. A Que te ueisse mult par f. a. P *fehlt* S
† nez *Pa.* que t' vedisse *Ho.*

c (21)quant* io* uid ned* sin fui lede e goiuse.
E quant fustes nez lee fui e mult g. A Puis que tus nez si fui ieo mult ioiouse P Quant tu fu nes sen fui issi ioiose S1222
† quand *Ge.* jo t' *ThMü. Ho. Pa.* Q. fustes nez *Mey.*

d or te uei mort tute ensui* (22)doleruse*.
m. sin (si) sui mult (si) curroucuse A P *fehlt* S
† en s. *edd.* coroçose *Pa.* (*Li.* = L).

e c"o* peiset mei que ma fins* tant domoret*.
= S1223 f. tant dure P *fehlt* A
† co *Mü. Ge.* c'o' *Ho.* Ço *Pa.* fin *Pq.* (*Mey.* = L) demoret *Ho. Pa.*

93.

a Seinurs* de (23)Rome pur amur deu mercit.
= A P pour lamor S1224
† Seinur *Ho. Mey.*

b aidiez mei* aplaindra* le duel de (24)mun ami.
= P S1225 A. men a p. A
† m' *Ho. Pa.* a pl. *edd.*

c *ne puis tant faire que mes quors sen sazit*.

c *und* d *umgestelt* APS — sen partist A seit saisis P mon cuer est saisi S1227
† c *und* d *stellen um Ho. Pa.*

d granz est (25)li dols* ki sor mai* est uertiz.

= S1226 Ki sus mei P est assis A
† dolz *Ho.* mei *ThMü. Ho. Pa.*

e nest* merueile nai mais filie ne filz*.

N. pas m. kar nai A Il nest m. P S1228
† C'o n'est *ThMü. Horning* (Rom. Stud. IV 283). il n'est *Ho. Pa.* Nen est *Pa.* (Rom. IX 625). fil *Ho. Pa.* (*Mey.* = L).

94.

a (26)Entre le dol del pedra e de la medre.

= A P S1229

b uint la pulcele que il out espusede

= A S1230 Es uos la p. kil P *folgt:* Par sa dolur chiet jus a terre pasmee A

c (27)sire dist ela cum longa demurere*.

Frere Alexis M1196 cumme l. P demuree A P S1232 M Chier amis Alexis, com dure desevrée Q184b
† demurede *Ho. Li. Mey.* demorede *Pa.*

d ai atendude* an lamaisun* tun (28)pedra.

Ai atendu P Atendu tai S1233 Tant tatendi A Tai atendu en la cambre celee M1197 Mout vous ay atendu et en bonne pensee Q184c
† Tante at. *Mey.* la m. *edd.*

e ou tun* laisas dolente & eguarede*

Tu me (mi) l. P S1234 Ou me l. A Quant me laissastes M1198 esgaree S M Or m'avez vous lessie de tous biens e. Q184d
† tu m' *ThMü. Ho. Pa.* esguarede *Pa.*

95.

a Sire Alexis tanz iurz (29)tai desirret*.

= P t. vos ai d. A tant iour tai desiree (suardee) S1235 M1199
† tai desirret *edd.*

b . . . .*

fehlt L E tantes lermes pur le tien (por ton P) cors plore (plurez A plouree S M) A P S1236 M1200 *steht nach* c *in* A
† Et tantes lermes pur ton cors ai (le ton cors) pluret *Ho. Pa.* (*ThMü. fügte vor* e *ein* : car ben saveie, que ne t'en fus alet).

c e tantes feiz pur tei an luinz guardet.

Et tant souent P pur uus l. A esgardet A P *fehlt* S; *vgl.* M *zu* a

d si reuenisses (30)ta spuse conforter.
Que u. ta a. reconforter A Se reuendreies P *fehlt* S
e pur felunie nient ne pur lastet.
Et tot pour bien et nient tout pour el S1237 *fehlt* AP

96.

a O kiers amis (31)de ta iuuente bela
E chiere P Sire Alexis AS1238 de ta charn tendre e b. A
b c"e* peiset mai* que si* purirat* terre.
Sin (Com) sui dolente AS1239 quele p. en t. A quant toi p. t. S
Cum ore sui graime que ore p. en t. P
† co *Mü. Ge.* c'o' *Ho.* Ço *Pa.* mei *Ho. Pa.* Cum or sui graime *Mey.* que tei p. *Pa.* que s' p. en t. *Ho. Li.* que p. en t. *Mey.*
c e gentils (32)hom cum dolente puis estra.
come d. P si d. S1240 *steht nach* e: Sire dist ele cume dolente en pois estre A
d i"o* atendeie de te bones noueles.
== AP Com a. S1241
† io *Mü. Ge.* ió *Ho.* Jo *Pa.*
e mais ore* (33)les uei sidures* esi* posmes*
in posmes *ist* o *aus* e *gebessert* L Et or les uei dolerouses e p. S1242 moult dures et p. P si graimes e si pesmes A
† or *ThMü. Ho. Pa.* si d. e si *edd.* pesmes *ThMü. Ho. Pa.*

97.

a O bele buce bel* uis bele faiture
Str. 97 *fehlt* AS — Ohi b. chose P
† bels *Pa.* (*Mey. Li.* = L).
b cum est (34)mudede uostra bela* figura.
Comme uei mue P
† bele *Mü.*
c plus uos amai que nule creature.
P. uos aueie chier P
d si grant* (35)dolur or* mest aparude*.
d. mest ui a. P
† grans *Ho.* ore *ThMü.* hoi *Pa.* (*Mey. Li.* = L) apareüde *Ho. Pa.*
e melz me uenist amis que morte fusse.
uenist que m. f. P

98.

a (33b)Se io* eusse la ius suz lu degret.
Se ieo uos eusse sus P Se te a. ca defors (chaiens sos) ? S1243 M1201 Ca desuz les degres A
† jo t' *ThMü. Ho. Pa.*

b ou as geud de lung amfermetet.

= S de (en) grant a. AP U tu as giut de si longhe enfrete M1202

c ia tute (2)gent* ne men* sousent* turner.

ne me s. esgarder (*vgl.* e) A Nest home qui uiue qui meust trestorne P Nus hom qui uiue ne ten peust t. S1245
† genz *Ho.* ne m' s. *Pa.* soüst *Ho. Mey.*

d qua tei ansemble* nousse cousse* conuerset

cousse *mit blässerer Tinte unterstrichen* L Qu' a. o tei AP Quensemble toi S1246 M1204 A n. c. APM ne mesteut poser S1246
† Qu' ensemble od tei *Pa.* (*Li.* = L) n'oüsse c. *edd.*

e (3)si me leust si* tousse bien* guardet.

Sil me l. a. t. g. b. P Ja tute terre ne men fesist turner (*vgl.* c) A *fehlt* S
† bien *tilgen Mü. Ho. Pa.* si *tilgt Li.*

99.

a Ore* sui io* uedue sire dist la pulcela.

Ore (Or S) par a. u. AP S1247 sire ce d. la p. AP Or par sui sire cheue en ueue M1210
† Or *Th. Mü. Ho. Pa.* par sui v. *Pa.* (*Li.* = L)

b (4)iamais* ledecé naurai quar ne potestra*.

= S1248 Kar io l. iamais n. en terre A J. l. n. charnel en terre P J. narai certes autre espousa (?) M1211
† ia mais *Ge. Ho. Pa.* pot e. *edd.*

c ne iamais* hume naurai antute* (5)terre

Ne charnel h. n. kar il (il *fehlt* P) ne puet estre AP Na carnel h. n. iamais afaire S1249 James n'aray autre homme pour la vostre amite Q185b
† ia mais *Ge. Ho. Pa.* an t. *Mü. Ge. Ho. Li.* charnel en t. *Pa.* Ne carnel hume n'a. ja m. en t. *Mey.*

d deu seruirei le rei ki tot guuernet.

= AP *fehlt* S Ains seruirai le roi de maiste M1212

e il nel* faldrat sil ueit queiolui* (6)serue.

Il ne me f. A Ne me f. P S1251 que iel s. AP ke iou le s. S
† ne m' *Ho. Pa.* que io l. *edd.*

100.

a Tant iplurat* ele* pedra ela* medra.

T. i plurerent A S1252 li peres et li m. S Le p. et la m. t. i plorerent P
† i p. *edd.* plorerent *Pa.* (*Li.* = L) e le *Mü. Ge. Ho.* e li *Pa.* e la *edd.*

b ela* pulcela que tuz* sen alasse(7)rent.

= A que tot sen P que trestout si l. S1253
† e la *edd.* tut *Ho. Li.* toit *Pa.* tuit *Mey.*

c en tant dementres le saint cors conreierent.

Endementiers A S 1254 M 1220 Et ..... apresterent P apruecerent A que ci troi le crierent M *vgl.* M *zu* d

d tuit cil seinur e bel (8)la custumerent*.

Icil a. mult bien le cunreerent A a. mult bel le conduierent P *fehlt* S *vgl.* Molt belement le diu serf atornerent M 1222
† lac. *Ge.* l'ac. *Ho. Pa.*

e com felix cels* ki par feit lenorerent.

c. boneures sunt k. A Cumme f. sunt icil qui P Et ki le ior de bon cuer lounererent M 1224 *fehlt* S
† cel *Ho. Pa.* cil *Mey.*

101.

a Seignors que (9)faites c''o* dist liapostolie*.

= P S 1257 S. ne f. A Dist lapostoiles signor car esploitomes M 1225
† Seignor *Mey.* co *Mü. Ge.* c'o' *Ho.* ço *Pa.* li a. *edd.* apostolies *Ho. Pa.*

b que ualt cist crit* cist dols* ne cesta noise.

Ne nus ualt rien c. d. A Que nos ualt (aiue) P S 1258 cil d. ne ciste cose S Chou est folie que nous tel duel menommes M 1226
† criz *Ho. Pa.* (*Mey.* = L) dol *Mü. Ge. Mey.*

c (10)chichi* se doilet* anostros* est il goie.

C. seit li duels la nostre en est la ioie A A qui il est duel a nos est il gloire P *fehlt* S; *vgl.* Dont en auant si grant ioie atendommes M 1227
† chi chi *Ge. Ho.* Ki ki *Li.* Cui que seit dols *Pa.* a n. *edd.* *vielleicht* à nostr' os est e goe *ThMü.* *eher:* a nos est os e ioie *Ste.* nostre o. *Ho. Pa.*

d quar par cestui aurum boen adiu(11)torie.

a. bone a. A aruns nos bon a. P celui a. boine victore S 1260

e si lipreiuns* que de tuz mals nos tolget.

Ceo li p. que por deu nos asoille P *fehlt* A S
† li p. *edd.*

102.

a Trestuz* lipreient* ki pou(12)rent auenir.

T. le pernent A P S 1261 qui i p. a. P Atant le prendent si ont laissie le cri M 1230
† Trestuit *Ho. Li. Mey.* Trestoit *Pa.* li p. *Mü. Ge. Ho.* le prenent (pernent *Mey.*) *Pa.*

b cantant enportent* le cors saint Alexis.

= A P S 1262 C. lemportent si pleurent si mari M 1231
† en p. *Ge. Ho. Pa.*

c etuit* lipreient* (13)que dels aiet mercit.

E co li dep. A E co lui p. kil ait de els m. P E si li p. quil ait dians tous m. M 1232 q. d. tuz ait m. A S 1265
† e t. (ço *Mey.*) li p. *edd.*

d nestot somondre icels ki lunt oit.

N. s. les clers k. A s. cels qui P S1263 M1233 lorent oi S M

e tuit iacorent* (14)li grant eli* petit.

nis (et) li enfant p. P S1264 Tant iaqueurent nes li enfant peti M1234 *fehlt* A

† i s. li g. e li *edd.*

103.

a Si sen commourent tota la gent* de Rome.

Si se c. P Si sen esmurent S1266 Issent sen fort A

† genz *Ho.*

b plus tost (15)iuint* ki plus tost ipout* curre.

i uient A i uunt qui p. i peut P i uienent que .. i puet c. S1267

† i uint ... i p. *edd.*

c par miles* rues anuenent* si granz turbes.

= P en vient A Parmi ces rues en vinrent si grans routes S1268

† par mi les *Ho.* Parmi les *Pa.* anenent *Ge.* en vienent *Pa.*

d (16)ne reis ne quons ni* poet faire entra rote*.

ne pout P f. rote A P Ne q. ne r. ni p. f. entrerotes S1269 *vgl.* Ne dus ne rois ne set quel part aler M1235 N'y out roy n'apostolle qui ne fust enpresé Q189d

† ne p. *Ge.* entrar. *Ho.* entrer. *Pa.*

e ne le saint cors ne pourent (17)passer ultra.

e. ni pot A ne pout P Ne cel s. c. ne puent porter outre S1270

104.

a Entrels anprennent* cil seinor a parler.

= A Entre els p. P E. emprisent li s. S1271

† an p. *Ge. Mey.* en p. *Pa.*

b granz* est (18)la presse nus ni poduns* passer.

n. ni purrum p. A S1272 p. ni porum mie p. P

† Grant *Pa.* (*Mey.* = L) podruns *Pa.* (*Li.* = L).

c cest* saint cors que deus nus addonet*.

Pur cest s. c. A P M1237 que dex nous a mostre M Pour cel ..... a preste S1273

† por icest *Th Mü.* por cest *Ho. Pa.* ad d. *edd.*

d (19)liez est lipoples* ki tant lat desirret.

= P S1274 t. lont d. M1238 *fehlt* A

† li p. *edd.*

e tuit iacorent* nuls ne sen uolt (20)turner.

= A Ceo dient tuit nos ne uolun t. P Tant en i uienent com nes em puet t. S1275 Sen i uien tant si ne sont retorne M1239

† i s. *edd.*

105.

a Cil an respondent kilampirie* bailissent.

a – e *fehlen* M = A Respondent cil que le regne b. S1276 baillirent P
† ki L *edd.*

b mercit seniurs (21)nus anquerreuns* mecine.

Estes s. S1277 en querrums medicine A en querrun m. PS
† an q. *Ge. Mey.* en q. *Ho. Pa.* querreums *Ge.* querrums *ThMü.*
querruns *Ho. Li. Mey.* querrons *Pa.*

c de noz aueirs feruns largas* departies.

De nostre aueir P faisons S1278 granz AS grant departie P *vgl.*
Et soit gecté a gens. Si se departiront Q188a
† granz *Ho. Pa.*

d la main* (22)menude ki lalmosne desiret.

La gent m. APS1279 desirent S † La gent m. *Mey.*

e sil nus funt presse uncore* anermes* deliures*.

Sor nous .. si en ie. d. S1280 S. s. en f. p. A Quant ceo uerunt P
dunc (tost) en serrum deliure AP
† donc en iermes *Pa.* uncores *Ge.* u. ermes *Ho.* an e. *Mü. Ge.*
deliure *Ho. Pa.*

106.

a (23)De lur tresors* prenent lor e largent.

tresor APM1242 Se l. auoir prisent S1281 *vgl.* Je lo que le tresor
de Rome soit atains Q187d
† tresor *Pa.* (*Li. Mey.* = L)

b sil funt ieter deuant la poure gent

= A Si f. P Si lont gete S1282 M1243 *vgl.* 105c *und* L'argent getent
ez rues Q188c[1]

c (24)par ic"o* quident auer discumbrement.

Pur co que A Par ceo quident P Pour cou quidierent S1283 uenir
a sauuement M1244
† ico *Mü. Ge.* ic'o' *Ho.* iço *Pa.*

d mais ne puet estra cil nen rouent (25)nient.

De cil auer mais cil ne r. n. A De quanquil getent cil nel uolent n. P
Que lor aiue il nen veulent n. S1284 *fehlt* M *vgl.* les gens semblant
n'en font Q188c[2]

e acel* saint hume* trestut* est* lur talent*.

a. cors unt torne (aturne A) l. APS1285 A cest cors saint ont trestout
l. M1246 A veoir le cors saint ai grand desirier ont Q188d
† a c. *edd.* s. cors *Mey.* tres tut *Mü.* trestuz .. talenz *Ho. Li.*
tornet ont l. t. *Pa.* unt turnet l. t. *Mey.*

107.

a Ad une [uoiz], crient la gent* (26)menude.

uoiz *vom Rubricator mit blauer Schrift übergeschrieben* L = AS1286
M1247 crie P † genz *Ho.*

b de cest aueir certes nus nauum cure.

Dicest a. c. nen a. c. A a. nauun nos c. P a. sachies M1248 nauons nous c. S1287 M

c si grant* ledece nus ÷ apa(27)rude*.

= P Dex quel ioie nous est ore venue M1251 *fehlt* A S
† granz *Ho.* est or aparude *ThMü.* apareude *Ho. Pa.*

d dicest* saint cors que* auum* ambailide*.

c. nauum soin daltre mune A De cest s. c. ou auum noetre aiue P Mais del s. c. que il nous face aiue S1288 Fors ce cors s. ne quierons chose nule M1249
† di cest *Mü.* que am b. avumes *Ho.* n'avons soin d'altre mune *Pa.*

e par lui aurum se deu (28)plaist* bone aiude.

Car par cestui A M1250 auerum nus b. a. A narons chose ki nuise M Car par celui nous iert vie rendue S1289 *fehlt* P
† Quer par cestui avrons nos b. a. *Pa.* (*Li. Mey.* = L).

108.

a Unches en Rome nen out si grant ledece

a—e *fehlen* A P S *vgl.* Onques a Romme nen eut tele veue Tel ioie mainnent nest nus ki le uous die M1252-3

b cun out (29)le iurn as poures & as riches.

c pur celsaint* cors quil unt en lur bailie.

† cel s. *edd.*

d (30)c"o* lur est uis que tengent deu medisme.

† co *Mü. Ge.* c'o' *Ho.* Ço *Pa.*

e trestut* lepople* lodet deu (31)e graciet.

† trestuz li poples *Ho. Pa.* le p. *Mü. Ge.*

109.

a Sainz Alexis out bone uolentet.

a—e *fehlen* S M, a—d *stehen in* P *vor* 125 = A Mult serui deu de b. u. P

b pur oec* enest* oi* cest (32)iurn oneuret*.

P. o. est oi en c. A P. ceo est ore el ciel corone P
† puroec *Ge. Mey.* en est *edd.* ci *Mü.* est oi en *Mey.* onurez *Ho.* honorez *Pa.*

c le* cors an est* anRome* la citet.

Li c. en gist a R. A Le c. gist en R. P
† li *Ho. Pa.* gist *Pa.* (*Li.* = L) an R. *edd.*

d elanema* en est enz (33)el paradis deu.

E lanme sen est el p. A est el saint p. de P
† e l. *edd.*

e bien poet liez estra chi si est aluez*

Mult poet A *fehlt* P † aloes *Ge.*

110.

a Ki fait ad* pechet (34)bien sen pot recorder.

a -e *fehlen* PSM Ki ad pechiet il sen deit r. A
† Ki ad fait *ThMü.* Ki fait p. *Ho.* Qui at p. *Pa.*

b par penitence sen pot tres bien* saluer.

P. p. mult bien se puet saner A
† trebien *Ge.*

c bries (35)est cist secles plus durable atendeiz.

B. e. li a. A

d c″o* preiums deu la sainte trinitet

Co depreiums la A
† co *Mü.Ge.* c'o' *Ho.* Ço *Pa.*

e (34a)que deu* ansemble poissum el ciel regner

Od deu el ciel ensemble puissum r. A
† qu'o (od) lui *Ho.Pa.* Qu' od Deu *Mey.*

111.

a Surz ne auogles ne contraiz* ne leprus

a *bis Schluss fehlen* A, *bis* 113e P .S. naaules S1290 Ne nus liepros ne malades ne sours M1254
† contrait *Mü.*

b (2)ne muz ne orbs ne neuls* palazinus.

Ensorquetout nus hom p. S1292 Ne nus enfers ne nus p. M1255
† nuls *ThMü. Ho.Pa.*

c ensur* tut* ne nuls* languerus.

Ne crestiens qui tant soit languereus S1291 *vgl.* M *zu* d
† en sur t. *Mü.* en sur que tut *Ho.* ensurquetut *ThMü.* Ensorquetot *Pa.* neuls *ThMü. Ho.Pa.*

d nuls* nen iat* (3)ki nalget* malendus.

Icil ni vint qui nalast refuses S1293 Ni est ales kin portast ses langors M1256
† nul *Ho.Pa.* i at *edd.* kin a. *Ge.Li.* qui 'n a. *Pa.*

e cel nen niat* kin report sa dolur.

Ne nus ni vient qui r. S1294 *vgl.* M *zu* d
† ni at *Mü. Ge.* i at *Ho.Pa.*

112.

a Niuint* amferm* de nul* (4)amfermetet.

Ni uient enfers de cele enfremete S1295 Ni a enfert de si grant enfrete M1259 Quil (*vgl.* d) n' out si grief malade en toute la contrée Q194d
† Ni u. *edd.* amferms *Ho.* enferms *Pa.* emferms *Li.* nule *Ho.Pa.*

b quant illapelet* sempres nen ait* sanctet.

A cel saint cors lues ne soit rasenes S1296 Sil uient a lui ki nen porte sante M1260 Sil venist au saint cors par bonne entencion Qu'il n'eust tost et en l'eure de sez maus garison Q195ab

† il l. *edd.* n'aiet s. *Pa.*

c alquant iuunt* aquant* (5)se funt porter.

= M1257 A. i uienent a. si f. S1297 † i u. *edd.* alquant *Ho. Pa.*

d si ueirs miracles lur ad* d*eu*s mustret*.

Si uraie espesse lor a d. demoustre S1298 *fehlt* M Beles vertus fist Dieu pour eus cele journée Q194c

† lur i ad *ThMü. Pa.* (*Li.* = L) demustret *Ho.*

e ki uint plurant cantant (6)len fait raler.

Qui uient .... aler S1299 Ki plourant uint c. sen est ales M1258

113.

a Cil dui seniur ki lempirie guuernent.

a—e *fehlen* M Li d. s. qui le regne couuernent S1300

b quant il iueient* les (7)uertuz siapertes*.

Q. il en uinrent S1301

† i u. *Mü. Ge. Ho. Li.* en veient *Pa.* si a. *edd.*

c ille* receiuent sil plorent* esil* seruent.

Alquant le prendent et li auquant le s. S1302

† il le *edd.* sil portent *Pa.* e sil *edd.*

d alques par pri ele* (8)plus par podeste.

A. p. poi et auques p. p. S1303 † e le *edd.*

e uunt en auant si derumpent la presse.

Passent a. si desr. S1304 A mout grant paine sont par la presse passé Q189c

114.

a Sainz Boneface (9)que lum martir apelet.

= P que on S1305 M1261 *vgl.* Q *zu* b

b aueit an Rome un eglise mult bele.

= S1306 A. a R. P Il ot a R. M1262 *vgl.* Droitement à l'eglise vindrent sans demourée Qui de saint Boniface le martir fut fondée Q190ab

c iloec an (10)portent* danz* Alexis acertes*.

I. ap. (porterent) saint A. PS1307 I. enfeuent s. Alesin le prestre M1263

† an portent *Mü.* dan *Ho. Pa.* a c. *Ge. Li.*

d & attement le posent a laterre*.

Trestot souef le poserent a t. P Molt gentement lont pose en la terre M1264 *fehlt* S † la t. *edd.*

e felix le (11)le* liu* ú sun* saint* cors herberget.

F. est li lieus ou le saint c. conuerse P *fehlt* SM

† f. le liu *Mü. Ge.* f. li lius (leus) u sis (ses) sainz *Ho. Pa.*

115.

a Lagent* de Rome ki tant lunt desirret.

a–120e *fehlen* M = P S1308 † La g. *edd.*

b (12)seat iurz le tenent sor terre apodestet*.

le tinrent S1309 sus t. P † a p. *edd.*

c grant* est la presse nelestuet* deman(13)der.

G. fu la feste S1310 Plore li poples de Rome la cite P
† Granz *Ho.* nel e. *Mü. Ge.* ne l'e. *Ho. Pa.*

d de tutes parz lunt si asirunet.

= P S1811

e cest auis unches hom nipoet* habi(14)ter.

Que auis u. i pout hum adeser P Sous ciel na home qui i puist habiter S1312
† co est avis *ThMü.* Que a vis onques i pot hom (hom i pot *Li.*) *Pa.* ni p. *Mü. Ge.* n'i p. *Ho.*

116.

a Al sedme iurn fut faite laherberge*.

El mesme ... sa h. S1313 Al setime P † la h. *edd.*

b acel* saint cors ala* gemme celeste.

= P S1314 † a cel .. a la *edd.*

c (15)en sus* sentraient si alascet la presse.

En s. se traient P Traient sensus si alasquent S1315
† ensus *Ge.*

d uoillent onun* sillaissent* metra an (16)terre.

sel lessent P le l. S1316 † o n. sil l. *edd.*

e c″o* peiset els mais altre ne puet estra.

Ceo lor peise mais ne pout altre e. P *fehlt* S
† co *Mü. Ge.* c'o' *Ho.* Ço *Pa.*

117.

a Ad ancensers ad ories (17)candelabres

117 *und* 118 *sind umgestellt* P A. e. et a orins c. P a ouers c. S1317
vgl. Mout fut ce jour la messe solemnelment chantée Q190c

b clers* reuestuz* an albes & an capes.

= P Clerc se reuestent en c. et en a. S1318
† clerc revestut *Ho. Pa.*

c metent le cors enz en* (18)sarqueu de marbre.

c. en son sarcu de m. P Cel saint cors metent en un s. S1319
† el *Pa.*

d alquant icantent* li pluisur ietent lermes.

A. i. et auquans lermes i espandent P *fehlt* S
† i c. *edd.* larmes *ThMü.* lairmes *Pa.*

e iale* (19)lur uoil de lui ne deseurassent.

Ja lor uoil P *fehlt* S † ja le *edd.*

118.

a Dor ede* gemmes fut li sarqueus parez.

Dor e dargent P S1320 fu cist s. P † e de *edd.*

b (20)pur cel saint cors quil ideiuent* poser.

U c. s. c. ueulent metre et p. S1321 qui ens deit reposer P
† i d. *edd.*

c en terre elmetent* par uiue poestet

Si lenfouirent a u. p. S1322 En t. le m. niert mes trestorne P *vgl.*
A l'eure qu'on vouloit enterrer le saint cors Q191a
† et m. *Mü.* l' metent *ThMü. Ho. Pa.*

d (21)pluret lipoples* de Rome lacitet*.

= P S1323 † li p. de . la c. *edd.*

e suz ciel nat home kis* puisset* atarger*.

qui puist reconforter S1324 Tuit i acourent nen ueut nul retorner P
† ki *Mü.* peüst *Ho.* conforter *Pa.*

119.

a (22)Or nestot* dire del pedra e de la medra.

a—e *fehlen* P Ore auons d. S1325 † m'estot *ThMü.*

b e de laspuse* cum il sen doloserent*

comme il le regreterent S1326
† la s. *Mü. Ge. Li.* la 's. *Ho. Pa.* il le regreterent *Pa.*

c (23)quer tuit en unt lor uoiz si atempredes.

d que tuit le plainstrent. etuit* (24)le doloserent.

† e t. *edd.*

e cel iurn iout* cent mil lairimes pluredes.

Le iour i ot .D. larmes p. S1327 *vgl.* Pour la pucele y out mainte lerme plouree Q194a
† i out *edd.*

120.

a Desur* terre (25)nel pourent mais tenir.

Dus t. nel pueent P Quant sour la t. nen p. S1328
† De sur *Mü.* Quant desur *ThMü.* Desure *Ho.* Desur la *Pa.*

b uoilent o non sil laissent enfodir.

= P le laissent e. S1329

c prenent (26)conget al cors saint Alexis.
= S1330 Pristrent P

d esilipreient* que dels* ait* mercit.
E (Biaus) sire pere de nos aies (a. de n.) m. PS1331
† e si li p. *edd.* de els (*vgl.* 37, 5) *ThMü.* aiet *Ho. Pa.*

e al son (27)seignor illur* seit boens plaidiz.
A ton S1332 tuen P nos soies PS boens *fehlt* P † il l. *edd.*

121.

a Vait sen li pople* le* pere e la medra
= M1265 pueples et le PS1333 † poples, et li (p. . E li) *Ho. Pa.*

b (28)e la pulcela unches nedeseurerent*.
= S1334 conques M1266 p. kil out espousee P † ne d. *edd.*

c ansemble furent iusqua deu (29)sen ralerent.
c—122e *fehlen* M f. tant que a d. sen alerent P Ensamble dusqua d. en alerent S1335

d lur cumpainie fut bone & honorethe.
est b. S1336 bele et h. P

e par cel saint (30)cors* sunt lur anames saluedes.
Schluss-s von saluedes *nicht ʃ sondern* s L saint home PS1337 ont S
† home *Pa.* (*Li.* = L).

122.

a Sainz Alexis est el ciel senz dutance.
= P *vgl.* Or sont en glore sans nule repetance S1347

b (31)ensemblot* deu ela* compaignie* as angeles.
d. en la c. P *vgl.* Illuec conuersent et sil lisent lor salmes S1348
† Ensemble od *Pa.* e la *edd.* en (e) la compaigne *Ho. Pa.* (*Li.* = L).

c od lapulcela* dunt il* se fist (32)si* estranges.
c—124e *fehlen* P Bele pucele ... f. e. S1345
† la p. *edd.* il *tilgt Pa.* si *tilgt Ho.*

d or lat od sei ansemble sunt lur anames.
Or sont prius e. S1346

e ne uus sai dirre (33)cum lur ledece est grande
comme lor ioie e. g. S1349

123.

a Cum bone peine d*eus* e si boen seruise.
Hom (Con) bones oeures diex et com b. s. S1338 M1267

b fist (34)cel saint* homo* en cesta mortel uide.
F. cil sains hom S1339 A cis cors sains menet en ceste v. M1268 *vgl.* Saint Alexis soufry grant tribulation Pour avoir paradis Q195cd[1]
† sains *Ho. Li.* home *Mü.* hom *Ho. Pa.*

c quer or est saname de glorie (35)replenithe.

c—124e *fehlen* M Ore en est same de gloire raemplie S1340

d c″o* ad ques uolt nient* nest* a dire.

Quantque vaura nen est un point a d. S1341
† co *Mü. Ge.* c'o' *Ho.* Ço *Pa.* n'i est *ThMü. Ho.* n'en est nient *Pa.* nient n'en est *Li.*

e ensor* tut* e si ueil deu medisme.

Ensorquetout S1342 † en sor *Mü.* ensorquetut *ThMü. Ho. Pa.*

124.

a (34ᵇ)Las malfeuz* cum esmes auoglez*.

Elas caitis com somes encombre S1350
† malfeux *Mü.* mal feüt .. avoglet *Ho.* malfedut .. encombret *Pa.*

b quer c″o* ueduns que tuit fumes* desuez*.

Que porrons dire trop sommes apresse S1351
† co *Mü. Ge.* c'o' *Ho.* ço *Pa.* sumes *Mü. Ho. Pa.* *die Hs. hat deutlich* fumes *Ge.* desvet *Ho. Pa.*

c (2)de noz pechez sumes* si ancumbrez*.

s *in* sumes *deutlich* L Pour n. p. s. tout auule S1352
† fumes, *allenfalls* sumes *Ge.* ancumbret *Ho.* avoglet *Pa.*

d la dreite uide nus funt tres oblier*.

voie n. f. entroublier S1353 † tresoblier *Ge. Ho. Pa.*

e (3)par cest saint home doussum ralumer.

P. cel .. deuoumes r. S1354

125.

a Aiuns seignors cel saint home (4)en memorie.

Tenons S1355 s. cest s. P Signor aies che s. en grant m. M1270

b silipreiuns* que de toz mals nos tolget.

Cou li p. de S1356 Si li proies por Diu ki uous M1271 asoille SM Si lui preun .. tot mal P *vgl.* en la fin deprion A Dieu et au bon saint Q195d² 196a¹ † si li p. *edd.*

c enicest* siecle nus (5)acat pais e glorie*.

c—e *fehlen* S Et en cest s. n. donst pais et concorde P Et en ceste s. uous amoneste ioie M1272 *vgl.* Que tes euvres fachon en ceste mortel vie Q196b † en i. *edd.* concorde *Ho.* g'oie *Pa.*

d & en cel altra la plus durable glorie.

E en lal. parmanable g. P Et en lun et en la. de paradys legloire M1273

e en ipse uerbe (6)sin dimes pat*er* nost*er* amen.

Que la poisum uenir nos donst deus aiutoire E encontre deable et ses engins uitoire P Auoir puissions des angres la sainte compaignie Q196d

Ecce responsum sancti Gregorii Secundino incluso (7)rationem de picturis interroganti.

1 Aliud est picturam adorare. aliud (8)per picture historiam quid sit adorandum addiscere.
2 Nam quod legentibus (9)scriptura hoc ignotis praestat pictura
3 quia in psa ignorantes uident quid (10)sequi debeant. In ipsa legunt qui litteras nesciunt.
4 Vnde et precipue (11)gentibus pro lectione pictura est.
5 quod magnopere tu qui inter gentes (12)habitas adtendere debueras.
6 ne dum recto zelo incaute succenderis. ferocibus (13)animis scandalum generares.
7 frangi ergo non debuit quod non ad adorandum (14)in ecclesiis.
8 set ad instruendas solummodo mentes nescientium constat collocatum
9 (15)et quia in locis nenerabilibus sanctorum depingi historias non sine racione (16)uetustas admisit.
10 si zelum discrezione condisses. sine dubio et ea que intende(17)bas salubriter obtinere et collectum gregem non disperdere.
11 set pocius poteras (18)congregare. ut pastoris intemeratum nomen excelleret. non culpa dispersoris (19)incumberet.

ste uus le respuns saint Gregorie aSecundin lerechus (20)cum il demandout raison des paintures.

1 Altra c"ose est aúrier la painture (21)ealtra cose est par le historie de lapainture aprendre (22)quela c"ose seit ad aúrier.
2 Kar ico que lascripture aprestet (23)as lisanz. íco aprestet la painture asignoranz.
3 Kar an icele ueient (24)les ignoranz quet il deiuent siúre. An icele lisent ícels ki letres ne seuent.
4 (25)ampur la quele c"ose maismement lapeinture est pur *leceun** as genz. **auf Rasur.*
5 (26)La quele c"ose tu q[i] habites entra les genz deuses antendra.
6 que tu nangendrasses (27)scandale de crueles curages dementiers que tuesbraseras nient cuintement (28)par dreit amuidie.
7 Geres nient ne d;ut estra fruissiet íc"o que nient ne (29)parmaint [aluiet], ad *á*úrie*r an eglises. **a von aurier auf Rasur.*
8 mais ad anstruire sulement les penses (30)des nient sauanz.
9 e ampur ic"o que lancienetiel nient senz raisun cuman(31)dat les hystories estra depaint es honurables lius des sainz.
10 se tu feisses (32)amuidie pardiscrecion. senz dutance poeies saluablement purtenir les c"oses (33)que tu attendeies e nient deperdra la cuileita folc.
11 mais maisment asemblier (34)que le nient fraint num de pastur excellist. e nient ani"oust la culpa del (35)deperdethur.

Umstehendes von Lücking als Appendix bezeichnetes lat. und fr. Prosastück folgt dem Alexiusliede unmittelbar und zwar nach nur kurzem Zwischenraum in derselben Zeile. Es ist bisher nur ein Mal gedruckt worden von Ho., *der dazu bemerkt, dass es sich allerdings wörtlich bei Gregor dem Grossen, aber nicht in einem Briefe an den 'inclusus Secundinus', sondern 'ad Serenum Massiliensem episcopum' finde (Sct. Gregorii Magni Epist. l. XI. Ep. XIII. p. 1100 Sp. 1128 bei Migne). Ho.'s Abdruck weicht nur in wenigen geringfügigen Punkten von gegenwärtigem ab.*

Die lateinische Quelle.

Die Quelle (vgl. Tarsun, grabatun) *unseres Gedichtes ist eine prosaische lat. Vita, von welcher* Massmann (S. Alexius Leben. Quedlinburg 1843) *drei ziemlich abweichende Versionen mitgetheilt hat. Die dem Umfange nach mittlere und dem Alter nach (entgegen* Massmanns *Ansicht) erste Fassung, welche dem alten Alexiusliede zunächst steht, findet sich abgedruckt in den* Acta SS. Juli (17) IV 251-3 *und bei* Massmann S. Alex. S. 167-171, *der sie mit* 𝔅 *bezeichnet*. Ich drucke nachstehend wieder ab was von ihr im alten französischen Gedichte wiedergegeben ist, indem ich zugleich die Concordanz zu* L *beifüge:*

Fuit Romae vir magnus et nobilis Euphemianus nomine (4 a) dives valde (3 cd) et primus in palatio Imperatoris (4 c) .. Mulier autem eius Aglaes (4 d) .... et non erat illis filius .. Unde moerentes erant et tristes (5 b) .. orationibus quoque atque obsecrationibus insistentes dominum deprecabantur (5 c) ut daret eis filium (5 e) Quorum deus .. contritionem adspiciens ... exaudivit eos et concessit eis filium (6 a b) ... gratias egerunt deo (6 c) .... Puer autem ut ad aetatem disciplinae congruam pervenit, tradiderunt eum ecclesiasticorum sacramentorum ac liberalium disciplinarum magistris (7 c) et ita deo largiente edoctus est, ut in omnibus philosophiae et maxime spiritualibus floreret studiis (7 d) .... elegerunt ei puellam ex genere imperiali (8 e) et ornaverunt thalamum et impositae sunt eis singulae coronae (10 b c) ... Vespere autem facto (11 a) dixit Euphemianus filio suo: Intra fili in cubiculum (11 b) et visita sponsam tuam (11 c). Ut autem intravit

---

* Auch die von J. Herz (Heilbronn 1879) veröffentlichte altfranzösische Alexiuslegende aus dem 13. Jh. in einreimigen Alexandriner-Tiraden hat aus gleicher Vorlage geschöpft, ebenso die von Hippeau und neuerdings von G. Paris (Romania VIII (1879) S. 165 ff.) herausgegebene *Vie de S. Alexis* in 8silbigen Reimpaaren. Hier möge auch noch auf das interessante, alte Wandbild an einem Pfeiler der Crypta von San Clemente in Rom, unsere Legende darstellend, verwiesen werden, welches in Bd. XXV. nouv. sér. (1873) der *Revue d'archéologie* reproducirt ist (vgl. dazu ebenda S. 292. Es trägt als Unterschrift folgendes gereimte Distichon: *Non pater agnoscit misereri qui* (nicht: *miserio*, wie Roller, der Verfasser des betreffenden Aufsatzes druckt) *sibi poscit. Papa tenet cartam vitam que nuntiat artam.*

(11e 13a), coepit ... instruere sponsam suam (13b) .... deinde tradidit ei annulum suum aureum et rendam, (*Massmann* S. 168:) i. e. caput baltei quo cingebatur ... dixitque ... dominus sit inter nos (15bc) .. et discessit ad mare (15d) accedensque ad mare (16a) ascendensque navem (16b) deo prosperante (16e) pervenit Laodiceam (17a) et inde iter arripiens (17c) abiit Edessam Syriae civitatem (18a) ubi sine humano opere imago ... habebatur (18b) quo perveniens omnia quae secum tulerat (19a) pauperibus erogavit (19d) et .. coepit sedere cum ceteris pauperibus (20b) ... et de eleemosynis quae ei dabantur (20c) quantum sibi sufficeret reservabat (20d), cetera vero pauperibus erogabat (20e) .... misit pater ipsius pueros suos (23a) ut per unversas mundi partes inquirerent eum (23b). Quorum aliqui dum venissent Edessam (23c), viderunt eum inter ceteros pauperes sedentem (23d) et dantes [ei] eleemosynam (24c) discesserunt, quia non cognoverunt eum (24e). Ipse autem homo dei .. glorificabat deum dicens (25b): Gratias tibi ago ... ut ... acciperem eleemosynam de servis meis (23cd) ... Reversi autem pueri (26a) nunciaverunt nou invenisse eum (26b). Mater quoque ejus .. sternens saccum in pavimento cubiculi sui sedensque super illud (30a) ... Sponsa vero ejus dixit ad socrum suam (30bc): non egrediar de domo tua (30e), sed similabo me turturi (30d) quae omnino alteri non copulatur, dum ejus socius captus fuerit. ... Ille namque homo dei in eodem quo dictum est atrio permansit in sancta conversatione et vitae austeritate (32cd) per decem et septem annos (33a) [Postea vero volens Deus revelare causam ipsius] (*fehlt bei Massmann*) imago ... paramonario ecclesiae dixit (34cd): fac introire hominem dei (34e), quia dignus est regno coelorum (35c) ... exiensque paramonarius quaesivit eum et non cognovit (35de). et reversus intro (36a) ... Iterum ipsa imago ait: ille, qui sedet foris in ostio ipse est (36bc). Tunc paramonarius festinus egressus cognovit eum et ... rogavit eum, ut in ecclesiam intraret (37a). quod factum dum cunctis innotesceret (37b) et isdem homo dei ab hominibus venerari coepisset (37d), [*Massmann* S. 169:] humanam fugiens gloriam (38c) occulte exiit de civitate Edessa (38d) et venit Laodiciam (38e) ibique navem ascendens (39a) volebat in Tharsum Ciliciae ire (39c). Deo itaque dispensante (39d) rapta est navis vento et ducta est ad Romanum portum (39e). Ut autem ipse homo dei se illuc venire perspexit (40c), dixit in corde suo (41a): .. neque alibi ibo, nisi in domum patris mei (42d), quia cognitus illic non ero (42e). et exiens venit (43a) et obviavit patri suo (43c) redeunti a palatio, circumdato obsequentium multitudine (43d) ... et jube me suscipi in domo tua (44b) ... Pater vero ejus haec audiens rememoratus est de filio suo (45a) ... et ait pueris suis: Quis ex vobis curam geret istius hominis? Vivit dominus, quia liberum eum faciam (46ab) ... jussit .. facere ei grabatum in atrio domus suae (47ab), [ut intrans et exiens videret eum (48a), praecipiens, ut de mensa ejus pasceretur (50b). Susceptus autem perseverabat in austeritate vitae suae (50c)] .... Pueri quoque coeperunt deridere eum (54a) et aquam, qua discos lavabant super caput ejus fundebant (53cd 54b) ... quae omnia homo dei propter amorem domini libenter sustinuit (54c) ... sicque fecit in domo patris sui incognitus alios decem et septem annos (55ba). Cum autem completum sibi tempus vitae suae cognovisset (56d), postulavit a deputato sibi ministro (56e) tomum chartae et calamarem (57ab) et scripsit per ordinem omnem vitam suam (57d) qualiter respuerit nuptias et qualiter conversatus fuerit in peregrinatione qualiterque contra voluntatem suam redierit Romam (57e) ... dominica die (59a) ... vox coelitus insonuit (59b) in sanctuario dicens (59c). Qua voce audita nimio timore territi (60e) .. Iterum secundo vox facta est dicens (60 a): Quaerite hominem dei, ut orat pro Roma (60 b–d) illucescente enim die (67 a) parasceve deo spiritum reddidit (67 b) .... congregati sunt .. omnes ad ecclesiam implorantes dei clementiam (62 c d) ut ostenderet eis ubi esset homo dei (62 e). Tunc facta est vox ad eos dicens (63 c): In domo Euphemiani quaerite (63 d). Conversique ad Euphemianum (64 a) dixerunt (64 b): In domo tua talem gratiam habebas et non ostendisti nobis (64 c–e)? Ille quoque dicebat: Vivit dominus nescio (65 a). Et statim vocavit priorem domus suae et dixit ei: Scis in domo mea aliquem talem gratiam habentem (65 d)? Ille autem se nescire respondit (65 e) ... Tunc Imperatores Arcadius et Honorius ... una cum pontifice Innocentio (62 b a) coeperunt ire in domum Euphemiani (65 b) .... Euphemianus [*Massmann* S. 170:] autem praeivit cum pueris suis, ut sedes ornaret (65 c) .... Minister autem hominis dei (68 a) accessit ad dominum suum dixitque ei (68 b c): Vide domine, ne forte sit ille quem assignasti mihi (69 c). magna enim et laudabilia vidi eum operantem (69 b). per omnem enim dominicam sancta dei munera accipiebat (52 a b) jejuniisque semetipsum cruciabat (56 a) ... Euphemianus autem .. festinus cucurrit ad eum (69 d e) et .... discooperuit faciem eius (70 a) et vidit vultum ipsius velut lampadem lucentem (70 b) ... habebatque in manu brevem scripturam (70 c) et voluit eam ab eo accipere et non valuit (71 a). Quo stupefactus atque timore percussus cito reversus ad imperatores dixit (71 b): Quem querebamus, invenimus (71 c) et narravit eis ... qualiter defunctum eum invenisset *(71 d)* tomumque in manu habentem et eum nequivisset ab eo accipere (71 e). Tunc imperatores et Pontifex cum Euphemiano *(72 a)* perrexerunt ad locum ubi jacebat *(72 b)* steteruntque ante grabatum et dixerunt *(72 c—e)*: Quamvis peccatores simus *(73 a)* gubernacula tamen regni gerimus (73 d **P S M** > **L**). iste autem pontifex pater universalis est (74 a b). da nobis chartam (74 c), ut sciamus quae in ea scripta sunt (74 d) Et accedens pontifex accepit chartam de manu ejus (75 a b) et dedit chartulario sanctae romanae ecclesiae nomine Ethio ut legeret eam (75 e). et facto silentio magno lecta est coram omnibus (76 b). Euphemianus autem pater ejus, ut audivit verba chartae (78 a), factus exanimis cecidit in terram (85 e) ... coepitque canos capitis sui evellere, barbam trahere (78 b) .... clamabat: Heu me, domine deus meus (78 c) ... Ego enim sperabam aliquando audire vocem tuam (78 d) ... et nunc video te ... in grabato jacentem (79 c) ... Heu me, qualem consolacionem in corde meo ponam (79 d 78 e)? Mater vero ejus haec audiens (85 b) quasi leaena rumpens rete (85 c) ita scissis vestibus exiens (86 a) coma dissoluta (86 b) ... clamabat: heu me fili (87 c) ... quare sic nobis fecisti (88 c). Videbas patrem tuum et me miserabiliter lachrymantes (88 d 49 a b) et non ostendebas te ipsum nobis (88 e) .. nunc brachia super illud (*sc.* corpus) expandebat, nunc manibus vultum angelicum [*Massmann* S. 171:] contrectabat osculansque clamabat (86 d): Plorate mecum omnes qui adestis (93 a b) ... Heu me, quis dabit oculis meis fontem lacrimarum, ut plangam die ac nocte dolorem animae meae (93 c). Sponsa quoque ejus ... cucurrit .. dicens (94 b): Heu me, quia hodie ... apparui vidua (99 a) ... a modo coepit dolor, qui finem non habet (99 b) ... Tunc pontifex cum imperatoribus posuerunt corpus in ornato feretro et duxerunt in mediam civitatem (102 b) et nunciatum est populo .... et omnes currebant obviam corpori sancto (102 d e) .. caeci visum recipiebant, daemonii ejiciebantur (111 a b) et omnes infirmi quacunque infirmitate detenti tacto corpore sancto curabantur (112 a b). Imperatores autem tanta mirabilia videntes (113 a b) coeperunt per se cum pontifice lectum portare (113 c) ... Et jusserunt copiam auri argentique in plateis spargere (106 a b) ut turbae occuparentur amore pecuniae et sinerent eum perduci ad ecclesiam (105e 106c). sed plebs amore pecuniae seposito (106d) magis ac magis ad tactum sanctissimi corporis irruebant (108e). et sic cum magno labore (113de) ad templum sancti Bonifacii martyris (114ab) perduxerunt et illic (114e) per septem dies in dei laudibus persistentes (115b) operati sunt monumentum de auro et gemmis pretiosis in quo sacratissimum illud corpus cum magna veneratione collocaverunt (116ab 117a–c 118ab) die XIV *(oder* XVII*)* mensis Julii .... Tunc populi jocundantes (108a) maximas domino gratias agebant 108e) qui tale populo suo conferre dignatus est subsidium (107e).

Die aus Surii, De probatis sanctorum historiis (Colon. 1579) *von* Massmann S. 172 ff. *abgedruckte und mit* ℭ *bezeichnete* Vita S. Alexii, *eine im wesentlichen gekürzte Fassung von* 𝔅, *bietet unter ihren Abweichungen von* 𝔅 *folgende, welche an unser afr. Lied deutlich anklingen: Euphemianus heisst* senator magnus (= L 3c *in* 𝔄 *später*, Massm. S. 168 Zeile 13, *sogar* Senior Eufemianus) ... Aglais ... deum orabat ut sibi filium largiretur in quo vir eius conquiesceret et animum oblectaret (5e) .. Et baptizaverunt eum (6d) imposueruntque illi nomen Alexio (7a) quem cum sex esset annorum, grammaticae rudimentis imbuendum et historiae ecclesiasticae cognitione atque arte oratoria erudiendum curarunt (7c) ... Puellam igitur ei regii sanguinis desponderunt (8e) ... navem invenit in eamque conscendit (16bc) .... [*Massm.* S. 173:] ... Mater autem .. in cubiculum suum ingressa (28a) fenestram clausit saccumque stravit ac cinerem (28b 29d) .... imago ... sic aedis custodem est allocuta (34d) .... cum celebris omnibus fieret (37bd) .. sed navi conscensa, vi tempestatis Romam appulit (39e) [*Massm.* S. 174:] Tunc divus imperator lectum in medio secreti cubiculi sterni jubet in eoque ipsum collocari (66ab) ... chartam ... Aetio sacrosanctae ecclesiae cancellario legendam dederunt (75e 76a) .... [*Massm.* S. 175:] Porro archiepiscopus et imperator jusserunt lectum circumgestari sed populus ita premebat ut moveri non posset (101-3) ... verum nemo fuit, qui aurum curaret (106c) ... si quis enim eas tantum adspiciebat, ab omni malo liberabatur (112b) surdi audiebant, muti loquebantur, mundabantur leprosi, daemones fugabantur (111ab) .... ubi diebus septem ei justa parentibus celebrarunt (115ab). Imperator autem arcam e marmore et smaragdo faciendam curavit in eaque corpus sanctissimum posuit XVI. Calendas Aprilis, Arcadio et Honorio imperatoribus Innocentio autem primo pontifice. (117e).

Die aus 2 Münchener Hss. (e Codd. Monac. Ratisbon. civ. LXX et Scheftlar. 138) *von* Massmann S. 157 ff. *abgedruckte und mit* 𝔄 *bezeichnete ausführliche* Vita S. Alexii *endlich*, *eine bedeutend erweiterte und tendenziös veränderte Umarbeitung der gemeinsamen Vorlage von* 𝔅ℭ, *bietet ihrerseits unter den Abweichungen von* 𝔅ℭ *folgende, welche an unser afr. Lied wenigstens theilweise näher anklingen.*

[*Massm.* S. 158:] Hic ergo amicissimus imperatoris Eufemianus et nulli Rome diuitiis aut honore secundus (4cb) ... uxorem ... per multos habuit annos (5a) nec ex ea filium genuit (5b) ... ad studia litterarum a parentibus est traditus (7c) [*Massm.* S. 159:] per triennium in palatio cum imperatoribus conuersatus (7e) ... uinculo coniugali a parentibus dicatur uxor ei queritur

(8 d) ... Quiusdam incliti patricii filiam nomine Adriaticam ei despondent (8 e *vgl.* G) Ponitur dies celebritati nuptiarum (10 a)... Benedicuntur secundum consuetudinem ecclesiasticam... sponsalibus ornamentis insignes sponsus et sponsa (10 b c) Dies leta ducitur ... Nox aderat (11 a) et cum ante lectum ... lucerna arderet (12 a) ... inquit ad sponsam beatus Alexis (13 b) ... uita nostra ... cottidie perit et deficit (13 c 14 d) .... liberemus animas nostras ab his ... incentiuis que et perpetuam nobis mortem lucrabuntur et ipsa tamquam umbra et fumus (fimus?) solam peccati relinquendo miseriam transeunt et deficiunt (14 e) His dictis (15 a) .... [*Massm.* S. 160:] Conturbatur hoc dicto pater et mater flent et lamentantur (21) .... Mittit ... senior Eufemianus in diuersas partes terrarum servos (23 a b) non ... eum cognoscunt (23 e) .... [*Massm.* S. 160 Z. 1:] facie mutata colore fuscato crine attenuato (24 a) ... Accepit de manibus ipsorum elemosinam (24 d), in hoc quoque gaudens (25e)..... [*Massm.* 161:] ... Qui cum notam sibi patriam cerneret (40 c) ... inquit: en habeo rursus implicari seculo (40 e) .... miserere, inquit, Domine Eufemiane (44 a) pauperis nudi et egentis atque infirmi (44 e) ... propter deum et amorem unici tui quem habes in exilio (44 d) .... Acceptum itaque servus duxit ad hospitium et lectulum ei fecit sub ascensorio palatii (47 a b) ... [*Massm.* S. 162:] Equidem pater et mater una cum sponsa ueniebant frequenter (48 a) ... quem adeo sibi attinere nesciebant (48 b) ... Omni die nichil aliud facere domina nisi ... flere et plangere (49 a b) nec tamen ipse moveri fixus in [*Massm.* S. 163:] deo (49 d e) ... et agnosci a suis .. pro deo non curabat (50 e) .. Evolutis interea X et VII annis (55 a) cum laborem pii et fidelis athlete iam deus remunerare disponeret (56 b) ... Per idem tempus egrotauit Alexius (56 c) ... [*Massm.* S. 164:] .. nam in medio uestrum est, quem uos nescitis (60 b) ... defunctus ei nunciatur ille pauper a servo (68 b) .... Papa cum imperatoribus (66 a) ... [*Massm.* S. 165:] .. sponsa pectus et genas indigne lacerabat ... Sponsa quoque fleuit et capillos capitis indecenter euellens unguibus ora fedebat (86 b c) ... set violencia multitudinis ita irruebat, ut mouere se de loco fere nullus posset (103 c-e) ... populus michil adtendebat (106 c) ... labore maximo in sarcofago marmoreo (117 c) conditum aromatibus (117 a) in ecclesia beati Bonifacii martiris (114 a b) sepelierunt (118 c) ... tanta ibi fiebant mirabilia ad tumbam beati viri, ut demones ... exirent, ceci illuminarentur, leprosi mundarentur, claudi gressum, quisque infirmus sanitatem reciperet (111 a b. 112 a b) ... Post duos annos pater beati Alexii senior Eufemianus plenus dierum obiit et sepultus a latere sarcofagi, matrem beati uiri post breue tempus comitem sortitus est in perenni beatitudine sepultam ex alia parte . vltima post omnes sponsa defuncta rogauit ante obitum ut poneretur una cum sponso quod et factum est. (121. 122). Aperto itaque sarcofago niue candidiora inuenta sunt ossa beati uiri. Que continuo mirabile dictu in latus se contulerunt sarcofagi ut esset locus locando beato corpori. Brachium quoque transposuit ut quasi dilecta sponsa leuam sub capite dextram se amplexantem haberet ... Obiit XV Kl'. Aug'. Circa annos domini CC°CXX°VIII°.

POETISCHE NACHBILDUNG DES HOHEN LIEDES.

Hs. aus dem 12. Jh. nach *Pa. Fö. Su.*, aus dem Ende des 11. Jh. nach *Mey.:* Bibl. nat. Paris ms. lat. 2297 Bl. 92 v°. Sp. 1 und 2 ohne Versabtheilung, hier gedruckt nach einer Copie Suchiers, die mit den Drucken collationirt und von Suchier danach nochmals über der Hs. verificirt ist. Frühere Ausgaben von: G. Paris, im Jahrbuch für roman. u. engl. Literatur, VI, 362 ss. (= *Pa.*), P. Meyer in seinem Recueil d'a. t. p. 206 ff. (= *Mey.*) und Bartsch in seiner Chrestomathie de l'anc. fr. 4 e éd. nach einer Collation von W. Foerster Sp. 61 ff. (= *Ba.-Fö.*). Vgl. Lücking, Die ält. fr. Mundarten S. 233 ff. Meyer setzt die parasitischen t und d in ( ) (vgl. Z. 91, ferner 'nont' Eul. 5 'bont' Alexis 6 c negunt Ep. v. h. Steph. 7 b u. Z. f. r. Ph. II 496; III, 307 etc.).

Quant li solleiz converset en Leon
(2)en icel tens quest ortus Pliadon*
3 (3)per unt* matin;

1 *Initial, welcher den vorderen Theil von 3 Zeilen einnimmt.* leon *Pa. Fö.* — 2 pliadon *Pa. Fö.* — 3 unc *Pa.*

Vne (4)pulcellet odit molt gent plo(5)rer
& son ami (dol)cement* regre(6)ter
6 (&) i(o)*lli dis;

5 (dol) *und* 6 (et) i(o) *fast abgerieben aber* i *deutlich Su.* Et si *Mey. Fö. unleserlich Pa.*

Gentilz pucellet (7)molt tai odit plorer
& tum ami (8)dolcement [regreter]*
9 & chi est illi*;

Cant. V, 9: Qualis est dilectus tuus ex dilecto o pulcherrima mulierum?!

8 regreter *links am Rand nachgetragen.* — 9 *bessere:* il *Ste.*

[....rget* fud* de bon (2)......ient*
si respon(3)....lt* auenable(4)....*
12 so* son ami;]

10 *bis* 12 (*nicht bis* 13 *wie Mey.*) *was Ba.-Fö. nicht anmerkt, links am Rand nachgetragen und durch Abreissen verstümmelt.* — 10 *La virget fu* de bon *entendement Pa. Mey.* — 11 si *respondi molt Pa. Mey.* — ave-*nablement edd.* — 12 = de s. a. *Ste.*

Li miens (9) amis il est de tel paraget
que neuls on (10)nen seit conter li[g]naget*
de lune (11)part;

14 lignaget *edd.* g *aus* n *gebessert Su.*

Il est plus gensz que solleiz (12)ennested
uers lui ne pued tenir (13)nulle clartez
tant par est belsz;

VI, 9: ... progreditur quasi aurora consurgens, pulchra ut luna, electa ut sol ...

(14)Blans-÷-& roges plus que io nel sai (15)diret
li* suensz senblansz* nen est (16)entreiz cent miliet
ne ia neni(17)ert;

V, 10: Dilectus meus candidus et rubicundus, electus ex millibus.

20 Si s. semblansz *Pa.*

Il dist de mei que io eret (18)molt bellet;
si* maimet tant (19)toz temps li soi nouelet
soe mer(20)cid;

23 Li *Pa.*

Dolc"or* de mel apeleid* mes* (21)(le)ures*;
de soiz* (ma)* languet est (22)li laiz & les r(e"es)*
& io sai beem;

IV, 11: Favus distillans labia, sponsa; mel et lac sub lingua tua,

25 Dolcor *Pa.* Dolçor *Mey. Fö.* — a. [a] *Pa. Mey.* apele il *Fö.* = a. il *Ste.* — (le) *fast abgerieben Su.* — 26 desouz *mit verwischtem* z *Pa.* desoaz *Mey. Fö.* — (ma) (e"es) *fast abgerieben Su.* ees *unleserlich Pa.*

(23)Nuls om ne uit aromatigement*
(24)chi tant biem (o)illet* con funt (25)mi uestement
al* som plaisir;

et odor vestimentorum tuorum sicut odor thuris.

28 arom et ungement *Pa.* a. et u[n]gement *Mey. Fö.* — 29 (o) *verlöscht Pa. Su.* — 30 a *Pa.*

(Sp. 2) La u io suid iuersz ni puet durer
(2) toz tens florist li leuz de ma bel(3)tez
por mon ami;

II, 11: Jam enim hiems transiit, imber abiit et recessit

Li tensz* est (4)bels* les uinnesz sont flories
lodor (5)-÷-bonet si laimat* molt misiret
(6)por mei amor;

12. Flores apparuerunt in terra nostra, tempus putationis advenit;

34 temsz *Pa.* — belz *Mey.* — 35 l'amat *Pa. Fö.* — *Hs. scheint* laimat *zu bieten Mey.*

En nostre terred* (7)noset* oilset* c"anter*
samz* la tor(8)terelet chi amat* c"aaste ed*
por (9)mon ami;

vox turturis audita est in terra nostra.

37 terret *Pa. Hs.*: no set *nach edd.* = n'osat *Ste.* euset *Pa., Hs. undeutl.*: oilset = oisels *Mey., Hs:* eu'set = eusel *Fö.* canter *edd.* — 38 Sainz *Pa. Fö.* — amet *Pa. Mey.* — *Hs.*: caasted *mit verwischtem* d *Pa., Hs.*: caaste ed *Mey. Fö. das zweite* a *scheint getilgt Mey.* = casteed *edd.*

lo lai molt quis encor (10)nel pois trouert;
nen uult respon(11)dret aseiz* lai apeletz
quer lui (12)ne plastz;

41 aseit *Pa.*

V, 6 ... quaesivi et non inveni illum; vocavi et non respondit mihi.

Les escalgaites chi guardent (13)la citez;
cil me toruerent si mont (14)batuz aseiz
por mon ami;

[Nauree molt* (1)& mun* p(a)liet* (2)tolud
grant tort (3)munt fait cil (4)chi guardent le m(5).rt*
por mon ami;]

V, 7: Invenerunt me custodes qui circumeunt civitatem: percusserunt me et vulneraverunt me; tulerunt pallium meum mihi custodes murorum.

46–8 (*was Mey. nicht anführt) sind hier ausgelassen, aber vor der ersten Zeile der ersten Spalte auf dort freigelassenem Raum nachgetragen. Das Verweisungszeichen ist nicht, wie Pa. angiebt, verwischt. Durch Abreissen des Randes ist nur das* u *in* murt *zerstört Su.* — 46 = N. m'ont *Ste.* – mon *Mey. Fö.* (a) *undeutlich Su.* puliet *bessere:* paliet *Pa.* — 47 grand *Pa. Mey.* mur *edd.*

Beles (15)pulcelesz fillesz Ierusalem
por* mei (16)amor noncieiz le mon amant
(17)damor languis;

50 Per *Mey.*

8. Adjuro vos, filiae Jerusalem, si inveneritis dilectum meum, ut nuntietis ei quia amore langueo.

Chi"nc* milie anz (18)atzquil* aueid unamiet
lei ad (19)laisiet quar nert de bel serviset
(20)si amet mei;

52 Chinc .. at q. . *edd.*

Illi plantatz (21)une uine molt dolcelt
proud (22)ne la fist sinnest* c"adeit* encolped
(23)orest* amcred;

56 si 'nn est *Hs.*: sin nest *Mey.* cadeit *edd. In* c"adeit *sind die Accente nur undeutlich erhalten Su.* — 57 Or est *edd.*

Li* fil sa mered ne la (24)uoldrent amert
commandent li (25)les uinnes a guarder
fors al soleiz;

58 Le *Pa.*

(26)Ellest* nercidet perdutz adz sa beltez
(27)se par mei non i"a* maisz naurat (28)clartez
de mon ami;

61 Elle est *Pa.* — 63 ja *edd.*

I, 5: (= 61) Nolite considerare quod fusca sum, quia decoloravit me sol: *(58:)* filii matris meae pugnaverunt contra me; *(59:)* posueruut me custodem in vineis: *(56:)*. vineam meam non custodivi.

Ainz q; nuls om (29)soüst de nostre amor
li miensz amis (30) mefist molt grant ennor
al tems (31)Noe .

Danz Abraham en fud pre(32)mierz messaget
luid mentueiad (33)por c"o* quil ert plussaiues
& de grant (34)fei;

68 co *Pa.* ço *Mey. Fö.*

Issaac* iuint Iacob & danz (35)Iosep*
pois Moisen & danz Abinma(36)lec;
& Samuel;

70 Isaac *Mey.* – Ioseph *Pa. Mey.* Iosehp *Fö.*

Del quart ede pois (37)i uint reiz Dauid
& Salamon & Roboam (38)ses fiz
& Abia;

& ab i uint Issaias Amos*
(39)Ieu Ioel & dam Azarias
& Ioatam;

76 *Hs.:* Issaias Amo:: *Pa. Fö.* = Amos Issaias *Ba.* — Amos [et] Issaias *Pa. Mey.* *Nicht eher* = Et ab Amos i vint Issaias? *Ste.*

(40)Achaz i uint adunc fud* faitet (41)Rome
quel part q; (42)alget iluoc ÷ ma coronet
& mes tresors;

79 fut *Pa.*

Ezelcias (43)Manases* Iosias
& Ioachim & dam (44)Nazarias
del quart ede;

82 Manasses *Pa.*

Del quint (45)ede pois* i uint Ananias
e* Misael (46)& dam Zacharias
& plussors* altresz;

85 pois *ausradiert Su.* *zu tilgen Ste.* — 86 Et *Pa. Fö.* — 87 plusors *Pa.*

(47)Enpres icelsz & molt altres barunsz
(48)par cui misiret mei madatz* (49)sa raisum*
mei uult aueir;

89 mandatz *Pa.* ma[n]datz *Mey. Fö.* — raisun *Pa.*

Il (50)enueiad sun angret a la pucele,
(51)chi la saluet* dune saludz* nouelet*
en Nazareh; ..

92 salued d'u. saludt novele *Pa.*

EPISTEL VOM H. STEPHANUS.

Hs. des 12. Jh.: Bibl. du Petit Séminaire de Tours, vollständig zuerst von G. Paris im Jahrb. f. r. u. e. Lit. IV 311 ff. nach P. Violleta Abschrift veröffentlicht, von neuem durch W. Foerster mit Facsimile in der Revue des langues rom. XVI (3e série II) 5 ff. Vgl. K. Bartsch in der Zeitschr. f. r. Ph. IV 99. Die ersten 13 Zeilen waren bereits im Jahr 1700 von Dom Martène (de antiquis Ecclesiae ritibus l. I c. 3 art. 2) später von den Fortsetzern des Du Cange (s. v. Frasia), vom abbé Leboeuf (t. XVII der Mém. de l'Ac. des Insc.) und von du Méril (Mél. arch. 272 n. 3) mitgetheilt.

I. Lecsio actuum apostolorum.

Por* amor de uos pri* saignos barun.
Seet. uos tuít (2)escotet lalecun.
de saint Esteure. loglorius barun.
escotet la par benne enteciun'.
(3)qui aceior recut sapasiun*.

a Par ... prie *Pa.* — *d* u. *e verstellen Pa. Fö.* — *d* benne *Pa. so bess. Fö.* bonne *frühere Drucke.* — *e* la passiun *Pa.*

II. Indiebus illis Stephanus.

Seint* Esteures fut plaíns (4)de grant bonte.
emma* tot cels qui creíuent* en de.
feseit miracles onon* dedemmnede*.
(5)ascuntrat & auces atot dona* sante*'.
porce haierent autens* liíue.

VI 8
Stephanus autem plenus gratia et fortitudine faciebat prodigra et signa magna in populo

a Saint *Pa.* — *b* Emma *Pa.* Enma *Fö.* emmen *früh. Drucke.* creinent *Pa. Fö.* creeient *schlägt vor Fö.* creivent *Ba.* — *c* o nom de Deu mende *Pa.* demnede *bess. Fö.* — *d Viell.* Donout as ceus et as contrat *Fö. Besser:* Cuntrat e ces *Boucherie.* — *e* Por cel *schlägt vor Fö.* autant *Pa. viell.* an bref tens *Fö.* icel sent *oder eher* a tutens *Ba.*

III. Surreserunt.

(6)Encontreluí sesdrecerent trestuít*.
distrent ensenble mauueis mes* cetui.
(7)iladeable qui parole enluí.
iotum* ensenble por deputer olue*'.
& siarrum lescience* (8)deluí.

VI 9
Surrexerunt autem quidam de synagoga,

a trestui *Pa.* — *b* m'est *Lebeuf* mos (de) *Pa.* mes [est] *Fö.* mau veismes *sonst eher:* mauveis om es (est) *Ba.* — *d* Jocun (?) *Pa.* lui *Pa.* — *e* la science *Pa.* lescience *scheint nachträglich aus* sescience *geändert Ste.*

IV. Et non poterant*.

Au deputer furunt cil de Libie.
ecil de Sire ecil dAlesandrié.
(9)& delaterre quest enme* Celicie.
tuít li íuef liplus saué* dAsye'.
sille concluent (10)ialitoldrunt lauie.

quae appellatur Libertinorum, et Cyrenensium, et Alexandrinorum et eorum, qui erant a Cilicia, et Asia, disputantes cum Stephano;

aus poterunt *geändert Fö.* — *c* emme *Pa.* — *d Punkt über* e.

V. Audientes.

Mes aubarun neporrun contrester*.
nedeciencie* (11)ne de clergil mester*.
il fut bons clers* bien sesot deraisner.
vnques uers luí (12)ne porent mot soner'.
entros* porpensent cum leporrunt danner.

VI 10

Et non poterant resistere sapientiae, et Spiritui, qui loquebatur.

a porrunt c. *Pa.* por(r)ent c. *bess. Fö.* ent *über* con *soll das voraufgehende* porrun *in* porent *verwandeln Ste.* — *b* Ne de cience *Pa.* Ne d'eciencie *Fö.* mester *ist in* mater *geändert Fö.* — *c* clercs *Pa.* — *e* Entr'os *Pa.* Entreos *liest u.* Entr'os *bess. Fö. vgl.* VI c *u.* VIII e.

VI. Cum autem esset.

(13)Mult sunt ire liíue li felun
croisent les dent encuntre lobarun.
cumfait lichiens encuntro* (14)lolarun.
Mult uolentiers dannassent lebarun'.
se il enluj trouassent lachisun.

VII 54

Audientes autem haec dissecabantur cordibus suis, et stridebant dentibus in eum

c encontre *Pa.* encontreo *bess.* su encontre *Fö.*

(15) **VII. Ecce uideo.**

Vnques por els ne seuolt desmentir.
por nule chose que negunt lideit.
(16)esgarde elcel sit*uit Ihesu Xpist*'.
poisasíues afeluns. silordit. . . . .*

VII 55

...intendens in coelum, vidit gloriam Dei, et Iesum stantem a dextris Dei et ait:

c Der nach Fö. allerdings erst später aber doch regelrecht nach d angebrachte Strich (nur Str. 11 *fehlt er; vgl. auch Str.* 1*) scheint anzudeuten, dass entgegen der bisherigen Auffassung nicht e als ausgefallen zu betrachten ist, sondern, wie auch das Original zeigt,* c[a] *u.* d[1]*, welche ich ergänzen würde:* la gloire de i vit A destre de vit estant J. C. *Ste.* — i *radirt Fö.* Christ *Pa.* xpristum *liest u.* Crist *bess. Fö.* — *e lautete etwa:* eo (?) vei cel et (*Caesur? eher:* ves cel overt *Ste.*) a destre deu son fil, *der lat. Text:* Ecce video caelos apertos et filium hominis stantem a dextris Dei *Ba. Ich nehme an, dass eine ganze Strophe fehlt Ste.*

VIII. Exclamantes.

(17)Quant ce oirent ensenble secriert*.
tandolent furunt por poi ne sesrageret*.
lo barun (18)pritrent* lede ment lebaterent.

VII 56

Exclamantes autem voce magna continuerunt aures suas, et impetum

fors delauile ledement legiterent'.
pois lebarun (19)entros silapiderent.

fecerunt in eum 57 Et ejicientes eum extra civitatem lapidabant;

a s'ecrierent *Pa. ebenso bess. Fö.* — *b* s'earagerent *Pa. ebenso bess. Fö.* — *c* pristrent *Pa.*

IX. Et testes.

Mes ce trouum que as pet* dun enfant.
mistrent (20)lor dras cil qui lesegueient.
Saulus* au* non* d'Adamassa* lagrant.
pois fut apotres (21)sicom trouum lésant'.
saínt Pol lapellent la crestiane gent.

et testes deposuerunt vestimenta sua secus pedes adolescentis qui vocabatur Saulus.

a piet *Pa. Fö.* — *c* Saul avot nom d'Ada. *Pa.* ot non de Da. *bess. Fö.*

X. Et lapidabant.

Lo barum (22)seguent mult gant*torbe de gent.
plaient lofor loscant* uet espandant.
li cours* (23)li faut uait sei afebleant.
damede prie oben cor docement'.
sire fet* il mon esperite uos (24)rand* pren*.

VII 58
Et lapidabant Stephanum invocantem et dicentem: Domine Iesu suscipe spiritum meum.

a grant *Pa.* g[r]ant *Fö.* — *b* lo s(c)ant *Fö.* — *c* o *von* cours *unterpunktirt Ste.* c(o)urs *Fö.* — *e* faet *Fö.* fat *in* fet *geändert Ste.* — e. prent *Pa.* uos rand *von wenigstens 300 Jahre jüngerer Hand tilgt Fö.*

XI. Positis autem. domine ne.

Quant uolt* fenir se* sest aionelet*
nostre* saignor* de (25)reechief* pre*.
Sire fet il por* lameie amite.
pardone* acet qui cimunt (26)lapie.
que ia por mei neperdent tamíste.

VII 59
Positis autem genibus, clamavit voce magna dicens: Domine ne statuas illis hoc peccatum!

a dut *wäre besser als* volt *Fö.* si *Pa.* ajenolet *bess. Pa.* — *b* notre Seignor derechief a prié *Pa.* de derrechief (a) prire *liest und* de re(c)chief a prié *bess. Fö.* — *c* par *Pa.* — *d* Perdone *Pa.*

XII. Et cum hoc dixisset.

Ai cest* mot lisen (27)de* fu fení.
serme recut Ihesum que ila* serui.
oi ÷ laste* sicum auet oi.
(28)preion* li te* nos qui summu* ici'
que il pre* de* qui* ilait* denos merci

Et cum hoc dixisset, obdormivit in Domino.

a A icest *Pa. Fö.* deus *bess. Pa.* — *b es sollte* Ihesus *stehen Pa.* qu'il a *bess. Fö.* — *c* la [fe]ste *Fö.* — *d* Priun li tuit .. summes *Pa.* Preion li t(e)uit .. summ(u)es *liest und* Preiun li tuit .. summes *bess. Fö.* e *von* te *unterpunktiert Ste.* — *e* prie Deu que *Pa.* qu'il ait *bess. Fö.*

BRUCHSTÜCK EINES ALEXANDER-LIEDES.

Handschrift: in Cod. 35 Plut. LXIV der Laurenziana in Florenz. Bl. 115 v° Sp. 1. 2 u. Bl. 116r°. Schrift von 115 v° = der übrigen Hs., von 116 r° von zweiter, aber gleichzeitiger Hand des 11—12 Jh., heliographisch vervielfältigt durch Monaci, eine Photographie besitzt W. Foerster.

Drucke: von P. Heyse Rom. Inedita Berlin 1856 S. 3 ff. *(Hey.)*, Rochat Germ. I, 273 ff. *(Ro.)*, Bartsch Chrest. de l'anc. fr. Leipzig 1866 (1te Aufl.) 1880 (4te Aufl.) *(Ba.* [1-4]*)*, P. Meyer in einer noch nicht veröffentlichten Sammlung von Alexanderdichtungen (gedr. c. 1870) *(Mey.)*

Collationen: von Bartsch (Jahrbuch XI, 159), Stengel (1872, nicht veröffentlicht), W. Foerster (Zeitschr. f. r. Ph. II, 79); vgl. ferner Pfeiffer (Menzels Lit. Bl. 1856 No. 18), Rochat, C. Hofmann, Tobler, Bartsch (Germania I, 273 ff. II, 95 ff. 441—44 449 ff.), Tobler (Darst. der lat. Conj. etc. Zürich 1857 S. 36 ff.), Ascoli (Arch. glott. III S. 64), P. Meyer (Romania IV, 296), Chabaneau (Rev. des lang. rom. III s., t. III 1880 S. 279 ff.).

Bearbeitungen. 1) Die afr. Alexanderdichtung des Sanson (Simon) in 10-Silbern, erhalten in 2 Hss.: a) der Pariser Arsenalbibliothek zu Paris (Bruchstück von c. 800 Zeilen, kurze Proben daraus gibt P. Meyer Revue Crit. 1868 I 68), b) des Museo civico zu Venedig (Proben daraus mitgetheilt von Bartsch Jahrbuch XI, 168 ff.). 2) Die deutsche des Pfaffen Lamprecht (herausgeg. von Weissmann Frankf. 1850): Elberich von Bisenzûn | der brâhte unz diz liet zû: | der hêtis in walischen getichtit; | ih hân is uns in dûtischen berihtet. | nieman ne schuldige mih, | alse daz buoch saget, sô sagen ouch ih. Z. 13—18; vgl. die ähnliche Angabe des Pfaffen Chunrat am Schluss des deutschen Roland. Dem deutschen Dichter muss ein vollständigerer Text als der durch unser Bruchstück repräsentirte vorgelegen haben, da die längeren Zusätze offenbar nicht von ihm hinzugedichtet sind.

Quelle: Historiae Alexandri magni regis Macedonie de preliis vom Archibresbyter Leo (vgl. darüber J. Zacher Pseudocallisthenes S. 108, Rev. crit. 1868 I 68 und die Angaben Weismanns l. c. Einl. S. XLIV ff.), bisher nur in entstellten Drucken des 15 Jh. und in Hss. zugänglich, ein Auszug daraus in Ekkehardi Chronicon universale (herausgeg. von Waitz in den Monum. Germaniae hist. VIII 60—75).

Nachtrag: Die Arsen. Hs. (B. L. No. 162) der 10-Silber Bearbeitung bespricht bereits Michelant S. XII seiner Ausgabe der 12-Silber-Redaction. Eine dritte Hs. der 10-Silb. Bearb. lag Fauchet vor. S. 541 und 552 seiner Origines nennt Fauchet (ähnlich wie die venezianer Hs., während die Ars.-Hs. gar keinen Verfasser kennt) als Verfasser des Gedichtes einen Geistlichen von Bologne mit Namen Simon (die venez. Hs. hat: Sanson Simon, doch zwingt der Vers einen der beiden Namen zu beseitigen) und theilt auch einige Textzeilen (s. dieselben bei Michelant S. XIII) mit, welche weder genau zur Ars. noch zur venez. Hs. stimmen. Eine vierte Hs. endlich vertritt die in vielen Hss. überlieferte 12-Silber-Redact. von Lambert le Tort und Alexandre de Bernay, welche wenigstens im Anfang als eine freie, wesentlich erweiterte Umarbeitung der 10-Silber-Red. anzusehen ist, obwohl Lambert S. 250 Z. 1. 2 sagt: 'Un clers de Casteldun, Lambers li Tors l'escrist | Qui del latin le traist et en roman le mist' (vgl. dagegen S. 2. Z. 19. 20: 'La vie d'Alixandre, si com ele est contee, | En pluisors liex escrite, et par bouce contee'). Eine kritische Ausgabe der 12-Silber-Redaction ist sehr zu wünschen. Die, welche Michelant 1846 als No. 13 der Bibl. des litt. Vereins in Stuttgart veröffentlichte, ist wie der Herausgeber selbst angiebt, in vielen Beziehungen mangelhaft. Sind z. B. die eben angezogenen Zeilen echt, oder erst von späteren Ueberarbeitern hinzugefügt? In der von Michelant zu Grunde gelegten Hs. fehlen sie. Man beachte ferner die der 10-(12-)Silber- und der deutschen Bearbeitung gemeinsame Abweichung von Z. 91 unseres Textes, und insbesondere die Versetzung der Tir. 14 nach Tir. 16. Es wird hierdurch die oben über die Vorlage Lamprecht's geäusserte Ansicht ausdrücklich bestätigt.

1.

Dit Salomon al primierpas.
(2)quant desonlibre mot* (3)lo clas.
3 est uanitatum*m*uanitas.
(4)& uniuersa uanitas.
poyst* (5)lou mefay menfir mitas*.
6 (6)toylle* sen otiositas.
solaz nos (7)faz* antiquitas.
quetot nonsie (8)uanitas;.

2 moc? *Mahn.*
5 *Hs.:* loume fay *sic! vielleicht zu lesen:* Poys l'oum chay in enf. *od.* en enf. *Hey.* Pauc l'oum fay en inf. *Ro.* Poyst loume esmayn enf. *Ho.* l'oume fayni' enf. *Ba.*[1.4] l'omne fraynt enf. *Mey.* l'omne fuyr enf. *Cha.*
6 toyl le *Hey. Ro.* toyl li *Ho. Ba.*[1] *Mey.* toylle s'en *Fö. Ba.*[4]
7 fax' *Ba.*[1.4] fay *Mey.*

= *Lamprecht* 19-36: Dô Âlberih daz liet irhûb, 20 [1.2] dô hêter einen Salemônis mût; 21 in wilhem gedanken Salemôn saz, 22 dô er rehte alsus sprah: 23 [3.4] „vanitatum vanitas 24 et omnia vanitas". [*folgen:*] 25 daz quit: „iz ist alliz ein îtelicheit, 26 daz di sunne umbegeit." 27 daz hête Salemôn wol versûht, 28 durh daz svar ime sîn mût; 29 er ne wolde niwit langer ledich sitzen, 30 er screib von grôzen witzen, 31 [5] wande des mannis mûzicheit 32 [6] zô dem lîbe noh zô der sêle nith ne versteit. [*folgen:*] 33 dar ane gedâchte meister Âlberich. 34 den selben gedanc haben ouch ih; 35 ih ne wil mich niwit langer sparen, 36 des liedis wil ih vollen varen.

2.

9 En par gamen (9)noluid* escrit.
neper parabla (10)non fu dit.
del temps nouel (11)ne del antic.
12 nul[s]hom* uidist (12)un rey tan ric.
chiper batalle (13)& per estric*.
tant rey fesistmat (14)nemendic.
15 ne tanta terracun(15)quesist.
ne tan* duc nobli occi(16)sist.
cum* Alexander magnus fist.
18 (17)qui fud de Grecia natiz ⁏.

9 no l uid *Hey.* nol vid *Ba.*[1.4] *Mey.* nul uid *od.* non fud *od.* no l uim? *Mahn.* nuls vid *Ro.* nos vid? *Ste.*
12 [s] *von andrer Hand Hey.*
13 estrit *To. Ba.*[1.4] *Mey.*
16 tant *Mey.*
17 cun *Hey. Ro. Ba.*[1]

= *Lampr.* 37-52: Iz quît: „rîchere kuninge was genûch;" 38 [9] daz ne sagit uns aber nehein buoch 39 [10] noh neheiner slachte mêre, 40 [12] daz ie dichein sô rîche wêre, 41 [11] der in alten gezîten 42 [13] mit sturmen oder mit strîten 43 [15] ie sô manige lant gewunne 44 [14] oder so manigen kuninc bedwunge 45 [16] oder sô vil herzogen irsluoge [*folgt:*] 46 unde andire fursten genûge, 47 [17] sô der wunderlîche Alexander; [*folgt:*] 48 ime ne gelîchet nehein ander. 49 [18] Er was von Criechen geborn [*folgen:*] 50 unde wart dâ ze kuninge irkorn 51 unde was der allirhêriste man, 52 den Kriechen ze kuninge ie gwan.

3.

(18)Rey furent fort & mul podent.
(19)& de pecunia manent.
21 rey fureNT (20)sapi & prudent.
&exaltat sor* (21)tota gent.
....* mais non iab (22)un plus ualent.
24 de chest dun (23)faz laleuament.
contar uos ey (24)pleneyrament.
del Alexandre (115 v° 2) mandament ⁏.

22 sur *corrigé* sor *Ba.*[4] *Ste.* sur *Hey. Ro. Ba.*[1] *Mey.*
23 ... *Rasur Ste.*

= *Lampr.* 53-82: [19] ouh wâren kuninge creftich 54 hêr unde mehtih, 55 [22] ubir manige diet gwaldich, [*folgt:*] 56 ir hêrheit manicfaldich 57 [21] michel was ir wîsheit, 58 ir list unde ir cundiheit; 59 [20] ir scaz was mêre unde grôz: 60 [23] ir ne wart aber nie nehein sîn genôz, 61 di mit listen oder mit mehten 62 irin willen ie sô vollenbrâchten; 63 [24-6] sô aber dirre selbe man, 64 umbe den ih diser rede began. [*folgen:*] 65 An eine andere rede wil ih nu vân. 66 Salemôn der was aleine ûz getân, 67 der sih ûzir allen kuningen nam. 68 do regina austri zô ime quam 69 unde si sîne wunder 70 alle besunder 71 rechte merken began, 72 starke si dô undir quam; 73 dô si sîne wîsheit 74 unde sîne grôse rîcheit, 75 sîn fleisch unde sîne vische 76 unde di zîrheit sîner tische 77 unde sîn templum gesach, 78 mit rechter wârheit si dô sprah, 79 daz von mannis geburte 80 frumiger kuninc nie ne wurde; 81 man mûstin wol ûs scheiden, 82 — wande Alexander was ein heiden.

4.

Dicunt alquaNT (2)estrobat our.
quel reys fud filz* (3)dencantatour.
mentent fellon (4)losengetour.
malencredreyz (5)nec un delour.
quanz fuddeling (6)denperatour.
& filz alrey* Macedonor.

28 fils *Ba.*⁴
32 al rei *Ba.*⁴

= *Lampr.* 83-94 [27] Noch sprechint manige lugenêre, 84 [28] daz er eines gouchelêres sun wêre, 85 Alexander, dar ih û von sagen: 86 [29] si liegent alse bôse zagen 87 [30] alle, die is ie gedâchten, 88 [31] wande er was rechte kuninc slahte. [*folgen:*] 89 sulhe lugenmêre 90 sulen sîn ummêre 91 iegelichen frumen man. 92 sîn geslechte ih wol gereiten kan. 93 sîn geslehte was hêrlich 94 ubir al Criechlant gewaldich;

vgl. die afr. 10-Silberredact. Z. 73-80: Quant li .VII. maistre l'orent apris forment, 74 Un en i ot de greignor (plus grant) escient, 75 Sor toz les autres sot cil d'enchantement: 76 Neptenabus (Neptanebus) ot nom par (men) escient. 77 Par lo reisume lo(o) disoient (deslent) la gent 78 Que Alix. est ses fils voirement. (ert sis filz veirement) 79 Plusors lo (Plusor o) distrent, mai je nen croi (mas il ne fu) nient, 80 Car pois l'ocist mout engososement (Lireis Felis l'engendra veirement) *und Lambert* S. 5. Z. 1. 2: Quar li plusior disoient, sens nule legerie, | Que Alixandres est nes de bastarderie S. 9 Z. 5 Natabürs ot à non d'engien estoit parés ... 11 cil sot tant d'ingremance, et si en fu usés 12 C'ainc si bons encanteres ne fu de mere nés ... 17 De lui fust Alixandres mescreus et blamés. 18 Por cou que de sa mere fu durement privés 19 Dist on k'il ert ses fius et de lui engenrés. 20 J. jor le prist as mains sor J. mont u il ert, 21 Si le bouta aval que il fu lues tués.

5.

(7)Philippus ab ses parenon.
meyllor (8)uasal nonuid ainz hom.
echel* ten* (9)Gretia laregion.
els porz demar (10)en aueyron.
fils fud Amint alrey* (11)baron.
quialrey Xersem* abtal* tenzon*;

35 e *vor* chel *tilgt Mey.* tenc *od.* teng *Ba. (Germ).*
37 al ric *Ba.*¹ *Mey.*
38 Xersen *edd.* tal *tilgt Ba. (Germ.)* o *in* tenzon *aus* u *geändert Ste.*

= *Lampr.* 95-106: [33] Philippus hiz der vater sîn, 96 [35] al Macedonien was sîn. [*folgt:*] 97 sîn ane der was ein gût knecht; 98 [36] ubir daz mere ginc sîn reht; 99 [37] er was geheizen Omîn; [*folgt:*] 100 witen ginc der gwalt sîn. 101 michil was sîn heriscraft, 102 [38] vil manich volcwîch er vacht 103 wider den kuninc Xersen: [*folgen:*] 104 gwaldicliche verwan er den 105 unde vil ellenthafte 106 mit siner hercrafte.

Vgl. Lambert S. 4. Z. 8-11 Li rois qui Macidone tenoit en sa baillie, 9 Et Grese et le pais et toute Esclavonie, 10 Cil fu pere à l'enfant dont vous ores la vie 11 Phelippes ot a non, rois de grant signorie.

6.

39 (12)Et prist moylier dunuos say dir.
(13)qual pot sub cel genzor iausir*.
*sor** (14)Alexandre al rey dEpir.
42 qui hanc (15)no degnet destor fugir.
*ne aden(16)peradur seruir.
Olimpias donna (17)gentil.
35 dun Alexandre genuit ⁏.

40 iausir = causir? cfr. v. 52 *Hey. Ro. To. Ba*[1]. *Mey.* causir *steht wirklich Ba. vgl.* 96 *und Meyer, Dern. Troub.* S. 21, 2 *Ste.*

41 far Hs.? *der obere Strich des* f *radirt* = Car *Hey. Ro.* sar *aber aus* far *gebessert oder umgekehrt, keinesfalls* car *Ba. (Jahrb.)* s *durch Rasur undeutlich,* o *in* sor *aus* u *geändert Ste.*

43 *fehlt Ro.*

= *Lampr.* 107-124: [39] Philippus der nam ein wîb, 108 [40] di trûch einen vil hêrlîchen lîb. [*folgt:*] 108 ih sagûh wi ir name was, 110 [44] si hiz die scône Olympias; 111 [45] diu was Alexandris mûter. 112 [41] di frowe hête einen brûder, 113 der was ouh Alexander genant, 114 ze Persien hêter daz lant. 115 [43] der was ein furste alsô getân. 116 er ne wolde werden undertân 117 nie neheineme kuninge; 118 [42] daz sagich iu âne lugene, 119 er ne wolde ouh ze neheinen ziten 120 von sturmen noh von strîten 121 nie neheine wîs geflien, [*folgen:*] 122 swi ime sîne dinc dâ irgien; 123 er was ein tùrlîcher degen 124 unde wolde rehter herschefte plegen.

Vgl. Lambert S. 4 Z. 12-5: Une dame prist bele, et gente et escavie; 13 Olimpias ot non, fille au roi d'Ermenie 14 qui rices est d'avoir, d'or et de manandie, 15 De tieres et d'ounor, et de gent bien hardie.

7.

(18)Reys Alexander quant fud naz.
(19)per granz ensignes fud mostraz.
48 (20)crollet laterra detoz laz.
toneyres fud (21)& tempestaz*.
lo sol perdet sasclaritaz.
51 (22)per pauc no fud toz obscuraz.
ianget* (27)lo cels sas qualitaz.
quereys* est forz (24)enterra naz ⁏.

49 tenpestaz *Hey. Ro. Ba.*[1] *Mey.*

52 canged *bessern Hey. Ro. Ba.*[1] — *Hey. (bei To.) Mey. Ba. (Jahrb.) glauben die Hs. biete* canged. s. 40 *Ste.*

= *Lampr.* 125-138 Woldet ir alle nu gedagen, 126 sô woldih û sagen 127 [46] von Alexandris gebuorte, [*folgen:*] 128 wie diu gewuorte. 129 sîn mûter, frowe Olympias 130 zestunt dô siu genas, 131 dô wart ein michil nôtfal: 132 [48] di erde irbibete ubir al, 133 [49] der donre wart vil grôz, 134 ein starkiz weder nider gôz; 135 [52] der himel verwandelôte sih, 136 [50] unde die sunne vertunkelôte sih 137 [51] unde hête vil nâh irn schîn verlorn, 139 [53] dô Alexander wart geborn.

Vgl. die afr. 10-*Silb.-Redact. Z.* 20-26: [46] Quand Alix. li fils Felipes (Felip) fu nez 21 [47] Par mout grant (grans) signes fu li rois (jors) de mostrez 22 [52] Li ciels mus totes ses qualitez 23 [50] Li soloil et la lune (Soleil et luna) perdirent ses (lor) clartez 24 [51] Li jors meesmes torna en escurtes (Par poine fu li jors tos oscures) 25 [48] Croloit (Crolla) la terre si trembloit (et se mut) de tos les 26 [49] En mer profunde (En plusors los) fu grans la tempestes *und Lambert* S. 2. Z. 21; 23-5; 32-4: Ele (*d. h.* la vie d'A.) fu a son nestre par signe desmostrée .. 23 Quar li airs en mua, c'est verités prouvée, 24 Et parurent esclistre sor le noire nuée 25 Li firmamens croisi dont fu grans estonnée, 26 Et la tiere en tranla par toute la contrée, .. 32 Por cou crola la tiere, en icele jornée 33 Quar cele eure naiscoit la persone doutée, 34 Acui la signorie del mont seroit donnée.

8.

54 Ental for ma (116 r°) fud naz loreys.
non ifud naz emfes an ceys.
mays ab uirtud de dies* treys.
57 (2)que altre emfes de quatro meys.
silto cares* chi mi cha* peys.
tal regart fay (3)cu*m** leu qui est* preys.

56 *Macr.* ches *Hey.*
58 sil tocares *Hey. Ro.* toca res *Ba.*[1.4] *Mey.* S'il tocar es *Cha.* michal *Ho. Ba.*[1.4] *Mey.*
59 cun *Hey. Ba.*[1] a *Ba. (Germ.)*

= *Lampr.* 139-148: [54. 55] Nu ne vereischetih ê nie noh sint 140 alsus geborn nie nehein kint; 141 [56] geloubit mir, des ih û sagen. 142 er gedeih bas in drin tagen, 143 [57] dan alle andere kint, 144 sô si drier mânede alt sint 145 [58] unde alsime iht des gescah, 146 daz ime ubile zehugen was, 147 [59] sô sah er alse der wolf deit, 148 alser ubir sinem âse steit;

Vgl. Lambert S. 5 Z. 33-6: Mais ancois qu'il eust .XL. jors passés. 34 Fu ses cuers, de valour isi enluminés, 35 Que ains sers de putaire ne devint ses privés, 36 Vilaine ne puciele nel pot servir a grés.

9.

60 Saur ab lo peyl cu*m** depeyson.
tot ȷ * cresp. cu*m** coma de leon.
(4)lun uyl* ab glauc cu*m** dedracon.
63 & laltre neyr cu*m** de falcon.
delafigura en (5)auiron.
beyn resemplet fil de baron.

60 cun *Hey. Ba.*[1] *Ro. Mey.*
61 *Macr.* totj? *Hey.* tot ȷ *Ba.*[4] *hinter* tot *Anfangsstrich eines* p *Ste.* cun *Hey. Ro. Ba.*[1] *Mey.*
62 *Hs.* lunnyl *Hey.* lun uyl *Ba. (Jahrb.)* cun *Hey. Ro. Ba.*[1]
63 cun *Hey. Ro. Ba.*[1] *Mey.*

= *Lampr.* 149-166 [60] daz ih von ime sagen, daz ist wâr. 150 strûb unde rôt was ime sîn hâr, 151 nâh eineme vische getân, 152 den man in den mere sehet gân; 153 [61] unde was ime zemâzen dicke 154 unde crisp alseines wilden lewen locke. [*vgl.* 66:] 155 Umbe sîn gesihte 156 wil ih ûh berihten 157 unde rehte bescheiden 158 [62] ein ouge was ime weiden, 159 getân nâh einem trachen; [*folgen:*] 160 daz quam von den sachen, 161 dô in sîn mûter bestunt ze tragene, 162 dô quam ir freislîche bilide ingagene: 163 daz was ein michil wunder. 164 [63] swarz was ime daz ander 165 nâh einem grîfen getân; [*folgt:*] 166 daz sult ir wizzen âne wân.

Vgl. unus oculus niger, albus alter *Ekkeh. Chron.* S. 62 Z. 62.

10.

66 Clar ab lo uult beyn figurad.
saurlo (6)cabeyl recercelad.
plen lo collet & colorad.
69 ample lopeyz & aformad.
(7)lo bu subtil non trob delcad.
lo corps daual beyn enforcad.
72 lo poyn el braz (8)auigurad.
fer lo talent & apensad.

= *Lampr.* 167-177: [68] Sîn hals was ime wol geschaffin 168 [69] sîn brust starc unde wol offin. 169 [72] sîne arme wâren ime von grôzer maht, 170 [73] allis sînes mûtes was er wol bedâcht. 171 [70] sîn bûch né was ime nit zelanc noh zebreit; [*folgt:*] 172 vil wol daz deme jungelinge steit. 173 [71] beide ubir vouze unde ubir bein 174 rîterlîch er ze tale schein. 175 unde ubir allen sînen lîb 176 was er rehte hêrlîh; [*folgt:*] 177 daz sagih û zewâre.

11.

Mels uay & cort de lan* primer*.
75 que altre (9)emfes del* soyientreyr*.

74 del an primyer *Hey. Ro.* del an primeyr *Ba.*[1.4] *Mey.*
75 s'oy, del an tyer *od.* nel say l'an tyer *Ro.* del soyien tieyr *Pa.* *(Acc. lat.* p. 60) seytenieyr *Ho. Ba.*[1] seyteneyr *Mey.* (*früher*: Corresp. littér. VII, 17 [1863] *hielt Mey.* soyientreyr *für eine Weiterbildung von* soantre *mit der Bedeutung von* suivant) *Hs. eher* soyientieyr *dann* entieyr = integrum *und* soyi *zu emendiren* (seist'?) *Fö.* seyentreyr *Ba.*[4].

eylayouey* franc caualleyr.
son corps presente uolun(10)teyr.
78 afol omen nead escueyr.
no deyne fayr regart semgleyr*.
aysisonten* en (11)magesteyr.
81 cum* trestot teyne ia lempeyr.

76 e lay *Ba.*[1.4] *Mey.* — *Macr.* oirey *Hey. Ba.*[1] o aus u *Fö.*
79 *od.* seingleyr *Ste.*
80 aysis conten *edd.*
81 cun *Hey. Ro. Ba.*[1] *Mey.*

= *Lampr.* 178-189 [74. 75] in sînem êristen jâre 179 wôhs ime maht unde der lîb sîn 180 mêr, dan einem anderen in drin. 181 [76] Nu hôret wi er sih fure nam. 172 svâ ein frumich rîter zô ime quam, 183 [77] den bôt er lîb unde gût 184 [79] unde ne kârte neheinen sînen mût 185 [78] an neheinen tumben man; [*folgt:*] 186 vil harte wol im daz gezam. 187 [80] ime was sîn gebâre, 188 [81] alser ein furste wâre 189 ubir allis ertrîche.

Vgl. die afr. 10-*Silb.-Red. Z.* 53-9: [74. 75] Li enfes crut de cors (d'ahe) e d'esciant 54 Plus en .VIII. (VII) ans qu'autres enfes (quautre ne fist) en çant. [*folgt:*] 55 Quant que il voit et quant que il ot aprant 56 [78. 79] Losengeors ne prise il niant 57 Ne sa parole plus que trespas de vant. 58 [76. 77] Chivaler aime et honore formant; 59 Quant que il a tot lor met en presant. *Hierzu vgl. Lambert* S. 8 Z. 20: que plus sot en X jors que un autres en cent Z. 34. 35: apres cou li a dit .I. bon castiement | Que ja sers de putaire n'ait entor lui sovent.

12.

Magestres ab beyn affactaz.
de (12)totas arz beyn enseynaz.
quil duystrunt beyn dedignitaz.
& de conseyl & de (13)bontaz.
desapientia & donestaz.
defayr estorn & prodeltaz.

= *Lampr.* 190-200 [82] ih sage û wêrliche 191 di meistere, di er dô gwan, 192 [83] di wâren cunstige man. 193 [84-6] si begunden in wisheit lêren 194 unde sugen in ze grôzen êren. 195 [87] si lârten ime striten 196 unde vermezzenlîchen riten 197 in sturm unde in volcwich, [*folgen:*] 198 sô daz is nie ne wart sîn gelîch. 199 der liste di er von in gwan, 200 der wart er en vil vornême man.

Vgl. zu 82. 83 *die afr.* 10-*Silb.-Red. Z.* 63. 64: Li rois Felipes quist a l'enfant dotors 83 De tote Grece salut li .VII. meillors *und Lambert* S. 8 Z. 22-4: De ne sai quans pais i sont venu la gent, 23 Li mestre des escoles, li bon clerc sapient 24 Qui voloient connoistre sen cuer et sen talent.

13.

Luns lenseyned (14)beyn paru mischin.
de grec sermon & de latin.
& lettra fayr en pargamin.
& en (15)ebrey & en ermin.
& fayr .....[r]* aseyr & amatin.
agayt encuntre son uicin*.

92 *Zwischen* fayr *und* aseyr *Rasur, unter der man ein überflüssiges* aseyr *bemerkt Hey. vgl. Fö.*
93 *Meer.* incin *Hey.*

= *Lampr.* 201-206 [88] Der êriste meister sîn 202 [89] der lârtin criechisch unde latin 203 [90] unde scriben ane pergemint; 204 [88] noh dan was er ein lutsil kint. 205 unde lârtin vil manige bûch 206 unde andire wisheit genûch. *Zu Z.* 92. 93 *unter Tir.* 14 *Lampr. ZZ.* 238-242

Vgl. auch die afr. 10-*Silb.-Red. Z.* 78: Bastir aguait por prendre robeors *und Lambert* S. 8 Z. 25-7: Aristotes d'Ataines l'aprit onestement, 26 Il li moustre escriture et li valles l'entent, 27 Griu, Ebriu, et Caldiu et Latin ensement,

14.

(16)Et laltre* dost* descud cubrir.

94 l'altrel *Mey.* o *in* doyst *aus* u *geändert oder umgekehrt Ste. Ba.*[4] *Meer.* doyst ? = duyst *Hey. Ro. Ba.*[1] doyst *Ba.*[4]

& des* sesspaa* grant* ferir.
& de sa lanci* enloyn (17)iausir*.
& senz fayllenci* altet* ferir.
Literz ley leyre & plat* cabir.
el dreyt (18)del tort adiscerni*.

95 de s'espaa *bessern edd.* de s'espasa *Mahn.* gent *Ho.*
96 lance *Ro.* canair *bess. Ro.* gausir *Mey.* s. 40 *Ste.*
97 faillenti *edd.* faillenci *bess. Hey.* fuillensa *Ro.* altre *Ho.*
98 playt *edd.*
99 a discernir *edd.*

= *Lampr.* 227-251 [94] Einen meister gwan er abir sint, 228 Alexander daz edele kint, 229 der lârtin mit gewêfene varen, 230 wi er sih mit einem schilde solde bewarn [*folgen:*] 231 unde wier sîn sper solde tragen 232 zô deme, dem er wolde schaden, 233 [96] unde wi er den erkiesen mochte 234 [97] unde gestechen, alsis ime tochte; 235 unde alse der stich wêre getân, 236 [95] wi er zô dem swerte solde vân 237 unde dâ mite kundicliche slege slân 238 [92. 93] unde wi er sînen vîant solde vân; 239 unde wi er sih selben solde bewaren 240 vor allen, die ime woldin schaden; 241 unde wi er sînen vianden lâgen solde, 242 di er danne untwirken wolde; [*folgen:*] 243 unde wi er zô den riteren solde gebâren, 244 zô diu daz si ime willich wâren. 245 [98] Der sehste bestunt in mit grôzen witzen 246 unde lârtin ze dinge sitzen 247 [99] unde lârtin, wi er daz irdêchte, 248 wi er von dem unrehten 249 beschiede daz rehte [*folgen:*] 250 unde wi er lantrecht bescheiden kunde 251 allen den er is gunde.

Vgl. zu 98. 99 *die afr.* 10-*Silb.-Red. Z.* 71: De jugemant sormonter jugeors *und Lambert* S. 8 Z. 32. 33: Et savoir et connoistre raison et jugemant si commes retorikes en fait devisement.

15.

Li quarz lo duyst corda toccar.
& rotta & leyra clar (19)sonar.
102 & entoz tons corda temprar.
per semedips cant adleuar*.
li quinz (20)desterra* misurar*
105 cumad* de* .....* cel entrobemar*.

103 ad leuar *Hey. Ba.*[1] *Mey.* allevar *Ba.*[4] *vgl.* 24 *Ste.* 104 de t. *Ro.* doyst terra *Ste.* mesurar *Ba.*[1.4] 105 Cun ad *Hey. Ro. Ba.*[1] Can ad *Ho.* del *Ro.* — .... = *Rasur Hey. Fö. Ste. schmutzige Stelle im Pergament Ba.* (*Jahrb.*) entro que mar *Ho. Ba.*[1.4] entro la mar *Hey. Ro. Mey.*

= *Lampr.* 207-218 [100] Sîn meister, den er dar nâh gwan, 209 der lârtin wol musicam 209 unde lârtin die seiten zien, 210 [102] daz alle tône dar inne gien 211 [101] rotten unde der lîren clanc 212 [103] unde vom ime selben heben den sanc. 213 Der dritte frumete ime wole. 214 er lârtin allir dinge zale 215 unde lârtin al di wîsheit, 216 wi verre diu sunne von dem mânen geit; 217 unde lârtin ouch di list, 218 [105] wi verre von den wazzeren zo den himelen ist.

16.

V* .106 *Dies Zeichen ist erst von Fö. notirt worden Ste.*

= *Lampr.* 219-226: Der meister, den er dô gwan, 220 was Aristotiles, der wîse man, 221 der lârtin alle di cundicheit, 222 wi der himel umbe geit, 223 unde stach ime di list in sînen gedanc, 224 z'erkennene daz gestirne unde sînen ganc; 225 dâ sih wisen veren mite bewarint, 226 dâ si in dem tiefen mere varint.

Vgl. die afr. 10-*Silb.-Red. ZZ.* 65-70: Cil li apristrent des estoiles les cors, 66 Del firmament les sovrans raisons, 67 Les set planetes et toz les set auctors 68 De nigromance et d'enchanter les flors, 69 D'escas de tables, d'esparviers et d'astors, 70 Parler a dames cortoisement d'amors *und Lambert* S. 8 Z. 28-31: Et toute la nature de la mer et del vent 29 Et le cours des estoiles et le compassement 30 Isi com liplanette maine le firmament 31 Et le vie del mont et quant k'il i apent.

Wörterbuch.

Ausgehoben sind sämmtliche Stellen aus den EIDen, der EULalia, dem Fragment von VALenciennes, der PASsion, dem Leben des h. LEodegar, des ALexandeRfragmentes, des SPOnsus [1]), der Canc"un de saint ALexiS nebst *einleitung* und *appendix* des HOHenliedes und der Epistel vom h. STEPHanus; vergleichsweise ist noch auf andere Texte und die Wörterbücher von *Godefroy*, *Gachet* verwiesen, [ ] bedeutet Correcturen und Ergänzungen der handschriftlichen Ueberlieferung, ebenso †, während * anstössige Lesarten der Hss. bezeichnet, wo nicht eine Correctur (..†) beigefügt ist. Ueberflüssiges ist in ( ) gesetzt; (:) deutet an, dass das voraufgehende Wort in der Assonanz steht. Die Abkürzungen sind bei den Stellenangaben meist aufgelöst, *u* und *v*, *i* und *j* unterschieden. Ein vorgesetztes * bedeutet, dass das Wort wenn auch in veränderter Gestalt in das Neufranzösische übergegangen und von Littré verzeichnet ist; ist daselbe gegenwärtig ausser Gebrauch, oder nur noch in ganz bestimmten Wendungen üblich, so ist ihm (*) vorgesetzt.

---

1) Auf Wunsch von Prof. Koschwitz, der den Text in die nächste Auflage seiner Monuments aufnehmen will (s. Vorwort).

A.

*A 1) *s.* aveir 2) *interj.* a, las pecables ALS79d a, lasse mezre 89a *s.* e, o 3) *praep. vor cons.*: a halte ALS79a [assos PAS44, 92 al sos 129 (a sos 282, 409, 449); annum ALS4a a un 40a a(i)cel 40b a icest STEPH XIIa] ad *vor voc.* EUL22, VALv°14 PAS 135, 182, 216, 252, 313, LE119, 139, 192, ALB43, 78, ALS7c, 9b, 13b, 14a, 38b, 75c, 78b, 107a, 117a, app. 1, 7, 8, [ad Jesum PAS145 ad serv 162 ad dextris 470] = volat a ciel EUL25 a lui .. venir 28 a czo (?) nos voldret concreidre 21 ad une spede .. tolir lo chief 22 morte a grand honestet 18 a cels dis 12 = revenir al VALr°4 a cel populum dicit v°10 rogat deus ad un verme 14 deus cel edre li donat a sun soveir et a sun repausement 12 = a la(r) mort vai PAS156 vai a pasiun 256 van al monument 391 aproismer vol a la ciutaz 15 a la ciptad cum aproismét 49 s'aproismét al monument 394 a terra crebantaran 60 a t. curr[en] 127 menad en eren a tormenz 66 l'ent menen a passiun 164 a cui Jesus furet menes 170 alsos fidels cum repadred 129 als Judeus vengra 82 veggra ad Jesum 145 quaisses morz a terra vengren 399 el perveing a Betfage 17 el perveng a Golgata 265 ad epsa nona cum perveng 313 al dezen jorn ja cum p. 474 lo fer que al laç og 158 ad dextris deu Jesus [se] set 470 extendent assos pez 44 a sos las penden lasruns 282 al fog l'eswardovet 190 a sos fidel[s] tot annunciaz 409 als Judeus o vai nuncer 104 a toz diran 364 a las femnes dis 402 ad un respondre 216 al tradetur . doned 148 vida perdonent al ladrun 223, 304 a toz rendran 464, 472 faire rova a trestot 96 als deu fidels fai durs afanz 490 pres pavors als Judeus 74 fud assaz . als felluns 357 assos fedels laved lis ped 92 l'aurelia ad serv . saned 162 a sos fidel[s .. se mostret] 449 afanz que un a pader 111 pres a parler 106, 260 a coleiar lo presdrent 186 a grand destreit fors los gitez 72 a grand honor encontraxirent 36, 343, 349 a males penas aucidrant 62 lo saludent .. ad escarn emperador 252 a cel di 89 al terz di 362, 389 a ciel jorn 208 a cel sopar 109 a totas treis [*sc.* ueç] chedent envers 140 o cors non jag anc a cel temps 352 a dreit 291 a tort 290 a genolz 249 crident ad un 182 respondent tuit ad un 135 = als altre ssanz en vai LE238 a lui ralat 90 al rei lo duistrent 14 L. duis a son dom 198 jus se giterent a sos pez 224 a sel mandat 43 a luis tramist 86 torne s'als altres 206 a lui vint 129 vindrent a s. L. 223 ad Ostedun, a cilla ciu, dom s. L. vai asalier 139 al suo consiel edrat 69 lo presdrent tuit a conseil 61 a curt fust 44 a terra joth 163 a diable comandat 128 cio confortent ad ambes duos 119 a nuil omne nol demonstrat 78 el corps exastra al tirant 191 a sos sancz honor porter 2 prist a castier 104, 132, 185, 210 apresdrent a venir 212 sed il non ad lingu'a parlier 169 a foc a flama vai ardant & a gladies percutan 133-4 a grand furor a gran flaiel sil recomanda Laudebert 193-4 lui a grand torment occist 12 regnevet a ciel di 15 fud a ciels temps 13, 32 = a fol omen ne ad escueyr no deyne fayr regart ALR78 ad enperadur servir 43 al rey Xersem ab tal tenzon 38 el dreyt (*sc.* doyst) del tort a discernir 99 filz al rey 32 fils fud Amint, al rey 37 sor Alexandre, al rey d'Epir 41 fayr a seyr et a matin agayt 92 Dit Salomon al primier pas 1 = fasen socors a vos SPO76 queret nos a doner 66 covent .. aici a demorer 71 a tot jors mais 89 = al helberc sunt alet ALS65b en vait .. a sun seinor 67d son servant ad a sei apelet 56e dreit a Lalice .. arivet . la nacele 17a, a un des porz .. arivet la nef 40a, 39c† s'asist la medre jus(que) a terre 30a a tel tristur aturnat sun talent 28d sa grant honur a grant dol ad (a)turnede 29e a terre chet 85e dunc an eissit danz Alexis a [terre] 17c ad escole .. le mist 7c a grant duel met la sue carn 87b [tot] dreit a Rome les portet li orez 39e le posent a la terre 114d repairent a Rome 26a a lui repairent 61b*, 78d cesta lethece revert a grant tristur 14e tent sa main a la cartre 75a la tent ad un boen clerc 75e il me trairunt a perdra (= perte) 41e vint errant dreitement a la mer 16a [vait edrant] a Rome 43a vint a sun filz 69e quant vint al [jurn] 10b ma lunga atente a grant duel est venude 89c revendrai al pedra et a la medra 21a revint al imagine 36a dreit a Lalice revint li sons edrers 38e al apostolie revint 71b a tut le pople .. l'as celet 64d l'enquer[t] a tuz 65d nuncent al pedre 26b parler al servitor 34d, 90c ste vus le respuns saint Gregorie a Secundin *app.* a deu l(i)ad comandethe 15c*, 58c la sue spuse juvene cumandat al spus vif de veritet *sinl.* 8 dunet as povres 19d, 51e† a lui . unt l'almosne dunethe 24c sil rent as poverins 20e, 51c ico que la scripture aprestet as lisanz ico aprestet la painture as ignoranz *app.* 2 fut faite la herberge a cel saint cors a la gemme celeste 116b nen out si grant ledece cun out le jurn as povres 108b icesta istorie est .. suverain consulaciun a cascun memorie spiritel *sinl.* 10 la peinture est pur la leceun as genz *gentibus pro lectione pictura est app.* 4 n'iert tel cum fut as anceisurs le seit a tun talent 5e a nostr'os (a nos en†) est 101c al son seignor lur seit plaidiz 120e serveit al alter 34d ai a (od†) lui converset 69a a(od†) tei ansemble n'oüsse converset 98d a (od†) mei te vols tenir 31a celui tien ad espus 14a [is]si out (an)num li pedre 4a n'a (ne†) li puis tolir 71e prenent conget al cors 120c aidiez mei a plaindra 93b il ad a vivre 33e n'i ai mais ad ester 38b il ad a servir 74b tei cuvenist helme e brunie a porter 83a desirrer a murrir 88d done a mangier 51e† i"co que nient ne parmaint aluiet ad aürier an eglises mais ad anstruire sulement *app.* 7, 8 aprendre quela c"ose seit ad aürier *app.* 1 n'en fut nient a dire 33a, 123d la prist ad apeler 18bc, 64b, 79a, 104a s'en prist a dementer 26d fille ad un conpta 9b, 8e† la compagnie as angeles 122b iloec arivet la nef a (i)cel saint home 40b ad a deu sun talent 10e -te(n) vas colcer al cumand deu 11c ad ambes mains derump(e)t sa blance barbe 78b ad ancensers, ad ories candelabres .. metent le cors en sarqueu 117a le tenent sor terre a podestet 115b il ad deu bien servit et a gret 35b a halte voiz .. crier 79a, 107a a grant poverte deduit sun grant [barn]age 50c a tel dolur et a si grant poverte t'ies deduit 84a, 91b al tens ancienur 1a al tens Noe et al tens Abraham et al David 2ab a sun vivant 8d al sedme jurn 116a = enveiad sun angret a la pucele HOH91 commandent li les vinnes a garder 59 fors al soleiz 60 al som plaisir 30 al tems Noe 66 = esgarde el cel, pois as Jues a feluns, si lordit STEPH VIIe as piet d'un enfant miedrent lor dras IXa as cuntrat et au ces a tot dona sante IId pardone a cet XId au barun ne porent contrester Va a icest mot ... fu feni XIIa au deputer furunt cil IVa a[t]utens IIe a ce jor reçut sa pasiun le

aans *s.* ahans; **ab** *s.* od, aveir

abans *s.* avant

***abbas** *subst. m. n. s. abt*: de sanct Maxenz a. divint LE30 *vgl. God.* abe

Abia *personenname* HOH75

Abinmalec *personenname* HOH71

Abraham *personenname n.*: Danz A. HOH67 *obl.*: al tans A. (: an) ALS2a

***absels** *prt. 3. s. absolution ertheilen*: il los a. et perdonet LE226 **absoluthe** *part. prt. f. n. s.*: la tue anname el ciel seit a. (: u .. e) ALS82e *vgl.* assost *Durm.* 15804, *Joinville u. Froiss. Gloss.*

acat *s.* achapter

acertes *adv. sicherlich*: si fist la spuse a. (: ɔ .. e) ALS30b iloec an portent' [saint] Alexis a. (: ɔ .. e) 114c dunc an eisit dans Alexis a. (a terre†) 17c *vgl. Cambr. Psalt.*

Acharies *personenname m. n. s.* ALS62b

***achapter** *inf. kaufen*: alet en. a. SPO67, *verschaffen*: **acat** *prs. c. 3 s.*: nus a. pais e glorie ALS125c **acatet** *prs. i. 3 s.*: li a. filie [a]d un noble franc ALS8e **acheder** *inf.* VAL *v*°31 **achederent** *prt. i. 3 pl.*: a. veniam et resolutionem peccatorum suorum24 *vgl. Ren. de Mont.* 252, 16

Achaz *personennamem.* HOH79

acheder *s.* achapter

achisun *subst. f. obl. s. anlass*: dannassent le barun, se il en lui trovassent l'a. STEPH VIe *s. Godefroy* achaison

***acoler** *inf. umarmen*: sun mort amfant detraire & a. ALS86d

***acomplit** *prt. i. 3 s. erfüllen*: tot a. qu[an]que vos dis PAS406 *vgl. Guiot Bible* 2258

acomunier *inf. communiziren*: cascune feste se fait a. ALS52b *s. God.* acommunier

***acorent** *prs. i. 3 pl. herbeilaufen*: tuit i. a. ALS102e; 104e *vgl. Villeh.* 307 *ed. Wailly*

acostrerent *s.* acustumerent *anm.*

acurede *part. prt. f. obl. s. tödten*: cist dols l'aurat par a. ALS80e *s. God.* acorer

***acusent** *prs. i. 3 pl. anklagen*: Judeu l'a. PAS215 **acusand** *ger.*: fortment lo vant il a. PAS203

acustumerent *prt. i. 3 pl.*: le saint cors conreierent ... e bel l'a. (APM *weichen ab*, S *fehlt*) ALS100d [1])

ad *s.* a, aveir

adaisement *subst. m. obl. s.*: [n]oment [le] terme de lur a. (asemblement†) ALS10a *s. God.* aaisement

Adamassa *städtename, f.*: Saulus et non de A. lagrant STEPH IXc

adducere *inf. herbeiführen*: un asne a. se roved PAS20 *s. God.* aduire

adempliraat *fut. 3 pl. erfüllen*: vostres talenç a. PAS84 *s. God.* aemplir

adenavant *adv. von nun an*: peis li promest a. (: tirant) LE192.

ades *adv. alsbald*: condormirent tuit a. (: marrimenz) PAS122

adheraz *s.* adorent

adjutorie *subst. obl. s. hilfe*: par cestui aurum boen a. (: ɔ .. e) ALS101d *vgl. Adam ed. Lux. s.* 5, *God.* ajutoire *s.* ajudha

adlevar *inf. anstimmen*: per se medips cant a. ALR103 *s.* alevamen

***adorent** *prs. i. 3 pl. anbeten, verehren*: l'a. cum redemptor PAS416 **adhoraz** *part. prt. m. n. s.*: per tot es mund es a. PAS500 **aúrier** *inf.*: a. la painture *picturam adorare* ALS *app.* 1 aprendre quela c'ose seit ad a. *quid sit adorandum addiscere ib.* aluiet ad a. an eglises *ad adorandum in ecclesiis collocatum* 7

adornement *s.* ornement

(*)**adunc** *adv. damals*: Achaz i vint, a. fud faite(t) Rome HOH79

adunet *prs. i 3 s. vereinen, sammeln*: ell' ent a. lo suon element EUL15 **s'adunent** *3 pl.*: ja s'a. li soi fidel PAS429 **s'adunovent** *imperf. i. 3 pl.*: donc s'a. li felon 171 **aduned** *prt. i. 3 s.*: Pedres fortment s'en a., per epsa mort nol gurpira 115 **adunat**: Il cio li dist et a. (? **advuat**) LE91 *part. prt. m. obl. s.*: cum fulc en aut grand a. 131 *vgl.* cunseil adunerent *Cambr. Psalt.* LXX, 10; XXX, 14 *s. God.* aüner

aeswardevet *s.* esgarde; **aezo** *s.* ço; **afanz** *s.* ahanz

1) *God. und Littré belegen das Wort in einer unserer Stelle genügenden Bedeutung nicht. Stand etwa ursprünglich*: e mult bel l'acostrerent = *nfr.* accoutrer, *oder*: e l'aromatiserent?

afebleant *part. prs. schwächen*: vait sei a. STEPH Xc
***afermet** *part. prt. m. obl. s. befestigen*: sun quor en ad si a. ALS34a *s.* amferm
(*)**affactas** *part. prt. unterweisen*: magestres ab beyn a. ALR82 *s. God.* afaitier
***afflictians** *subst. f. obl. pl. casteiung*: metent lur cors en granz a. ALS72c
afflicz *part. prt. betrübt, niedergeschlagen*: a terra joth mult fo a. LE163 *vgl. Dinaux trouv. brab.* p. 180
aformad *part. prt. m. obl. s. wohlgestaltet*: ample lo peyz & a. ALR69 *vgl. Guill. de Pal.* 811
***agayt** *subst. m. obl. s. wachsamkeit*: et fayr a seyr et a matin a. encuntre son vicin ALR93
***agravet** *part. prt. m. n. s. bedrückt, verfallen*: sa fin aproismet, ses cors est a. ALS58d *vgl. Parise* la d. 767 *s.* angreget *und God.* agrever
agre, agud *s.* aveir
(*)**ahans** *subst. m. obl. pl. pein, qual*: a dreit ... esmes oidi en cest a. PAS292 **affans**: los sos a. vol remembrar 3 **afans**: a. per nos suteg [mult granz] 16 contrals a. que an a pader als deu fidels fai durs a. 490 **aans**: por lui augrent granz a. LE4 ditrai vos dels a. 9 **ahans**: nuls hom ne sout les sons a. ALS55c **ahan**: an soferai l'a. 46e
ais *s.* aveir; **aicel** *s.* cel; **aici** *s.* ici
***aidiez** *imperat. 2 pl. helfen*: a. m(ei) a plaindra ALS93b **ajude** *prs. i. 3 s.*: lui, que ajude, nuls vencera PAS497 **ajud** *prs. c. 3 s.*: il nos a. ob ciel senior LE239
***ailurs** *adv. anderswohin*: a. l'estot aler ALS39d
***ains,** *adv. eher, vielmehr*: ne s'en corucet .. a. priet deu ALS54d Pilaz que **ans** l'en vol laisar PAS221 qu'a. fud de ling d'enperatour ALR31; *je*: meillor vasal non vid **ains** hom ALR34; *suvor*: dels feluns qu'eu vos dis **ans** PAS277 regnet . cum a. se feira 372; *praep. vor*: prophetes a. mulz dis canted aveien 27 a. lui noi jag unque nulz om 356 a. petiz dis que cho fus fait 29 *s.* anc, desanz *u. Rom. Stud. V,430* = **ans que** *conj.*: a. la noit lo jals cantes 198 **ainsque**: a. [t'eusse] ... a. ned fusses ALS92ab a. nuls om soüst de nostr' amor HOH64 *a. K. Quiehl Gebr. des Conj., S. 32. F. Bischof Conj. bei Chrest. S. 111 und Rom. Stud. III 383, 398, 401*
aise *s.* est; **aiso** *s.* ic"o; **ait** *s.* aveir
aiud *s.* aidiez
***ajenolet** *part. prt. m. n. s. niederknieen*: s'est a. STEPH XIa *vgl.* s'ajenoille *Mort. Gar. le Loh.* 4770
***ajudha** *subst. f. obl. s. hilfe*: salvarai eo .. Karlo & in a. & in cadhuna cosa EIDI3 in nulla a. contra Lodhuwig nun lui ier II,4 **ajude**: par lui aurum .. bone a. ALS107e *vgl. Cambr. Psalt.* 19, 2 *s.* adjutorie
alair? VAL*v*°22
alascet *prs. i. 3 s. lockern, sich lockern*: la sue [sc. main] li a. ALS75b si a. la presse 116c
alasserent *prt. i. 3 pl. abmatten*: [tuit] s'en a. ALS100b
***albes** *subst. f. obl. pl. priestergewand*: clers revestuz an a. et an capes ALS117b *vgl. Michel Chron. des ducs de Norm.* III, 479
alcans *s.* alquant
***alcuns** *pron. m. n. pl. irgend welche*: Si a. d'els beven veren PAS461
***aler** *inf.* VAL*r*°1 ALS 39d, 56d, 59a **allar** PAS453 **annar** 232 **vai** *prs. i. 3 s.* 75, 76, 104, 156, 167 (: voldrat), 256, 411 (: ad), LE133, 140, 238, ALR74 **vait** ALS2e, 7e, 35d, 43b, 67c, STEPH Xc **vet** Xb **vat** 2d, 65c **van** *3 pl.* PAS46, 48, 79, 234, 257, 258, 358 (: fellun), 391, 481, 482 **vant** 203 **vunt** ALS9d, 112c, 113e **annovent** *imperf. i. 3 pl.* PAS172 **anec** *prt. i. 3 s.* 118, 120 **anned** 125 **anet** 320, 321 **aled** 197 **alat** ALS 18a, 57e **alge** *prs. c. 1 s.* ALS27d **alget** *3 s.* 111d, HOH80 **alasses** *imperf. c. 2 s.* ALS90e **alessunt** *3 pl.* LE222 **vas** *imperat. 2 s.* ALS11b **alet** *2 pl.* SPO67, 74, 88 **anaz** *part. prt.* PAS382 (: carnals), 405 **alet** ALS21c*, 58b *s. pl.* 65b == me rogat aler in Niniven VAL*r*°1 = per es mund roal[s] allar PAS453 en cel enfern non fos anaz 382 tres femnes van al monument 391 a la(r) mort vai cum uns anel[s] 156 avan toz vai a pasiun 256 le spiritus de lui anet 320 tot als Judeus

o vai nuncer 104 E dunc orar cum el anned 125 veder annovent pres Jesum 172 de dopla cordals vai firend 75 fortment lo vant il acusand 203 las virtuz Crist van annuncian 482 tot lor marched vai desfazend 76 ploran lo van et gaimentan 258 per totz lengatges van parlan 481 per mals conselz van demandan 79 gran e petit deu van laudant 46, 48 sanz Pedre sols seguen lo vai 167 femnes lui van detras seguen 257 poisses laisarai l'en annar 232 anaz en es et non es ci 405 en Galilea avant en vai 411 Gehsesmani vil' es n'anez 118 entro en cel en van las vos 234 Cum de Jesu l'anma n'anet 321 [a]van orar sols en anez 120 davant Pilat trestuit en van 358 Petrus d'alo fors s'en aled 197 = que lui alessunt decoller LE222 a foc .. vai ardant 133 als altres sanz en vai en cel 238 dom sanct L. vai asalier 140 = mels vay & cort de l'an primeyr ALR74 = alet chaitivas, alet malaûreas SPO88 alet areir a vostras saje sero[r]s 74 alet en achapter 67 = alques par pri et le plus par podeste vunt en avant ALS113e il fud si alet (il fulz s'en eret†) 21c vait par les rues 43b cil vait, sil quert 35d, 37a vat avant aprester 65c ansemble an vunt .. parler 9d ne sai le leu .. u t'alge querre 27d vait .. l'emperethur servir 7e [vait edrant] a Rome 43a tut bien vait remanant 2e tut dreitement en vait en paradis 67c ki'n alget malendus 111d cum s'en alat e cum il s'en revint 57e an la sameine qued il s'en dut aler (= *sterben*) 59a, 56d, 58b fils quar te(n) vas colcer 11b tut s'en vat [declinant] 2d = quel part que alget iluec est ma corone(t) HOH80 = lo [sancs] vet espandant, li curs li faut vait sei afebleant STEPH Xbc *s.* raler

Alesandrie *städtename f. obl.* (: ïe) STEPH IVb

alevament *subst. m. obl. s. anfang*: chest, dun faz l'a. ALR24 *s.* adlevar

Alexander *personenname n. s.* A. magnus ALR17 reys A. 46 **Alexandre** *obl. s.* Olimpias .. dun A. genuit 45 *gen. s.* contar vos ey. del A. mandament 26 prist moylier sor A. al rey d'Epir 41

Alexis (**Aleis** ALS27a*, 57c*) *personenname n. m.* 57c*, danz A. 10c, 13b, 17c, 20b, 25b, 32c, 39a, 49d, sainz A. 75b, 109a, 122a, *voc.* filz A. 27a, 79b, 80a, 90a, 91a sire A. 95a, *obl.* 7a, 37c, dans A. 23d, 114c* *gen.* 31b danz A. 30b saint A. 67b, 102b, 120c

alienes *adj. f. obl. pl. fremd*: a si grant poverte, filz, t'ies deduit par a. terres ALS84b *vgl.* *Wace's Brut* 525, 2790 *Fergus* 42, 18

***almosne** *subst. f. obl. s. almosen*: recut l'a. quant deus la li tramist ALS20c a lui medisme unt l'a. dunethe 24c l'a. desiret 105d, **almosnes** *obl. pl.*: larges a. [par Alsis la citet] dun[ad] as povres 19c, faites vost a. VAL *v*°30

almosners** *subst. m. n. s. almosenempfänger*: d'icez sons sers qui il est provenders* (almosniers†), il fut lur sire, or est lur **almosners (provendiers†) ALS25cd; *vgl.* 51c†

alo *adv. da*: a. sanc Pedre perchoinded 113 fort Satanan a. venquet 374 allol vetran 412 *vgl. God.* aluec, *s.* illo, dalo

***aloën** *subst. obl. s. aloe*: enter mirra et a. quasi cent livras a donad PAS347

***aloët** *part. prt. m. n. s. placiren*: ens (*sc.* en la nef) est a. ALS16c **alues**: chi si (*sc.* en paradis) est a. 109e **aluiet** *neutr.*: ic°o que nient ne parmaint a. ad áurier an eglises *quod non ad adorandum in ecclesiis constat collocatum* ALS *app.* 7

alquant *pron. m. n. pl. einige*: a. dels palmes prendent ram[e] dels olives **al(a)quant** las branches PAS37-38 dicunt a. estrobatour ALR27 a. i cantent, li pluisur jetent lermes 117d a. i vunt, **aquant** se funt porter ALS112c **alquans** l'i prencnt forment a blastenger 64b — **alcans**, *obl. pl.*: a. en cruz fai [s]oslevar, **alquans** d'espades degollar e lloe a. fai PAS491-3, 494, 496

alques *adv. etwas*: trenta tres anç et a. plus PAS5 a. vos ai deit de raizon 445 a. par pri et le plus par podeste ALS113d

Alsis *städtename obl. s.* ALS23c A. la citet 18a, 19b*c, 77b

alta s. halt
***alter** *subst. m. obl. s. altar*: al servitor ki serveit al a. ALS34d
altet *adv. hoch*: senz fayllenci' a. ferir ALR97 *s.* halt
***altre** *pron. m. n. s.*: Respon(de)t l[i] a. PAS289 Et l'altre[l] doyst ALR94 Mels vay & cort .. que a. emfes 75,57 li uns Acharie(s) li a. Anorie(s) out num ALS62b *m. obl. s.*: l'un uyl ab glauo .. & l'a. neyr ALR63 *neutr.*: a. ne puet estra 116e *f. obl. s.*: pedras sub a. PAS64 vait par les rues (n)altra p[ois] altre ALS43c *m. n. pl.*: il la recut cume li a. frere 24d tuit cil a. seinor(s) 66c Tei cuvenist espede ceindre cume tui a. per 83b **altra** *neutr.*: ne poet estra a. 32a *f. n. s.*: a. c"ose est aúrier le painture e a. cose est ALS *app.* 1 *obl. s.*: dell a. part PAS345 En l'a. vois lur dist a. summunse ALS60a en icest siecle .. & en cel a. 125d *m. n. p.*: cil list le cartre, li a. l'esculterent 76b **altres** *m. obl. pl.*: torne s'als a. LE206 als a. sanz en vai 238 molt a. barunez HOH88 **altrees**: plussors a. 87
altresi *adv. ebenso*: in o quid il mi a. fazet EID I,5
alues, aluiet *s.* aloet
am *s.* em, en
(*)**am** *zahlwort, m. n. pl. beide*: am se paierent PAS208 *f. obl. pl.*: am las (= ambas?) lawras li fai talier LE157 **ambes** *m. obl. pl.*: cio confortent ad a. duos LE119 *f. obl. pl.*: ad a. mains ALS78b **andui** *n. pl.*: deu apelent a. parfitement 5c
***amant** *subst. m. obl. s. geliebter*: noncieiz le mon a. HOH50
amanvet *prs. i. 3 s. bereiten*: tut li a. quanque bosuinz li ert ALS47c *vgl.* manvedes *Oxf. Psalt.* 125,8; 128,6·
***amenas** *part. prt. herbeiführen*: Cum cel aanez fu a. PAS21
***amer(t)** *inf. lieben*: li fil sa mered ne la voldrent a. HOH58 **aimet** *prs. i. 3 s.*: plus a. deu ALS50e si m' a. tant HOH23 **amet** HOH54 **amai** *prt. i. 1 s.* ALS97c **amat** *3 s.* LE17 par a. tant ALS2b, 8b sur tuz ses pers l'a. li emperere 4c la torterele(t) chi a. c"aaste HOH38 **aima** LE207 **emma** tot cels qui (*vgl.* dame *u.* deme *s.* danz) STEPH IIb **aimat** HOH35 **amast** *imperf. c. 3 s.*: la polle sempre non a. lo deo menestier EUL10 **amet** *part. prt.*: cum il l'audit fu li'n a. LE42 Il l'i vol faire mult a. 199 (*vgl. Alexis ed. Herz* 409) apres le naisance co fut emfes de deu methime a. ALS *einl.* 5
***amere(d)** *adj. f. n. s. bitter*: Il li plantat(z) une vine molt dolce(lt) ... or est a. HOH57 **amarament** *adv.*: a. mult se ploret PAS198
amfant *s.* emfes
***amferm** *adj. n. s. krank*: tut soi a. ALS44e n'i vint a. de nul' amfermetet 112a, *vgl. Cambr. Psalter s.* enfirmitas, afermet
***amiable** *adj. f. n. s. anmuthig*: ici cumencet a. cancun ALS *einl.* 1 icesta istorie est a. grace 9, *vgl. S. Bernart s.* 530 *Froissart glos. und* amiablement *Cambr. Psalter* 32, 3 *Lothr. Psalt.* 119, 7 amiablete *Rose* 9193
***amics** *subst. m. n. s. freund*: non es a. l'emperador PAS236 **amicx** *voc. s.* 149 **amicx** *n. s.* ciol demonstrat, a. li fust LE112 **amis**: li miens a. HOH13, 65 *v. s.* ALS97e o kiers a. 96a, 22d* (amis bels sire†) **amic** *obl. s.* sobre non peiz fez condurmi[r] sant Johan lo son cher a. PAS108 *n. pl.*: vindrent parent e lor a. LE117 **ami** *obl. s.*: le doel de nostre (*Mutter und Braut*) a. ALS31d, 93b pur amistet ne d'a. ne d'amie 33c por amor deu e pur mun cher a. tut te durai (*Eufemiens*) 45d HOH5, 8, 12, 33, 39, 45, 48, 63
***amie** *subst. f. obl. s. freundin*: pur amistet ne d'ami ne d'a. ALS33c **amiet**: chi"nc milie anz ats qu'il aveid un' a. HOH52
Amint *personenname*: fils fud A. ALR37
***amistet** *subst. f. obl. s. freundschaft*: pur a. ne d'ami ne d'amie ... n'en volt turner ALS33c par l'a. del su[v]erain pietet *einl.* 7 por la meie **amite** partdone a cet qui ..., que ne perdent t'**amiste** STEPH XIce
Amos *personenname* HOH76
ampairet *part. prt. verschlechtern*: si'st a. (*sc.* li secles) ALS2e *vgl.* enpeiriez *Ben. Chron.* 10841 *s.* peis

amperedor *s.* emperere

ampirie *s.* empeyr

***ample** *adj. m. obl. s. weit breit*: a. [ab] lo peys et aformad ALR69 *vgl. Karls Reise* 474, *Ren.* IV, 134, *Mort Garin* 4507

ampur *s.* empur

***amur** *subst. f. n. s. liebe*: feit i ert et justice et a. ALS1b *obl. s.*: pro deo a. EID I, 1 deus fist l'imagine pur sue a. parler ALS34c, 46e pur amur deu, mercit! 93a sit guardarai pur a. Alexis 31b **amor**: in su'a. cantomps del sans LE3 an ices[t] secle nen at parfit' a. ALS14c sim pais pur sue a. 44e por a. deu tut te durai 45c por mei' a. noncieiz le mon amant: d'a. languis HOH50, 51, 36 Ainz que .. soûst de nostre a. 64 Por a. de vos pri STEPH Ia

***amvidïe** *subst. eifer*: dementiers que tu esbraceras .. par dreit a. *dum recto zelo succenderis* ALS *app.* 6 se tu feïsses a. par discrecïon *si zelum discrecione condisses* 10 *s.* enveie *vgl. Cambr. Psalt.* 68, 11; 78, 5; 105, 15, *Mätzner afr. Lieder* 24, 13

amvïet *part. prt. einladen*: ki ses fedeilz li ad tus a. ALS59d *vgl. Q. Liv. d. R.* I, 9 *s.* enveiad

an *s.* en; **aname** *s.* anima

Ananïas *personenname* HOH85

anatemaz *part. prt. verflucht*: donc deveng a. LE124

anavant *s.* enavant

anc *adv. je*: o corə non jag a. a cel temps PAS352 quar a. non fo nul om carnals 381 **hanc**: h. non fud hom 88 et h. (?) en aut merci si grand, [parler] lo fist si cum desanz LE183 Am[bas] lawras li fai talier, h. (? ab†) la lingua quae aut in queu 158 qui h. no degnet d'estor fugir ALR42 *s.* ainz

***anceisur** *subst. m. n. pl. vorfahren*: nostra a. ourent crestientet ALS8b **anceisurs** *obl. pl.*: li secles .. jamais n'iert tel[s] cum fut as a. le *s. God.* ancesor

ancensers *subst. m. obl. pl. rauchfass*: ad a. ad ories candelabres ALS117a *vgl. Amis et Am.* 3180 *Gar. le Loh.* II, 195 *Q. Liv. d. R.* p. 244

anceys *adv. zuvor*: en tal forma non i fud nas emfes a. ALR55 *vgl. Rou* 2602 *u. God.* ainçois

***ancïenetiet** *subst. f. n. s. altes herkommen*: l'a. ... cumandat les hystories estra depaint *depingi historias vetustas admisit* ALS *app.* 9 *vgl. Bartsch Chrest.*[4] 353, 15

ancïenur *subst. m. g. pl. altvordern*: Bons fut li secles al tens a. ALS1a

ancenurent *s.* conurent, **ancumbrer** *s.* encumbrent, **ancuntret** *s.* encontradas, **andreit** *s.* dreit

anditet *part. prt. ankündigen*: vint une voiz ki lur ad a. ALS63c *vgl.* enditer *Ben. Chron.*, *Wace Brut* 2026

andreit *s.* dreit, **andui** *s.* am

***anduredé** *part. prt. f. erdulden*: tantes dolurs ad pur tei andurede[s] ALS80b *vgl. Rol.* 1011, *Mätzner afr. Lieder, Guiots Bible* endureir

***anel** *subst. m.* 1) *lamm n. s.*: a la(r) mort vai cum uns a. PAS156 *vgl. God.* agnel *2) *ring obl. s.*: li cumandet ... un a. [dunt il l'out esposede] ALS15c *vgl.* et soit s'amïe par aniaus *God. s. v.* anel

anfermetet *s.* enfirmitas

anganer *inf. täuschen*: ses enemis ne l[em] poet a. ALS82e *vgl. Ren. de Mont* 291, 24, *Brun. de la M.* 152

***angeles** *subst. m. n. s. engel*: L[i] a. deu de cel dessend PAS393 *n. pl.*: une imagine qued a. firent ALS18c *obl. pl.*: la compaignie as a. 122b **angel** *n. s.*: Sus en la peddre [uns] a. set PAS401 **angret** *obl. s.*: li enveiad sun a. a la pucele HOH91 [1])

1) angeles, aneme, ordene, virgene *sind in historischer Zeit nie mehr 3silbig (und* imagine *nie mehr 4s.), trotzdem die Schreibungen oft vorkommen, so z. B. Oxf. u. Cambr. Psalter, Vie de S. George (s. Adam ed. Lus.* p. XII), *Benoit Chron.* 11326, 12458, *Reise Karls* 672, *Jean Condé* 5, 1; 13, 1388, *im Rol.* 836 *steht* angl'e *sonst* angle. *Förster Rom. Stud.* IV, 48 *behauptet, dass noch im Anfang des 12. Jahrh. Proparoxytona im Franz. bestanden hätten, vgl.*

*angendrat *prt. 3 s. i. zeugen*: par le divine volentet il desirrables icel sul filz a. ALS *einl.* 4 angendrasses *imperf. c. 2 s.*: que tu n'a. scandale de cruelcs curages *ne ferocibus animis scandalum generares* ALS *app.* 6

*anglutat *prs. c. s. verschlingen*: ne gardant l'ure que terre nes a. (assorbe†) (asa.: ò .. e) ALS61e *vgl.* de ce me merveil .. qu'enfers ne l'asorbissoit ou terre *Buteb.* (?) *citirt von God.*

angreget *prs. i. 3 s. schlimmer werden*: mult li a.* (agrieve AS) la sue anfermetet ALS56c *vgl. Rol.* 2006 *s.* agravet

angussuse *adj. f. n. s. angstvoll*: ainz que ned fusses si'n fui mult a. (:ó..e) ALS92b *vgl. God.* angoissos

*anima *subst. f. n. s. seele*: l'a. n'awra consolament LE174 *obl. s.*: bel auret corps bellezour a. EUL2 l'a. reciu(n)t dominedeus LE237 anma *n. s.*: Cum de Jesu l'a. 'n anet PAS321 aname: filz, la tue a. el ciel seit absolutthe! ALS82e quer or est s'a. de glorie seplenithe 122c aneme: deseivret l'a. del cors sain[t] Alexis 67b anema: e l'anema en est ens el paradis deu 199d anames *n. pl.*: par cel saint cors sunt lur a. salvedes 121e or l'at od sei, ansemble sunt lor a. (: an .. e) 122d *obl. pl.*: cist apostolies deit les a. baillir 74a erme *obl. s.* s'e. recut STEPH XIIb

anjöust *impf. c. 3 s. drücken*: que .. nient a. la culpa del deperdethur *ut ... non culpa dispersoris incumberet* ALS *app.* 11

Anna *personenname obl. s.* PAS169

*annuncias *imperat. 2 pl. verkündigen*: a sos fidel[s] tot a. PAS409 annuncian *ger.*: las virtuz Crist van a. 482

Anories *personenname n. s.* ALS62b

anpar *s.* empar, anseinet *s.* enseyned, ansemble *s.* ensemble

*anstruire *inf. unterweisen*: ad a. sulement les penses des nient savans *ad instruendas mentes nescientium* ALS *app.* 8

antant *s.* entant

*antendra *inf. verstehen*: laquele c'ose tu deüsses a. ALS *app.* 5 antendit *prt. i. 3 s. hören*: grant fut li dols si l'a. la medre 85b

antercier *inf. unterscheiden*: ne sai cui a. (: ie) ALS36b anterciet *part. prt.*: nel reconurent ne nel unt a. 25a *vgl. Rol.* 2180 *Ben. Chr.* 28537 *Wace Brut.* 9228

antic *adj. m. obl. s. alt*: del temps novel ne del a. nuls hom vidist un rey tan ric ALR11

antiquitas (: as) ALR7

antro *s.* entro

*anuitet *part. prt. neutr. n. s. nacht werden*: quant li jurz passet et il (tut†) fut a. ALS11a *vgl. Ben. Troie gloss.*

*anz 1) *subst. m. obl. pl. jahr*: equi estevent per mulz a. PAS380 Dis e seut a. penat sun cors ALS33a, 55a, 56a Chino milie a. atz qu'il aveid HOH52 anç *obl. pl.*: trenta tres a. et alques plus PAS5 an *obl. s.*: mels vay & cort de l'an primeyr ALR74 (*vgl. Pr. de Pamp.* 294) *n. pl.*: Venrant li an venrant li di PAS57 2) *adv. s.* ainz

ap *s.* od

*aparegues *imperf. c. 3 s. erscheinen*: zo pensent il que entre el[s] | le spiritus a. PAS440 aparissant *part. prs. m. n. s.*: Ne puet muer, ne seit a. ALS 55e† (*vgl. Rol.* 1779, *Gar. le Loh.* I, 22) apar[e]ude *part. prt. f. n. s.*: si grant dolur [hui†] m'est a. 82d, 97d, 107c

(*)apartenanz *subst. m. n. s. angehöriger*: nel reconut nuls sons a. ALS55b

*apeler *inf.* ALS13b -let *prs. i. 3 s.* 53e, 68c, 112b, 114a -lent *3 pl.* 5c -le *imperat. 2 s.* 34e -leid *imperf. i. 3 s.* HOH25 -let *part. prt.* ALS56e -letz HO41 -led *prt. i. 3 s.* PAS213 appelled 294 *ma anreden*: De multes

---

Zeitschr. III, 466, *G. Paris Étude* 24 ff., *Littré Hist.* II, 295. *Das Deminutiv lautet allerdings* angelet, angelette *3-, resp. 4silbig und* angret *in* HOH *ist* = angre, *worüber vgl. Suchier Reimpred.* 3d.

vises l'apeled, Jesus li bons mot nol soned PAS213 si piament lui (? l'at *od.* dunc l'†) appelled 294 Alexis la (*seine braut*) prist ad apeler ALS13b, suëf l'apelet si li ad conseilet 68c = *anrufen*: (e) deu [en] apelent andui parfitement 5c n'i vint amferm[s] .. quant il l' (*d. h. Alexis*) apelet, sempres nen ait sanctet 112b = *rufen*: apele l'ume deu 34e cel son servant ad a sei apelet 56e nen vult respondret aseiz l'ai apeletz HOH41 = *nennen*: Sains Bonefuce que l'um martir apelet ALS114a dolc"or de mel apeleid [il] mes levres HOH25 = *anklagen*: ne s'en corucet net il nes en apelet ALS53e

apensad *adj. m. obl. s. überlegt, klug*: fer [*sc.* ab] lo talent & a. ALR73 *vgl. Aiol* 1259 *Rose* 2415

apertes *adj. f. obl. pl. offenkundig*: quant il i veient les vertuz si a. ALS113b

***aporter** *inf. herbeibringen*: bewre li rova a. LE200 **aportet** *prs. i. 3 s.*: cil [les] a. ALS57c *prt. i. 3 s.*: Nicodemus .. mult unguement hi a. PAS 346 *s. Gorm.* 350

apostolies *subst. m. n. s. papst*: cist a. deit les anames baillir ALS74a **apostolie**: sainz Innocens ert idunc a. (: ò .. e) 61a Seignors, que faites? c"o dist li a. (ò .. e) 101a Li a. e li empereor 62a, 66a, 72a Li a. tent sa main a la cartre 75a *obl. s.*: a l'a. revint tuz esmeriz 71b *s. God.* apostoile *u. vgl.* pape

***apotres** *subst. m. n. s. apostel*: Saulus ot non, pois fut a. STEPH IXd

***aprendre** *inf. lernen*: par le historie de la painture a. quela c"ose seit ad aürier, *per picture historiam quid sit adorandum addiscere* ALS *app.* 1 **aprist** *prt. i. 3 s.*: ad escole li bons pedre le mist, tant a. letres ALS7d **aprenist** *imperf. c. 3 s.*: rovat que litteras a. LE18 **apresdrent** *prt. i. 3 pl. beginnen*: trestuit a. a venir LE212

appelled *s.* apeler

***apres** *adv. nachher*: a. ditrai vos LE9 *praep.*: a. le naisance co fut ewles de deu . amet ALS *einl.* 4

apresentet *s.* presentes, **apresdrent** *s.* aprendre

apresset *prs. i. 3 s. bedrücken*: e deus! .. cum fort pecet m'a. ALS12d ***aprester** *inf. bereiten*: il vnt avant la maisun a. ALS65c **aprestet** *prs. i. 3 s.*: kar ico que la scripture a. as lisanz, ico a. la painture as ignoranz *nam quod legentibus scriptura, hoc ignotis praestat pictura* ALS *app.* 2

aprestunt: ben li a. os s'assis PAS24

aproismer *inf. nahekommen, herannahen*: a. vol a la ciutaz PAS15 **aproismet** *prs. i. 3 s.*: sa fin a. ALS58d *prt. i. 3 s.*: a la ciptad cum a. PAS49 **aproismed**: Cum a. sa passiuns 13 **aproismad** *part. prt. m. n. pl.*: li felun .. vers nostre don son a. 142 **s'aproismed** *refl. prt. 3 s.*: Jud[a]s ja s'a. ab gran compannie PAS131 **s'aproismet**: si s'a. al monument 394 **s'aprosmat**: lai s'a. que lui firid LE232

aquel *s.* cil, **arberget** *s.* herbergier

(*)**arde** *prs. c. 3 s. brennen*: e(n)l fou l[a] getterent com a. tost EUL19 **arda[n]s** *part. prs. f. n. s.*: si cum flamm'es clar a. LE204 **ardant** *ger.*: a foc a flamma vai a. 138 **ardenz** *adj. m. n. s.*: tal a regard cum focs a. PAS395 sils enflamet cum fugs a. 476; *vgl.* exastra

***aredre** *adv. hinten*: gran folcs a. gran davan PAS45 **areir** *zurück*: alet a. a vostras saje sero[r]s SPO74 *vgl. Gorm.* 6, 442, *Gar. le Loh.* II, 158

***argent** *subst. m. obl. s. silber*: ne por or ned a. EUL7 a. ne aur non i donet PAS385 De lur tresors prenent l'or et l'a. ALS106a *vgl. Gorm.* 495, *Guiots Bible*

***ariver** *inf. landen*: andreit (dreit a†) Tarson espeiret a. ALS39c **arivet** *prs. i. 3 s.*: dreit a Lalice .. a. la nacele 17a a un des porz .. a. la nef 40a *vgl. Gorm.* 588, 607

***armes** *part. prt. m. obl. pl. bewaffnet*: quatr' omnes i tramist a. LE221 **armat**: a. vassalz dunc lor livret PAS367 **arma(n)d** *subst. n. pl.* a. esterent evirun PAS153

aromatigement *balsam*: nuls om non vit a. (= aromatizement) chi tant bien oillet con funt mi vestement HOH28 *s. Godefroy*

***aromatisen** *prs. i. 3 pl. balsamiren*:

a. grand honor de ces pimenc l'a. ouschement PAS350

***art** *subst. f. obl. s. kunst*: et cum il l'aut doit de ciel a. LE25 **arz** *obl. pl.* magestres .. de totas a. beyn enseynaz ALR83 *vgl. Guiot's Bible*

as *s.* est

***asali(e)r** *inf. angreifen*: dom sanct L. vai a. (: ciu) LE140 **asaldran** *fut. 3 pl.*: t'a. toi inimic PAS58 **asalit** *prt. i. 3 s.*: qua (?) el enfern dunc a. 378

(*)**asemblement** *subst. m. obl. s. vereinigung*: [N]oment [le] terme de lur a.† (adaisement*) ALS10a

***asembler** *inf. vereinigen*: lur dous amfanz volent faire a. ALS9e nient deperdra la cuileita folc, mais maïsment asemblier *collectum gregem non disperdere set pocius congregare* ALS *app.* 11

aserad *part. prt. m. n. pl. aufheitern*: il desabanz sunt a. (?) PAS 477 *s. God.* asserier

***asez** *adv. genug, sehr*: a. l'ont escarnid PAS253 dunt (*sc.* terres) jo aveie a. ALS81b **aseiz**: a. l'ai apelet(z) HOH41 m'ont batuz a. 44 **asaz**: del corpe a. l'avez audit LE235 **assas**: a. qui obs vos es PAS264 non fud a. anc als felluns 357

Asye *ländername f. obl. s.*: li plus save d'A. STEPH IVd

***asist** *prt. i. 3 s. setzen*: de duel s'a. la medre jus(que) a terre ALS30a **assis**: ben li aprestunt os s'a. PAS24 **asisdrent** *prt. 3 pl.*: corona .. en son cab. a. 248 **asist** *prt. i. 3 s. belagern*: defors l'a. (*sc.* la ciutat) LE142 *vgl. Gar le Loh.* I, 1

***asnes** *subst. m. n. s. esel*: cum cel a. fu amenaz PAS21 **asne** *obl. s.*: un a. adducere se roved 20

assorbet *s.* anglutet

***astenir** *inf. enthalten*: ne s'en puet a. ALS45b *vgl. Froiss. Chr.* V, 214

astreiet *s.* estra, **atal** *s.* telz

atarger *inf. refl. verziehen, verweilen*: sus ciel n'at home kis puisset a. (conforter†) ALS118e *vgl. Durm.* 7168

atempredes *part. prt. f. obl. pl. anstimmen*: q. tuit en unt lor voiz si a. ALS119c *vgl. Durm.* 1044, *Froiss. gloss.*

***atendet** *prs. i. 2 pl. erwarten*: aisel espos que vos or a. SPO15 *imp. 2 pl.*: a. un espos 13 a. lo 28 **atendeiz**: bries est cist secles, plus durable a. (: é) ALS110c **atendeie** *impf. i. 1 s.*: jo a. de te bones noveles 96d **attendeies** *2 s.*: purtenir les c̃oses que tu a. *ea que intendebas .. obtinere* ALS *app.* 10 **atendi** *prt. i. 1 s.*: jo a. (vis atendeie†), quet a mei repairasses 78d **atendude** *part. prt. f. obl. s.*: 94d*

atente *subst. f. n. s. warten*: ma lunga a. a grant duel est venude ALS89c *vgl.* Guiot de Prov. VI 11, 39

attement *adv. geziemlich*: a. le posent a la terre ALS114d *vgl. God.* ate *u. Gui de Cambrai's Barl.* 26, 21

attendeies *s.* atendet

(*)**aturnat** *prt. i. 3 s. wenden*: a tel tristur à sun talent ALS28d **aturnet**: quant tut son quor [i] ad si a. (afermed†) 34a issi est a. (si est a deu tornez†) 49e **aturnede**: sa grant honur a grant dol ad a. (turnede†) 29e

au *s.* li; **aud, augrent** *s.* aveir

***aurelia** *subst. obl. s. ohr*: la destre a. li excos PAS160 l'a. ad serv semper saned 164

aurier *s.* adorent; **aval** *s.* daval

***avant** *adv. voran*: en Galilea a. en vai PAS411 a. dels sos dos enveied 19 il vat a. la maisun aprester ALS65c **evan** orar sols en anes PAS 120 **avan** tos vai a pasiun 256 *hervor*: un (*sc.* serjant) en i out ki sempres vint a. ALS46c *zuvor*: il ne la (*sc.* cartre) list .., a. la tent ad un boen clerc 75e a. dist VALv°37 **abans**: quals el a. faire solise PAS458 *s.* davant, desabans, enavant

avardevet *imperf. i. 3 s.* VALv°8

***aveir** *inf.* HOH90 **aver** LE94 ALS 106c **haveir** VALv°1 **aurai** *fut. 1 s.* ALS99bc **auras** *2 s.* ALS31c **aura** *3 s.* PAS270, 462 **awra** LE174 **aurat** ALS8a, 80e HOH62 **aurem** *1 pl.* PAS 366 **auram** ALS 101d, 107e **arram** STEPH IIIe **auret** *2 pl.* SPO67 **auran** 3 pl. PAS363 = **ai** *prs. i. 1 s.* PAS445, 466 ALS22ad, 30ce, 38b, 42c, 69a, 71c, 79ce, 82a, 93e, 94d, 95ab† HOH7, 41 **ey** ALR25 **as** *2 s.* PAS181 ALS44d, 45d, 64e, 91b, 98b = **ad** *3 s. vor voc.*

PAS412 (: vai) LE171, 172, ALS10e, 29e*, 33e, 56e, 58c, 63c, 74b, *d*: ALR 105 ALS14d, 35b, 104c, 112d, *l*: LE169 ALS78a HOH53, *t*: ALS15a, 20a, 29e†, 59d, *p*: 19a, 80b, 11[illegible], *k*: 15c, 42e, 68c, 123d, *ch*: 12c, *s*: 1d, 34a, 56a = at *vor voc.* LE166 ALS122d, *h*: 118e, *d*: 29c, 104d, *s*: 22c, *p*: 14c, *k*: 111de (*in cäsur*), *l*: 24a, *m*: 9c, *n*: 1c = a *vor voc.*: PAS211, *d*: 348 STEPHIIIc *p*: XIb, *v*: PAS219, 375 LE227, *c*: 125 PAS499, *g*: 489 LE173, *n*: SPO13, *r*: PAS395, *s*: 4, 414 STEPH XIIb **ats** HO52 **ads** 61 = **avem** *1 pl.* PAS184, 365, 501 SPO35, 40 *etc.* **avum** ALS 107bd, *einl.* 8 **avums** 71c **avez** *2 pl.* LE235 **avet** STEPH XIIc **ent** *3 pl.* PAS253 HOH44 **unt** ALS6d, 21d, 24c, 25a, 61d, 67a, 76e, 102d, 108c, 115ad, 119c HOH47 STEPH XId **un** ALS60e **ant** PAS22, 202 **an** 78, 111, 270, 281, 285 = **aveie** *impf. i. 1 s.*: ALS81b, 82be **aveies** 2 *s.* ALS82c, 88c **aveie** *3 s.* PAS32 **aveia** (: fedel) 166 **aveist** VAL *v*°27 **aveit** ALS67d, 114b **aveid** HOH52 **aveien** *3 pl.* PAS28 = **oi** *prt. i. 1 s.* ALS89a **oüs** *2 s.* 87c, 90a **out** *3 s.* 4a, 7a, 21b, 46c, 62b, 94b, 108ab, 109a, 119e **ot** STEPH IXc **oth** LE35, 36, 55, 175 **ott** en 63 **aut** 25, 34, 131, 155, 158, 159, 183 **aud*** 229 **oct** 164, 190 **oc** 76 PAS90 **oi** 340 **og** 101, 158 (: vol) **ag** PAS69 **ab** ALR23, 33, 56, 60, 62, 66, 82 **ourent** *3 pl.* ALS3b, 5b, 39b **aurent** LE225 **augrent** 4 **avret** *plusq. perf. i. 3 s.* EUL2, 20 LE56, 216 **awret** 8 **agre** PAS332 **aies** *prs. c. 2 s.* PAS306 **aias** 510 **aiet** *3 s.* VAL*v*°28 PAS200 ALS102c **aia** PAS438 **ait** AL29c*, 37e*, 120d*, 112b* STEPH XIIe **aiuns** *1 pl.* ALS 125a **aiam** PAS504 **aiest** *2 pl.* VAL *v*°29 **oüsse** *impf. c. 1 s.* ALS 46a, 98de **auuisset** *3 s.* EUL27 **ouist** (: revenist) LE88 **oüst** ALS29c† **oüt** *part. prt.* (:u) 22d **agud** PAS365 = *hilfszeitwort zur bildung des perf.*; *beim v. a. stimmt das part. mit dem voraufgehenden object in gen. u. num. regelrecht überein*: cum la çena Jesus oc faita PAS90 Iesus las a senpr' encontradas 414 toz los (*sc.* pies) at il condeinnets (*od.* condemned?) LE166 de lor pechiets que aurent faiz 225 sa raisun li ad tute mustrethe ALS15a a deu l(i)' ad comandethe 15c* revendrai a la spuse qued il out espusethe 21b, 94b, 15c† si l' (*sc.* cambre) at destruite cum (dis) l'ait host depredethe 29c* sa grant honur a grant dol ad (a)turnede 29e ma spuse que jo lur ai guerpide 42c icele gemme qued iloc unt truvede 76e tantes dolurs ad pur tei andurede 80b cist dols l'(*sc.* medre) aurat . par acurede 80e ma grant honur (t') aveie retenude 82b cum m' (*sc.* medre) oüs enhadithe 87c cum lunga demure[d]e ai atendude* 94d [si] at li emfes sa tendra carn mudede 24a a lui . unt l'almosne dunethe 24c tuit en unt lor voiz si atempredes 119c lei ad laisiet (*in caesur*) HOH53 *vgl. ferner*: ben l'ant parad PAS22, 202, 253, 281, 285, 375; tu eps l'as deit 181, 184, 340, 412; cum cho ag dit 69 mult a audit 211, 341 cest mund tot a salvad 4, 219, 270, 466, 499; LE25, 159; 155, 235; 125, 216; 131 ALS6d, 22ac, 25a, 79e, 95a, 102d, 104d, 115ad; 60e; 19a, 21d, 67d, 71c, 78a, 104c; 45d; 20a, 34a, 56e *einl.* 8 il ad deu bien servit 35b, 56a HOH7, 40, 47; aseiz l'ai apeletz 41 si m'ont batuz aseiz 44 STEPH XIbd, XIIb, *die concordanz ist unterlassen*: enter mirra et aloën quasi cent livras a donad PAS348 si pou vus (*sc.* filz) ai oüt ALS22d malveise guarde (*etwa* = malvais reguart?) t'ai fait(e*) suz mun degret 79c et tantes lermes pur (*oder etwa*: De t. l. ai) le ton cors plore 95b† cose qu'il unt oït (*in caesur*) 61d ses fedeilz li ad tuz amvïet 59d si veirs miracles lur [i] ad deus mustret 112d; *bei nachfolgend. obj. unterbleibt die concordanz regelrecht*: Judas cum og manied la sopa PAS101 Granz en avem agud errors 365 perdut (perdue PS) ad sa colur ALS1d a quel dolur deduit as ta juventa 91b perdutz adz sa beltez HOH61; *vgl. ferner*: LE229 ALS71c = *beim v. r. nur*: parfitement se ad (s'est†) a deu cumandet ALS58c *vgl. Jahrb.* 15, 207 *anm. und Chevalier as II esp.* 3742 *anm.* = *beim v. n.*: dunt ore aveist odit VAL *v*°27 canted aveien de

Jesu PAS28 jagud aveie tos pudenz 32 cum el desanç diz lor aveia 166 alques vos ai deit de raizon 445 trop i avem dormit SPO35 une vois ki lur ad anditet ALS63c cum il iloec unt sis 67a ai li ad conseilet 68c lungament ai [od] lui converset 69a, 98d ou as geüd de lung' amfermetet 98b si cum avet oï STEPH XIIc *als futur bildendes hülfswort findet es sich noch vom inf. getrennt nur*: emblar (*wohl* = emblat) l'auran li soi fidel PAS363 contar vos ey pleneyrament del Alexandre mandament ALR25 = 2) *v. a.*: bel avret corps EUL2 elle colpes non avret 20 qued awisset de nos Christs mercit 27 = misericordiam .. solt haveir de peccatore VAL v°1 ne aiet niuls male voluntatem 28 aiest cherte inter vos 29 = estrais lo fer que al laç og PAS158 non credent que sia carn 438 tal a regard cum focs 395 mais [qui l'] aura sort an gitat 270 qual agre dol, nol sab om 332 dol en a grand 489 Granz en avem agud errors, or en aurem pece maiors 365-6 non aura mal 462 nos cestes pugnes non avem 501 enz [en] lor cors grand an enveie 78 que part aiam ab (nos) deu fidels 504 que de nos aiet pieted 200 de nos aies vera mercet 306, 510 afanz que an a pader 111 = la lingua quae aut in queu LE158 non ad lingu'a parlier 169 non ad ols carnels en corp 171, 172 in raizons bels oth sermons 35 sempreu vols aver 94 non oct ob se cui en calsist 164 donc oct ab lui dures raisons 190 dels honors quae il awret ab duos seniors 8 en corps a grand torment 173 por lui augrent granz aanz 4 fid aut il grand 34 humilitiet oth per trestoz 36 l'anima n'awra consolament 174 sa gratia por tot ouist 88 et sc. L. oc s'ent pavor 76 et Ewruïns ott eu gran dol 63 en aut merci 183 ciel eps num avret Evruï 56 Guenes oth num 175 nom a Vadart 227 Un compte i oth 55 = saur ab lo peyl ... l'un uyl ab glauc ALR60, 62 clar ab lo vult 66 magestres ab beyn affactatz 82 mays ab virtud de dïes treys que 56 al rey Xersem ab tal tenzon 38 Philippus ab ses pare non 33 cum ad de cel entro (b)e[n] mar 105 mais non i ab un plus valent 23 = No'n auret pont SPO67 Jesu salvaire a nom 13 = n'ourent amfant 5b, n'ai mais filie ne filz 93e, 8a, 9c n'ai tun fils 30e quer oüsse un sergant 46a jamais hume n'aurai 99c si pou vus ai oüt 22d que plus ad cher que 12c or l'at od sei 122d blanc ai le chef e le barbe ai canuthe 82a terres dunt jo aveie asez 81b Sainz Boneface aveit en Rome une eglise 114b ourent lur vent 39b jo i ai si grant perte 30c ja n'auras mal 31c cum oi fort aventure 89a jamais ledece n'aurai 99b mult i as grant pechet 64e ki (fait) ad pechet 110a mult oüs dur curage 90a Alexis out bone volentet 109a n'i vint amferm .. sempres n'(en) ai[e]t sanctet 112b nostra anceisur ourent cristientet 3b c"o ad ques volt 123d par cestui aurum boen' adjutorie 101d par lui aurum bone .. ajude 107e par i"co quident aver discumbrement 106c n'en (*sc.* honur) aveies cure 82c de cest aveir nus n'avum cure 107b n'avum soin d'altre mune 107d† preiemt que d'els aiet mercit 102c, 37e, 120d de ta medre quer n'aveies mercit 88c tun filz dunt tu as tel dolur 44d fud baptiset, si out num Alexis 7a li altre Anorie(s) out num 62b Eufemien, [is]si out (an)num li pedre 4a ad a deu sun talent 10e cel saint cors qu'il unt en lur baillïe 108c, 107d* aiuns cel s. home en memorie 125a tant cum il ad a vivre 33e n'i ai mais ad ester 38b ses mesters dunt il ad a servir 74b sus ciel n'at home ki 118e an ices[t] secle n'en at parfit' amur .. n'i ad durable honur 14cd Unches en Rome n'en out si grant ledece cun out le jurn 108ab tuns jurz ad que 42e un en i out ki 46c n[e]ul(s) n(en) i at ki 111de creänce dunt or(e) n'i at nul prut 1c cel jurn i out cent mil lairmes plurëdes 119e = il aveid un'amïet HOH52 mei vult aveir 90 ja maiss n'aurat clartez 62 chi"nc milie ans atz qu'il aveid 52 = il a deable qui parole en lui STEPH IIIc si arrum l'escience de luí IIIe qu(i)' il ait de nos merci XIIe Saulus ot non IXc

aveir *subst. m. obl. s. habe*: sun seinor celeste que plus ad cher que tut a. (tuts rien†) terrestre 12c de cest a. (*sc.* or et argent) .. nus n'avum cure 107b **aver**: tut sun a. qu'od sei en [out] portet, tut le depart 19a, 20a pur nul a. ne volt estra ancumbrat 19e **aveirs** *obl. pl.*: de noz a. ferunz [granz] departies 105c

avenable[ment] *adv. geziemlich*: respon[di mo]lt a. (:) HOH11 *s. Waces Brut* 2735

***avenir** *inf. v. n. wohin gelangen*: Trestu[it] li preient ki pourent a. (:) ALS102a *vgl. Mätzner afr. lied.* 17, 14; 28, 8; 31, 43; *Froiss. Chr.* III, 228 **avient** *impers. es gezient*: e poro si vos a. VAL v^o27 *vgl. Mort Gar.* 4670

***aventure** *subst. f. obl. s. missgeschick*: cum oi fort a. (:) ALS89a *vgl.* ma cruël a. *Mätzner afr. lied.* III, 6

aveyron *s.* enaveyron

avigurad *part. prt. m. obl. s. kräftig*: lo poyn el braz a. (:) ALR72 *s. Q. liv. des R.* p. 115 *bei God.*

avilas *prt. i. 2 s. erniedrigen*: cum a. tut tun gentil linage ALS90b

aviranet *part. prt. umgeben*: de tutes parz l'unt si a. (:) ALS115d *s.* enaveyron

***aviser** *inf. erkennen*: tant l'ai vedud, si nel poi a. (:) ALS79e **-erent** *prt. i. 3 pl.*: par nule guise unces nel a. (:) 48c *vgl. Mäts. afr. lied. gloss.*, *Froiss. Chr.* VII, 48

avisunches *adv. kaum*: [que] a. hom (n)i poet habiter ALS115e *vgl. God.*

***avoc** *praep. sugleich mit*: si fait ma medra .. a. ma spuse ALS42c quar t'e(n) vas coleer a. ta spuse 11c

***avégles** *subst. m. obl. pl. blinder*: surz ne a. (*cas.*) ALS111a *s. Karl's Reise* 257 *vgl.* ces

***aveglet** *part. prt. m. n. s. verblendet*: cum par fui a.! (: é) ALS79d **-ez** *m. n. pl.*: cum esmes a. (: é) 124a *vgl. Mätzner afr. lied.* 11, 21

aveglie *part. prt. f. n. s. verblendet*: cum par fui a.! (: i .. e) ALS87d *s. God.* aveuglir

azsi *adv. s.* issi.

Azarias *personenname* HOH77

azet *subst. m. obl. s. essig*: sus en la cruz li ten l'a. (: iki) PAS318

B.

***Babzizar** *inf. taufen*: toz b. in trinitad PAS454 **baptizet** *part. prt. m. n. s.*: fut b. ALS7a *s.* batesma

bailide *subst. f. obl. s. gewalt*: d'icest a. cors que avum am b. (: u .. e) (n'avum soin d'altre mune†) ALS107d **baillie**: or ne lairai, ne[m] mete en lur b. (:) ALS42d pur cel a. cors qu'il unt en lur b. (:) 108c *s. God.* baillie

baillir *inf. in der gewalt haben, lenken*: cist apostolies deit les anames b. (:) ALS74a **baillissent** *prs. i. 3 pl.*: cil .. ki l'ampirie b. (:) 105a

***baisair** *subst. m. obl. s. kuss*: al tradetur b. doned PAS148 *s.* basserai

baisol *subst. m. obl. s. kuss*: per quem trades in to b. (: Jesus)? PAS150 *fehlt God.*

Baldequi *personenname*: Lothiers fils B. (:) LE16

***bans** *subst. m. obl. pl. bank*: sedent es b. ALS66b *vgl. Rol.* 3853 *Karl's Reise* 343

baptizet *s.* babzizar

***barbe** *subst. f. obl. s. bart*: derump(e)t sa blance b. (:) ALS78b blanc ai le chef e le b. (ai) canuthe 82a *vgl. Graevel Charakteristik im Rol.* S. 48 f.

***barnage†** *subst. m. adel*: a grant poverte deduit sun grant b. (= parage L) (:) ALS50c *s. Rol.*, *Karl's Reise*

***baren** *subst. m. n. pl. edelmann*: cio controverent b. franc LE52 *obl. s.*: fils fud Amint al rey (ric†) b. (:) ALR37 beyn resemplet fil de b. (:) 65 **barun** *obl. s.*: amïable cancun .. d'iceol noble b. ALS *einl.* 2 de s. Estevre lo glorïus b. (:) STEPH Ic mes au b. ne porent contrester Va, VIbd, VIIIce, Xa *v. pl.*: saignos b. Ia **baruns** *obl. pl.*: Empres icelz & molt altres b. HOH88

Barrabant *personenname* PAS225

***basserai** *fut. 1 s. küssen*: celui prendet cui b. (: fei = fait) PAS144 *vgl. Thomas' Tristran* 1302, *Karl's Reise* 715

***batalle** *subst. f. obl. s. schlacht*: un rey .. chi per b. & per estrie tant rey feaist mat ALR13

***bateama** *subst. m. obl. s. taufe*: de sain[t] b. l'unt fait regenerer ALS6d *vgl. Durm.* 14130, 14850 *s.* babaizar

***baterent** *prt. i. 3 pl. schlagen*: ledement le b. (: é .. e) STEPH VIIIc **batant** *part. prs. f. n. s.*: la medre la vint .. b. ses palmes ALS85d **batus** *part. prt. m.obl. s.*: cil .. m'ont b. aseiz por mon ami HOH44 **batut** *n. s.*: eu fo b., gablet e laideniet, sus e la crot b. SPO21.22

bec *s.* beuvre **beem** *s.* bien

bellezour *adj. compar. f. obl. s. schön*: bel avret corps, b. anima EUL2 *vgl. Durm.* 40 *und God.* belisor

***bels** *adj. m. n. s. schön*: li tensz est b. HOH34 **belsz**: tant par est b. 18 *v. s.*: b. (bons†) sire ALS41a, 22d† b. filz 88b **bel**: b. sire 44a b. frere 57a b. vis 97a **bel** *obl. s.*: b. avret corps EUL2 b. num li metent [selunc] cristïentet ALS6e vit del home le vis e cler e b. (: è) 70b n'ert de b. serviset HOH53 **bels** *obl. pl.*: et in raizons b. oth sermons LE35 **bels**: en tos b. murs, en tas maisons PAS63 **bele** *f. n. s.*: citet mult b. (:) 17a *v. s.*: b. buce, bel vis, b. faiture 97a **bela**: vostra b. figure 97b **bellet** *n. s.*: jo eret molt b. (:) HOH22 **bele** *obl. s.*: une eglise mult b. (:) ALS114b **beles** *v. pl.*: b. pulcelesz HOH49 **bel** *adv.*: b. l'acustumerent* ALS100d **belament**: Alexis l'espuset b. (:) 10c **benlement**: tam b. los conforted PAS130 *vgl. Mätzn. afr. lied.* 42, 24, *Froiss. gloss.*

***beltez** *subst. f. obl. s. schönheit*: perdutz adz sa b. (:) HOH61 toz tens florist li leuz de ma b. (:) 32

ben, beyn *s.* bien

***benedis** *prt. i. 3 s. segnen*: levet sa man, sil b. (: collit) PAS467 *vgl. Cambr. Psalt.*

Betfage *ortsname* PAS17

Betleem *ortsname* SPO17

***bewre** *inf. subst. m. obl. s. trinken*: b. li rova aporter LE200 (*vgl. God.* boivre) **beven** *praes. i. 3 pl.*: si alcuns d'els b. veren PAS461 **bec** *praet. i. 3 s.*: ensembl' ab els b. e manied PAS451

bien, ben, biem, beyn, beem *adv. wohl, sehr*: ja lo sot **bien** LE77 & jo sai **beem** HOH27 els molt **ben** sab remembrar PAS333 **bien** se sot deraismer STEPH Vc or set il b. ALS56d b. poet liez estra 109e b. s'en pot recorder 110a s'en pot tres b. salver 110b tot nol vos posc eu **ben** comptar PAS447 trestoz orar **bien** los manded 124 poble **ben** fist credre in deu LE186 sempre fist **bien** o que el pod 40 fist lo mul **ben** 82 Et sc. L. den fisdra **bien** 121 tam **ben** en fist 21 **bien** 67 tam b. que il en fist 47 tant **biem** oillet HOH29 **ben** li aprestunt PAS24 b. en garnid 112 b. l'ant parad 22 b. requeret 404 b. dominat LE72 b. si garda 70 il lo doist **bien** 23 b. honorez fud 50 b. lo no(n)rit 27 dunt il ja b. fut cointe ALS43b t'oüsse b. guardet 98e b. en fut guarnit 7d ad deu b. servit 85b **beyn** resemplet ALR65 quil duystrunt b. 84 l'uns l'enseyned b. parv mischin 88 b. affactaz 82 b. enforcad 71 b. enseynaz 83 b. figurad 66

biens *subst. m. n. s. gutes*: cil b. qu'el fist, cil li pesat LE219 et or es temps et si est b. 5 **bien** *n. s.*: tut b. vait remanant ALS2e *obl. s.*: qui fai lo b. laudaz enner LE88 facam lo **ben** (: peccad) PAS507 Jesus li bons b. red per mal 161 a toz rendra e b. e mal 472 = *habe*: e d'icel b. ki [toz] toen[s] doüst estre quer [n']am perneies? 84c

***blans** *adj. m. n. s. weiss*: b. est & roges HOH19 **blanc** *obl. s.*: & cum la neus b. vestimens (*sc.* a) PAS396 b. vestiment si l'a vestit 219 b. ai le chef ALS82a **blance** *f. obl. s.*: b. barbe 78b

***blasmer** *inf. tadeln*: la mortel vithe li prist mult a b. ALS13c par nule guise ne l'em puet hom b. 47e de nule cose certes nel sai b. 69b *vgl. Guiot's Bible*

blastenger *inf. schmähen*: alquanz l'i prennent forment a b. (: ie) ALS 64b *vgl. Parthon.* 5111

Boneface *personenname m. n.*: Sainz B. que l'um martir apelet ALS114a

boneüret *part. prt. m. obl. s. glücklich*: la vie de sum filz b. ALS *einl.* 2

***bons** *adj. m. n. s. gut*: Jesus li b.

PAS147, 161, 195, 214, 105 respon li b. 297 et sanz Letgiers sempre fud b. LE39 il fut b. clers STEPH Vc b. fut li secles ALS1a 2c li b. pedre 7c il fut b. cristiens 68e **boens**: li b. sergans 68a il lur seit b. plaidiz 120e **buons**: ciel Laudebert fura b. om LE197 *v. s.*: **bons**† (bels*) sire ALS 41a **boens** hom 45d **bon** *obl. s.*: son b. sennior PAS86 de b. [entendem] ent HOH10 **boen**: ad un b. clerc e savie ALS75e par cestui aurum b. adjutorie 101d si b. servise 123a **bont**: l'en sourent b. gret 6c **ben**: o b. cor STEPH Xd **buona** *f. n. s.*: b. pulcella fut EUL1 **bone**: la b. medre ALS26d lur cumpainie fut b. & honorethe 121d **bonet**: l'odor est b. HOH35 **bone** *obl. s.*: par b. volentet 32d, 109a cum b. peine 123a par lui aurum b. ajude 107e **bona**: por bona fied LE24, 53 **benne**: par b. entenciun STEPH Id **bones** *obl. pl.*: b. noveles ALS96d

***bontaz** *subst. f. obl. pl. tugend*: quil duystrunt beyn .. de b. ALR85 *vgl.* tu m'as conquis par tes ruistes bontez *Alesc. Jonckbl.* 6956, *Prise de Pamp.* 294 **bonte** *obl. s.*: Seint Estevres fut plains de grant b. STEPH IIa *vgl.* espeire el seignur e fai buntet *Oxf. Psalt.* 36, 3 mais en lui n'a proesce ne bonte *Hervis* N6a

bor *adv. sur guten stunde*: b. i alasmes ALS90e; *vgl. God u. Parthen.* 8829, *Ger. de V.* 4012; *Ph. Mousk.* 2282, 17361, *Baud. de Condé* 17, 255 *s.* mar

***bosuinz** *subst. m. n. s. bedürfniss*: quanque b. li ert ALS47c *vgl. Cambr. Ps. p.* 288, 1 *s.* busuinus

***branches** *subst. f. obl. pl. zweige*: dels olivers al(a)quant las b. (*sc.* prendent) PAS38 *vgl. Rol.*

***braz** *subst. m. obl. s. arm*: lo poyn el b. avigurad (*sc.* ab) ALR72 *vgl. Durm.* 102 *Rol.* 597, 1711 *Karls Reise* 304

brican *subst. m. obl. s. narr*: tuz l'escarnissent sil tenent por b. ALS54a *vgl. Horning in Rom. Stud. IV,* 328 *u. dazu Rom. IX.*

***bries** *adj. m. n. s. kurz*: b. est cist secles, plus durable atendeiz ALS 110c *vgl. Durm.* 4902

brunie *subst. obl. s. brünne*: Tei cuvenist helme e b. a porter ALS88a *s. Rol.* 384, 3079, *Karls Reise* 635, *Ben. Chron.* broigne, *Gach.* brongne

(*)**bu** *subst. m. obl. s. bauch*: lo bu subtil non trob delcad (*sc.* ab) ALR70 *vgl. Gorm.* 619, *Ben. Chron.* 5561, *Gach.* bus

***buce** *subst. v. s. mund*: bele b. ALS97a *vgl. Mätzn afr. lied.* 14, 31; 18, 42

***busuinus** *adj. m. n. pl. bedürftig*: de(l) ton(s) conseil sumes tut b. ALS 73c *s.* bosuinz *vgl. God.* besoignos

C.

C'aasteed *s.* castethed

cab *s.* chieef **cabeyl** *s.* chevels

(*)**cabir** *inf. vollführen*: ley leyre & playt c. ALR98 *s. Cleomades* 12,000. *Best. de Gerv.* 926 (Rom. I, 438). *Gar. le Loh.* I, 160, *Frois. glos.* chievir

cadegrent, c'adeit *s.* chet

cadhuna *pron. f. obl. s. jeglich*: in c. cosa EID I, 4 *s. Q. Liv. d. B.* I, 7, 16; IV 15, 20 *u. Rom.* II, 81

cadit *s.* chet

***caitiu** *subst. m. n. pl. gefangener*: Li toi c. per totas genz menad en eren PAS65 *vgl. Cambr. Ps.* 67, 19; 136, 3, *Rol* 3673, 3978 **chaitivas** *f. v. pl. elend*: dolentas ch. trop i avem dormit SPO 35, 40 *etc.* alet ch. alet malaüreas 88 *vgl. Gorm.* 438, 654 *Ben. Chron. Tristran* II, 106, *Adam* 40, 42, 70, 79

calsist *s.* chielt

***cambra** *subst. f. v. s. zimmer*: ALS 29a **cambre** *obl. s.*: en eissit de la c. sum pedre 15d Vint en la c. 28a *vgl. Rol.* 2593, 3992 *Karls Reise* 421, 705, 740 *Auc. et Nic.*

***cancelers** *subst. m. n. s.*: Li c. cui li mesters an eret, cil list le cartre ALS76a

***cancun** *subst. f. n. s. lied*: ici cumencet amiable c. ALS *einl.* 1 *vgl. Rol.* 1014, 1466 *Prise de Pamp.* 90

***candelabres** *subst. obl. pl.*: ad ories c. ALS117a *Mont S. Michel* 899

***cant** *subst. m. obl. s. gesang*: per semedips c. adlevar ALR103 *vgl. Cambr. Ps.* 46, 5 li clerc lievent en haut lor chant *Durm.* 9903 *c"anter** *inf. singen*: en nostre terred n'oset oi[sels] c. HOH37 **canter**: de sum fils .. avum oït lire e c. ALS *einl.* 3 **cantomps** *prs. i. 1 pl.*: in su' amor c. del[s] sanz LE3 **cantumps**: nos c. de sant Lethgier 6 **cantent** *3 pl.*: alquant i c. li pluisur jetent lermes ALS117d **canten**: c. li gran e li petit PAS41 **cantat** *prt. i. 3 s.*: missae c. LE82 **cantes** *imperf. conj. 3 s.*: anz que la noit lo jalz c. terce vez Petre lo neiez PAS193 **cantant** *part. prs. m. obl. s.*: ki vint plurant c. l'en fait raler ALS112e *n. pl.*: c. en portent le cors saint Alexis 102b **canted** *part. prt.*: sicum prophetes anz mulz dis c. aveien de Jesu Crist PAS28 *s.* encantatour

***canuthe** *adj. f. obl. s. grau*: barbe c. ALS82a

cap *s.* chiecf

***capes** *subst. obl. pl. chorrock*: clers revestuz an albes & an c. ALS117b *vgl. Karls Reise* 148 [1])

car *s.* chers, quar

***caritat** *subst. f. obl. s. liebe*: en c. toz es uniz PAS276 **caritet**: perfectus fud in c. LE33 **cherte**: aiest c. inter vos VAL *v°*29 *vgl. Ben. Chr.* 28906, 36590 *Durm.* 5015 *Bartsch Chr.*[4] 79, 23; 200, 13 **certet**: par grant c. nurrit ALS *einl.* 6

***carn** *subst. f. obl. s. fleisch*: desque c. pres, in terra fu PAS6 de cui Jesus vera c. presdre 330 de soa c. cum deus fu naz 334 il li non credent que aia c. 438 cum cela c. vidra murir 331 argent ne aur non i donet mas que son sang et soa c. 386 [si] at li emfes sa tendra c. mudede ALS24a de la tue c. tendra! 91a a grant duel met la sue c. medisme 87b **cha[r]ns** *n. s.*: ja fos la c. de lui aucise PAS371 *vgl.* charn *Cambr. Ps., Karls Reise* 577, 707 *Guiots Bible*

***carnals** *adj. m. n. s. fleischlich, irdisch*: sosteg que hom c. (: deus) PAS8, (: anaz *p. prt.*) 381 **carnels** *obl. pl.*: et si el non ad ols c. LE171

cars *s.* chers

(*)cartre 1) *subst. f. n. s. schriftstück*: co que dit ad la c. ALS78a *obl. s.*: en sum puing ti[e]nt le (sa†) c. 70c, 71e li apostolie tent sa main a la c. 75a cil list le (la†) c. 76b [lui] li la c"artre 74c escrit la **cartra** 57d *vgl. Rol.* 2097, 1685 *2) *s.* castres

***cascune** *pron. f. obl. s. jeder*: c. feste se fait acomunier ALS52b **cascun**: icesta istorie est .. suverain consulaciun a c. memorie spiritel *einl.* 10 *vgl. Cambr. Psalt.*

***castel** *subst. m. obl. s. burg*: c. Emaus ab el[z] entret PAS427 *vgl. Auc. et Nic.*

***castethet** *subst. f. obl. s. keuschheit*: vivent purement sulunc c. ALS *einl.* 11 **c"a(s)steed**: la tort(e)rele(t) chi amat c. HOH38 *vgl. Vie Greg.* 83 *Chev. as II esp.* 8363 *anm.*

***castier** *inf. zurechtweisen*: Ewruï prist a c. LE104 *vgl.* chastïad *Cambr. Ps.* 104, 14 *u. Ben. Chr.* 18872, 18931, *Adam* 46

castres *subst. m. obl. pl.*: la jus en c. (cartres†) l'en menat LE176 *vgl.* charcre *Cambr. Ps.* 141, 7

causa *s.* cose, **causir** *s.* jausir

***cavalleyr** *subst. m. obl. s. ritter*: e(y) lay o vey franc c. ALR76

ce *s.* ço

***ceindra** *inf. gürten*: tei cuvenist .. espede c. ALS83b *vgl. Gorm.* 488, *Karls Reise* 8, 636, *Rol. Durm.* 5724, 7213, 13013

cel *s.* ciel, cil

***celat** *prt. i. 3 s. verheimlichen*: ja lo sot bien, il le c. LE77 **celet** *part. prt. m. obl. s.*: tant l'as c. ALS64e *vgl. Mätzn. afr. lied* 22, 25 *Adam* 20, 24 *Aiol* 191 *Durm.* 216, 5275, 9026

---

1) *Die Stelle aus* ALS *bestätigt Suchiers Auffassung (Zeitschr.* IV, 407) *von* albe *in Z.* 142 *der Reise Karls, vgl. auch Vie de Thom. le mart. ed. Becker* 7b24 *und Chans. d'Ant.* VIII, 409. *Vielleicht verdient indessen statt der von Suchier vorgeschlagenen Lesart eher folgende Fassung von Z.* 142-3 *den Vorzug*: 'E out mandet ses clers [par tute] la citet Sils fait revestir albes e capes afubler'. *Hiernach wäre* albes *irrthümlich in die voraufgehende Zeile gerathen.*

*celeste *adj. m. v. s. himmlisch*: o, reis c.! (*in caesur*) ALS5d, 67e *obl. s.*: seinor c. que plus ad cher que tut[e rien] terestre 12b *f. obl. s.*: la c. [*sc.* vithe] 13d gemme c. 116b
Celicie *ländername*: la terre qu[i]'st en me C. STEPH IVc
celor?: saveiet co que li c. sub co astreiet eis ruina VAL v°4
cels *s.* ciel, cil
***cena** *subst. f. obl. s. abendmahl*: cum la c. Jesus oc faita PAS90
***cent** *zahlwort*: quasi c. livras a donad PAS348 i out c. mil lairmes pluredes ALS119e li suensz senblansz nen est entr'eiz c. milie(t) HOH20 *vgl. Rol.* 3882, *Karls Reise* 634, *Durm.* 12906
***certes** *adv. sicherlich*: c., dist il, ne sai ALS36b, 38b de nule cose c. nel sai blasmer 69b de cest aveir c. nus n'avum cure 107b **cert** co sapietis VAL v°30 *s.* acertes
certet *s.* caritat
ces 1) *s.* cist 2) *subst. m. obl. pl. blinder*: (as) cuntrat et (au) c. a tot dona sante STEPH IId *vgl.* li aires enlumined les ceus *Cambr. Ps.* 145, 7, *Ben. Chr.* 24080, *Vie Thomas* 1290 (*Ben. Chr.* III, 504), *Theatre fr. au m. âge p.* 14, 15 *s.* avógles
***cesset** *prs. i. 3 s. aufhören*: de d'eu servir ne c. ALS17e *vgl. Durm.* 12538 *s.* recesset
cest, cestui, cetui *s.* cist
***chamisae** *subst. f. obl. s. hemd*: dunc lur gurpit soe ch. PAS267 *vgl. Karls Reise* 189
chainsils *subst. m. obl. linnen*: en sos ch. l'envolopet PAS344 *vgl. Part.* 7467, *Violette p.* 122 *anm.* 1, *Trist.* I, 2702, *Ben. Chr.* cheinsil
chaitivas *s.* caitiu; **changet** *s.* janget; **chedent** *s.* chet; **chef** *s.* chief **chel** *s.* cil
***chers** *adj. m. v. s. lieb*: c. amis ALS22d cher filz 22a, 90e *obl. s.*: pur mun ch. ami 45c sun seinor celeste que plus ad ch. que tut[e rien] terrestere 12c lo son ch. amic PAS108 **ker**: sun k. filz ALS26e **kiers** *voc. s.*: o, k. amis 96a **kers** filz 27e **chera** *f. obl. s. kostbar*: si ch. merz ven si petit PAS87 **cars** *m. obl. pl.*: molt c. portavent unguemenz 392
cherte *s.* caritat **chest** *s* cist
***chet** *prs. i. 3 s. fallen*: a terre c. pasmede ALS85e **chad**: spiritus sanctus sobrelz ch. (:) [1]) PAS475 **chedent** *3 pl.*: a totas treis ch. envers 140 roches fendient, ch. munt 323 **cadit** *prt. i. 3 s.*: cio fud lonx dis que non c. (: firid) LE231 **cadegrent** *3 pl.*: tuit li felun c. jos PAS138 **c"adeit** *part. prt. m. n. s.*: si'nn est c. en colpe(d) HOH56
cheve *s.* chieef
***chevels** *subst. m. obl. pl. haar*: trait ses ch. ALS87a **cabeyl** *obl. s.*: saur lo c., recercelad ALR67 *s.* crins, eschevelede *vgl. Durm.* 110, 580 *Cambr. Ps.* 39, 15; 68, 8 *Mousket* 10711, *Gach.*
chi *s.* qui
***chieef** *subst. m. obl. s. haupt*: tolir lo ch. (: pagiens) EUL22 **chef**: blanc ai le ch. ALS82a **queu**: son q. que il a coronat, toth lo laisera recimer LE125 hanc la lingua quae aut in q. (: talier) 158 et cum il l'aud tollut lo q. (: piez) 229 **cheve**: un edre sore sen ch. quet umbre li feaist VAL v°11 **cab**: et en son c. fellun l' (*sc.* corona) asisdrent PAS248 **cap**: lo c. a Crist esvegurad PAS499 lis ols del c. li fai crever LE154
Chielperics *personenname m. n.*: reis Ch. LE67, 85 **Chielperings** 115 **Chielperig** *obl. s.*: 54 **Chielperin** 57 **Chielpering** 74
***chielt** *prs. i. 3 s.*: *es kümmert jem.*: dont lei nonque ch. EUL13 **calsist** *impf. c. 3 s.*: non oct ob se cui en c. (: afflicz) LE164 *s.* jholt *vgl. Auc. et Nic.* 27, 12
***chiens** *subst. m. n. s. hund*: cum fait li ch. encuntre lo larun STEPH VIc *vgl. Durm.* 4151
chi"nc *s.* cinc, **cho** *s.* c"o, **chose** *s.* cose

---

1) *assonirt scheinbar zu* pentecostem 476a *oder zu* ardenz 476b, *doch wird* 475 *mit* 474 *verstellt sein und* chad *danach mit* son tornat *assoniren, während* 474 *mit* 476b *zusammengehört und* 476a *zu streichen ist.*

***ci** *adv. hier*: pos ci non posc, lai vol ester LE96 [n]o's neient ci perque PAS403 anaz en es & non es ci 405 se tei ploüst, ci ne volisse estra ALS41b ci devant tei estunt 73a qui ci m'unt lapïe STEPH XId
***ciel** 1) *s.* cil 2) *subst. m. obl. himmel*: sus en c. EUL6 volat a. c. 25 vin de c. (: deus) LE208 deu del c. (:) ALS11c, 25b regnes del c. (:) 36d sei delitent es goies del c. *einl.* 12 el c. 82e, 110e, 122a suz c. n'at home 118e **cels** *n. s.*: janget lo c. sas qualitaz ALR52 **cel** *obl. s.*: qual pot sub c. genzor jausir 40 terra misurar cum ad d. c. entro(b) e[n] mar 105 entro en c. en van las voz PAS234 qui fez lo c. (: lez) 39 montet en c. (: set) 469 de c. dessend 393 en pasche veng vertuz de c. (: Judeu) 479 de c. vindre LE202 si cum roors in c. es granz 203 en vai en c. 238 esgarde el c. STEPH VIIc
ciencie *s.* escience
***cil** *pron. dem.* a) *ohne subst. m. n. s.* VAL *v*°14 cil vait ALS35d, 37a cil l'i aportet 57c il la volt prendra, cil ne l'i volt guerpir 71a, li cancelers .. cil list le cartre 76a c"o(e)st cil qui 36c cume cil ki 65a *n. pl.*: cil s'en rapairent 26a mais ne puet estra, cil nen rovent nïent 106d cil an respondent ki l'ampirie bailissent 105a qui lui credran cil erent salv PAS455 VAL *v*°27, 16 (?) les escalgnites chi ... cil me torverent HOH44 cil de Libie STEPH IVab **cil** qui IXb HOH47 com felix **cels** (cil†) ki par feit l'enorerent ALS100e **chel** *n. s.*: (e) ch. ten Gretia la regïon ALR35 **ciel**: no fud nez .. qui .. vidist LE137 **aquel**: eu soi a. PAS137 **cel** *obl. s.*: chi c. non sab, tal non audid 110 c. n'enn i at ki'n report sa dolur ALS111c **celui**: c. prendet cui bassærai PAS144 c. tien ad espus ki nus raens[t] ALS 14a **cels** *obl. pl.*: emma tot c. qui creïvent en de STEPH IIb b) *mit subst.* **cil** *m. n. s.*: LE11, 101, 205, c. biens q'uel fist, c. li pesat 219 ALS54c **cilg** eedre VAL*v*°15 **cel** aanez PAS21 **ciel**: LE20, 49, 56, 149, 197 **cel** *obl. s.*: VAL *v*°1, 26, 7, 10, 12, 16, 23, 25, PAS109, 382, 387, 352, 89, 218, 417, 423, LE80, ALS28e, 56e, 106e, 108c, 118b, 119e, 121e, 123b, 125ad mais que c. sul que 8b **ce**: a ce jor STEPH Ie **ciel**: LE 15 PAS208 LE23, 65, 105, 111, 177, 144, 148, 211, 215, 239 **cil** *n. pl.*: c. homines VAL *v*°22 ALS66c, 100d, 104a, 113a **cels** *obl. pl.*: PAS307 **cels**: 283 VAL*v*°33 EUL12 **ciels**: LE13, 32, 209 **cele** *f. n. s.*: ALS37c **ciel'** irae LE79 *obl. s.*: 105, 25 **cele**: VAL *v*°7, 22, 36 **celle**: EUL23 **cela**: PAS 114, 331 **cilla**: ad Ostedun a. c. ciu LE139 **celles** *f. n. pl.*: empres lo vidren c. dusse PAS421 *s.* icel
***cinc** *zahlwort*: veduz furæ veiades c. PAS418 **chi"nc** milie anz atz qu' HOH52 *vgl. Guiot Bible* 2061
cinces *subst. f. obl. pl. lappen*: sas i fait pendre e c.† (curtines*) deramedes ALS29d *vgl.* puis des castelains et des princes, ki n'ierent pas vestu de cinces *Phil. Mousk.* 5435, *id.* 29169
ciptat *s.* citet
***cist** *pron. dem.* a) *mit subst. m. n. s.*: ALS74a, 80e, 101b, 110c *obl. s.*: EID I, 3, 6 *pl.* VAL*r*°2, 29 **cest** *s.* VAL*v*° 28, 31, 32 PAS4, 310, 292, 299 ALS73d [1]), 104c, 107b, 109b, 124e **ciest** LE207 **ces** PAS349, 485 **cesta** *f. n. s.*: ALS 14e, 101b *obl. s.*: 123b **ceste** VAL *v*°22 **cestes** *obl. pl.*: PAS501 b) *ohne subst.*: **chest** *m. obl. s.*: non i ab un plus valent de ch. dun faz l'alevament ALR24 **cet** *obl. pl.*: pardone a c. qui ci m'unt lapïe STEPH XId **cestui** *obl. s.*: par c. aurum boen adjutorie ALS101d, 107e† **cetui**: mau velsmes c. STEPH IIIb *vgl.* **es**, **icest**
***citet** *subst. f. n. s. stadt*: dreit a Lalice co fut (une†) c. mult bele ALS 17a si [li] depreient que la c. ne fundet 60c *obl. s.*: de Rome la c. (:) 3c, 26a, 77e, 81c, 109c, 118d par Alsis la c. (:) 19b, 32c, 77b vint une voiz treis feiz en la c. (:) 59b **ciptet**: de Rome la c. (:) 9b an Alsis la c. (:) 18a s'en

---

1) *Hier die Form* **est** *herzustellen, liegt kein Grund vor, zumal auch* 41c **este** *nur conjicirt ist*, *vgl.* icest.

fuit de la c. (:) 33d **citiet:** par tuta la c (: é) 21e **citied:** n'istrat de la c. (:) 84b **ciptat:** davan la porta de la c. [1]) PAS266 **ciptad:** a la c. cum aproismet 49 **ciutat:** intrer en la c. (: miel) LE141 **ciutas** [2]): aproismer vol a la c. (: granz) PAS15 **cites:** les escalgaites chi guardent la c. HOH43

ciu *subst. f. obl. s. stadt? sitz*: Ad Ostedun a cilla c. [3]) LE139 *vgl. Thom. le mart.* 62b 26, 63a 25; *Parton.* 10594, 10767 *Aiol.* 126, *Enf. Og.* 1771, *Mousket* 10130

***clamant** *part. prs. rufen*: osanna semper van c. (: enfan) PAS48 *vgl. Rol.*

***clamor** *subst. f. obl. s. flehruf*: quant ot li pedre la (la†) c. de sun filz ALS45a *vgl. Cambr. Ps., Ben. Chr., Mousket* 3277, *Renart* 674, *Adam* 55 *Bartsch Chr.*[4] 231, 18 *Trouv. belges* I, 330

***clar** *adj. m. obl. s. hell*: et al terz di lo mattin c. PAS389 c. ab lo vult, beyn figurad ALR66 *adv.*: et si cum flamm'es c. arda[n]z LE204 & rotta & leyra c. sonar ALR101 *vgl.* cler *Gach.* **cler** *m. obl. s.*: vit del sain[t] home le vis e c. e bel ALS70b *s.* esclairez

***claritet** *subst. f. obl. s. glanz*: garda, si vid grand c. LE201 **claritas** *n. pl.*: lo sol perdet sas c. ALR50 **clartez** *n. s.*: vers lui ne pued tenir nulle c. HOH17 *obl. s.*: se par mei non jamaisz n'aurat c. 62 *vgl. Rol., Durm.* 359, *Mätzn. afr. lied* 39, 62

clas *subst. m. obl. s. ton, laut?*: dit Salomon al primier pas, quant de son libre mot lo c. ALR2

claufiget *part. prt. annageln*: sus e la crot batut e c. SPO22 *vgl Ruteb.* II, 258, *Chast. de Couci* 6937 *Aiol* 6186, *Mousket* 10775, *Bartsch Chr.*[4] 271, 28

clauf(r)isdr[e]nt *prt. i. 3 pl. annageln*: Jesum in alta cruz c. PAS226 *vgl. Bartsch Chr.*[4] 245, 21

***clementia** *subst. f. obl. s. milde*: par sowe c. EUL29

cler *s.* clar, clerc *s.* clers

clergier *inf. zum geistlichen machen*: por ciel tiel duol rovas c. LE65

clergil *adj. m. obl. s. geistlich*: mes au barun ne porent contrester ne de ciencie ne de c. mester STEPH Vb

***clers** *subst. m. n. s. geistlicher, gelehrter*: il fut bons c., bien se sot deraisner STEPH Vc *n. pl.*: c. revestuz an albes et an capes metent le cors enz en sarqueu ALS117b **clerc** *obl. s.*: avant la (*sc.* cartre) tent ad un boen c. e savie 75e **clerj'**: Ewrul LE100 **clerjes** *obl. pl.*: sos c. pres [e] revestiz LE145

***ce** *pron. dem. neutr. n.*: Lalice co fut (une†) citet mult bele ALS17a co fut granz dols quet 21d mais co (e)st (de†) tel plait (dunt) 10d apres le naisance co fut emfes de deu . amet *einl.* 5 *obl.*: 11b, 17d, 21c, 22ac, 31a, 35a, 63a, 78a, VAL *v*°3, 4, 7, 10, 12, 14, 18, 25, 30. PAS33 **c"o** *n.*: sainte escriture c"o ert ses conseilers ALS52c c"o lur est vis que 108d c"o peiset mei que 92e, 96b, 116e c"o (e)st cil qui 36c c"o (e)st sa merci qu'il nus consent l'onor 73c c"o (e)st grant merveile que 88e, 89e c"o (e)st ses mesters dunt 74b e c"o m'est vis que c"o est (seit†) l[i] hum(e) deu 69c *obl.*: 34e, 38a, 50d, 57b, 68e, 71c, 74de, 76d, 77a, 101a, 110d, 123d, 124b por c"o HOH 68 **zo** *n.*: zo fu granz signa PAS272 *obl.*: 134, 137, 149, 230, 361, 439, 462 **cho** *n.*: cho fu nostra redemptions 14 anz petiz dis que cho fus fait 29 *obl.* 69, 77, 336 **cio** *n.*: c. fud lonx tiemps ob se los ting LE28 c. fud lonx dis que non cadit LE231 c. sempre fud et ja si er 37 c. fud Lothiers 16 c. fud Lisos 99 *obl.*: 43, 91, 52, 87, 106, 108, 110, 112, 113, 119, 127 (? *s.* illo) 195, por cio que 53 PAS199 **ce**: quant ce oïrent STEPH VIIIa por ce haiërent

---

1) *assonirt zu*: Golgata, *doch wird wohl* 265 dunc *einzufügen und* 266 *durch Umstellung* porta *in die Assonanz zu bringen sein.*

2) *Koschwitz liest*: ciutat. *Die nachgetragenen Schlussworte der nächsten Zeile sind meiner Ansicht nach nur als* mult granz *zu deuten.*

3) *assonirt zu*: aalier, *vielleicht aber gehört eher* Lethgier *in die Ass.*

Ile mes ce trovum IXa c': c'est (que†) avisunches hom (n)i poet habitar ALS115e s. ico

cobetad *subst. f. obl. s. habgier*: per c. (: nas) PAS152

cognoguist s. conuissum

cointe *adj. m. n. s. bekannt*: les rues dunt .. fut c. ALS43b **cointement** *adv.*: nient c. = *incaute app.* 6 *vgl.* cuinte me fesis par tun comandement *Oxf. Psalt.* 118, 98 que ne oiet ... del' anchanteür les enchantemens cuintes (= *incantationes callidas*) *Cambr. Psalt.* 57, 5, *Bartsch Chr.*[4] 271, 23

***coisir** *inf. ausfindig machen*: cil vait sil quert, mais il nel set c. (:) ALS35d *vgl. Gar. le Loh.* I, 33, 62, 174 **jausir**: prist moylier .. qual pot sub cel genzor j. ALR40 & de sa lanci en loyn j. 96 s. janget, jholt, *Dern. Troub. p.* 21 *anm.* 2, *vgl. Parton* 2290

***coist** *prt. i. 3 s. verbrennen, verletzen*: nos c. (: tost) EUL20, *vgl. Guiot Bible* 1482

***colcar** *inf. schlafenlegen*: quar te(n) vas c. (:) avoc ta 'spuse ALS11b

coleiar *inf. in's gesicht schlagen*: a c. fellon lo presdrent PAS186 s. *Du C.-Henschel* colaphus

(*)**collet** *subst. m. obl. s. hals*: plen (*sc.* ab) lo c. & colorad ALR68 s. acoler, decollar

***collit** *prt. i. 3 s. aufnehmen, sammeln*: vengre la nuvols sil c. PAS468 **cuileita** *part. prt. f. obl. s.*: nient deperdra la c. folc *collectum gregem non disperdere* ALS app. 10 *vgl. Cambr. Ps.* 34, 16, *Rol.* 3771, *Ben. Chr.* 29982, 33390, *Gar. le Loh.* II, 236, *Durm.*, *Heyse rom. ined. p.* 34, *Lothr. Ps. cant.* XVI *rubr.*, *Froiss. Chr.* cueilloite *subst.*

colomb *subst. m. obl. s. taube*: in figure de c. EUL25 *vgl. Cambr. Ps.* 54, 6, *Aiol* 388, *Guiot Bible*, *Mousket*, *Bartsch Chr.*[4] 430, 35, *Gach.* coulon

***colorad** *part. prt. m. obl. farbig*: plen (*sc.* ab) lo collet & c. ALR68 *vgl.* ses vis est fres et couloures *Mätzn. afr. lied* I, 14

***colpe(d)** *subst. f. obl. s. schuld*: si'nn est c'adeit en c. HOH56 **culpa**: que ... nient anjoñst la c. del deperdethur *ut ... non culpa dispersoris incumberet* ALS app. 11 **colpes** *obl. pl.*: elle c. non auret EUL20 **colpas**: per c. granz PAS291 *vgl.* culpe *Rol.*, *Karls Reise*, *Ben. Chr.*, *Gorm.* 660, *Adam* 21, 42, *Alixandre* 399, 24

***colur** *subst. f. obl. s. farbe*: perdut ad sa c. (:) ALS1d *vgl. Mätzn. afr. lied.* 41, 13, culur *Rol.*, *Trist.*, coulor *Gach.*

com s. cum

coma *subst. f. obl. s. mähne*: saur ab lo peyl .., tot cresp cum c. de leon ALR61 *vgl. Cambr. Ps.* 79, 11

(*)**comburir** *inf. verbrennen*: la civitate volebat c. VAL v°23

comenciest s. cumencet **commandat** s. cumandet

(*)**commourent** *prt. i. 3 pl. erregen*: s'en c. tota la gent ALS103a s. mot *vgl. Cambr. Ps.* 77, 58; *Tristr.* II 64 *Z.* 1366, *Mont S. Michel* 1394

***commun** *adj. m. obl. s. gemeinsam*: pro deo amur & ... nostro c. salvament EID 1, 1 **commune** *f. obl. s.*: par c. oraisun ALS62c **comuna**: per toz solses c. lei PAS384 *vgl. Rol.* 1320 *Durm.* 5425

***communiet** *prt. i. 3 s. communisiren*: pobl'e[t] lo rei c. LE83 s. acomunier *vgl. Aiol* 1485, *Mousket*

compánnie *subst. f. obl. s. gefolgschaft, gesellschaft*: ab gran c. dels Judeus PAS132 **compaigna(i)e**: ensembl' ot deu e la c. as angeles ALS 122b s. cumpainie *vgl. Gorm.* 362, 612, *Rol.*, *Karls Reise*, *Ben. Chr.*, *Mousket*

comptar s. conter; **compte** s. cons; **comuna** s. commun

***concluent** *prs. i. 3 pl. überführen*: s'il le c., ja li toldrunt la vie STEPH IVe *vgl. Cambr. Ps.* 30, 8 s. recluedrent

concreidre *inf. glauben schenken*: aczo nos voldret c. li rex EUL21 *vgl. Brand. ed. Suchier* 149, *Ben. Chr.* I 1554, II 18140

condemnets *part. prt. m. obl. pl. beschädigen*: super li piez ne pod ester qui toz los at il c. (*die hs. liest eher*: condemned) (: ester) LE166 *vgl. Dies anm.*

condignet *prt. i. 3 s. zugeben*: nel c. nuls de sos piers LE59

condurmi[r] *inf. einschlafen*: sobre son peiz fez c. sant Johan PAS107 **condormirent** *prt. i. 3 pl.*: si c. tuit ades 122

*[**cond**]**uire** *inf. führen*: c. lo posciones VAL v°33 **conducent** *prs. i. 3 pl.*: fors l'en c. en la cort PAS244

conëumes *s.* conuistrunt

***confession** *subst. f. obl. s. bekenntniss*: chi per hun(u)a c. vide pardones al ladrun PAS308 *vgl. Mousket.* 11811

***confirmet** *prt. i. 3 s. befestigen*: en veritad los c. PAS442 *s.* amferm *vgl. Cambr. Ps.*

***conforter** *inf. trösten, anrathen*: ta spuse c. ALS95d **confortent** *prs. i. 3 pl.*: cio c. ad ambes duos que s'ent raigent LE119 **conforted** *prt. i. 3 s.*: tam benlement los c. PAS180 **confortasses** *imp. c. 2 s.*: ta lasse medre si la [re]c. ALS90d *s.* des-, reconforter *vgl. Cambr. Ps., Mätzn. afr. lied.*

***congiet** *subst. m. obl. s. abschied, erlaubniss*: prement c. ALS120c **cumgiet**: et sens c. si s'en ralet LE84 *vgl. Gorm.* 572, *Rol., Karls Reise, Ben. Troie* 29517, *Mätzn. afr. lied., Guiot Bible, Flore et Bl. ed. Becker* 408

***conjaudit** *prt. i. 3 s. begrüssen*: Petdres lo vit ... sil c. PAS424 *s.* goie *vgl. Vie Greg.* 8, *Mätzn. afr. lied* 19, 37, *Bartsch Chr.*[4] 849, 9, conjoir *Froiss. Chr., Du C.-Henschel,* congeis *Gach.*

***conjuret** *prt. i. 3 s. beschwören*: si[l] c. per ipsum deu PAS178 *vgl. Durm.* 4502, 9505, 14374

conlauder *inf. preisen*: deu presdrent mult a c. (: tels) LE210

conreierent *prt. i. 3 pl. zurüsten, schmücken*: le saint cors c. ALS100c *vgl.* le cors de lui molt enorrerent et richement le conreerent *Vie Greg.* 97, 30, 83, *Gar. le Loh.* I, 138, *Rol., Karls Reise*

***cons** *subst. m. n. s. graf*: c. fut de Rome ALS4b **quens**: ne reis ne q. n'i poet faire entrarote 108d **compta** *obl. s.*: fille ad un c. de Rome 9b **compte**: un c. i oth, pres en l'estrit LE55

consegued *prt. i. 3 s. erreichen, treffen*: si c.[1]) u serv fellon PAS159 *vgl. Gorm.* 45, 580, 616, *Vie Greg.* 59, 65, *Mont S. Michel* 8234, *Gar. le Loh.* II, 58, *Aiol* 2905, *Renart* IV 678 *Mousket* 14314

conseillet *s.* coseler

***conselliers** *subst. m. obl. pl. rathgeber*: elle no'nt eskoltet les mals c. EUL5 **consilier** *n. s.*: tos c. ja non estrai LE92 *obl. s.*: de sanct L. c. fist 68 **conseilers** *n. s.*: sainte escriture c'"e ert ses c. (: ie) ALS52e *vgl. Gorm.* 417 *Karls Reise* 21 *Mousket* 473

***conseils** *subst. m. obl. pl. rath*: per mals c. van demandan PAS79 **conseil** *obl. s.*: il lo presdrent tuit a c. LE61 li requerent c. d'icele cose ALS61e c. lur an duinse[t] 62d, 66d de(l) ton(s) c. sumes tut busuinus 73e quil duystrunt beyn de dignitaz & de conseyl & de bontaz ALR85 quandius al suo consiel edrat LE69 **cosel** queret, nou vos posm doner SPO72

***consent** *prs. i. 3 s. bewilligen, zulassen*: qu'il nus c. l'onor ALS73c lui le (sc. la cartre) c. 75c **consentunt** *3 pl.*: nol c. fellun Judeu PAS222 **consentit** *prt. i. 3 s.*: lei c. et observat LE71

***conservat** *prs. i. 3 s. halten*: si Lodhuvigs sagrament ... c. EID II2

consireres *subst. f. obl. pl. kümmerniss?*: ad pur tei andurede e tantes fains e tantes c. (seis passedes†) ALS80c

consirrer *subst. m. obl. s. nachdenken, überlegung, entsagung*: turnent el c. (:é) ALS32a [sil] met el c. (: é) ALS49d *vgl. Mätzn. afr. lied. Trouv. Belges* II, 295, 296, *Berte* 1650 *Durm.* 2648, *Mousket* 2889, 5590, *Aiol*

conselament *subst. m. obl. s. trost*: l'anima n'aura c. LE174

***consulacium** *subst. f. n. s. trost*: icesta istorie est .. suverain c. a cas-

---

1) *Koschwitz hat:* consequed.

cun memorie spiritel ALS *einl.* 10 *vgl. Gach.*

***conten** *prs. i. 3 s. benehmen*: aysis c. en magesteyr cum trestot teyne ja l'empeyr ALR80 **contint** *prt. i. 3 s.*: nes(e) c. ledement ALS28e *vgl. Durm* 12596, *Mont S. Michel* 1748, *Chat. de Couci* 915, *Wace Br.* 12889, *Ben. Chr.* 14298, *Rol.* 8797, *Tristr.* II, 65 *Z.* 1384, *Guiot Bible*

***conter** *inf. berichten*: neûls on n'en seit c. lignaget HOH14 **contar**: vos ey pleneyrament del Alexandre mandament ALR25 tot nol vos poso eu ben **comptar** PAS447 *vgl. Rol.*, *Cambr. Ps.* 146, 4; 47, 13 *Jerusalem* 7402

***contra** *praep. gegen*: in nulla ajudha c. Ludhuwig nun lui ier EID II4 contrals afanz ... toz sos fidels ben en garnid PAS111 que c. omne non [at] vertud 376 c. nos eps pugnar devem 502 *s.* encontre

contrais *subst. m. n. s. lahmer*: ALS111a **cuntrat** *obl. pl.*: (as) c. & (au) ces a tot dona sante STEPH IId *vgl. Cambr. Ps.* 17, 46, *Vie Greg.* 109, *Karls Reise* 193, 288, *Tristr.* I *Z.* 3586, *Ben. Chr.*, *Guiot Bible*, *Mousket*, *Gach.*

(*)**contrastar** *inf. widerstand leisten*: no lor pod om vive c. (: podestad) PAS483 mes au barun ne porent **contrester** (: ér) STEPH Va *vgl. Cambr. Ps.* 16, 7, *Rol.* 2511, *Gach.*

***contredist** *prt. i. 3 s. verweichern*: la domnizelle celle kose non c. (: krist) EUL23 *vgl. Rol.*, *Durm.* 9149, *Aiol* 6161, *Mousk.* 12839, 16223, *Froiss. Chr.*

***contrethe** *subst. f. obl. s. gegend*: s'en fuit de la c. ALS15e ne sai le leu ne n'en sai la **contrede** 27c muiler des melz gentils de tuta la **cuntretha** 4e *vgl. Gorm.* 472, 491

(*)**controverent** *prt. i. 3 pl. vereinbaren*: cio c. baron franc LE52 *vgl.* cuntruvad (= *finxist*) *Cambr. Ps.* 93, 9, *Chardry S. D.* 185, *Lothr. Ps.*

***conuistrant** *fut. 3 pl. erkennen*: ALS42e **-uissum** *prs. i. 1 pl.* 72e **-uissent** *3 pl.* 41c **-ûmes** *prt. i. 1 pl.* 72e **-urent** *3 pl.* 28e **cognoguist** *2 s.* (: receubist) PAS67 **cunuissoie** *impf. 1 s.* ALS87e *s.* recognostre

convers 1) *subst. m. obl. s. leben*: ou ad escrit trestot le suen c. ALS70d† *vgl. Tristran* I, 59, *Parton.* II, 25, *Du C.-Henschel* 2) *part. prt. umkehren*: quet il se erent c. de via VAL v°25 *bekehren*: Jonas . cel populum habuit pretiet e c. 7

***converset** *prs. i. 3 s. verweilen*: i c. ALS17d iloc c. 55a suz le degret ou il gist e c. 53a en sainte eglise c. 52a quant li solleis c. en Leon HOH1 **-serent** *prt. i. 3 pl.*: puis c. ansemble longament ALS5a **-set** *part. prt.*: mult lungament ai a (od†) lui c. 69a qu'a tei ansemble (qu'a od tei†) n'oûsse c. 98d *vgl. Ben. Chr.* 3082, *Wace Br.* 1270, *Mont S. Michel* 1970, 3293, *Mousket* 24545, *Froiss. Chr.*, *Gach.*

***convertent** *prs. i. 3 pl. bekehren*: c. gent PAS487 *vgl. Rol.* 3674, *Cambr. Ps.* 77, 34, *Mätzn. afr. lied.* 38, 11

***corda** *subst. f. obl. s. saite, schnur*: li quars lo duyst c. toccar ... & in toz tons c. temprar ALR100, 102 de dobpla c. la vai firend PAS75 *vgl. Auc. et Nic.* 12, 14, cordele *Cambr. Ps.* 77, 55

***corocier** *inf. erzürnen*: ne volt li emfes sum pedre c. ALS11d **coruced** *prs. i. 3 s.*: ne s'en c. 53e, 54c *s.* correcious *vgl. Cambr. Ps.* 84, 5 *Durm.* 267, 426, 4223, 13923 *Auc. et Nic.* 14, 2 *Gach.* courroucier

***corona** *subst. f obl. s. krone*: c. prendent del(a)s espines PAS247 **corone(t)** *n. s.*: iluoc est ma c. HOH80 *vgl. Rol.*, *Karls Reise*, *Adam* 24, *Cambr. Ps.* 44, 9; 88, 40

***coronat** *part. prt. mit der tonsur versehen*: son queu que il a c. (: recimer) LE125 *vgl. Rol.* 1563, 2956 *Fantosme* 1900, *Guiot Bible* 924, *Cambr. Ps.* 141, 8

***corps** *subst. m. n. s. leib, person* (*mit poss. pronomen das personalpron. ersetzend*): o li sos c. (*sc. Christi*) jac des abanz PAS408 ditrai vos dels sans que li suos c. sustinc LE10 lo c. estera sobrels pies LE230, 234 *obl. s.*: bel auret c. EUL2 lo c. Jesu quel li dones PAS342 si en c. a grand torment LE173 del c. asaz l'avez audit 235 lo c. daval beys enforcad

ALE71 o vey franc cavalleyr son c. presente volunteyr 77 *n. pl.*: et mult c. sans en sun exit PAS325 **cors** *n. s.*: o c. (pus) non jag PAS352 tant an retint dunt ses c. puet guarir ALS20d ses c. est agravet 58d le (li†) c. an est an Rome 109c le liu ú sun saint c. herberget 114e *obl. s.*: sun c. dejeter 86b deseivret l'aneme del c. sain[t] Alexis 67b cantant en portent le c. saint Alexis 102b, 120c metent le c. enz en sarqueu 117c le saint c. conreierent 100c, 103c, 104c, 107d, 108c, 116b, 118b, 121e pur le ton c. 80d, 95b† penat sun c. 33b, 56a sun c. engraisser 51d sun c. an sustint 51b *obl. pl.*: metent lur c. en granz afflictiuns 72c **corp*** *obl. s.*: en c., los (en corps, ols†) ad e(t)spiritiels LE172

correcious *adj. m. n. s. zornig*: fut Jonas . mult c. VAL *v*°3 **corroptios**: fud c. LE189 *s.* corocier *vgl. Rol.* 2164, *Ben. Troie* 11885, *Aiol* 5146, *Romancero p.* 141

***corrept** *subst. m. obl. s. zorn*: ciel ira grand et ciel c. .... laissas[t] LE105 *vgl. Renart* 22510, *Tristr.* II, 104 *Z.* 138

***cors** 1) *s.* corps 2) *subst. m. obl. pl. herz*: enz [en] lor c. grand an enveie PAS78 **c(o)urs** *n. s.*: li c. li faut STEPH Xc **quors**: ne puis tant faire que mes q. s'en sazit ALS93c c"o(e)'st granz merveile que li mens q. tant duret 89e **cor** *obl. s.*: de son piu c. greu suspiret PAS51 cui una sopa enflet lo c. (: Escarioh) 100 chi traverset per lo son c. (: dols) 338 damede prie o ben c. docement STEPH Xd el **cor(ps)** exastra al tirant LE 191 **quor**: quant tut sun q. en ad si afermet ALS31a *s.* acurede

***cort** 1) *s.* curre 2) *subst. f. obl. s. hof*: fors l'en conducent en la c. (: fellun) PAS244 **curt**: a c. fust, sempre lui servist LE44 *vgl. Ben. Chr.* 12773

(*)**cortine** *subst. f. n. s. vorhang*: qui in templum dei c. pend PAS327 **curtines** *obl. pl.*: sas i fait pendre c. (e cinces†) deramedes AL29d *vgl. Ben. Chr.* 23990, 25833, *Mont S. Michel* 3692, *Aiol* 6331

coruoet *s.* corocier

***cose** *subst. f. n. s. sache*: niule c. non la pouret omque pleier EUL9 *obl. s.*: li requerent conseil d'icele c. (: ô) ALS61c iceste c. nus doüses nuncier 64c de nule c. nel sai blasmer 69b c"ose *n. s.*: altra c. est áurier la painture e altra cose est .. aprendre, quela c. seit ad aúrier *aliud est* ... *aliud, quid sit adorandum, addiscere* ALS *app.* 1 *obl. s.*: ampur la quele c. *unde* 4 la quele c. tu .. deüses antendra *quod magnopere tu adtendere debueras ib.* 5 **kose** *obl. s.*: la domnizele celle k. non contredist EUL23 **chose**: ne se volt desmentir por nule c. STEPH VIIb **cosa**: in cadhuna c. EID I, 4 **causa** *n. s.*: por cui tels c. vin de ciel LE208 **c"oses** *obl. pl.*: pöeies . purtenir les c. que *ea quod* ..., *obtinere poteras* ALS *app.* 10

cosel *s.* conselz

***coseler** *inf. rathen*: queret lo deu chi vos pot c. SPO73 **conseilet** *part. prt.*: suef l'apelet, si li ad c. (: ie) ALS68c *s.* desconseilet *vgl. Durm.* 821 *anm.*, *Chardry S. D* 474, conseillier *Frois*, *Chr. Guiot Bible*, *Mätzn. afr. lied.*, *Gach.*

(*)**costre** *subst. m. n. s. küster*: revint li c. al imagine el muster ALS36a *vgl.* 34d (M) *s.* custodes *vgl.* li costre i sonerent les sains *Parton.* 10766

***covent** *prs. i. 3 s. es geziemt*: no vos c. ester SPO70 **cuvenist** *imperf. c. 3 s.*: tei c. helme e brunie (a) porter, espede ceindra ALS83a *vgl. Rol.* 192, *Karls Reise* 71, 844, *Ben. Troie* 1938, *Trist.* II, 69 *Z.* 1482, *Durm.* 57, les portes covient aovrir (*st.* a ovrir) *Guiot Bible* 42, *Mätzn. afr. lied.*, *Auc. et Nic.*

covit *prt. i. 3 s. begehren*: il le amat, deu lo c. LE17

***creänce** *subst. f. n. s. glauben*: s'i ert c. ALS1c *vgl. Adam* 20, 54, *Guiot Bible*

***creäture** *subst. f. obl. s. geschöpf*: plus vos amai que nule c. (:) ALS97c *vgl. Auc. et Nic.* 10, 17; 16, 22 *Adam* 8, *Mätzn. afr. lied.*

crebantaran *fut. 3 pl. niederreissen*: il tot entorn t'arberjuran et a terra

c. PAS60 *s.* excrebantent *vgl.* craventer *Rol.*, *Ben. Chr.*, *Aiol*, *Mousket*, *Alixandre*, *Gach.*

***credre** *inf. glauben*: poble ben fist c. in deu LE186 **-dran** (**-dere**) nel pot antro quel vid LE188, 218 **-dreyȝ** *fut. 2 pl.*: mal en c. nec un de lour ALR30 **-dran** *3 pl.*: qui lui c., cil erent salv PAS455 **crêran**: qui nol c., sernn damnat 456 **creid** *prs. i. 1 s.*: se jo's an c. ALS41e **-eient** *3 pl.*: mais ne l'en c. 65b **-edent**: il li non c., que aia carn PAS438 **-eivent** *impf. i. 3 pl.*: emma tot cels qui c. en de STEPH IIb *s.* concreidre, encredulitet

***creisent** *prs. i. 3 pl. wachsen*: cum peis lor fai, il c. mais PAS498 *vgl. Cambr. Ps.*, *Gorm* 381, *Rol.* 980

creme(n)t *s.* criem

cresp *adj. m. obl. s. kraus*: saur ab lo peyl .. tot c. cum coma de leon ALR61 *vgl. Durm.* 11136, *Mätzn. afr. lied.* 25, 33, *Bartsch Chr.*[4] 380, 25, *Littré* crêpe

***crestiane** *adj. f. n. s. christlich*: la c. gent STEPH IXe **xpian** *m. obl. s.*: pro x. poblo .. salvament EID I, 1 **xpiien**: qued elle fuiet lo nom x. (: chielt) EUL14 *s.* cristiens

***crever** *inf. ausreissen*: lis ols del cap li fai c. (: cruëls) LE154 *vgl. Karls Reise* 504, *Guiot Bible* 706, *Auc. et Nic.* 22, 19, *Durm.*, *Mätzn. afr. lied.*

cridaisun *subst. f. obl. s. geschrei*: gran tan escarn, gran c. (:) PAS286 *vgl.* criais *Durm.* 7590

***criem** *prs. i. 1 s. fürchten*: mult c. que ne t'em perde ALS12e **creme(n)t** *2 pl.*: [n]o's neient ci per que c. (:) PAS403

***crier** *inf. schreien*, *rufen*: a halte voiz prist li pedra a c. (:) ALS79a **-ient** *prs. i. 3 pl.*: a une voiz c. la gent menude 107a **-ident**: tuit li fellon c. adun PAS182, 224, 228, 233, 239 *s.* escrided, recridet *vgl. Gorm.* 591

***crins** *subst. obl. pl. haar*: ses c. derumpre ALS86c *s.* chevels *vgl. Cambr. Ps.* 67, 22, *Mätzn. afr. lied.* 36, 26, *Bartsch Chr.*[4] 380, 24, *Karls Reise* 402

***cristiens** *subst. m. n. s. christ*: qu'il fut bons c. ALS68e *s.* crestiane *vgl. Gorm.* 33, 417

***cristientet** *subst. f. obl. s. christenthum*: nostra anceisur ourent c. (:) ALS3b bel num li metent sur la (sulonc†) c. (:) 6e *vgl. Karls Reise* 225, *Aiol* 5454

Crist *n.* PAS499 *voc.* 296 (: mercet) 301 *obl.* 28, 478 las virtuz C. 482 **Xpis** 404 **Xpt** STEPH VIId **Krist** (: contredist) EUL24 **Christus** *n. s.* = **Xps** *n. s.* EUL27 X. Jesus den[z] se(n) leved PAS117, 369, 488, 509 **Xpi** *gen.* de Jesu X. passiun 2, 207

***criz** *subst. m. obl. pl. ruf*, *schrei*: dunc escrided Jesus grans c. (: perveng) PAS314 jetet granz c. (:) ALS 88a **crit** *n. s.*: que valt cist c. ALS 101b *vgl. Gorm.* 422, 436, 584, *Rol.* 2064, *Auc. et Nic.* 6, 2; 8, 5

***croisent** *prs. i. 3 pl. knirschen*: c. les dent encuntre lo b. STEPH VIb *vgl. Gach.* croissir

***croix** *subst. f. obl. pl. kreuz*: et ob ses c. fors s'en exit LE146 **crox** *obl. s.*: delaz la c. estet PAS329 **crux**: Jesum in alta c. clauf(r)isdr[e]nt 226 l'an levad (*resp.* mes) sus en la c. 281, 285 pres sa c. 255 alcanz en c. fai [s]oslevar 491 sus en la c. li ten l'azet 318 **crot**: sus e la c. batut e claufiget SPO22

***crollet** *prt. i. 3 s. erbeben*: tan durament terra c. PAS322 c. la terra de toz laz ALR48, *vgl. Aiol.* 6198, *Durm.* 1545, *Gach.* croler

crucifige *imp. 2 s. kreuzigen*: PAS227

***cruëls** *adj. m. n. s. grausam*: li perfides tam fud c. (: crever) LE153 **-ëles** *f. obl. pl.*: que tu n'angendrasses scandale de c. curages *ne ferocibus animis scandalum generares* ALS *app.* 6, *vgl. Durm.*, *Brun. de la Mont.*, *Mousket*, *Mätzn. afr. lied.*

crux *s.* croix

***cubrir** *inf. decken*, *bedecken*: et l'altre doyst d'escud c. ALR94 **-rid** *prt. i. 3 s.*: trestot cest mund granz noiz c. (: meidi) PAS310 **-rirent** *3 pl.*: Lo[s] sos sans ols duncques c. (: presdrent) 185 **covert** *part. prt. m. n. s.*: les dras dunt il esteit c. ALS

70a *vgl. Cambr. Ps., Durm., Guiot Bible, Mätzn. afr. lied.*
cui *s.* qui, **cuileita** *s.* collit
cuintement *s.* cointe, **culpa** *s.* colpe
cum (cun ALS108b com EUL19, LE90 ALS100e STEPH IXd con HOH 29) *adv. auf welche weise, wie* 1) *interrogat.* a) *im hauptsatz:* c. aucidrai eu vostre rei? PAS229 c. fort pecet m'apresset! ALS12d c. dolerus message! 78c c. longa demure[d]e ai atendude! 94c c. bone peine, deus, e si (cum†) boen servise fist cel saint hom(o)! 123a c. oi fort aventure! 89a c. dolente puis estra! 96c c. felix [eil] ki par feit l'enorerent! 100e c. est mudede vostra bele figure! 97b c. esmes avoglez! 124a c. par fui avoglet! 79d, 87d c. t'ai perdut! 22a c. m'oüs enhadithe! 87c c. avilas tut tun gentil linage! 90b b) *im abh. satz:* li quinz d[oyst] terra misurar, c. ad de cel entro (b)·[n] mar ALR105 aurez, c. il edrat LE114 co ne sai jo, c. longes i converset ALS17d ne vus sai dirre, c. lur ledece est grande 122e ne vus sai dire, c. il sen firet lies 25e or n'estot dire ...., c. il s'en dolosarent 119b c᷉o lur dist, c. s'en fuït .. e c. il fut en Alsis .. e que (cum†) l'imagine deus fist pur lui parler e pur lonor ... s'en refuït 77a-e escrit la cartra .. c. s'en alat e c. il s'en revint 57e entr' es porpensent c. le porrunt danner STEPH Ve van demandan, nostre sennior c. tradissant (? tradiran) PAS80 de quant il querent le forsfait, c. (? per que†) il Jesum ocieissant (? aucidran†) PAS174 2) *relat.* n'iert tel, c. fut ALS1e n'en out si grant ledece, c. out 108b n'en volt turner tant, c. il ad a vivre 33e maisnede dolsaes guverner, c. fist tis pedre 83d tant biem oillet, con funt mi vestement HOH29 nuls hom vidist un rey tan ric chi ... tan duc nobli occisist, cum Alexander magnus fist ALR17 croisent les dent encuntre lo barun, c. fait li chiens encuntre lo larun STEPH VIc dunc lo gurpissen sei fedel, c. el desanç diz lor aveia PAS166 regnet pero, c. anz se feira 372 = enz e(n)l fou l[a] getterent, com arde tost EUL19 aysis conten en magesteyr, cum trestot teyne ja l'empeyr ALR81 si l'at destruite, c. dis l'ait host depredethe (c. hom l'eüst predethe†) ALS29c = c. peis lor fai, il creisent mais PAS 498 = *als:* del munument c. se retornent PAS422 c. il menaven tal raizon 431 c. aproismed sa passiuns 13 a la ciptad c. aproismet 49 c. el perveing a 17, 265 ad epsa nona c. perveng 313 al desen jorn ja c. perveng 474 c. co audid tota la gent 33 Pilas c. audid tals raisons 241 felo Judeu c. il cho vidren 77 lo fel Herodes c. lo vid 209 Jesus c. veg, los esveled 123 e dunc orar c. el anned 125 c. de Jesu l'anma 'n anet 321 al soe fidels c. repadred 129 Jesus c. vidra los Judeus 133 c. cela carn vidra murir 331 Judas c. veggra ad Jesum 145 et c. asez l'ont escarnid 253 c. l'an levad sus en la cruz 281 c. il l'an mes sus en la cruz 285 elles d'equi c. sunt tornades 413 c. cel asnez fu amenaz 21 c. le matins fud esclairez 201, 390 de soa carn c. deus fu naz 334 c. cho ag dit 69 c. la cena Jesus oc faita 90 Judas c. og manied la sopa 101 c. tu vendras, Crist, en ton ren 296 c. il l'audit, fu li'n amet LE42 reis Chielperics, c. il l'audit 85 et Evruïs c. il l'audit 187, 217 c. vit les meis, a lui ralat 90 c. il lo vid, fud corroptios 189 et c. il l'aut doit de ciel' art 25 c. fulc en aut grand adunat 131 c. si l'aut fait, mis l'en reclus 155, 159 et c. il l'aud tollut lo queu 229 antant dementres c. il iloec unt sis, deseivret l'aneme ALS67a c. veit le lit, esgardat la pulcela, dunc li remembret 12a c. il demandout *interroganti* ALS *app. überschr.* 3) *im verkürzten vergleichungssatz* que c. lo sa[n]gs a terra curr[en] PAS127 a la(r) mort vai c. uns anel 156 & c. la neus blanc vestimenz 396 tal a regard c. focs ardenz 395 sils enflamet c. fuge ardenz 470 tal regart fay c. leu qui (e)'st preys ALR59 la vint curant(e) c. femme forsenede ALS 85c saur ab lo peyl c. de peysson, tot cresp c. coma de leon ALR60, 61 dunc lo saludent c. senior PAS251

si l'adorent c. redemptor 416 l'ira fud grans c. de senior LE75 l'un uyl ab glauc c. de dracon & l'altre neyr c. de falcon ALR62, 63 (*vgl.* PAS168: liade(n)s mans cum [d]e ladron) = **si cum** *so wie*: si c. om ... dift ElD I,4 si c. prophetes anz mulz dis canted aveien PAS27 et si c. roors in cel es grans et si c. flamm'es clar arda[n]s LE203-4 pois fut apotres, si c. trovum lésant STEPH IXd, XIIc si c. desanz LE182, 184 = **cume** *so wie*: liade(n)s mans c. (? cum de† *vgl.* LE75 ALR62, 63) ladrun si l'ent menen a passiun PAS168 il la receut c. li altre frere ALS24d Il [s]'escondit c. cil (com li hom†) ki(l) nel set 65a tei cuvenist ... espede ceindra c. tui altre per 83b *vgl. Suchier Reimpr. s.* 69

(*)**cumand** *subst. m. obl. s. befehl, wille*: quar te(n) vas colcer avoc ta spuse al c. deu ALS11c as me, dist il, kil guard pur (par†) ton c. (:) 46d *vgl. Ben. Chr.* 8467, *Fantosme* 1367, 1430, *Durm.* 11888, 15893, *Mätzn. afr. lied.* 14, 4, *Parton.* 497, *Ger. de Viane* 3570, *Karls Reise, Rol.*

***cumandement** *subst. m. obl. s. befehl, wille*: e, reis celeste! par ton c. (:) amfant nus donc ALS5d par c. deu 18c, 59c *vgl. Cambr. Ps., Mätzn. afr. lied.* 33, 2, *Guiot Bible*

***cumandet** *prs. i. 3 s. befehlen, anbefehlen*: c'o li c.: apele l'ume ALS 34e pois li c. les renges de s'espethe 15b **commandent** *3 pl.*: c. li les vinnes a guarder HOH59 **-dat** *prt. 3 s.*: occidere lo c. LE220 luil **comandat** 20, 26, 175 a diable c. 128 sue spuse juvene **cumandat** al spus vif ALS *einl.* 7 l'ancienetiet ... c. les hystories estra depaint *depingi historias vetustas admisit* ALS *app.* 9 lo monument lor **comandet** PAS368 et per lo pan et per lo vin fort saccrament lor **commandeç** 94 **comandarum** *fut. 1 pl.*: aisex presen que vos c. SPO12 **cumandet** *part. prt. m. obl. s.*: parfitement se ad a deu c. ALS58c **comandethe** *f. obl. s.* 15c*

***cumencet** *prs. i. 3 s. beginnen*: ici c. amiable cancun ALS *einl.* 1 **comenciest** *impf. i. 2 pl.*: VAL v°28 *vgl. Gorm.* 432, *Rol., Karls Reise*

***cumpainie** *subst. f. n. s. zusammenleben*: lur c. fut bone & honorethe ALS121d *s.* compánnie *vgl. Rol., Auc. et Nic., Mätzn. afr. lied.* 16, 29, 21, 3

***cunquesist** *impf. c. 3 s. erobern*: nuls hom vidist un rey tan ric chi ... tanta terra c. ALR15 *vgl. Mouskei* 25418, *Thebes* 4461, *Durm.* 2969, *Karls Reise* 11, *Rol., Guiot Bible, Mätzn. afr. lied.*

cuntrat *s.* contraiz; **cuntretha** *s.* contrethe

(*)**curage** *subst. m. obl. s. sinn, gefühl*: mult oüs dur c. ALS90a **-ages** *obl. pl.*: que tu n'angendrasses scandale de cruëles c. *ne ferocibus animis scandalum generares* ALS *app.* 6 *vgl. Adam* 63, *Aiol* 1988, 2984, *Durm.* 220, 1972, 4297, *Mätzn. afr. lied., Guiot Bible, Gach.*

***cure** *subst. f. obl. s. sorge*: n'en aveies c. ALS82c, de cest aveir certes nus n'avum c. 107b *vgl. Mätzn. afr. lied.* 3, 8; 10, 21, *Guiot Bible* 1141, *Durm.* 829, *Auc. et Nic.* 18, 30; 38, 10, *Aiol* 169

***curre** *inf. laufen*: laisent c. par mer ALS16d, 39b **cort** *prs. i. 3 s.*: mels vay & c. de l'an primeyr que altre emfes del soyientreyr ALR74 **curr[en]** *3 pl.*: que cum lo sa[n]gs a terra c. de sa sudor las sanctas guttas PAS127 **curant(e)** *part. prs. f. n. s.*: la vint c. cum femme forsenede ALS85c *s.* acorent *vgl. Cambr. Ps., Gorm.* 303

curt *s.* cort **curtines** *s.* cortine

cuschement *adv. in geziemender, schöner weise*: a grand honor de ces pimenc l'aromatizen c. PAS350

(*)**custo(de)s** *subst. f. (?) n. pl. wächter*: En pas quel vidren les c. si s'espaurirent de pavor PAS398 *s.* costre *vgl. Ben. Chr.* II p. 346

***custure** *subst. f. obl. s. naht*: soe chamise chi sens c. fo faitice PAS268 *vgl. Ben. Troie* 13337

cuvenist *s.* covent **cuvert** *s.* cubrir

D.

Dalo *adv. von dort*: Petrus d. fors s'en aled PAS197

***dama** *subst. f. voc. s. herrin (so redet Alexis braut dessen mutter an)* ALS 30e *s. domnas*

damede *s.* danz

damz *subst. m. n. s. schaden, verlust*: il se fud morz d. i fud granz LE51 **damno** *obl. s.*: plaid .. qui .. cist meon fradre in d. sit EID I, 7 *s. Gorm.* 24

***damner** *inf. verderben*: entr'es porpensent, cum le porrunt d. STEPH Ve **damnassent** *imperf. c. 3 pl.*: mult voluntiers d. le barun VId **damnat** *part. prt. m. n. pl.*: qui nol cretran, seran d. PAS456

danz *subst. m. n. s. herr*: d. Alexis ALS10c, 13b, 17c, 20b, 25b, 32c, 39a, 49d *obl. s.*: 23d, 30b, 114c* d. Araham *n. s.* HOH67 d. Joseph 70 d. Abinmalec 71 **dam** *n. s.*: d. Azarias 77 d. Nazarias 83 d. Zacharias 86 *obl. s.*: sur d. Eufemien ALS64a **don** *obl. s.*: vers noetre d. son aproismad PAS 142 d. deu servier LE24 or' a perdud d. deu p[a]rlier 167 **dom**: d. sanct L. vai asalier LE140 hor' a p[e]rdud d. deu parlier 161 **damne**: sainta Marie ki portat d. deu ALS18e el d. deu servise 33b **dame** de prie STEPH Xd o non de **domne** de IIc **domine** *n. s.*: d. deus LE179, 237 *obl. s.*: d. deu devemps lauder LE1, 127 d. deu il les lucrat 214 *vgl. Rol.* 1367, 3806, *Karls Reise* 540, *Ger. de Viane* 419, *Gorm.* 327, 555, *Vie Greg.* 61, *Durm.* 1867, *Mousket* 21050, 25565, *Mont. S. Michel*, *Ben.* Chr., *Froiss.* Chr., *Gach.*

darez *fut. 2 pl. geben*: que m'en d. PAS83 *s.* duner

daval *adv. von unten, unterwärts*: lo corps d. beyn enforcad ALR71

***davan** *adv. vorn*: gran folcs aredre gran d. (:) PAS45 **davant**: d. l'ested le pontifex PAS177 mante(n)ls d. extendent assos pez 44 **devant** *hervor*: venent d. ALS72b *vgl. Gorm.* 19 **davant** *praep. vor*: d. Pilat l'en ant menet PAS202 d. Pilat trestuit en van 358 d. to paire 514 d. lo rei en fud laudiez LE41 cum el perveng a Golgota **davan** la porta de la ciptat PAS266 **devant**: ci d. tai estunt ALS 73a sil funt jeter d. la povre gent 106b *s.* dedavant *vgl. Gorm.* 56, *Guiot lied.* I, 25

David *personenname n. s.*: reiz D. HOH73 *obl. s.*: al [*sc.* tens] D. ALS2b **Davit**: canten...: fili D. fili D. PAS42

***de** 1) *s.* deus 2) *s.* dols 3) *praep. vor cons.* (**deg** cel enfern PAS387 **dell'** altra 345 **dessos** 52) **d'** *vor voc.* (**de** Hostedun LE48 **de** oleo SPO76 **de** els ALS37e* **de** halt 9a) = d'ist di in avant EID I, 2 de suo part II, 2 = qued auuisset de nos . mercit EUL 27 in figure de (*des versmasses halber wohl zu beseitigen*) colomb 25 = e sis penteiet de cel mel VAL v 25 liberi de cel peril 26 = Petrus d'alo fors s'en aled PAS197 le spiritus de lui anet 320 en pasche veng vertuz de cel 479 elles d'equi cum sunt tornades 413 del munument cum se retornent 422 l[i] angeles Deu de cel dessend 393 el sueleved del piu manier 91 semper leved del piu manier 103 Christus Jesus d'en[z] se(n) leved 117 de cui sep diables fors medre 420 Nicodemus dell'altra part mult unguement hi aportet 345 de(g) cel enfern toz nos livdret 387 de soa carn cum deus fu naz 334 nol pod nul om de madre naz 448 de cui Jesus vera carn presdre 330 de son piu cor greu suspiret 51 dessos sanz olz fort lagrimez 52 de totas part presdrent Jesum 154 de quant il querent le forsfait 173 de multes vises l'apeled 213 de laz la croz estet Mariæ 329 de lor mantelz ben l'ant parad 22 de purpure donc lo vestirent 245 de lor mantelz de lor vestit bon li aprestunt o ss'assis 23 de pan et vin .. sos fidels i saciet 97 de ces pimenc l'aromatizen 349 de dobpla cordalz vai firend 75 alquanz d'espades degollar 492 de sa raison si l'esfr[ed]ed 191 quaisses morz a terra vengren de gran pavor 400 si s'espauriren de pavor 398 de Jesu Christi passion am se paierent 207 Hora vos dic vera raizun de Jesu Christi passiun 2 e dels feluns qu'eu vos dis ans 277 de Crist non sabent mot parlar 478 de regnum deu semper parlet 452 de lui long temps mult a audit 211 canted aveien de Jesu Crist 28 que de sa mort posches neger 238 de met membres per ta mercet 295 de nos aies vera mercet 306 mercet aias de pechedors 510 que de nos aiet pieted 200 davan la porta de la ciptad 266 alquant dels palmes prendent ram[e]s, dels olivers al(a)quant las branches 37, 38 de sa sudor las sanctas gutas 128 ja fos la cha[r]s de lui aucise 371 cum de Jesu l'anma'n anet 321 corona prendent de l(a)s espines 247 ab gran compannie dels Judeus 182 uns dels ladruns 287 uns del[s] felluns 317 dels sos dos enveied 19 alcun(s) d'els 461 alques vos ai d(e)it de raizon 445 = de cel vindre LE202 por cui tels causa vin de ciel 208 ciel ne fud nez de medre 137 de lor pechietz .. il los absols 225 fud de bona fiet 58 de Chielperig feïssent rei 54 de sanct L. consilier fist 68 et cum il l'aut doit de ciel' art 25 qu'il lo doist bien de ciel savier 23 cantomps del[s] sans 3, 6 didrai vos dels honors 7, 9 del corps asaz l'avez audit et dels flaiels 235, 236 tuit li omne de ciel pais 211 Didun l'ebisque de Peitieus 19 de sanct Maxenz abbas divint 30 de Hostedun evesque en fist 48 lis ols del cap li fai crever 154 l'ira fud granz cum de senior 75 ne fud nuls om del son juvent 31 nel condignet nuls de sos piers 59 por quant il pot, tan fai de miel 185 = cum ad de cel entro(b)e[n] mar ALR105 crollet la terra de toz laz 48 no degnet d'estor fugir 42 el dreyt del tort a discernir 99 fud de ling d'enperatour 31 Alexander qui fud de Grecia natiz 18 de la figura en aviron beyn resemplet fil de baron 64, 65 contar vos ey . del Alexandre mandament 26 magestres ab de .. totas arz beyn enseynaz 83 l'uns l'enseyned .. de grec sermon et de latin 89 quil duystrunt beyn de dignitas et de conseyl et de bontaz de sapientia et d'onestaz, de fayr estorn 84-7 rey furent .. de pecunia manent 20 et l'altre[l] doyst d'escud cubrir et de sa' espaa grant ferir et de sa lanci' en loyn jausir 94-6 al rey d'Epir 41 filz d'encantatour 28 nec un de lour 30 pors de mar 36 de son libre mot lo clas 2 saur ab lo peyl cum de peysson, tot cresp cum coma de leon, l'un uyl ab glauc cum de dracon & l'altre neyr cum de falcon 60-3 mays ab virtud de dies treys que altre emfes de quatre meys 56-7 mels vay et cort de l'an primeyr que altre emfes del [seyteneyr] 74-5 del temps novel ne del antic nuls hom vidist un rey tan ric 11-2 mais son i ab un plus valent de chest 24 = de la virgine en Betleem fo net SPO17 queret lo deu chi vos pot coseler 73 alet en achapter deus merchaans 68 de oleo fasen socors a vos 76 de nostr' oli queret nos a doner 66 deu (el ?) monumen de so (sas ?) entrepauset (l'ont reposet ?) 23 = d'iloc (dunc s'en†) alat ALS 18a del herberc li vint 51a en eissit (eist fors†) de la cambre 15d istrad de la citied 34b eist de la nef 43a s'en fuit de la contrethe (*resp.* ciptet) 15e, 38d de quel terre il eret 48e de tutes parz l'unt si avirunet 115d atendeie de te 96d deseivret l'aneme del cors 67b de lui ne desevrassent 117e de quels parens il eret 76d de lur oilz .. plurer 49b de lur tresor(s) prenent l'or 106a e d'icel bien .. quer [n']aun perneies? 84c de tus mals nos tolget 101e, 125b de sain batesma .. regenerer 6d nus raens[t] de sun sanc 14b or est s'aname de glorie replenithe 128c iluec paist l'um del relef 50b d'or e de gemmes fut li sarqueus parez 118a d'icest honur ne[m] revoil ancumbrer 38c, 40e de noz pechez sumes si ancumbrez 124c sus le degret ou se geüd de lung' amfermetet 98b del duel s'asist 30a del deu servise se volt mult esforcer 52d se purpenset del secle 8c li remembret de sun seinor 12b s'en redutet de ses parenz 40d an lodeth deu .. d'ices sons sers 25c de nule cose nel sai blasmer 69b plainums ... de tun seinur 31e d'un son filz voil parler 3e dire del pedra 119ab de cui l'imagine dist 35e sum filz . del quel nus avum oït lire e canter *einl.* 3 so fut emfes de deu methime amet e de pere e de mere . . . nurrit 5 que tu n'angendrasses scandale de cruëles curages *ne ferocibus animis scandalum generares* AL8 *app.* 6 de deu servir ne cesset AL317e recesset del parler 58e deu del ciel 11c, 25e regnes del ciel 36d es goies del ciel *einl.* 12 de tut cest mund sumes [guevern]edor 73d de Rome esteit pape 75c si fut un sire de Rome 3c cons fut de Rome 4b, 9b seinurs de Rome 93a tota la gent de Rome 103a, 115a li poples de Rome 118d paleis de Rome 81c des melz gentils de tuta la cuntretha 4e nul parent d'icesta terre 41e filie d' (?ad†) un noble franc 8e del sain[t] home le vis 70b grant masse de ses humes 43d le num .. del pedre 76ce le doi del pedra 94a le clamor de sun filz 45a la vie de sum filz *einl.* 2 les penses des nient savans *app.* 8 es hennurables lius des sains 9 la culpa del deperdethur 11 honur del secle AL340e de la celeste (*sc.* vide) li mostret veritet 13d relef de la tabla 50b renges de s'espethe 15b terme de lur a[sembl]ement 10a de la dolur que .., grant fut la [noise] 85a le historie de la painture *app.* 1 de noz aveirs feruns [granz] departîes 105e de la viande .. tant an retint 51a a[d]un des porz 40a nefils d'els 65e cons fut de Rome des melz ki dunc i ere[n]t 4b prist muiler des melz(plus†) gentils 4e prent .. de se[s] meilurs serganz 23a conseil d'icele cose 61c, conseil lur an duins[t] d'icel saint hume 62e, 66e ledece ... d'icest saint cors 107d le doel de nostre ami 31d, 93b d(e)els ai[e]t mercit 37e, 88c, 102c, 120d de cest aveir .. n'avum cure 107b par l'amistet del su[v]erain pietet *einl.* 7 lei cumencet .. spiritel raisun d'iceol noble barun .. e de la vie de sum filz 1,2 cum il demandout raison des paintures *rationem de picturis interroganti app. überschrift* sarqueu de marbre 117c guise de turtrele 30d hom de grant nobilitet 3d pulcela de [mult] halt parentet 9a spus vif de veritet *einl.* 8 amistet d'ami 33c num de pastur *app.* 11 de(l) ton conseil sumes tut busuinus 73e plaine de marrement 28a amferm de nul amfermetet 112a pres est de deu 36d pres de Rome 40a dignes d'entrer 35c de ta dolenta medra! 80a de la tüe carn tendra 91a de ta juvente bela! 96a de tut an tut 10e, 58e escrit la cartra tute de sei medisme 57d = del quart ede pois i vint reis David HOH78, 84, 85 li miens amis il est de tel paraget 18 la virget fud de bon entendement 10 il ert .. de grant fei 69 n'ert de bel serviset 53 i''a muisz n'aurat clartez de mon ami 63 la salüet d'une saludz 92 toz tens florist li leuz de ma beltez 32 d'amor languis 51 il dist de mei 22 respon[dit] .., [de] son ami 12 suls om soüst de nostre amor 64 dolc''or de mel apeleid il mes levres 25 de l'une part 15 = si arrum l'escience de lui IIIe au barun ne porent contrester ne de ciencie ne de clergil mester Vb qu'il ait de nos merci XIIe cil de Libie IVabc li plus sav[i]e d'Asye IVd Saulus d[e] Adamassa IXc as piet d'un enfant IXa o non de demnede IIc g[r]ant torbe de gent Xa la locun de saint Estevre Ic fut plains de grant bonte IIa *s.* fors

deable *s.* diable

(*)**debatre** *inf. zerschlagen*: sum piz d. AL386b **debat** *prs. i. 3 s.*: e d. sa peitrine 87a *vgl. Renart* III, 21711, *Froiss Poës.* I, 151 *z.* 2173

***deces** *subst. m. obl. s. tod*: puis mun d. AL381d

declinant *s.* remanant

***decoller** *inf. köpfen*: que lui alessunt d. LE222 **degollar**: alquans d'espades d. PAS492 **decollat** *prt. i. 3 s.*: ab un inspieth lo (ab une 'spedel†) d. LE228 *vgl. Aiol.* 8013, *Durm.* 5764

dedavant *praep. vor*: d. lui tuit a genolz PAS249

***dedenz** *adv. hinein*: il ne la (*sc.* cartre) list ne il d. ne guardet AL375d *vgl. Durm.* 8181, *Auc. et Nic.* 16, 25, *Mätzn. afr. lied.* 41, 9, *Karls Reise, Gach.*

***deduit** *prs. i. 3 s. verbringen*: a grant poverte d. sun grant parage ALS50c iloc d. ledement sa poverte 53b *part. prt.*: a quel dolur d. as ta juventa 91b a tel dolur et a si grant poverte, filz, t'ies d. par aliènes terres 84b *vgl. Cambr. Ps.* 138, 11, *Mousket* 21708, 22186, *Gach*.

deent *s.* deveit

***defended** *prt. i. 3 s. vertheidigen*: nos d. ne nos s'usted PAS155

defors *adv. von aussen*: d. l'asist LE142 por ciel tiel miel quae d. vid 144 *vgl. Cambr. Ps., Karls Reise, Aiol* 4897, *Mousket* 6985, *Auc. et Nic.* 24, 72, *Mätzn. afr. lied.* 30, 12

degledidicent *prs. i. 3 pl. mit zungen reden*: d. pentecostem PAS 475b

***degnet** *prs. c. 3 s. wollen*: tuit oram, que por nos d. preier EUL26 *prt. i. 3 s.*: qui anc no d. d'estor fugir ALR42 **deyne** *prt i. 3 s.*: a fol omen .. no d. fayr regart semgleyr ALR79 **denat** *prt. i. 3 s.*: ad un respondre non d. (: el se tais) PAS216 *s.* condignet *vgl. Rol.* 1101, 1171, 1716, *Tristr.* II p. 122 *s.* 696, *Mätzn. afr. lied.* daigner

degollar *s.* decollar

***degret** *subst. m. obl. s. treppe*: sus tun d. ALS44c, 47a (:), 50a, 53a, 69e (:), 71d, 79c (:), 98a (:) *vgl. Karls Reise* 335, 846, *Tristr.* I p. 187 *s.* 3896, *Auc. et Nic.* 7, 7; 20, 27

deit, deivent *s.* deveit *u.* dire

***deïtat** *subst. f. obl. s. gottheit*: lo mels signa d. (: tostaz) PAS444 *vgl. Froiss. Poés.* III, 71 *z.* 612

dejeter *inf. vernichten*: sun cors d. (:) ALS86b *vgl Cambr. Ps.* degeter, *Rol.* 226, *Ben. Troie* 26017, *Fantosme* 471, *Bartsch Chr.*[4] 130, 9

dejus *adv. von unten*: entro li talia los pez d. (: sus) LE233

***delcad** *adj. m. obl. s. schmächtig*: lo bu subtil non trob d. (:) ALR70 *vgl. Parton.* 518, 4865, 10625, *Mätzn. afr. lied.* 36, 26, *Karls Reise, Froiss. Poés. u. Chr, Benoit Chr.* delgé, *Gach.* delié

delir *inf. zerstören*: que tost le volebat ... d. VAL v°23

***delitent** *prs. i. 3 pl. ergötzen*: e dignement sei d. es goies del ciel & es noces virginels ALS *einl.* 11 *vgl. Mousket* 6755, *Ben. Chr.* 3352, 12640, *Aiol* 2508, *Bartsch Chr.*[4] 400, 17, *Cambr. Ps., Froiss. Chr.*

(*)**delivre(s)** *adj. m. n. pl. frei*: s'il nus funt presse uncore* an ermes d. (: i.. e) ALS105e *vgl. Adam* p. 29, *Gilles de Chin.* 4349, *Aiol* 3492, *Froiss. Chr.* III 15, 40, *Du C.-Henschel*

dels *s.* els, li

demaiseler *s.* maiseler

***demander** *inf. fragen*: nel estot d. (:) ALS26c, 115c **demandes** *prs. i. 2 pl.*: so lor d. que querent PAS134 **demanded** *prt. i. 3 s.*: terce veç lor o d. (: envers) 139 **demanderent** *3 pl.*: (n)il ne[l] lur dist ne l[i] nel d. (:) ALS 48d **demandout** *imperf. i. 3 s.*: cum il d. raison *rationem interoganti app. überschrift* **demandan** *ger.*: per mals conselz van d., nostre sennior cum tradissant PAS79 *verlangen*: fortment lo vaat il acusand, lo soa mort mult **demandant** 204

(*)**demener** *inf. empfinden*: grant dol d. (:) ALS86a **-nat** *prt. i. 3 s.*: la dolur qu'en d. li pedra 85a **-net** *part. prt.*: co fut granz dols quet il unt d. (en **demenerent**†) 21d **-nede** *f. n. s.*: ne ja ledece n'ert an tei d. (:) 29b *vgl. Mätzn. afr. lied.* 6, 26, *Auc. et Nic.* 7, 10; 20, 14, *Cambr. Ps., Rol., Karls Reise*

dementer *inf. von sinnen kommen*: s'em prist a d. ALS26d *vgl. Chev. Ogier* 75, 482, *Rol.* 1404, 1587, 1795, 1836 *vgl. Vie Greg.* 25, 114, *Auc. et Nic.* 11, 10; 17, 3, *Aiol* 1790, 1801, *Gach.*

dementiers que *conj. während*: que tu n'angendrasses scandale ... d. q. tu esbraseras *ne dum .. succenderis .. scandalum generares* ALS *app.* 6 *vgl Parton.* 3375, *Cambr. Ps.* 26, 3; 60, 6; 67, 8, 15, dementresque *Ben. Chr., Chev. au lion* 1901, demantroes *Froiss. Poés.* I 175 *z.* 2996

dementres *s.* entantdementres

demonstrat *s.* demustrer

***demorer** *inf. verweilen*: ni loiamen aici a d. SPO71 **demoret** *prs. i. 3 s.*: ma fins tant d. ALS92e *vgl. Mousket* 8755, *Mätzn. afr. lied., Rol., Karls*

Reise, Cambr. Ps., Guiot Bible, Auc. et Nic.

demurere = demurede† *subst. f. v. s. warten*: cum longa d. l 94c *vgl. Ben. Chr.* 14325, *Durm.* 3927, *Parton.* 1806, *Aiol* 535, *Gach.*

***demustrer** *inf. zeigen, offenbaren, wissen lassen, glauben machen*: ne la (*sc.* cartre) volt d. ALS58a **-tret** (:é) *part. prt.*: miracles lur ad deus [de]-mustret (:) 112d **demonstrat** *prt. i. 3 s.*: a nuil omne nol d. (:) LE78 ciol d.; que si paias 110 ciol d., amix li fust 112 *vgl. Rol.* 514, 2581, *Karls Reise* 552, 578, *Ben. Chr.* 1432, 3496, 4401, *Mont S. Mich.* 2445, 2851, *Cambr. Ps.*

den = *darin, von da*: et sc. L. den fistdra bien LE121, 123 Jesus den[z] se(n) leved PAS117 *s.* dedenz *vgl. Guiot Bible* 1471, *Münchn. Brut* 3951

denat *s.* degnet

***deners** *subst. m. obl. pl. geldstück*: trenta d. dunc li(e)n promesdrent PAS85 *vgl. Auc. et Nic., Guiot Bible*

***dent** *subst. m. obl. pl. zahn*: croisent les d. encuntre lo barun STEPH VIb *s. Gautier's Gloss. zu Roland*

dentre *s.* dontre

***depaint** *part. prt. bildlich darstellen*: l'ancienetiet .. cumandat les hystories estra d. es honurables lius des sainz *in locis venerabilibus sanctorum depingi historias vetustas admisit* ALS app. 9 *vgl. Bartsch Chr.*[4] 345, 24

depar *praep. von seiten*: de cel vindre, fud d. deu LE202 *vgl. Guiot Bible* 1409, *Durm.* 1200 *etc.*

***depart** *prs. i. 3 s verschenken*: tut le d. ALS19b **departit** *part. prt.*: sun aver lur ad tot d. 20a *vgl. Gorm.* 227, *Mätzn. afr. lied.* 14, 39 *Cambr. Ps., Bartsch Chr.*[4] 96, 30, *Ben. Chr. u. Troie* 26173, *Froiss.* Chr. *u. Poés.* I 204 *z.* 3071, *Du* C.-*Henschel*

(*)**departies** *subst. f. obl. pl. schenkung*: de noz aveirs feruns largas (granz†) d. ALS105c *vgl. Antioche* VIII, 193

deperdethur *subst. m. obl. s. zerstörer*: que ... ani"oust la culpa del d. *ut culpa dispersoris incumberet* ALS app. 11

deperdre *inf. zerstreuen*: nient d. la cuileita fole, mais maïsmement asemblier *collectum gregem non disperdere set pocius congregare* ALS app. 10 *vgl. Cambr. Ps., Bartsch* Chr.[4] 55, 6, *Horn* 4478

deplainz *subst. m. obl. pl. wehklage*: e granz d. ALS21

(*)**depredethe** *part. prt. f. obl. s.*: si l'at destruite cum(dis) l'ait host d. (:) [cum s'hom l'oüst predede† ?] ALS29c

(*)**depreient** *prs i. 3 pl. anflehen*: si [li] d., que la citet ne fundet ALS 60c d. deu, que ... duins[t] 62d, 66d† **deprïent**: co li d., que lur ansein(e)t 63a c'o [de]**preiums** (deu) la sainte trinitet, qu'[od] deu ensemble poissum el ciel regner 110d *vgl. Gorm.* 653, *Aiol* 2168, *Durm.* 4570 *etc., Mont S. Michel* 3336, 3403, *Ben.* Chr., *Gach.*

***deputer** *inf. disputiren*: jôtum ensemble por d. o lu[i] STEPH IIId *subst. obl. s.*: au d. furunt cil de Libie IVa

dequi *s.* ici

(*)**deraisner** *inf. vertheidigen*: il fut bons clers, bien se sot d. (:) STEPH Vc

deramar *inf. zerreissen*: il no l' (*sc.* soe chamisse chi sens cuesturæ fo faitice) auseron d. (: gittad *part.*) PAS269 **-medes** *part. prt. f. obl. pl.*: sas i fait pendre, curtines (e cinces†) d. (:) ALS29d *vgl.* e tes riches guarnemenz as deramez *et scidisti vestimenta tua Q. L. des R.* IV, 22 *und* molt me derramen donzellet de jovent *prov. Boet.* 195 *vgl. auch Cambr. Ps.* 79, 16, *Parton.* 5123, *Littré* déramer

***dere(e)chief** *adv. von neuem*: nostre saignor d. a prïe STEPH XIb

(*)**derumpre** *inf. raufen*: ses crins d. ALS86c **-p(e)t** *prs. i. 3 s.*: d. sa blance barbe 78b *vgl. Rol.* 2930 **-pent** *3 pl. durchbrechen*: d. la presse 118e *vgl. Rol.* 1500, *Coron Looys* 126, *Durm.* 12557, *Cambr. Ps., Froiss.* Chr. VI, 141

des 1) *s.* doceiet, li 2) ? d. (si†) at li emfes sa tendra carn mudede ALS24a *3) *praep. seit*: jusque nona des lo meidi PAS309 *vgl. Guiot Bible* 381, 2325 **desque** *conj.*: d. carn pres, in terra fu 6

desabanz *adv. zuvor*: cui d. voliet mel PAS206 venez veder lo loc voiant o li sos corps jac d. 408 il d. sunt aserad 477

desanz *adv. zuvor*: si cum d. deu pres laudier LE182, 184 (:) cum el desanç diz lor avein PAS166

***desconfortet** *prs. i. 3 s. beängstigen*: icele cose ... mult les d. ALS61d *vgl. Cambr. Ps.* 78, 7, *Guiot Bible, Froiss. Poés.* I, 150 *z.* 2142

(*)**desconseilet** *part. prt. m. n. s. rathlos*: l[i] pople[s] ki ert d. ALS64d *vgl. Mousket* 8927, 10252, *Ben. Chr.* 8619, 11700, *Froiss. Chr., Durm* 4177

desevrerent *prt. i. 3 pl. sich trennen*: [e] l[i] pere e la medra e la pulcela unches ne d. (: é .. e) ALS121b **-vrassent** *impf. c. 3 pl.*: ja le lur voil de lui ne d. (: a .. e) 117e **deseivret** *prs. i. 3 s.*: d. l'aneme del cors 67b *vgl. Ben. Chr.* 3970, 5409, *Mousket* 1395, 7251, *Vie Greg.* 81, *Mätzn. afr. lied.* 16, 24, *Aiol* 3080, *Horn* 8353, *Karls Reise* 253, *Rol., Cambr. Ps.*

***desfacend** *ger. zerstören*: tot lor marched vai d. (: firend) PAS76 *vgl. Rol.* 49, 450, 934, *Mousket* 24455, *Mätzn. afr. lied., Du C.-Henschel*

***desirrables** *adj. m. n. s. sehnlich wünschend* (?): il d. icel sul filz angendrat ALS *einl.* 4 *vgl. Lothr. Ps.* 105, 24

***desirrer** *inf. wünschen*: d. a. murrir ALS88d **-irret** *prs. 3 s.*: m[es] pedre me d. (: i .. e) 42a **-iret**: la [gent] menude ki l'almosne d. (: i .. e) 105d **-irret** *part. prt.*: t'ai d. (:) 95a tant l'at d. (:) 104d tant l'unt d. (:) 115a *s.* consirrer *vgl. Rol.* 1643, *Auc. et Nic.* 39, 36, *Cambr. Ps., Mätzn. afr. lied.*

***desirruse** *adj. f. n. s. sehnsuchtsvoll*: ainz que t'[oü]sse, [si'n] fui mult d. (:) ALS92a *vgl. Guiot lied.* II, 13, 20, *Mätzn. afr. lied.* 30, 1

***desmentir** *inf. lügen strafen*: unques por els ne se volt d. (:) STEPH VIIa *vgl. Mätzn. afr. lied.* 8, 24, *Ben. Troie* 15229

***desoz** *praep. unter*: vil' es d. mont Oliver PAS18 **desoiz** ma languet est li laiz et les rees HOH26 *vgl. Rol.* 114, *Karls Reise*

***despeiret** *prs. i. 3 s. entstellen*: vint en la cambre ... si la d. (destruist A despoille PS), que n'i remest nïent ALS28b *s. G. Paris u. Toblers Anm. u. Rom.* VII, 120 *vgl. Froiss. Chr.* IV, 6, *Guiot Bible* 931

despeis *prt. i. 3 s. geringschätzig behandeln*: dunc lo d. e l'ecarnit PAS217 *vgl. Cambr. Ps., Mätzn. afr. lied., Du C.-Henschel*

***dessend** *prs. i. 3 s. herabsteigen*: l[i]ang(e)les deu de cel d. (:) PAS393 *vgl. Cambr. Ps.* 143, 5

destre *adj. f. obl. s. rechts*: la d. aurelia li excos PAS160 ad **dextris** deu Jesus [se] set 470 *vgl. Gorm.* 55, 225, *Karls Reise* 264, *Aiol* 1186, *Rol., Cambr. Ps.*

(*)**destreit** *subst. m. obl. s. noth ?, gewalt?*: a grand d. fors los gitez PAS72 *vgl. Trouv. Belges* II, 290, *Gach.*

***destruite** *part. prt. f. obl. s. entstellen*: si l'at d. ALS29c *s.* despeiret *vgl. Rol.* 835, *Guiot Bible* 838, 1083

desur *praep. über*: d. [la] terre nel pourent mais tenir ALS120a *vgl. Rol.* 1017, *Karls Reise*

desvez *part. prt. m. n. pl. von sinnen*: quer c'o veduns, que tuit s[u]mes d. ALS124b *vgl. Rol.* 2789, *Vie Greg.* 44 *s.* 2, *Ben. Chr.* 10454, *Mätzn. afr. lied.* 46, 15, *Horn, Du C.-Henschel* derver

detraire *inf. hin- und herziehen*: sun mort amfant d. et acoler ALS86d *vgl. Rol.* 2930, *Elie* 1642, *Parton.* 1228, 5755, *Ben. Chr. u. Troie* 11752, *Froiss. Chr., Cambr. Ps., Horn* 882, 3887

detras *adv. hinterher*: femnes lui van d. seguen PAS257 *vgl. Rol.* 584, *Karls Reise* 81, 586, *Ben. Troie* 1865, 2707, 16060, *Horn* 4614

***deus** = d̄s *n.* EID I, 2 pertot obred que verus d. (: carnals) PAS7, 199, 334, 369 LE29, 170, 207 (: ciel) 216, 237 (: cel), ALS2b, 3a, 16e, 20c, 34c, 56b, 74e, 77c, 91d, 104c, 112d, *voc.* PAS301 ALS12d, 41a, 46a, 123a = **deu** (d̄o EID I, 1, EUL 3, 6, 10 de STEPH IIb, XIIe) *obl.* EUL6 PAS46, 178 (: pontifex), LE70, 107, 136, 148 (: preier), 162, 168, 182, 186 (: preier), 202 (: claritet), 210, don deu 24 domine deu 1, 127 par deu lo glorios

SPO75, ALS5c, 10e, 15c, 17e, 25b, 35b, 36d, 44b, 50e, 54d, 58c, 60b, 62d, 66d, 84e, 99d, 107e, 108de, 110e, 121c, 122b, 123e, *einl.* 5, damne deu 18e deu la sainte trinitet 110d STEPH IIb (: é), XIIe demnede (:) IIc = *gen.* deu (dei PAS327, 486 de la, XIIa) pro d. amur EIDE I, 1 li d. inimi EUL3 lo d. menestier 10 lo d. fil PAS192 post que deus (= deu?) filz suspensus fure 312 als d. fidels 490 que part aiam ab (nos) d. fidels 504 cil d. mentiz LE11 tels om d. inimix 73 hor' a p[e]rdud dom (don) d. parlier 161, 167 le d. serf ALS70c del d. servise 52d el damne deu servise 33b par la d. grace 73b par d. merci 78e en te[m]-plum d. PAS70 in templum dei 327 fils d. 180 l[i] angeles d. 393 regnum d. 452, 486, 506 ad dextris d. 470 por amor d. ALS45c, 93a al cumand d. 11c par cumandement d. (:) 18c, 59c, l'ume d. 34e, (:), 35a, 69c(:) el paradis d. (:) 109d por amor de STEPH Ia li sen (= sainz) de XIIa *dat.* deu: il le amat, d. lo covit LE17 domine d. il les lucrat 214

devant *s.* davant

devastar *inf. verwüsten*: lo regne prest a d. (:) LE132 *vgl. Rol.* 2756, *Mont S. Michel* 1409, *Mousket* 22442, *Cambr. Ps.*, *Froiss. Chr.*, *Horn* 283, 2344, 3669

***devoit** *imperf. i. 3 s. sollen, müssen mit inf.* ALS16b **dei** *prs. i. 1 s.* PAS 278 **dist** (?) *3 s.* EID I, 5 **deit** ALS 56d, 74a **devem** *1 pl.* PAS502, 503 **devemps** LE1 **deent** *3 pl.* VAL v°27 **devent** PAS274 **deivent** ALS118b, *app.* 3 **dut** *prt. i. 3 s.* ALS59a **deut** *app.* 7 (*s. Gach.*) **doüses** *impf. c. 2 s.* 64c **deüsses** *app.* 5 **doüst** *3 s.* 84c **doüssum** *1 pl.* 124e

***deveng** *prt. i. 3 s. werden*: donc d. anatemaz LE124 **divint**: de sanct Maxenz abbas d. (:) 30 **devenguns** *part. prt.*: ne soth nuls om qu'es d. (:) 156 **devenut**: lasse que(d e)st d.! (:) ALS22b *s.* esdevint *vgl. Rol.* 2698, *Adam* 76, *Mätzn. afr. lied.*, *Guiot Bible*

devis *part. prt. m. n. s. getheilt*: lo sos regnaz non es d., en caritad tos es unis PAS275 *vgl. Ben. Troie* 26172, *Chr.* I, 1052, 686, II, 10516

dextris *s.* destre, **deyne** *s.* degnet

dezen *adj. m. obl. s. zehnte*: al d. jorn ja c. perveng PAS474

di *subst. m. obl. s. tag*: d'ist di inavant EID I, 2 a cel di PAS89 LE 15 al terz di PAS362, 389 en cel di (:) 218 en epe cel di 417 (:), 423 (:), LE80 (:) oi en cest di (:) PAS299 et noit et di (:) 305, LE195 (:) puis cel di ALS28e issid lo **dii** le poples PAS 40 **di** *n. pl.*: venrant li an, venrant li di (:), quez t'asaldran PAS57 **dis** *obl. pl.*: rex eret a cels dis EUL12 **ans** mulz dis (:) canted aveien PAS27 ans petiz dis, que cho fus fait 29 quatre dis 31 quaranta dis (:) 449 cio fud lonx dis que non cadit LE231 mays ab virtud de **dies** treys que altre emfes de quatro meys ALR56 *s.* meidi, oidi, quandius *vgl. Rol.* 2028, *Gorm.* 430, *Aiol* 5117, *Brun. de Mont.* 2338, *Adam* 37, 74, *Mousket* 19119, 26447, *Mont S. Mich.* 166, 1175, *Horn*, dies *Ben. Chr.* 19232, *Troie* 25660

***diable** *subst. m. obl. s. teufel*: PAS 102 LE128 **diaule** EUL4 **däable** STEPH IIIc **diables** *obl. pl.*: PAS 420, 460

Didun *personenname obl. s.*: D. l'ebisque de Peitieus LE19

***dignes** *adj. m. n. s. würdig*: il est d. d'entrer en paradis ALS35c **dignement** *adv.*: d. sei delitent ALS *einl.* 11 *vgl. Froiss. Poés.* II, 70 *s.* 2387, *Durm.* 468, 783, *Guiot Bible* 257, 416, *Mätzn. afr. lied.* 40, 23

***dignitaz** *subst. obl. pl. würde*: quil duystrunt beyn de d. (:) ALR84 *vgl. Durm.* 4967, 5501, *Mätzn. afr. lied.* 39, 26

***dire** *inf. sagen*: ALS25e, 33a (:), 68e, 119a, 123d (:) **dirre** 122e **diret** HOH19 **dir** (: i) ALR39 **didrai** *fut. 1 s.*: LE7 **ditrai** 9 **dirrat** *3 s.* ALS74d **dirum** SPO11 **diran** *3 pl.* PAS364 **dic** *prs. i. 1 s.*: PAS1 **di** ALS3e **dis** *2 s.* (:) PAS289 **dit** *3 s.* ALR1 STEPH VIIe **di** ALS31a* **dii** SPO26 **dicen** *3 pl.* PAS430 **dizen** 89 **dicunt** ALR27 **di** *imperat. 2 s.* PAS188 **dimes** *1 pl.* ALS125e **dis** *prt. i. 1 s.* PAS277 HOH6 **dist** *3 s.* VAL v°36, 37 LE43, 91, 160, 206, ALS11b, 12d, 22ac, 29a, 30c, 35ae(:), 36b, 38b, 41a, 46ad, 48d, 60a, 68d,

76cd, 77a, 78c; 87c, 94c, 99a, 101a HOH 22 **dis** PAS54, 137, 149, 230, 315(:), 361, 402(:), 406(:), 433 **distre[nt]** *3 pl.* VAL r°5 STEPH IIIb **dissés** *impf. c. 3 s.* PAS 179 **deït** (:i) STEPH VIIb **dit** *part. prt. neutr.* PAS69, 412 ALR10 ALS78a **diz** PAS166 **deit** PAS181, 445 — hora vos dic vera raizun PAS1 dels feluns qu'eu vos dis anz 277 alques vos ai deit de raizon 445 tot acomplit, qu[an]que vos dis 406 a toz diran, que revisquet 364 quel lor disse(t)s ... si vers Jesus fils deu est il 179 allol vetran, o dit lor ad 412 cum el desanç diz lor aveia 166 pax vobis ait, dis a trestoz 433 a las femnes dis 402 di nos .. chi t'o fedre 188 cum cho ag dit et percuidat 69 zo dis Jesus 137, 149, 230 el zo dis, que resurdra 361 ja dicen tuit, que vivs era 430 hebraïce fortment lo dis 315 tu eps l'as deit 181 mal i diz 289 gaite dis el 54 a cel di que dizen pasches 89 = cio li dist LE43, 91 torne s'als altres, si llor dist 206 primos didrai vos dels honors 7, 9 dist Ewruïns ...: Hor'a perdud 160 = et prist moylier dun vos sai dir, qual pot sub cel genzor jausir ALR39 dicunt alquant estrobatour, quel reys fud filz d'encantatour 27 per parabla non fu dit 10 dit Salomon ...: Est vanitatum vanitas 1 = aiso que vos dirum SPO11 la scriptura o dii 26 = lur dist altra summunse ALS60a le num lur dist 76c, pur c"ol vus di 3e (n)il ne[l] lur dist 48d c"o nus dirrat 74d, 76d, 77a ne vus sai dire, cum 25e, 122e c"o sai dire, qu'il fut 68e co dist li pedres 11b, 22ac, 31a, 35a, 101a co que dit ad la cartre 78a dimes pater noster 125e icel saint home de cui l'imagene dist 35e or n'estot dire del pedra e ..., cum il s'en doloserent 119a n'en fut nïent a dire 33a, 123d e deus, dist il 12d, 29a, 30c, 36b, 88b, 41a, 46ad, 68d, 78c, 87c, 94c, 99a = et jo lli dis: HOH6 il dist de mei, que jo eret molt bellet 22 blans est & roges plus que jo nel sai diret 19 = por nule chose que negunt li deït STEPH VIIb lor dit VIIe distrent ensenble: IIIb *s.* contredist

dis 1) *s.* di, dire *2) *sahlwort* 10: dis e seat ans ALS38a, 55a *vgl. Adam* 75, *Gorm.* 521, *Rol.*

***discernir** *inf. unterscheiden*: el dreyt del tort a d. (:) ALR99

***discreciun** *subst. f. obl. s. verstand*: se tu feïsses amvidie par d. *si selum discrecione condisses* ALS *app.* 10 *vgl. Ville-Hard.* 503, *Froiss. Poés.* I, 71 *s.* 622, II, 6 *z.* 159

discumbrement *subst. m. obl. s. freiheit*: par ic"o (*sc.* or et argent) quident aver d. ALS106c

***divine** *adj. f. obl. s. göttlich*: par le d. volentet ALS *einl.* 3 *vgl. Ville-Hard.* 502

divint *s.* deveng

***dobpla** *adj. f. obl. s. doppelt*: de d. cordalz vai firend PAS75 *vgl. Guiot Bible* 1272, *Vie Greg.* 3

***dobten** *prs. i. 3 pl. fürchten*: il non d. negun Judeu PAS480 *s.* dute, redutet *vgl. Rol.* 3580, *Karls Reise* 712, *Aiol* 733, *Wace Brut.* 6458, *Froiss. Poés.* III 32 *z.* 1072, *Tristan.*, *Guiot Bible*, *Mätzn. afr. lied.*

doceiet *imperf. i. 3 s. lehren*: e ne d. [l]or salut VAL v°4 **doist** *prt. i. 3 s.*: qu'il lo d. bien de ciel savier LE28 **doyst**: et l'altre[l] d. d'escud cubrir ALR94 **duyst**: li quarz lo d. corda toccar 100 li quinz des(?) terra misurar 104 **duystrunt** *3 pl.*: quil d. beyn de dignitaz ... de fayr estorn 84 **doit** *part. prt.*: et cum il l'aut d. de ciel art LE25 *vgl. Ben. Chr.* 12723, *Renart* 380, *Chastel. de Couci* 182, *Parton* 6833, 2499, 3188, 8660, *Ruteb.* II, 242, *Brun. de Mont.* 2527, *Richars li b.* 2416, *Gautier de Coincy* 350, 151; 558, 51, *Jean de Condé* 1, 902, *Bartsch Chr.*[4] 236. 5, *Froiss. Poés.* I, 162 *z.* 2545; 282 *s.* 2104, *Chr.* XI 110, 111; XIV 229; XV 156

doilet *s.* doliants

doist, **doit** *s.* doceiet

***dolce** *adj. f. obl. s. lieblich*: il li plantatz une vine molt **dolce(lt)** [: colpe(d)] HOH55 **dulcement** *adv.*: tan d. pres a parler PAS106 **dolcement** regreter HOH5, 8 **docement**: damede prïe o ben cor d. (:) STEPH Xd *vgl. Cambr. Ps.*, *Rol.*, *Guiot Bible*

***dolc"or** *subst. obl. s. süssigkeit*: d.

de mei HOH25 *vgl. Bartsch* Chr.[4] 93, 35, *Tristan* II 67 *s.* 1218, *Vie Greg.* 71, *Trouv. Belges* II 289, *Ben.* Chr.

***dolent** *adj. m. n. pl. betrübt*: tan d. furunt, por poi ne s'esragere[n]t STEPH VIIIb **dolente** *f. n. s.* ALS 27b, 87d, 89d, 90e, 91d (:), 96c *obl. s.* 94e de ta **dolenta** medra 80a **dolentas** *voc. pl.*: d. chaitivas SPO35, 40 *etc. vgl. Gorm.* 278, 334, 596, *Karls Reise* 735, 753, *Rol.*, *Mont S. Michel* 3113, *Froiss.* Chr.

***doleros** *adj. m. n. s. schmerzlich*: cum d. message! ALS78c **doleruse** *f. n. s.*: or te vei mort, tute en sui d. (: ó .. e) 92d *vgl. Rol.* 2722, 3408, *Karls Reise* 92, *Mätzn. afr. lied.* 7, 8, *Froiss. Poés.*

(*)**doliants** *part. prs. schmerz empfinden, betrübt sein*: es d. VALv°18 **dolreie** *cond. 1 s.*: e jo ne d. de tanta milia hominum 21 **douls** *prs. i. 2 s.*: tu d. mult 20 **doilet** *c. 3 s.*: chi chi se d. (cui qu'en seit dols†) ALS101c *vgl. Benoit* Chr., *Tristan*, *Cambr. Ps.*, *Froiss. Poés.* III 102 *z.* 24 *u.* Chr., *Bartsch* Chr.[4] 512

dolserent *prt. i. 3 pl. betrauern*: tuit le d. (:) ALS119d cum il s'en d. (le regreterent†) (:) 119b *vgl. Rol.* 2022, 2577, *Vie Greg.* 28, *Ben.* Chr., *Parton* 4224, 5388, *Chardry* P. P. 478, *Brun. de Mont.* 178, *Jean de Condé* XI, 88, *Froiss.* Chr.

***dols** *subst. m. n. s. trauer, schmerz*: granz fu li dols (: cor) PAS337, 121 co fut granz d., quet il unt demenet (en demenerent †) ALS21d, 85b*, 93d quels d. m'est (a)presentet 79b cist d. l'aurat. paracurede 80e, 101b do[us] (?): a icest mot li sen[s] d. fu feni STEPH XIIa (*s. Gorm.* 3) **dol** *obl. s.*: qual agre d. PAS332 d. en a grand 489 ott en gran d. LE63 sa grant honur ad (est†?) a grant d. (a)turnede ALS 29e sun grant d. demener 86a por ciel tiel **duol** LE65 plainums ansemble le **doel** de nostre ami ALS31d **duel** 93b grant d. mener 49a a grant d. met la sue carn 87b ma lunge atente a grant d. est venude 89c *vgl. Vie Greg.* 4, *Guiot Bible* 2118 *u. Lied* II, 34, *Gorm.* 451, 468 *Rol.*, *Auc. et Nic.*

***dolur** *subst. f. n. s. schmerz*: si grant d. or m'est apar[e]ude ALS82d, 97d *obl. s.* 32b, 111e (:) de la d. qu'en demenat 85a dunt tu as tel d. (:) 44d a tel d. 84a a quel d. 91b **dolurs** *obl. pl.*: tantes d. ad pur tei andurede[s] 80b *vgl. Trouv. Belges* II, 243 *s.* 1230, *Rol.*

dom 1) *s.* danz 2) *subst. m. obl. s. haus*: e sc. L. duis a son d. (: om) LE198 *vgl. Casseler Glossen* 92 *u. ält. prov. Gram.* 55[1], 16

***dominat** *prt. i. 3 s. regieren*: et son regnet ben d. (: observat) LE72

domnas *subst. f. voc. pl. frau*: d. gentils SPO70 **donna** *obl. s.*: Olimpias, d. gentil ALR44 *s.* dama

. **do(m)n(i)selle** *subst. f. n. s. jungfrau*: la d. celle kose non contredist EUL23 *vgl. Bartsch* Chr.[4] 335, 34, *Elie de S. Gile* 2336, *Vie Greg.* 71, *Horn* 408 *etc.*

don 1) *s.* danz *2) *subst. m. obl. s. gabe*: aital d. fais per ta mercet PAS 302 *vgl. Guiot Bible*, *Mätzn. afr. lied.*

donc, donches *s.* dunc, dunques

***doner** *inf. geben*: cosel queret, nou vos poem d. (:) SPO72 de nostr' oli queret nos a d. (:) 66 **duner**: la glorie qued il li volt d. (:) ALS59e **durai** *fut. 1 s.*: tut te d. 45d (*s.* darez) **dunat** *prs. i. 3 s.*: in quant deus savir .. me d. EID I, 2 **dunet**: un fils lur d. ALS6c d. sum prie 16c almosnes .. d. as povres 19d **doinent** *3 pl.*: D. (Noment†) lur (le†) terme 10a **donat** *prt. 3 s.*: VALv°12 a tot **dona** (?) sante STEPH IId **dunat**: prierrent ... que la muiler d. fecunditet ALS6b as plus povres le d. a mangier 51e† **donet**: argent ne aur non i d. mas que son sang PAS385 **doned**: al tradetur baisair d. 148 **duinst** *prs. c. 3 s.*: e c'o d. deus, qu'or en puisum g(r)arir 74e **duins[t]**: conseil lur an d. (: ó) 62d, 66d **dones** *impf. c. 3 s.*: lo corps Jesu quel li d. PAS342 **done** *imperat. 2 s.*: amfant nus d. ALS5e **dune** (lai†) li la c'artre 74c **donet** *part. prt. m.*: cest saint cors que deus nus ad d. (:) 101c **donad**: enter mirra et aloën quasi cent livras a d. PAS348 **dunethe** *f. obl. s.*: a lui medisme unt l'almosna d. ALS24c

denna *s.* domnas, **dent** *s.* qui

dontre (= **dentre**?) **que** *conj. so lange als*: miel li fesist, d. qu'el viu LE196 d(r)ontre nos lez, façam lo ben PAS507

***dormet** *imperat. 2 pl. schlafen*: gaire noi d. SPO14 **dormit** *part. prt.*: trop i avem d. 35, 40 *etc. s.* condurmir

dos *s.* dui, **doüst** *s.* deveit

***dracon** *subst. obl. s. drache*: l'un uyl ab glauc cum de d. (:) ALR62 *vgl. Wace Brut.* 7711

***dras** *subst. obl. pl. tuch, kleid*: les d. [s]uzlevet ALS70a as piet d'un enfant mistrent lor d. STEPH IXb *vgl. Vie Greg.* 84, 115, *Durm.* 980, 4536, 11854, *Aiol* 187, *Mont S. Michel* 914, *Guiot Bible* 1091, *Froiss. Poés.* I 11 *s.* 341; 94 *s.* 262

***drecent** *prs. i. 3 pl. aufrichten*: d. lur sigle ALS16d *vgl. Auc. et Nic.* 38, 20, *Froiss. Chr.* III, 204, *Gorm.* 81, 390, 661, *Rol.* 2829, 2884, *Karls Reise* 680, 832, *Durm.* 334, *Trouv. Belges* II, 229 *s.* 836

***dreit** 1) *adj. m. obl. s. richtig*: par sun d. num ALS43e par d. amvidie *recto zelo app.* 6 **dreite** *f. obl. s.*: la d. vide 124d 2) *adv. geradesweges*: d. a Lalice ALS17a, 38e d. ad Alsis 23c† d. a (andreit*) Tarson 39c tot d. (andreit*) a Rome 39e, 43a dunc le menat tot d. (andreit*) suz le degret 47a **dreitement**: vint errant d. a la mer 16a (*s. Auberi ed. Tobler* 116, 9) tut d. en vait en paradis 67c 3) *subst. m. obl. s.*: om per d. son fradra salvar dist EID I, 4 el mor a tort ... mais nos a d. PAS291 playt cabir el **dreyt** del tort a discernir ALR99

drontre *s.* dontre

***duc** *subst. m. obl. s. herzog*: chi ... tan d. nobli occisist ALR16 *vgl. Rol., Gorm.* 12, 621, *Guiot Bible*

***dui** *zahlwort m. n. pl. zwei*: vindrent d. (*sc.* serganz) errant ALS23c ci devant tei estunt d. pechethuor 73a li d. pedre 9d li d. sergant 24b cil d. seniur 113a **dos** *obl.*: avant dels sos d. enveied PAS19 entre cels d. pendent Jesum 283 d. a sos laz penden lasruns 282 **dues**: ab d. seniors LE8 cio confortent ad ambes d. 119 **dous**: lur d. amfanz ALS9e **duaes** *f. n. pl.*: empres lo vidren celles d. (: retornent) PAS421

(*)**duis** *prt. i. 3 s. führen*: et sc. L. d. a son dom LE198 **duistrent** (*aus* doistrent *gebessert*) [1]) *3 pl.*: al rei lo d. soi parent 14 *s.* adducere, conduire, doceiet *vgl. Rol.* 215, 772, *Karls Reise* 97, *Ben. Chr.* I 1762, *Froiss. Poés.* III 18 *s.* 568

dum *s.* qui

***dunc** 1) *adv. damals*: qua (?) el enfern d. asalit PAS373 **donc**: quant infans fud d. a ciels temps LE13, 32 qui d. regnevet a ciel di 15 quae d. deveng anatemas 124, 129 e d. orar cum el anned, si fort sudor dunques suded 125 2) *dann, da* a) *an der spitze eines einfachen satzes*: d. co dixit VAL v°3, 7, 14, 20 PAS217, 251, 351, 415, 426 LE190 ALS4d, 8e, 15d, 16a, 17c, 23a, 47a Jesus fortmen d. recridet PAS319 trenta deners d. li(e)'n promesdrent 85, 367 **donc**: d. s'adunovent 171 d. (*aus* **dune** *geändert*) lo gurpissen 165 de purpure d. lo vestirent 245 **doc**: d. pres L. a preïer LE185 chi **dunt** li vit ... demener ALS86a *s.* idunc, adunc b) *im nachsatz zu einem vordersatz mit* cum: PAS267, 314 et cum asez l'ont escarnid, d. li vestent son vestiment 254 ALS12b **donc** PAS243 *mit* quant: ALS8c, 10b*, 15b†, *mit* se: 105e† *vgl. Rom. Stud.* V, 443

duner *s.* doner

dunques *adv. damals*: Pilaz sas mans d. laved PAS237 e dunc orar cum el anned, si fort sudor d. suded 126 **dunoques**: lo[s] sos sans ols d. cubrirent 185 **donches**: sus en u mont d. montet 465 *vgl. Adam* 17, 65, *Durm.* 4619

---

1) *An ein merovingisches* o *ist hier ebensowenig wie bei* u 22 *zu denken, da der Zug kein einheitlicher, sondern* v *deutlich später erst nachgetragen, ausserdem auch* u *statt* o *allein zulässig ist.*

dunt *s.* dunc, qui; **dues** *s.* dui

***dur** *adj. m. n. s. rauh, heftig, hartherzig*: mult fust il d. ki n'estoüst plurer ALS86e, *obl. s.*: mult oüs d. curage 90a **durs** *obl. pl.*: als deu fidels fai d. anfans PAS490 **dures** *f. obl. pl.*: donc oct ab lui d. raizons LE190 or les (*sc.* noveles) vei si d. e si pesmes ALS96e **durement** *adv.*: d. s'en redutet 40c **durament**: tan d. terra crollet PAS322 *vgl. Rol.*, *Durm.* 8860 *anm.*, *Froiss. Chr.*

***durable** *adj. m. obl. s. dauerhaft*: bries est cist secles, plus d. atendeiz ALS110c *f. obl. s.*: la vithe est fraiale n'i ad d. honur 14d en cel altra (*sc.* siecle nus acat) la plus d. glorie 125d

durer *inf. ausdauern, stand halten*: la u jo suid, iverez n'i puet d. (:)HOH 31 **duret** *prs. i 3 s.*: c"o est granz merveile, que li mens quors tant d. (:) ALS89e *vgl. Rol.*, *Gorm.* 512, 430, 514, *Ben. Chr.* 7403, 12103, *Auc. et Nic.* 39, 19, *Guiot Bible*, *Mätzn. afr. lied.*, *Froiss. Poés.* I 326 *s.* 18

duretie *subst. f. obl. s. verstocktheit*: por quet il en cele d. et en cele encredulitet permessient VALv°36 *vgl. Cambr. Ps.* 30, 21; 59, 3

dutance *subst. f. obl. s. zweifel*: senz d. (:) ALS122a, *app.* 10 *vgl. Cambr. Ps. p.* 288, 2, *Rol.* 3613, *Guiot Bible* 281, 1775, *Mätzn. afr. lied.* 9, 31

***dute** *subst. obl. s. furcht*: remainent en grant d. (: ó . . e) ALS60e *s.* dobten *vgl. Ben. Chr.* 7162, *Guiot Bible* 111, 643, *Trist.* II 73 *z.* 1568, 90 *z.* 26, *Froiss. Poés.* doubte

E.

E 1) *s.* il, en, et 2) *interj. oh!* e, deus le set ALS91d e deus 12d, 41a, 46a e reis celeste 5d, 67e e filz 78c, 87c e chers amis 22d e gentils hom 96c e jo dolente 87d e de ta mere quer [n']aveies mercit! 88c e d'icel bien . . . quer [n]'am perneies! 84c *s.* a, o *vgl. Auc. et Nic.* 24, 76, *Karls Reise* 19, *Rol.* 1697, 1985

ebisque *s.* evesque

ebrey *subst. m. obl. s. hebräisch*: lettra fayr en pargamin & en e. & en ermin ALR91 *vgl. Guiot Bible* 2257

ecarnit *s.* escarnit, **eciencie** *s.* escience, **ecrierent** *s.* escrided

ede *subst. m. obl. s. zeitalter*: del quart e. HOH73, 84 del quint e. 85 *vgl. Rol.* 3170, *Ben. Chr.*, *Adam* 75, *Horn*

edre *subst. m. obl. s. epheu*: un e. sore sen cheve quet umbre li feaist VALv°11 cel e. 12, 14, 16 **eedre** *n. s.*: cilg e. fu seche 15 *s.* lierre *Littré*

(*)**edrers** *inf. subst. m. n. s. wandern, verfahren*: dreit a Lalice revint li sons e. (:) ALS38e **edrat** *prt. i. 3 s.*: quandius al suo consiel e. (:) LE59 aurez, cum ill e. por mala fid 114 **errant** *ger.*: dunc vint e. dreitement a la mer ALS16a jusque an Alsis en vindrent dui e. 23c, 43a† *vgl. Rol.* 167, *Karls Reise* 95, *Ben. Chr.* 14786, *Adam p.* 32

efern *s.* enfern; **eedre** *s.* edre

***eglise** *subst. f. obl. s. kirche*: aveit an Rome un' e. mult bele ALS114b en sainte e. converset volenters 52a **eglises** *obl. pl.*: nient ne parmaint aluiet ad áurier an e. *app.* 7

***egua** *subst. f. obl. s. wasser*: l'e. li getent, si moilent sun linc"ol ALS 54b *vgl.* eawes *Cambr. Ps.* C. *Abb.* 22, aigue *Durm.* 3214, aive 5938, eve 335, eave 2193

eguarede *s.* esguarethe; **eil** *s.* el

eisi *s.* issi

***eisit** *prt. i. 3 s. herausgehen*: dunc an (*sc.*: *aus dem schiff*) e. danz Alexis acertes ALS17c dunc en eissit (eist fors†) de la cambre 15d **issid**: i. lo dii le poples les PAS40 **escit**: si e. foers de la civitate VAL v°8 **exit**: et ob ses croix fors s'en exit LE146, porro'n e. 147 *part. prt. m. n. pl.*: mult corps sans en sun e. (: vedud) PAS325 **eist** *prs. i. 3 s.*: e. de la nef ALS43a **istrat** *fut. 3 s.*: ja sum voil n'i. de la citied 34b *s.* encontraxirent

eis *pron. m. obl. pl. selbst*: li suens senblanz nen entr'eis cent miliet HOH20 *s.* eps

el 1) *s.* els; en, il, lo 2) *adj. neutr. obl. s. anderes*: toth per enveia non per el (: miel) LE102 **eil**: e tut pur lui, unces nïent pur e. (: é) ALS49c *vgl. Rol.* 3397, *Ben. Troie* 1323, *Chr., Karls Reise* 396, *Parton* 6329, *Adam p.* 47 *z.* 7

ela, ele *s.* elle

(*)**element** *subst. m. obl. s. kraft*: ell' ent adunet lo suon e. (: empedementz) EUL15

elf *s.* il

***elle** *pron. pers. fem. n. s. sie*: e. no'nt escoltet EUL5, ell' ent adunet 15 e. colpes non auret 20 qu'e. deo raneiet 6, qued e. fuiet 14 qu'e. perdesse 17, ell' est nercidet HOH61 **ele**: dama, dist e. ALS30c e filz, dist e. 87c, **ela**: e. molt ben sab remembrar PAS 388 jal vedes e. si morir 335 cambra, dist e. ALS29a sire, dist e. 94c **elles** *n. pl.*: e. d'equi cum sunt tornades PAS413 *s.* il, lo

els *pron. pers. m. obl. pl.*: o"o peiset e. (lur† *vgl.* 5b) ALS116e que super e. metreiet VAL v2, 26 por e. 17, STEPH VIIa alcun(s) d'e. PAS461 neüls d'e. ALS65e, 37e, 102c, 120d (*vgl.* necun de lour ALR30) entr'e. 104a **elz**: ab e. PAS488, 427 ensembl' ab e. 451 spiritus sanctus sobr'e. chad 475a **el**: entre el (: aparegues) 489, ab el ensemble 428 pavor que sobl'el vengre 400 **os**: entr(e)os porpensent STEPH Ve le barun entr'os si lapiderent VIIIe *s.* il, lo

em *s.* en, hom

Emaus *ortsname obl. s.*: castel E. ab elz entret PAS427

(*)**emblar** *inf. stehlen*: e. l'auran li soi fidel PAS363 **embles** *part. prä.*: gardes i met, non sia e. (: mercet) 360 *vgl. Roi Guillaume p.* 65, 107, *Aiol* 906 *etc., Ben. Chr., Guiot Bible*

***emfes** *subst. m. n. s. kind*: non i fud nas e. anceys ALR55 e. de quatro meys 57, 75 puis vait li e. l'emperethur servir ALS7e [Si] at li e. sa tendra carn mudede 24a ne volt li e. sum pedre corocier 11d apres le naisance, co fut e. de deu methime amet *einl.* 5, **infans**: quant i. fud LE13 **enfant** *obl. s.*: as piet d'un e. (:) *secus pedes adolescentis* STEPH IXa **amfant**: n'ourent a. ALS5b a. nus done 5e mais n'aurat a. 8a (:), 9c san mort a. detraire & acoler 86d fait querre sun **amfans** (:) 23b **enfan** *n. pl.*: ensobretot petis e. osanna semper van clamant PAS47 li om primers el soi en(s)fant .. e li petit e li gran 377 **enfans** *obl. pl.*: los tos e. ... aucidrant 61 **amfans**: lur dous a. volent faire asembler ALS9e

emma *s.* amer

empedementz *subst. m. obl. pl. schwierigkeiten*: mels sostendreiet les e. (: element) EUL16

***emperere** *subst. m. n. s. kaiser*: sur tus ses pers l'amat li e. (:) ALS4c **emperador** *obl. s.*: dunc lo saludent cum senior et ad escarn e. PAS252 puis vait li emfes l'**emperethur** servir ALS7e ad **enperadur** servir ALR 43 fud de ling d'**enperatour** 31, *gen.*: non es amics l'**emperador** PAS 286 le gunfanun l'**emperedur** porter ALS33e **emperëor** *n. pl.*: li apostolie e li e. (:) 62a, 72a **emperëur** 66a (:) **amperedor**: par la deu grace vocet a. (:) 73b

***empeyr** *subst. m. obl. s. reich*: aysis conten en magesteyr cum trestot teyne ja l'e. ALR81 **empirie**: cil dui seniur ki l'e. guvernent ALS 113a **ampirie**: ki l'a. bailissent 105a *vgl. Cambr. Ps., Rol.* 3994

empres *adv. nachher*: e. lo vidren celles duæs PAS421 **enpres** *praep. nach*: e. icelaz & molt altres barunaz .. mei vult aveir HOH88 *vgl. Cambr. Ps.* 62, 9, *Ben. Chr.* 28508, 31038, *Wace Rou* II 1051, *Vie Greg.* 104, *Parton.* 426, *Guiot Bible* 2058, *Chastel. de Couci* 1803

empur *praep. um willen*: me fai un grabatum e. tun filz ALS44d & **enpur** tei m'en estele penet 81e **ampur**: a. la quele c"ose *unde app.* 4 e a. ic"o que *et quia* 9 **anpur** tei 82c *vgl. Oxforder Psalter* 1, 6 *etc., Phil. de Thaon., Cump.* 552, 2587 *etc.*

ensembla *s.* ensemble

***en** *praep.* **in** EIDE I 2, 3, 4, 5, 6, II 4 EUL25 PAS6, 61, 150, 226, 300, 327, 454, 516 LE3, 33, 36, 66, 80, 98, 111, 120, 158, 177, 179, 186, 203 **an** ALS10e, 13a, 14c, 18a, 23c, 29b, 30d, 42d, 44b, 58e, 59a, 60b, 63d, 72b, 94d, 95c, 99c, 109e, 114b, 116d, 117b, *app.* 3, 7 **am** bailide ALS107d (*vgl. dagegen* en Betleem SPO17 en pasche PAS479 en paradis 388 ALS 35c, 67c en pargamin ALR90 en magesteyr 80 en memorie ALS125a en moniment PAS31, in paradis 300) enn ested HOH16 e le evangelio VAL v°5, 36 sus e la crot SPO22 e flum Jorda 18 el monument PAS351 el num ALS18d, el consirrer 32a, 49d el damne deu servise 33b el muster 36a, 37a el ciel 82e, 110e, 122a el paradis 109d el cel STEPH VIIc e non IIc e ben cor Xd es bans ALS 66b es noces *einl.* 12 es honurables lius *app.* 9 (*vgl. dagegen* en l fou EUL19 en la cort PAS244 en la cruz 281, 285, 318 en la peddre 401 en la ciutat LE141 ALS59b en la cambra 11e, 18a, 28a en l'altra voiz 60a an la maisun 63d, 94d an la sameine 59a en las estras PAS 189) chi'(e)n PAS298 qui '(i)n 327 = d'ist di in (*aus* en *gebessert*) avant EIDE I, 2 in quant deus ... me dunat I, 2 in o quid il mi altresi fazet I, 5 salvarai .. meon fradre .. & in aiudha & in cadhuna cosa I, 3, 4 in damno sit I, 6 in nulla aiudha ... lui ier II, 4 = chi maent sus en ciel EUL 6 enz enl fou l[a] getterent 19 in figure (de) colomb volat a ciel 25 = legimus e le evangelio VALv°5 dist e le evangelio 36 en cele duretie et en cele encredulitet permessient 36 seietst unanimes in dei servicio et en tot 29 en ceste causa ore potestis videre 22, 7 = in terra fu PAS6 in te sunt 61 esmes oidi en cest ahanz 292 fors en las estras estet Petre 189 en huna fet, huna vertet .. devent ester 273 sus en la peddre l'angel set 401 en moniment jagud aveie 31 in templum dei cortine pend 327 en tos belz murs, en tas maisons pedras sub altre non laiserant 63 & en gradiliels fai toster 495 diable sen enz en sa gola 102 en Galilea avant en vai 411 en cel enfern non fos anaz 382 entro en cel en van las voz 234 cum tu vendras Crist en ton ren 296 ab me venras in paradis 300 montet en cel 469 sus en u mont donches montet 465 en templum deu semper intret 70 fors l'en conducent en la cort 244 alquanz en fog vivs trebucher 494 en paradis los arberget 388 lo pausen el monument 351 en son cab .. l'asisdrent 248 en sos chamsils l'envolopet 344 & en sa man un raus li mesdrent 246 cum il l'an mes sus en la cruz 285 cum l'an levad sus en la cruz 281 alcanz en cruz fai [s]oslevar 491 Jesum in alta cruz clauf[r]isdr[e]nt 226 sus en la cruz li ten l'azet 318 oi en cest di 299 en cel di 218 en eps cel di 417, 423 en pasche 479 en epsa mort semper fu pius 298 & nunc per tot in secula 516 per quem trades in to baisol 150 en tals raizon[s] s'lam mesprses 511 en veritad los confirmet 442 en caritad toz es unis 276 als Judeus vengra en rebost 82 toz babtizar in trinitad 454 = la lingua quae aut in queu LE158 en corp los (*sc.* ols) ad e(t)spiritiels 172 et si en corps a grant torment 173 et, si cum ro[de] in cel, es granz (*sc.* claritet) 203 in raizons bels oth sermons 35 perfectus fud in caritet 33 quandius in ciel monstier instud 111 et en Fescant in ciel monstier illo recludrent sc. L. 177 als altres sanz en vai en cel 238 s'ent ralgent in lor honors 120 s'en ralat en s'evesquet 122 si s'en intrat in un monstier 66 en u monstier me laisse intrer 95, 98 ne pot intrer en la ciutat 141 la jus en Castres l'en menat 176 mis l'en reclus 155 in eps cel di 80 deus in ciel fisiel i visitet L. 179 poble ben fist credre in deu 186 in su'amor cantomps 3 = reys est forz en terra naz ALR53 en tal forma fud naz lo reys 54 en pergamen nol vid escrit 9 l'uns l'enseyned ... lettra fayr en pargamin & en ebrey & en ermin 90, 91 & de sa lancj' en loyn jauzir 96 aysis conten en magesteyr 80 & en toz tons corda temprar *das alle tône dar inne gien* 102 = de la virgine en Betleem fo net SPO17e e flum Jorda lavet e luteët 18 venit en terra 16 en enfern ora seret meneias 90 sus e la crot batut e claufiget 22 = hume n'aurai an tute terre ALS 99c sainz Boneface ... aveit an Rome un' eglise 114b cest saint cors ..

avum an bailide 107d, 108c aiuns seignors cel saint home en memorie 125a an ices[t] secle nen at parfit' amor 14c unches en Rome nen out si grant ledece 108a est an Rome 60b, 109c il fut en Alsis 77b Alexis est el ciel 122a l'anema en est enz el paradis 109d en sainte eglise converset 52a ja t(e) portai en men ventre 91c sedent es bans 66b an la cambra furent .. remes 13a remainent en grant dute 60e ledece n'ert an tei (sc. cambre) demenede 29b an la maisun Eufemïen quereiz 63d quar me herberges pur deu an t[a] maison 44b, 94d quer [n]'am perneies en ta povre herberge 84d estra depaint es honurables lius des sainz app. 9 en Alsis .. sert sun seinur 32d el ciel regner 110e, 82e en cesta mortel vide 123b en icest siecle .. & en cel altra 125cd en sum puing tint 70c clers revestuz an albes & an capes 117b alat an Alsis 18a en vait en paradis 67c vint en la cambra 11e, 28a vint une voiz treis feiz en la citet 59b jusqu'an Alsis en vindrent 28c fait l'el muster venir 37a revint li costre al imagine el muster 36a s'en refuït en Rome la citet 77e entrat en une nef 39a entrer en paradis 35c aluiet ad áurier an eglises app. 7 metra an terre 116d, 118c metent le cors enz en sarqueu de marbre 117c ne[m] mete an lur bailïe 42d metent lur cors en granz afflictïuns 72c Alexis le met el consirrer 49d turnent el consirrer 32a jetent s(ei)' an ureisuns 72b an luinz gardet 95c an la sameine 59a regnet an trinitiet einl. 9 an icele (sc. painture) veient ... an icele lisent icels ki letres ne sevent app. 3 en l'altra voiz lur dist 60a en ipse verbe si'n dimes: pater noster 125e penat sun cors el damne deu servise 38b sei delitent es goies del ciel & es noces virginels einl. 12 une imagine .. qued angeles firent ... el num la virgine 18d vivrai an guise de turtrele 30d de tut an tut recesset del parler 58e de tut an tut ad a deu sun talent 10e = li solleiz converset en Leōn HOH1 en nostre terre(d) n'oset oi[sels] c'anter 37 la saltiet .. en Nazareh 93 est c'adeit en colpe(d) 56 en icel tens 2 solleiz enn ested 16 = deäble qui parole en lui STEPH IIIc se il en lui trovassent l'achisun VIe creíveut en de IIb fescit miracles o nom de demnede IIc damede prïe o ben cor docement Xd esgarde el cel VIIc

en adv. [enn er LE38 si'nn est HOH56 t'em perde ALS12e s'em prist 26d (t'en prist 88e, 104a) ne l'em puet 47e (s'en puet 45b, 74e, 110ab an ALS 9d, 17c, 20d, 25b, 27b, 41e, 46e, 51b, 62d, 66d, 76a, 103c, 104a, 105abe, 109c, 114c, am perneies 84d int EID II3,4 ent EUL 15 VAL v°38 PAS164 LE76, 120 no'nt EUL5 li '(e)n promesdrent PAS85 l'anma'n anet 321 es n'anez 118 l'anima'n aura LE174 porro'n exit 147 fu li'n amet 42 si'n fui ALS 92bc si'n dimes 125e ki'n alget 111d ki'n report 111e lui 'n remaint 20e, lui (e)'n remaint 51c l'en remest* 19c l'en est rien 49c l'en sourent . gret 6c] ersetzt gen. des pron. demonstr. und pers. = si io returnar non l'int pois EID II, 3 cui eo returnar int pois 4 = elle no'nt eskoltet les mals conselliers EUL5 ell'ent adunet lo suon element 15 = cels eleemosynas ent possumus facere que lui ent possumus placere VAL v°33 = Petrus d'alo fors s'en aled PAS197 laisarai l'en annar 232 anaz en es & non es ci 405 de Jesu l'anma'n anet 321 en Galilea avant en vai 411 Gehsesmani vil' es n'anez 118 [a]van orar sols en anez 120 davant Pilat trestuit en van 358 entro en cel en van las voz 234 Jesus den s'en leved 117 corps sanz en sun exit 325 li soi fidel en son tornat 473 davant Pilat l'en ant menet 202 menad en eren a tormenz 66 si l'ent menen a passïun 164 fors l'en conducent en la cort 244 Pilaz Erod l'en envïet 205 a grand honor el l'en portet 343 Pilaz .. l'en vol laisar 221 grans en avem agud errors, or en aurem pece maiors 365, 366 dol en a grand 489 fortment s'en aduned 115 lez semper en esdevint 210 ben en garnid 112 l'en (aus lo geändert) gurpissen 165 que m'en darez el vos tradra[i] 83 li '(e)n promesdrent 85 = als altres sans en vai en cel- LE 238 s'ent ralgent in lor honors 120, 122 si s'en rulet 84 fors s'en exit 146 porro 'n exit 147 si s'en intrat in un monstier 66 la jus en ca[r]tres l'en menat 176 et Ewruïns ott en gran dol 63 l'anima 'n awra consolament 174 oc s'ent pavor 76 mul[t] en fud trist 143 fu li'n amet 42 cui en calsist 164 laudaz enn er 38, 41 ventre nols en poth 64 cum fulc en aut grand adunat 131 et hanc en aut merci 183 tam ben en fist 21, 47, 67 de Hostedun evesque en fist 48 estre so gret en fisdren rei 62 hor en aurez las poenas granz quae il en fisdra 151, 152 pres en l'estrit 55 = mal en credreyz nec un de lour ALR 30 = alet en achapter SPO67 = cum s'en alat e cum il s'en revint ALS 57e vait s'en li pople 121a nul(s) n'en i at ki 'n alget malendus 111d il s'en deit aler *(= sterben)* 56d, 58b, 59a tut s'en va[i]t [decli]nant 2d dreitement en vait en paradis 67c quar t'en (te†) vas colcer 11b cantant l'en fait raler 112e a deu s'en ralerent 121c dunc an eisit 17c dunc en eissit (eist fors†) de la cambre 15d m'en fui 12e s'en fuït 77a s'en fuit de la contrethe 15e, 38d s'en refuït en Rome 77e il s'en seit turnet 18e, 69d ne s'en volt turner 104e n'en volt turner 33e, 98c* sempres s'en returnerent 24e, 64a s'en repairent a Rome 26a ne s'en volt esluiner 36e, 52e sun aver qu'od sei en ad portet 19a cantant en portent le cors 102b iloec an portent danz Alexis 114c cel n'enn i at ki 'n report sa dolur 111ed ensus s'en traient 116c ne s'en puet astenir 45b un en i out ki 46c n'en aveies cure 82c sempres n'en ait (n'aiet†) sanctet 112b unches en Rome n'en out si grant ledece 108a dolur qu'en demenat 85a conseil lur an duins[t] d'icel saint home 62d, 66d si l'en (li'n†) sourent bon(t) gret 6c nus an querreuns mecine 105b pur tue amur an soferai l'ahan 46e cil n'en rovent nïent 106d pi(e)tet ne t'en prist 88e ne l'en (li'n†) est rien 49c* cui li mesters an eret 76a si'n fui mult angussuse 92b tute en sui doleruse 92d dolente an sui remese 27b si'n fui lede 92c il s'en firet liez 25e jo l'en fereie franc 46b n'en fait musgode 51d sun quor en ad si afermet 34a tuz s'en alasserent 100b ne s'en corucet net il nes en apelet 53e tuit en unt lor voiz si atempredes 119c ne l'em puet hom blasmer 47e si s'en commourent 103a ne s'en corucet 54c, 53e ne l'en creient 65b se jos an creid 41e s'em prist a dementer 26d n'en fut nïent a dire 33a si'n dimes pater noster 125e il s'en dolouserent 119b tute en sui esguarethe 27d bien en fut guarnit 7d dans Alexis an lothet deu .. d'icez sons sers 25b [vers sun] seinur ne s'en volt mesaler 47d puis mun deces en fusses enoret 81d, 109b ansemble an vunt li dui pedre parler 9d entr'els an prennent cil seinor a parler 104a peiset lur en forment 5b m'en esteie penet 81e criem que ne t'em perde 12e d'icel bien quer [n']am perneies? 84d bien s'en pot recorder 110a durement s'en redutet de ses parens 40c [nïent] ne l[i]'(e)n remest 19e se lui 'n remaint 20e, 51c cil an respondent 105a tant an retint 20d de la vïande ... tant an retint 51b par penitence s'en pot tres bien salver 110b ne sai le leu ne n'en (?) sai la contrede 27c tant faire que mes quors s'en sazit 98c s[ire] en doüsses estre 84e dunt sun cors an sustint 51b pur honurs ki l'en (li'n†) fussent tramise 38d un en i out 46c le cors in est an Rome 109c e l'anema en est ens el paradis 109d [d]unc(ore) an ermes delivres 105e or en puisum g[u]arir 74e an Alsis en vindrent dui errant 23c parmi les rües an venent si granz turbes 103c n'en (net†) conoümes 72e = si'nn est c'adeit en colped HOH5 en fud premierz messaget 67

enavant *adv. in zukunft*: mais e. vos cio aurez LE113 d'ist di e. *(in inavant geändert)* EID I, 2 dunc se purpenset del secle [ad]anavant (:)

ALS8c; *voran*: vunt **enavant** 113e *s.* adenavant

enaveyron *adv. im umkreis*: chel ten Gretia . . els porz de mar e. (:) ALR36 **enaviron**: de la figura e. (:) 64 *s.* evirum

***enca** *subst. f. obl. s. tinte*: quer mei bel frere & e. e parcamin ALS 57a *vgl. Riote du monde p.* 18 *f.*, *Trist.* I *s.* 2395

encalceran *fut. 3 pl. verfolgen*: diables e. PAS460 *vgl. Rol.*, *Gorm.*, *Froiss. Chr. etc.*

***encantateur** *subst. m. obl. s. zauberer*: quel reys fud filz d'e. ALR28 *vgl.* del enchanteör les enchantemenz cuintes *Cambr. Psalt.* 57,5, *Rol.* 1391, *Karls Reise* 733, 756

encontraxirent *prt. 3 pl. entgegengehen*: a grand honor e. PAS36 *s.* eisit

***encontre** *praep. gegen*: e. lui s'esdrecerent trestuit STEPH IIIa **encontral** rei ... issid lo dii le poples PAS39 **incontra** deu ben si garda LE70 **encuntre**: fayr . . . agayt e. son vicin ALR93 croisent les dent e. lo barun, cum fait li chiens e. lo larun STEPH VIbc *vgl. Cambr. Ps.*, *Rol.*, *Froiss. Chr. etc.*

***encontradas** *part. prt. f. obl. pl. begegnen*: Jesus las a senpr'e. PAS 414 **ancuntret** *prs. i. 3 s.*: sun pedre i a. (ó . . e) ALS43c *vgl. Rol.*, *Karls Reise* 257, *Aiol* 1747, *Parton.* 6895, *Gach.*

***encor** *adv. noch*: jo l'ai molt quis e. nel pois trovert HOH40 **enquor**: cist dols l'aurat e. (enquoi†) paracurede ALS80e ne[t] coneümes ne(t n)'**ncor**(e) net conuissum 72e *vgl. Durm.*, *Auc. et Nic.*, *Mätzn. afr. lied.*

***encredulitet** *subst. f. obl. s. unglaube*: en cele e. permessient VAL v°36

encumbrent *prs. c. 3 pl. belasten, schädigen*: s'en redutet de ses parenz, qued il ... del honur del secle nel e. (:) ALS40e **ancumbrer** *inf.*: d'icest honur n[em] revoil a. (:) 38c, 77d **ancumbret** *part. prt. m. n. s.*: pur nul aver ne volt estra a. (:) 19e **ancumbrez** *n. pl.*: de noz pechez sumes si a. (:) 124c *vgl. Rol.* 15, *Parton.* 8671, 8944, *Aiol*, *Guiot Bible*, *Durm.*, *Froiss. Chr.*

encusat *prt. i. 3 s. anschuldigen*: quil e. ab Chielpering LE74 *vgl. Ben. Chr.* 13687, *Elie* 1617, *Horn*, *Mätzn. afr. lied.* 22,27, *Bartsch Chr.*[4] 99, 27 *s.* acusent

***enemis** *subst. m. n. s. feind, teufel*: ALS32e deu **inimix** (: Chielpering) LE73 **inimi** *n. pl.*: li deo i. (: servir) EUL3 toi **inimic** (: di) PAS58 *vgl. Cambr. Ps.*, *Rol.*, *Ben. Troie etc.*

enfant *s.* emfes

***enfirmitas** *subst. f. n. s. krankheit*: (: as) ALR5 **anfermetet**: mult li angreget la sue a. ALS56c **amfermetet** *obl. s.*: ou as geüd de lung' a. 98b amferm[s] de nul' a. 112a *vgl. Cambr. Ps.*

***enfern** *subst. m. obl. s. hölle*: e. dunc asalit PAS373 en cel e. non fos anaz 382 de(g) cel e. toz nos livdret 387 en **efern** ora seret meneias SPO90 *vgl. Cambr. Ps.*

***enflamet** *prt. i. 3 s. anzünden*: sils e. cum fuge ardenz PAS476 *vgl. Froiss. Chr.*, *Brun. de Mont.*

***enflet** *prt. i. 3 s. aufblähen*: cui una sopa e. lo cor PAS100 *vgl. Elie* 109, *Durm.* 4487, *Guiot Bible* 1285, *Ben. Troie* 15483 (*Bartsch Chr.*[4] 146, 23)

***enfodir** *inf. begraben*: voilent o non, sil laissent e. ALS120b *vgl. Rol.* 1750, 2942, *Ben. Chr.* I *p.* 37 *s.* 958

enforcat *part. prt. eingegabelt*: lo corps d'aval [*sc.* ab] beyn e. ALR71 *vgl. Beuves de Com.* 1087 (*Cond. hs. Kings libr.* 20 *D.* XI)

***engraisser** *inf. mästen*: n'en fait musgode pur sun cors e.! ALS51d *vgl. Froiss. Chr.* XIV, 266, *Bartsch Chr.*[4] 286, 11, *Gach.* encrassier

enhadithe *part. prt. f. obl. s. hassen*: o filz . . cum m'oüs e. ALS87c *vgl. Auberi ed. Tobl. gloss.*, *Mätzn. afr. lied.* 3, 30, *Mousket* 12343, *Froiss. Chr.* V 257, VII 254, *Fantosme* 1902

enme *praep. inmitten von*: la terre qu'est e. Celicle STEPH IVc **enmet**: Jesus estet e. trestoz PAS432 *vgl. Rol.* 986, *Froiss. Chr.* II, 74, *Gach.*

ennor *s.* onor, **enorerent** *s.* onorer

enortet *prs. i. 3 s. ermahnen*: il li e. dont lei nonque chielt EUL

13 *vgl. Mousket* 12693, *Froiss. Chr.* II, 24; III, 5; V, 356, *Gach.*

enpas que *conj. sobald als*: e. quel vidren les custodes, si s'espauriren PAS397 en pas che veng vertuz de cel, il non dobten 479 *vgl.* en es le pas *Ben. Troie* 1943, *Trist.* II *p.* 125 *z.* 751, *Vie Greg.* 77, 79, 101, *Ben. Chr.*, *Wace Brut.*, *Mont. S. Michel*, *Gach.* (en es l'eure *Ben Troie* 2838, *Chr.* 36188, *Marie de France* I 576 *z.* 458, *Barb.-Meon Fabl.* III 330 *z.* 151)

enperadur *s.* emperere, **enpres** *s.* empres, **enpur** *s.* empur

*__enquer[t]__ *prs. i. 3 s. ausforschen*: forment l'e. a tuz ses menestrels ALS65d *vgl. Rol.* 126, *Ben. Chr.* 3259, *Parton.* 8393, *Durm.* 6913, *Froiss. Chr.*

enquoi, enquor *s.* encor

*__ensemble__ *adv. zusammen*: ab el[s] e. si sopet PAS428 ensembl' ot deu e la compaign(i)e as angeles ALS122b **emsembl'** ab elz bec e manjed PAS 451 **ansemble**: a. ot tei voil estra ALS30e a. ot lui grant masse de ses humes 43d qu'a tei a. (qu'a. ot tei†) n'oüsse converset 98d que (qu'od†) deu a. poissum el ciel regner 110e or l'at od sei, a. sunt lur anames 122d a. furent jusqu'a deu s'en ralerent 121c puis converserent a. longament 5a a. an vunt li dui pedre parler 9d plainums a. le doel de nostre ami 31d **ensenble**: distrent e. STEPH IIIb e. s'ecrier[en]t VIIIa jotum e. IIId *s.* asembler, resemplet

ensems *adv. zusammen*: crident Pilat trestuit e. PAS228 e. crident tuit li fellun 233, 239

*__ensenna__ *subst. f. obl. s. zeichen*: Judas li vel e. fei PAS143 **ensignes** *obl. pl.*: Alexander quant fud naz, per granz e. fud mostraz ALR47 **signa** *n. s.*: zo fu granz s. PAS272 *vgl. Fl. et Bl. ed. Becker* 1551, 1581

*__enseyned__ *prt. i. 3 s. unterweisen*: l'uns l'e. beyn parv mischin de grec sermon ALR88 **enseynaz** *part. prt. m. obl. pl.*: de totas arz beyn e. 83 **ansein(e)t** *prs. c. 3 s.*: Co li depriënt ..., que lur a., ol poissent recovrer ALS63b *vgl. Cambr. Ps.*, *Rol.* 119, *Horn* 2738, *Guiot Bible*

ensfant *s.* emfes, **ensignes** *s.* ensenna

ensobretot *adv. vor allen*: e. petiz enfan PAS47 e. si l'escarnissent 187 **ensobretos** uns dels ladruns 287 **ensor[e]tut** e si veit deu medisme ALS123e **ensur[e]tut**: ne orbs ne n(e)uls palazinus, e. (ne) nuls [qui seit] languerus 111c *vgl.* ensurquetot *Cambr. Ps.*, *Rol.* 294, *Ben. Troie* 3810, *Chr.* 18138, *Parton.* 6615, *Mont S. Michel* 1920, 1937, *Auc. et Nic.* 6, 20

ensur *praep.*: ensur (en mie†) nuit ALS15e, 38d *s.* ensobretot

ensus *adv. oben, nach oben, hinweg*: Christus Jesus qui man e. PAS509 e. s'en traient, si alascet la presse ALS116c *vgl. Karls Reise* 690, *Ben. Chr.* 18972, 31228, *Mätzn. afr. lied.* 40, 36, *Bartsch Chr.*[4] 149, 30, *Froiss. Poës.* I, 27 *z.* 876, *Chr.* II, 88, *Gach.*

ent *s.* en

entant dementres *adv. während dessen*: e. le saint cors conreierent ALS 100c **antant d.** cum il iloec unt sis 67a *s.* dementiers *vgl. Ben. Chr.* 36717, 37203, endementres *Wace Brut.* 8441, *Mont S. Mich.* 881, *Mousket* 11596, endementiers *Mousket* 426, 21590, *Renart* 928

entelgir *inf. einsehen*: cum potestis ore videre et e. VALv°26

*__entenciün__ *subst. f. obl. s. absicht*: escotet la pur benne e. STEPH Id *vgl. Froiss. Chr.*

*__[entendem]ent__ *subst. m. obl. s. verständniss*: [la vi]rget fud de bon e. HOH10 *vgl. Horn* 2968, *Mätzn. afr. lied.* 33, 11 *s.* antendra

*__entorn__ *adv. herum*: il tot e. t'arberjaran (:) PAS59 *vgl. Rol.*, *Karls Reise*, *Mousket*, *Auc. et Nic. etc.*

entrarote *subst. f. obl. s. durchbruch*: ne reis ne quons n'i poet faire e. (:) ALS103d

*__entre__ *praep. zwischen*: e. cels dos pendent Jesum PAS283 e. le dol del pedra e de la medre vint la pulcele ALS94a entr'els an prennent cil seinor a parler 104a pois le barun entr' os si lapiderent STEPH VIIIe li suenaz senblanaz nen est entr' eiz cent milie HOH20 **entra**: e. les povres se sist dans Alexis ALS20b tu qui habites e. les genz *app.* 5 **enter:** so pensent il, que e. el[s] le spiritus aparegues PAS439 e. mirra & aloên quasi cent livras a donad 347 **inter:** & i. omnes sunt vedud 326

***entrer** *inf. eintreten, gehen*: la nef est preste, ou il deveit e. (:) ALS16b & il est dignes d'entrer en paradis 35c **intrer:** en u monstier me laisse i. (:) LE95 ne pot i. en la ciutat 141 **intrar:** laissel i. in u monstier 98 **intrat** *prt. i. 3 s.*: si s'en i. in un monstier 66 cio fud Lisos, ut il i. (:) 99 **intret:** en te[m]plum deu semper i. (:) PAS70 **entret:** castel Emaus ab elz e. (:) 427 **entrat:** dans Alexis e. en une nef ALS39a

entro *adv. bis*: e. en cel en van las voz PAS234 cum ad de cel e. be (en†) mar ALR105 **antreque:** credre(n) nel pot, a. quel vid LE188, 218 **entro** li talia l(o)s pez de jus, lo corps [e]stera sempre sus 233 *vgl.* entrues que *Alixandre* 387, 9; *Vie Greg. p.* 90 en tresque *Rol.*

entveiad *s.* enveiad

***enveie** *subst. f. obl. s. neid*: felo Judeu, cum il cho vidren, enz en lor cors grand an e. PAS78 tot per **enveia**, non per el LE102 *s.* amvidie *vgl. Mätzn. afr. lied.* 21, 17, *Guiot Bible*

***enveiad** *prt. i. 3 s. schicken*: il e. sun angret a la pucele HOH91 lui(d) m'**entveiad** 68 avant dels sos dos **enveied** (: roved *prt.*) PAS19 Pilaz Erod l'en **envïet** (: mel) 205 *s.* amvïed

envenguz *part. prt. m. n. s. finden*: non fud trovez ne e. (: neül) PAS175

envers 1) *adv. zu boden*: a totas treis (*sc.* vez) chedent e. (: demanded *prt.*) PAS140* 2) *praep. nach hin, gegen*: e. Jesum sos olz to[r]ned 293 e. lo vespræ, e. lo ser 425 *vgl. Renart* 1236, *Amis et Am.* 2973, *Ben. Troie gloss.*, *Rol.* 1624, *Gorm.* 465, *Gar. le Loh.* I 126, *Cambr. Ps.*

enviz *adj. m. n. s. widerwillig*: e. lo fist, non voluntiers LE97 *Gar. le Loh.* I, 63, *Mousket* 28469, 29712, *Ben. Troie* 9789, *Mont S. Michel* 1604, *Aiol* 4676, *Guiot Bible*, *Mätzn. afr. lied.*, *Watriquet* 439

***envolopet** *prt. i. 3 s. einhüllen*: en sos chamsils l'e. (: portet *prt.*) PAS344 *vgl. Rol.* 408, *Aiol* 6679, *Guiot Bible* 1093, 1544, *Mousket* 8007, 11425, *Gach.*

enz *adv. hinein, innen*: dunet sum pris & e. est aloët ALS16c la gent ki e. fregundent 60d c'o nus dirrat qu'e. trov[e]rat escrit 74d los marchedant quae in trobed PAS71 dïable sen e. en sa gola 102 e. [en] lor cors grand an enveie 78 e. enl fou lo getterent EUL19 e l'anema en est e. el paradis deu ALS109d metent le cors e. en sarqueu de marbre 117c *vgl. Rol.*, *Gorm.*, *Karls Reise*, *Froiss. Chr. etc. s.* dedenz

eo *s.* jo

Epir *ländername m. obl. s.*: sor Alexandre al rey d'E. (:) ALR41

eps *pron m. n. s. selbst*: tu e. l'as d(e)it PAS181 ciel e. num avret Evruï LE56; *obl. s.*: in e. cel di PAS 417, 423 LE80; *obl. pl.*: per e. los nostres fu aucis PAS10 contra nos e. pugnar devem 502 chi e. lo[s] morz fai se reviv(e)re 35 **epsa** *f. obl. s.*: per e. mort nol gurpira 116 chi '(e)n e. mort semper fu pius 298 ad e. nona cum perveng 313 si conjuret per **ipsum** deu 178 en **ipse** verbe s'in dimes pater noster ALS 125e; *s.* eiz, medeps

equi *s.* ici; **er** *s.* estra

***ereditez** *subst. f. n. pl. hinterlassenschaft*: cui ęrent mes grans e. (:) ALS 81a *vgl. Cambr. Ps.*

erent *s.* estra, **erme** *s.* anima

ermin *adj. subst. m. obl. s. armenisch*: l'uns l'enseyned ... & lettra fayr en pargamin & en ebrey & en e. ALR97 *vgl. Du C.-Henschel*

Erod *personenname m. obl. s.*: Pilaz E. l'en envïet PAS205

errant *s.* edrers

***errors** *subst. f. obl. pl. irrthum, sünde*: granz en avem agud e. (: maiors) PAS365 *vgl. Adam p.* 66 [1])

1) *Sonst bedeutet* error, esror *im afr. meist pein, noth*; *s. B. Enf. Ogier* 6736, *Elie* 1383, *Ben. Troie* 29197, *Froiss. Poés.* I 318 *z.* 3270, *Bartsch Chr.*[4] 231, 41; 246, 30, *Gach.* esrour

es 1) *s.* estra 2) *pron. dem.*: e per es mund rōal[s] allar PAS453 per tot es mund es adhoraz 500 d'ist di in avant EID I, 2 *vgl.* cet *Phil. de Thaün Cumpoz* 2865 *Hs.* C, un des plus halz d'iste contree *Rom. de Troie* 12470 la garison d'iste cité *ib.* 12835 *s.* cist, icest, enpas

(*)**esample** *subst. obl. s. ruf*: est vus l'e. (= la noise S la novele P) par trestut le païs ALS37b *vgl.* malvaise essample nen serat ja de mei *Rol.* 1016, 2068 ¹)

esbahiz *s.* esmeriz

esbraseras *fut. 2 s. entbrennen*: tu e. ... par dreit amvidie *recto zelo succenderis* ALS *app.* 6 *vgl. Ben. Chr.* 9422, 23028, *Horn* 3088, *Guiot Bible* 669, *Durm.* 2148, *Auc. et Nic.* 17, 14

***escalgaites** *subst. m. n. pl. scharwächter*: les e. chi guardent la citez, cil me torverent *invenerunt me custodes qui circumeunt civitatem* HOH43 *vgl. Rol.* 2495, *Gar. le Loh.* I, 20; II, 157, *Wace Brut.* 413, *Ben. Chr.* 19161, *Auc. et Nic.* 14, 24, *Gach.*

Escarioth *personenname m. n. s.*: Lo fel Judes E. als Judeus vengra en rebest PAS81 maisque Judes **Escharioh** cui una sopa enflet lo cor 99

escarn *subst. m. obl. s. schimpf, hohn*: gran fan e. PAS286 il per e. o fan trestot 284 dunc lo saludent ... ad e. emperador 252 *vgl. Cambr. Ps.* 43, 13; 78, 4, *Ben. Troie* 15396, *Wace Brut.* 1906 (*Bartsch Chr.*⁴ 116, 24), *Durm.* 440, *Jean de Condé* I, 420

escarnissent *prs. i. 3 pl. verhöhnen*: ens[..]etot si l'e.: di nos prophete, chi t'o fedre PAS187 tu[it] l'e., sil tenent pur bricun ALS54a **e[·]carnit** *prt. 3 s.*: dunc lo despeis e l'e. PAS 217 el **escarnie** (= escarpeie? escarnit lo?) rei Jesum 288 **escarnid** *part. prt.*: et cum asez l'unt e. (:) 253 *vgl. Karls Reise* 626, 643, *Aiol* 7, 356, *Wace Brut.* 1795, *Durm.* 7570, 11382, *Froiss. Poés.* I 268 *s.* 1666, *Cambr. Ps.*, *Mousket*, *Du C.-Henschel*

***eschevelede** *part. prt. f. n. s. die haare auflösen*: batant ses palmes, crïant e. (:) ALS85d *vgl. Ben. Troie* 15386 (*Bartsch Chr.*⁴ 143, 32), escheveluz *Durm.* 3085

***escïence** *subst. f. obl. s. wissen*: & si arrum l'e. de lui STEPH IIIe **eciencie**: au barun ne porent contrester ne d'e. ne de clergil mester Vb

escit *s.* eisit

***esclaires** *part. prt. m. n. s. aufgehellt*: cum le matins fud e. (:) PAS 201 cum [lo] soleils fo **esclairas** (:) 390 *vgl. Rol.* 667, *Du C.-Henschel*

***escole** *subst. f. obl. s. schule*: puis ad e. li bons pedre le mist ALS7c *vgl. Garin le Loh.* I, 179, *Guiot Bible* 2147, 2302, 2425, *Durm.* 280, 1372, *Auc. et Nic.* 33, 6

escondit *prs. i. 3 s. entschuldigen*: il l'(s'†) e. cume cil ki(l) nel set ALS65a *vgl. Karls Reise* 34, *Ben. Chr.* 13520, *Comte de Poitiers* 369, *Durm.* 14170, *Gach.*

***escorter** *inf. schinden*: los alquanz fai e. (: trebucher) PAS493 *vgl. Huon de Bord.* 5746, *Guiot Bible* 207, 527, *Durm.* 14740, *Auc. et Nic.* 16, 20

escotet *s.* eskoltet

***escrided** *prt. i. 3 s. schreien*: dunc e. Jesus granz criz PAS314 **ecrier[en]t** *3 pl. refl.*: quant ce oïrent, ensenble s'e. (:) STEPH VIIIa *vgl. Rol. etc.*

***escrit** *prt. i. 3 s. schreiben*: e. la cartra tute de sei medisme ALS57d; *part. prt.*: dirrat qu'ens trov[e]rat e. (:) 74d, 70d† en pargamen nol vid e. ALR9

***escriture** *subst. f. n. s. schrift*: sainte e. c'o ert ses conseilers ALS52c **scriptura**: e resors es, la s. o dii SPO26 *vgl. Durm.* 14140, 14336, *Mätzn. afr. lied.* 39, 47, *Guiot Bible*

***escud** *subst. m. obl. s. schild*: d'e. cubrir ALR94 *vgl. Rol.*, *Gorm. etc.*

***escūeyr** *subst. m. obl. s. knappe*:

---

1) *Der gleiche Bedeutungswechsel lässt sich später bei* scandalum *beobachten, z. B.* escandle *Froiss. Poés.* I 320 *z.* 3353, escandeliser I 323 *prosa z.* 13, escandale, escandaliser *Froiss. Chr.*, esclandres *Baud. de Condé* 240 *z.* 226: Çou est la contesse de Flandres de cui valour est grans esclandres.

a fol omen ne ad e. no deyne fayr regart semgleyr ALR78 *vgl. Gorm.* 347, *Durm.*

esculterent *s.* eskoltet

esdevint *prt. i. 3 s. werden*: mult lez semper en e. (: vid) PAS210 quant ciel irae tels **esdevent** (: di) LE79 *vgl. Ben. Chr.* 26618, *Chardry Jos.* 2253

esdrecerent *prt. i. 3 pl. refl. aufrichten*: encontre lui s'e. trestuit STEPH IIIa *vgl. Cambr. Ps.*, *Ben. Chr.* 4288

***esforcer** *inf. anstrengen*: del deu servise se volt mult e. (: ie) ALS52d *vgl. Cambr. Ps.*, *Ben. Chr.*, *Mätzn. afr. lied.*

***esfre[de]d** *prt. i. 3 s. erschrecken*: de sa raison si l'e. (: neier) PAS191 *vgl. Rol.* 438, *Elie* 1978

esgarde *prs. i. 3 s. schauen*: e. el cel STEPH VIIc il ne la (*sc.* c'artre) list, ne il dedenz **n'e[s]guardet** ALS 75d **esguardent** *3 pl.*: iloc e. tuit 66c **esguardat** *prt. i. 3 s.*: cum v(e)it le lit, e. la pulcela 12a **'sgarded**: et el la vid e lla 's. PAS50 **aeswardovet** *impf. i. 3 s.*: al fog l'useire l'ae. (: Petre) 190 *vgl. Rol.*, *Karls Reise*, *Gorm.* 196, *Cambr. Ps.*, *Trist.*, *Aiol*, *Horn*, *Mousket*, *Mätzn. afr. lied.*, *Mont. S. Michel*, *Guiot Bible*, *Auc. et Nic.*

***esguarethe** *part. prt. f. n. s. verwirrt*: tute en sui e. ALS27d **esguarede** *obl. s.*: ou tu[m] laissas dolente et e. 94e *vgl. Rol.* 1036, *Gorm.* 490, *Parise la Duch.* 1188, *Aiol* 1268, *Ben. Troie* 15206, *Durm.* 398, *Guiot Bible* 178, 649, 2099, *Froiss. Poés.* II 287 *z.* 70, *Chr.* II, 38

***eskoltet** *prs. i. 3 s. hören*: elle no'nt eskoltet les mals conselliers EUL5 **esculterent** *prt. i. 3 pl.*: cil list la cartre, li altra l'e. ALS76b **escotet** *imperat. 2 pl.*: seët vos tuit, e. la lecun STEPH Ibd, *vgl. Adam p.* 5, *Cambr. Ps.*, *Rol.*, *Ben. Chr.*, *Trist.* II 52 *z.* 1106, *Gach.*

***esluiner** *inf. entfernen*: par nule guise ne s'en volt e. ALS36e, 52e *vgl. Cambr. Ps.* 34, 28 *etc.*

esmeriz *part. prt. m. n. s. erschreckt*: al apostolie revint tuz e. (esbahiz PSQ) ALS71b *vgl.* esmeri s'est et esperdu *Mont S. Michel* 3583 n'est pas merveille, s'il en fu esmariz *Mort Garin* 2390 ne vous esmerveilliés, s'il i ot d'esmaris *Ch. d'Antioche* I, 112 ce l'ot fait molt esmarir, qu'il quidoit, que la main perdist *Durm.* 8684 et se parti de la moult triste et esmarie *Froiss. Chr.* II, 37, *Gach.*, *Aiol*, *Mousket*, *Auc. et Nic.* 18, 23, *Guiot Bible*, 1286, *Brun. de Mont.* 2524, esbaïr *Cambr. Ps.*, *Guiot Bible*, *Mätzn. afr. lied. etc.*

esmes *s.* estra; **espaa**, **espades** *s.* espede

***espandant** *gerund. vergiessen*: plaient lo for[t], lo s[anc] vet e. STEPH Xb *vgl.* son sanch espandre *Froiss. Chr.* II, 208, *Mätzn. afr. lied.* 40, 27, *Huon de Bord.* 5702, *Rol.* 3972, 3617, *Karls Reise*, *Ben. Troie* 17038, *Gach.*

espaurirent *prt. i. 3 pl. erschrecken*: si s'e. de pavor PAS398 *vgl. Karls Reise* 709, *Horn* 4878, *Enf. Ogier.* 5913

***espaventet** *part. prt. m. n. pl. erschrecken*: fortment sun il e. PAS437 *vgl. Durm.* 3376, 7362, *Aiol* 6432, *Bartsch Chr.*[4] 71, 39; 124, 8, *Adam p.* 79, *Mont S. Michel* 3235, 3631, *Wace Brut.* 2937

***espede** *subst. f. obl. s. schwert*: e. ceindra ALS83b, **espethe**: li cumandet les renges de s'e. 15b **espäa**: de s'e. grant ferir ALR95 **espades** *obl. pl.*: alquanz d'e. degollar PAS 492 *s.* inspieth

***espeiret** *prs. i. 3 s. hoffen*: dreit [a†] Tarson e. ariver ALS39c *vgl. Mätzn. afr. lied.* 28, 8, *Cambr. Ps. etc.*

espelt *prs i. 3 s. besagen*: [illegible]femien[s] volt saveir, quet e. ALS70e *vgl.* et quant la cartre revisa et espieli et devisa *Mousket* 4027 *Q. Liv. des Rois* I, 6; II, 13, 16, *Gaimar p.* 2, *Ben. Troie*: ne lor espialt ne meins ne plus (*cit. im glossaire ohne zeilenangabe*), *Chr.* I 1323, II 1474, 1555, 1629, *Horn* 1146, 1817 cil qui ... matere de penser vous livre ... ne violt pas son non sepelir; se vous le saves espelir, si pores penser .. a lui et a la dame ensamble *Baud. de Condé p.* 373 *s.* 2998 *verschieden von* espeler *s. Paris anm.*, *Littré* épeler

***esperite** *subst. m. obl. s. geist*: sire, fet il, mon e. pren STEPH Xe *s.* spiritel *vgl. Chrestien Chev. au lion* 1714, *Mousket* 26354, *Roquefort gloss.*, *Vie Greg.* 36, *Guiot Bible* 23, 789, *Ben. Troie* 29274, *Wace Brut.* 8235

***espines** *subst. f. obl. pl. dorn*: corona prendent de l(a)s e. (: asisdrent) PAS247 *vgl. Mousket* 11256, *Froiss. Poes.* I 261 *z.* 1432, *Auc. et Nic.* 24, 85

***espos** *subst. m. n. s. gatte*: ja venra l'e. SPO77; *obl. s.*: atendet un e. 13 aise l'e. 15 **espus**: celui tien ad e. ALS14a; **spus**: la sue spuse juvene cumandat al s. vif de veritet *einl.* 8 *s.* spuse *vgl. Cambr. Ps.* 18, 5

***espuset** *prs. i. 3 s. heirathen*: danz Alexis l'e. belament ALS10c **espusethe** *part. prt. f. obl. s.*: la spuse qued il out e.* (:) 21b **espusede**: la pulcele que il out e. (:) 94b, 48b un anel dunt il l'out e. (:) 15c† *vgl. Trist.* II 188 *z.* 392, *Auc. et Nic.* 41, 18, *Gar. le Loh.* II, 69

esragere[n]t *prt. i. 3 s. ausser sich bringen*: tan dolent furunt, por poi ne s'e. STEPH VIIIb *vgl. Rol.* 307, *Gorm.* 452, *Karls Reise* 551, *Durm.*, *Trouv. Belges* II, 301, *Froiss. Chr.*, *Gach.*

est 1) *s.* cist, estra, 2) *ausruf*: e. vus l'esample par trestut le paîs ALS37b **as** me, dist il, kil guard 46d **ste** vus le respuns *ecce responsum app. überschrift* aise l'espos SPO15 **aiset** (?) presen que vos comandarum 12 *vgl.* este vous *Mousket, Cambr. Ps.*, *Ben.* 476, estes vos *Durm.* 3853, es vus *Karls Reise etc.*

***ested** *subst. obl. s. sommer*: plus genz que solleiz enn e. HOH16 *vgl. Rol.*, *Karls Reise*, *Cambr. Ps. etc.*

ester *inf. stehen, bleiben*: super li piez ne pot e. LE165 pos ci non puosc, lai vol e. 96 en huna fet ... tuit soi fidel devent e. PAS274 deus marchaans que lai veët e. SPO68 no vos covent e. 70 n'i ai mais ad e. ALS38b [e]stera *fut. 3 s.*: lo corps e. sempre sus 234 **sta** *prs. i. 3 s.*: uns dels fellune chi s. iki PAS317; **estunt** *3 pl.*: ci devant tei e. dui pechethuor ALS73a **estevent** *impf. i. 3 pl.*: e(t) qui e. per mulz anz PAS380 **estet** *prt. i. 3 s.*: fors en las estras e. Petre 189 delaz la croz e. Mariæ 329 Jesus e. enmet trestoz 432; **ested**: davant l'e. le pontifex 177; **instud**: quandius in ciel monstier i. (:) LE111; **esterent** *3 pl.*: arma(n)d e. envirum PAS153; **estera** *plusqpf. i. 3 s.*: lo corps e. sobrels pies LE230 *s.* contrastar

Estevres *personenname n.*: seint E. fut plains de grant bonte STEPH IIa; **Estevre** *obl.*: escotet la lecun de saint E. lo glorius barun Ic *vgl.* Estiene *Guiot Bible* 360, 414, 466

estorn *subst. m. obl. s. kampf*: fayr e. et prodeltaz ALR87; **estor**: no degnet d'e. fugir 42 *vgl. Rol.*, *Gorm.*, *Gar. le Loh.* I 76, II 237, *Aiol*, *Ben. Chr.*, *Durm.*, *Mousket*, *Froiss. Chr.*

estot *s.* estuet

***estra** *inf. sein* ALS19e, 22e, 30a, 32a, 39d, 41b(:), 84c(:)e(:), 96c(:), 99b(:), 106d, 109e 116e (:),, *app.* 7, 9 **estrai** *fut. 1 s.* LE92 **ero** ALS91e, **iero** 27e **estras** *2 s.* 29a **iert** *3 s.* le HOH21 **ert** ALS2c, 27e, 29b **er** LE37 (:), 38 **ier?** EID II, 4 **ermes** *1 pl* ALS105e **seret** *2 pl.* SPO90 **seran** *3 pl.* PAS456 **erent** *3 pl.* PAS455 **astreiet** *cond. 3 s.* VALv*4, 9 **astreient** *3 pl.* 18 **sui** *prs. i. 1 s.* ALS22e, 27bd, 91d, 92d, 99a **suid** HOH31 **soi** 23, PAS137, 484, SPO27 ALS44e **ies** *2 s.* ALS 27b, 84b **est** *3 s.* PAS262 LE5 ALR 3, 53 ALS1d, 2d, 16bc, 25c, 35c, 36d, 40a, 49e, 58d, 63e, 68d, 69d, 89c, 93d, 97b, 101c, 104bd, 106e, 107c, 108d, 109bc*d, 110c, 115c, 122a HOH13, 16, 18, 34, 56 ÷ 19, 35, 80 STEPH XIIc ALS107c **es** VALv18 PAS264, 276, 369, 370, 405, 500, 506 LE203 SPO26 non **es** PAS230, 236, 275, 405, 505 no's 403† n'en **est** HOH20 [ço] n'**est** ALS 93e, n'[en] est 123d semper **es** PAS 370 vil'es 118 ell'**est** HOH61 languet *(caesur)* est 26 or **est** 57 ALS 25d, 123c or **es** LE5 vith(e) **est** ALS 14d ledec(e) **est** 122e istorie est *einl.* 9 c''ose **est** *app.* 1 peinture **est** 4 prest' **est** 59e m'**est** ALS69c, 79b, 82d, 97d s'**est** ajonelet STEPH XIa ne soth nuls om qu'**es** devengu(n)z LE156 lasse qu(ed)' **est** devenut ALS22b en icel tens qu'**est** (qui'st†) HOH2 la terre qu'**est** (qui'st†) STEPH IVc issi **est** aturnet ALS49e sor mei* est vertiz 93d fils deu **est** il PAS180 oi ÷ STEPH XIIc mais lui **est** (ert†) tart ALS13e et chi **est** il(li)? HOH9 ki **est** ALS *einl.* 8 ki est (gist†)[1]) an Rome ALS60b leu qui (e)**st** preys ALR59 chi si **est** aluëz ALS109e et si **est** biens LE5 si '**st** ampairet ALS2c ki si '**st** dolente 90e que c'o **est** l'ume (seit li hom†?) deu 69c mais co (e)**st** tel plait 10d, 36c, 73c, 74b, 88e, 89e c'**est** (qued†) avisunches 115e = **esmes** *1 pl.* PAS 292 ALS124a **sumes** 73d e, 124c summes STEPH XIId **sunt** *3 pl.* PAS61 (: aucidrant), 326, 413, 477, 485 ALS 65b, 121e, 122d STEPH VIa **sont** HOH 34 **sun** PAS325, 437 **son** 142, 473 **ere(t)** *impf. i. 1 s.* HOH22 **esteie** ALS 81e **era** *3 s.* PAS377, 430 (? : fidel) **eret** EUL12 VAL*v*°10 ALS4b(:), 11e†, 48c(:), 76a(:), 76d (:) e **ert** 47c (:), 1bc, 11e*, 13e†, 48b, 64d, 52c, 61a HOH53, 68 **esteit** ALS48e, 70a, 75c **erent** *3 pl.* VAL*v*° 21, 25 ALS81a ere[n]t 4b **eren** PAS66 **fui** *prt. i. 1 s.* PAS436 ALS79d, 87d, 92a b c **fut** *3 s.* EUL1, 11 VAL*v*°3 PAS271 ALS1a e, 2c, 3c, 4b, 7d, 11a, 17a, 21b†, d, 25d, 26c, 33a, 43b, 68e, 77b, 85b, 116a, 118a, 121d, *einl.* 5, STEPH Ia, Vc, IXd **fud** PAS88, 175, 201, 357 LE13, 16, 28, 31, 33, 37, 39, 41, 50, 51, 53, 73, 75, 99, 115, 129, 137, 143, 153, 160, 189, 202, 231 ALR18, 28, 31, 37, 46, 47, 49, 51, 54, 55 ALS3d, 7a, 9a, 21c HOH 10, 67, 79 **fu** VAL*v*°15 PAS6 (: plus) 10, 14, 21, 121, 272, 298, 334, 337, 353 (: lui), 370 LE42 ALR10 STEPH XIIa **fo** PAS268, 381, 390 LE163 SPO17, 21 **fumes** *1 pl.* ALS124b **furent** *3 pl.* LE30 ALR19, 21 ALS13a, 121c **furunt** STEPH IVa, VIIIb **furet** *plusqperf. i. 3 s.* EUL18 PAS170 **furo** 312 (: luna) 355 **furae** 418 **fura** 151 LE 197 **sia** *prs. c. 3 s.* PAS240, 360 **sie** ALR8 **sit** EID I, 7 PAS433 **seit** ALS5e, 13e, 17e, 55e†, 58b, 69c†, 82e 101c†, 120e, *app.* 1 HOH14 **siam** *1 pl.* PAS 511 **seietst** *2 pl.* VAL*v*°29 **fusse** *impf. c. 1 s.* ALS97e (:) **fusses** *2 s.* PAS151 ALS81d, 92b **fust** *3 s.* LE32, 44, 112 (:) ALS86e **fus** LE107 PAS 29 **fos** 371, 382 **fussent** *3 pl.* ALS33d ═ Nun lui ier (?) EID II, 4 nul plait .. qui . . . Karle in damno sit I, 7 = chi rex eret a cels dis EUL12 buona pulcella fut Eulalia 1 e poro fut presentede 11 poros furet morte 18 = astreiet VAL*v*°4, 9 es dolianta 18 seietst unanimes 29 cilg eedre fu seche 15 et eret mult las 10 si fut Jonas mult correcious 3 si perdut erent 21 si astreient li Judei perdut 18 il se erent convers 25 = qui semper fu & semper es PAS370 hanc non fud hom qui 88, 381 non es ci 405 e(t)qui era li om primers 377 in terra fu 6 in te (*sc.* Jerusalem) sunt 61 sobre nos sia toz li pechez 240 mais nos a dreit . . . esmes oidi en cest ahanz 292 eu soi Jesus 434, 137 non es amics l'emperador 236 qui deus es vers 369 si . . . fils deu est il 180 la soa madre virge fu 353 cho fu nostra redemptions 14 zo fu granz signa 272 per me non vos est ob plorer 262 obs vos es 264 pax vobis sit 433 non fud assaz ano als felluns 357 mels ti fura 151 en epsa mort semper fu pius 298 cil erent salv 455 vivs era (?) 430 granz fu li dols 121, 337 finimunz non es mult lon 505 chi sens custurne fo faitice 268 sos munement fure toz nous 355 regnum deu fortment es prob 506 non fos anaz 382 anaz en es 405 es n'anez 118 fu naz 334, 151 passus soi 434 es adhoraz 500 vers nostre don son aproismad 142 Il desabanz sunt aserad 477 fu aucis 10 ja fos la cha[r]s . . aucise 371 seran damnat 456 non es devis 275 non sia emblez 360 cum le matins fud esclairez 201, 390 fortment sun il espaventet 437 et mult corps sanz en sun exit 325

1) *G. Paris, der diese Correctur auf Grund der Hss. vorgeschlagen und dadurch den anstössigen Hiat von* ki est *beseitigt hat, führt denselben* 64d *gegen die Hss. ein, indem er* ki est *statt* ki ert desconseiliez *schreibt.*

cho fus fait 29 forsfaiz non es 230 furet menez 170 menad en eren 66 cel asnez fu amenaz 21 sîam mèspræs 511 non fut partiz sos vestimenz 271 mo laz qui fui plagas 436 spandut sunt 485 suspensus fure 312 elles d'equi cum sunt tornades 413 li soi fidel en son tornat 473 non fud trovez ne envenguz 175 es uniz 276 sunt vedud 326 veduz furæ 418 = ne fud mu's om LE31, 73 a curt fust 44 paschas furent in eps cel di 80 fud de par deu 202 fus li por deu, nel fus por lui 107 or es temps et si est biens 5 cio sempre fud et ja si er 37 cio fud lonx tiemps 28, 231 cio fud Lothiers 16 cio fud Lisos 99 tos consilier ja non estrai 92 quant infans fud 13 amix li fust 112 Laudebert fura buons om 197 fud de bona fiet 53 perfectus fud in caritet 33 qui mieldre fust donc 32 quar donc fud miels 129 qui tan fud miels 160, 153 Letgiers seiupre fud bons 39 fud corroptios 189 L. mul en fud trist 143 damz i fud granz 51, 75, 203 qu'es devengu(n)z 156 ciel ne fud nez 137 mult fo afflicz 163 fu li'n amet 42 bien honorez fud sancz Lethgiers 50 landaz enn er 38, 41 il se fud morz 51, 115 = rey furent fort ALB19, 21 toncyres fud & tempestas 49 est vanitatum vanitas 3 que tot non sîe vanitas 8 fils fils fud Amint al rey 37 quel reys fud filz d'encantatour 28 fud de ling d'enperatour 31 qui fud de Grecia natiz 18 Alexander quant fud naz 46, 53, 54, 55 per parabla non fu dit 10 per granz ensignes fud mostraz 47 lo sol ... fud toz obscuraz 51 cum leu qui est preys 59 = Gabrîels soi SPO27 fo net 17 e resors es 26 eu (= il) fo batut 21 seret meneias 90 = la peinture est pur leceun as genz ALS *app.* 4 a nostr'os est il* 101c ne l[i]'n est rien 49e feit i ert 1b s'i ert creânce 1c cons fut de Rome des melz ki dunc i eret 4b s'i fut un[s] aire 3c n'en fut nîent a dire 38a, 123d quels c''ose seit ad aúrier *app.* 1 ou er[e]t sa muiler 11e ou que il seit 17e ci ne volisse estra 41b iloec est 63e il fut en Alsis 77b, 60b, 109c l'anema en est enz el paradis 109d Alexis est el ciel 122a ansembl'ot tei voil estra 30e ansemble furent jusqu'a deu s'en ralerent 121c, 122d d'icel bien ki toen doüst estra 84c filz cui erent mes granz ereditez 81a li cancelers cui li mesters an eret 76a [cui qu'en seit dols], a nos [en] est [la] goie 101c amfant nus done ki seit a tun talent 5e a cel saint hume trestut est lur talent 106e de quel terre il eret 48e de quels parenz il eret 76d il fut lur sire or est lur [provendiers] 25dc Sainz Innocenz ert idunc apostolie 61a il fut bons cristîens 68e ki est un sul faitur *einl.* 8 sumes jugedor 73d ki de Rome esteit pape 75c il lur seit boens plaidiz 120e or(e) sui jo vedve 99a rices hom fud 3d cons fut de Rome 4b quels hom esteit 48e quanque busuinz li ert 47c altra c''ose est aúrier *app.* 1 sainte escriture c''o ert ses conseilers 52c co fut citet mult bele 17a [c''o] n'est merveile 93e c''o (e)st cil qui 36c co fut emfes *einl.* 5 c''o m'est vis, que c''o est (seit†) l'ume deu 69c co (e)st tel plait 10d c''o (e)st ses mesters 74b co fut granz dols 21d, 85b c''o (e)st grant merveile 88e, 89e c''o lur est vis 108d c''o (e)st sa merci 73c c'est (qued†) avisunches 115e ne pot estra 99b, 39d, 106d altre ne puet estra 116e ne poet estra altra 32a jamais n'iert tel[s] cum fut as anceisurs le icesta istorie est amiable grace *einl.* 9 si'n fui mult angussuse 92b bons fut li secles 1a, 2c lur cumpainie fut bone & honorethe 121d bries est cist secles 110c del ton conseil sumes tut busuinus 73e il ja bien fut cointe 43b ermes delivres 105e fui mult desirruse 92a il est dignes 35c dolente puis estra 96c, 90e, 91d en sui doleruse 92d mult fust il dur* 86e tut soi amferm 44e la vithe est fraisle 14d velz est e frailes 2d il fut graim 26c* or sui si graime, que ne puis estra plus 22e grant est la presse 115c, 104b granz est li dols 93d, 85b lur ledece est grande 122e liez est li poples 104d jamais n'iere lede 27e, 91e, 92c, 109e pres est de deu 36d plus est pres de Rome 40a la nef est preste 16b prest' est la glorie 59e lui e[r]t tart 13e seit aparissant 55e† n'ert si vailant 2c il fud si alet* 21c al helberc sunt alet 65b il fut anuitet 11a dolur or m'est apar[e]ude 82d, 97d, 107c morz est 68d, 97e furent .. remes 13a, 27b, 21b† est venude 89c qu(ed)' est devenut 22b seit absoluthe 82e est agravet 58d est aloët 16c, 109e si'st ampairet 2e estra ancumbret 19e, 124c m'est (a)presentet 79b issi est aturnet 49e cum par fui avoglet 79d, 124a fui avoglie 87d fud baptizet 7a il esteit cuvert 70a ert an tei demenede 29b estra depaint *app.* 9 ert desconseilet 64d fumes desvez 124b sui esguarethe 27d li ert espusede 48b fut faite 116a estra fruissiet *app.* 7 tu m'ies fait 27b fut guarnit 7d tut est muëz 1d, 97b ainz que ned fusses 92b, 9a en est .. oneuret 109b, 81d estras parede 29a, 118a est . . . replenithe 123c sunt .. salvedes 121e servit .. estra 84e fussent tramise 33d est vertiz 93d il s'en seit alet 58b t'ies deduit 84b m'en esteie penet 81e quet il s'en seit turnet 13e*, 69d = la u jo suid HOH31 desoiz ma languet est li laiz 26 iluoc est ma coronet 80 li suenez senblanez non est entr'eiz cent miliet, ne ja nen iert 20, 21 en icel tens qu'est ortus PLudon 2 chi est il(li) 9 danz Abraham en fud premierz messaget 67 il est de tel paraget 13 n'ert de bel serviset 53 [la vi]rget fud de bon [entendem]ent 10 or est amere(d) 57 tant par est belsz 18, 22, 31 blans est & roges 19 l'odor est bonet 35 il est plus gensz que 16 li soi novelet 23 il ert plus saives & de grant fei 68 si'nn est c"adeit en colpe(d) 56 les vinnesz sont flories 34 adunc fud faite(t) Rome 79 ell'est nercide(t) 61 = terre qu'est enme Celicie STEPH IVc preium li tuit nos qui summes ici XIId au deputer furunt cil IVa oi est la [fe]ste XIIc il fut bons clers Vc pois fut apotres IXd Estevres fut plains de IIa tan dolent furunt VIIIb li sen[s] de fu feni XIIa mult sunt ire VIa se s'est ajonelet XIa *wegen* estre *beim v. refl. s. Gessner Jahrb.* 15, 201 *ff.*

estrais *prt. i. 3 s. herausziehen*: e. lo fer que al laç og PAS158 *vgl. Cambr. Ps.* 77, 16, *Mätzn. afr. lied.* 20, 36; 29, 12

***estranges** *adj. m. n. s. fremd*: la pulcela dunt (il) se fist si e. (:) ALS 122c *vgl. Cambr. Ps., Rol., Karls Reise* 311, 861, *Auc. et Nic., Bartsch Chr.*[4] 166, 28

estras 1) *s.* estre 2) *vorhof*[1]): fors en las e. estet Petre PAS189

estre 1) *praep. wider*: e. so gret

---

1) Vgl. d'autre part vint (*sc.* Galopins) a tere, lors passa un vergier et trestoutes les estres, (= lieux, êtres *nach Raynaud*, *eher* = vorplätze), dusqu'au tref l'amiral ne fine ne ne cesse *Elie* 1858, et quant revenus fui en l'estre (= lieu *nach Scheler*, *hier auch kaum anders zu fassen*), par dessous le rosier m'assis *Froiss. Poésies* I 116 *z.* 1010, Loëys est as estres (= *Balkon*, *aussen herumführende Gänge*, *wie in den folgenden Beispielen*, = être chez soi *nach Rayn.*) sus el palais pleniers en son dongon *Aiol* 3143, et madame iert en cele tor as estres, les cours verra des destriers de chastele *Girbers de Mes. Hs. Q.* 140a2 devant son pere le (*sc.* Ludic, *Fromonts Tochter*) descendent sus l'erbe, cil les esgardent du palais et des bestres *ib.* 143d18, *vgl. ausserdem Cheval. as* II *esp.* 619, 2636, *Schulz*, *das höfische Leben* I *p.* 86, *Du C.-Henschel* estre, *Littré* êtres, *Diez leitet das Wort von* stratum *ab*, *dem widerspricht jedoch sowohl Bedeutung wie Accent*, *eher dürfte es wenigstens in den Bedeutungen*: 'Vorhof, Vorplatz, aussen herum führender Gang' *auf* extra *zurückzuführen sein*, *wie denn* li estres *auch* 'das Aeussere' *bedeutet* (Flon icist un curre aveit ..... li estres fu de cuir boliz, d'olifanz toz peinz à verniz ... molt s'en merveile qui lo veit *Benoit Troie* 7869), estrade *würde dann als Weiterbildung davon anzusehen sein.* Estre

en fiedren rei LE62, 60 *vgl. Du C.-Henschel*

estrit *subst. m. obl. s. streit*: un compte i oth, pres en l'e. (:) LE55 chi per batalle et per **estric** tant rey fesist mat ne nendic ALR13 *vgl. Adam p.* 54, *Ben. Chr.*, *Mätzn. afr. lied.*, *Durm.* 2336, 14396, *Froiss. Chr.* III, 450 *var.*, *Du C.-Henschel*

estrebatour *subst. m. n. pl. erdichter*: dicunt alquant e. (:) *noch sprechint manige lugenêre* ALR27

estuet *prs. i. 3 s. es ist nöthig*: ne l'e. demander 115c **estot**: ne l'e. demander 26c n'e. dire 119a n'e somondre 102d ailurs l'e. aler 39d

estoüst *impf. c. 3 s.*: mult fust il dur ki n'e. plurer 86e *s.* ob

esveguraé *part. prt. stärken*: lo cap a Crist e. PAS499

esveled *prt. i. 3 s. erwecken*: Jesus, cum ve[n]g, los esveled PAS123 *vgl. Rol.*, *Trist.* I, 2041 *etc.*, *Durm.* 9003, 12696, 2274, *Auc. et Nic.*

***et** *partikel und*: EID I, 5; II, 2 PAS **et** el 50, 60, 89, 389, LE2, 5, 35, 63, 71, 91, 109, 123, 128, 129, 146, 177, 187, 217, 47, 183 **et** percuidat PAS69, 93, 97, 253, 325, LE25, 34, 37, 39, 72, 76, 81, 84, 89, 103, 105, 121, 143, 171, 173, 195, 203, 204, 213, 226, 229, 236 ALR39, 94 **&** EID I, 1, 2, 3, 4 **&** a EUL 28 PAS246, 248, 252, 255, 326, 347, 362, 495 LE11, 134 ALR4, 22, 69, 73, 91, 92, 102 ALS1b, 2ab, 11a, 15c, 16c, 21a, 35bc, 57ab, 63e, 82c, 84a, 86d, 94e, 108b, 114d, 117b, 125d *einl.* 12, HOH75, 76 STEPH IId **&** ostel ALS45e **&** honurede 4d, 121d **&** flagellar PAS231, 258, 263, 305, 311, 354, 370, 386, 396, 405, 460, 464, 487, 506, 508, 516 LE43, 195, 198, ALR13, 19, 20, 21, 32, 49, 63, 68, 74, 85, 86, 87, 89, 90, 92, 95, 96, 97, 98, 101 HOH5, 6, 8, 9, 19, 26, 27, 46, 69, 70, 71, 72, 74, 77, 78, 81, 83, 86, 87, 88 STEPH IIIe, IVc **e** poro EUL11 VAL *v*I, 3, 4, 7 *etc.* PAS 41, 46, 83, 125, 217, 277, 305, 378, 379, 441, 451, 453, 469, 472 LE45, 117, 191 ALR 35*, 36, 72, 99 SPO18, 21, 22, 75 ALS1b, 2d, 5c, 21e, 26e, 33a, 36d, 37de, 40e, 43a, 45ce, 48ab, 49bc, 53a, 55a, 57ae, 61b, 62ac, 66ab, 68e, 69c, 70b, 72a, 74e, 75e, 76cd, 77abcd, 80cd, 82a, 83acd, 86bcd†, 87a, 88a, 92c, 94a, 95c, 96e, 100abd, 102ce, 106a, 108e, 109d, 113cd, 118a, 119abd, 120d, 121ab, 122b, 123ae, 125c, *einl.* 1, 2, 3, 5, 6, 8, 9, 11 *app.* 10, 11 HOH86 STEPH IVb **e** altra *app.* 1, 9 **e** lla'sgarded PAS50 **e** llos 493 **ey** lay ALR76 **— —** savir & podir EID I, 2 pro deo amur & pro christian poblo & nostro commun salvament I, 1 salvarai ... Karlo & in ajudha & in cadhuna cosa I, 3, 4 si salvarai eo cist meon fradre ..... et ab Ludher nul plaid . prindrai I, 5 si Lodhuvigs sagrament ... conservat et Karlus ... non los tanit II, 2 = nïule cose non la pouret omque pleier .... e poro fut presentede Maximiien EUL11 qued auuisset de nos Christs mercit ... & a lui nos laist venir 28 = canten li gran e li petit PAS41, 46 per vos & per vostres fils 263 li om primers el soi en(s)fant 378 dunc lo saludent cum senior & ad escarn emperador 252 de pan et vin sanctificat 97 enter mirra & aloën 347 son sang & soa carn 386 tal a regard cum focs ardenz & cum la neus blanc vestimenz 396 mel e peisons 441 convertent gent & pop[le] 487* mund & som peccad 508 posche laudar & nunc (= nunc et?) per tot in secula 516 e li petit [tuit] e li gran 379 et per lo pan et per lo vin 93 & noit e di 305 e ben e mal 472 ploran lo van & gaimentan 258 cum cho ag dit et percuidat 69 rumprel farai & flagellar 231 ab elz bec e manjed 451 dunc lo despeis e l'e[s]carnit 217, 246, 248, 354 orar bien los manded e dunc orar cum el anned ... dunques suded 125 dunc lo saludent cum senior ... et cum asez l'ont escarnid, dunc li vestent 253 alquanz en cruz fai [s]oslevar, alquanz ... e llos alquanz fai escorter 493, 495 il tot entorn t'ar-

---

in der Bedeutung 'platz, stelle' *könnte zur noth auf den inf.* estre *zurückgeführt werden, der ja thatsächlich oft genug substantivirt vorkommt, doch könnte hier auch ein erweiterter Gebrauch von* estre 'vorplatz' *vorliegen.*

berjaran et a terra crebantaran 60, 362, 460, 464 qui semper fu & semper es 370 semper parlet e per es mund roal[s] allur 453 anas en es & non es ci 405 fui lo solelz & fui la luna 311 finimunz non es mult lon & regnum deu fortment es prob 506 que m'en darez el vos trudra[i] 83 li vestent son vestiment & el medeps si pres sa oruz 255 sepulcra sanz obrirent mult et mult corps sanz en sun exit & inter omnes sunt vedud 325-6 Et a cel di ..., cum la cena Jesus oc faita, el susleved 89, 389 E dels feluns ... lai dei venir o eu laisei 277 vengre la nuvols sil collit e lor vedent montet en cel 469 a la ciptad cum aproismet et el la vid e lla 'agarded, de ... cor . suspiret 50 = ditrai vos dels añz ... &[d]' Ewruïn(s) LE11 fid aut il grand et veritiet 34 ciel ira grand et ciel corropt 105 vindrent parent e lor amic 117 en ca[r]tres l'en menat et en Fescant ... illo recluedrent. sc. L. 177 del corps sanz l'avez audit et dels flaiels 236 cio li rova & noit et di 195 deu devemps lauder et a sos sancz honor porter 2 a foc, a flamma vai ardant & a gladies percutan 134 il l'exaltat o l'onorat 45 lei consentit et observat 71 il los absols et perdonet 226 il cio li dist et adunat 91 a sel mandat & cio li dist 43, 35, 72, 84, 128, 47, 146, 183 quar donc fud miels et a lui vint 129 fud de par deu et, si cum ro[de] en cel, es granz et si cum 203-4 ab u magistre semprel mist ... et, cum il l'aut doit .., rendel 25 cio sempre fud et ja si er 37 donc oct ab lui dures raizons el corps exastra al tirant 191 Laudebert fura buons om & s. L. duis a son dom 198 deus exaudis lis sos ponsæz et si el non ad ols carnels, en corp los ad e(t)-spiritiels 171, 173 cantomps del[s] sanz ... et or es temps et si est biens 5 poble ben fist credre in deu .. et Ewruïs, cum il l'audit, credre(n) nel pot 187, 217 et sanz Letgiers sempre fud bons 39, 63, 76, 81, 89, 103, 109, 121, 123, 143, 213 et, cum il l'aud tollut lo queu, lo corps estera 229 = vanitatum vanitas & universa vanitas ALB4 estorn & prodeltaz 86 rotta & leyra 101 lo poyn el braz 72 per batalle & per estric 13 Gretia, la regïon els porz 36 de dignitaz & de conseyl & de bontaz, de saÏpentia & d'onestaz 85-6 l'enseyned ... de grec sermon & de latin & lettra fayr en pargamin & en ebrey & en ermin & fayr a seyr & a matin 89-92 l'un uyl ab glauc & l'altre neyr 63 fud de ling d'enperatour & filz al rey 32 fort & mul[t] podent & de pecunia manent 19, 20 sapi & prudent & exaltat 21-2, 68-9, 78 Et l'altre[l] doyst d'escud cubrir & ... ferir & .. jausir & ... ferir 94-7 ley leyre & playt cabir el dreyt del tort a discernir 98-9, 101-2 mels vay & cort .. e(y) lay, o vey .., .. presente 74-6 toneyres fud & tempestaz 49 Et prist moylier 39 = lavet e luteët SPO18 gablet e laidenjet 21 batut e claufiget 22 alet areir ... e preiat las 75 = li apostolie e li empereör ALS66a, 72a li grant e li petit 37d, 102e tis pedre e li tons parentez 83d helme e brunie 83a l'or e l'argent 106a pais e glorie 125c les renges de s'espethe & un anel 15c co fut granz dols ... e granz deplainz 21e amïable grace e suverain consolacïun *einl.* 9 amïable canoun e spiritel raisun 1 cum bone peine, deus, e si (cum†) boen servise! 123a d'or e de gemmes 118a an albes & an capes 117b del pedre e de la medre 76c, 94a as povres & as riches 108b a tel dolur & a si graut poverte 84a es goies del ciel & es noces virginels *einl.* 12 d'iceol noble barun ... e de la vïe de sum filz 2 de deu e des regnes del ciel 36d por amor deu e pur mun cher ami 45c ensembl'ot deu e la compaign(i)e as angeles 122b velz est e frailes 2d si'n fui lede e goiuse 92c bone & honorethe 121d honeste e spiritel *einl.* 6 vailant(e) & honurede 4d dolente & e[s]guarede 94e les vei si dures e si pesmes 96e de deu . amet e de pere e de mere .. nurrit *einl.* 5 en icest siecle ... & en cel altra 125d ad un boen clerc e savie 75e dis e seat anz 33a, 55a il ad deu bien servit & a gret 35b alques par pri e le plus par podeste 113d lire e- canter *einl.* 3 duel mener e ... plurer 49b a dementer e ... a regreter 26e sum piz debatre e sun core dejeter, ses crins derumpre e sen vis maiseler [e] son mort [fil] detraire & acoler 86b-d purtenir les c"oses ... e nient deperdra la cuileita fole *app.* 10 quer feit i ert e justise & amur 1b al pedra & a la medra & a la spuse 21ab, 119ab, 121ab al tens Noe & al tens Abraham & al David 2ab li apostolie e li empereor — li une Acharie(s), li altre Anorie(s) out num — e tu[z] li pople[s] 62a-c tans jurz t'ai desirret, [de tantes lermes le tuen cors ai pluret (?)] e tantes feiz ... guardet 95a-c tantes dolurs ad .. andurede[s] e tantes fains e tantes [seiz passedes] e tantes lermes .. pluredes 80cd lit & ostel e pain e carn e vin 45e e li rice e li povre 61b le vis e cler e bel 70b [e] pensif e plurus 66b e le pedre e le medra e la pulcele 48ab, 100ab & enca e parcamin & une penne 57ab altra c"ose est aûrier la paintnre e altra cose est ... *app.* 1 le num lur dist .. e c"o lur dist 76d blanc ai le chef e le barbe ai canuthe 82a le cors en est ... e l'anema en est 109d trestuit l'onurent ... e tuit le prîent 87e trestu[it le prenent] ... cantant en portent le cors ... e tuit li preient 102e sil plorent e sil servent 118c an portent danz Alexis acertes & attement le posent a la terre 114d prenent conget al cors .. e si li preient 120d trait ses chevels e debat sa peitrine 87a eist de la nef e vint 43a trestu[z li] pople[s] lodet deu e graciet 108e c"o ad ques volt ... ensor[e]tut e si veit deu 123e le saint cors conreierent tuit cil seinur e bel l[e costeie]erent 100d il ad .. .. servit .. & il est dignes 35c dunet sum pris & enz est aloët 16c dist il: morz est ... e c"o sai dire 68e nel sai blasmer e c"o mest vis 69c c"o nus dirrat ... e c"o duinst deus 74e E c"o lur dist 77a E ampur ic"e que ..., pöcies *app.* 9 E deu apeleat 5c Tei cuvenist .. brunie a porter, espede ceindra .., e (ta†) grant maisnede dolises guverner 83c quer iloec est, (&) iloc le trovereiz 63e plurent si oil (plure des oilz†) e s[i] jetet grans cris 88a ki est un sul faitur e regnet *einl.* 8 lesquels vivent purement .. e dignement sei delitent 11 ou il gist e converset 59a qued il nel reconnissent e .... nel encumbrent 40e que tuit le plainstrent e tuit le doloserent 119d que le .. num .. excellist e nient anjoûst la culpa *app.* 11 quant li jurz passet & il (tut†) fut anuitet 11a cum s'en alat e cum il sen revint 57e cum s'en fuït ... e cum il fut en Alsis .. e que (cum†) l'imagine deus fist pur lui parler, e pur l'onor .. s'en refuït 77b-d lur veit grant duel mener e ... plurer e tut (trestut†) pur lui 49c ma grant honur (t')aveie retenude & anpur tei (empur tei, filz†) 82c = Jacob & danz Joseph, pois Moïsen & danz Abimalec & Samuel HOH 70-2, 74, 75, 77, 78, 83, 86, 87 li laiz & les rëes 26 ma corone(t) & mes tresors 81 blans est & roges 19 il ert plus saives & de grant fei 69 enpres iceles & molt altres baruns 88 navree m'o[n]t & mun palie(t) tolud 46 plorer & .. regreter 5, 8 & jo lli dis 6 & jo sai beem 27 et ab Amos i vint Isaïas 76 & obi est il(li)? 9 = as cuntrat & a[s] ces STEPH IId cil de Libie e cil de Sire e cil d'Alexandrie & de la terre IVbc jotum ensenble ... & si arrum IIIe *vgl. Rom. Stud.* V, 884 ff.

etspiritiels *s.* spiritiels

eu *s.* il, jo; **euan** *s.* avan

Eufemien *personenname m. n.* ALS 4a, 69d, 70e *voc.* 44a *obl. s.* 64a, 68b (:) *einl.* 2 *gen.*: an la maisun E. 63d

Eulalia *personenname f. n.* EUL1

***evesque** *subst. m. obl. s. bischof*: de Hostedun e. en fist LE48 ebisque: Didun l'e. de Peitieus 19 *vgl. Rol., Guiot Bible*

***evesquet** *subst. f.* (?) *obl. s. bisthum*: meu e. nem lez tener LE93 s'en ralat en s'e. 122 *vgl. Bartsch Chr.*[4] 158, 1, *Guiot Bible* 1315, 2033, *Froiss. Chr.* XV, 289

***evirum** *adv. im kreise umher*: arma(n)d esterent e. (: Jesum) PAS153 *s.* enaveyron *vgl. Rol., Karls Reise* 121, *Du C.-Henschel* environ *etc.*

Ewruïns *personenname m. n.* LE 11, 63, 101, 109, 123, 149, 160, 217 **Ewruïs** 187 **Ewruï** *obl. s.* 100, 104 *gen.* 118 (: amic) **Evruï** *obl.* 56

exaltat *prt. i. 3 s. erhöhen*: deus l'e. LE29 il l'e. e l'onorat 45 *part. prt. m. n. pl.*: rey furent sapi & prudent & e. sor tota gent ALR22

exastra *plusqperf. i. 3 s. entbrennen*: el corps e. al tirant LE191 *vgl.* pristrent le corps Saül e de ses fiuz ... sis **astrent** e ensevelirent *Q. L. des Reis* I, 31, 13

exaudis *prt. i. 3 s. erhören*: deus e. lis sos pensez LE170

*__excellist__ *impf. c. 3 s.*: que le nient fraint num de pastur e. e nient anjoüst la culpa del deperdethur *ut pastoris intemeratum nomen excelleret, non dispersoris culpa incumberet* ALS *app.* 11

excos *prt. i. 3 s. abschlagen*: la destre aurelia li e. (: fellon) PAS160 *vgl. Cambr. Ps.* 76, 17; 17, 7; 57, 6; 108, 24, *Bartsch Chr.*[4] 379, 4, *Du C.-Henschel* escourre

excrebantent *prs. i. 3 pl. niederstürzen*: si s'e. li fellon PAS250 *vgl. Ger. de Viane* 1752: par coi seront li mur escrevente, *Durm.* 12524

exercite *subst. m. obl. s. heer*: qui tal e. vidist LE138

exit s. eisit

*__extendent__ *prs. i. 3 pl. ausbreiten*: davant e. a ssos pez PAS44 *vgl. Mätzn. afr. lied.* 10, 59, *Durm.* 4535

Ezelcias *personenname m. n.* HOH82

ezo *s.* ço

F.

Façam, faciest, fai *s.* faire

*__fains__ *subst. f. obl. pl. hunger*: e tantes f. e tantes [seiz passedes] ALS80c *vgl. Cambr. Ps.* 104, 16, *Theatr. fr. au moyen âge p.* 396, *Rutebeuf* II, 172, *Auc. et Nic.* 6, 31, *Watriquet p.* 362 *s.* 90, *Baudouin de Condé p.* 315 *z.* 1365, 1370

*__faire__ *inf. thun* EUL4 VALv27, 30 PAS96, 458 LE199, ALS93c *(caes.)*, 9e *(vor voc.)*, 103d *(ebenso)*, **fare** 10b *(caes.)*, **fair** *(vor voc.)* LE60 **fayr** *(vor voc.)* ALR87, 90, 92, *(vor* regard*)* 79 **farai** *fut. 1 s.* PAS231 **f[e]rai** ALS 31e **ferans** *1 pl.* 105c **faran** *3 pl.* PAS457 **fereie** *cond. 1 s.* ALS46b **fereiet** *3 s.* VALv°9 **faz** *prs. i. 1 s.* ALR24 **fais** *2 s.* PAS302 **fai** *3 s.* PAS35, 192, 490, 491, 493, 495, LE38, 135, 154, 157 **fei** (: basserai) PAS143 **fay** ALR59 **fait** ALS23b, 29d, 37a, 42b, 47b, 51d, 52b, 112e, STEPH VIc **fet** Xe, XIc **faites** *2 pl.* ALS101a **fe[ent]** *3 pl.* VALv°27 **fan** PAS284, 286 **funt** ALS10b, 54e (:), 105e, 106b, 112c, 124d HOH29 **feseit** *impf. i. 3 s.* STEPH IIc **fisient** *3 pl.* VALv°24, 27 **fis** *prt. i. 1 s.* PAS67, *3 s.* (: reswardet) 196 [1]) **fez** PAS9 (: aucis), 39, 107, 109 (: audid), 446 **feist** *(1silb.)* 176 **fist** LE21 (: mist), 40, 47 (:), 48 (:), 67 (:), 68 (:), 81, 82, 97, 108, 109, 142, 150 (: vid), 184, 186, 219, ALR17 (:) ALS7b, 30b, 34c, 77c, 83d, 122c, 123b HOH56, 65 **fisdren** *3 pl.* LE62 **firent** ALS18c **fisdra** *plusqperf. i. 3 s.* LE121, 123, 152 **firet** ALS25e **fedre** PAS188 (: escarnissent) **feira** 372 (: aucise) **fazâ** *prs. c. 3 s.* EID 1, 5 **faz'** antiquitas ALR7 **facam** *1 pl.* PAS507 **faciest** *2 pl.* VAL v°28 **fazen** *3 pl.* PAS484 **fasen** SPO76 **feïsses** *impf. c. 2 s.* ALS *app.* 10 **fesist** *3 s.* VALv°11, LE196, ALR14 **feisis** PAS212 (: audit) **feïssent** *3 pl.* LE54 **fai** *imperat. 2 s.* ALS35a, 44c, 67e **faites** *2 pl.* VALv°30 SPO77 **fait** *part. prt. neutr. n. s.* PAS29 (: suscitet *prt.*), *m. obl. s.* VALv°25, 31 LE155, ALS6d, 110a* HOH47 **fais** *obl. pl.* (: perdonet) LE225 **faitet** *f. n. s.* HOH79 **faite** ALS116a *obl. s.* 79c* **faita** PAS90 (: pasches) = in o quid il mi altresi fazet EID I, 5 voldrent la faire diaule servir EUL4 = faciest cest terriculum VALv°28 quet umbre li fesist 11 mel que fait habebant 25, 31 faites vost almosnes si cum faire debetis 30 chi sil fe[ent cum] faire lo deent e cum cil lo fi[sient] 27, 9, 24 = qui fez lo cel PAS39 eu te fis 67 vertuz feisis

1) *Koschwitz liest*: fit.

212 quar el forsfait non feist neūl 176 peccad .. non fez 9 gran fan escarn 286 façam lo ben 507 il per escarn o fan 284 di nos . chi t'o fedre 188 Anz .. que cho fus fait 29 alques vos ai deit de raizon que Jesus fez pus passion 446 signes faran li sòi fidel, quals el abanz faire solīae 457-8, 484 ensenna fei 143 a cel sopar un sermon fez 109 cum la çena Jesus oc faita 90 aital don fais 302 saccrament .. que faire rova a trestot 96 als deu fidels fai durs afanz 490 regnet per o cum anz se feira 372 lo[s] morz fai se reviv(e)re 35 sobre son peiz fez condurmi[r] 107 lo deu fil li fai neier 192 lui recognostr& semper fis 196 rumprel farai & flagellar 231 alcans en cruz fai soslevar 491, 493, 495 == de Hostedun evesque en fist LE48 de Chielperig feïssent rei 54 estre so gret en fisdren rei 62 re volunt fair' estre so gred 60 de sanct L. consilier fist 68 Ewruīns fist fincta pais 109 sc. L. fist son mistier 81, 103 pechietz que aurent faiz (*aus fiiz gebessert*) 225 las poenas granz quae il en fisdra li tiranz 152 qui fai lo bien, laudaz enn er 38 cil biens qu'el fist 219 sempre fist bien o que el pod 40 porquant il pot, tan fai de miel 135 defors l'asist, fist i gran miel 142 miel li fesist 196 tam ben en fist 21, 67, 47 sc. L. den fisdra bien 121, 123 missae cantat, fist lo mul ben 82 enviz lo fist 97 cum si l'aut fait 155 Il l'i vol faire mult amet 199 Ner lo fist 150 lis ols del cap li fai crever 154 am las lawras li fai talier 157 p[a]rlier lo fist 184 poble ben fist credre in deu 186 == letira fayr en pargamin ALR90 tal regart fay 59, 79 fayr .. agayt encuntre son vicin 92 fayr estorn & prodeltaz 87 chest dun faz l'alevament 24 solaz nos faz' antiquitas 7 chi ... tant rey fesist mat ne mendic ... cum Alexander magnus fist 14-7 == de olëo fasen socors a vos; faites o tost SPO76, 77 == une imagine ... qued angeles firent ALS18c suz tun degret me fai un grabatum 44c fait li sun lit 47b al sedme jurn fut faite la herberge 116a malveis e[s]guard(e) t'ai fait(e) suz mun degret 79c s'il nus funt presse 105e ne reis ne quons n'i poet faire entrarote 103d de noz aveirs feruns [granz] departīes 105c n'en fait musgode 51d [cum] boen servise fist cel saint hom(o) en cesta mortel vide 123b ki (fait) ad pechet 110a se tu feïsses amvidie *app.* 10 que faites? 101a ne sevent que funt 54e ne ne puis tant faire, que 93c quant vint al fare (jurn†), dunc le funt gentement 10b jo l'en fereie franc 46b cum il s'en firet liez 25e dunt (il) se fist si estranges 122c [1]) de duel s'asist ... si fist la spuse 30b plainums ... tu (de) tun seinur, jol f[e]rai pur mun filz 31e mun pedre me desirret, si fait ma medra 42b [ta] grant maisnede doües guverner, cum fist tis pedre 83d se fait acomunier 52b lur dous amfanz volent faire assembler 9e sil funt jeter 106b suëf le fist nurrir 7b deus fist l'imagine .. parler 34c, 77c sas i fait pendre 29d aquant se funt porter 112c fait querre sun amfan[t] 28b cantant l'en fait raler 112e l'unt fait regenerer 6d vide nus funt tresoblīer 124d fai l'ume deu venir 35a fait l'el muster venir 37a tu nus i fai venir 67e == adunc fud faite(t) Rome HOH79 grant tort m'unt fait 47 proud ne la fist 56 me fist .. ennor 65 chi tant biem oillet, con funt mi vestement 29 == feseit miracles IIc croisent les dent ..., cum fait li chiens VIc sire, fet il Xe, XIc *s.* desfacend, forsfez, mesfait, perfectus, affactaz

fais, fait, faita, faites *s.* faire

faitīce *adj. f. n. s. gefertigt*: lor gurpit söe chamisse chi sens custurse fo f. PAS269 *vgl. Ben. Chr.* 32289, *Mont S. Michel* 515, *Chast. de Couci* 1287, 5133, *Brun. de Mont.* 3277, *Jèan de Condé* II p. 393, 401, *Froiss. Chr.*, *Bartsch Chr.*4 402, 17, *Gach.*

1) *Vgl. Rol.* 96, 897, 1111, 2125 *etc.*, *Diez Gr.* 3III, 99, *Bertr. de Born ed. Stimming p.* 230

faitur *subst. m. n. s. schöpfer*: ki est un sul f. e regnet an trinitiet ALS *einl.* 8 *vgl. Cambr. Ps.*, *Ben. Chr.* 20880, 7284, 2114, 9179

faiture *subst. f. voc. s. gestalt*: o bele buce, bel[s] vis, bele f. (:) ALS 97a *vgl. Rol.* 1328, *Cambr. Ps.* 91, 4, *Adam* p. 7, *Ben. Troie* 16601, *Mont S. Michel* 8512, *Mätzn. afr. lied.*, *Bartsch Chr.*[4], *Du C.-Henschel*

***falcon** *subst. m. obl. s. falke*: l'altre [*sc.* uyl ab] neyr cum de f. (:) ALR63 *vgl. Rol.* 1529, *Karls Reise* 271, *Durm.* 9117, *Guiot Bible* 702

***faldrat** *fut. 3 s. im stiche lassen*: il nel [nem†] f., s'il veit ALS99e **faut** *prs. i. 3 s.*: li cure li f., vait sei afebleânt STEPH Xc *vgl. Rol.*, *Parton.* 4416, *Adam* p. 34, *Ben. Troie gloss.*

fan, faran, fasen, fay, faz, fazen *s.* faire; **faut** *s.* faldrat; **faym** *s.* frainde

fayllenci' *subst. f. obl. s. fehl*: senz f. altet ferir ALR97 *vgl. Ben. Chr.* 6403, 7756, 7872, *Troie* 28915, *Adam* p. 24, *Mätzn. afr. lied.* 7, 40, *Durm.* 2829

***fecunditet** *subst. f. obl. s. fruchtbarkeit*: que la muiler dunat f. (:) ALS6b

***fedel** *adj. m. n. pl. treu*: donc lo gurpissen sei f. (: aveia) PAS165 **fidel** 274, 426 (: ser), 363 (: revisquet), 429 (: vius era), 457 (: solise), 473 **fedeils** *obl. pl.*: ki ses f. li ad tuz amvîet ALS59d **fedels** PAS92 **fidels** 98, 112, 119, 129, 490, 504 (: voluntaz) **fidel** 409, 449 *vgl. Rol.*, *Adam* p. 4, 5, 61 *etc.*

fedre, fëent, fei, feisis, feissent, feist *s.* faire; **fei** *s.* feit

***feit** *subst. f. n. s. glaube*: quer f. i ert e justise & amur ALS1b *obl. s.*: par f. l'enorerent 100e **fei**: il (*sc.* Abraham) ert plus saives & de grant f. HOH69 **f&**: en huna f., huna vert& tuit soi fidel devent ester PAS273 **fied**: quel lor diss&s per pura f. (: il) 179 don deu servier por bona f. (: savier) LE24 **fiet**: fud de bona f. (: rei) 58 **fid**: f. aut il grand et veritiet 34 ill edrat por mala f. (: aurez) 114 *vgl. Cambr. Ps.*, *Rol. etc.*

***feiz** *subst. f. obl. s. mal*: vels une f. ALS90c *pl.* treis f. 59b soventes f. 49a tantes f. 95c **vez**: terce v. Petre[s] lo neiez PAS194 *vgl. Gorm.* 109, 425, *Rol. etc.*

***fel** 1) *adj. m. n. s. verrucht*: lo f. Judes Escarioth PAS81, 131 lo **fel** Herodes 209, 218 **vel**: Judas li vel 143 fellon *obl. s.*: f. Pilad lo retrames 220 si consegued u serv f. (: excos) 159 **fellun** *n. pl.*: f. Judeu 222 **felo**: f. Judeu 77 **felun**: li Juŝ, li f. (:) STEPH VIa **fellon**: f. losengetour ALR29 **feluns** *obl. pl.*: as Juës, a[s] feluns STEPH VIIe 2) *subst. schurke n. s.*: lo quarz, uns **fel**, nom a Vadart LE227 *n. pl.*: donc lo recebent li **fellun** PAS243 (: cort), 248 tuit li **fellunt** (: voz) 233, **felun** 138, **fellon** 182, 186, 250 (: genolz), **felon** 171 (: Jesum) **felluns** *obl. pl.*: uns del[s] f. 317, 357 (: van) **feluns** 277 3) **fel** *subst. m. obl. s. galle*: quar il lo f. mesclen ab vin PAS279 *vgl. Cambr. Ps.*, *Rol.*, *Gorm.*, *Adam* p. 42, 61 *etc.*

felix *adj. m. n. s. glückselig*: f. l[i] liu[s] u ALS114e *n. pl.*: com f. cels ki par feit l'enorerent 100e

***felunie** *subst. f. obl. s. schlechte gesinnung*: pur f. nîent ne pur lastet ALS95e *vgl. Cambr. Ps.*, *KarlsReise*, *Adam* p. 37, 55, 63, 66 *etc.*

***femme** *subst. f. n. s. frau*: si fait ma medra plus que f. quî vivet ALS 42b curant(e) cum f. forsenede 85c *obl. s.*: jamais n'erc lede pur home ne pur f. (: èn .. e) 91e **femnes** *n. pl.*: f. lui van detras seguen PAS257 tres f. van al monument 391 *obl. pl.*: ab les f. pres a parler 260, 402

***fend** *prs. i. 3 s. sich spalten, zerreissen*: qui in templum dei cortine pend, jusche la terra per mei f. PAS 328 **fendîent** *impf. i. 3 pl.*: roches f., chedent munt 323 **fendut** *part. prt.* VAL v°23 *vgl. Gorm.* 71, *Rol.*, *Bartsch Chr.*[4] 162, 36, *Durm.* 4498 *anm.*, *Watriquet* 456, 505, *Froiss. Chr.*

***fenir** *inf. verscheiden*: quant volt f., se s'est ajonelet STEPH XIa **feni** *part. prt. m. n. s.*: a icest mot li sen de [= sainz deu, *nicht* = sone dols] fu f. (: i) XIIa *vgl. Gorm.* 187, *Rol.*, *Guiot Bible* 1262, *Mousket* 461, *Durm.* 15939, *Mätzn. afr. lied.*, *Gach.*

***fer** 1) *subst. m. obl. s. schwert*: estrais lo f. que al laç og PAS158 *vgl. Gorm.* 404, 409, *Gar. le Loh.* I, 31, 122, *Ben. Troie* 14420, *Guiot Bible, Durm.* *2) *adj. heftig*: fer (sc. ab) lo talent & apensad ALR73 *vgl. Rol., Gorm. etc.*

fereie, fereiet *s.* faire

***ferir** *inf. schlagen*: & de s'espàa grant f. & de sa lancj' en loyn jausir & senz fayllencj' altet f. ALR95-7 **frid** *prt. i. 3 s.*: lai s'aprosmat que lui f. (: cadit) LE232 **firend** *gerund.*: de dobpla cordalz vai f. (: desfazend) PAS75

Fescant *ortsname m. obl.*: et en F. in ciel monstier LE177

feseit, fesist *s.* faire

***feste** *subst. f. n. s. feiertag*: oi est la [fe]ste STEPH XIIc *obl. s.*: cascune f. se fait acomunier ALS52b *vgl. Rol., Karls Reise, Guiot Bible*

fet, fez *s.* faire; **fet, fid, fied, fiet** *s.* feit; **feilz** *s.* malfeliz

***figura** *subst. f. obl. s. gestalt*: de la f. en aviron beyn resemplet fil de baron ALR64 **figure**: in f. (de) colomb EUL25 *n. s.*: cum est mudede vostra bela f. (:) ALS97b *vgl. Bartsch Chr.*[4] 90, 35; 131, 25, *Mätzn. afr. lied.* 39, 8, *Durm.* 1798 *anm.*

***figurad** *part. prt. gestaltet*: clar ab lo vult, beyn f. (:) ALR66 *vgl. Auberi ed. Tobl.* 63, 1

***filie** *subst. f. n. s. tochter*: fud la pulcela ... f. ad un conpta ALS9b **filie** *obl. s.*: dunc li acatet f. d' (ad-|-) un noble franc 8e n'ai mais f. ne filz 93e **fillies** *voc. pl.*: audez f. Jerusalem PAS261 **filleez**: beles pulcelez, f. Jerusalem HOH49

filz *subst. m. n. s. sohn*: postque deu(s) f. suspensus fure PAS312 quel reys fud f. d'encantatour ALR28 anz fud ... f. al rey Macedonor 32 *voc.*: o f. ALS81a e f. 78c, 87c f. quar te(n) vas 11b, 82e, 84b bels f. (:) 88b cher f. 22a, 27e f. Alexis 79b, 80a, 90a, 91a, 27a *obl. s.*: un f. lur dunet 6c quant n'ai tun f. 30e n'ai mais filie ne f. (:) 93e icel sul f. angendrat *einl.* 4 vint a sun f. 69e, 3e, 45a (:), *einl.* 2, 44d, 31e (:), 85e sun ker f. 26e *obl. pl.*: per vos & per vostres f. (: ? es) plorez PAS263 **fils** *n. s.*: si vers Jesus f. deu est il PAS180 Lothiers f. Baldequi LE16 f. fud Amint ALR37 **fiz** *n. s.*: Roboäm ses f. HOH74 *voc.*: cher f. ALS90e **fil** *obl. s.*: beyn resemplet f. de baron ALR65 que lo deu f. li fai neier PAS192 *n. pl.*: li f. sa mere(d) ne la voldrent amer(t) HOH58 **filli** *voc. pl.*: f. Davit PAS42

***fincta** *part. prt. scheinbar*: et Ewruïns fist fincta pais LE109

finimunz *subst. n. s. weltende*: quar f. non es mult lon PAS505 *vgl. Ben. Chr.* II 2103, 5366 deci al jor del finement 6810, 7437, 7983, *Troie* 27358, *Horn* 839, 1646, 3476 cuide .. que il l'ait mort et mis a finement *Raoul. de Cambr.* 272

***fins** *subst. f. n. s. tod*: c"o peiset mei, que ma f. tant d[e]moret ALS92e **fin**: sa f. aproismet, ses cors est agravet 58d *obl. s.*: quar sua f. veder voldrat PAS168 *vgl. Rol.* 3723, 1476, *Guiot Bible* 1478, *Gach.*

firent, fisdra, fisdrea, fisient, fist, fiz *s.* faire

***flagellar** *inf. geiseln*: rumprel furai & f. (: annar) PAS231 *vgl. Cambr. Ps., Ben. Chr.* 27851, *Brun de Mont.* 893, *Jean Condé* I, 411

***flaiel** *subst. m. obl. s. pein, noth*: dominedeus in ciel f. i visitet L. son serv LE179 a grand furor, a gran f. sil recomanda Laudebert 193 **flaiels** *obl. pl.*: del corps asaz l'avez audit et dels f. que grand sustint LE236 *vgl. Mousket* 26118, *Guiot Bible* 293, *Ben. Chr. glos.*

***flamm'** *subst. f. n. s. flamme*: si cum f., es clar arda[n]z LE204 **flamma** *obl. s.*: a foc, a f. vai ardant 133 *s.* enflamet *vgl. Adam p.* 68, *Elie* 2140, *Rol.* 2535, *Ben. Chr.*

***florist** *prs. i. 3 s. blühen*: toz tens f. li leuz de ma beltez HOH32 **florïes** *part. prt. f. n. pl.*: les vinneez sont f. (:) 34 *vgl. Ben. Chr.* 14936, *Rol., Cambr. Ps., Mätzn. afr. lied.* 39, 3

flum *subst. m. obl. s. fluss*: e f. Jorda lavet e luteët SPO18 *vgl. Cambr. Ps., Ben. Chr., Troie* 13372, *Horn* 76, 84, 1410, 4970, *Aiol.* 1551, *Mousket* 10927, 22879, *Froiss. Chr., Gach.*

fo *s.* estra

***focs** *subst. m. n. s. feuer*: tal a regard cum f. ardenz PAS395 **fugs**: sils enflamet cum f. ardenz 476 **foc** *obl. s.*: a f., a flamma vai ardant 133 **fog**: al f. l'useire l'aeswardovet PAS 190 alquanz en fog vivs trebucher 494 **fou**: enz en l f. l[a] getterent EUL19 *vgl. Rol., Cambr. Ps., Adam p.* 31, 68, 79 *etc.*

***fol** *adj. m. obl. s. närrisch*: a f. omen ne ad escüeyr no deyne fayr regart semgleyr ALR78 *vgl. Rol., Karls Reise, Parton.* 3378 *etc.*

folcs *subst. f. n. s. menge*: gran f. aredre, gran davan PAS45 **folc** *obl. s.*: nient deperdra la cuileita f. *collectum gregem non disperdere* ALS *app.* 10 **fulc**: cum f. en aut grand adunat LE131 *vgl. Rol.* 1439, *Ruteb.* II, 238, *Cambr. Ps.* fuc, *Froiss. Chr.* fouc, *Gach.*

for *s.* forz

***forma** *subst. f. obl. s. gestalt*: en tal f. fud naz lo reys ALR54 *s.* aformad *vgl. Trist.* II 136 *z.* 985, *Bartsch Chr.*[4] 207, 36, *Guiot Bible* 654, *Froiss. Poës.* I 285 *z.* 10, *Chr.*

***fors** *adv. heraus*: Petrus d'alo f. s'en aled PAS197 f. s'en exit LE146 ALS15d† si escit **foers** de la civitate VALo°8 *vgl. Rol.* 1776 **fora**: f. los gitez PAS72 f. de la vile ledement le giterent STEPH VIIId de cui sep diables f. medre PAS420 f. l'en conducent en la cort PAS244 f. en las estras estet 189 les vinnes a guarder f. al soleiz HOH60 f. sul (? mais que) li liz ALS55d† **hors**: vint une voiz treis feiz en la citet h. del sacrarie 59c *s.* defors *vgl. Guiot Bible* 2115, *Rol., Karls Reise etc.*

***forsenede** *part. prt. f. n. s. wahnsinnig*: la vint curant(e) cum femme f. (:) ALS85c *vgl. Cambr. Ps.* 90, 6, *Karls Reise* 562, 589, *Ben. Chr.* 2926, 28615, *Mousket* 6829, *Renart* 12282, *Durm.* 7672, *Froiss. Chr.* foursené, *Gach.*

***forsfait** *subst. m. obl. s. vergehen*: de quant il querent le f. (: oicisesant) PAS173 quar el f. non f(e)ist neũl 176 major f. que i querem 183 *vgl. Guiot Bible* 870, *Durm.* 3464, *Froiss. Chr., Du C.-Henschel*

***forsfes** *prt. i. 3 s. begehen*: el mor a tort, ren non f. (: diz) PAS290 **forsfaiz** *part. prt. m. n. s.*: f. non es 230 *vgl. Rol., Guiot lied.* VI, 20, *Ben. Troie* 5413, *Durm.* 4948, *Mousket* 13507

***forz** *adj. m. n. s. stark*: reys est f. en terra naz ALR53 **fort**: granz fu li dols, f. marrimenz PAS121 cum f. pecet m'apresset ALS12d, *obl. s.*: fort Satanan alo venquet PAS374 los sos talant tu f. monstred 73 f. saccrament lor coumandeç 94 *obl. f.*: cum oi f. aventure ALS89a (*vgl. Rom. de Troie* 4887), si f. sudor dunques suded PAS126 *n. pl.*: rey furent f. & mul podent ALR19 *adv.*: des sos sanz olz f. lagrimez PAS52 **for**: plaient lo f. STEPH Xb **fortment**: f. s'en aduned PAS115, f. lo vant il acusand 203 f. lo dis 315 f. sun il espaventet 437 regnum deu f. es prob 506 **fortmen**: Jesus f. dunc recridet 319 **forment**: peiset lur en f. ALS 5b l'i prennent f. a blastenger 64b f. l'enquer[t] 65d *s.* conforter, esforcer

fos *s.* estra; **fou** *s.* focs; **fradre** *s.* fredre; **frai** *s.* faire

***frailes** *adj. m. n. s. gebrechlich*: velz est e f. (*sc.* secles) ALS2d **fraisle** *f. n. s.*: la vithe est f., n'i ad durable honur 14d *vgl. Mätzn. afr. lied.* 39, 4, *Auc. et Nic.* 2, 7

fraind[r]e *inf. brechen*: f. devem nostræ voluntaz PAS503 **faym** = **fraynt?** *prs. i. 3 s.*: poyst l'oume f. enfirmitas ALR5 **fraint** *part. prt.*: le nient f. num de pastur *pastoris intemeratum nomen* ALS *app.* 11 *vgl. Mätzn. afr. lied.* 13, 27, *Ben. Troie* 27798, *Chr., Cambr. Ps., Rol., Gorm., Durm. etc.*

***franc** *adj. m. obl. s. frei*: f. cavalleyr ALR76 jo l'en fereie f. (:) ALS 46b filie [a]d un noble f. (:) 8e *n. pl.*: cio controverent baron f. (: granz) LE52 *vgl. Gorm., Rol., Durm.* 4365 *anm., Gach.*

***fredre** *subst. m. obl. s. bruder*: mais li seu f. Thëoiri LE58 **fradre** EID I, 3, *dat.*: sagrament que son f. Karlo jurat II, 1 qui . . meon f. Karlo in damno sit I, 6 **fradra** *obl.* I, 4 **frere** *voc. s.*: quer mei, bel f.!

ALS57a *n. pl.*: il la receut cume li altre f. (: é . . e) 24d *vgl. Gorm.* 213, *Rol., Durm.* 1793 *anm. etc.*

fregundent *prs. i. 3 pl. leben*: la gent ki ens f. (: ó . . e) ALS60d *vgl. Aye d'Avign. p.* 88, *G. Paris' anm., Littré* fréquenter

°**fraissiet** *part. prt. zerschlagen*: ne deut estra f. ic"o que ALS *app.* 7 *vgl. Parton.* 8055, *Rol., Bartsch Chr.*[4]

°**fruit** *subst. m. obl. s. frucht*: rendet ciel f. spiritiel LE215 *vgl. Adam p.* 34, *Durm.* 9269, *Bartsch Chr.*[4] 384, 34, *Guiot Bible*

fu, fud *s.* estra

°**fugir** *inf. fliehen*: hanc no degnet d'estor f. (:) ALR42 **fui** *prs. i. 1 s.*: s(e)' or ne m'en f., mult criem que ALS12e *3 s.*: f. lo soleiz & f. la luna PAS311 **fuit**: s'en f. de la contrethe ALS15e s'en f. de la ciptet 38d **fuis** *prt. i. 2 s.*: pur quem f., ja t(e) portai en men ventre 91c **fuit** *3 s.*: cum s'en f. par mer 77a *part. prt. m. n. s.*: tu m'ies f., dolente an sui remese 27b **fuiet** *prs. c. 3 s.*: qued elle f. lo nom EUL14 *s.* refuit

fuga *s.* focs; **fule** *s.* folcs

°**fundet** *prs. c. 3 s. zu grunde gehen*: si [li] depreient, que la citet ne f. ne ne perissent la gent ki ens fregundent ALS60c *vgl. Ben. Chr.* 10453, 10568, *Troie* 18264, 5887, *Karls Reise* 199, 568, *Roi Guill. p.* 57, *Bartsch Chr.*[4] 114, 13, *Durm.* 7668, 7811, 13513, *Mousket, Froiss. Chr., Gach.*

funt *s.* faire; **fura** *s.* estra

°**furer** *subst. obl. s. wuth*: a grand f., a gran flaiel sil recomanda Laudebert LE193 *vgl. Cambr. Ps.*, fure *Ben. Chr.* 12018, 19519, 23027

fus, fusses, fut *s.* estra

G.

°**Gab(l)et** *part. prt. verspotten*: eu fo batut, g. e laideniet SPO21 *vgl. Cambr. Ps., Rol., Karls Reise, Horn etc., Gröbers Zeitschr.* IV 81 f.

Gabriols *personenname* SPO27

gai *ausruf, weh*: g. te, dis el, per tos pechet PAS54 *vgl. Cambr. Ps.* 119, 5

gaimentan *gerund. wehklagen*: ploran lo van & g. (: seguen) PAS258 *vgl. Elie* 2367, *Bartsch Chr.*[4] 459, 29

°**gaire** *adv. durchaus*: g. noi dormet SPO14, 19, 24, 29 **geres**: g. nient ne deut estra fruissiet ic"o *frangi ergo non debuit* ALS *app.* 7 *vgl. Adam p.* 22, 30, *Rol.* guaires *etc.*

Galilēa *ländername*: en G. avant en vai PAS411

garder *s.* guarder; **gardes** *s.* guarde; **garnid** *s.* guarnir

Gehsemani *städtename*: G. vil' es n'anez PAS118

°**gemmes** *subst. f. obl. pl. edelstein*: d'or e de g. fut li sarqueus parez ALS118a **gemme** *obl. s. edles wesen*: le num lur dist . . . d'icele g. (*sc.* S. Alexis) qued iloc unt truvede 76e a cel saint cors, a la g. celeste 116b *vgl.* a l'honor d'une gemme qui molt est bele femme *Phil. de Thaün. Best. eingang, Miracles de N. D. de Chartres p.* 11, *Flor. et Bl. ed. Becker* 482, 499, *Rol.* 3616, *Durm.* 111, *Mousket* 1821, 11435, 28530, *Ben. Chr.*

°**genolz** *subst. m. obl. pl. knie*: dedavant lui tuit a g. si s'excrebantent li fellon PAS249 *vgl. Cambr. Ps., Rol., Froiss. Chr.* III, 391 a genuilluns *Gorm.* 295, *Horn p.* 159 *var., Mont S. Mich., Mousket* 1170, *Flor. et Bl. ed. Duméril gloss.*

gens* *adv. etwas*: tut le depart . ., que g. (nïent†) ne l[i]'n remest ALS19c ne s'en corucet (**giens**) [i]cil saintismes hom 54c *vgl Dies Altr. Sprachd. p.* 53, *G. Paris in Mém. de la Soc. de Linguistique* I, 189 [1]), *Rom. Stud.* III, 577 *zu Gorm.* 228

(°)**genz** *adj. m. n. s. artig*: il est

---

1) *G. Paris erblickt in unseren beiden Beispielen einen Archaismus, doch scheint eher ein Provinzialismus vorzuliegen, da für das Wort, bisher wenigstens, nur aus agn. Texten (und nicht nur aus den ältesten) Belege beigebracht sind. Es könnte daher direkt aus dem prov. ins agn. herübergenommen sein.*

plus g. que solleiz enn ested HOH16 **gent** *adv.*: une pulcelle(t) odi(t) molt g. plorer 4 **gentement**: quant vint al[jurn], dunc le funt g. (:) ALS10b **gensor** *comparativ. f. obl. s.*: et prist moylier .. qual pot sub cel g. jausir ALR40 *vgl. Rol.*, *Ben. Chr.* 3131, 5237, *Guiot Bible*, *Mätzn. afr. lied.*, *Mousket*, *Auc. et Nic.*, *Gach.*, gencesors *Horn p.* 7 *var.* 3

***gent** *subst. f. n. s. volk*: cum co audid tota la g. (: podenz) PAS33 *n. pl.*: ne ne perissent la g. ki ens fregundent ALS60d ja tute g. nem(en) soüsent turner 98c si s'en commourent tota la g. de Rome 103a ad une voiz crïent la g. menude 107a la g. de Rome ki tant l'unt desirret 115a saint Pol l'apellent la crestïane g. (: an) STEPH IXe *obl. s.*: convertent g. & popu .. PAS487 exaltat sor tota g. ALR22 sil funt jeter devant la povre g. (:) ALS106b lo barun seguent mult g[r]ant torbe de g. STEPH Xa **gens** *obl. pl.*: li toi caitiv per totas g. menad en eren a tormenz PAS65 la peinture est pur leceun as g. ALS *app.* 4 tu qui habites entra les g. 5 *vgl. Rol.*, *Gorm. etc.*

***gentils** *adj. m. voc. s. artig, lieb, edel*: e g. hom! ALS96c *voc. pl.*: domnas g. SPO70 *f. obl. pl.*: des melz g. de tuta la cuntretha ALS4e **gentilz** *f. voc. s.*: g. pucellet HOH7 Olimpïas, donna g. ALR44 cum avilas tut tun g. linage! ALS90b *vgl. Rol.*, *Gorm etc.*

genuït *prt. i. 3 s. zeugen*: Olimpïas .. dun Alexandre g. ALR45

gensor *s.* gensz; **geres** *s.* gaire

***getent** *prs. i. 3 pl. werfen*: lur lavadures li g. sur la teste ALS53d l'egua li g. 54b **jetent**: venent devant j. s'(ei) an ureisuns ALS72b alquant i cantent, li pluisur j. lermes 117d **jetet** *3 s.*: plurent si oil e s[i] j. granz criz 88a **jeter** *inf.*: sil (*sc.* l'or) funt j. devant la povre gent 106b **gitez** *prt. i. 3 s.*: a grand destreit fors los g. PAS72 **getterent** *3 pl.*: enz enl fou lo g. EUL19 **giterent**: jus se g. a sos pez LE224 fors de la vile ledement le g. (:) STEPH VIIId **gitad** *part. prt.*: mais [qui l'] aura, sort an g. (: deramar) PAS270 **jet?** VAL*v*°8 *s.* dejeter *vgl. Rol.*, *Gorm.*

(*)**geüd** *part. prt. liegen*: ou as geüd de lung' amfermetet ALS98b li liz ou il a g. tant 55d† **jagud**: en moniment j. aveie toz pudenz PAS32 **gist** *prs. i. 3 s.*: soz le degret ou il g. sur sa nate 50a, 53a, 60b†, 69e, 71d, **joth** *prt. i. 3 s.*: a terra j. LE163 **jac**: o li sos corps j. desabanz PAS 408 **jag**: o corps non j. anc a cel temps 352 anz lui noi j. unque nulz om 356 *vgl.* gesir *Rol.*, *Gorm. etc.*

gitad, gitez, giterent *s.* getent

***gladies** *subst. obl. pl. schwert*: & a gladies [tot] percutan LE134 *vgl. Durm.* 11649, *Froiss. Chr.*, *Gach.*

glauc *adj. m. obl. s. graublau*: l'un uyl ab g. cum de dracon ALR62

***glorie** *subst. f. n. s. ruhm*: prest est la g. qued il li volt duner ALS 59e en icest siecle nus acat pais e g. (goie†) & en cel altra la plus durable g. 125cd quer or est s'anaime de g. replenithe 123c **gloriæ** *obl. pl.*: te posche retdræ gratiæ, davant to paire g. PAS514 *vgl. Cambr. Ps.*, *Karls Reise*, *Mousket* 20919, *Mont S. Michel* 993

***glorios** *adj. m. obl. s. ruhmreich*: per deu lo g. SPO75 de saint Estevre lo g. barun STEPH Ic *vgl. Rol.*, *Cambr. Ps. etc.*

***goie** *subst. f. n. s. freude*: chichi se doilet a nostr'os est il g. (? cuiqu'en seit dols, a nos en est la joie†) ALS 101c, 125c† **goies** *obl. pl.*: dignement sei delitent es g. del ciel *einl.* 12 *s.* conjaudit *vgl. Rol.* 1584, *Auc. et Nic.* 1, 14 *etc.*

***goiuse** *adj. f. n. s. freudig*: quant jo[t] vid ned, si'n fui lede e g. (:) ALS 92c *vgl Rol* 2803

***gola** *subst. f. obl. s. kehle*: dïable sen enz en sa g. (: sopa) PAS102 *vgl. Gorm.* 465, *Guiot Bible* 1978, *Froiss. Chr.* geules

Golgota *ort obl.*: cum el perveng [dunc] a G. davan la porta de la ciptat (de la c. davan la p †) PAS265

grabatum *subst. m. obl. s. lager*: suz tun degret me fai un g. (: on) ALS44c *s. lat. vita und Diez altr. Sprachd. p.* 113 *anm.*

***grace** *subst. f. n. s. gnade*: icesta istorie est amiable g. ALS *einl.* 9; *obl. s.*: par la deu g. vocet amperedor 73b **gratïa**: sa g. li perdonat LE16 sa g. por tot ouïst 88 **gratïae** *pl. obl.*: te posche retdræ g. davant to paire gloriæ PAS513 *vgl. Adam p.* 22, 31, *Guiot Bible* 947, *Mätzn. afr. lied.* 7, 20, *Durm.* 14584, *Bartsch Chr.*[4]

(*)**graciet** *prs. i. 3 s. danken*: trestu[z li] pople[s] lodet deu e. g. (:) ALS108e *vgl. Rol.* 698, 2480, *Horn p.* 76 *var.* 15, *Adenet Cl.* 17310, 17528, *Mont S. Michel* 3378, 3696, *Durm.* 12860, 13796, *Froiss. Chr.* II, 200

***gradilie** *subst. f. obl. s. rost*: & en g. ls fai toster PAS495 *vgl. Brut.* 3464 grâillier

graim *adj. m. n. s. traurig*: set il fut graim (s'il fut dolenz†), ne l'estot demander 26c **graime** *f. n. s.*: or sui si g. que ne puis estra plus 22e *vgl. Karls Reise* 601, 628, *Mousket* 786, 22114

grancesmes *adj. superl. m. n. s. sehr gross.*: si vint g. jholt VALv15 *vgl.* grandisme *Aiol* 7641, *Ben. Chr.* 4028, *Troie* 29811, *Auc. et Nic.* 24, 8

***granz** *adj. m. n. s. gross*: g. fu li dols PAS121, 337 ALS93d co fut g. dols 21d tos g. orgolz PAS56 damz i fud g. (: franc) LE51 *f. n. s.*: e si cum ro[de] in cel es g. (*sc.* claritet : arda[n]z) LE203 l'ira fud g. 75 zo fu g. signa PAS272 cest mund g. noiz cubrid 310 c"o'(e)st g. merveile ALS89e g. est la presse 104b *m. n. pl.*: mes g. paleis 81c *f. n. pl.*: mes g. ereditez 81a si g. turbes 103c *m. obl. pl.*: afanz per nos susteg [mult g.] PAS16 LE4, 10 g. criz PAS 314 ALS88a g. deplainz 21e *f. obl. pl.*: per g. ensignes fud mostraz ALR47 en g. afflictïuns ALS 72c per colpas g. PAS291 g. en avem agud errors 395 las poenas g. LE151 = **grant** *m. n. s.*: g. fut li dols ALS 85b *f. n. s.*: si g. dolur 82d, 97d si g. ledece 107c ot lui g. masse 43d c"o (e)st g. merveile 88e g. est la presse 115c g. pres pavors PAS74 lo baron seguent molt g[r]ant torbe de gent STEPH Xa *m. obl. s.*: faciebat g. jholt VALv*10 g. dol ALS29e, 49a, 86a, 87b, 89c en g. dute 60e sun g. parage 50c mult[en] as g. pechet 64e g. tort HOH47 *f. obl. pl.*: & de s'espäa g. ferir ALR95 de Adamassa la g. STEPH IXc de g. bonte IIa de g. fei HOH69 me fist molt g. ennor 65 ma g. honur t'aveie retenude ALS82b, 29e par g. certet nurrit *einl.* 6 par g. humilitet 6a si g. ledece 108a g. maisnede 83e de g. nobilitet 3d si g. perte 30c a g. poverte 50c a si g. poverte 84a a. g. tristur 14e *m. n. pl.*: li g. e li petit 37e, 102e = **grand** *m. obl. s.*: a g. destreit PAS72 dol en a g. 489 a g. torment LE12, 173 *f. obl. s.*: a g. honestet EUL18 g. an enveie PAS78 a g. honor 36, 343, 349 per sua g. humilitad 25 vid g. claritet LE201 fid aut il g. 34 fulc en aut g. adunat 131 a g. furor 193 ciel ira g. 105 en aut merci si g. 183 *m. obl. pl.*: dels flaiels que g. sustint 236 = **gran** *f. n. s.*: g. folcs aredre, g. davan PAS45 *m. obl. s.*: oth en g. dol LE63 a. g. flaiel 193 *f. obl. s.*: g. cridaizun 286 ab g. compannie 132 de g. pavor 400 *m. n. pl.*: li g. e li petit 41 g. e petit 46 e li petit e li g. 379 = **grande** *f. n. s.*: cum lur ledece est g. (: un . . e) ALS122e

grarir *s.* guarir; **gratia** *s.* grace

***grec** *adj. m. obl. s. griechisch*: de g. sermon & de latin ALR89 *vgl.* grieu *Brun. de Mont.* 3225, *Gach.*

Grecïa *ländername f. obl.*: qui fud de G. natiz ALR18 **Gretia**: (e)chel ten G. la region 35

Gregorie *personenname m. obl.*: le respuns saint G. ALS *app. überschr.*

***gret** *subst. m. obl. s. wunsch, dank*: estre so g. en fisdren rei LE62 si l'en sourent bont g. ALS6c quar il ad deu bien servid & a g. 35b **gred**: estre so g. LE60 *vgl. Rol.* 2000, *Karls Reise* 54, *Mätzn. afr. lied.*, *Durm.* 2804 *anm.*

***greu** *adv. schwer*: de son piu cor g. suspiret PAS51 *s.* agravet

***guarde** *subst. f. obl. s. hut*: malveise g. (? malvais esguart†) t'ai fait(e) suz mun degret ALS79c **gardes** *m. obl pl. hüter*: gardes i met

PAS360 *s.* **escalguaites** *vgl. Rol.* 192, *Gach.*

guarder** *inf. hüten, schauen, abwarten*: commandent li les vinnes a g. HOH59 **guardarai** *fut. 1 s.*: sit g. pur amur Alexis ALS31b **guard** *prs. i. 1 s.*: as me kil g. pur ton cumand 46b **guardet** *3 s.* ALS75d *s.* esgarde **guardent** *3 pl.*: ne g. l'ure, que terre nes anglutet 61e (*vgl. Aliscans ed. Jonckbl.* 3521, *Coron L.* 1457, *Berte as g. p.* 861, *Enf. Ogier* 1158, *Rom. d'Alixandre* 19,10; 58,12, *Guill. d'Orange ed. Jonckbl. p.* 100 *s.* 1021, *p.* 339 *s.* 4705 *p.* 338 *s.* 4671, *Mort Garin* 2553, 4551, *Fierabr.* 1162, *Benoit Troie* 20, 622, *Atre périllos* 3857) les escalguaites chi g. la citez HOH43 cil chi g. le m[u]rt 47 **garda** *prt. i. 3 s.*: incontra deu ben s'i g. LE70 g., si vid grand claritet 201 **garder**: Jesus li pius redre g. (: parler) PAS259 **guard[as]t** *imperf. c. 3 s.*: quer or oüsse un sergant kil me g. (**guardrat) ALS46b **guardet** *part. prt.*: e tantes feiz pur tei an luinz g. (**esgardet** AP)95c si me leüst, (si) t'oüsse bien g. 98e *s.* avardevet, esgarde *vgl. Gorm. Cambr. Ps. etc.*

***guarir** *inf. genesen, heilen*: tant en retint dunt ses cors puet g. ALS 20d ja n'auras mal dunt te puisse g. 31c **g(r)arir**: e c"o duint deus qu'or en puisum g. 74e **guarirunt** *fut. 3 pl.*: d'icel saint hume par qui il g. 62c, 66e *vgl. Gorm., Rol., Cambr. Ps. etc.*

***guarnit** *part. prt. m. n. s. ausstatten*: tant aprist letres, que bien en fut g. (:) ALS7d **garnid** *prt. i. 3 s*: toz sos fidels ben en g. (: pader) PAS112 *vgl. Rol., Karls Reise, Cambr. Ps., Parton.* 4553, *Durm.* 1551, *Mont S. Mich.* 3279, *Froiss. Chr.*

Guenes *personenname m. n.*: G. oth num LE175

(*)**gueredoner** *inf. belohnen*: deus sun servise li volt g. ALS56b *vgl. Cambr. Ps., Ben. Chr., Wace Brut, Horn, Mont S. Michel, Durm.* 8839, 10730

guerpir *inf. überlassen, verlassen*: il la (*sc.* c"artre) volt prendra, cil ne l'i volt g. ALS71a **gurpira** *fut. 3 s.*: per epsa mort nol g. PAS116 **gulpist** *prs. i. 2 s.*: heli perquem g. (: dis) 316 **gurpis** *3 s.*: Pilaz cum audid tals raisons, ja lor g. nostre sennior 242 **gurpissen** *3 pl.*: donc l'en g. sei fedel 165 **gurpissem** *imperat. 1 pl.*: g. mund 508 **gurpit** *prt. i. 3 s.*: dunc lor g. söe chamisse 267 **guerpide** *part. prt. f. obl. s.*: avoc ma spuse que jo lur ai g. ALS42c *vgl. Gorm.* 214, *Rol., Cambr. Ps. etc.*

***guise** *subst. f. obl. s. art*: ore vivrai an g. de turtrele ALS30d par nule g. ne s'en volt esluiner 36e, 47e, 48c, 52e **vises** *obl. pl.*: de multes v. l'apeled PAS218 *vgl. Adam p.* 5, *Rol. etc., Gach.*

gulpist, gurpis *s.* guerpir

(*)**gunfanun** *subst. m. obl. s. banner*: le g. l'empereür porter ALS83e *vgl. Gorm.* 280, 287, *Rol.* 857, 1033, 1288, *Aiol* 3368, *Mont S. Michel* 895

***gutas** *subst. f. n. pl. tropfen*: que cum lo sage a terra curr[en] de sa sudor las sanctas g. PAS128 *vgl. Adam p.* 74, *Guiot Bible, Durm., Gach.*

***guverner** *inf. beherrschen.*: grant maisnede doüses g. ALS83c **guvernes** *prs. i. 2 s.*: e deus ... [bons] reis qui tut g. (:) 41a **guvernet** *3 s.*: deu servirei le rei ki tot g. 99d **guvernent** *3 pl.*: cil dui seniur ki l'empirie g. (:) 113a *vgl. Rol.* 2631, *Guiot Bible, Froiss. Chr.*

guvernedor *s.* jugedor *vgl. Guiot Bible* 1181

H.

***Habiter** *inf. wohnen*: [que] avisunches hom (n') i poet h. ALS115e **habites** *prs. i. 2 s.*: tu qui h. entra les genz *app.* 5 *vgl. Cambr. Ps.* 4, 10; 14, 1, *Bartsch Chr.*[4] 80, 33

***haierent** *prt. i. 3 pl. hassen*: por ce [l']h. a [t]utens li Jué SEPH IIe *s.* enhadithe *vgl. Rol.* 1244, *Cambr. Ps. etc.*

***haires** *subst. obl. pl.*: vesti[rent] ... h. a majore usque VALr°24 *vgl. Bartsch Chr.*[4] 309, 2, *Durm.* 11258, *Adam p.* 75, *Froiss. Poés. gloss., Gach.*

***halt** *adj. m. obl. s. hoch*: fud la paleeia (nethe) de [mult] h. parentet ALS9a **halte** *f. obl. s.*: à h. voiz prist li pedra a crier 79a **alta**: Jesum in a. cruz claufisdr[e]nt PAS 226 *s.* altet *vgl. Gorm., Cambr. Ps., Rol. etc.*

hanc *s.* anc

hebraice *adv. hebräisch*: h. fortment lo dis PAS315

heli: h., h. perquem gulpist PAS316

helbere *subst. m. obl. s. wohnung*: al h. sunt alet ALS65b **herbere**: de la viande ki del h. li vint 51a *s.* herberge

helme *subst. m. obl. s. helm*: tei cavenist h. e brunie a porter ALS83a *vgl. Rol., Gorm etc.*

(*)**herberge** *subst. f. ruhestätte*: en ta povre h. ALS84d al sedme jurn fut faite la h. 116a *vgl. Gorm* 242, *Rol., Cambr. Ps.* 14, 1' *var., Karls Reise, Ben. Chr., Gach.*

***herberges** *imperat. 2 s. beherbergen*: quar me h. pur deu an t[a] maison ALS44b **arberget** *prt. i. 3 s*: en paradis los a. PAS388 **herberget** *prs. i. 3 s. wohnsitz nehmen*: felix le liu u sun saint cors h. (:) ALS14e **arberjaran** *fut. 3 pl.*: (il) tot entorn t[ei] a. (:) PAS59 *vgl. Rol, Cambr. Ps., Karls Reise, Mont S. Michel* 2717-9, *Ben. Chr.* 8492

Herodes *personenname m. n.*: li fel H. PAS209, 218

hi *s.* i

Hierussalem *stadt*: *voc.* PAS23 **Iherl'm** *gen.*: fillies I. 261 **Jerusalem**: filles J. HOH49

***historie** *subst. f. obl. s. geschichte*: par le h. de la painture aprendre quels c"ose seit ad aürier ALS *app.* 1 **istorie** *n. s.*: icesta i. est amiable grace . . a cascun *einl.* 9 **hystories** *obl. pl.*: l'ancienetiet . . . cumandat les h. estra depaint *app* 9

hoc *s.* oc; **holivet** *s.* olivet

***hom** *subst. m. n. s. mensch, mann*: hanc non fud h. PAS88 per tot susteg que h. carnals 8 muls h. vidist ALR 12 ne nule h. [vivs] ne sout les sons abanz ALS55c quels h. esteit 48e rices h. fud 3d meyllor vasal non vid ainz h. ALR34 ne l'em puet h. blasmer 47e h. n'i poet habiter 115e **um**: iluec paist l'u. 50b S. Boneface que l'u. martir apelet 114a **om**: si cum o. per dreit son fradra salvar dist EID 1,4 nol sab o. vivs PAS332 nol pod nul[s] o. de madre naz 448 no lor pod o. vivs contrastar 483 nulz o. mortalz nol pod penser 339 non fo nul[z] o. carnals 381 [1]) e(t)qui era li om primers 377 ans lui noi jag unque nuls o. (: nous) 356 ne soth nuls o. qu'es devengu(n)z LE156 ne fud nuls o. del son juvent 31 ja fud tels o. 73 Laudebert fura buons o. 197 ainsque nuls o. soüst HOH64 nuls o. ne vit 28 **os**: neüls o. n'es seit conter 14 **hom(o)**: fist cel saint h. en cesta mortel vide ALS123b **hom** *voc. s*: boens h. 45d gentils h. 96c riches h. 44a saintismes h. 72d **omne** *obl. s.*: que contra omne non [at] vertut PAS376 ciest o. tiel mult aima deus LE207 a nuil o. nol demonstrat 78 **omen**: a fol o. ne ad escueyr no deyne fayr regart semgleyr ALR78 **oume**: poyst l'oume f[r]ayn[t] enfirmitas 5 **heme**: jamais n'erc lede pur h. ne pur femme ALS 91e suz ciel n'ad h. ki 118e icel saint h. 35e, 40b, 70b, 124e, 125a **hume**: jamais h. n'aurai 99c d'icel saint h. 62e, 66e, 106e **ume**: apele l'u. den 34e, 35a, 60b, 69c **omne** *n. pl.*: tuit li o. de ciel pais LE211 **omnes** *obl. pl*: & inter o. sunt vedud PAS326 quatr o. i tramist armez LE22 **humes**: grant masse de ses h. (:) 43d

***honeste** *adj. f. n. s. ehrbar*: la süe juvente fut h. e spiritel ALS *einl.* 6 *vgl Gorm.* 59, *Partou* 7218, *Guiot Bible* 63, 257, *Froiss. Chr.*

honestet *subst. f. obl. s. ehrbarkeit*:

1) *Vgl. Lucae's Bemerkung über Wolfram von Eschenbachs Ausdruck* 'mit schâr ein mensche' *in Zachers Zeitschr.* XII 385 f. *und dazu noch Gröbers Zeitschr.* II 414, *ferner Gach. s. v.* hom *und Hs.* V' *des Rom. de Renc.* (= *Rol.* 1040)

poros furet morte a grand h. (:) EUL18 **onestas** *obl. pl.*: magestres ab ... quil duystrunt beyn de dignitaz ... de sapientia & d'o. (:) ALR86 *vgl. Guiot Bible* 997, *Mont S. Michel* 3031, *Brun de Mont.* 351

***honor** *subst. f. obl. s. ehre, lehen*: a grand h. **encontraxirent** PAS36, 343, 349 a sos sancz h. porter LE2 **onor**: pur l'o. dunt nes volt ancumbrer ALS 77d c''o(e)'st sa merci qu'il nus consent l'o. (:) 73c **honur**: d'icest h. ne[m] revoil ancumbrer 38c del h. del secle nel encumbrent 40e la vithe est fraisle n'i ad durable h. (:) 14d **sa grant** h. **a grant** dol ad (a)turnede 29e ma grant h. t'aveie retenude 82b **ennor**: li mienz amis me fist molt grant e. (:) HOH66 **honors** *obl. pl.*: primos didrai vos dels h. (:) LE7 que s'ent ralgent in lor h. (:) 120 **honurs**: pur h. ki l[i]'n fussent tramise[s] nen volt turner ALS33d *vgl. Gorm.*, *Rol. etc.*

***honurables** *adj. m. obl. pl. ehrwürdig*: es h. lius des sainz ALS *app.* 9

***honurer** *inf. zu ehren bringen, verehren*: n'at mais amfant lui (lei†) volt mult h. (:) ALS9c **onurer**: quant il c''o veit qu'il volent o. (:) 38a **onurent** *prs. i. 3 pl.*: trestuit l'o. li grant e li petit 37d **onorat** *prt. i. 3 s.*: il l'exaltat e l'o. LE45 **enorerent** *3 pl.*: com felix cil ki par feit l'e. (:) 100e **honerez** *part. prt. m. n. s.*: bien h. fud s. Lethgiers LE50 **oneuret**: par oec en est oi cest jurn o. (:) ALS 109b **enoret**: pus mun deces en fusses e. (:) 81d **honorethe** *f. n. s.*: lur cumpainie fut bone & h. (:) 121d **honurede** *obl. s.*: prist muiler vailant(e) & h. (:) 4d *vgl. Gorm.* 447, *Guiot Bible etc.*

***hora** 1) *subst. f. obl. s. stunde*: ciel Ewruïns qual h. l vid LE149, 205 **ure**: ne guardent l'u. (*s.* guarder) ALS61e *2) *adv. nun*: h. vos dic vera raizun PAS1 **hor'** a p[e]rdud dom deu parlier LE161 **hor'**en aurez 151 **hor'** atendet SPO15 **ora**: en efern o. seret meneias 90 **or'** a perdud LE167 *s.* ore

hors *s.* fors

host *subst. n. s. heer*: si l'at destruite cum (dis) l'ait h. depredethe (cum s'om l'oüst predede†) ALS29c *vgl. Gorm.* 427, *Rol.*, *Cambr. Ps.*, *Durm. anm.* 3294

Hostedun *stadt obl. s. Autun*: de H. evesque en fist LE48

huec *s.* oc

***humilitet** *subst. f. obl. s. dehmuth*: tant li prïerrent par grant h. (:) ALS6a **humilitiet**: h. oth par trestoz LE36 **humilitad**: per sũa grand h. (: monted *prt.*) PAS26 *vgl. Rol.* 73, *Karls Reise* 789, *Guiot Bible* 1762, 1773, *Durm.* 5468, *Chast. de Couci* 518, *Mätzn. afr. lied.*, *Froiss. Poés.* II 354, 43, *Chr.* V 200, 215

huec *s.* oc, **huna**, **hunna** *s.* uns, **hunc** *s.* omque, **hystories** *s.* historie

I.

*I [hi PAS346 noi *einsilbig* PAS356, 410] *orts- und zeit-adv. hier, da*: damz i fud grans LE51 feit i ert ALS1b s'i ert creänce 1c s'i fut un sire 3c des mels ki dunc i ere[n]t 4b la vithe est fraisle n'i ad durable honur 14d nul(s) nen i at ki 111d cel nenn i at 111e un compte i oth LE55 non i ab nn plus valent ALR 23 un en i out ALS46c creänce, dunt or(e) n'i at nul prut 1c jo i ai si grant perte 30c mult i (cn†) as grant pechet 64e tuit i acorent 102e, 104e alquant i vunt 112c bor i alasses 90e mais sun pedre i ancuntret 43c unguement hi aportet PAS346 cil l'i aportet, receit le (l'i†?) Alexis ALS 57c alquanz l'i prennent forment a blastenger 64b alquant i cantent 117d i converset 17d plus tost i vint ki plus tost i pout curre 103b mal i diz PAS289 non i donet 385 trop i avem dormit SPO35, 40 *etc.* gaire no i dormet 14 la u jo sui(d), iverez n'i puet durer HOH31 n'i ai mais ad ester ALS38b n'i poet faire entrarote 103d il l'i vol faire mult amet LE199 incontra deu ben s'i garda 70 il la volt prendra, cil ne l'i volt guerpir 71a hom (n)i poet habiter 115e quant il c''o veit qui' l volent onurer 38a anz lui noi jag unque nulz om PAS356 gardes i met 360 non i fud naz emfes anceys ALR55 mas vos Petdrun noi oblidez PAS410 ciol demonstrat que s'i paias LE110 nus n'i poduns passer ALS104b sas i fait pendre 29d tant i plurat 100a cel jurn i ont .. lairmes pluredes 119e qu'il i deivent poser 118b major forsfait que i querem PAS183 n'i remest nient ALS28bc sos fidels i saciet PAS98 s'i sopet 428 t[i]ent une cartre mais n[e] l'i puis tolir ALS71e omnes i tramist LE221 esgarde el cel si i* vit Jesu Crist STEPH VIIc quant il i veient les vertuz ALS 113b tu nus i fai venir 67e n'i vint amferm[s] 112a, 103b Isaac i vint HOH 70, 73, 76, 79, 85 i visitet L. LE180 *vgl. Rol.*, *Gorm. etc.*

(*)icel *pron. dem. mit subst. m. obl. s.*: puis i. tens que ALS3a e d'icel bien ki 84c d'icel saint hume par qui 62e, 66e icel saint home de cui 35e i. sul filz angendrat *einl.* 4 **iceol**: raisun d'i. noble barun 1 **icele** *f. obl. s.*: d'i. gemme qued 76e d'i. cose qu' 61c = *ohne subst.* **icil** *m. n. pl.*: i. respondent 65e **icels** *obl. pl.*: somondre i. ki 102d **icelaz**: enpres i. & molt altres barunsz HOH88 kar an **icele** veient les ignoranz quet il deivent sivre, an icele lisent **icels** (*sc.* gens) ki letres ne sevent *app.* 3 *s.* cil *vgl. Rol.*, *Gorm.*, *Karls Reise*, *Cambr. Ps.*

icest *pron. dem. mit subst. m. obl. s.*: d'i. saint cors que ALS107d en i. siecle nus acat .. & en cel altra 125c a i. mot STEPH XIIa an **ices** secle nen at ALS14c **icesta** *f. n. s.*: i. istorie est amiable grace *einl.* 9 *obl. s.*: mi parent d'i. [d'este+] terre 41c **iceste**: cose 64c d'**icest'** honur 38c **icez** *m. obl. pl.*: d'i. sons sers 25c *s.* cist, es *vgl. Rol.*, *Karls Reise*, *Adam p.* 30, 39, *Guiot Bible*, *Gorm.*

ici *adv. hier*: i. cumencet amiable cancun ALS *einl.* 1 nos qui summes i. (:) STEPH XIId **iki**: uns del[s] felluns chi sta i. (: azet) PAS317 **equi**: mel e peisons e. manget 441 elles d'e. cum sont tornades 413 **e(t)qui** era li om primers 377 **&qui** estevent per mulz anz 380 [d'e]**qui** venra 471 **aici**: a. a demorer SPO71 trames a. 27 *s.* ci, praici *vgl. Rol.*, *Guiot Bible*, *Mätzn. afr. lied.* V, 33

ic"o *pron. dem. neutr. n.*: geres nient ne deut estra fruissiet ic"o que nient ne parmaint ALS *app.* 7 *obl.*: par i. quident aver ALS106c e ampur i. que l'ancienetiet .. cumandat *app.* 9 **ico**: kar i. que la scripture aprestet as lisanz, i. aprestet la painture as ignoranz 2 **aiso**: oiet virgines a. que vos dirum SPO11 *vgl. Rol.*, *Cambr. Ps.*, *Trist.*, *Guiot Bible*, *Ben. Chr.* 5609

idunc *adv. damals*: Sainz Innocenz ert i. apostolie ALS61a *vgl. Rol.*, *Gorm.* 371, *Adam p.* 78, *Horn* 589, 771, *Bén. Chr.*, *Mont S. Michel*

iere, ies *s.* estra

***ignoranz** *adj. pl. ungebildet*: kar ico que la scripture aprestet as lisanz, ico aprestet la painture as i., kar en icele veient les i. quet il deivent sivre ALS *app.* 2, 3 *vgl. Froiss. Poés.* I 78, 882

Iherl'm *s.* Hierusalem, **iki** *s.* ici

***il** *männliches personalpron. der dritten pers. n. s.*: [ill edrat LE114 il(li) HOH9 **el** PAS17, 50, 54, 91, 125, 166, 176, 215, 255, 265, 288, 290, 336, 343, 361, 373, 458, LE29, 40, 171, 196, 219 e SPO26 **eu** 21, 27 *vgl.* el, eu *in Ben. Chr. u. Troie. s. Settegast S.* 44] = il vat avant ALS65c il habebat VAL v°26 il a deäble STEPH IIIc il fut bone clers Vc eu fo batut SPO21 il fut lur sire ALS25d il est plus gensz HOH16 il dist de mei 22 il enveiad 91 el mor a tort PAS290 el resurdra 336 el susleved 91 Judeu l'acusent, el se tais 215 il se fud morz LE51 il lo reciut 21, 27 il le amat 17 il l'exaltat 45 il nos ajud 239 eu [m'a] trames SPO27 il la receut ALS24d il la volt prendra 71a il le nuncat 68b il l'escondit 65a ja lo sot bien, il le celat LE77 il nel faldrat ALS 99e il ne la list 75d il l'i vuol faire mult amet LE199 il (*Koschw.*: el) li enortet EUL13 il cio li dist LE91 il li plantat(z) une vine HOH55 (n)il ne[l] lur dist ALS48d il voluntiers semper reciut LE130 e resors es SPO26 ensobre toz uns dels ladruns el escarnïe rei Jesum PAS288 Rex Chielperinge il se fud mors LE115 li miens amis il est de tel paraget HOH13 dominedeu il cio (illo†) laissat LE127 domine deu il les lucrat 214 al son seignor il lur seit boens plaidiz ALS120e a grant honor el l'en portet PAS343 par le divine volentet il desirrables icel sul filz angendrat ALS einl. 4 et el la vid e lla'sgarded PAS50 & el medeps si pres sa cruz 255 & il est dignes ALS35c il ne la list ne il dedenz ne guardet 75d ne s'en corucet net il nes en apelet 53e cil vait, sil quert, mais il nel set coisir 35d quar il ad deu bien servit 35b quar el forsfait no f(e)ist neûl PAS176 quar el zo dis 361 = dels honors quae il awret ab duos seniors LE3 cil biens qu'el fist 219 son queu que il a coronat 125 deus l'exaltat cui el servid 29 a sun seinor qu'il aveit tant servit ALS67d la pulcele que il out espusede 94b, 21b d'icez sons sers qui il est [almosniers] 25c les draz [s]uzlevet dum il esteit cuvert 70a c"o (e)'st ses mesters dunt il ad a servir 74b par une imagine dunt il oit parler 18b Jesu[s] qu(e)' il a servi STEPH XIIb od la pulcela dunt il se fist (si) estranges ALS122c las poenas granz quae il en fisdra, li tiranz LE152 an la sameine qued il s'en dut aler ALS59a prest' est la glorie qued il li volt duner 59e vait par les rûes dunt il ja bien fut cointe[s] 43b mais que cel sul que il par amat tant 8b cio fud Lisos, ut il intrat LE99 la nef est preste ou il deveit entrer ALS16b fait li sun lit o il pot reposer 47b, 55d† soz le degret ou il gist 50a, 53a vint a sun filz ou (il) gist sus lu (son†) degret 69e e c"o sai dire, qu'il fut bons cristïens 68e quant il co sourent, qued il fud si alet 21c chi"nc milie anz at(z) qu'il aveid un' amïet HOH52 preium li tuit ... que il pre de qu(i)' il ait de nos merci STEPH XIIe ab u magistre semprel mist qu'il lo doist LE23 c"o (e)'st sa merci qu'il nus consent l'onor ALS73c ains prïet deu, quet il le lur parduinst 54d mais lui est tart, quet il s'en seit turnet 13e or set il bien, qued il s'en deit aler 56d et hunc tam bien que il en fist LE47 por quant il pot, tan fui de miel 135 miel li fesist dontre qu'el vir 196 lui(d) m'entveiad por c"o qu'il ert plus saives HOH68 in o quid il mi altresi fazet EID I, 5 sempre fist bien o que el pod LE40 ou que il seit, de deu servir ne cesset ALS17e dunet as povres u qu'il les pout trover 19d ne[l] reconuissent, usque il s'en seit alet 58b quals el abanz faire solïse PAS458 quels hom esteit, ne de quel terre il eret ALS48e e c"o lur dist, de quels parenz il eret 76d cum il faciebat VALv°5 cum el perveing PAS17, 265 cum ill edrat por mala fid LE114 n'en volt turner tant cum il ad a vivre ALS33e ste vus le respuns s. Gregorie a Secundin .. cum il demandout raison *app. überschrift* e cum il fut en Alsis 77b e dunc orar cum el anned PAS125 et cum il l'aut doit LE25 et cum il l'aut tollut lo queu 229 cum il lo vid, fud corroptios 189 cum il l'audit, fu li'n amet 42 Reis Chielperics cum il l'audit 85, 187, 217 ne vus sai dire cum il s'en firet liez ALS25e cum s'en alat e cum il s'en revint 57e cum el desanç diz lor aveia PAS166 si cum il semper solt haveir VALv°1 quant li jurz passet & il (tut†?) fut anuitet ALS11a quant il l'apelet, sempres n'en ait sanctet 112b quant il c"o veit 38a qua[nt] el enfern dunc asalit PAS373 sed il non ad lingu'a parlier LE169 et si el non ad ols 171 set il fut graim, nel estot demander ALS26c il ne[m] faldrat, s'il veit que 99e = gai te, dis el PAS54 e deus, dist il ALS12d, 36b, 38b, 41a, 46ad, 68d, 78c sire, fet il STEPH Xe, XIc c"o ne volt il, que sa mere le sacet ALS50d mult fust il dur[s] ki n'estoüst plurer 86e or set il bien qued 56d por deu nel volt il observer LE136 fid aut il grand 34 dolc"or de mel apeleid [il] mes levres HOH25 qu[e] toz los at il condemnets LE186 & chi est il(li) HOH9 disse(t)s ... si vers Jesus fils deu est il PAS 180 = il *n. s. neutr.* chichi se doilet a a nostr'os est il goie (cuiqu'en seit dols a nos en est la joie†) ALS101c l: .jamais n'iere lede, kers filz nul (ne n'†) ert [tes] pedre ALS27e *vgl. auch* ALS11a, *Rom. Stud.* IV, 238 f. *u. n.° 3 dieser Ausg. u. Abh. Einl. p.* XV = **il** *m. n. pl.* cum peis lor fai, il creisent mais PAS498 il se erent convers VAL*v*°25 il lo presdrent tuit LE61 il me prendrunt ..., se jo's an creid, il me trairunt ALS41de il le receivent, sil plorent e sil servent 113c il nol auseren deramar PAS269 il non dobten negun Judeu 480 il li respondent 135 il li non credent que 438 il per escarn o fan 284 (il) tot entorn [tei] arberjaran 59 il dessabanz sunt aserad 477 lingues noves il parlaran 459 quar il lo fel mesclen ab vin PAS279 dols quet il unt demenet ALS21d cose qu'il unt oït 61d cors qu'il unt en lur bailïe 108c hume par qui il guarirunt 62e, 66e veient .. quet il deivent sivre *app.* 3 cors qu'il i deivent poser 118b s'en redutet de ses parens qued il nel recunuissent 40d quant il c"o veit qu'il (qu' i l†) volent onurer 38a cum il menaven tal raizon PAS431 cum il l'an mes sus 285 cum il Jesum ocicesant 174 felo Judeu cum il cho vidren PAS77 e de la spuse cum il s'en doloserent ALS119b an tant dementres cum il iloec unt sis 67a si cum il ore sunt VAL*v*°18 porquet il en cele duretie ... permessient 36 quant il co sourent, qued ALS21c cil dui senïur ki ... quant il i veient les vertuz .. il le receivent 113b do quant il querent ... non fud trovez PAS173 s'il nus funt presse, uncore an ermes ALS105e s'il le concluent, ja li toldrunt STEPH IVe dannassent le barun, se il en lui trovassent l'achisun VIe = so pensent il que PAS439 fortment lo vant il acusand 203 fortment sun il espaventet 487 quar il lo fel mesclen ab vin, nostre senior lo tenden il 280 *s.* els, lo

(*)**illo** *adv. dort, dorthin*: i. reclusdrent sc. L. LE178 **ille**: clerj Ewruï i. trovat 100 domine deu il cio (illo†) laissat 127 **iloc**: i. converset ALS55a i. deduit ledement sa poverte 53b i. truverent 23d, 76e i. esguardent tuit 66c d'i. (dunc s'en†) alat an Alsis 18a **iloec**: quer i. est, (&) iloc le trovereiz 63e cum il i. unt sis 67a i. arivet 17b, 40b i. anportent 114c **ilueo**: i. paist l'um 50b **iluoc**: i. est ma corone(t) HOH80 *s.* alo *vgl. Rol.* 332, *Karls Reise* 193, 863, *Adam p.* 29, *Aiol* 931, *Durm.* 4881, *Gach. etc.*

***imagene** *subst. f. (metrisch 3silbig) n. s. bildnis*: icel saint home de cui l'i. dist ALS35e **imagena**: co dist l'i. 35a **imagine**: respont l'i. 36c que cele i. parlat pur Alexis 37c *obl. s.*: deus fist l'i. pur sue amur parler 34c, 77c pur une i. 18b revint li costre a l'i. el muster 36a *vgl. Cambr. Ps.* 72, 20, *Karls Reise* 373, *Mont S. Michel* 3721, 3758, *Froiss. Poés.*

in *s.* en, enz; **incontra** *s.* encontre; **infans** *s.* emfes; **inimix** *s.* enemis

Innocens *personenname m. n.*: Sainz I. ert idunc apostolie[s] ALS61a

inspieth *subst. m. obl. s. schwert*: ab un i. (= od un'espedel?) decollat LE228 ad une spede ... tolir lo chief EUL22 *s.* espede

instud *s.* ester; **int** *s.* en; **inter** *s.* entre; **intrat** *s.* entrer; **ipse** *s.* eps

(*)**irae** *subst. f. n. s. zorn*: quant ciel' i. tels esdevent LE79 **ira**: l'i. fud granz cum de senior 75 ciel' i. grand e ciel corropt, cio li preia, laissas lo tot 105 *vgl. Rol., Aiol., Parton.* 7561

ire *part. prt. m. n. pl erzürnt*: mult sunt i. li Juë, li felun STEPH VIa **ireist** *n. s.*: fut Jonas profeta mult correcious e mult i. VAL*v*°3 *vgl. Rol., Gorm.* 388, *Ben. Chr.* 9557, 13158, *Aiol* 6320, *Mätzn. afr. lied.*

Isaac, Isaïas *personennamen m. n. s.* HOH70, 76

***issi** *adv. so*: ne l[i] (e)'n est rien, issi est aturnet ALS49e* Eufemïen[s, is]si out (an)num li pedre 4a **eisi**: iloc converset e. dis e set anz 55a **aysi**: a. s conten .. cum trestot teyne ja l'empeyr ALR80 *vgl. Rol., Gorm., Karls Reise, Gach. etc.*

issid, istrat *s.* eisit; **ist** *s.* es; **istorie** *s.* historie

***iverss** *subst. m. n. s. winter*: la a jo suid, i. n'i puet durer HOH31 *vgl.*

Vie S. Thomas 896 (*Ben. Chr.* III p. 491), *Durm.* 567, *Mätzn. afr. lied.* 20, 2; 25, 4, *Bartsch Chr.*⁴ 425, 23

J.

***Ja** (i"a HOH62) *adv. alsbald, in zukunft, schon, einst, obschon im posit. satz*: atendet lo, que ja venra praici SPO28 faites o tost, que ja venra l'espos 77 s'il le conclüent, ja li toldrunt la vïe STEPH IVe tos consilier ja non estrai LE92 cio sempre fud et ja si er 37 ja dicen tuit que vivs era PAS430 ja s'adunent li soi fidel 429 ja lor gurpis nostre sennior 242 li fel Judeus ja s'aproismed PAS 131 al dezen jorn ja cum perveng 474 ja fud tels om deu inimix LE73 ja lo sot bien, il le celat 77 pur quem fuïs, jat(c) portai en men ventre ALS91c vait par les rües dunt il ja bien fut cointe 43b jal vedes ela si morir, el resurdra PAS 335 ja fos la cha[r]s de lui aucise, regnet pero cum anz se feira 371 aysis conten .. cum trestot teyne ja l'empeyr ALR81 = *im negat. satze*: ne ja ledece n'ert an tei demenede ALS29b que ja sum voil n'istrat 34b ja n'auras mal 31c li suenaz senblanaz nen est ent'reiz cent milie(t) ne ja nen iert HOH21 que ja por mei ne perdent t'amiste STEPH XIe se jo[t] soüsse ... ja tute gent nem[en] soüsent turner ALS98c ja le lur voil de lui ne desevrassent 117e = ja non podra mais deu laudier LE162, 168 ja mais n'iert tel ALS1e, 2c, 27e, 91e ja mais n'estras parede 29a ja mais ledece n'aurai ... ne ja mais hume n'aurai 99bc se par mei non, i"a maiaz n'aurat clartez HOH62 *vgl. Rol., Gorm. etc.*

Jacob *personenname m. n.* HOH70

jac, jag, jagud *s.* geüd

jalz *subst. m. n. s. hahn*: anz que la noit lo j. cantes PAS193 *vgl. Horn* 1986 *anm.*, 3554

***janget** *prt. i. 3 s. wechseln*: j. lo cels sas qualitaz ALR52

jausir *s.* coisir; **Jerusalem** *s.* Hierusalem

Jh's *n.*: respon J. (: crident adun) PAS181 zo dis J. (: cadegrent jos) 137 lo bons J. (: in to baisol) 149, 30, 90, 123, 133, 170, 180, 314, 319, 330, 414, 432, 434, 446, 470 J. ve, lo reis podenz 34 **Jesus**, rex magnes 26 **Jh's** lo bons 105, 147, 161, 195, 214 J. li pius 259 Christus J. 117, 369, 488, 509 o deus vera rex **Jh'u** Crist 301 J. salvaire a nom SPO13 s'erme recut **Jh'm** STEPH XIIb **Jh'u** *obl.*: J. Christ VIIc de J. 321 de **Jesu** Crist PAS28 *gen.*: de J. Christi passïun 2, 207 lo corps **Jh'u** 342 **Jesum** *obl.* (: evirum) 154, **Jh'm** (: menton) 145, (: felon) 172, (: ladrun) 224, (: ladruns) 288 (: trestot) 283 (: emperador) 235, J. querem 136, 174, 226, envers J. 293, J. Christ 404

Jeü *personenname n.* HOH77

jeter *s.* getent

***jholt** *subst. m. n. s. wärme*: si vint grancesmes j. super caput Jone VAL v°15 e faciebat grant j. 10 *s.* chielt, janget

***jo** *personalpron. der ersten person n. s.*: [eo EID I, 3; II, 3 io II, 3 (*bis*) VAL v°21 eu PAS i"o ALS30c, 42c, 46b, 78d, 87d, 89b, 96b] = eu soi Jesus PAS434 eu soi aquel 137 i"o atendeie ALS96d, 78d tu (de) tun seinur, jol f[e]rai pur mun filz 31e jo l'ai molt quis HOH40 i"o l'en fereie franc ALS46b, eu to promet PAS 299 i"o i ai si grant perte ALS30c & jo mai beem HOH27 & jo lli dis 6 e jo ne dolreie VALv21 e i"o dolente cum par fui avoglïe ALS 87d quar eu te fiz PAS67 terres dunt jo aveie asez ALS81b dels feluns qu'eu vos dis PAS277 ma' spuse que i"o lur ai guerpide ALS42c neüls cui eo returnar int pois EID II, 3 lai dei venir o eu laisei PAS278 la u jo sui(d) HOH31 il dist de mei, que jo eret molt belle(t) 22 s'il veit que jo lui serve ALS99e roges plus que jo nel sai dire(t) HOH19 quant jo[t] vid ned (q. fustes nez†?), si'n fui lede ALS92c se jo[t] soüsse ... ja tute gent nem (en) soüsent turner 98a se jos an creid, il me trairunt 41e si io returnar non l'int pois ne io ne neüls EID II3 pro deo amur .., in quant deus .. podir me dunat, si salvarai eo cist meon fradre 13 co ne mai jo ALS17d or vei i"o morte 89b or(e) sui jo vedve 99a tot nol vos posc eu ben comptar PAS447 cum aucidrai eu vostre rei? 229

Joāchim, Joātam, Joēl *personennamen m. n.* HOH83, 78, 77

Johan *personenname m. obl.*: sant J. lo son cher amic PAS108 *vgl. Guiot Bible*

Jorda *fluss m. obl.*: e flum J. lavet e luteēt SPO18

jor, jorn, jors *s.* jurz; **jos** *s.* jus

Josepe *personenname m. n.*: J. Pilat mult a preia[t] PAS341 **Joseph**: Jacob & danz J. HOH70

Josīas *personenname m. n.* HOH82

joth *s.* geūd

***jotum** *imperat. 1 pl. sich vereinigen*: j. ensenble por deputer o lu[i] STEPH IIId *vgl. Trist.* I *s.* 24, 1965, *Antioche* I, 102

Judas *personenname m. n.* PAS101, 145 J. li vel 143 **Judes** Escarioh 99 lo fel **Judes** 81 li fel **Judeus** 131 *vgl. Benoit Chr.*

Judeu *volksname m. obl. s.*: Anna nomnanent le J. (: menez *part. prt.*) PAS169 il non dobten negun J. (: cel *subst.*) 480 *n. pl.* 215, 239 (: pechez) felo J. 77, 222 (: laisar), **Juē**: li J., li felun STEPH VIa **Juēf**: tuit li J., li plus save d'Asye IVd **Judeus** *obl. pl.* PAS82, 104, 74 (: monstred), 132 (: aproismed), 133 (: querent = querez?), **Juēs**: as J. a feluns STEPH VIIe *vgl. Adam p.* 59, 61, *Gorm.* 190, *Bartsch Chr.*[4] 372, 4, *Wace Brut.*, *Guiot Bible*

judicar *inf. richten*: [d'e]qui venra toz j. (: mal) PAS471

(*)**jugedor** *subst. m. n. pl. herrscher*: de tut cest mund sumes j. (guvernedor†) ALS73d *vgl. Rol.* 3699, 3765, *Horn* 3372, *Guiot Bible* 1181, *Cambr. Ps.*

***jurat** *prt. i. 3 s. schwören*: sagrament que son fradre j. EID II, 1 *s.* conjuret *vgl. Rol.*, *Guiot Bible* 855, *Bartsch Chr.*[4]

***jurn** *subst. m. n. s. tag*: quant li j. passet & [fut tut] anuitet ALS 11a *obl. pl.*: tanz j. ad que ne[m] virent 42e tanz j. t'ai desirret 95a seat j. le tenent 115b a tot jors mais SPO89 **jorn** *obl. s.*: a ciel j. (: passīon) PAS208 al desen j. ja cum perveng 474 qui a ce jor recut sa pasīun STEPH Ie **jurs**: cum out le j. as povres ALS108b en est oi (est oi en†) cest j. oneuret 109b al sedme j. 116a cel jurn i out 119e *vgl. Rol.*, *Cambr. Ps. etc.*

jus *adv. nieder*: jus se giterent a sos pez LE224 tuit li felun cadegrent jos (: Jesus) PAS138 *s.* jusque, dejus, lajus *vgl. Rol.*, *Gorm. etc.*

***jusque** *praep. bis zu*: j. nona des lo meidi PAS309 **jusche** la terra per mei fend 328 del duel s'asist la medre **jus(que)** a terre ALS30a jusqu' an Alsis en vindrent dui errant 28c *conj.*: ansemble furent jusqu'a deu s'en ralerent 121c *vgl. Rol.*, *Karls Reise* 269 *etc.*

***justise** *subst. f. n. s. gerechtigkeit*: quer feit i ert e j. & amur ALS1b *vgl. Rol.*, *Horn*, *Guiot Bible*

***juvene** *adj. f. obl. s. jung*: la sue spuse j. cumandat al spus vif de veritet ALS *einl.* 7 *vgl. Aiol* 132, 144, *Mousket* 27547, *Froiss. Chr.*, *Horn* 227, *Gach.* jouène *etc.*

juvent *subst. m. obl. s. alter*: ne fud nuls om del son j. (: tiemps) LE31 *vgl. Ben. Chr.*, *Wace Brut.*, *Aiol* 2333, *Horn* 3663, *Flor et Bl. ed. Becker* 759, *Bartsch Chr.*[4] 197, 12, *Durm.* 15740, *Trouv. Belg.* II, 314, *Baud. de Condé* 408, 502, *Gach.*

juvente *subst. f. n. s. jugend*: la sue j. fut honeste e spiritel ALS *einl.* 6 *obl. s.*: o kiers amis de ta j. bela 96a **juventa**: a quel dolur deduit as ta j. (:) 91b *vgl. Rol.*, *Aiol.* 2172, *Horn* 1596, *Auberi ed. Tobler. gloss.*, *Bartsch Chr.*[4] 147, 21, *Vie Greg. p.* 24, 65, *Ben. Chr.*, *Cambr. Ps.*, *Gach.*

K.

Karlus *personenname m. n.* EID II, 2 **Karlo** *obl.* I, 3 *dat.*: sagrament que son fradre K. jurat II, 1 **Karle** *dat.*: plaid .. qui .. cist meon fradre K. in damno sit I, 6

ker, kiers *s.* chers; **ki** *s.* qui; **kose** *s.* cose; **Krist** *s.* Crista

L.

L *s.* li, lo

***la** 1) *s.* li, lo 2) *adv. da*: la vint curant(e) ALS85c **la** pristrent terre o deus les volt mener 16e la u jo sui(d), iverz n'i puet durer HOH31 proud ne la fist 56 **lai**: pos ci non posc, l. vol ester LE96 l. s'aprosmat que lui firid 232 marchaāns que l. vcēt ester SPO68 l. dei venir o eu laisei PAS278 e(y) **lay** o vey franc cavalleyr, son corps presente ALB76 *vgl. Rol., Guiot Bible etc.*

labia *s.* levres

***laberet** *part. prt. arbeiten*: habebat mult l. VALo°10 *vgl. Guiot Bible* 1374, *Chast. de Coucy* 5630, *Fantosme* 1578, *Froiss. Poës.* I, 160 *z.* 2496, *Chr.* XIV 3, 41

Laçer *personenname m. obl. s.*: Jesus lo L. suscitet PAS30

***ladron** *subst. m. obl. s. räuber, schächer*: lIade(n)s mans, cum [d]e l. si l'ent menen a passïun PAS163 **ladrun**: vida perdonent al l. (: Jesum) 223, (: confession) 304 **larun**: cum fait li chiens encuntre lo l. (:) STEPH VIc **ladruns** *obl. pl.*: ensobre toz uns dels l. el escarnïe rei Jesum PAS287 **lasruns**: dos a sos laz penden l. (: cruz) 282 *vgl. Horn* 1138, *Adam p.* 60, *Mont S. Michel* 239 *etc.*

lagrimez *prt. i. 3 s. weinen*: de ssos sanz olz fort l. (: suspiret *prt.*) PAS52 *vgl. Ben. Troie* 22956, *Mont S. Michel* 1217, *Fantosme* 1597, *Agolant* 1338 (*Fierabras prov. p.* LXVI)

lai *s.* la

laidenjet *part. prt. m. n. s. mishandeln*: eu fo batut, gablet e l. SPO21 *vgl. Mätzn. afr. lied.* 42, 24, *Aiol* 148, 945, *Ben. Troie gloss.*, *Bartsch Chr.*[4], *Gach.*

***lairmes** *subst. f. obl. pl. träne*: cel jurn i out cent mil l. pluredes ALS 119e **lermes**: alquant i cantent, li pluisur jetent l. (: a.. e) 117d e tantes l. pur le ton cors pluredes 80d, 95b *vgl. Adam p.* 73, *Guiot Bible* 1260, *lied* V 10, *Cambr. Ps.* lerme

***laisar** *inf. freilassen, verlassen, lassen, ablassen*: Pilas que anz l'en vol l. (: Judeu) PAS221 **lassier**: volt lo seule l. EUL24 **laisarai** *fut. 1 s.*: poisses l. l'en annar PAS232 **lairai**: or ne lairai ne[m] mete an lur bailïe ALS42d **laiserant** *3 pl.*: pedras sub altre non l. (: maisons) PAS64 **laises** *prs. i. 2 s.*: si tu l. vivre Jesum 235 **laisse** *3 s.*: l. l'intrar in u monstier LE98 **laisent** *3 pl.*: drecent lur sigle, l. curre par mer ALS16d, 39b **laissent**: voillent o nun sil l. metra an terre 116d, 120b **laisei** *prt. 1 s.*: lai dei venir o eu l. (: anz *adv.*) PAS278 **laisas** *2 s.*: ou tu[m] laisas dolente ALS94e **laissed** *3 s.*: per cio l. deu se neier PAS199 **laissat**: dominedeu il cio (illo†) l. LE127 **laisera** *plusqpf. i. 3 s.*: tot lo l. recimer 126 **laist** *prs. c. 3 s.*: et a lui nos l. venir EUL28 **laisses** *impf. c. 3 s.*: quae tot ciel miel l. por deu LE148 **laissas**: cio li preia, l. lo tot 106 **laisse** *imperat. 2 s.*: en u monstier me l. intrer 95 **laisïet** *part. prt. f. obl. s.*: lei (*sc.* un' amïe) ad l., quar n'ert de bel servise(t) HOH53 *vgl. Rol., Gorm. u. E. Weber Ueber* devoir, laissier *etc. Berl.* 1879. *Vom Inf.* laier *scheinen bis jetzt nur aus Froiss. Chr. sichere Belege vorzuliegen. Die von Gach.* 279, *sp.* 1 *citirten (Wace Rou* 4647, *Brut* 9539, *Serm. de S. Bern. p.* 557 *letzte zeile) sind ja wenig zuverlässig.*

***lais** *subst. m. n. s. milch*: desoiz ma langue(t) est li l. & les rëes HOH26

lajus *adv. dort unten*: se jo[t] soüsse l. suz lu degret ALS98a l. en ca[r]tres l'en menat LE176 *vgl. Durm.* 7676

Lalice *stadt f. obl. Laodicea*: Dreit a L. revint li sons edrers ALS38e, 17a *vgl. Karls Reise* 106 *und Paris' anm. zu* ALS17a

***lancj'** *subst. f. obl. s. lanze*: & de sa l. en loyn jausir ALR96 *vgl. Rol., Gorm. etc.*

***langue(t)** *subst. f. obl. s. zunge*: desoiz ma l. est li lais & les rëes HOH26 **lingua**: hanc la l. quae aut in queu LE158 sed il non ad lingu' a parlier 169 **lingues** noves il parlaran PAS459 *s.* lenguatges *vgl. Mätzn. afr. lied.* 20, 35, *Guiot Bible* *languerus *adj. m. n. s. siech*: ensur[e]tut (ne) nuls [qui seit] l. (: ó) ALS111c

*languis *prs. i. 1 s. schmachten*: d'amor l. HOH51 *vgl. Mätzn. afr. lied.*

*lapider *inf. steinigen*: alquanz ap petdres l. (: toster) PAS496 lapiderent *prt. i. 3 pl.*: pois le barun entr'os si l. (:) STEPH VIIIe laple *part. prt.*: pardone a cet qui ci m'unt l. (: é) XId *vgl. Ben. Troie* 26478, *Bartsch Chr.*[4] 402, 42

laquele *s.* li *am schluss*

*larges *adj. f. obl. pl. ausgedehnt, reichlich*: mes l. terres 81b l. almosnes ALS19c feruns largas (granz†) departies 105c *vgl. Rol*, *Gach. etc.*

*las 1) *s.* li, lo 2) *adj. m. n. s. elend*: il eret mult l. VALv°10 *voc. s.*: a l. pecables ALS79d *voc. pl.*: l. malfeüz cum esmes avoglez! 124a lasse *f. obl. s.*: ta l. medre si la [re]confortasses 90d *voc. s.*: a l. mezre 89a respont la medre: l.! qu(ed)' est devenut 22b *s.* alasserent *vgl. Ben. Troie* 16294, 16375, *Mont S. Michel* 3113, *Vie Greg. p.* 24, 27, 43, 50, *Rol. etc.*

lastet *subst. f. obl. s. ermüdung*: pur felunie nient ne pur l. (:) ALS95e *vgl.* pur la lasté s'est endormiz *Benoit Troie* 29226 ne vus falt mais faim ne las(se)te *Adam p.* 38, *Ben. Chr.* 17475 il viverunt a lastet *Horn* 5099, *Aiol.* 9753, *Mousket* 20186, *Chev. as II esp.* 8563, *Gach.*

*latin *adj. m. obl. s.*: l'uns l'enseyned .. de grec sermon & de l. (: in) ALR89 *vgl. Guiot Bible*, *Bartsch Chr.*[4] 268, 35, *Gach.*

*laudar *inf. loben*: sanz spiritum posche l. (: seculá) PAS515 lauder: domine deu devemps l. (: porter) LE1 laudier: ja non podra mais deu l. (: parlier *inf.*) 162, 168, (: restaurat) 182 lodet *prs. i. 3 s.*: trestut le pople l. deu e graciet ALS108e lothet: danz Alexis an l. deu 25b laudam *1 pl.*: nos te l. & noit e di PAS305 laudant *ger.*: gran e petit deu van l. 46 laudas *part. prt.*: qui fai lo bien, l. enn er LE38 laudiez: davant lo rei en fud l. 41 (: amet *part.*) *s.* conlauder *vgl.* loër *Rol.*, *Karls Reise, Froiss. Chr.* II 59 *etc.*

Laudeberz *personenname m. n. s.* LE205 Laudebert 197 *obl.* 194

*lavadures *subst. f. obl. pl. aufwasch*: lur l. li getent sur la teste ALS53d *vgl. Wace Brut* 8277

*laved *prt. i. 3 s. waschen*: as sos fedels l. lis ped PAS92 Pilaz sas mans dunques l. (: neger) 237 lavet *part. prt.*: e flum Jorda l. e luteët SPO18 *vgl. Guiot Bible, Bartsch Chr.*[4] 110, 36 *etc.*

lawras *s.* levres

(*)laz *subst. m. obl. s. seite*: vedez mo l. qui fui plagas PAS436 de l. la croz estet 329 lo fer que al laç og 158 *obl. pl*: dos a sos l. penden lasruns 282 crollet la terra de tos l. (:) ALR48 *vgl.* les *Rol.*, *Horn, Karls Reise*, *Gorm.* 630, *Aiol* 835, *Ben. Chr.* 22255, leiz *Mont. S. Michel* 68, les *Froiss. Chr.*, *Gach.*

lassier *s.* laisar; le *s.* li, lo

*leceun *subst. f. obl. s. lectüre*: la peinture est pur l. as genz ALS *app.* 4 lecun: escotet la l. (: on) de saint Estevre STEPH Ib *vgl. Guiot Bible* 1780, *Gach.* lichon

lede *s.* liez

*ledement *adv.* 1) *s.* liez 2) *schmählich*: lo barun pritrent, l. le baterent, fors de al vile l. le giterent STEPH VIIIcd *vgl. Rol.* 2573, *Guiot Bible, Froiss. Chr.*, *Mousket* 27618

ledece *subst. f. n. s. freude*: ne ja l. n'ert an tei demenede ALS29b si grant l. nus est apar[e]ude 107c ne vus sai dirre cum lur l. est grande 122e *obl. s.*: jamais l. n'aurai 99b unches en Rome nen out si grant l. (: i. . . e) 108a lethece *n. s.*: cesta l. revert a grant tristur 14e *vgl. Bartsch Chr.*[4] 120, 32, *Adam p.* 75, *Vie Greg. p.* 113, 114, leece *Cambr. Ps.*, *Gilles de Chin.* 1454 *etc.*

*lei 1) *s.* lo 2) *subst. f. obl. s. gesetz*: per totz solses comuna l. (: pecat *subst.*) PAS384 l. consentit et observat LE71 li terz [*sc.* doyst] ley leyre & playt cabir ALR98 *vgl. Rol., Cambr. Ps.*, *Ben. Troie* 27552, 21770, *Bartsch Chr.*[4] 372, 3

*leng[u]atg(u)es *subst. m. obl. pl. sprache*: per toz l. van parlan PAS 481 *s.* langue *vgl. Guiot Bible* 1531,

Mätzn. afr. lied. 31, 33, *Froiss. Chr.* V 34

***leōn** *subst. m. obl. s. löwe*: tot cresp [sc. ab lo peyl] cum coma de l. (:) ALR61 quant li solleiz converset en l. (:) HOH1 *vgl. Rol., Bartsch Chr.*⁴ 59, 1

***leprus** *adj. m. n. s. aussätzig*: ne contraiz ne l. (: 6) ALS111a *vgl. Durm.* 107, 1785

lermes *s.* lairmes; **les** *s.* li, lo; **lesant** *s.* lire; **lethece** *s.* ledece

Letgiers *personenname m. n.*: sanz L. LE39 sancz **Lethgiers** 50 sc. L. 76, 81, 89, 103, 121, 148, 213 L. 185 sc. L. *obl.* 178 (: monstier), 198, 223 (: pez) de sant **Lethgier** (: biens) 6 de sanct L. 68 dom sanct L. 140 L. 180; *gen.* li sanct L. (sc. parent) 118

***lettra** *subst. f. obl. s. brief*: l'uns l'enseyned .. l. fayr en pargamin ALR90 **letres** *obl. pl. wissenschaften*: tant aprist l. que bien en fut guarnit ALS7d icels ki l. ne sevent *app.* 3 **litteras**: rovat que l. apresist LE18 *vgl. Aiol* 274, *Durm.* 8873, 12708, *Guiot Bible* 1779, *Bartsch Chr.*⁴ 167, 27

***leu** *subst. m. n. s. wolf*: tal regart fay cum leu quiest preys ALR59 *vgl. Ben. Chr.* II *p.* 389 *anm., Auc. et Nic.* 17, 8, 17, *Gach.*

***leus** *subst. m. n. s. ort*: toz tens florist li l. de ma beltez HOH32 **leu** *obl. s.*: ne sai le l. ne nen sai la contrede ALS27c **liu**: felix le l. u sun saint cors herberget 114e **loc**: venez veder lo l. voiant PAS407 **lius** *obl. pl.*: l'ancienetiet .. cumandat les hystories estra depaint es honurables l. des sainz ALS *app.* 9 *s.* alo, illo, aloët *vgl. Vie Greg. p.* 7 *etc.*

leüst s. lez

***levet** *prt. i. 3 s. erheben*: l. sa man, sil benedis PAS467 **leved**: Christus Jesus den[z] s'en l. (: anez *part.*) PAS117 semper l. del piu manjer 103 **levad** *part. prt.*: cum l'an l. sus en la cruz 281 *s.* adlevar, soslevar *vgl. Cambr. Ps.* 85, 4, *Rol., Gach. etc.*

***levres** *subst. f. obl. pl. lippen*: dolc"or de mel apeleid [il] mes l. (: rées) HOH25 **lawras**: am las l. li fai talier LE157 **labia** *obl. s.*: la l. li restaurat 181 *vgl. Auc. et Nic.* 24, 19

ley *s.* lei; **leyre** *s.* lire

***leyra** *subst. f. obl. s. musikinstrument*: & rotta & l. clar sonar ALR101

lez 1) *s.* liez 2) *prs. i. 3 s. freistehen*: d(r)ontre nos l., facam lo ben PAS507 meu evesquet nem lez tener por te LE93 **leüst** *impf. c. 3 s.*: si me l., (si) t'oüsse bien guardet ALS98e *vgl. Ben. Troie* leist, *Chr.* I *p.* 9 *s.* 181, *p.* 104 *s.* 637, *Trist.* I 41 *s.* 774, *Aiol* 3171

***li** 1) *s.* lo 2) *art. m. n. s.*: aczo nos voldret concreidre li rex pagiens EUL21 li celor (?) VALv°4 e(t)qui era li om primers PAS377 granz fu li dols 121, 337 sobre nos sia toz li pechez 240 li fel Herodes 218 li fel Judeus 131 o li sos corps jac 408 Jesus li bons 147, 161, 195, 214 Jesus li pius 259 Judas li vel 143 respon li bons 297 li suos corps LE10 quae il en fisdra li tiranz, li perfides tam fud cruëls 152-3 li terz ALR98 li quarz 100 li quinz 104 li apostolie ALS62a, 66a, 72a, 75a, 101a li uns Acharie(s) li altre Anorie(s) ont num 62b puis vait li emfes l'emperethur servir 7e ne volt li emfes 11d [si] at li emfes 24a sur tuz ses pers l'amat li emperere 4c [tot] dreit a Rome les portet li orez 39e li cancelers cui li mesters an eret 76a revint li costre 36a quant li jurz passet 11a Eufemïen, [is]si out (a)nnum li pedre 4a quant veit li pedre 8a co dist li pedres 11b, 22a dunc prent li pedre 23a quant ot li pedre 45a, 78a a halte voiz prist li pedra a crïer 79a de la dolur qu'en demenat li pedra 85a pluret li poples 118d vait sen li pople 121a liez est li poples 104d grant fut li dols 85b, 93d bons fut li secles 1a, 2c d'or .. fut li sarqueus parez 118a puis ad escole li bons pedre le mist 7c li boens serganz 68a li mens quors 89e li sons edrers 38e tis pedre e li tons parentez 83d desoiz ma langue(t) est li laiz HOH26 toz tens florist li leus 32 quant li solleiz converset 1 li tensz est bels 34 li miens amis il est 13,

65 li suensz senblansz nen est 20 li curs li faut STEPHXc cum fait li chiens VIc a icest mot li sen[s] de fu feni[s] XIIa = le: ans que la noit lo jalz cantes PAS193 [e] lo mels signa deïtat 444 cum lo sa[n]gs 127 lo satanas dol en a grand 489 fui lo solelz 311 que Jesus ve lo reis podens 34 lo fel Judes Escarïoth 81 lo fel Herodes cum lo vid 209 zo dis lo bons Jesus 149 lo sos regnaz non es devis 275 lo nostræ seindræ 417 Jesus lo bons per sa pietad 105 lo corps estera LE230, 234 lo quarz, uns fel nom a 227 janget lo cels sas qualitaz ALR52 en tal forma fud naz lo reys 54 lo sol perdet sas claritaz 50 = le: cum le matins fud esclairez PAS201 davant l'ested le pontifex 177 issid lo dii le poples lez 40 le spiritus de lui anet 320, 440 en sum paing tint le cartre le deu serf ALS 70c le cors an est 109c sovent le virent e le pedre 48a, 100a, 121a e tut le pople 62c, 108e = l': respon(de)t l[i]altre PAS289 sus en la peddre l'(uns†) angel set 401 l[i] angeles deu de cel dessend 393 l'uns lenseyned ALR88 et l'altre[l] doyst 94 que ja venra l'espos SPO77 sainz Boneface que[t] (l')um martir apelet ALS114a e c̃o m'est vis que c̃o est l'ume (seit li om†) deu 69c = l: el corps exastra al tirant LE191 quel reys fud filz d'encantatour ALR28 = lo *obl. s.* = tolir lo chieef EUL22 fuiet lo nom christïien 14 volt lo seule lazsier 24 amast lo deo menestier 10 adunet lo suon element 15 lo cap a Crist esvegurad PAS499 facam lo ben 507 qui fez lo cel 39 lo corps Jesu quel li dones 342 issid lo dii le poples lez 40 il lo fel mesclen 279 estrais lo fer 158 Jesus lo Laçer suscitet 30 venez veder lo loc 407 lo monument lor comandet 368 dunc reconnossent lo senior 415 et al terz di, lo mattin clar 389 que lo deu fil li fai neier 192 sant Johan, lo son cher amic 108 semper li tend lo son menton 146 des lo meidi 309 envers lo vespræ envers lo ser 425 et per lo pan et per lo vin 93 chi traverset *per lo son cor* 338 qui fai lo bien, laudaz enn er LE38 il l'aud tollut lo queu 229 lo regne prest a devastar 132 poblen (?) lo rei communïet 83 davant lo rei 41 p[o]r lo regnet 116 clar ab lo vult .. saur lo cabeyl .. plen lo collet .. ample lo peyz .. lo bu subtil ... lo corps d'aval beyn enforcad, lo poyn el braz avigurad, fer lo talent ALR66-73 quant de son libre mot lo clas 2 saur ab lo peyl 60 per deu lo glorïos SPO75 lo barun seguent STEPH Xa, VIIIc lo s(c)an(t) vet espandant Xb la lecun de saint Estevre lo glorïus barun Ic encuntre lo barun VIb encuntre lo larun VIc = lu: suz lu degret ALS69e, 98a = le: si cum legimus e le evangelio VALv^{o}5, 36 dequant il querent le forsfait PAS173 Anna nomnavent le Judeu 169 cantant en portent le cors ALS102b metent le cors 117c plainums ansemble le doel de 31d, 93b le gunfanun l'emperedur porter 83e cun out le jurn as povres 108b ne sai le leu 27c cum veit le lit 12a le num lur dist 76c ste vus le respuns saint Gregorie *app. überschrift* vit del saint home le vis e cler e bel 70b deu servirei le rei 99d felix le (le) liu 114e par trestut le païs 37b a tut le pople 64d ne le saint cors ne pourent passer ultra 103e en tant dementres le saint cors conreierent 100c que le nient fraint num de pastur excellist *app.* 11 ja le lur voil 117e ou ad escrit trestut le suen convers 70d† le respuns a .. Secundin le reclus *app. überschrift* alques par pri e le plus par podeste 113d entre le dol 94a pur le ton cors 80d, 95b† suz le degret 47a, 50a, 53a cil chi guardent le m[u]rt HOH47 mult volentiers dannassent le barun STEPH VId pois le barun entr'os si lapiderent VIIIe = li: ne vol reciwre Chielperin mais li seu fredre Thëoiri LE58 = l': li ten l'azet PAS318 non es amics l'emperador 236 pres en l'estrit LE55 Didun l'ebisque 19 chest dun faz l'alevament ALR24 cum trestot teyne ja l'empeyr 81 poyst l'oume f[r]ayn[t] enfirmitas 5 l'un uyl ab glauc .. & l'altre neyr 62-3 de l'antic (*sc.* temps) 11 mels vay & cort de l'an primeyr 74

aise l'espos SPO15 an soferai l'ahan ALS46e l'emperethur servir 7e ki l'empirie guvernent 113a, 105a est vus l'esample 37b prenent l'or e l'argent 106a apele l'ume deu 34e fai l'ume deu venir 35a que l'ume deu quergent ki [gi]st 60b le gunfanun l'emperedur porter 83e cil qui tres l'us set 86c ki serveit a l'alter 34d a l'apostolie revint 71b = l: enz enl fou EUL19 al fog PAS190 al laç 158 al ladrun 223, 304 al monument 391, 394 al tradetur 148 al dezen jorn 474 al terz di 362, 389 del munument 422 del piu manjer 91, 103 encontral rei 39 el monument 351 al rei LE14 el corps exastra al tirant 191 al suo consiel 69 lis ols del cap 154 del corps 235 om del son juvent 31 lo poyn el braz ALR72 el dreyt del tort a discernir 99 qu(i) al rey Xersem ab tal tenson 38 filz al rey Macedonor 32 fils fud Amint al rey baron 37 sor Alexandre al rey d'Epir 41 al primier pas 1 contar vos ey . del Alexandre mandament 26 mels vay & cort de l'an primeyr que altre emfes del soyientreyr (?) 75 del tempe novel ne de l'antic 11 al helberc ALS65b al cors saint Alexis 120c al cumand deu 11c al fare (jurn†) 10b al pedre 26b, 21a al servitor 84d al spus *einl.* 8 al tens ancïenur la al tens Noë & al tens Abraham & al David 2a al sedme jurn 116a al son seignor 120e del herberc 51a del ciel 25b, 36d, *einl.* 12 del cors sain[t] Alexis 67b del deperdethur *app.* 11 del duel 30a del parler 58e del pedre 76c, 94a, 119a del relef de la tabla 50b hors del sacrarie 59c de secle 8c, 40e, del sain[t] home 70b del su[v]erain pietet *einl.* 7 del deu servise 52d del ton conseil 73e el ciel 82e, 110e, 122a el consirrer 32a, 49d el muster 36a, 37a el paradis 109d el damne deu servise 33b al tems Noë HOH66 al som plaisir 30 del quart ede 73, 84 del quint ede 85 el cel STEPH VIIc = u: au tens STEPHIIe, au deputer furunt cil de Libïe IVa *vgl.* o non IIc o ben cor Xd = li *n. pl.* = voldrent la veintre li deo inimi EUL3 li Judei VALv18 venrant li an venrant li di PAS57 tuit li felun cadegrent jos 138, 182 ensems crident tuit li fellunt (Judeu) 233, 239 li toi caitiu 65 emblar l'auran li soi fidel 368, 429, 457 li soi fidel en son tornat 473 mais li felun tuit trassudad 141 donc s'adunovent li felon 171, 243, 250 canten li gran e li petit 41 e li petit [tuit] e li gran 379 tuit li omne LE211 li (*sc.* parent) sanct Lethgier, li Ewruï 118 li tres vindrent a 228 li apostolie e li empereör ALS62a, 66a, 72a cume li altre frere 24d li altra l'esculterent 76b li serf sum pedre 53c ansemble an vunt li dui pedre parler 9d nel reconurent li dui sergant sum pedre 24b li pluisur jetent lermes 117d tuit i acorent li grant e li petit 102e, 37d a lui repairent e li rice e li povre 61b li fil sa mere(d) ne la voldrent amer(t) HOH58 por ce [l'] haierent a [t]utens li Juë STEPHIIe tuit li Juëf li plus save IVd mult sunt ire li Juë, li felun VIa = l: e(t)qui era li om primers el soi en(s)fant per son pechiad PAS 378 = les *obl. pl.* = melz sostendreiet les empedementz EUL16 elle no'nt eskoltet les mals conselliers 5 cum vit les meis, a lui ralat LE90 les draz [s]uzlevet ALS70a ad anstruire sulement les penses des nient savanz *app.* 8 ne sout les sons ahanz 55c entra les povres se sist danz Alexis 20b croisent les dent STEPH VIb = los: Jesus cum vidra los Judeus PAS133 los marchedant ... a grand destreit fors los gitez 72 los tos enfanz .... a males penas aucidrant 61 los sos affanz vol remembrar 3 los sos talant ta fort monstred 73 e llos alquanz fai escorter 493 per eps los nostres (*sc.* peccatz) fu aucis 10 entro li talia l(o)s pez dejus LE233 venit en terra per los vostres pechet SPO16 = lo: lo sos sans ols dunques cubrirent PAS185 chi eps lo morz fai se revivere 35 = lis: assos fedels laved lis ped PAS92 lis ols del cap li fai crever LE154 deus exaudis lis sos pensaez 170 = li: super li piez ne pod ester LE165 = ls: non fud assaz anc als felluns PAS357 pres pavors als Judeus 74, 82, 104 als deu fidels 490 dels olivers 38 dels feluns 277 dels ladruns 287 dels Judeus 132 avant dels sos dos 19 contrals afanz 111 als altres LE206, 238 dels aânz 9 dels flaiels 236 sobrels piez 230 entro li talia l(o)s pez 233 (e)chel tes Gretia .. els porz de mar ALR36 = l: uns del felluns PAS317 = us: deus marchaâns que lai veëst ester SPO68 = u: as cuntrat & au ces STEPH IId = s: as cuntrat & au ces a tot dona sante IId pois as Juës a feluns si lor dit VIIe as piet d'un enfant IXa as anceisurs ALS1e as angeles 122b as povres & as riches 108b as plus povres 51e† as povres 19d as poverins 20e, 51c as lisanz ... as ignoranz *app.* 2 des nient savanz 8 a un des porz 40a des regnes 36d des melz ki 4b sedent es bans 66b es honurables lius des sainz *app.* 9 = la *f. n. s.* = la polle EUL10 la domnizelle 23 ja fos la chars de lui aucise PAS371 fui la luna 311 la neus 396 vengre la nuvols 468 cum co audid tota la gent 33 la sôa madre virge fu 353 la sûa morz vida nos rend 11 crollet la terra ALR48 la scriptura SPO26 ico que la scripture aprestet .. ico aprestet la painture ALS *app.* 2 co dist la spuse 22c si fist la spuse 30b co que dit ad la cartre 78a que la citet ne fundet 60c prest' est la glorie 59e al sedme jurn fut faite la herberge 116a respont la medre 22b, 31a del duel s'asist la medre 30a si l'antendit la medre 85b e la medra e la pulcela 100ab, 121ab iloec arivet sainement la nacele 17b iloec arivet la nef 40b la nef est preste 16b la peinture est pur leceun as genz *app.* 4 granz est la presse 104b, 115c si alascet la presse 116c fud la pulcela 9a vint la pucele 94b dist la pulcela 99a e la pulcele 48b la vithe est fraisle 14d la bone medre 26d filz, la tûe aname el ciel seit absoluthe 82e mult li angreget la sûe anfermetet 56c la sûe juvente fut honeste *einl.* 6 la main (gent†) *menude* ki l'almosne desiret 105d ad une voiz crîent la gent menude 107a la gent de Rome ki tant l'unt desirret 115a ne perissent la gent 60d si s'en commourent tota la gent de Rome 103a [la vi]rge(t) HOH10 oi est la [fe]ste STEPH XIIc saint Pol l'appellent la crestîane gent IXe = le: e le pedre e le medra ALS48a = l': Cum de Jesu l'anma 'n anet PAS321 al fog l'nseire l'æswardovet 190 l'anima n'aura consolament LE174 l'ira fud granz 75 l'ancienetiet ... cumandat ALS *app.* 9 deseivret l'aneme del cors 67b e l'anema en est 109d co dist l'imagena 35a de cui l'imagene dist 35e respont l'imagine 36c l'odor est bone(t) HOH35 = la *obl. s.* = post la mort EUL28 de la civitate VAL*v°*8 cum la çena Jesus oc faita PAS90 anz que la noit lo jalz cantes 193 Judas cum og manjed la sopa 101 Barrabant perdonent la vide 225 la destre aurelia li excos 160 la sôa mort mult demandant 204 de laz la croz 329 a la ciutaz 15, 49 a la(r) mort vai 156 davan la porta de la ciptat (de la ciptat davan la porta†) 266 en la cort 244 sus en la cruz 281, 285, 318 sus en la peddre 401 jusche la terra 328 la labîa li restaurat LE181 la lingua 158 en la ciutat 141 Gretia la regîon ALR35 de la figura 64 de la virgine SPO17 sus e la crot batut 22 escrit la cartra ALS57d dune (lai†) li la c'artre 74c ne nen sai la contrede 27c nient anjoüst la culpa del deperdethur *app.* 11 la dolur 32b ki la maisnede servent 53c la maisun aprester 65c aúrier la painture *app.* 1 derumpent la presse 113e esguardat la pulcela 12a a Rome la citet 26a de Rome la citet 8c, 9b, 81c, 118d en Rome la citet 77e, 109c an Alsis la ciptet 18a, 32c, 77b par Alsis la citet 19b deperdra la cuileita folc *app.* 10 la mortel vithe 13c la plus durable glorie 125d la dreite vide 124d la la sûe carn medisme 87b la sûe pietet 63a la sûe spuse juvene *einl.* 7 sainz Alexis la sûe (*sc.* main) li alascet 75b que la muiler dunat fecunditet 6b c'o preiums deu la sainte trinitet 110d el num la virgine ki portat salvetet 18d ensembl'ot deu e la compaignie as angeles 122b a la cartre 75a a la geinme celeste 116b & a la medra & a la spuse 21ab a la mer 16a a la terre 114d de la cambre sum pedre 15d de la ciptet 38d de la contrethe 15e de la dolur 85a de la medre 76c, 94a, 119a de la nef 43d de la painture *app.* 1 de la spuse 119b del relef de la tabla 50b de la vïande 51a de la vïe *einl.* 2 de la celeste 13d de la tüe carn tendra 91a de tuta la cuntretha 4e vint en la cambra 11e, 13a, 28a en la citet 59b an la maisun 63d, 94d an la sameine 59a od la pulcela 122c par tuta la [cuntrede] 21e par la deu grace 73b sur la teste 53d sur la (sulonc†) cristïentet 6e guardent la citez HOH43 a la pucele 91 samz la torterele(t) 38 escotet la lecun STEPH Ib ja li toldrunt la vïe IVe d(e)' Adamassa la grant IXc de la terre IVc fors de la vile VIIId por la meie amite XIc = le: blanc ai le chef e le barbe ai canuthe ALS82a en sum puing tint le cartre le deu serf 70c cil list le cartre 76b quant ot li pedre le clamor de sun filz 45a par le divine volentet *einl.* 3 apres le naisance 4 par le historie de la painture *app.* 1 = l': l'aurelia ad serv semper saned PAS162 Nicodemus dell' altra part 345 l'anima reciu(n)t dominedeus LE237 recut l'almosne ALS20c unt l'almosne dunethe 24c ki l'almosne desiret 105d l'egua li getent 54b l'imagine 34c, 77c l'ure 61e a l'imagine 36a de l'honur 40e en l'altra 60a e pur l'onor 77d par l'amistet *einl.* 7 de l'une part HOH15 trovassent l'achisun STEPH VIe & si arrum l'escïence de lui IIIe = **las** *n. pl.* = de sa sudor las sanctas gutas PAS128 entro en cel en van las voz 234 = **les**: enpas quel vidren les custodes PAS397 kar an icele veient les ignoranz (*sc.* gent) ALS *app.* 3 Les escalgaites chi .. cil me torverent HOH43 les vinneas sont florïes 34 desoiz ma langue(t) est li laiz & les re"es 26 = **las** *obl. pl.* = dels olivers al(a)quant (*sc.* prendent) las branches PAS32 las virtuz Crist van annuncian 488 si parlet a[b] las femnes dis [1]) 402 corona prendent del(a)s espines 247 fors en las estras estet Petdre 189 hor' en aures las poenas granz LE151 am las (ambas†) lawras li fai talier 157 = **les**: ab les femnes pres a parler PAS260 cist apostolies deit les anames baillir ALS74a purtenir les c"oses *app.* 10 cumandat les hystories estre depaint 9 li cumandet les renges de s'espethe 15b quant il i veient les vertuz si apertes 113b tu qui habites entre les gens *app.* 5 vait par les rües 43b par mi les rües an venent 103c commandent li les vinnes a guarder HOH59 = **ls**: alquant dels palmes prendent rams PAS37 corona prendent del(a)s espines 247 primos didrai vos dels honors LE7 = **s**: es goies del ciel et es noces virginels *einl.* 12 pur leceun as genz *app.* 4 raison des paintures *überschr.* = **laquele** *rel. obl. s.* l. c"ose tu qui .., deüses antendra ALS *app.* 5 ampur l. c"ose 4 **delquel** *m. obl. s.*: sum filz boneüret d. nus avum oït *einl.* 3 **lesquels** *f. n. pl.*: a cascun[e] memorie spiritel l. vivent purement 10

Libie *land f. obl.*: cil de L. (:) STEPH IVa *vgl. Wace Brut*

***libre** *subst. m. obl. s. buch*: de son l. mot lo clas ALR2 *vgl. Guiot Bible* 495, 2454 *etc.*

***lïer** *inf. binden*: penrel rovat, l. lo fist LE150 **lïade(n)s** *part. prt. f. obl. pl.*: l. mans cum [d]e ladron PAS 163 *vgl. Rol., Cambr. Ps., Guiot Bible, Auc. et Nic., Mätzn. afr. lied.* loier

(*)**lies** *adj. m. n. s. froh*: l. est li poples ALS104d bien poet l. estra 109e cum il s'en firet l. (:) 25e **les**: mult l. semper en esdevint PAS210 encontral rei qui fez lo cel isaid lo dii le poples l. 40 **lede** *f. n. s.*: jamais n'ierc l. ALS27e, 91e si'n fui l. e

---

1) *Bessere*: et ab las femmes parlet si: oder: ab las femmes a parlar pres (= prist : set = sist)

goiuse 92c **ledement** *adv.*: iloc deduit l. sa poverte 53b nes(e) contint l. (:) 28e *vgl. Rol., Gorm., Karls Reise, Trist., Horn* le, *Mont S. Michel, Auc. et Nic.*

°**linage** *subst. m. obl. s. geschlecht*: plus aimet deu que [tres]tut sun l. (:) ALS50e cum avilas tut tun gentil (:) l. 90b li miens amis, il est de tel parage(t), que neüls on nen seit conter **lignage(t)** HOH14 *vgl. Bartsch Chr.*[4] 80,4, *Guiot Bible* 1009, *Adam p.* 36, *Parton.* 821, *Durm.* 172, 2332, *Auc. et Nic.* 32, 19, *Froiss. Poés.* 1, 195 *s.* 3677, *Chr., Gach.*

°**linc"ol** *subst. m. obl. s. linnen*: l'egua li getent si moilent sun l. (: ó, *deshalb* liçon† *Rom.* VII, 132 *vgl. Antioche* II, 272, *Bertr. du Gescl.* I, 6, *Gach.*) ALS54b *vgl. Karls Reise* 426, *Aiol* 2148, *Froiss. Chr.* III, 172

ling *subst. m. obl. s. geschlecht*: fud de l. d'enperatour ALR81 *vgl. Rol.* 2379, *Gorm.* 203, *Froiss. Poés.* II 337, 16, *Gach.*

lingua *s.* langue

°**lire** *inf. lesen*: del quel nus avum oït lire e canter ALS *einl.* 3 **leyre**: li terz [*sc.* doyst] ley l. & playt cabir ALR98 **list** *prs. i. 3 s.*: il ne la l. ALS75d cil l. le cartre 76b **lisent** *3 pl.*: an icele l. icels ki *app.* 3 **lisanz** *part. prs. m. obl. pl.*: ico que la scripture aprestet as l. ico aprestet la painture as ignoranz *app.* 2 **lesant** *ger.*: si com trovum l. (:) STEPH IXe *s.* collit

Lisos *klostername n.*: cio fud L. ut il intrat LE99

°**lit** *subst. m. obl. s. bett*: cum veit le l. esguardat la pulcela ALS12a tut te durai ... l. & ostel e pain e carn e vin 45e fait li sun lit o il pot reposer 47b, 55d† *vgl. Trist.* I 667 *etc.*

liu *s.* leus

°**livras** *subst. f. obl. pl. pfund*: quasi cent l. a donad PAS348 *vgl. Guiot Bible* 2052, *Bartsch Chr.*[4] 51,7

°**livrà** *prt. i. 3 s. übergeben, befreien*: armas vasealz dunc lor l. (:) PAS367 **livdret**: de(g) cel enfern toz nos l. (:) 387 **livrêas** *part. prt. f. n. pl.*: SPO89 *vgl. Rol., Cambr. Ps.* 40,2, *Mätzn. afr. lied. etc.*

°**le** 1) *s.* li 2) *personalpron. m. und neutr. s. acc.*: non lo (s) tanit EID II2 conduire lo posciomes VALv°33 cum faire lo dëent .. cil lo fisîent VALv°27 terce ves Petre[s] lo neies PAS194 Petdres lo vit 423 empres lo vidren 421 per ta pitad lom perdones 512 fellon Pilad lo retrames 220 venjiar lo vol 157 nostræ senior lo tenden il 280 cum lo vid 209 a coleiar fellon lo presdrent 186 seguen lo vai 167 ploran lo van 258 fortment lo vant il acusand 203 fortment lo dis 315 Jesus li bons lo reswardet 195 dunc lo despeis 217, 243, 245, 251, 351, 426 ja lo sot bien LE77 al rei lo duistrent 14 ob se. lo s ting 28 deu lo covit 17 qui lui lo comandat 26 occidere lo commandat 220 ab un inspieth lo decollat 228 por lo regnet lo sowrent toit 116 toth lo laisera 126 laissas lo toth 106 envis lo fist 97 il lo reciut 21, 27 il lo presdrent 61 qu'il lo doist 23 cum il lo vid 189 ller lo fist 150, 184 bien lo nonrit 27 fist lo mul ben 82 li quarz lo duyst ALR100 atendet lo SPO28 queret lo 73 plaient lo for STEPH Xb = **le**: que tost le volebat .. delir VALv°23 il le amat LE17 il le celat 77 li bons pedre le mist ALS7c que sa mere le sacet 50d e deus le set 91d mais als plus povres le donat a mangier 51e† danz Alexis le (il les esguardet sil†) met el consirrer 49d pechet le m'at tolut 22c e tuit le prïent 37e que tuit le plainstrent e tuit le doloserent 119d tut le depart 19b suëf le fist nurrir 7b il le receivent 118c il le nuncat 68b il le lur parduinst 54d par sun dreit num le numet 43e sovent le virent 48a attement le posent a la terre 114d dunc le menat 47a dunc le funt gentement 10b seat jurz le tenent 115b noncieiz le mon amant HOH50 cil qui le segueient STEPH IXb s'il le conclûent IVe cum le porrunt danner Ve ledement le baterent VIIIc ledement le giterent VIIId = **l'**: returnar non l'int pois EID II, 3 e l' e[s]carnit PAS217 si l'ent menen 164 si l'esfred[ed] 191 si l' escarnissent 187 si l'a vencut 375 si l'adorent 416 il no l' auseren deramar

269 laisarai l'en annar 232 Judeu l'acusent 215 l'useire l'aswardovet 190 de multes vises l'apeled 213 hom qui ma(g)is l'audis 88 asez l'ont escarnid 253 Pilaz Erod l'en envïet 205 davant Pilat l'en ant menet 202 audit l'avem. 184 tu eps l'as deit 181 cum il l'an mes sus 285 el l'en portet 343 en sos chamsils l'envolopet 344 emblar l'auran 363 fors l'en conducent 244 cum l'an levad 281 ben l'ant parad 22 anz l'en vol laisar 221 Symeonz l'oi percogded 340 dunc l'en gurpissen 165 l'aromatizen 350 e l' onorat LE45 cum si l'aut fait 155, 159 qui l'encusat 74 deus l'exaltat 29 en ca[r]tres l'en menat 176 fus l'i por deu 107, mis l'en reclus 155 asaz l'avez audit 235 cum il l'aut doit 25, 229 cum il l'audit 42, 85, 187, 217 il l'i volt faire mult amet 199 il l'exaltat 45 defors l'asist 142 l'une l'enseyned ALR88 ne l'em puet hom blasmer ALS47e ne l'aviserent 48c ne l'en creient 65b ne l'encumbrent 40e ne l'estot demander 26c, 115c ne ne l'unt anterciet 25a ki l'unt oït 102d, 60e si l'en sourent bon(t) gret 6c si l' antendit la medre 85b jo l'en fereie franc 46b de main batesma l'unt fait regenerer 6d ki par feit l'enorerent 100e fait l'el muster venir 37a receit l'i† (le*) Alexis 57c trestuit l'onurent 37d tu[it] l'escarnissent 54a suëf l'apelet 68c bel l'acustumerent 100d il l'apelet 112b il l'escondit 65a cil l'i aportet 57c cist dols l'aurat 80e sur tuz ses pers l'amat li emperere 4c ailurs l'estot aler 39d de tutes parz l'unt si avirunet 115d tant l'as celet 64e tant l'ai vedud 79e tant l'at desirret 104d tant l'unt desirret 115a alquanz l'i prennent forment a blastenger 64b cantant l'en fait raler 112e forment l'enquer[t] 65d chi dun[c] l' i vit sun grant dol demener 86a iluec paist l'um 50b jo l'ai molt quis HOH40 aseiz l'ai apelet(z) 41 saint Pol l'apellent STEPH IXe = 1: jal vedes ela PAS335 [s]el vos tradra[i] 83 quel li dones 342 enpas quel vidren les custodes 397 ab lui parlet sil conjaudit 424 levet sa man sil benedis 467 vengre la nuvols sil collit 468 qui nol cretran, seran damnat 456 nol gurpira 116 nol refuded 147 qual agre dol, nol sab om vivs 332 mot nol soned 214 pensar nol poz 55 nol pod penser 339 tot nol vos posc eu ben comptar 447 nol pod nul[z] om 448 allol vetran, o 412 rumprel farai 231 primeral vit saancta Marïe 419 credre(n) nel pot antro que l vid LE188, 218 nel condignet 59 nel fus por lui 107 nel volt il observer 136 nol demonstrat 78 a sel mandat 48 sil lor dist 206 sil recomanda 194 Guenes oth num cuil comandat 175 luil comandat 20 qual horal vid 149, 205 laissel intrar 98 rendel qui lui lo comandat 26 ab u magistre semprel mist 22 penrel rovat lïer lo fist 150 quil duystrunt beyn ALR84 en pargamen nol vid escrit 9 (n)il ne[l] lur dist ne l[i] nel demanderent ALS48d il nel (nem†) faldrat 99e nel cunuisseie plus que unches nel vedisse 87e nel reconurent 24be, 25a qued il nel recunuissent 40d nel poet anganer 32e que nel pourent truver 26b, 120a nel sai blasmer 69b il nel set coisir 35d cil ki(l) nel set 65a que neüls d'els nel set 65e kil me guardrat 46b as me .. kil guard 46d li . serganz kil serveit 68a il le receivent sil plorent e sil servent 113c cil vait sil quert 35d, 37a sil reconut 48e se lui'n remaint, sil rent as poverins 20e, 51c tu[it] l'escarnissent sil tenent pur bricun 54a sil 116d quant il c'o veit qu' i l volent onurer 38a tu (de) tun seinur, jol f[e]rai pur mun fil 31e que lur ansein(e)t fant jeter 106b sil laissent enfodir 120b, ol poissent recovrer 63b en terre(e)l [1]) metent 118c encor nel pois trover(t) HOH40 e jol li dis 6 = u: cosel queret nou vos poëm doner SPO72 = lui *m. acc. s.* = sen peched si portet lui (: fu) PAS354 lui que ajude nuls vencera 497 si pïament lui ap-

1) *ähnlich* qui fere(e)l puot *Ben. Troie* 8321, 18969, 25343, *ebenso Ben. Chron. cf. Settegast, Benoit de Sainte-More, p.* 45

pelled 294 qui lui credran, cil erent salv 455 cela noit lui neiara 114 lui recognostre(t) semper fiz 196 lai s'apresmat que lui firid LE232 (*vgl. Ger. de Viane* 1567) sempre lui servist 44 que lui a grand torment occist 12 (*vgl. Chev. Ogier* 10876) que lui alessunt decoller 222 ki lui portat (l'out portet†) ALS7b s'il veit que jo lui serve 99e *vgl. Guiot de Prov. gloss., Müllers Roland Ausg. 3 Nachtr. zu s. 9 und dazu Förster Zeitschrift* II 167 = *mit praep.*: a lui nos laist venir EUL28 ab lui parlet PAS424 anz lui noi jag 356 de lui 211, 320, 371 dedavant lui 249 per lui *(in oder aus* loi *geändert)* 184 a lui LE86, 90, 129 ab lui 108 (:), 190 por lui 4, 107 (:); a lui ALS24c, 61b a (od†) lui 69a de lui 117e ansembl'ot lui 43d par lui 107e pur lui 49c, 77c vers lui HOH17 de lui STEPH IIIe en lui IIIe, VIe vers lui Vd encontre lui IIIa o lue IIId = *dat. s.*: in nulla aiudha contra Lodhuwig nun lui (?) ier EID II, 4 que lui ent possumus placere VAL*v*°33 femnes lui van detras seguen PAS257 luil comandat LE20 rendel qui lui lo comandat 26 lui le (*sc.* cartre) consent ALS75c mais lui e[r]t tart 13e se lui 'n remaint 20e, 51c quer lui ne plasts HOH42 lui(d) m'entveiad 68 = li *m. dat. s.* = deus cel edre li donat VAL*v*°12 quet umbre li fesist 11 poscite li que 32, 33 acheder co que li preirets. preiest li que 31 ben li aprestunt o sa'assis PAS24 il li non credent, que sia carn 438 lo corps Jesu quel li dones 342 la destre aurelia li excos 160 & en sa man un raus li mesdrent 246 trenta deners dunc li (e)'n promesdrent 85 il li respondent 135 semper li tend lo son menton 146 sus en la crux li ten l' aset 318 dunc li vestent son vestiment 254 que lo deu fil li fai neier 192 amix li fust LE112 fu li's amet 42 quae deus li avret perdonat 216 cil li pesat 219 cio li dist 43, 91 cio li mandat 87 cio li preia 106, 108 cio li rova 195 bewre li rova aporter 200 sa gratia li perdonat 46 miel li fesist 196 peis li promest 192 la labia li restaurat 181 entro li talia los pez 238 cil Ewruins molt li vol miel 101 vol li preier 147 lis ols del cap li fai crever 154 am[b]as lawras li fai talier 157 fait li sun lit ALS47b dune (lai†) li la c"artre 74c pois li cumandet les renges 15b si li requerent conseil 61c dunc li acatet filie 8e de la celeste li mostret veritet 13d ses fedeils li ad tuz amviet 59d sa raisun li ad tute mustrethe 15a la sûe li alascet 75b tut li amanvet 47c l'egua li getent 54b, 58d bel num li metent 6e c"o li cumandet 84e co li deprient 63a 60c† quant deus la li tramist 20c la mortel vithe li prist mult a blasmer 13c deus sun servise li volt guereduner 56b la glorie qued il li volt duner 59e si li preiuns que 101e, 125b, 120d e tuit li preient 102c tant li prierrent 6a si li ad conseilet 68c dunc li remembret de sun seinor 12b de la viande ki del berberc li vint 51a mult li angreget la sûe anfermetet 56c tut li amanvet quanque bosuinz li ert 47c e la pucele quet li ert espusede 48b tos temps li soi novele(t) HOH23 commandent li les vinnes a guarder 59 et jol li dis 6 li curs li faut STEPH Xe chose que negunt li deit VIIb ja li toldrunt la vie IVe preium li tuit XIId = l'?: blanc vestiment si l'a (li a†) vestit PAS219 davant l'ested (li' sted†) le pontifex 177 ne l'en (li 'n†) est rien ALS49e pur honurs ki l'en fussent tramise[s] 33d gens ne l'en remest 19c = l: ciol demonstrat LE110, 112 = los *m. acc. pl.* = en paradis los arberget PAS 388 en veritad los confirmet 442 tam benlement los conforted 130 Jesus cum veg, los esveled, trestoz orar biem los manded 128–4 fors los gites 72 qui toz los at il condemnets LE166 il los absols LE228 en corp los ad 172 = les: il les lucrat 214 a Rome les portet li ores ALS39e u qu'il les pout trover 19d o deus les volt mener 16e cose ... ki mult les desconfortet 61d = lis: et sc. L. lis prediat LE213 = ls; sils enflamet PAS476 ventre nols en poth LE64 = ls: de dobpla cordals vai firend PAS75 = s: presdra sos meis, a lui s tramist LE86 net il nes en apelet ALS53e terre nes anglutet 61e se jos an creid 41e *vgl.* els = lor *dat. pl.* = e lor peccatum lor dimisit VALv°4 e lor vedent montet en cel PAS469 no[n] lor pod om vive contrastar 483 cum el desanç diz lor aveia 166 allol vetran o dit lor ad 412 so lor demandes 134 lo monument lor comandet 368 fort saccrament lor commandeç 94 cum peis lor fai 498 quel lor disse(t)s 179 armas vassals dunc lor livret 367 son bon sennior que lor tradisse 86 ja lor gurpis nostre sennior 242 dunc lor gurpit sõe chamisse 267 terce veç lor o demanded 139 si llor dist LE206 si lor dit STEPH VIIe = lur: c"o lur est vis ALS108d il lur seit boens plaidis 120e peiset lur en forment 5b e c"o lur dist 76d, 77a le num lur dist 76c un fils lur dunet 6c conseil lur duins[t] 62d, 66d miracles lur [i] ad deus mustret 112d sun aver lur ad tot departit 20a (n)il ne[l] lur dist 48d quet il le lur parduinst 54d ma spuse que jo lur ai guerpide 42c en l'altra vois lur dis altra sumunse 60a une vois ki lur ad anditet 63c que lur ansein(e)t 63b soventes feiz lur veit grant duel mener 49a = lor *gen. pl. possessiv-pron. der 3 pers. pl.* = tot lor marched vai desfazend PAS76 de lor mantels ben l'ant parad 22, 23 ens [an] lor cors grand an enveie 78 vindrent parent e lor amic LE117 de lor pechiets que aurent faiz 225 que s'ent ralgent in lor honors 120 quer tuit en unt lor voiz si atempredes 119c as piet d'un enfant mistrent lor dras STEPH IXb = lour: mal en credreyz nec un de lour (*vgl* els *und Trouv. belg.* I, 161, 75) ALB30 = lur: il fut lur sire or est lur almosners ALS25d trestut est lur talent 106e lur cumpainle fut bone 121d cum lur ledece est grande 122e doinent lur (le†) terme de lur a[sambl]ement 10a drecent lur sigle 16d ourent lur vent 39b ja le lur voil de lui ne desevrassent 117e an lur baillie 42d, 108c sunt lur anames salvedes 121e ansemble sunt lur anames 122d lur dous amfans volent faire asembler 9e metent lur cors en grans afflictIuns 72c lur layadures li getent sur la teste 53d e de lur oilz mult tendrement plurer 49b de lur tresors prenent l'or 106a = la *acc s. f.* = voldrent la veintre li deo inimi, voldrent la faire dïaule servir EUL3, 4 non la pouret omque pleier 9 et el la vid e lla 'sguarded PAS50 tres sei la tint, ne la volt demustrer ALS58a il ne la list 75d si la despeiret, que 28b si la [re]confortasses 90d quant deus la li tramist 20c danz Alexis la prist ad apeler 13b il la receut 24d il la volt prendra 71a avant la tent 75e ne la voldrent amer(t) HOH58 chi la salüet 92 escotet la (*sc.* lecun) par benne entencIun STEPH Id = le: lui le (*sc.* cartre) consent ALS75c = lo?: ens enl fou lo getterent EUL19 = l': il l'i (*od.* li) enortet EUL13 & en son cab feliun l'asiedrent PAS248 si l'at destruite cum(dis) l'ait host depredethe ALS 29c cil ne l'i volt guerpir 71a mais na (ne†) l'i puis tolir 71e dans Alexis l'espuset 10c or l'at od sei 122d a deu l'(i) ad comandethe 15c l'odor est bone(t) si l'aimat molt misiro(t) HOH35 = lei: dont lei nonque chielt EUL13 lei ad laisiet HOH53 = lui: n'at mais amfant, lui volt mult honurer ALS9c = li *dat. s.* ad une spede li roveret tolir lo chief EUL22 il li plantat(z) une vine molt dolce(lt) HOH55 = las. *acc pl.* = Jesus las a senpr' encontradas PAS 414 e preiat las per deu lo glorios SPO75 = les: mais or(e) les vei si dures ALS96e *s.* il, elle, els

loc *s.* leus, **lodet** *s.* laudar

Lodhuvigs *personenname m. n.* EID II, 1 **Lodhuwig** *obl.* II, 4 *vgl.* Loëwis *Rol.* 3715 Lo[ë]wis *Gorm. etc.*

***lonx** *adj. m. obl. pl. lang*: cio fud l. tiempa, ob se los ting LE28 cio fud l. dis, que non cadit 231 **long** *obl. s.*: de lui l. temps mult a audit PAS211 **longa** *f. n. s.*: cum l. demure[d]e lunga: ma l. atente a grant duel est venude 89c de lung' amfermetet 93b **longament** *adv.*: puis converserent ansemble l. ALS5a lun-

gement: mult l. ai a (od†) lui converset 69a **lo[n]iamen**: ni l. aici a demorer SPO71 **longes** *lange Zeit*: co ne sai jo cum l. ei converset ALS17d (*vgl. Gar. le Loh*. II, 81, *Aiol* 8260, *Horn*, *Parton*. 485, 1484, *Trist*. II 144 *s*. 63, *Ben. Chr*., *Froiss. Poës*. II 270, 29) **lon** *fern*: quar finimuns non es mult len (: prob) PAS 505 **loyn**: & de sa lancj' en l. jausir ALR96 **luinz**: e tantes feiz pur tei an l. guardet ALS95c *vgl. Cambr. Ps. etc. s*. esluiner

lor, les *s*. lo, li

losengeteur *subst. m. n. pl. verleumder*: mentent fellon l. (:) ALR29 *vgl. Bartsch Chr.*[4] 325, 4, *Horn*

losalevar *s*. soalevar, **lothet** *s*. laudar

Lothiers *personenname m. n.*: cio fud L. fils Baldequi LE16 luil comandat ciel reis L. (: Peitieus) 20 quandius visquet ciel reis **Lothier** (: Lethgiers) 49

lour *s*. lo, **loyn** *s*. lonx, **lu** *s*. li

lucrat *prt. i. 3 s. erwerben*: domine deu il les l. (:) LE214

Ludher *personenname m. obl.*: ab L. EID I, 5

lui *s*. lo, **luinz** *s*. lonx

**luna* *subst. f. n. s. mond*: fui lo soleiz & fui la l. (: fure) PAS311 *vgl. Ben. Troie* 2204, *Auc. et Nic*. 12, 5, 31, *Durm*. 2270, 3806, *Guiot Bible* 647, 2140

lur *s*. lo

lutoët *part. prt.*: e fium Jorda lavet e l. SPO18

M.

M *s*. me; **ma** *s*. mes

Macedoner *volk gen. pl.*: & filz al rey M. (:) ALR32

madre *s*. medre; **maent** *s*. man

(*)**magesteyr** *subst. m. obl. s. kenntnisse*: ayais conten en m. cum trestot teyne ja l'empeyr ALR80 *vgl. Ben. Troie* 3165

***magestres** *subst. m. obl. pl. lehrer*: m. ab beyn affactaz, de totas ars beyn enseynaz ALR82 **magistre** *obl. s.*: ab u m. semprel mist LE22 *vgl. Durm*. 180, *Trist*. I 19 *s*. 309, *Parton*. 334, *Baud. de Condé* 507, *Mätzn. afr. lied*. 11, 23, 25, 26

magnes *adj. m. n. s. gross*: Jesus rex m. sus monted PAS26 cum Alexander **magnus** fist ALR17 **maior** *comp. m. obl. s.*: m. forsfait que i querem PAS183 granz en avem agud errors or en aurem pece **majors** 366 *vgl. Rol*., *Horn*, *Du C.-Henschel etc.*

main *subst. f*. 1) *n. s. volk*: la main (gent†) menude ki l' almosne desire[n]t, s'il nus funt presse ALS 105d *vgl. Du Cange s. v.* manus *und* cil n' ierent mie chastelain ne vavassor de basse main *Ben. Troie* 6750, *Parton*. 2550 la femme al vilain ki moult estoit de pute main *Mousket* 13702 *2) *obl. s. hand*: li apostolie tent sa m. a la cartre ALS75a **man**: levet sa m., sil benedis PAS467 & en sa m. un raus li mesdrent 246 **mans** *obl. pl.*: sobrals malabdes m. metran 463 vedez mas m., vedez mos peds 435 Pilaz sas m. dunques laved 237 l'lade(n)s m. cum [d]e ladron 163 **mains**: ad ambes m. derump(e)t sa blance barbe ALS78b *vgl. Rol*., *Guiot Bible etc.*

***mais** *adv*. 1) *mehr*: cum peis lor fai, il creisent m. (: vencera) PAS498 ja non podra m. deu laudier LE162, 168 m. non i ab un plus valent ALR23 quant veit li pedre que m. n'aurat amfant AL88a n'at m. (plus†) amfant 9c n'ai m. filie ne filz 93e n'i ai m. ad ester 38b desur [la] terre nel pourent m. tenir 120a a tot jors m. SPO89 **mays** ab virtud de d'les treys que altre emfes de quatro meys ALR56 **masque** *ausser*[1]): argent ne aur non i donet m. son sang & sòa carn PAS 386 **maisque**: tot sos fidels i saciet, m. Judes Escharioh 99 que mais n'aurat

1) *vgl*. Et li dus Begues a tot le chastel pris mais que la tor *Gar. le Loh*. II, 199 Franceis se taisent ne mais que Guenelun *Rol*. 217, *Flore et Bl. ed. Becker* 1716, *Parton*. 9685, 10103, *Froiss. Chr. Gloss*. *Sehr gewöhnlich steht* mais que *mit folgendem Conj. in der Bedeutung* 'wofern',

amfant, m. cel sul ALS8b nuls hom ne sout les sons ahans [m. li lis] 55d† s. ja 2) **mas** *aber*: m. vos Petdrun noi oblidez PAS410 **mais**: m. li felun .. son aproismad 141 m. nenperro granz fu li dols 337 m. [qui l'] aura, sort an gitad 270 per me non vos est ob plorer, mais per vos & per vostres filz 268 el mor a tort .. mais nos a dreit 291 m. en avant vos cio aurez LE113 ne vol reciwre Chielperin, m. li seu fredre Thêoiri 58 m. nepurhuec mun pedre me desirret ALS42a m. coest tel plait 10d. m. lui e[r]t tart 13e m. sun pedre i ancuntret 43c m. as plus povres le donat 51e† m. or(e) les vei si dures 96e m. ne l'en creient 65b m. n[e] conurent sum vis 23e m. nen aveies cure 82c m. la dolur ne pothent ublïer 32b m. il nel set coisir 85d m. n[e] l'i puis tolir 71e m. ne puet estra 39d, 106d, 116e m. malsm[em]ent asemblier *app*. 11 m. ad anstruire sulement 8 **mes**: m. au barun ne porent contrester STEPH Va m. ce trovum IXa

maiseler *inf. zerschlagen*: ses crins derumpre e sen vis m. (d., s. v. demaiseler†) ALS86c *vgl.* cest Hugelins qui vus meisele *Gorm.* 241 *und G. Paris anm.*

maisnede *subst. f. obl. s. hauswesen*: li serf sum pedre ki la m. servent ALS53c e grant m. doüses guverner 83c *vgl. Rol.*, *Karls Reise* 455, *Aiol* 2694, *Cambr. Ps.*, *Vie Greg.* 66, 78, *Adam* 63 *etc.*

maismeut, maismement s. medeps

***maison** *subst. f. obl. s. haus*: quar me herberges pur deu an tue (ta†) m. (:) ALS44b **maisun**: il vat avant la m. aprester 65c an la m. Eufemïen quereis 63d an la m. tun pedra 94d **maisons** *obl. pl.*: en tos belz murs, en tas m. (:) pedras sub altre non lai(se)rant PAS63 *vgl. Rol.* 1817, 3878, *Auc. et Nic.*, *Guiot Bible etc.*

***mal** 1) s. mals 2) *subst m. obl. s. übel*: Jesus li bons ben red per m. (: saned *prt.*) 161 a toz rendra e ben e m. (: judicar) 472 respondet l'altre m. i dis 289 non aura m. 462 ja n'auras m. ALS31c **mel**: e sis penteiet de cel m. que fait habebant VALo*25 cui desabanz volïet m. (: envïet *prt.*) PAS206 **miel**: cil Ewruïns molt li vol m. (: el *aliud*) LE101 porquant il pot, tan fai de m. (: observer) 135 m. li fesist 196 et Ewruïns d'en fisdra m. (: anatemas) 123 fist i gran m. (: ciutat) 142 quae tot ciel m. laisses 148 mul en fud trist por ciel tiel m. quae defors vid 144 **mals** *obl. pl.*: que de tus m. nos tolget ALS101e, 125b

***malabdes** *adj. m. obl. pl. krank*: sobre m. mans metran PAS468 *vgl. Auc. et Nic.* 11, 18; 20, 18, *Mätzn. afr. lied.*, *Giorn. di fil. r.* II, 71

***malaürëas** *adj. f. voc. pl. unglückselig*: alet chaitivas, alet m. SPO88 *vgl. Aiol* 5082, *Ben. Chr.* 4111, *Fantosme* 1797, *Auc. et Nic.* 8, 13 s. boneüret

malendus *adj. m. n. s. leidend*: nul(s) nen i at ki n'alget m. (: ó) ALS111d s. *G. Paris anm.*

malfeüs *adj. m. voc. pl. unglückselig*: las m. cum esmes avoglez ALS124a **malfeüde** *f. voc. s.*: dolente m. (: u .. e) 89d *vgl.* **durfeüs**: qui la vot estre preus tantost fu conneüs ... et le couart clame chetif et durfeüs *Voeu du Paon* s. *Gachet glossaire*

***mals** 1) s. mal 2) *adj. m. obl. pl. schlecht*: elle no'nt eskoltet les m. consellliers EUL5 e de m. christianis VALo*32 per m. conselz van demanadn PAS79 **miels** *n. s.*: quar (qui†) donc fud m. et a lui vint LE129

---

so z. B. Garin le Loh. I, 234, *Trouv. belg.* II, 319, *Renart* 1088, *Mätzn. afr. lied.* 24, 49, *Auc. et Nic.* 27, 14, *Guiot Bible*, *Froiss. Poés.* I 272, 1790, *Chr.*, *Ben. Chr.* 3802, *mit indic. ib.* 3813, mes *ohne* que *mit Conj. ib.* 16348. — *Gorm.* 575 *siehe ich vor zu lesen*: De ceo fist il pechie et mal, que sun pere deschevacha. Mais (qu)il nel reconois[soit] pas. *Der Sinn leidet sonst.*

dist Ewruïns qui tan fud m. (: vituperet *part. prt.*) 160 *(vgl. Elie* 1777) **male** *f. obl. s.*: ne aiet niuls m. voluntatem VALv°28 **mala**: aures cum ill edrat por m. fid LE114 **males** *obl. pl.*: a m. penas aucidrant PAS62 **mal** *adv.*: m. en credreyz nec un de lour ALR30 **mau**: m. veïsmes cetui STEPH IIIb *s.* mar, peis

***malveis(e)** *adj. obl. s. schlecht*: m. [es]guard(e) t'ai fait(e) suz mun degret ALS79c *vgl. Rol., Gorm.* 593, *Adam* 38, 59 *etc.*

man *prs. i. 3 s. wohnen*: Christus Jesus qui m. en sus PAS509 deo raneiet chi **maent** sus en ciel EUL6 *s.* parmaint, remaint, manent *vgl. Cambr. Ps.* 138, 10, *Aiol* 106, 7001, *Parton.* 1102, 5895, *Trist.* II *p.* 44 *z* 938, *Wace Brut.* 6492, *Mont S. Michel* 265, 1611, 2279 *etc.*

Manasses *personenname m. n.* HOH82

***manatce** *subst. f. obl. s. drohung*: por m. regiel EUL8 *vgl. Fierabras fr.* 5909, *Rol., Guiot Bible* 2160, *Mätzn. afr. lied.* 9, 30; 29, 18

***mandament** *subst. m. obl. s. regierung* (?): contar vos ey pleneyrament del Alexandre m. ALR26 *vgl. Cambr. Ps.* 118, 6, 10, *Brut.* 4306, *Horn* 5199, *Froiss. Chr.*

***mandat** *prt. i. 3 s. entbieten*: cio li m. que revenist LE87 a sel m. & cio li dist 43 par cui misire(t) mei ma[n]dat(z) sa raisum HOH89 **manded**: trestoz orar bien los m. (: eveled) PAS124 *s.* cumandet, demander *vgl. Rol., Guiot, Auc. et Nic. etc.*

(*)**manent** *adj. m. n. pl. reich*: rey furent fort .. & de pecunïa m. (:) ALR20 *s.* man *vgl. Aiol* 1081, *Wace Brut.* 2838, *Ben. Chr., Troie, Horn, Vie Greg.* 38, *Jehan de Condé* I, 381

***mangier** *inf. essen*: as plus povres le donat a m. (:) 51e† *m. subst. obl. s.*: el sulevéd del piu m. (: ped) PAS 91, (: nuncer) 103 **manged** *prt. i. 3 s.*: mel e peisons equi m. (: confirmet) 441 **manjed**: ensembl' ab elz beo e m. (: parlet) 451 *part. prt.*: Judas cum og m. la sopa 101

***mantels** *subst. m. obl. pl. mantel*: de lor m. ben l'ant parad, de lor m. de lor vestit ben li aprestunt o sa'asis PAS22, 23 palis vestit palis **mante(n)ls** davant extendent a seos pez 43 *vgl. Rol., Gar. le Loh.* II, 67, *Parton.* 9932, 10715, *Auc. et Nic.* 12, 34; 16, 5

mar 1) *s.* mer 2) *adv. unglückseligerweise*: m. te portai ALS88b *s.* bor *vgl. Rol., Gorm., Karls Reise, Aiol, Parton.* 9811, 9887, *Horn, Guiot, Baud. de Condé* 429, 482, *Jehan de C.* I 423 *etc.*

***marbre** *subst. obl. s. marmor*: sarqueu de m. (:) ALS117c *vgl. Rol.* 12, *Parise la duch.* 2104, *Auc. et Nic.* 11, 7

***marchaänz** *subst. m. obl. pl. kaufmann*: alet en achapter deus m. SPO 68 los **marchedant** .. fors los gitez PAS71 *vgl. Vie Greg.* 86, *Durm., Brun de Mont.* 132, *Auc. et Nic.* 28, 15, *Bartsch Chr.*[4] 161, 16, *Trouv. belg.* II 376, *Froiss. Chr.*

***marched** *subst. m. obl. s. markt*: tot lor m. vai desfazend PAS76 *vgl. Rol.* 1150, *Gar. le Loh.* I 91, II 212, *Adam* 29 *etc.*

Marie *personenname f. n.*: sancta M. (: medre *inf.*) PAS419 *gen.*: el num la virgine .. sainta M. ALS18e **Mariæ** *n.*: estet M. (: preadre) PAS329

marrimenz *subst. m. n. s. kummer*: granz fu li dolz, fort m. (: ades) PAS 121 **marrement** *obl. s.*: vint en la cambre plaine de m. (:) ALS28a *s.* esmeriz *vgl. Renart* 20640, *Parton.* 222, 6624, *Ben. Troie* 29406, *Chr.* 6038, 12965, 14222, III *p.* 613 *c.* 2.

***martir** *subst. m. obl. s. märtyrer*: Sainz Boneface que l'um m. apelet ALS114a *vgl. Rol.* 1134, *Bartsch Chr.*[4] 67, 25

mas *s.* mes

***masse** *subst. f. n. s. menge*: ansembl'ot lui grant m. de ses humes ALS43d *vgl. Rol.* 182, *Froiss. Poés.* II 225, 181

***mat** *adj. m. obl. s. besiegt*: tant rey fesist m. ne mendic ALR14 *vgl. Aiol* 5641, *Elie* 1987, *Rom. d'Alix.* 29, 7, 24, *Guiot Bible* 2457, *Mousket* 4039, *Brun. de Mont.* 2631, *Froiss. Chr.* XI 190

***matins** *subst. m. n. s. morgen*: cum le m. fud esclairez PAS201 **mattin** *obl. s.*: et al terz di lo m. clar 389

matin: a seyr & a m. (:) ALR92 en icel tens .. per un(t) m. HOH8 *vgl. Rol., Auc. et Nic. etc.*

Maxens *ort obl.*: de Sanct-M. abbas divint LE30

Maximien *personenname m. dat.*: e poro fut presentede M. (: pagiens) EUL11

me** *personalpron. acc.*: que me tradas per cobetad PAS152 de met membres 295 ab me veiras in paradis 300 per me non vos est ob plorer 262 en u monstier me laisse intrer LE95 mais nepurhuec mun pedre me desirret ALS42a il me prendrunt 41d il me trairunt a perdra 41e s'or me conuissent 41c quar me herberges .. an t[a] maison! 44b as me, dist il, kil guard 46d cil me torverent HOH 44 = **mei** [**mai** ALS93d]: oa mei, pulcele! ALS14a quer mei, bel frere,! 57a aidiez m(ei)' a plaindra 93b s(e) a mei te vols tenir 31a quet a mei repairasses 78d set a mei sole .. purlasses 90c ki sor mai est vertis 93d si amet mei HOH54 mei vult aveir 90 il dist de mei 22 par mei 62 por mei STEPH XIe = **m'**: cum fort pecet m'apresset ALS12d cum m'oüs enhadithe 87c tu m'ies fuït 27b s(e)'or ne m'en fui 12e enpur tei, [fils] m'en esteie penet 81e nem (en) soüsent turner 98c si m'aimet tant HOH23 lui(d) m'entveiad 68 si m'ont batuz 44, 46† qui ci m'unt lapïe STEPH XId = **m**: quar eu te fiz, num cognoguist PAS67 num receubist 68 per quem gulpist? 316 perquem trades? 150 il nem† (nel*) faldrat ALS 99e tut soi amferm[e], sim pais! 44e pur quem fuïs? 91c = **n**: d'iceat honur nen revoil ancumbrer 38c or ne lairai nen mete an lur baiïlie, nen conuistrunt, tans jurs ad que nen virent 42de ou tun laisas dolente 94e que tun reconfortasses 78e *vgl.* nen (net†) coneümes ne(t u)'acor nen (net†) conuissum ALS72e = **mi** *dat.* = quid il mi altresi faset EID I, 5 =me**: in quant deus savir & podir me dunat I, 2 si me leüst, si t'oüsse (bien) guardet ALS98e mels me venist, amis, que morte fusse 97e kil me guardrat 46b me fai un grabatum 44c li mienes amis me fist molt grant ennor HOH65 = **mei**: c'o peiset mei (**mai**) ALS 92e, 96b par cui mi sire(t) mei ma[n]dat(z) sa raisum HOH89 = **m'**: que m' en dares PAS83 quanque m' as quis ALS45d pechet le m'at tolut 22c c'o m'est vis 69c quels dols m'est (a) presentet 79b si grant dolur or m'est apar[e]üde 82d, 97d grant tort m'unt fait HOH47 = **m**: per ta pitad lom perdones PAS512 meu evesquet nem les tener LE93 parquem (pur teim†) vedeies desirrer a murrir ALS88d

medeine *subst. f. obl. s. heilmittel*: nus an querr(e)uns m. (:) ALS105b *vgl. Adam* 48, *Horn* 955, 2883, *Auc. et Nic.* 18, 32; 22, 38, *Mousket* 2229, 9788

medeps *pronom. selbst m. n. s.*: & el m. si pres sa cruz PAS255 *obl. s.*: per lui m. audit l'avem 184 per se **medips** cant adlevar ALR103 ***medisme**: a lui m. unt l'almosne dunethe ALS24c escrit la cartra tute de sei m. (:) 57d a grant duel met la sûe cara m. (:) 87b e si veit deu m. (:) 123e que tengent deu m. (:) 108d c'o fut emfes de deu **methime** amet *einl.* 5 (*vgl.* metheame *Cambr. Ps. C. E.* 9, *C. A.* 15 meïsme *Rol., Karls Reise, Gorm.* 144, 220 *etc.*) ***maismement**: ampur la quele c'ose m. *unde et praecipue app.* 4 mais **maism[em]ent** asemblier *sed potius congregare* 11 *vgl. Ben. Chr.* 17683, *Troie* 25473, 29433, *Bartsch Chr.*[4], *Froiss. Chr.* mismement, *Mätzn. afr. lied.* 29, 46. Maismement *ist wohl allein auf* metipsimamente, *nicht zum Theil auch auf* maximamente *zurückzuführen*

***medre** 1) *s.* metra 2) *subst. f. n. s. mutter*: la bone m. s'em prist a dementer ALS26d respont la m. 22b, 81a del duel s'asist la m. jus 30a si l'antendit la m. (:) 85b pur quei[t] portat ta m.? (:) 27a *obl. s.*: ciel no fud nes de m. viva LE137 ta lasse m. si la [re]confortasses ALS90d le num lur dist del pedre e de la m. (:) 76c, (:) 94a; **medra** *n. s.*: si fait ma m. 42b sovent le virant e le pedre e le m. (:) 48a, (:) 121a *obl. s.*: or revendrai al pedra & a la m. (:) 21a or n'estot dire del pedra e de la m. (:) 119a de ta dolenta m.! (:) 80a e de ta m. quer [n]'aveies mercit 88c a, lasse mesre [1])! 89a **mere** *n. s.*: que sa m. le sacet 50d *obl. s.*: e de pere e de m. par grant certet nurrit *einl.* 5 li fil sa mere(d) HOH58 **madre** *n. s.*: la sôa m. virge fu PAS353 *obl. s.*: nol pod nul om de m. nas 448

***mei** 1) *s.* me, mes 2) *subst. m. obl. s. mitte*: jusche la terra per m. fend PAS328 **mi**: par mi les rûes an venent ALS103c **met**: Jesus estet en m. trestoz PAS432 **me**: en me Celicle STEPH IVc *vgl.* mi *Rol.*, *Karls Reise*, *Horn*, *Durm.* 703 *etc.*

***meidi** *subst. m. obl. s. mittag*: jusque nona des lo m. (: cubrid) PAS309 *vgl. Froiss. Chr.* miedi

meilurs *s.* mieldre

***meis** 1) *s.* meys 2) *subst. m. obl. pl. bote*: cum vit les m., a lui ralat LE90 preedra son m., a luis tramist 86 *vgl.* mes *Rol.* 3191, *Gar. le Loh.* I, 11, *Vie Greg.* 29, *Ben. Chr.*

mel *s.* mal

***mels** 1) *s.* mieldre 2) *subst. m. n. s. honig*: [e] lo m. signa deltat PAS444 **mel** *obl. s.*: m. e peisons equi manget 441 dolc'or de m. apeleid il mes levres HOH25

membres *refl. prs. c. 2 s. erinnern*: de met m. per ta mercet PAS295 *s.* remembrar *vgl. Karls Reise* 284, 864, *Aiol* 1006, 2014, *Gorm.* 631, *Adam* 16, *Vie Greg.* 85, *Bartsch Chr.*[4] 104, 20; 413, 11, *Ben. Chr.* 15651, III 527 *z.* 569, *Guiot Bible*, *Durm.*, *Auc. et Nic.*, *D. C.-Henschel*

***memorie** *subst. f. obl. s. gedächtnis*: aiuns seignors cel saint home en m. (:) ALS125a icesta istorie est ... suverain consolaciun a cascun m. spiritel *einl.* 10 *vgl. Cambr. Ps.*, *Trist.* II 149 *s.* 2, *Adenet Cleom.* 4486; *als masc.*: *Berthe* 1398, *Froiss. Poés.* II 152, *s.* 5112, 5121

mendic *adj. m. obl. s. bettelhaft*: tant rey fesist mat ne m. ALR14 *vgl. Horn* 2274, *Aiol* 2270, *Cambr. Ps.*, *Ben. Chr.*

***mener** *inf. führen*, *äussern*: la pristrent terre o deus les volt m. (:) ALS16e soventes feiz lur veit grant duel m. (:) 49a **menen** *prs. i. 3 pl.*: si l'ent m. a passiun PAS164 **menaven** *imperf. i. 3 pl.*: cum il m. tal raizon 431 **menat** *prt. i. 3 s.*: la jus en ca[r]tres l'en m. (:) LE176 dunc le m. andreit suz le degret ALS47a **menes** *part. prt. m. n. s.*: a cui Jesus furet m. (: Judeu) PAS170 **menet** *obl. s.*: davant Pilat l'en ant m. (: esclaires *part.*) 202 **menad** *n. pl.*: m. en eren a tormens 66 **meneias** *f. n. pl.*: en efern ora seret m. (:) SPO90 *s.* amenar, demener

***menestier** *subst. m. obl. s. dienst*: non amast lo deo m. (: pleier) EUL10 *vgl. Ben. Chron. gloss.* mester, *Raoul de Cambr.* 52) **mistier**: et sc. L. fist son m. (: ben) LE81, (: castier) 103 **mester**: ne porent contrester ne de clencie ne de clergil m. (:) STEPH Vb **mesters** *n. s.*: c'oest ses m. dunt il ad a servir ALS74b li cancelers cui li m. an eret 76a *vgl.* mester *Rol.* 1472, *Horn*, *Aiol* 248, *Adam* 52, 54, 70, *Mont S. Mich*, *Mätzn. afr. lied.*, *Auc. et Nic.* 4, 24, *Froiss. Poés.*, *Chr.*, *Guiot Bible*, *D. C.-Henschel*

(*)**menestrels** *subst. m. obl. pl. diener*: forment l'enquer[t] a tuz ses m. (:) ALS65d *vgl. Elie* 2753, *Brun. de Mont.* 1806, *Durm.* 15131, *Froiss. Chr.*, menistre *Cambr. Ps.* 102, 21; 103, 4

***mentent** *prs. i. 3 pl. lügen*: m. fellon losengetour ALR29 **mentid** *prt. i. 3 s.*: li bons qui non m. (: pine) PAS297 *s.* desmentir *vgl. Rol.*, *Gorm.*, *Auc. et Nic*, *Mätzn.*

mentis *subst. m. n. s. leugner*: et Ewruins cil deu m. (: occist) LE11 *vgl. Aiol* 856, 4096

---

1) *G. Paris will* mesre *adjectivisch* = misera *fassen*, *doch wäre es, wie er selbst zugiebt, ein ἅπαξ εἰρημένον, das schwerlich durch Z.* 1192 *der Hs.* **H** et si se claime et chaitive et mesiele *gesichert wird; vgl. auch Benoit Troie* 4887-9 *und* miserin *Ben. Chr.* 17536, 23365, 26654, *Parton.* 5124 *und Rayn. L. R.* IV 241ᵃ.

***menton** *subst. m. obl. s. kinn*: semper li tend lo son m. (: Jesum) PAS 116 *vgl. Rol.* 626, *Durm.*, *Auc. et Nic.* 27, 7, *Bartsch Chr.*[4] 72, 41

menude *adj. f. n. s. niedrig, gering*: crient la gent m. (:) ALS107a la main (gent†) m. 105d *vgl. Mousket* 25021, *Rol.*, *Karls Reise*, *Gorm.* 623, *Ben. Troie* 2455, *Froiss. Chr.* II 367

meon, meos *s.* mes

***mer** *subst. f. obl. s. meer*: dunc vint errant dreitement a la m. (:) ALS 16a laisent curre par m. (:) 16d, (:) 39b cum s'en fuït par m. (:) 77a **mar**: els porz de mar ALR36 cum ad de cel entro(b) e m. (:) 105 *vgl. Rol.*, *Gorm.* 637, *Auc. et Nic.* 13, 13; 27, 13

***mercit** *subst. f. obl. s. gnade*: auuisset de nos m. (: venir) EUL27 m.! m.! m. saintismes hom! ALS72d m. seniurs! 105b e de ta medra quer [n]' aveies m. (:) 88c, (:) 102c, (:) 37e, (:) 120d par sa m. 54e par [la] tūe m. (:) 74c c"o pri, tūe m. (:) 57b pur amur deu, m. (:) 93a **merost**: de nos aias vera m. (: di) PAS306, 510 per ta m. (: ren *regnum*) 296, (: Crist) 302, (: emblez *part.*) 359 **merci**: et hanc en aut m. si grand LE183 par deu m. ALS78e c"o est sa m., qu'il nus consent 73c qu(i)' il ait de nos m. (:) STEPH XIIe toz temps li soi novele(t) sōe **mereid** HOH 24 *s.* pietet *vgl. Rol.*, *Karls Reise*, *Cambr. Ps. etc.*

***merveile** *subst. f. n. s. wunder*: c"oe'st grant m. que ALS88e, 89e [c"o] n'est m. 93e *s.* miracles *vgl.* Nen est m., se Karles ad irur *Rol* 2877, *Guiot Bible*, *Mätzn. afr. lied.* 35, 36; 2, 7, *Aiol* 6996, *Ben. Troie*, *Froiss. Chr. etc.*

mers *subst. f. obl. s. waare*: si chera m. ven si petit PAS87 *vgl. Horn* 2138, *Münch. Brut* 51

***mes** *possessiv-pron. mein m. n. s.*: iluoc est .. mes tresors HOH81 ne puis tant faire, que m. cors s'en sazit ALS93c **mens**: c"oest granz merveile, que li m. quors tant duret 89e **miens**: li m. amis il est HOH 13 **mienss**: li m. amis me fist 65 **mi**: l'odor est bone(t), si l'aimat molt mi sire(t) 35 per cui mi sire(t) mei ma[n]dat[z] sa raisum 89 **mun**: mais nepurhuec m. pedre me desirret ALS42a **meos**: Karlus, m. sendra EID II, 2 = **meon** *obl. s.*: cist m. fradre I, 3, 6 m. vol *meines Willens* I, 6 **meu**: m. evesquet nem lez tener LE93 **mun**: le duel de m. ami ALS93b por amor deu e pur m. cher ami 45c jol f[e]rai pur m. filz 31e puis m. deces 31d sus m. degret 71d, 79c & m. palie(t) tolud HOH46 **mon**: noncieiz le m. amant 50 de m. ami 63 por m. ami 33, 39, 45, 48 sire, fet il, m. esperite pren STEPH Xe **mo**: vedez mo laz PAS436 **men**: jat(e) portai en m. ventre ALS91c = **mi** *n. pl.*: s'or me connissent mi parent ALS41c tant biem oilet con funt mi vestement HOH29 **mes**: cui erent .. mes granz paleis ALS81c = **mos** *obl. pl.*: vedez mos peds PAS435 = **ma** *f. n. s.*: si fait ma medra ALS 42b ma lunga atente 89c que ma fine tant d[e]moret 92e illuoc est ma corone(t) HOH80 *obl. s.*: avoc ma spuse ALS42c **ma** grant honur 82b or vei jo morte tute ma porteūre 89b de ma beltez HOH32 desoiz ma langue(t) 26 **mele**: por la m. amite STEPH XIc por mei' amor HOH36, 50 = **mes** *n. pl.*: cui erent m. granz eredites, m. larges terres ALS81ab *obl. pl.*: dolc"or de mei apeleid [il] m. levres HOH25 vedez mas mans PAS435

mesaler *inf. vergehen*: contra (vers sun†) seinur ne s'en volt m. (:) ALS 47d *vgl. Horn p.* 49 *var.*, 78 *var.*, *Parton.* 808

***mesclen** *prs. i. 3 pl. mischen*: quar il lo fel m. ab vin PAS279 *vgl.* mesler *Rol.*, *Durm. etc.*

***mesfait** *subst. m. obl. s. vergehen*: et so. L. nes soth m. (: ralat) LE89 *vgl. Ben. Troie* 3291, *Adam* 34, 42, *Guiot Bible* 2003, *Mousket* 28396, *Froiss. Chr.*

***mespraes** *part. prt. unrecht thun*: en tals raizon[s] siam m. (: perdones) PAS511 *vgl. Horn* 5060, *Ben. Chr.* III *p.* 622 *c.* 2, 623 *c.* 1, *Mätzn. afr. lied.*, *D. C.-Henschel*

***message** *subst. m. n. s. botschaft, bote*: e, filz .. cum dolerus m. (:) ALS78c danz Abraham en fud premierz message(t) (: snives) HOH67 *s.* meis *vgl. Rol., Gorm.* 197, 243, *Gar. le Loh.* I 211, *Aiol* 3750, *Ben. Chr., Mätzn. afr. lied., Froiss. Poés.* II 116, 2923, *Chr.*

mesters *s.* menestier

***metra** *inf. setzen*: voillent o nun sil laissent m. an terre ALS116d **medre**: de cui sep dïables fors m. (: Marïe) PAS420 **metran** *fut. 3 pl.*: sobrae malabdes mans m. (:) 463 **metreiet** *cond. 3 s.*: que super els m. VALv°2 **mettreiet** 26 **met** *prs. i. 3 s.*: gardes i m. PAS360 danz Alexis le (il les esgardet sil†) m. el consirrer ALS94d (*vgl.* mete le el sufrir *Ph. de Thaön Cumpos* 71, *Aiol* 2761), a grant duel m. la süe carn 87b **metent** *3 pl.*: bel num li m. [sulunc] cristïentet 6e m. lur cors en granz afflictïuns 72c m. le cors enz en sarqueu de marbre 117c en terre(e)l m. 118c **mist** *prt. i. 3 s.*: ab u magistre semprel m. (: fist) LE22 puis ad escole li bons pedre le m. (:) ALS 7c **mis**: cum el l'aut fait, m. l'en reclus LE155 **mesdrent** *3 pl.*: & en sa man un raus li m. (: vestirent) PAS 246 **misdrent**: as piet d'un anfant m. lor dras STEPH IXb **mete** *prs. c. 1 s.*: or ne lairai, ne[m] m. an lur baillïe ALS42d **mes** *part. prt.*: cum il l'an m. sus en la cruz PAS285 *s.* meis, permet

meu *s.* mes; **meyllor** *s.* mieldre

mesre *s.* medre

***meys** *subst. m. obl. pl. monat*: emfes de quatro m. (:) ALR57 *vgl. Rol.* 2751, *Ben.* Chr., *Guiot* mois

mi *s.* me, mei

***micha** *adv. irgendwie*: sil toca res chi m.[l] peys (:) ALR58 *vgl. Zeitschr.* II, 410 *vgl. Rol., Karls Reise, Gorm., Du C.-Henschel etc.*

***mieldre** *comp. m. n s. besser*: ne fud mule hom del son juvent qui m. fust donc a ciels tiemps LE32 **meyller** *obl. s.*: m. vasal non vid ains hom ALR34 **meilurs** *obl. pl.*: dunc prent li pedre de se[s] m. serganz ALS23a **mels** *adv.*: m. vay & cort de l'an primeyr que altre emfes del soyientreyr ALR74 **melz** *adv.*: m. sostendreiet les empedements, qu'elle perdesse EUL16 m. ti fura, non fusses naz, qus me tradas PAS151 m. me venist, amis, que morte fusse ALS97e des m. (plus†) gentils de tuta la cuntretha 4e cons fut de Rome des m. ki dunc i ere[n]t 4b (*vgl. hierzu*: *Gar le Loh.* II, 60, *Rom. d'Alex.* 107, 32, *Aiol* 8148, *Parise la duch.* 61, *Auberis, éd. Tarbé* 87, 19, *S. Thomas* 4180, *Raoul de Cambrai p.* 96, *Ben. Troie* 19237, *Rol.* 1822 *etc.*)

miels *s.* mals, **milns** *s.* mes

***mil** *zahlwort obl. pl. 1000*: cel jurn i out cent m. lairnnes pluredes ALS119e **milie**: chinc m. ans at(z), qu'il aveid HOH52 li suenaz senblansz nen est entr'eiz cent **milie(t)** 20 *vgl. Rol., Karls Reise etc.*

***miracles** *subst. m. pl. wunder*: si veirs m. lur [i] ad deus mustret ALS 112d feseit m. STEPH IIc *s.* merveile *vgl.* que dex i a miracle demonstree *Am. et Am.* 3202, *Rol.* 1660

***mirra** *f. obl. s. spezerei*: enter m. et aloën PAS347 *vgl. Rol.* 2958

Misaël *personenname m. n. s.* HOH86

mischin *subst. m. obl. s. knabe*: l'uns l'enseyned beyn parv m. (:) ALR88 *vgl.* meschine *Durm.* 4076, 5692, *Vie Greg.* 38, *Ben. Chr., Mort Garin* 4648, *Horn* 11, 734, 931, *Aiol* 3101, 3774, *Du C.-Henschel etc.*

***missae** *subst. f. obl. s. messe*: m. cantat LE82 *vgl.* messe *Rol., Guiot Bible, Auc. et Nic.* 29, 11

***misurar** *inf. messen*: li quinz [doyst] terra m. (:) ALR104 *vgl.* mesurer *Rol.* 1218, 3167, *Cambr. Ps.* 59, 6; 107, 7

***moilent** *prs. i. 3 pl. durchnässen*: l'egua li getent, si m. sun linc"ol [liçon ?†) ALS54b *vgl. Gorm.* 253, *Karls Reise* 559, 778

Moïsen *personenname m. n.* HOH71

moit *s.* mult; **mon** *s.* mes

moniment *s.* monument

monstred *s.* mostret

(*)**monstier** *subst. m. obl. s. kloster*: in un m. (: clergier) LE66, 95, (voluntiers) 98 in ciel m. 111, (: Lothgier) 177 **muster**: el m. (: ie) ALS 36a, 37a *vgl.* muster *Rol., Karls Reise,* mostier *Guiot Bible, etc.*

***mont** *subst. m. obl. s. berg*: sus en u m. donches montet PAS465 vil' es desoz m. Oliver 18 **munt** *n. pl.*:

chedent m. (: mult) 323 *vgl.* munt *Rol.*, *Gorm.* 506, 538, *etc.*
*__monted__ _prt. i. 3 s. steigen_: Jesus .. sus (_sc._ en l'asne) m. (: humilitad) PAS26 __montà__: sus en u mont donches m. (: ai) 465 e lor vedent __montet__ en cel 469 _vgl._ munter _Cambr. Ps._, _Rol._, _Gorm. etc._
*__monument__ _subst. m. obl. s. grabmal_: lo m. lor commandet PAS368 lo pausen el m. (:) 351 van al m. (:) 391 si s'aproismet al m. (:) 394 __munument__ _n. s._: sos m. fure toz nous 355 _obl. s._: del m. cum se retornent 422, en __moniment__ [1]) (: pudenz) 31 deu __monumen__ de [sas] SPO23
*__morir__ _inf. sterben_: jal vedes ela si m. (: ver) PAS335 __murir__: cum cela carn vidra m. (: vius) 331 __murrir__: pur [tei]m vedeies desirrer a m. (:) ALS88d __mor__ _prs. i. 3 s._: el m. a tort PAS290 __mors__ _part. prt. m. n. s._: rex Chielperings il se fud m. (: toit) LE115 __morz__: il se fud m. 51 que quaisses m. a terra vengren PAS399 m. est tes provenders ALS68d uns m. pelerins 71d __mort__ _obl. s._ sun mort amfant 86d (_vgl._ li cors del mort enfant eschalfad _Q. Liv. des Rois_ IV, 34) vit m. sum filz 85e or te vei m. 92d __morz__ _obl. pl._: chi eps lo[s] m. fai se reviv(e)re PAS35 __morte__ _f. n. s._: poros furet m. a grand honestet EUL18 melz me venist, amis, que m. fusse ALS97e _obl. s._: or vei jo m. tute ma porteüre 89b
*__mortals__ _adj. m. n. s. sterblich_: nulz om m. nol pod penser PAS339 __mortel__ _f. obl. s._: la m. vithe li prist mult a blasmer 13c en cesta m. vide 123b _vgl. Rol._, _Gorm._ 112, 599, _Ben. Chr._, _Auc. et Nic._ 2, 8; 10, 18
*__morz__ _subst. f. n. s. tod_: la süa m. vida nos rend PAS11 __mort__ _obl. s._: post la m. EUL28 la söa m. mult demandand PAS204 a la(r) m. vai 156 que de sa m. posches neger 238 en epsa m. semper fu pius 298 per söa m. si l'a vencut 375 per __epsa__ m. nol gurpira 116 _vgl. Rol._, _Gorm. etc._
*__mostret__ _prs. i. 3 s. zeigen_: de la celeste (_sc._ vide) li m. veritet ALS 13d __monstred__ _prt. i. 3 s._: los sos talant tu fort m. (: Judeus) PAS73 __mostraz__ _part. prt. m. n. s._: per granz ensignes fud m. (:) ALR47 __mostret__ _obl. s. m._: fructum que m. nos habebat VALv°32 __mustret__: si veirs miracles lur [i] ad deus m. ALS112d __mustrethe__ _f. obl. s._: quant sa raisun li ad tute m. (:) 15a _s._ demustrer _vgl. Q. Liv. des R._ IV, 17, _Cambr. Ps._, _Rol. etc._
*__mot__ 1) _subst. m. obl. s. wort_: de Crist non sabent m. parlar PAS478 Jesus li bons m. nol soned 214 unques vers lui ne porent m. soner STEPH Vd a icest m. XIIa _vgl. Rol._ 411 _etc._, _Gorm._ 384, _Mätzn. afr. lied._ 31, 34, _Auc. et Nic._ 23, 1, 8, _Guiot Bible_ *2) _prt. i. 3 s. bewegen_: dit Salomon .. quant de son libre m. lo clas ALB2 (_Suchier in Zeitschr._ II, 258 _fasst_ mot _als prs._) _s._ commourent
__moud__: niul m. VALr°5
__moyler__ _s._ muiler
(*)__muder__ _inf. ändern_: ne pot m. ALS 55e† __mudede__ _part. prt. f. n. s._: cum est m. vostra bela figure 97b _obl. s._: [si] at li emfes sa tendra carn m. (:) 24a __muëz__ _m. n. s._: tut est m. 1d _vgl._ muër _Rol._, _Karls Reise_, _Cambr. Ps._, _Parton._ 6832, _Renart_ I 14 _z._ 374, _Aiol_ 3577, _Guiot Bible_, _Trouv. belg._ I 321, II 289, _Ben. Chr._, _Troie_, _Mont S. Michel_
__muiler__ _subst. f. n. s. ehefrau_: vint en la cambra ou er[e]t* sa m. (: ie) ALS11e _obl. s._: dunc prist m. vailant(e) & honurede 4d que la m. dunat fecunditet 6b __moyler__: or volt que prenget m. 8d __moylier__: et prist m. ALR39 _vgl. Rol._, _Karls Reise_, _Adam_ 34, 35, _Vie Greg._ 29, 46, 87, _Ben. Chr._, _Auc. et Nic. etc._
(*)__mult__ _adj. m. obl. s. viel_: m. un-

1) _Ebenso schwankt im provenz._ monumen _und_ monimen. _So haben_ D° C _erstere_, B _letztere Schreibart in Ponz. de Capd._ 1 (375, 2) _z._ 38. _Dasselbe Schwanken zwischen_ u _und_ i _ist ja auch schon aus dem Latein bekannt._

gnement hi aportet PAS346 **neutr. obl. s.**: de lui long temps m. a audit 211 **m. n. pl.**: sepulcra sanz obrirent m. (: munt) et m. corps sanz en sun exit PAS324-5 **molt** *obl. pl.*: enpres icelsz & m. altres barunsz HOH88 **muls**: per m. anz PAS380 anz m. dis 27 per m. semblanz 450 **multes** *f. obl. pl.*: de m. vises l'apeled 213 par m. terres ALS23b *vgl. Rol.* 3090, *Ben. Chr. etc.* **mult** *adv.*: tu douls m. VAL*v*20 Jonas profeta habebat m. laboret e m. penet .. et eret m. las 10 m. letatus 12 fut Jonas profeta m. correcious e m. ireist 3 m. a preis[t] PAS341 amarament m. se ploret 198 la sôa mort m. demandant 204 finimunz non est m. lon 505 m. lez semper en esdevint 210 afanz per nos susteg m. granz 16 **molt**: m. cars portavent unguemenz 392 ela m. ben sab remembrar 333 cil Ewruïns m. li vol miel LE101 **mult**: ciest omne tiel m. aima deus 207 deu presdrent m. a conlaudier 210 il l'i vol faire m. amet 199 m. fo afflicz 163 **mul**: m. en fud trist 143 fist lo m. ben 82 rey furent fort & m. podent ALR19 **mult**: m. criem 12e lui volt m. honurer 9c se volt m. esforcer 52d li prist m. a blasmer 13c ki m. les desconfortet 61d m. li angreget la sûe anfermetet 56c de [m.] halt parentet 9a co fut citet m. bele 17a un' eglise m. bele 114b fui m. desirruse (angussuse) 92ab m. fust il dur[s] 86e m. oûs dur curage 90a m. [en] as grant pechet 64e m. bien 100d† m. lungament 69a m. tendrement plurer 49b **molt**: si l'aimat m. misire(t) HOH35 jo l'ai m. quis 40 m. t'ai odit plorer 7 navrêe m. (m'ont†) 46 me fist m. grant ennor 65 une vine m. dolce(lt) 55 que jo ere(t) m. belle(t) 22 m. gent plorer 4 [m.] avenable[ment] 11 **mult**: m. sunt ire li Juë STEPH VIa m. g[r]ant torbe de gent Xa m. volentiers VId

mus *s.* mes

***mund** *subst. m. obl. s. welt*: gurpissem m. & som peccad PAS508 cest m. tot a salvad 4 trestot cest m. granz noiz cubrid 310 spandut sunt per tot ces m. (: tot) 485 per tot es m. es adhoraz 500 de tut cest m. sumes [guvernedor] ALS73d *s.* finimunz *vgl. Cambr. Ps. G. E.* 9, *Aiol* 3, *Gorm.* 30, 267, *Horn*, *Trist.*, *Ben. Chr.*, *Wace Brut* 3991, *Vie Greg.* 15, 49, 71, 79 mont *Guiot Bible*, *Auc. et Nic. etc.*

munt *s.* mont; **murrir** *s.* morir

***murs** *subst. m. obl. pl. mauer*: en tos belz m., en tas maisons PAS63 **m[u]r(t)** *obl. s.*: cil chi guardent le m. (: tollud) 47 *vgl. Rol.* 5, 97, *Auc. et Nic.* 2, 4; 8, 6 muralz *Cambr. Ps.*

musgode *subst. vorrathskammer*: n'en fait m. pur sun cors engraisser ALS51d *vgl.* **migôe** *pomarium*, *Gloss. lat.-fr. n°* 7692; bourse ne faisoit ne **mur(e)jôe**, car l'escripture le deslôe *Fabl. de l'ermite que la femme voloit tempter* (*Keller*: *2 fabl.* p. 26) *nach der Par. Hs.* 25440; *neufr.* **mugot, magot** *etc.*; *s. G. Paris anm.*, *Littré supplément*. *Nach Storm Rom.* II, 85 *von mhd.* muos-gadem, mosgadem *cenaculum*.

(*)**muz** *adj. m. n. s. stumm*: ne m. ne orbs ALS111b *vgl. Cambr. Ps.* 37, 13, *Karls Reise* 258, *Trist.*, *Horn*, *Adam* 69, 75, 79, *Ben. Chr.*, *Troie* 22077, *Rom. d'Alix.*, *Brun de Mont.* 1683

N.

N *s.* en, me, ne

***nacele** *subst. f. n. s. schiff*: iloec arivet sainement la n. (:) ALS17b *s.* nef *vgl. Durm.* 11318

***naisance** *subst. f. obl. s. geburt*: apres le n. co fut emfes ALS *einl.* 4 *vgl. Mätzn. afr. lied.* 30, 15; 11, 31

***nate** *subst. f. obl. s. matte*: soz le degret ou il gist sur sa n. (:) ALS50a

***natis** *adj. m. n. s. gebürtig*: qui fud de Grecia n. (:) ALR18 *vgl.* naïf *Cambr. Ps.* 36, 35, *Ben. Chr.* 8156, *Wace Brut* 6899, 25964, *Trist.* II 109 *z.* 409, *Fabl. et Cont.* I 361 *z.* 156; IV 180 *z.* 162, *Froiss. Poés.* II 37 *z.* 1257

***navrêe** *part. prt. f. obl. s. verwundet*: n. m'o[n]t HOH46 *vgl. Gorm.*, *Aiol* 1098, *Auc. et Nic.* 10, 28; 23, 15, *Durm.*, *Rol.*, *Cambr. Ps.* 89, 10, *Ben.*

Chr., *Trist.* II 106 *s.* 350, 105 *s.* 327
***nas** *part. prt. m. n. s. geboren*: melz ti fura non fusses n. (: cobetad) PAS151 de söa carn cum deus fu n. (: remembrar) 384 nol pod nul om de madre n. (: comptar) 448 en tal forma fud n. lo reys non i fud n. enfes anceys ALR54-5 reys Alexander quant fud n. (:) 46 que reys est forz en terra n. 53 **nez**: ciel ne fud n. de medre vive LE137 **net**: de la virgine en Betleëm fo n. (:) SPO17 **ned**: ains que n. fusses ALS92b *obl. s.*: quant jo[t] vid n., si'n fui lede 92c fud la pulcela (**nethe**) de [mult] halt parentet 9a *vgl. Gorm.* 180, 478, *Cambr. Ps.*, *Karls Reise*, *etc.*
Nazareh *ort*: en N. HOH93
nazarenum *adj. m. obl. s.*: Jesum querem n. (: ad un) PAS136
Nazarias *personenname m. n.*: & dam N. (:) HOH83
***ne** 1) *s.* non 2) *partikel noch* [**ni** SPO71 **ned** argent EUL7 **net** il ALS 58e **ne**(t u)'ncore 72e **ne** (ad) escëeyr ALR78 (**n**')il ALS48d **ne** il 75d **ne** avogles 111a **ne** ad ALR43 **ne** envenguz PAS175 **ne** aur 385] = si io returnar non l'int pois ne io ne neũls cui EID II, 3 = elle non eskoltet ... ne por or ned argent ne paramenz, por manatce regiel ne preiement EUL7, 8 = nos defended ne no ss'usted PAS155 non fud trovez ne envenguz 175 argent ne aur non i donet 385 = en pargamen nol vid escrit ne per parabla non fu dit del temps novel ne del antic ALR9-11 hanc no degnet d'estor fugir ne ad enperadur servir 43 a fol omen ne (ad) escëeyr no deyne fayr 78 nuls hom vidist un rey tan ric chi ... tant rey fesist mat ne mendic ne tanta terra cunquesist ne tan duc nobli occisist 14-6 = no vos covent ester, ni lo[n]jamen aici a demorer SPO71 = ne sai le leu ne n'en sai la contrede ALS27c jamais ledece n'aurai .. ne jamais hume n'aurai 99c nel reconurent ne ne l'unt anterciet 25a il ne la list, ne il dedenz ne guardet 75d ne[t] conoũmes ne(t u)'ncor(e) ne[t] conuissum 72e ne s'en corucet, net il nes en apelet 58e (n)'il ne[l] lur dist, ne l[i] nel demanderent 48d nel reconut nuls .. ne nuls hom [vivs] ne sout les sons ahanz 55c jamais n'estras parede ne ja ledece n'ert an tei demenede 29b depreient, que la citet ne fundet ne ne perissent la gent 60d n'i remest palie ne [nul ad]ornement 28c n'ai mais filie ne filz 93e mais n[e] conurent sum vis ne sum semblant 23e jamais n'ere lede pur home ne pur femme 91e pur feluniе nïent ne pur lastet 95e quels hom esteit, ne de quel terre iPeret 48e que valt cist crit, cist dols, ne cesta noise? 101b pur amistet ne d'ami ne d'amïe, ne pur honurs 33cd ne reis ne quons n'i poet faire entrarote, ne le saint cors ne pourent passer ultra 103de surz ne avogles ne contraiz ne leprus ne mus ne orbs ne n(e)uls palazinus, ensurc tut ne n[e]ũls languerus 111a-c = li suenz senblanz nen est entr'eiz cent milie(t), ne ja nen iert HOH21 = contrester ne d'eciencie ne de clergil mester STEPH Vb *s. Zeitschr.* II, 19
necun *adj. m. obl. s. keiner*: mal en credreyz n. de lour ALR30 **negun**: il non dobten n. Judeu PAS480 peccad n. unque non fes 9 **negun(t)** *n. s. irgend einer*: por nule chose que n. li deït STEPH VIIb *s. Zeitschr.* II, 17
(*)**nef** *subst. f. n. s. schiff*: la n. est preste ou il deveit entrer ALS16b iloec arivet la n. a (i)cel saint home 40b = *obl. s.* entrat en une n. (:) 39a eist de la n. 43a *s.* naccle *vgl. Rol.* 2625, *Gorm.* 350, 680, *Ben. Troie* 2176, *Wace Brut* 20, *Horn*, *Auc. et Nic.* 28, 6; 34, 8, *Froiss. Poés.* I, 22, 735
neger *s.* neier; **negun** *s.* necun; **neient** *s.* nient
***neiër** *inf. verleugnen*: lo deu fil li fai n. (: esfre[ë]d *prt. i.*) PAS192 per cio laissed deus se n. (: pieted) 199 **neger**: que de sa mort posches n. (: laved *prt. i.*) 238 **neiara** *fut. 3 s.*: que cela noit lui n. (: perchoinded *prt. i.*) 114 **neies** *prt. i. 3 s.*: terce vez Petre lo n. (: cantes *impf. c.*) 194 *vgl. Aiol* 978
nen *s.* non

nenpero *partikel gleichwohl*: mais n. granz fu li dols PAS337 **nepurhuec**: mais n. mun pedre me desirret ALS42a *vgl. Q. L. des Rois* II, 13, 27, *Job p.* 449, *Renart* 18067, *Wace Brut* 8358, *Ben. Chr.* 3039, 8670, 15008, 21538, 41721 *etc.*

***nercidet** *part. prt. m. n. s. geschwärzt*: ell' est n., perdut(z) ad(z) sa beltez HOH61 *s.* neyr *vgl. fragm. Oxf. hs. Rawl. misc.* 1370 *bl.* 85 *s.* 21 [1]), *Adam p.* XV, *p.* 74, noircir *Bartsch Chr.*[4] 132, 39, nerist *Ben. Troie* 15280

neüls *adj. m. n. s. keiner*: ne io ne n. cui eo returnar int pois EID II, 3 que n. d'els nel set ALS65e ne mus ne orbs ne n(e)uls palazinus, ensur[e] tut ne n[e]üls languerus 111bc que n. on n'en seit conter lignage(t) HOH14 **niuls**: seit n., dixit, chi es VALr28 ne aiet n. male voluntatem v28 **niul** *obl. s.* VALr5 **neül**: quar el forsfait no f(e)ist n. (: envenguz) PAS176 **niule** *f. n. s.*: n. cose non la pouret omque pleier EUL9 *s.* nuls

neus *subst. f. n. s. schnee*: & cum la n. blanc vestimens PAS396 *vgl. Rol.* 3319, *Karls Reise* 378, *Cambr. Ps.* 50, 7, *Ben. Chr.*, *Horn*, *Mont S. Mich.* 3693, *Rom. d'Alix.* 122, 22; 285, 27, *Adam* 21, 72, *Mätzn. afr. lied.* 25, 5, *Bartsch Chr.*[4], *Guiot Bible*, *Auc. et Nic.*

***neyr** *adj. m. obl. s. schwarz*: l'un uyl ab glauc .. & l'altre n. cum de falcon ALR63 *s.* nercidet *vgl. Rol.*, *Adam p.* 73

Nicodemus *personenname m. n. s.* PAS345

nïent *subst. neutr. n. s. nichts*: que n'i remest n. (:) ALS28b n'en fut n. a dire 33a, 123d cil n'en rovent n. (:) 106d tel plait, dunt ne volsist n. (:) 10d *adv.*: pur felunïe n. ne pur lastet 95e e tut pur lui unces n. pur eil 49c geres n. ne deut estra fruissiet i"co que n. ne parmaint aluiet .. an eglises *app.* 7 pöeies salvablement purtenir les c"oses ... e n. deperdra la cuileita folc 10 que le n. fraint num de pastur excellist e n. anjoüst la culpa del deperdethur 11 les pen-

---

1) *Das kurze Bruchstück, das offenbar dem Schluss einer poetischen Busspredigt angehört, lautet ganz*: (1) [*Cist fals*] deus nus pr[*o*]met molt malueis guerdun (2) [*Ses*] sers [*Satan*] a non, perdu a paraïs (3) [*Cum*] plus cunquert chescuns, plus bel li *est* tozdis (4) „Dius“ co dist dïables „n'as mïe asez aquis. (5) G[*ar*]de bien cest aueir, que deners ne seit pris, (6) Ne seit messe chante, ne poure reuestuz(-iz†), (7) Saint n'en seit honorez, ne deus ne seit seruiz!“ (8) Seignurs, kar uuus soueinge des bains dolorus (9) Que nus toz atendoms ki tant ert (font†) angoiasos! (10) Quant uendra li termes que nos deurru[n]z morir, (11) Quant l'alme del chors conuendrat departier, (12) N'i at celui de uuus qui tantz seit sers ne forz, (13) Ne tant (riches) seit uertuõs des membres ne del cors, (14) Tant seit riches de aueir pussanz ne om. .. (15) Tant ait long les chevauz, ne lacez les .. (16) Pusqu'il les angoisses de la mort sentie[ra], (17) Ki ait talent d'ergoil, guerpier l'i estouer[a]; (18) Kar tote la dolor des membres li f[aldra?] (19) La face *et* la color li enpalira, (20) Les medule[s] desoz totes refreidir[ont], (21) La chars uus nercira, li denz uuus ..., (22) Li cler oil de uuus ches ambedeus .., (23) Souins es liz morte[*ls uuus*] estou[erat] .. (24) Les mesuns *et* les ch. ...., (25) Li langes ert porris, quan[t] .... (26) Tos s'en ira orgous, ni porra .... (27) Les beles uestures tot . es ...., (28) Le aueir *et* les denirs *et* quancque .... (29) Ki de sa compainie iesu departi[ra] (30) *Et* ouoc les dïables en enfer en[uerra], (31) En fu, en ardant flambes [a] tou[tens remandra] (32) Ardra s'alme et ses cors, ja merci [n'i aura]. — *Die Schrift ist aus dem 12. Jarh., dem Bruchstück folgt das Bruchstück des Brandan, dessen Varianten Suchier, Rom. Stud.* I 564 ff., *mitgetheilt hat. Die Hs. Rawlinson misc. 1370 enthält noch zahlreiche weitere englische und französische Fragmente.*

ses des n. savanz 8 n. senz raisun 9 n. cuintement *incaute* 6 **neient**: [n]o's n. ci per que creme[z] PAS403 *s. Zeitschr.* II, 18, 411

niuls *s.* neuls; **no** *s.* non

(*)**nobilitet** *subst. f. obl. s. adel*: rices hom fud de grant n. (:) ALS3d *vgl. Cambr. Ps.* 70, 19, *Karls Reise* 414, *Horn, Mätzn. afr. lied.* 39, 35, *D.-C. Henschel*

***noble** *adj. m. obl. s. edel*: dunc li acatet filie [a]d un n. franc ALS8e cancun .. d'iceol n. barun *einl.* 1 **nobli**: ne tan duc n. occisist ALR16 *vgl. Rol.* 421, *Guiot Bible, Froiss. Chr. etc.*

***noces** *subst. f. obl. pl. ehe*: dignement sei delitent es goies del ciel & es n. virginels ALS *einl.* 12 *vgl. Durm.* 14882, 15171, *Chev. as II esp.* 3907, *Manek.* 7252, 8122

Noë *personenname m. gen.*: al tems N. ALS2a HOH66

noieds VAL*r*°12

***noise** *subst. f. n. s. lärm*: que valt cist cri[z], cist dols ne cesta n. (: ò .. e) ALS101b *vgl. Rol.* 2151, *Ben. Chr., Durm., Mätzn. afr. lied.*, 22, 2, *Auc. et Nic.*

***noiz** *subst. f. n. s. nacht*: trestot cest mund granz n. cubrid PAS310 **noit** *obl. s.*: anz que la n. lo jalz cantes 193 que cela n. *(aus oder in nuit geändert)* lui neiara 114 nos te laudam & n. e di 305 cio li rova & n. et di LE195 **nuit**: en [mie] (sur*) n. s'en fuit ALS15e, 38d *s.* anuitet *vgl. Rol., Adam* 46, 73, *Mont S. Mich., Guiot Bible*

***nom** *subst. m. obl. s. name*: qued elle fuiet lo n. christïien EUL14 uns fel n. a Vadart LE227 espos, Jesu salvaire a n. (:) SPO13 **non**: Philippus ab ses pare n. (:) ALR33 Saulus ot n. STEPH IXc feseit miracles o n. de demnede IIc **num**: Guenes oth n. cuil comandat LE175 ciel eps n. avret Evruï 56 bel n. li metent [sulunc] cristïentet ALS6e que le nient fraint n. de pastur excellist *app.* 11 sil reconut, par sun dreit n. le numet 43e le n. lur dist del pedre e de la medre 76c [is]si out (an) n. li pedre 4a si out n. Alexis 7a li uns Acharie(s) li altre Anorie(s) out n. 62b Eufemïen par n. *einl.* 2 el n. la virgine 18d *vgl. Rol., Adam* 56 *etc.*

***noment** *prs. i. 3 pl. bezeichnen*: n. (doinent*) l[e] terme de lur [asembl]ement ALS10a *vgl.* a un jour qui adont fu nommés *Froiss. Chr.* II 257 **numet** *3 s.*: par sun dreit num le n. (: ó .. e) 43e **nomnavent** *impf. i. 3 s.*: Anna n. le Judeu PAS169 **nummat** *part. prt*: mont ... que Holivet n. vos ai 466

***non** *negationspart.*: non l'int EID II, 3 non la EUL9 non audid PAS110 non aura 462 non avem 501 non es 230, 236, 275, 405, 505 non i donet 385 non fez 9, 55, 56, 64, 88, 110, 175, 262, 271, 290, 297, 352, 357, 360, 376, 381, 382, 438, 478, 480 non ad LE169, 171 non estrai 92 non oct 164 non cadit 231, 102, 162, 168, 96, 97 non i ab ALR23 non i fud 55 non fu 10 non ëie 8 non trob 70 non vid 34 non avret SPO67 voilent o non, sil ALS120b se per mei non, jamais HOH62 = **no**: n. fuses PAS151 = **nun** lui EID II, 4 voilent o nun, sil ALS116d = **no**: no'nt EUL5 no s 20, 21 noi *(1 silb.)* jag PAS356, 410 no's† (vos*) 403 nol poz 55, 116, 147, 214, 222, 332, 339, 447, 448, 456 nol auseren 269 nos defendid ne no ss'usted 155 no f(e)ist 176 no lor 483 nol demonstrat LE78 nols en 64 nol vid ALR9 no degnet 42 no deyne 79 no fud 51 no vos SPO70 noi dormet 14 nou (= nol) vos SPO72 = **nu**: num conoguist PAS67 num receubist 68 nul (ne n'†) ert ALS27e **n̄**: n. lo EID II, 2 n. amast EUL10 n. auret 20 n. contredist 23 n. denat PAS216 **ne**: ne aiet VAL*v*°28 ne doceiet 4 ne dolreie 21 ne fereiet 9 ne fud LE31, 137 ne pot 141, 165 ne soth 156 ne vol 57 nel condignet 59, 107, 136, 188, 218 nem lez 93 nes soth 89 dunt ne volsist nïent ALS10d, 11d, 17de, 19e, 22e, 25e, 27c, 32ab, 36b, 39d, 41b, 42d, 50d, 54e, 55cd†, e†, 58a, 60cd, 61e, 75d, 93c, 99b, 106d, 116e, 117e, 121b, 122e, *app.* 3, 7 ne† (nan*) conurent 23e ne† (na*) l'i 71e nel reconurent 24be, 25a, 26b, 32e, 35b, 40d, 48d, 55b, 58b, 65ae,

69b, 79e, 87e, 99e, 120a nen (nem†) revoil 38c, 42de, 99e†, 72e (net†), nes volt 77d nes(e) contint 28e nes (= ne les) anglutet 61e il nes en apelet 53e ne l'en est rien 49e ne s'en volt turner 104e, 98c, 36e, 52e, 45b, 47d pietet ne t'en prist 88e ne s'en corucet 53e, 54c ne l'en creient 65b ne m'en fui ... ne t'em perde 12e ne m(e)n 98c ne l'em puet 47e, 45b gens ne l[i]'n remest 19c, ne l' estot 26c, 115c ne l' encumbrent 40e ne l'aviserent 48c ne l'i 71a ne pued HOH17, 28, 42 ne la fist 56, 58 nel sai 19, 40 ne porent STEPH Vad, XIe ne s'esragere[n]t VIIIb ne se volt VIIa = nen (= n'en?) nul(s) n'en i at ki ALS111d* cel nenn'i at ki 111e* an ices secle nen at parfit' amor 14c en Rome nen out si grant ledece 108a sempres n'(en) ai[e]t sanctet 112b mais n'en aveies cure 82c n'en fut nïent a dire 33a nïent n'[en] est a dire 123d n'en fait musgode 51d cil n'en rovent nïent 106d n'e[n] sai le leu ne n'en sai la contrede 27c n'en volt turner 33e quer [n']am perneies 84d nen vult respondre(t) HOH41 n'en seit conter lignage(t) 14 li suenaz senblanss nen est entr'eiz cent milie(t), ne ja nen iert 20-1 *(vgl. Perle die neg. im afr. in Gröber's Zeitschr.* II *s.* 4) = n': n'i at nul prut ALS1c, 14d n'i ai mais ad ester 38b n'at home ki 118e de cest aveir certes nus n'avum cure 107b n'ourent amfant 5b ja n'auras mal 31c ledece n'aurai 99bc n'at mais amfant 9c, 8a [c"o] n'est merveile, n'ai mais 93e que mais n'aurat 8a quant n'ai 30e n'osse 98d n'angendrasses *app.* 6 jamais n'iert tel 1e, 2c, 27e, 29ab, 91e n'estot dire 119a, 102d, 86e n'istrat 34b n'i poet 103d, 115e, 104b n'i remest 28bc n'i vint 112a jamaisz n'aurat HOH62 n'ert 53 n'i puet 31 n'oset 37 = si Lodhuvigs sagrament ... conservat, et Karlus ... non lo(s) tanit, si io returnar non l'int pois ... in nulla aiudha .. nun lui ier EID II, 2, 3, 4 = elle no'nt eskoltet les mals conselliers EUL 5 niûle cose non la pouret omque pleier, la polle sempre non amast lo deo menestier 9-10 elle colpes non avret, poro nos coist 20 la domnizelle celle kose non contredist 23 acso nos voldret concreidre li rex 21 = VALv°4, 9, 21, 28 = il non dobten negun Judeu PAS480 lo sos regnaz non es devis 275 Jesus li bons nol refuded 147 quar finimunz non es mult lon 505 il no l' auseren deramar 269 il li non credent que 438 nulz om mortalz nol pod penser 339 non fut partiz sos vestimenz 271 hanc non fud hom qui ma(g)is l'audis 88 quar anc non fo nul[z] om carnals 381 qual agre dol, nol sab om vivs 332 ans lui noi jag unque nulz om 356 nol consentunt fellun Judeu 222 non t'o permet tos granz orgols 56 no lor pod om vivs contrastar 483 tot nol vos posc eu ben comptar, nol pod nul[z] om de madre naz 447-8 forsfais non es 230 anaz en es, & non es ci 405 non fud assaz anc als felluns 357 non aura mal 462 quar eu te fiz, num cognoguist, salvar te ving, num receubist 67-8 nos defended ne no ss'usted 155 Jesus li bons mot nol soned 214 nos cestes pugnes non avem 501 mas vos Petdrun noi oblidez 410 quar el forsfait no f(e)ist neûl 176 el mor a tort, ren non forsfes 290 pedras sub altre non lai(se)rant 64 argent ne aur non i donet 385 peccad negun unque non fez 9 pensar non vols, pensar nol poz 55 ad un respondre non denat 216 de Crist non sabent mot parlar 478 que contra omne non [a] vertud 376 per epsa mort nol gurpira 116 per me non vos est ob plorer 262 de quant il querent le forsfait ..., non fud trovez ne envenguz 175 si tu laises vivre Jesum, non es amics l'emperador 236 chi cel non sab, tal non audid 110 li bons qui non mentid 297 qui nol cretran, seran damnat 456 o cors non jag anc a cel temps 352 melz ti fura, non fusses naz 151 gardes i met non sia emblez 360 quar anc non fo nul[z] om carnals, en cel enfern non fos anaz 382 = ciel ne fud nez de medre vivs qui LE137 et sc. L. nes soth mesfait 89 ne fud nuls om del son juvent qui 31 ne soth nuls om, qu'es devengu(n)z 156 nel condignet nuls de sos piers 59 tos consilier ja non estrai 92 ja non podra mais deu laudier 162, 168 non oct ob se cui en calsist 164 ne pot intrer en la ciutat 141 ne vol reciwre Chielperin 57 [fist] l'i por deu, nel [fist] por lui 107 meu evesquet nem les tener 93 super li pies ne pod ester 165 a nuil omne nol demonstrat 78 por deu nel volt il observer 186 credre nnel pot, antro quel vid 188, 218, porro que ventre nols en poth 64 pos ci non posc, lai vol ester 96 cio fud lonx dis, que non cadit 231 sed il non ad lingu'a parlier 169 et si el non ad ols carnels 171 enviz lo fist, non voluntiers 97 molt li vol miel toth per enveia non per el 102 = en tal forma fud naz lo reys, non i fud naz emfes anceys ALB55 meyllor vasal non vid ainz hom 34 mais non i ab un plus valent 23 en pargamen nol vid escrit, ne per parabla non fu dit 9-10 a tol omen ne (ad) escūeyr no deyne fayr regart semgleyr 79 Alexandre ... qui hanc no degnet d'estor fugir 42 per pauc no fud toz obscuraz 51 solaz nos fas' antiquitas, que tot non sie vanitas 8 lo bu (*sc.* ab) subtil, non trob delcad 70 = non avret pont, alet SPO 67 domnas gentils no vos covent ester 70 cosel queret, nou vos poēm doner 72 gaire noi dormet 14 = [co] n'est merveile, n'ai mais filie ne filz ALS93e (n)il ne[l] lur dist, ne l[i] nel demanderent 48d il ne[m] faldrat, s'il veit 99e il ne la list, ne il dedenz ne guardet 75d cil vait, cil quert, mais il nel set coisir 35d ne s'en corucet, net il nes en apelet 53e il la volt prendra, cil ne l'i volt guerpir 71a mais ne puet estra, cil n'en rovent nïent 106d granz est la presse, nus n'i podums passer 104b ses enemis ne l' [em] poet anganer 32e ja mais n'estras parede, ne ja ledece n'ert an tei demenede 29ab ne reis ne quons n'i poet faire entrarote 103d le pere e la medra e la pulcela unches ne desevrerent 121b tuit i acorent, nuls ne s'en volt turner 104e nel reconut nuls sons apartenanz, ne nuls hom [vis] ne sout les sons ahanz 55bc ne volt li emfes sum pedre corocier 11d nel reconurent li dui sergant sum pedre 24b n'i vint amferm 112a n'i remest palie ne n[uls ad]ornemen[z] 28c ne s'en corucet [i]cil saintismes hom 54c ne l[i] 'n est rien, issi est aturnet 49e c'o ne volt il, que 50d, c'o ne sai jo, cum longes i converset 17d par nule guise ne l'em puet hom blasmer 47e jamais n'iert tel cum le jamais n'ierc lede, kers fils, nul (ne n'†) iert [tis] pedre 27e, 91e jamais n'ert si vaillant 2c, 29a n'en sai le leu ne n'e[n] sai la contrede 27c, certes, dist il, ne sai, cui antercier 36b quer ne sevent, que funt 54e ne guardent l'ure, que 61e n'ourent amfant, peiset lur en forment 5b n'at mais amfant, lui volt mult honurer 9c mais n'an (ne†) conurent sum vis ne sum semblant 23e ja n'auras mal 31c n'estot somondre 102d or n'estot dire 119a ne deut estra fruissiet ic'o, que *app.* 7 ne poet estra altra 32a mais ne puet estra 39d, 106d quar ne pot estra 99b ne pot muder 55e† ne puis tant faire que 93c nel reconurent, sempres s'en returnerent 24e nel reconurent ne ne l' unt anterciet 25a ne[m] conuistrunt, tanz jurz ad 42e ne[t] coneūmes ne(t u)'ncor(e) ne[t] conuissum 72e net cunuisseie plus que 87e unc(hes) puis cel di nes(e) contint ledement 28e la vithe est fraisle, n'i ad durable honur 14d n'en fait musgode 51d mais n'en aveies cure 82c mais ne l'en creient, al helberc sunt alet 65b n'en volt turner tant cum 33e ne'n fut nïent a dire 33a certes, dist il, n'i ai mais ad ester 38b ne l' estot demander 26c, 115c tres sei la tint, ne la volt demustrer 58a ne s'en puet astenir 45b mais ne (na*) l'i puis tolir 71e ne vus sai dire cum 25e, 122e tant l'ai vedud, si nel poi aviser 79e c'o ad ques volt, nïent n'[en] est a dire 123d c'o peiset ela, mais altre ne puet estra 116e cel n'enn i at ki'n report sa dolur 111e nul(s) n'en i at ki'n alget malendus 111d mais la dolur ne pothent ublïer 32b jamais ledece n'aurai .. ne jamais hume n'aurai 99bc ou que il seit, de deu servir ne cesset 17e ja le lur voil de lui ne desevrament 117e de cest aveir, certes, nus n'avum cure 107b d'icel bien ... quer [n']am perneies? 84d d'icest honur ne[m] revoil ancumbrer 38c de nule cose, certes, nel sai blasmer 69b desur[e] terre nel pourent mais tenir 120a pur nul aver ne volt estra ancumbret 19e contra seinur ne s'en volt mesaler 47d an ices[t] secle n'en at parfit'amor 14c unches en Rome n'en out si grant ledece 108a sus ciel n'at home ki 118e par nule guise unces ne l' aviserent 48c par nule guise ne s'en volt esluiner 36e, 52e ic"o que nient ne parmaint aluiet *app.* 7 icels ki letres ne sevent 3 cume cil ki(l) nel set 65a mult fust il dur[s] ki n'estoüst plurer 86e plait dunt ne volsist nïent 10d l'onor dunt nes volt ancumbrer 77d creänce dunt or(e) n'i at nul prut le se tei ploüst, ci ne volisse estra 41b se jo[t] soüsse la jus ... ja tute gent nem (en) soüsent turner qu' [ensemble od tei] n'oüsse converset 98cd quant n'ai tun filz, ansemb'ot tei voil estra 30e s(e)'or ne m'en fui, mult criem 12e ne[t] cunuisseie plus que unches ne[t] vedisse 87e tans jurz ad, que ne[m] virent 42e quant tut sun quor en ad si afermet, que ja sum voil n'istrat de la citied 34b si la despeiret, que n'i remest nïent 28b or sui si graime, que ne puis estra plus 22e l'unt si avirunet, c'est (que†) avisunches hom (n')i poet habiter 115e tut le depart, que gens (nïent†) ne l[i]'n remest 19c quant veit li pedre, que mais n'aurat amfant 8a nuncent al pedre, que nel pourent truver 26b respondent, que neuls d'els nel set 65e c"o(e)'st grant merveile, que pietet ne t'en prist 88e si [li] depreient, que la citet ne fundet, ne ne perissent la gent ki enz fregundent 60cd ne guardent l'ure, que terre nes anglutet 61e mult criem, que ne t'em perde 12e s'en redutet de ses parenz, qued il nel recunuissent e del honur del secle ne l' encumbrent 40de deüses antendra, que tu n'angendrasses scandale *app.* 6 ne la volt demostrer, ne[l] reconuissent 58b or ne lairai, ne[m] mete an lur baillïe 42d n'i vint amferm ... sempres n'(en) ai[e]t sanctet 112b [ne pot muder, ne seit aparissant] 55e voillent o nun, sil laissent metra an terre 116d, 120b = li suensz senblanss nen est entr'els cent milie(t), ne ja nen iert HOH20-1 nuls om ne vit aromati[z]ement chi 28 li fil sa mere(d) ne la voldrent amer(t) 58 la, u jo sui(d), iveras n'i puet durer 31 en nostre terre(d) n'oset oi[sels] c"anter 37 vers lui ne pued tenir nulle clartez 17 lei ad laisie(t), quar n'ert de bel servise(t) 53 nen vult respondre(t) 41 se par mei non, jamaiz n'aurat clartez 62 jo l'ai molt quis, encor nel pois trover(t) 40 proud ne la fist 56 quer lui ne plastz 42 blans est & roges plus, que jo nel sai dire(t) 19 il est de tel parage(t), que neüls om n'en seit conter lignage(t) 14 = mes au barun ne porent contrester STEPH Va unques vers lui ne porent mot soner Vd unques por els ne se volt desmentir VIIa pardone a cet .., que ja por mei ne perdent t'amiste XIe tan dolent furunt, por poi ne s'esragere[n]t VIIIb

nona *subst. f. obl. s. neunte stunde = 3 uhr nachmittags*: jusque n. des lo meidi PAS309 ad epsa n. cum perveng 313 *vgl. Karls Reise* 571, *Horn* 3150, 3357, *Guiot Bible* 575, *Ben. Troie*, *Durm.* 1051 *etc.*, *Auc. et Nic.* 20, 31, *Froiss. Chr.*

noncieis *s.* nuncer

nonque *adv. niemals*: dont lei n. chielt EUL13 nūquā: nul plaid n. prindrai EID I, 6 *vgl.* nonques nus hom ne sot de ALS55c 3

nonrit *s.* nurrir

*nos *pron. pers. der 1 pers. n. pl.*: nos te laudam PAS305 nos te praeiam 359 nos cestes pugnes non avem 501 el mor a tort ... mais nos a dreit 291 quae nos cantumps LES preium li tuit n. qui summes ici STEPH XIId nus: n. an querreums mecine ALS105b n. n'i poduns [illegible] 104b de cest aveir, certes, nus n'avum cure 107b del quel nus avum oït lire *einl.* 3 = nos *obl. pl.*: & a lui n. laist venir EUL26 qued auuisset de

n. Christs mercit 27 que por nos degnet preier 26 sa passïuns toz n. rede[np]s PAS12 de(g) cel enfern toz n. livdret 387 contra n. eps pugnar devem 502 que de n. aiet pieted 200 de n. aies vera mercet 306 afanz per n. susteg mult granz 16 sobre nos sïa toz li pechez 240 di n., prophete, chi t'o fedre 188 drontre n. lez, facam lo ben 507 tu n. perdone celz pecaz qu'e[n] nos vetdest 307-8 la sūa morz vida n. rend 11 il n. ajud ob ciel senior LE239 solaz n. faz' antiquitas ALR7 de nostr' oli queret nos a doner SPO66 si li preiuns, que de tuz mals n. tolget ALS101e, 125b nus: ki n. raënsǀt] 14b puis icel tens que deus n. vint salver 3a si grant ledece n. est apar[e]ūde 107c n. acat pais 125c qu'il n. consent l'onor 73c c"o n. dirrat qu' 74d amfant n. done 5e, 104c iceste cose n. doūses nuncier 64c s'il n. funt presse 105e la dreite vide n. funt tresoblïer 124d tu n. i fai venir 67e

*nostro = nro *pron. poss. 1 pers. pl. m. obl. s.:* pro christian poblo & n. commun salvament EID I, 1 = nrm *n. s.*: lo n. seindrm PAS417 *obl. s.*: n. senior lo tenden il 280 nre: van demandan n. sennior cum tradissant 80 ja lor gurpis n. sennior 242 vers nostre don son aproismad 142 nra *f. n. s.*: cho fu n. redemptïons 14 nostrm *obl. s.*: fraind[r]e devenr n. voluntaz 503 nostres *m. obl. pl.*: per eps los n. fu aucis 10 = nostr' *m. obl. s.*: de n. oli queret nos a doner SPO66 a n. os* (a nos en+) est [la] goie ALS101c nostre: le doel de n. ami 31d n. saignor dereechief a prïe STEPH XIb *f. obl. s.*: en n. terre(d) HOH37 ainz que nuls om soūst de n. amor 64 nostra *n. pl.*: n. anceisur ourent cristïentet ALS3b nos *obl. pl.*: de n. aveirs feruns [granz] departïes 105c de noz pechez sumes si ancumbrez 124c si'n dimes pater noster 125e

*nous *adj. m. n. s. neu*: sos munument fure toz n. (: om) PAS355 noves *f. obl. pl.*: lingues n. il parlaran 459 *vgl. Guiot Bible* 1577 *etc.*

*novel *adj. m. obl. s. neu*: del temps n. ne del antic ALR11 novele(t) *f. n. s.*: toz temps li soi n. (:) HOH23 chi la salūet d'une salud(z) n. (:) 92 *vgl. Gorm., Horn* 3317, *Guiot Bible, Durm., Mätzn. afr. lied. etc.*

*noveles *subst. f. obl. pl. nachrichten*: jo atendeie de te bones n. (:) ALS96d *vgl. Rol., Karls Reise* 147, *Auc. et Nic.* 24, 10 *etc.*

noz *s.* nostre; nt *s.* en *adv.*

nuit *s.* noiz

*nulz *adj. m. n. s. keiner*: n. om mortalz PAS389 n. om 356 nul: n. om carnals 381 n. om de madre naz 448 nuls: lui qu(e) ajude n. [om] venc(e)ra 497 ne fud n. om del son juvent LE31 ne soth n. om qu'es devengu(n)z 156 nel condignet n. de sos piers 59 n. hom vidist ALR12 ne n. hom [vis] ne sout ALS55c nel reconut n. sons apartenanz 55b ne orbs ne n(e)uls palazinus, ensur[e]tut ne(n)ūls [qui'st] languerus 111bc tuit i acorent, n[e]ūls n(es)'en volt turner 104e n. om ne vit HOH28 ainz que n. om soūst ..., fist 64 nul *obl. s.*: et ab Ludher n. plaid nunquam prindrai EID I, 5 n[e]ūl(s) n(en)' i at ki ALS111d si ert creānce dunt or(e) n'i at n.[1]) prut 1c pur n. aver ne volt estra ancumbret 19e nuil: a n. omne nol demonstrat LE78 nulle *f. n. s.*: vers lui ne pued tenir n. clartez HOH17 nulla *obl. s.*: in n. aiudha contra Lodhuwig nun lui ier EID II, 4 nule: plus vos amai que n. creāture ALS97c de n. cose certes nel sai blasmer 69b par n. guise ne s'en volt esluiner 36e, 52e, 47e, 48c nul': n'i vint amferm de n. amfermetet 112a por n. chose que negun[s] li deït STEPH VIIb *s.* nëuls *vgl. Rol., Gorm., Karls Reise, Guiot etc.*

nunc *adv. (latinismus)*: & n. per tot in secula PAS516

---

1) nuls *bessert Tobler, doch scheint* nuls *in ältester Zeit nicht substantivisch gebraucht worden zu sein.*

nuncer *inf. verkünden*: tot als Judeus o vai n. (: manjer) PAS104 **nuncier**: iceste cose nus doüses n. (: ie) ALS64c **nuncent** *prs. i. 3 pl.*: regnum dei n. per tot PAS486 n. al pedre, que ALS26b **nuncat** *prt. i. 3 s.*: il le n. sum pedre Eufemïen 68b **nuncieis** *imperat. 2 pl.*: por mei' amor n. le mon amant HOH50 *s.* annunciaz *vgl. Cambr. Ps.*, *Karls Reise* 237, *Ben. Chr.*, *Horn*, *Aiol* 3728, *Agolant* 934, 1167, *Durm.*, *Froiss. Chr.* nonchier, *Gach.* noncher

nunquam *s.* nonque

***nurrir** *inf. aufziehen*: ki [l'out] port[e]t suëf le fist n. (:) ALS7b **nonrit** *prt. i. 3 s.*: il lo reciu, bien lo n. LE27 **nurrit** *part. prt.*: de pere e de mere par grant certet n. ALS *einl.* 6 *vgl. Cambr. Ps.*, *Guiot Bible* 2345, *Durm.*, *Mätzn. afr. lied.*, *Auc. et Nic.*, *Trouv. belg.* I 168, 335, II 336, *Froiss. Chr.*, *Poës.* I 95 *s.* 298

nuvols *subst. f. n. s. wolke*: vengre la n., sil collit PAS468 *vgl.* nule *Mont. S. Mich.* 2919, nivols *Bartsch Chr. prov.*[4] 313, 1

O.

O 1) *s.* en 2) *s.* od 3) *s.* uns *4) *interj.* o, deus vers! PAS301 o, filz! ALS81a o, kiers amis! 96a o, bele buce, bel vis, bele faiture 97a *s. a* *5) *partikel oder*: voillent o nun ALS116d, 120b il me prendrunt par pri ou par poëste 41d [a]streiet u ne fereiet VALv°9 *6) *rel. wo*: ben li aprestunt o se'assis PAS24 allol vetran o dit lor ad 412 lai dei venir o eu laisei 278 el monument o cors non jag 352, 408 la pristrent terre o deus les volt mener ALS16e fait li sun lit oil pot reposer 47b que lui anseinet ol poissent recovrer 63b soz le degret ou il gist 50a, 53a, 69e suz lu degret ou as geüd 98b le lit ou il a geüt tant 55d† la nef est preste ou il deveit entrer 16b vint en la cambra ou er[e]t sa muiler 11e* an la maisun tum pedre ou tu[m] laisas 94e l[a] cartre .. [ou ad escrit] 70d† la contrede u t'alge querre 27d felix le liu ú sun saint cors herberget 114e cio fud Lisos ut il intrat LE99 = eque *wo immer*: sempre fist bien o. el pod LE40 ouque il seit, de deu servir ne cesset ALS17e dunet as povres u qu'il les pout trover 19d 7) *demonst. neut. obl. s.*: in o quid il mi altresi fazet EID I, 5 e por o fut presentede EUL11 por os furet morte 18 por o nos coist 20 e por o si vos avient VALv°27 eu t'o promet PAS299 non t'o permet 56 di nos prophete, chi t'o fedre 188 il per escarn o fan trestot 284 tot als Judeus o vai nuncer 104 terce veç lor o demanded 139 porr o n'exit, vol li preier LE147 et Ewruïns ott en gran dol porr o que ventre nols en poth 64 E resors es, la scriptura o dii SPO26 faites o tost 77 pur cec (en) est oi [en] cest jurn oneuret ALS109b pur hoc vus di, d'un son filz voil parler 3e *s.* pero, ne purhuec, nenpero

ob *s.* od, obs

***oblïer** *inf. vergessen*: la dreite vide nus funt tres o. (:) ALS124d **ublïer**: mais la dolur ne pothent u. (:) 82b **oblides** *imperat. 2 pl.*: mas vos Petdrun noi o. (: annunciaz) PAS410 *vgl. Guiot*, *Durm.*, *Mätzn. afr. lied.*, *etc.*

(*)**obred** *prt. i. 3 s. handeln*: per tot o. que verus deus PAS7 *vgl. Cambr. Ps.* 93, 16, *Vie Greg.* 81, 82, *Mätzn. afr. lied.* 6, 2; 42, 40, *Ben. Chr.* overer, *Durm.*, *Froiss. Chr.* ouvrer

***obrirent** *prt. i. 3 pl. öffnen*: sepulcra sanz o. mult PAS324 *vgl.* ovrit *Cambr. Ps.* 77, 24, *Guiot Bible*, *Durm.*, *Froiss. Chr.*

obs *subst. m. n. s. bedürfniss*: per me non vos est **ob** plorer mais per vos & per vostres filz plorez assaz qui **obs** vos es PAS262-4 [cui qu'en seit dols] a nostr'os (a nos en†) est il (la†) goie ALS101c *vgl.* oes *Rol.* 373, *Horn*, *Wace Brut*, *Ben. Troie*, *Chr.*, *Chev. as II esp.*, *Mousket*, *Du C.-Henschel*, ues *Gach.*

obscuraz *part. prt. m. n. s. verfinstern*: lo sol perdet sas claritaz per pauc, no fud toz o. (:) ALR51 *vgl. Cambr. Ps.* 68, 26, *Jean de Condé* II 165 *s.* 65, *Bartsch Chr.*[4] 76, 6

***observer** *inf. beobachten*: por deu nel volt il o. (: miel) LE136 **obser-**

vat *prt. i. 3 s.*: lei consentit et o. (: dominat) 71

oc, oct *s.* aveir

(*)**occidere** *inf. tödten*: o. le commandat LE220 **aucidrai** *fut. 1 s.*: cum a. eu vostre rei PAS229 **aucidrant** *3 pl.*: los tos enfanz qui in te sunt a males penas a. 62 **occist** *prt. 3 s.*: Ewruïns .. que lui a grand torment o. (: mentiz) LE12 **occisist** *impf. c. 3 s.*: nuls hom vidist un .. chi ... tan duc nobli o, (:), cum ALR16 **oicisesant** *3 pl.*: de quant il querent le forsfait, cum il Jesum o. PAS174 **aucid** *imperat. 2 pl.*: a., a. crident, Jesum 224 **aucis** *part. prt. m. n. s.*: per epe los nostres (*sc.* peccas) fu a. (: fez) 10 **aucise** *f. n. s.*: ja fos la cha[r]s de lui a. (: feira) 371 *vgl.* ocire *Rol.*, *Cambr. Ps.*, *Gorm.*, *Adam* 31, 52, 53, 54, 55, *Aiol*, *Guiot Bible*, *Mätzn. afr. lied.*, *Auc. et Nic.*, *Froiss. Chr.*, occir *Gach.*

od *praep. bei, mit*: or l'ad od sei ALS122d son aver, qu'od sei en ad portet 19a mult lungament ai a (od†) lui converset 69a ensembl' et deu e la compaign(i)e as angeles, od la pulcela dunt 122bc ansembl' ot lui grant masse de ses humes 43d ansembl' ot tei voil estre 30e qu'a. tei ansemble (qu'a. ot tei†) n'oüsse converset 98d que deu ansemble (qu'a. ot deu†) poissum el ciel regner 110e jotum ensemble por deputer e lui STEPH IIId **ob**: cio fud lonx tiempa, ob se los ting LE28 et ob ses croix fors s'en exit 146 non oct ob se oui en calsist 164 il noe ajud ob ciel senior 239 **ab**: et ab Ludher nul plaid nunquam prindrai EID I, 5 que part aiam ab (nos) deu fidels PAS504 castel Emaus ab els entret 427 Christs Jesus [est] per tot ab elz 488 quar il lo fel mesclen ab vin 279 ab lui parlet 424 ab les femnes pres a parler 260 Judeus ja s'aproiamed ab gran compannie dels Judeus 132 oi en cest di ab me venras in paradis 300 emsembl' ab elz bec e manjed 451 ab el[z] ensemble s'i sopet 428 dels honors quae il awret ab duos seniors LE8 donc oct ab lui dures raisons 190 qui l' encusat ab Chielpering 74 ab u magistre semprel mist 22 cio li preia: paias ab lui 108 ab un inspieth lo decollat 228 (*vgl.* ad une spede .. tolir lo chieef EUL22) Et ab [Amos] i vint Issaïas HOH76 **ap**: alquanz ap petdres lapider PAS496 *vgl.* od, ot, o *Cambr. Ps.*, *Rol.*, *Gorm.*, *Karls Reise*, *Adam*, *Horn*, *Aiol*

*****odi(t)** *prt. i. 1 s. hören*: une pulcelle(t) o. molt gent plorer HOH4 dunt il oït parler ALS18b **audit**: cum il l'a. LE42, (: tramist) 85, (: vid), 187, (: vid) 217 **audid**: cum co a. tota la gent PAS33 Pilaz, cum a. tals raisons 241 chi cel (*sc.* sermon) non sab, tal non a. (: fez) 110 **oïrent** *3 pl.*: quant ce o. STEPH VIIIa **ot** *prs. i. 3 s.*: quant ot li pedre co que dit ad la cartre ALS78a, 45a **aurez** *fut. 2 pl.*: mais en avant vos cio a. (: fid) LE113, 151 **audis** *imperf. c. 3 s.*: hanc non fud hom qui ma(g)is l'a. (: petit) PAS88 **oz** *imperat. 2 s.*: oz mei pulcele ALS14a **audes** *2 pl.*: a. fillies Jerusalem PAS261 **oiet**: o. virgines aiso que vos dirum SPO11 **odit** *part. prt.*: dunt ore aveist o. VALv°27 molt t'ai odit plorer HOH7 **audit**: per lui medeps a. l'avem PAS184 de lui long temps mult a a. (: feisis) 211 del corps asaz l'avez a. (: suetint) LE235 **oït**: oese qu'il unt o. ALS61d icels ki l'unt o. 102d de sum filz boneüret del quel nus avum o. lire e canter *einl.* 3 **oïd**: ki l'un[t] o. 60e **oï**: si cum avet oï STEPH XIIc *vgl.* oïr *Cambr. Ps.*, *Rol.*, *Karls Reise*, *Aiol.*, *Guiot*, *Mätzn. afr. lied.*, *Ben. Chr.*, *Troie*, *Froiss. Chr.*, *Gach.*

*****odor** *subst. f. n. s. duft*: les vinnesz sont floríes, l'o. est bone(t) HOH35 *vgl. Bartsch Chr.*[4]

oec *s.* o 7); **og** *s.* aveir

oicisesant *s.* occidere

oi 1) *s.* aveir 2) *adv. heute*: quet oi comenciest VALv°28 oi est la [fe]ste STEPH XIIc oi en cest di PAS299 esmes oi di en cest ahanz 292 oi [en] cest jurn ALS109b si grant dolur or (oi†) m'est apar[e]üde 82d, 97d cist dols l'aurat enquor (enquoi†) par acurede 80e *vgl.* hoi *Cambr. Ps.*

C. E. 14, *Rol.*, *Horn*, *Ben. Chr.*, *Mont S. Mich etc.*

eï, oïâ, oiet, oïrent, oït *s.* odit

***oil** *subst. m. n. pl. augen*: plurent si o. ALS45b, 88a **oils** *obl. pl.*: e de lur o. mult tendrement plorer 49b **ols**: envers Jesum sos o. to[r]ned PAS293 de sos sanz o. fort lagrimes 52 **als**: lo sos sans o. dunques cubrirent 185 lis o. del cap li fai crever LE154 et si el non ad o. carnels 171 **uyl**: l'un uyl ab glaue cum de dracon & l'altre neyr cum de falcon ALR62 *vgl. Cambr. Ps.*, *Rol.*, *Karls Reise*, *Adam* 16, 28, *Guiot Bible*, *Mätzn. afr. lied.*, *Auc. et Nic.*, *Ben. Chr.*

oillet *prs. c. 3 s. duften*: nuls om ne vit aromati[z]ement chi tant biem o., con funt mi vestement HOH29 *vgl.* olt *Ben. Troie* 13367 oleir 17371, oleient *Mont S. Mich.* 972, *Ben. Chr.* 1380, 1533, 2019, 1526, 3021, *D. C.-Henschel*

oilset = ***oisels** *subst. m. n. s. vogel*: en nostre terre(d) n'os[a]t o. c''anter HOH37 *vgl. Cambr. Ps.*, *Rol.*, *Adam* 69 *etc.*

***olee** *subst. m. obl. s. öl*: de o. fasen socors a vos SPO76 de nostr' oli queret nos a doner 66 *vgl.* olie *Cambr. Ps.*, oiele *Mont S. Mich.*, oile *Ben. Chr.*, *Mousket*, *Guiot Bible* 2016, ole *Gach.*

Olimpias *personenname f. obl.*: prist moylier ... sor Alexandre al rey d'Epir ..., O. donna gentil ALR34

***olivers** *subst. m. obl pl. ölbaum*: dels o. al(a)quant las branches PAS38 *vgl. Gorm.*, *Durm. etc.*

Oliver *berg obl. s.*: Betfage, vil'es desoz mont O. PAS18 **Holivet**: sus en u mont .. que H. numnat vos ai 466

omque *part. je*: niule cose non la pouret o. pleier EUL9 **unque**: anz lui noi jag u. nuls om PAS356 peccad negun u. non fez 9 **hunc**: et h. tam bien que il en fist LE47 **unques**: u. vers lui ne porent mot soner STEPH Vd u. por els ne se volt desmentir VIIa **unches**: u. (unc†) puis cel di nes(e) contint ledement ALS28e u. en Rome n'en out si grant ledece 108a nel cunuisseie plus que u. nel vedisse 87e u. ne desevrerent 121b **unces**: par nule guise u. ne l' avierent 48c e tut pur lui u. nï unt pur seil 49c *s.* avisunches *vgl.* unques *Gorm.*, *Adam* 31, 55, *Aiol etc.*

onouret, onurer *s.* honurer

onor *s.* honor

***or** 1) *s.* ore 2) *subst. m. obl. s. gold*: ne por or ned argent EUL7 de lur tresors prenent l'or e l'argent ALS106a d'or e de gemmes fut lisarqueus parez 118a **aur**: argent ne a. non i donet PAS385 *vgl. Rol.*, *Gorm.*, *Karls Reise etc.*

***oraisun** *subst f. obl. s. gebet*: par commune o. (;) ALS62e **ureisuns** *obl. pl.*: venent devant, jetent s(ei)'an u. (:) 72b *vgl. Cambr. Ps.*

orar *inf. beten*: [a]van o. sols en anez PAS120 trestoz o. bien los manded 124 e dunc o. cum el anned 125 **oram** *imperat. 1 pl.*: tuit o., que .. degnet EUL26 *vgl. Ben. Chr.*, *Mont S. Michel*, *Aiol* 1250, *Du C.-Henschel*

(*)orbs *adj. m. n. s. blind*: ne muz ne o. ALS111b *vgl. Mir. n. dame de Chartre p.* 39, *Froiss. Poés.* II 98 *s.* 3294, orbet *ib.* 344 *s.* 22, orbex (: diex) *Vie Greg.* 109, orbeiso *Horn* 2846

***ore** *adv. jetzt, nun*: si cum il o. sunt VALv18 en ceste causa o. potestis videre 22 cum potestis o. videre 26 dunt o. aveist odit 27 o. (?) vivrai ALS30d o. ai trovet c''o que tant avums quis 71c creänce dunt or(e) n'i at nul prut 1c mais or(e) les vei si dures 96e or(e) sui jo vedve 99a **or**: or en aurem pece maiors PAS366 et or es tempe et si est biens LE5 or a perdud don deu p[a]rlier 167 or revendrai al pedra ALS21a or ne lairai 42d or est lur almosners 25d or l'at od sei 122d or sui si graime 22e or n'estot dire 119a or set il bien 56d or vei jo morte 89b or te vei mort 92d or volt que pranget 8d quer or est s'aname de glorie replenithe 123c e c''o duinst deus, qu'or en puisum g[u]arir 74e s(e)' or ne m'en fui 12e s'or me conuissent 41c or est amere(d) HOH57 *s.* oi, hora 2)

ores *subst. m. n. s. sturm*: [tot] dreit a Rome les portet li o. (:) ALS 39e *vgl. Rol., Horn, Aiol, Adam* 82, *Durm.* 1060-5, *Ben. Chr., Troie* 3429, *Du C.-Henschel, G. Paris anm.*

***orgols** *subst. m. n. s. stolz*: non t'o permet tos granz o. (: po"z) PAS56 *vgl. Rol., Durm., Guiot Bible etc.*

ories *adj. obl. pl. golden*: ad ancensers, ad o. candelabres ALS117a *vgl.* orie-flambe *Rol.* 3093 orie punt *ib.* 466 portes oires *Eracles* 5092, *Besant de Dieu* 2612

***ornement** *subst. m. n. s. schmuck*: n'i remest palie ne [nuls] o. *(adornemenz†)* (:) ALS28c

ortus: en icel tens qu'est o. Pliadon HOH2

os *s.* els

osanna: o. semper van clamant PAS48

***oset** *prs. i. 3 s. wagen*: en nostre terre(d) n'oset *(osat†)* oi[sels] c"anter HOH37 **auser[en]** *prt. i. 3 pl.*: il no l' a. deramar PAS269 *vgl. Rol., Karls Reise, Guiot Bible etc.*

Ostedun *stadt Autun*: ad O. a cilla ciu LE139

***ostel** *subst. m. obl. s. wohnung*: lit & o. e pain e carn e vin ALS45e *vgl. Rol., Gorm., Karls Reise, Horn, Adam* 47, *Guiot Bible* 1504, *Ben. Chr., Auc. et Nic.*

oth *s.* aveir

otïositas *subst. f. n. s. müssigkeit*: toyl le sen o. (:) ALR6

ou *s.* o

out, oüsse, ouïst, oüt *s.* aveir

P.

Pader *inf. leiden*. afanz que an a p. (: garnid *prt.*) PAS111 **passus** *part. prt.*: eu soi Jesus qui p. soi 434

***pagiens** *adj. m n. s. heidnisch*: li rex p. (: chieef) EUL21 *subst. obl. pl. heiden*: chi rex eret a cels dis sovre p. (: Maximïien) 12 *vgl. Rol., Gorm., Guiot Bible, Auc. et Nic. etc.*

***paierent** *prt. i. 3 pl. aussöhnen*: am ee p. a ciel jorn PAS208 **paias** *c. 3 s.*: cio li preia, p. ab lui LE108 ciol demonstrat, que si p. (: pais) 110 *vgl. Elie* 1748, *Ben. Chr., Rich. li b.* 4585, *Durm., Mätzn. afr. lied.* 7, 23, *Guiot Bible* 2212, *Aiol* 5992, se paisier *ib.* 4425, 8205

***pain** *subst. m. obl. s. brod*: lit & ostel e pain e carn e vin ALS45e **pan**: et per lo p. et per lo vin PAS 93 de p. et vin sanctificat 97 *s.* compánnie *vgl. Aiol* 1031, *Adam* 35, *Durm., Guiot Bible* 1255, *Gach.*

***painture** *subst. f. n. s. abbildung*: kar ico que la scripture aprestet as lisanz ico aprestet la p. as ignoranz ALS *app.* 2 *obl. s.*: altra c"ose est aúrier la p. e altra cose est par le historie de la p. aprendre quela c"ose seit ad aúrier 1 **peinture** *n. s.*: la p. est pur leceun as genz 4 **paintures** *obl. pl.*: cum il demandout raison des p. *überschr. s.* depaint *vgl.* peinturer *Karls Reise* 124, *Auc. et Nic.* 5, 4, peinturier *Ben. Troie* 22349

paire *s.* pedre

***pais** 1) *s.* paist 2) *subst. f. obl. s. friede*: et Ewruïns fist finota p. (: paias) LE109 en icest siecle nus acat p. e glorie ALS125c **pax** *n. s.*: p. vobis sit PAS483 *vgl. Rol., Cambr. Ps., Guiot Bible* 2604, *Durm., Auc. et Nic., Mätzn. afr. lied.* 29, 2

***païs** *subst. m. obl. s. land*: tuit li omne de ciel p. (: venir) LE211 est vus l'esample par treetut le p. (:) ALS37b *vgl. Rol, Gorm., Karls Reise, Adam* 38 *etc.*

***paist** *prs. i. 3 s. speisen*: iluec p. l'um del relef de la tabla ALS59b **pais** *imperat. 2 s.*: tut soi amferm[s], sim p. pur sûe amor 44e *vgl.* peistre *Cambr. Ps., Guiot Bible* 1647, 2506, *Mousket* 20170, *Mont S. Mich.* 448, *Durm., Bartsch Chr.*[4]

palazinus *adj. m. n. s. gichtbrüchig*: ne muz ne orbs ne n(e)uls p. (:) ALS 111b *vgl. Guiot Bible* 2573, *Mousket* 11378

***paleis** *subst. m. n. pl. palast*: cui erent . . . mes granz p. de Rome la citet ALS81c *vgl. Rol., Karls Reise* 330, 769, *Auc. et Nic., Trist.* II 28 *s.* 596, *Durm., Guiot Bible*

(*)**palie** *subst. m. n. s. tuch*: n'i (sc. en la cambre) remest p. ne n[u]l [ad]ornement ALS28c **palie(t)** *obl. s.*: navrêe m'o[n]t & mun p. tolud HOH

46 palis obl. pl.: p. vestit, p. mante(n)ls PAS43 vgl. Rol., Karls Reise, Aiol, Horn 13, 923, Vie Greg. 22, 27, 39, 56, Ben. Chr., Mont S. Mich., Durm., Du C.-Henschel, Gach., poèle, Littré

*palmes 1) subst. f. obl. pl. hand: batant ses p., criant eschevelede ALS 85d vgl. Cambr. Ps., Rol., Aiol 96, Ben. Troie, Auc. et Nic. 24, 17 *2) m. obl. pl. palme: alquant dels p. prendent ram[e] PAS37 vgl. Karls Reise 242, Aiol 1536, Gach.

pan s. pain

*pape subst. m. n. s. papst: lui l[a] consent ki de Rome esteit p. (:) ALS 75c s. apostolie vgl. Bartsch Chr.[4] 186, 6

par 1) s. depar, 2) s. per 3) part. zur verstärkung: cist dols l'aurat en quo[r] par acurede ALS80e a, las pecables, cam par fui avoglet! 79d, 87d David [c]ui deus par amat tant 2b, 8b tant par est belas HOH18 vgl. Rol., Karls Reise, Gorm., Guiot Bible, Ben. Chr., Gach.

*parabla subst. f. obl s. wort: ne per p. non fu dit ALR10 vgl. parole Rol., Durm., Auc. et Nic. etc.

*parad part. prt. m. obl. s. schmücken: de lor mantelz ben l'ant p. (: amenaz) PAS22 pares n. s.: d'or e de gemmes fut li sarqueus p. (:) ALS118a parede f. n. s.: cambra .. jamais n'estras p. (:) 29a s. despeiret vgl. Durm. 4985, Bartsch Chr.[4] 385, 1

*paradis subst. m. obl. s.: ab me venras in p. (: di) PAS300 en p. los arberget 388 dignes d'entrer en paradis (:) ALS35c tut dreitement en vait en p. (:) 67c e l'anema en est ens el p. deu 109d vgl. pareïs Rol. 1135, 1479, Guiot Bible, Mont S. Michel, paraïs Horn 413, 1083, 1264, Adam 19, 38, 68, 74, Durm., Auc. et Nic., Mätzn. afr. lied. 5, 15

(*)parage subst. m. obl. s. adel: a grant poverte deduit sun grant p. (:) ALS50c li miens amis, il est de tel p., que neïls on n'en seit conter lignage(t) HOH14 vgl. Ben. Troie, Chr., Vie Greg. 41, Durm., Aiol 953, 5403, Auc. et Nic., Mätzn. afr. lied. 35, 30, Du C.-Henschel

*paramens subst. m. obl. pl. schmuck: ne por or ned argent ne p. (:) EUL7 vgl. pares et vestus tous d'un parement Froiss. Chr. XIV, 6, Chastel. de Couci 946, Watriquet 323 s. 383

parcamin s. pargamin

pardone, parduinst s. perdonent

pare s. pedre; pares s. parad

*pareistra fut. 3 s. erscheinen: & al terz di vive p. (: resurdra) PAS 362 s. aparegues vgl. pareir, -oir Mont S. Michel, Ben. Chr., Guiot Bible, Durm., Brun. de Mont 1610, Aiol 1208, Adam 59

*parent subst. m. n. pl. verwandte: al rei lo duistrent soi p. (: tempe) LE14 vindrent p. e lor amic 117 s'or me conuissent mi p. d'(ic)esta terre ALS41c parenz obl. pl.: s'en redutet de ses p. 40d e c'o lur dist, de quels p. il eret 76d vgl. Guiot Bible 2551, Gorm. 440, Rol.

*parentet subst. m. n. s. verwandtschaft: cum fist tis pedre e li tons p. (:) ALS83d parentet obl. s.: fud la pulcela (nethe) de [mult] halt p. (:) 9a vgl. Rol, Elie 2121, Guiot Bible 1529, Auc. et Nic.

parfit' s. perfectus

*pargamin subst. m. obl. s. pergament: l'uns l'enseyned .. lettra fayr en p. (:) ALR90 parcamin: quer mei bel frere & enca e p. (:) ALS57a pargamen: en p. nol vid escrit ALR9 vgl. Du C.-Henschel parchemin

*parler inf. sprechen: tan dulcement pres a p. (: pietad) PAS106 ab les femnes pres a p. (: garder) 260 entr' els an prennent cil seinor a p. (:) ALS104a ansemble an vunt li dui pedre p. (:) 9d deus fist l'imagine pur sûe amur p. (:) 34c, 77c dunt il oït p. (:) 18b d'un son filz voil p. (:) 8e subst.: de tut an tut recesset del p. (:) 58e parlar inf.: de Crist non sabent mot p. (: aserad) PAS478 parlier: sed il non ad lingu'a p. (: pensaz) LE169 subst.: hor' a p[e]rdud dom deu p. (: laudier) 161 porlier (: laudier) 167 inf.: p. lo fist 184 parlaran fut. 3 pl.: lingues noves il p. (:) PAS459 parole prs. i. 3 s.: diable qui p. en lui STEPH IIIc parlat prt. i. 3 s.: cele imagine p. pur Alexis

ALS37c **parlet**: (si p.) [et] a las femnes [p. si] 402 ab lui p. 424 de regnum deu semper p. (:) 452 **parlasses** *impf. c. 2 s.*: set a mei sole vels une feiz p. (:) ALS90c **parlan** *ger.*: per toz lengatg(u)es van p. (:) PAS481 *vgl. Cambr. Ps., Rol., Gorm.* 581 *etc.*

parmaint *prs. i. 3 s. verbleiben*: ic"o que niant ne parmaint aluiet ad aúrier an eglises *quod non ad adorandum in ecclesiis .. constat collocatum* ALS *app.* 7 **[per]mes[sient]**: porquet il en cele duretie p. .... VALv°36 *vgl. Cambr. Ps., Ben. Chr.* 12094, III 474 *(Thom. de Cant.* 394), *Bartsch Chr.*[4] 87, 30

***part** *subst. f. obl. s. seite, theil*: et Karlus .. de sũo p. non lo tanit EID II, 2 que p. aiam ab (nos) deu fidels PAS504 Nicodemus de ll'altra p. (: aportet) 345 de l'une p. HOH15 quel p. que alget 80 *obl. pl.*: de totas p. preadrent Jesum PAS154 **parz**: de tutes p. l'unt si avirunet ALS115d *s.* depar *vgl. Rol., Gorm., Aiol, Durm., Guiot Bible, Mätzn. afr. lied.* 34, 26, *Auc. et Nic., Froiss. Chr.*

***partiz** *part. prt. m. n. s. theilen*: non fut p. sos vestimenz PAS271 *s.* depart *vgl. Karls Reise* 256, *Adam* 18, *Auc. et Nic., Ben. Troie, Chr., Gach. etc.*

parv *adj. m. obl. s. klein*: l'uns l'enseyned beyn p. mischin ALR88

***pas** *subst. m. obl. s. schritt*: al primier p. (:) ALR1 *s.* enpasque *vgl. Rol., Gorm. etc.*

***pasches** *subst. f. obl. pl. ostern*: et a cel di que dizen p. (: faita) PAS 89 **paschas** furent in eps cel di LE80 *vgl. Aiol* 2322, paschor *Ben. Troie, Durm.* 571, *Du C.-Henschel*

pasiun *s.* passiuns

***pasmede** *part. prt. f. n. s. ohnmächtig*: a terre chet p. ALS85e *vgl. Rol., Gorm.* 425, 468, *Durm.*

***passer** *inf. passieren*: nus n'i podums p. (:) ALS104b *hindurchbringen*: ne le saint cors ne pourent p. ultra 103e **passet** *prs. i. 3 s. vorübergehen*: quant li jurz p. 11a **passedes** *part. prt. f. obl. pl. durchmachen*: e tantes faine e tantes [seiz p.] (:) 80c *vgl. Rol., Gorm., Horn* 376, *Ben. Chr., Guiot Bible, Durm., Froiss. Chr., Poés., Gach.*

***passiuns** *subst. f. n. s. leiden*: sa p. toz nos rede[mp]s PAS12 cum aproismed sa p. (:) 13 sa **passions** *(sc. signa)* peisons tostaz 443 **passion** *obl. s.*: de Jesu Christi p. (: jorn) 207 que Jesus fez pus p. (:) 446 **passiun** (:) 2 per remembrar sa p. (: trestot) 95 si le'nt menen a p. (:) 164 **pasiun**: vai a p. (: crus) 256 a ce jor recut sa p. (:) STEPH le **passions** *obl. pl.*: por cui sustinc tels p. (: senior) LE240 *vgl. Bartsch Chr.*[4] 218, 2

paseus *s.* pader

***pastur** *subst. m. obl. s. seelsorger*: ALS *app.* 11 *vgl. Vie Greg.* 97 *vgl.* pastres *Cambr. Ps.* 22, 1, *Guiot Bible, Münch. Brut.* 4047

pater *s.* pedre

paue *s.* poi; **pausen** *s.* poser

***pavors** *subst. n. s. furcht*: que grant pres p. als Judeus PAS74 **pavor** *obl. s.*: si s'espauriren de p. (: custodes) 393 quaisses mors a terra vengren de gran p. 400 et so. L. oc s'ent p. (: senior) LE76 *s.* espauriren *vgl.* poür *Cambr. Ps., Rol.* poör *Vie Greg.* 92, *Mätzn. afr. lied.* 14, 25; 41, 94, *Brun de Mont.*, paör *Guiot Bible, Durm., Auc. et Nic.*

pecables *adj. m. n. s. sündhaft*: a las p., cum par fui avoglet ALS79d

***peches** *subst m. n. s. sünde*: sobre nos sia toz li p. (: Judeu) PAS240 cum fort **pecet** m'apresset ALS12d **pechet** le m'at tolut 22c *obl. s.*: mult i (en†) sa grant p. (: ie) 64e ki fait ad p., bien s'en pot recorder 110a & sen **peched** si portet lui PAS 354 etqui era ... per son **pecchiad** (: primers) 378 **peccad**: p. negun unque non fez PAS9 gurpissem mund & som p. (: ben) 508 sene **pecat** (: lei *subst.*) 383 **peches** *obl. pl.*. de noz p. sumes si ancumbrez ALS124c de lor **pechietz** ... il los absols LE225 tu nos perdone cels **pecaz** (: pietad) PAS307 gai te, dis el, per tos **pechet** (: Hierusalem) 54 venit en terra per los vostres p. (:) SPO16 or en aurem **pece** maiors PAS366 *vgl. Cambr. Ps., Rol.*, pecat *Aiol* 8870

***pechethuor** *subst. m. n. pl. sünder*:

ci devant tei estunt dui p. (:) ALS 73a **pechedors** *obl. pl.*: mercet aiss de p. (: en sus) PAS510 *vgl. Guiot Bible* 2245, *Mousket* 3811, *Fantosme* 1914, *Bartsch Chr.*[4], *Vie Greg.* 19, *verschieden von* pecheör *ib.* 37, 39 = pescheör 34, 86

pecunia *subst. f. obl s. besitz*: rey furent fort & mul podent & de p. manent ALR20 *vgl. Cambr. Ps.* 14, 5

ped *s.* piez

***pedre** *subst. m. n. s. vater*: sovent le virent e le p. e le medra ALS48a [is]si out (an)num li p. (:) 4a dunc prent li p. 23a jamais n'ierc lede .. [ne n'] ert tun p. 27e puis ad escole li bons p. le mist 7c mun p. me desirret 42a quant veit li p. (*caes.*) 8a, 45a, 78a cum fist tis p. 83d **pedra**: prist li p. a crier 79a tant i plurat e le p. e la medra 100a dolur qu'en demenat li p. (:) 85a vait s'en li pople [e] le **pere** e la m. 121a Philippus ab ses **pare** non ALR33 **pedres**: co dist li p. ALS11b, 22a *voc.*: en ipse verbe si'n dimes: **pater** noster 125e (*vgl.* paternostre *Karls Reise* 114) **pedre** *acc.*: mais sun pedre i ancuntret 43c le num lur dist del p. e de la medre 76c ne volt li emfes sum p. corocier 11d nuncent al p. 26b **pedra**: or revendrai al pedra & a la medra 21a le dol del p. e de la medre 94a dire del p. e de la medra 119a emfes ... de **pere** e de mere ... nurrit *einl.* 5 davant to **paire** glorïse PAS514 *gen. s.*: an la maisun tun **pedra** (:) ALS94d de la cambre sum **pedre** (:) 15d li dui sergant sum p. (:) 24b li serf sum p. 53c *dat. s.*: il le nuncat sum p. Eufemïen 68b *n. pl.*: ansemble an vunt li dui p. parler 9d

***peddre** *subst. f. obl. s. stein*: sus en la p. [une] angel set PAS401 **pedras** *obl. pl.*: p. sub altre non lai(se)rant 64 alquanz ap **petdres** lapider 496 *vgl.* pere *Cambr. Ps.*, perre *Rol.*, pierre *Auc. et Nic.*, *etc.*

Petre *personenname m. n.*: fors en las estras estet P. (: sewardovet) PAS189 terce vez P. lo neiez 194 sanct **Pedre** sols venjiar lo vol 157, 167 **Pedres** fortment s'en aduned 115 **Pedres** lo vit 423 **Pèrus** d'alo fors s'en aled 197 **Pedre** *obl. s.*: alo sanc P. perchoinded 113 mas vos **Pedrun** noi oblidez 410 *vgl.* Pere *Rol.*, *Brun de Mont.*, *Guiot Bible*

pur *s.* per 1)

***peine** *subst. f. obl. s. qual*: cum bone p. ... fist cel saint hom(o) ALS 123a **penas** *obl. pl.*: a males p. aucidrant PAS62, SPO89 hor'en aurez las **poenas** granz LE151 *vgl. Rol.*, *Adam* 35, 36, 41 *Ben. Troie*, *Auc. et Nic.*, paine *Guiot Bible*, *Mätzn. afr. lied.*

peinture *s.* painture

***peis** *comp. neutr. obl. schlimmeres*: p. li promest adenavant LE192 *s.* ampairet, posmes, mals *vgl.* pis *Horn*, *Mätzn. afr. lied.*, *Froiss. Chr.*, *etc.*

***peiset** *prs. i. 3 s. leid sein*: c'o p. mei, que ma fine tant domoret ALS ALS92e, 96b n'ourent amfant, p. lur en forment 5b c'o peiset els (lur†), mais altre ne puet estra 116e **pesat** *prt. i. 3 s.*: cil biens qu'el fist, cil li p. (: commandat) LE219 **peys** *prs. c. 3 s.*: sil toca res (:) chi micha[l?] p. ALR58 *vgl. Rol.*, *Aiol*, *Horn.*, *Durm.*, *Ben. Troie*, *Chr.*, *Mousket*, *Auc. et Nic.*, *Mätzn. afr. lied.*, *Froiss. Chr.*, *Gach.* poiser

***peisons** *subst. m. obl. pl. fisch*: mel e p. equi manget ... sa passïons [*sc.* signa] p. tostaz PAS441-3 **peysson** *obl. s.*: saur ab lo peyl cum de p. (:) ALR60 cel **pescion** VALv°11 *vgl. Cambr. Ps.* 8, 9; 104, 29, *Karls Reise*, *Vie Greg.* 34, *Adam* 77, *Rich. li b.* 4580-4, *Guiot Bible* poisson

Peitieus *landschaft obl.*: Didun l'ebique de P. (: Lothiers) LE19

***peitrine** *subst. f. obl. s. brust*: trait ses chevels e debat sa p. (:) ALS87a *vgl. Durm.* 1083, 2583

(*)**peis** *subst. m. obl. s. brust*: sobre son p. fez condurmi[r] PAS107 **peyz**: ample lo p. & aformad ALR69 sum piz debatre e sun cors dejeter ALS86b *vgl.* piz, pis *Rol.*, *Horn*, *Adam* 37, *Aiol*, *Guiot Bible* 1935, *Durm.* 2528, 5506, *Gach.*

***pelerins** *subst. m. n. s. pilger*: suz mun degret gist uns morz p. (:) ALS 71d *vgl. Cambr. Ps.* 68, 18, *Rol.*, *Durm.* 199, *Mousket* 6389, *Auc. et Nic.*

***penat** *prt. i. 3 s. quäler*: p. sun cors el damne deu servise ALS33b **penet** *part. prt.*: Jonas . habebat .. mult p. acel populum VALv°10 & enpur tei m'en esteie p. (:) ALS81e ad si sun cors p. (:) 56a *vgl. Cambr. Ps.* 34, 1, *Gorm.* 602, *Adam* 55, *Ben. Troie, Chr., Chr., Mont S. Michel, Parton.* 8182, *Durm. Trist.* I 18 *z.* 294, *Jérusalem* 7399, *Horn* 521, 3091, *Froiss. Chr., Poés.* I 282 *z.* 2101

***pendre** *inf. hängen*: sas i fait p. [e cinces] deramedes ALS29d **pend** *prs. i. 3 s.*: qui in templum dei cortine p. (: fend) PAS327 **pendent** *3 pl.*: entre cels dos p. Jesum 283 dos a sos laz **penden** laruns 282 *s.* suspensus *vgl. Rol., Gorm.* 225, *Guiot Bible, Durm., etc.*

***penitence** *subst. f. obl. s. busse*: par p. s'en pot tres bien salver ALS 110b *vgl. Rol.* 1138, *Mätzn. afr. lied.* 22, 17, *Guiot Bible, Durm.*

(*)penne *subst. f. feder*: quer mei .. & enca e parcamin & une p. ALS57b *vgl. Cambr. Ps., Ben. Chr., Horn* 4267, *Trist* I 117 *z.* 2395

penre *s.* prendre

***pensar** *inf. denken*: p. non vols, p. nol po"z PAS55 **penser**: nulz om mortalz nol pod p. (: percogded) 339 **pensent** *prs. i. 3 pl.*: zo p. il, que entre el 439 **pensed** *prt. i. 3 s.*: semper p., vertuz feisis 212 *s.* apensad, porpensent *vgl. Cambr. Ps., Rol., Karls Reise* 56, *Trist.* II 70 *z.* 1491, 117 *z.* 573, *Guiot Bible, Auc. et Nic.*

pensez *subst. m. obl. pl. gedanken*: deux exaudis lis sos p. (: parlier *inf.*) LE170 ad anstruire sulement les **penses** des nient savanz *app.* 8 *vgl. Cambr. Ps., Mätzn. afr. lied., etc.*

***pensif** *adj. m. n. pl. nachdenklich*: sedent es bans [e] p. e plurus ALS66b *vgl. Guiot Bible* 1220, 1349, *lied* II, 6, *Mousket* 15124, *Froiss. Chr.* pensieus

***pentecostem** *subst. pfingsten*: deglodidioent p. (: ardenz) PAS476* *vgl. Durm.* 937, 3620, 14362, *Jongl. et Trouv. p.* 141

penteiet *impf. 3 s. refl. bereuen*: e sis p. de cel mel VALv25 *vgl.* peneânt *Aiol* 5791, *etc.*

***per** 1) *adj. als subst. m. n. pl. gleichen standes*: cume tui altre p. (:) ALS83b **pers** *obl. pl.*: sur tuz ses p. l'amat li emperere 4c nel condignet nuls de sos piers (: gred) LE 59 aiet niule male voluntatem contra sem peer VALv°28 *vgl. Rol., Karls Reise, Adam* 16, 17, 28, 34, 35, *Vie Greg.* 71, *Horn, Mont S. Mich.* 3611, *Gach.* per, par *2) *praep.* [**par**: EUL, ALS, HOH (**por** 3), STEPH; *durchstrichnes* **p**: EID I, 4, LE36, 102, PAS (*ausgeschr. nur*: 4, 7, 8, 10, 16, 25, 54, 65, 79, 93, 95, 105, 262, 316, 481), ALR, SPO] sicum om p. dreit son fradra salvar dift EID I, 4 = a lui nos laist venir p. sowe clementia EUL29 = li toi caitiu p. totas genz menad en eren l'AS65 e p. es mund roal[s] allar 453 chi traverset p. lo son cor 338 spandut sunt p. tot ces mund 485, 500 e(t)qui estevent p. mulz anz 380 p. lui medeps audit l'avem 184 et p. lo pan et p. lo vin 93 p. male conselz van demandan, cum 79 p. toz lengatg(u)es van parlan 481 p. söa mort si l'a vencut 375 p. mulz semblanz [se mostret] 450 signes fasen p. podestad 484 il p. escarn o fan trestot 284 quel lor dissets p. pura fied 179 de met membres p. ta mercet 295, 302, 359, p. sa pietad 105, 512 p. süa grand humilitad 25 chi p. hun(u)a confessïon vida perdones 303 que me tradas p. cobetad 152 el mor a tort .. mais nos a dreit p. colpas grans 291 e(t)qui era li om primers .. p. son pecchiad 378 gai te .. p. tos pechet 54 si conjuret p. ipsum deu 178 p. epsa mort nol gurpira 116 ben red p. mal 161 p. eps los nostres (*sc.* peccas) fu aucis 10 afans p. nos susteg 16 p. me non vos est ob plorer, mais p. vos & p. vostres fils 263 p. tos solses comuna lei 384 fort saccrament lor commandeç p. remembrar sa passïun 95 jusche la terra p. mei fend 328 p. cio laisied deus se neier 199 regnet p. o cum ans se feira 372 mais nenperro grans fu li dols 387 los sos affans ... p. que cest mund tot a salvad 4 [n]o's neient ci p. que creme[z] 408 p. quem trades 150 p. quem gulpist 316 p. tot obred que verus deus 7, 8, 486, 488, 516, so fu grans signa tot p. ver 272, 336, 462 (PAS *braucht statt* por *nur* per) = tot p. enveia, non per *(ausgeschr.)* el LE102 humilitiet oth p. trestoz 36 *vgl.* por = un rey ... chi p. batalle & p. estrio ALR13 p. parabla non fu dit 10 p. grans ensignes fud mostras 47 p. semedips cant adlevar 103 p. pauc no fud toz obscuras 51 = e preiat les p. deu lo gloríos SPO75 venit en terra p. los vostres pechet 16 *s.* praici = vait p. les rües ALS43b p. multes terres fait querre sun amfan[t] 23b fils t'ies deduit p. aliënes terres 84b laisent curre p. mer 16d, 39b cum s'en fuït p. mer 77a tut le depart p. Alsis la citet 19b ço fut granz dols .. e granz deplainz p. tuta la citiet 21e est vus l'esample p. trestut le p. 37b p. cest saint home dodsum ralumer 124e p. cest saint cors sunt lur anames salvedes 121e p. lui aurum .. bone ajude 107e, 101d d'icel saint hume p. qui il guarirunt 62e, 66e par io"o quident aver discumbrement 106c altra cose est p. le historie de la painture aprendre *app.* 1 en terre(e)l metent p. vive poëstet 118c il me prendrunt p. pri ou p. poëste 41d alques p. pri e. le plus p. podeste 113d p. l'amistet del su[v]erain pietet la süe spuse juvene cumandat al spus *ciel.* 7 p. grant certet nurrit 6 par ton cumandement 5d, 18c, 59c p. la deu grace vocet amperedor 73b dementiers que tu esbraseras .. p. dreit amvidie *app.* 6 se tu felsses amvidie p. discrecion *app.* 10 p. feit l'enorerent 100e p. nule guise ne s'en volt esluiner 36e, 47e, 48c, 52e tant li prïerent p. grant humilitet 6a p. sa mercit 54e, 74c, 78e p. commune oraisun 62c p. penitence 110b p. bone volentet 32d p. le divine volentet *ciel.* 8 Eufemïen p. num 2 p. sun dreit num le numet 43e p. mi les rües an venent 108c = se p. mei nom, ja maiss n'aurat chartes HOH62 p. cui misire(t) mei ma[n]datz sa raisum 89 en icel tens .. per un(t) matin 8 = escotet la par benne entenciun STEPH Id

perchoinded *prt. i. 3 s.*: alo sanc Pedre p. (precoidet†), que cela noit lui neiara PAS113

percuidat *part. prt. überlegen*: cum cho ag dit et p. (: intret) PAS69 **percogded**: sanz Symeönz l'oi p. (l'ot precoidet† : penser) 340

percussist *impf. c. 3 s. durchbohren*: rogat deus ad un verme, que p. cel edre VALv°14 **percutan** *ger.*: a gladies (*sc.* vai) p. (: ardant) LE134 *vgl.* percussion *Gach.*

*__perdonent__ *prs. i. 3 pl. schenken*: vida p. al ladrun PAS223, 225 **perdones** *prt. i. 2 s.*: aital don fais ... [que] ... vide p. al ladrun 304 *verzeihen*: en tals raizon[s] s'iam mespraes, per ta pitad lom p. 512 **perdonat** *prt. i. 3 s.*: sa gratïa li p. (: onorat) LE46 **perdonet**: de lor pechiets que aurent fais, il los absols et p. 216 **parduinst** *prs. c. 3 s.*: ains prïet deu, quet il le lur p. (:) ALS 54d **perdone** *imper. 2 s.*: tu nos p. celz pecaz PAS307 **pardone** a cet qui STEPH XId **perdonat** *part. prt.*: rendet ciel fruit spiritïel quae deus li auret p. LE216 *vgl. Cambr. Ps.* 77, 38, *Rol.* parduins, *Karls Reise*, *Gorm.* 649, *Aiol* 975, *Horn* 5060, *Ben. Chr.*, *Guiot Bible* 2238, *Trist.* I 11 *s.* 154; 29 *s.* 517, *Mätzn. afr. lied.*

*__perdra__ *inf. subst. untergang*: il me trairunt a. p. (perte†) (:) 41e **perdet** *prt. i. 3 s. verlieren*: lo sol perdet sas claritas ALR50 **perde** *prs. c. 3 s.*: mult criem, que ne t'em p. ALS12e **perdent** *3 pl.*: que ja por mei ne p. t'amiste STEPH XIe **perdesse** *impf. c. 3 s.*: melz sostendreiet les empedements qu'elle p. sa virginitet EUL 17 **perdut** *part. prt. m. n. pl.*: si p. erent VALv°21, 18 *obl. s.*: cum t'ai p. (:) ALS22a **perdud**: or'a p. don deu p[a]rlier LE167, 161† *f. obl. s.* **perdut** at sa colur ALS1d **perdutz** adz sa beltez HOH61 *s.* deperdra *vgl. Rol.*, *Gorm. etc.*

*__perfectus__ *adj. m. n. s. vollkommen*: p. fud in caritet LE33 **parfit'** *adj. f. obl. s.* an ices[t] secle n'en at p. amor ALS14c **parfitement** *adv.*: deu [en] apelent andui p. (:) 5c p. se ad (s'est†) a deu cumandet 58c *vgl. Cambr.*

Ps., *Guiot Bible* 1038, *Ben. Chr.* I 10 *s.* 209, 14197, *Mätzn. afr. lied.* 17, 36, *Bartsch Chr.*[4]

***perfides** *adj. als subst. m. n. s. treuloser*: li p. tam fud cruëls LE153

***peril** *subst. m. obl. s. gefahr*: de cel p. VALv°1, 26 **perils** *obl. pl.*: es p. r°26 *vgl. Cambr. Ps.*, *Rol.*, *Adam* 38, *etc.*

***perissent** *prs. c. 3 pl. zu grunde gehen*: si [li] depreient, que… ne p. la gent ALS60d *vgl. Cambr. Ps.* 141, 4, *O. E.* 12, *Guiot Bible*, *Mousket*, *Mätzn. afr. lied.*

pormessient *s.* parmaint

***permet** *prs. i. 3 s. gestatten*: non t'o p. tos granz orgolz PAS56 *vgl. Mätzn. afr. lied.* 1, 39

perneies *s.* prendre

***perte** *subst. f. obl. s. verlust*: jo i ai si grant p. (:) ALS30c *s.* perdra *vgl. Durm.*, *Guiot lied* III 28, *Mätzn. afr. lied.* I 29; 29, 12, perde *Du C.-Henschel*

***perveng** *prt. i. 3 s. gelangen*: cum el p. [dunc] a Golgota PAS265, **perveing** 17 al dezen jorn ja cum **perveng** (: son tornat) 474 ad epsa nona cum p. (: criz) 313 *vgl.* parvient *Rol.*, *etc.*

pesat *s.* peiset; **pesmes** *s.* posmes

***petit** *adj. als subst. m. n. pl. klein*: e li petit [tuit] e li gran PAS379 gran e p. 46 li gran e li p. (: Davit) 41 ALS37d, 102e **petiz** *obl. pl.*: anz p. dis que cho fus fait PAS29 *adj. n. pl.*: ensobre tot p. enfan 47 **petit** *adv.*: si chera merz ven si p. (: audis) 87 *vgl. Rol.*, *Gorm. etc.*

***peyl** *subst. m. obl. s. haar*: saur ab lo p. cum de peysson ALR60 *vgl. Rol.*, *Karls Reise*; piaus *Aiol* 6355; peus, pax *Gach.*; poil *Guiot Bible*, *Auc. et Nic. etc.*

pes *s.* piez; **peys** *s.* peiz

Philippus *personenname m. n.* ALR33

plament *s.* pius

***pietad** *subst. f. obl. s. gnade*: tu nos perdone celz peccaz … qu'e[n] nos vetdest tüa p. (: pecaz) PAS308 Jesus lo bons per sa p. (: parler) 105 **pitad**: per ta p. lom perdones 512 **pietet** *mitleid*: c''oest grant merveile, que p. ne t'en prist ALS88e co li deprïent [par] la süe p. (:) 63a par l'amistet del su[v]erain p. *einl.* 7 **pïeted**: que de nos aiet p. PAS200 *vgl.* pitet *Rol.*, *Karls Reise*, *Vie Greg.* 85, *Adam* 39, pete *Trist.* II 69 *s.* 1478, pitie *Guiot Bible*, *Mätzn. afr. lied.*, *Durm.*, *Bartsch Chr.*[4], pieté *Adam* 60, *Ben. Chr.*, *Durm.*, *Trouv. belg.* II 369

***pies** *subst. m. obl. pl. fuss*: super li p. ne pod ester LE165 lo corps estera sobrels p. (: queu) 230 **pes**: jus se giterent a sos p. (: Lethgier) 224 li talia los p. de jus 233 mante(n)ls davant extendent as sos p. (:) PAS44 vedez mas mans, vedes mos **peds** (: plagas) 435 as sos fedels laved lis **ped** (: manier) 92 as **piet** d'un enfant mistrent lor dras STEPH IXa *vgl. Rol.*, *Karls Reise*. *Gorm.*, *etc.*

Pilas *personenname m. n.* PAS 205, 221, 230, 237, 241 **Pilat** *obl.*: Joseps P. mult a prein[t] 341 davant P. l'en ant menet 202, 358 *dat.*: crident P. trestuit ensems 228 fellon **Pilad** lo retrames 220

(*)**pimenz** *subst. m. obl. s. spezerei*: a grand honor de ces p. l'aromatizen cuschement PAS349 *vgl. Rol.* 2969, *Ben. Chr.*, *Bartsch Chr.*[4] 89, 4, *Du C.-Henschel*, *Gach.*, piement *Horn*, pument *Aiol*, puiment *Elie* 2442

***pius** *adj. m. n. s. fromm*: Jesus li p. PAS259 chi en epsa mort semper fu p. (: mentid) 298 **piu** *obl. s.*: de son p. cor 51 del p. manjer 103 **plament** *adv.*: si p. lui appelled 294 *vgl. Cambr. Ps.*, *Guiot Bible*, *Ben. Troie* 5359, *Durm.*, *Bartsch Chr.*[4] 245, 19 *Jean de Condé* I 457, II 354, *Froiss. Poés.* I 153 *s.* 2256, piex *Gach.*

piz *s.* peiz; **plagas** *s.* plaient

***plaid** *subst. m. obl. s. vertrag*: ab Ludher nul p. nunquam prindrai EID I, 5 **playt**: ley leyre & p. cabir ALR98 **plait** *n. s. angelegenheit*: mais coest tel p. dunt ne volsist nïent ALS10d *vgl. Rol.*, *Karls Reise* 860, *Adam* 30, *Vie Greg.* 2, 7, 8, 20, *Ben. Chr.*, *Troie*, *Horn* pla, *etc.*

plaidiz *subst. m. n. s. fürsprecher*: al son seignor il lur seit boens p. (:) ALS120e

plaient *prs. i. 3 pl. verwunden*: p. lo for[t] STEPH Xb **plagas** *part. prt. m. n. s.*: vedez mo laz qui fui p. (: peds) PAS436 *vgl. Cambr. Ps., Karls Reise* 550, *Ben. Chr., Durm.* 4595, *Froiss. Chr., Gach.*

***plaindra** *inf. klagen*: aidiez mei a p. le duel de mun ami ALS93b **plainsum** *imperat. 1 pl.*: p. ansemble le doel de nostre ami tu (de) tun seinur, jol f[e]rai pur mun filz 31e **plainstrent** *prt. 3 pl.*: que tuit le p. e tuit le doloserent 119d *s.* deplainz *vgl. Rol., Ben. Chr., Guiot Bible, Durm., Trist., Auc. et Nic., Mätzn. afr. lied., Froiss. Chr., Gach.*

***plains** *adj. m. n. s. voll*: Estevres fut p. de grant bonte STEPH IIa **plen** *obl. s.*: p. [*sc.* ab] lo collet & colorad ALR68 **plaine** *f. n. s.*: vint en la cambre p. de marrement ALS 28a *vgl. Rol., Gorm., Mätzn. afr. lied. etc.*

***plaisir** *inf. als subst. obl. s. gefallen*: al som p. HOH30 **plaist** *prs. i. 3 s.*: par lui aurum, se deu p., bone ajude ALS107e quer lui ne plastz HOH42 **ploüst** *impf. c. 3 s.*: se tei p., [i]ci ne voliase estra ALS 41b se deu p., s[ire] en doüsses estra 84e *vgl. Cambr. Ps., Karls Reise, Auc. et Nic., Mätzn. afr. lied., Du C.-Henschel*

***plantatz** *prt. i. 3 s. pflanzen*: il li p. une vine HOH55 *vgl. Durm.* 999, *Auc. et Nic., Mätzn. afr. lied.*, 39, 3, planteisun *Cambr. Ps.*

***pleier** *inf. beugen, bewegen*: niule cose non la pouret omque p. (: menestier) EUL9 *vgl. Rol.* 2677, *Gorm., Trist.* II 64 *z.* 1378, *Du C.-Henschel* plier

plen *s.* plains

***pleneyrament** *adv. vollständig*: contar vos ey p. del Alexandre mandament ALR25 *vgl. Guiot Bible* 1825, *Rol., Mätzn. afr. lied.*, plainier *Du C.-Henschel, Gach.*

Pliaden: en icel tens qu'est ortus P. (:) HOH2

***plorer** *inf. klagen*: per me non vos est ob p. (: Jerusalem) PAS262 une pulcelle(t) odi(t) molt gent p. (:) HOH4 molt t'ai odit p. (:) 7 **plurer**: e de lur oilz mult tendrement p. (:) ALS49b mult fust il dur[s] ki n'estoüst p. (:) 86e **pluret** *prs. i. 3 s.*: p. li poples 118d **plorent** *3 pl.*: il le receivent, sil p. e sil servent 113c **plurent**: p. si oil 45b, 88a **plurat** *prt. i. 3 s.*: tant i p. 100a amarament mult se ploret (: aled) PAS198 **plores** *imperat. 2 pl.* 264 **ploran** *ger.*: p. lo van & gaimentan 258 ki vint **plurant**, cantant l'en fait raler ALS112e **pluret** *part. prt.*: de tantes lermes le ton cors ai p. 95b† **pluredes** *f. obl. pl.*: e tantes lermes pur le ton cors p. (:) 80d cel jurn i out cent mil lairmes p. (:) 119e *vgl.* plurer *Rol., Cambr. Ps., Adam* 71, *etc.*

***pluisur** *comp. m. n. pl. mehrere*: alquant i cantent, li p. jetant lermes ALS117d **plussors**: pois i vint Ananias . . . & p. altresz HOH87 *vgl. Cambr. Ps.* 39, 7, 15, *Rol., Karls Reise, Gorm.* 471, *Guiot Bible* 851, *Fantosme* 812, *Mätzn. afr. lied.* 2, 1, *Bartsch Chr.*[4] 193, 6, *Jean de Condé* I 444, *Froiss. Chr.* II 35, *Gach.*

***plurus** *adj. m. n. pl. klagend*: sedent es bans [e] pensif e p. (:) ALS66b *vgl. Ben. Chr.* 17278

***plus** *comp. neutr. mehr*: trenta tres anç et alques p. (: fu) PAS5 alques par pri e le p. par podeste ALS113d or sui si graime, que ne puis estra plus (:) 22e *adv.*: p. aimet deu que [tres]tut sun linage 50e p. vos amai que nule creäture 97c si fait ma medre p. que femme 42b nel cunuisseie p. que unches nel vedisse 87e que p. ad cher que tut aveir terrestre 12c blans est & roges p. que jo nel sai dire(t) HOH19 il est p. genaz que solleiz 16 mais non i ab un p. valent ALR23 bries est cist secles, p. durable atendeiz ALS 110c & en cel altra la p. durable glorie 125d mais as p. povres le donat 51e† a un des porz ki p. est pres de Rome 40a p. tost i vint ki p. tost i pout curre 103b lui(d) m'entveiad por c'o qu'il ert p. saives HOH68 tuit li Juëf li p. save d'Asÿe STEPH IVd *s.* mais *u.* melz

poble *s.* poples

podens *adj. m. n. s. mächtig*: que

Jesus ve lo reis p. (:) PAS34 rey furent fort & mul p. (:) ALR19 *vgl. Gorm.* 31, *Horn* 772, *Mont S. Michel* 1758, 2263, *Ben. Chr.*

podestad *subst. f. obl. s. gewalt:* signes fazen per p. (:) PAS484 **podestet:** seat jurz le tenent sor terre a p. (:) 115b **poëstet:** en terre(e)l metent par vive p. (:) 118c **podéste:** alques par pri e le plus par p. (:) 113d **poéste:** il me prendrunt par pri ou par p. (:) 41d *vgl. Cambr. Ps., Rol.* 2926, *Agolant* 1681, *Aiol* 1109, 8613, *Parton.* 490, *Ben. Chr., Adam* 22, 7, 18, 71, *Mätzn.* 2, 27, *Jean de Condé* II 358, *Durm.* 2366, 15620, *Mont S. Mich., Mousket, Froiss. Chr., Gach.*

***podir** *inf. als subst. können:* in quant deus savir & p. me dunat EID I, 2 **podra** *fut. 3 s.* LE162, 168 **porrunt** *3 pl.* STEPH Ve **pois** *prs. i. 1 s.* EID II, 3, 4 HOH40 **puis** ALS22e, 71e, 93c, 96c **posc** PAS447 LE96 **pos** *3 s.* (: orgolz) PAS55 **pod** *3 s.* 339, 448, 483, LE40 (: bons), 165, **poth** (: dol *subst.*) 64, **pot** 135 SPO73 ALS 99b, 110ab, 55e† (*prt.?* LE141, 188, 218 ALR40 ALS47b) **poet** ALS32ae, 103d, 109e, 115e **puet** 20d, 39d, 45b, 47e, 106d, 116e HOH31 **pued** 17 **poëm** *1 pl.* SPO72 **poduns** ALS104b **pothent** *3 pl.* 32b **pöeies** *impf. i. 2 s. app.* 10 **poi** *prt. i. 1 s.* 79e **pout** *3 s.* 19d, 103b **pourent** 26b, 102a, 103e, 120a **porent** STEPH Vad **pouret** *plsqpf. i. 3 s.* EUL9 **puisse** *prs. c. 1 s.* ALS31c **posche** PAS513, 515 *3 s.* 238 **puisset** atarger ALS118e* **posciomes** *1 pl.* VALv°33 **poissum** ALS110e **puisum** 74e **poissent** *3 pl.* 63b **podist** *impf. c. 3 s.* VALv°11 = si io returnar non l'int pois ne io ne neüls cui eo returnar int pois EID II 3, 4 = n'ule cose non la pouret omque pleier EUL9 = e repauser si podist VALv°11 conduire lo poscio[mes] 33 = no lor pod om vivs contrastar PAS483 que de sa mort posches neger 238 nulz om mortalz nol pod penser 339 te posche retdræ gratiæ 513 sanz spiritum posche laudar 515 tot nol vol posc eu ben comptar, nol pod nul[z] om 447-8 penser non vols, pensar nol pos 55 = sempre fist bien o que el pod LE40 porquant il pot, tan fai de miel 185 pos ci non posc, lai vol ester 96 super li pies ne pod ester 165 credre(n) nel pot, antro quel vid 188, 218 ne pot intrer en la ciutat 141 ja non podra mais deu laudier 162, 168 porro que ventre nols en poth 64 = et prist moylier, dun vos say dir, qual pot sub cel gensor jausir ALR40 = cosel queret, nou vos poëm doner. Queret lo deu chi vos pot cosëler! SPO72-3 = bien poet liez estra chi ALS109e cum dolente puis estra! 96c or sui si graime, que ne puis estra plus 22e mais ne puet estra 39d, 106d quar ne pot estra 99b ne poet estra altra 32a mais altre ne puet estra 116e ki pourent avenir 102a dunt ses cors puet guarir 20d qu'or en puisum g[u]arir 74e o il pot reposer 47b ki plus tost i pout curre 103b hom (n') i poet habiter 115e nus n'i poduns passer 104b qu[od lui] ansemble poissum el ciel regner 110e home kis puisset atarger 118e* ne s'en puet astenir 45b bien s'en pot recorder, par penitence s'en pot tres bien salver 110ab ne pot muder, ne seit aparissant 55e† ne puis tant faire, que mes cors s'en sazit 93c ses enemis ne l'[em] poet anganer 32e ne reis ne quons n'i poet faire entrarote 103d n qu'il les pout trover 19d si nel poi aviser 79e dunt te puisse guarir 31c ol poissent recovrer 63b que nel pourent truver 26b mais n[e] l'i puis tolir 71e nel pourent mais tenir 120a mais la dolur ne pothent ubliier 32b pöeies salvablement purtenir les c"oses *app.* 10 ne le saint cors ne pourent passer ultra 103e ne l'em puet hom blasmer 47e = la u jo sui(d), iverss n'i puet durer HOH31 vers lui ne pued tenir nulle clartez 17 encor nel pois trover(t) 40 = porpensent, cum le porrunt danner STEPH Ve mes au barun ne porent contrester … unques vers lui ne porent mot soner Vad *vgl. E. Weber Gebr. von* devoir laissier pooir *etc.*

***poi** *adj. neutr. wenig:* tan dolent furunt, por poi ne s'esragere[n]t

STEPH VIIIb lo sol perdet sas claritaz, per pauc no fud toz obscuraz ALR51 e, chers amis, si pou vus ai oüt! ALS22d *vgl. Cambr. Ps., Rol., Aiol, Adam* 6, 20, *Ben. Chr., Troie, Wace Brut, Mont S. Michel* 3302, *Durm., etc.*

pois *s.* podir, post

Pol *personenname m. obl.*: saint P. l'apellent STEPH IXe

polle *subst. f. n. s. mädchen*: la p. sempre non amast lo deo menestier EUL10 *s.* pulcelle *u. nfr.* poule

***pont** *subst. obl. s. punkt (negationsverstärkung)*: non auret p. SPO67 *vgl. Zeitschr. f. r. Ph.* II 408 ff.

pontifex *subst. m. n. s. hoherpriester*: davant l'ested le p. (: deu) PAS177

***poples** *subst. m. n. s. volk*: pluret li p. de Rome la citet ALS118d liez est li p. 104d **pople**: vait s'en li p. 121a trestut le p. lodet deu 108e, 62c *obl. s.*: a tut le p. ... tant l'as celet 64d **poblo** *gen.*: pro christian p. & nostro commun salvament EID I, 1 **poble** *obl. s.*: p. ben fist credre in deu LE186 **poble** lo (? en poble l) rei communïet 83 (*vgl.* murmuroient l'un a l'autre et disoient en puble *Froiss. Chr.* VIII, 300) convertent gent & **popu** (?) PAS487 *vgl.* pople *Cambr. Ps., Gorm., Durm.*, pueple *Guiot Bible, Bartsch Chr.*[4], pule *Aiol, Waces Brut, Auc. et Nic.* 16, 15, *Du C.-Henschel*

***por** *praep.* [**pro** EID I, 1 **porro** LE 64, 147, **pur** ALS (por *nur* 45c)] *für umwillen*: pro deo amur & pro christian poblo . . salvament EID I, 1 = que p. nos degnet preier EUL26 non't eskoltet ... ne p. or ned argent ne paramenz, por manatce regiel ne preiement 7, 8 e p. o fut presentede 11 p. o nos coist 20 p. os furet morte 18 = e p. els VALv17 e p. o si vos avient 27 p. que deus cel edre li donat 12 per Judeos p. quet il en cele duretie . : . permessient 36 = PAS *fehlt s.* per = fus li p. deu, nel fus p. lui LE107 p. deu nel volt il observer 136 quae tot ciel miel laisses p. deu 148 quae p. lui augrent granz afanz 4 meu evesquet nem les tener por te 94 ciest omne ... p. cui tels causa vin de ciel 208 senior p. cui sustinc tels passïons 240 p. ciel tiel duol rovas clergier 65 p. ciel tiel miel quae defors vid 144 p. ciels signes ... deu preedrent mult a conlauder 209 porr o n'exit, vol li preier 147 porr o que ventre nols en poth 64 p. cio que fud de bona fiet 53 p. quant il pot, tan fai de miel 135 sa gratïa p. tot ouïst 88 don deu servier p. bona fied 24 cum ill edrat p. mala fid 114 p. lo regnet lo sowrent toit 116, *s.* per = que cele imagine parlat p. Alexis ALS37c e que l'imagine deus fist p. lui parler 77c quar me herberges p. deu an t[a] maison 44b jol f[e]rai p. mun filz 31e jamais n'erc lede p. home ne p. feunme 91e p. cel saint cors 108c, 118b p. le ton cors 80d, 95b† tantes dolurs ad p. tei andurede[s] 80b e tantes feiz p. tei an luinz guardet 95c e tut p. lui unc[h]es nïent p. eil 49c alat an Alsis . . p. *(statt par des druckes)* une imagine 18b deus fist l'imagine p. süe amur parler 34c sim pais p. süe amor 44e p. tüe amur an soferai l'ahan 46e por amor deu e pur mun cher ami tut te durai 45c p. amur deu mercit 93a sit guardarai p. amur Alexis 31b p. amistet ne d'ami ne d'amïe 33c p. nul aver 19e p. ton cumand 46d p. felunïe nïent ne p. lastet 95e p. honurs 33d p. l'onor 77d p. oec (en) est oi [en] cest jurn oneure[z] 109b p. hoc vus di, d'un son filz voil parler 3e (*s.* nenpero) p. quei[t] portat ta medre? 27a, 89d p. quem fuïs 91c p. quem vedeies 88d* nen fait musgode p. sun cors engraisser 51d vait par les rües (n)altra p. altra . ., mais sun pedre i ancuntret 43c la peinture est p. leceun as genz *app.* 4 tuz l'escarnissent sil tenent p. bricun 54a = toz tens florist li leuz de ma beltez p. mon ami HOH33, 39, 45, 48 p. mei' amor 36, 50 lui(d) m'entveiad p. c"o qu'il ert plus saives 68 = unques p. els ne se volt desmentir p. nule chose que negun(t) li deït STEPH VIIab que ja p. mei ne perdent XIe p. amor De vos pri Ia p. la meie amite pardone a cet XIc p.

poi ne s'esragerent VIIIb p. ce[l] haierent a [t]utens li Juë IIe jotum ensenble p. deputer o lu[i] IIId *s.* empur, nenpero, per

pordud *s.* perdra; **porlier** *s.* parler

(*)**porpensent** *prs. i. 3 pl. überlegen*: entr'os p. cum le porrunt danner STEPH Ve **purpenset** *3 s.*: dunc se p. del secle anavant ALS8c *vgl. Cambr. Ps., Rol., Ben. Chr., Horn, Gach.* pourpenser, porpenser *Durm., Guiot Bible* 491, *etc.*

***porta** *subst. f. obl. s. thor*: davan la p. de la ciptat PAS266 *vgl. Rol., Guiot Bible, Auc. et Nic.* 2, 4; 8, 6

***porter** *inf. tragen*: et a sos sancz honor p. (:) LE2 tei cuvenist helme e brunie a p. (:) ALS83a le gunfanun l'emperedur p. (:) 83e alquant i vunt, aquant se funt p. (:) 112c **portet** *prs. i. 3 s.*: [tot] dreit a Rome les p. li orez 39e **portent** *3 pl.*: cantant en p. le cors saint Alexis 102b iloec an p. [saint] Alexis acertes 114c **portavent** *impf. 3 pl.*: molt cars p. unguemens PAS392 **portai** *prt. i. 1 s.*: mar te p. 88b pur quei[t] p. 89d* jat(e) p. en men ventre 91c **portat** *3 s.*: ki lui p., suëf le fist nurrir 7b la virgine ki p. salvetet, sainte Marie ki p. damne deu 18de purquei[t] p. ta medre 27a & sen peched si **portâ** lui PAS354 **portet** *part. prt.*: tut sun aver qu'od sei en ad p. (:) ALS19a *s.* aporter, report

porteüre *subst. f. obl. s. leibesfrucht*: or vei jo morte tute ma p. (:) ALS89b *vgl. Mätzn. afr. lied.* 39, 30, *Gach., Du C.-Henschel* portatura, *Enfants Haymon* 777 portée

***porz** *subst. m. obl. pl. hafen*: echel ten Gretia la region els p. de mar en aveyron ALR36 a[d] un des p. ki plus est pres de Rome ALS40a *vgl. Gorm.* 421, *Horn* 3245, *Trist.* II 72 *z.* 1534, *Auc. et Nic.* 28,10; 38, 14

pos *s.* post; **posc** *s.* podir

***poser** *inf. beisetzen*: pur cel saint cors qu'il i deivent p. (:) 118b **posent** *prs. i. 3 pl.*: & attement le p. a la terre 114d dunc lo **pausen** el monument PAS351 **pauset** *part. prt.*: deu monumen de so entrep. (:) SPO 28* *s.* repauser *vgl. Cambr. Ps., Bartsch Chr.*⁴, *etc.*

posmes *adj. f. obl. pl. schlimm*: jo atendeie de te bones noveles, mais or(e) les vei si dures e si p. (: ĕ..e) ALS96e *s.* peis *vgl. Cambr. Ps., Rol., Gorm.* 42, 250, *Aiol, Gilles de Chin* 2444, *Ben. Chr., Wace Brut, Mont S. Michel* 1550, *Mousket* 3597, *Froiss. Chr.*

***post** *praep. nach*: qued auuisset de nos Christs mercit p. la m. EUL 28 **p'**: vos ai deit .. que Jeens fez p. passion PAS446 **puis**: p. mun deces en fussez encore ALS81d un-c(hes) p. cel di nes(e) contint ledement 28e p. icel tens que deus nus vint salver, nostra anceisur ourent cristïentet 3a **postque** *conj. nachdem*: fui la luna, p. deus filz suspensus fure PAS312 **pos** *da*: pos ci non posc, lai vol ester LE96 **poyst** l'oume i[r]ayn[t] enfirmitas, toyl le sen otïositas ALR5 **pois** *adv. darauf*: p. (dunc†) li cumandet les renges de s'espethe ALS15b del quart ede p. i vint reis David HOH73, 85, 71 Saulus ot non ... p. fut apotres STEPH IXd fors de la vile ledement le giterent, p. le barun entr'os si lapiderent VIIIe esgarde el cel ... p. as Juës VIIe **poisses** laisarai l'en annar PAS232 o cors(p')¹) non jag anc a cel tempe 352 **puis**: p. converserent ansemble longament ALS5a p. ad escole li bons pedre le mist 7c p. vait li emfes l'emperethur servir 7e

pot, pout *s.* podir

poverins *subst. m. obl. pl. armer*: se lui'n remaint, sil rent as p. (:) ALS20e, 51c† *vgl. Mort Garin* 3175, 3671, *Reis* IV 24, 4; 25, 12

povérte *subst. f. obl. s. armut*: iloc deduit ledement sa p. (:) ALS 53b a tel dolur & a si grant p., filz, t'ies deduit par alienes terres 84a a grant p. deduit sun grant [barn]-

1) *Koschwitz druckt* cors' p, *der schreiber, der* cors *vorfand, wollte dafür offenbar* corpus *schreiben, hat aber* s *vor* p *zu tilgen vergessen.*

age 50e *vgl. Aiol* 2031, 2078, *Besant de Dieu* 1153, *Ben. Chr.*, *Wace Brut.*, 3568, *Parton.* 169, *Chans. hist.* I, 114, *Mätzn. afr. lied.* 5, 22; 41, 62, *Rich. lib.* 4291, *Mousket* 4978, *Bartsch* Chr.⁴, povreté *Froiss. Chr.*

***povre** *adj. f. obl. s. arm, armselig*: sil funt jeter devant la p. gent 106b quer n'en perneies en ta p. herberge 84d *m. n. pl.*: a lui repairent e li rice e li p. (:) 61b **povres** *obl. pl.*: dunet as p. 19d entra les p. se sist 20b as p. & as riches 108b [as plus p. le donet] 51e† *vgl. Cambr. Ps.*, *Horn*, *Durm.*, *Gach.* etc.

povrins *s.* poverins

***poyn** *subst. m. obl. s. faust*: lo p. el bras [*sc.* ab] avigurad ALB72 en sum puing tint l[a] cartre l[i] deu ser[s] ALS70c *vgl.* poinz *Rol.*, puing *Gorm.*, *Gach.*, *Guiot Bible* 1841, *Karls Reise* 3, 7, 263, *etc.*

poyst *s.* post

praisi *adv. hierher*: atendet lo, que ja venra p. (:) SPO28

***precius** *adj. m. obl. s. kostbar*: ki nus raëna[t] de sun sanc p. (:) ALS14b *vgl. Cambr. Ps.*, *Karls Reise*, *Mätzn. afr. lied.* 5, 36, *Bartsch Chr.*⁴ 401, 15

predethe *s.* depredethe

***predïat** *prt. i. 3 s. durch predigen unterweisen*: et sc. L. lis p. (: lucrat) LE213 **pretiet** *part. prt.*: Jonas, profeta, cel populum habuit p. VAL*v*°7 **preier** *inf.*: do[n]c pres L. a p. (:) LE185 *vgl.* preëchier *Cambr. Ps.*, *Karls Reise* 173, *Guiot Bible*, *Froiss. Chr.*

preiemen[t] [1]) *subst. m. obl. s. bitten*: per manatce regiel ne p. (:) EUL8

***preier** 1) *s.* predïat 2) *inf. bitten*: tuit oram, que por nos degnet p. (: ciel) qued auuisset de nos Christs mercit EUL26 vol li p. (:), quae tot ciel miel laisses por deu LE147 **preirets** *fut. 2 pl.*: acheder co que li p. VAL *v*°31 **pri** *prs. i. 1 s.*: & une penne, c"o pri tûe mercit ALS57b por amor de vos pri saignos baron: seet vos tuit STEPH Ia **prïet** *3 s.*: ainz p. deu, quet il le lur parduinst ALS54d damede prïe o ben cor docement STEPH Xd **preiam** *1 pl.*: nos te p. per ta mercet: gardes i met PAS359 **preiant** *3 pl.*: trestu[it] li p. (le prendent†), ki pourent avenir ALS102a e tuit li p., que d'els aiet mercit 102c, 120d si p. deu, que conseil lur an duins[t] 66d e tuit le (li†) prïent, que d(e)'els ai[e]t mercit 37e **preia** *prt. i. 3 s.*: cio li p., laissas lo toth LE106, 108 **prïerrent** *3* pl.: tant li p. par grant humilitet, que la muiler dunat fecunditet ALS6a **pre** *prs. c. 3 s.*: que il pre de, qu(i)' il ait de nos merci STEPH XIIe **preiuns** *imperat. 1 pl.*: si li p., que de tuz mals nos tolget ALS101e, 125b c"o **preiums** deu (c"o depreiums†) la sainte trinitet, qu'[od] deu ansemble poissum el ciel regner 110d **preium** li tuit . . ., que il pre de STEPH XIId **preiest** *2 pl.*: p. li, que .. nos liberat VAL*v*°31 e **preiat** las . . . de oleo fasen socors a vos SPO75 **preiar** = preiat [2]) *part. prt.*: Josepe Pilat mult a p., lo corps Jesu quel li dones PAS341 nostre saignor dere(e)chief a prïe (: e, ié) STEPH XIb *s.* depreient

premiers *s.* primers

***prendra** *inf. ergreifen, beginnen*: ALS71a **penre** LE150 **prindrai** *fut. 1 s.* EID I, 5 **prendrunt** *3 pl.* ALS41d **prent** *prs. i. 3 s.* 23a **prendent** *3 pl.* PAS37, 247 **prennent** ALS64b, 104a **prenent** 106a, 120c **perneies** *impf. i. 2 s.* 84d **pres** *prt. i. 3 s.* PAS6, 74, 106, 255, 260 LE55, 145, 182, 185 **prest** 132 **prist** 104 ALB39 ALS4d, 18bc, 26d, 79a, 88e (:) **presdrent** *3 pl.* PAS 154, 186 (: cubrirent), LE51, 210 **pristrent** ALS16e **pritrent** STEPH VIIIc **presdre** *plsqpf. i. 3 s.* (: Mariæ) PAS330 **presdra** LE86 **prenget** *prs. c. 3 s. (caes.)* ALS8d **pren** *imperat. 2 s.* (: ant, ent) STEPH Xe **prendet**

---

1) t *lässt sich noch erkennen*, *Koschwitz druckt* preiemen.

2) *Der umgekehrte Fehler* t *statt* r *begegnet* LE199: amet *st.* amer; *ähnlich* z *statt* r PAS107: condurmiz, LE145: revestiz *und ebenso s. B. Rol.* 1218: mesures *st.* mesurer

2 pl. PAS144 **preys** *part. prt. m. n. s.* (: eys) ALR59 **pres** *obl. s.* PAS172 = celui prendet cui basserai PAS144 de totas par[z] presdrent Jesum 154 penrel rovat LE150 il me prendrunt ALS41d lo barun pritrent STEPH VIIIc veder annovent pres Jesum PAS172 tal regart fay cum leu quiest preys ALR59 presdra sos meis, a luis tramist LE36 dunc prent li pedre de se[s] meilurs sergans ALS23a et prist moylier ALR89 dunc prist muiler ALS4d or volt, que prenget moyler 8d mon esperite pren STEPH Xe des que carn pres PAS6 de cui Jesus vera carn presdre 330 la pristrent terre, o ALS16e & el medeps si pres sa crus PAS255 corona prendent de-l(a)s espines 247 alquant dels palmes prendent ram[e] 37 il la (sc. cartre) volt prendra, cil ne l'i volt guerpir ALS71a de lur tresors prenent l'or e l'argent 106a e, d'icel bien, qui ... quer [n]'am perneies? 84d prenent conget al cors 120c = et ab Ludher nul plaid nunquam prindrai EID I, 5 un compte i oth, pres en l'estrit LE55 que grant pres pavors als Judeus PAS 74 c'oest grant merveille, que pietet ne t'en prist ALS88e il lo presdrent tuit a conseil LE61 = tan dulcement pres a parler PAS106 ab les femnes pres a parler 260 a coleiar fellon lo presdrent 186 Ewruï prist a castïer LE104 lo regne prest a devastar 132 deu presdrent mult a conlauder 210 do[n]c pres L. a preïer 185 dans Alexis la prist ad apeler ALS13b alquans l'i prennent forment a blastenger 64b la mortel vithe li prist mult a blasmer 13c la bone medre s'em prist a dementer 26d entr'els an prennent cil seinor a parler 104a a halte vois prist li pedra a crïer 79a sos clerjes pres [a] revesti[r] LE145 si cum desans deu pres laudier 182 *s.* aprendre, mespres

***pres** 1) *s.* prendra 2) *adv. nahe*: p. est de deu e des regnes del ciel ALS36d a[d] un des porz ki plus est p. de Rome 40a *s.* apres, enpres *vgl. Rol., Gorm.* 181, *Auc. et Nic.* 16, 28, *etc.*

presdra, presdrent *s.* prendra

***presen** *adv. gegenwärtig*: aisset p. que vos comandarum SPO12 *vgl. Rol., Bartsch Chr.*[4], *etc.*

***presente** *prs. i. 3 s. darbieten, vorführen*: e(y) lay o vey franc cavalleyr, son corps p. volunteyr ALR 77 **presentet** *part. prt. m. n. s.*: quels dols m'est (a)presentet ! (:) ALS79b **presentede** *f. n. s.*: e por o fut p. Maximïen EUL11 *vgl. Rol., Mätzn. afr. lied., Bartsch Chr.*[4] 57, 44; 83, 1

***presse** *subst. f. n. s. gedränge*: grant est la p. 115c, 104b en sus s'en traient, si alascet la p. (:) 116e *obl. s.*: vunt en avant, si derumpent la p. [:] 113e s'il nus funt p., [dunc] an ermes delivre(s) 105e *s.* apresset *vgl. Rol., Gorm.* 227, *Guiot Bible, Durm.* 7075, *Auc. et Nic.* 10, 11, 29, *Froiss. Chr., Poés.*, priesse *Gach.*

***preste** *adj. f. n. s. bereit*: la nef est p. ALS16b **prest'** est la glorie 59e *s.* aprester *vgl. Rol., Karls Reise, Adam* 26, *Trist.* I 71 *s.* 1406, 1422, *Froiss. Chr.*

pri *subst. m. obl. s. bitte*: alques par p. e le plus par podeste ALS113d il me prendrunt par p. ou par poëste 41d *vgl. Bartsch Chr.*[4] 56, 19

***primers** *adj. m. n. s. erste*: e(t)qui era li om p. (: pecchiad) PAS377 dans Abraham en fud **premiers** message(t) HOH67 **primier** *obl. s.*: dit Salomon al p. pas ALR1 mels vay & cort de l'an primeyr (:) 74 **primera** *f. n. s.*: p. l vit sancta Marïe PAS419

primes *adv. zuerst*: p. didrai vos dels honors LE7 *vgl. Karls Reise, Horn, Aiol, Adam* 24, 34, *Wace Brut* 349, *Ben. Chr., Mont S. Michel, Durm.* 11332, *Guiot Bible* 746, *Froiss Chr., Du C.-Henschel*

***pris** *subst. m. obl. s. fahrgeld*: dunet sum p. & ens est aloët ALS16c *vgl. Guiot Bible, Mätzn. afr. lied., Bartsch Chr.*[4]

prist, pristrent *s.* prendra

prob *adv. nahe*: & regnum deu fortment es p. (:) PAS506 *s.* aproismer *vgl. Cambr. Ps.* 72, 2; 118, 151, *Gorm.* 229, 318, *Ben. Chr., Mont S. Mich., Bartsch Chr.*[4] 89, 6, *Horn* 2062, *Trist.* II 26 *s.* 550

prodeltaz *subst. f. obl. pl. tapfere thaten*: de fayr estorn & p. (:) ALR87
***promet** *prs. i. 1 s. versprechen*: eu t'o p. PAS299 **promest** *prt. i. 3 s.*: pois li p. adenavant LE192 **prometrent** *3 pl.*: trenta deners dunc lien p. (: tradisse) PAS85 *vgl. Cambr. Ps.* 65, 12, *Durm.*, *Guiot Bible*, *Mätzn. afr. lied.*, *Froiss. Chr*, prametent *Rol.*
***prophete** *subst. m. voc. s. prophet*: di nos, p., chi t'o fedre! PAS188 **prophetes** *n. pl.*: si cum p. anz mulz dis canted aveien de Jesu Crist 27 *vgl. Rol.* 2255, *Adam* 71, *Mouskei* 22579
proud *subst. m. obl. s. nutzen*: p. ne la fist HOH56 **prut**: creãnce dunt or(e) n'i at nul p. (:) ALS1c *vgl. Trist.* II 150 *s.* 32, *Adam* 12, 19, 45, prod *Rol.*, pru *Ben. Chr.*, prou *Wace Brut*, pro *Bartsch Chr.*[4] preu *Horn*, *Aiol*, *Froiss. Poës.*, *Gach.*
provenders *subst. m. n. s. almosenempfänger*: sire, dist il, morz est tes p. (:) ALS68d d'icez sons sers qui il est p. (almosniers†) (:) 25c *vgl.* Deus t'a fait ci sun provender *Adam* 17, *Mousket* 2026, *Du C.-Henschel* proventarius
***prudent** *adj. m. n. pl. klug*: rey furent sapi & p. (:) ALR21
pucele *s.* pulcella
***pudenz** *part. prs. m. n. s. stinkend*: chi quatre dis en moniment jagud aveie toz p. PAS32 *vgl. Auc. et Nic.* 24, 41, *Guiot Bible*, *Ben. Chr.* puïr
pugnar *inf. kämpfen*: contra nos eps p. devem PAS502
pugnes *subst. f. obl. pl. kampf*: nos cestes p. non avem PAS501
puing *s.* poyng; **puis** *s.* podir, post
***pulcella** *subst. f. n. s. mädchen*: buona p. fut Eulalia EUL1 **pulcela**: fud la p. (nethe) de [mult] halt parentet ALS9a, 99a, 100b, 121b **pulcele**: vint la p. que il out espusede 94b e la p. quet li ert espusede 48b *voc.*: os mei p.! 14a **pulcela** *obl. s.*: cum v(e)it le lit, esguardat la p. (:) 12a, 122c **pucele**: il enveiad sun angre(t) a la p. (:) HOH91 **pulcelle(t)** *n.*: une p. odi(t) molt gent plorer 4 **pucelle(t)** *voc.*: gentils p., molt t'ai odit plorer 7 **pulcelez** *voc. pl.*: beles p. filles Jerusalem 49 *vgl. Cambr. Ps.* 67, 25, *Gorm* 244, *Karls Reise*, *Aiol*, *Wace Brut.* 1567, *Durm.* 223, 6112, *Guiot Bible*, *etc.*
***pura** *adj. f. obl. s. rein*: quel lor disseta per p. fied PAS179 **purement** *adv.*: les quels vivent p. sulunc castethet ALS *einl.* II *vgl. Guiot* 1023, 2300, *Trouv. belg.* I 318, *Mätzn. afr. lied.* 39, 1, *Durm.*
***purirat** *fut. 3 s. verwesen*: c''o peiset mai, que (si) p. [en] terre ALS 96b *vgl. Guiot Bible* 2344, *Mätzn. afr. lied.* 39, 32
***purpure** *subst. obl. s. purpur*: de p. donc lo vestirent PAS245 *vgl. Ben. Chr.* pourpre
partenir *inf. erlangen*: sens dutance pöeies . p. les c''oses que tu attendeies *sine dubio et ea que intendebas . obtinere* .. *poteras* ALS *app.* 10

Q.

Qu' *s.* que, qui
quaisses *adv. gleichsam*: que q. morz a terra vengren PAS399 **quasi** cent livras a donad 348
qualitas *subst. f. obl. s. beschaffenheit*: janget lo cels sas q. (:) ALR52
***quals** *pron. rel. f. obl. pl. wie beschaffen*: signes faran ... q. el abans faire sollse PAS458 **qual** *obl. s.*: ciel Ewruins q. horal vid LE149, 205 et prist moylier ... q. pot sub cel genzor jausir ALR40 = *interrog. m. obl. s.*: q. agre dol, nol sab om viva PAS332 **quels** *m. n. s.*: q. dols m'est (a)presentet! ALS79b q. hom esteit 48e **quels** *f. n. s.*: aprendre q. c''ose seit ad aürier *app.* 1 **quel** *f. obl. s.*: a q. dolur deduit as ta juventa 91b ne de quel terre il eret 48e **quels** *m. obl. pl.*: e c''o lur dist de q. parenz il eret 76d = **quel** part que alget, iluoc est ma corone(t) HOH80 = sum filz ., **delquel** nus avum oït lire ALS *einl.* 8 **la quele** c''ose tu qui ... deüses antendra *app.* 5 ampur la quele c''ose maismement la peinture est pur leceun as genz *app.* 4 a cascun memorie

spiritel lesquels vivent purement sulunc castethet *einl.* 10

quandius *conj. so lange als*: q. visquet ciel reis Lothier, bien honores fud sancz Lethgiers LE49 q. al suo consiel edrat, incontra deu ben si garda 69 q. in ciel monstier instud, ciol demonstrat, amix li fust 111

quanque *rel. wieviel immer*: tut te durai, q. m'as quis ALS45d tut li amanvet, q. bosuinz li ert 47c

quunque (?): tot acomplit, q. vos dis PAS406 *vgl. Rol., Karls Reise, Aiol, Horn, Ben. Troie, Mont S. Michel, Guiot Bible, Mätzn. afr. lied., Auc. et Nic., Mousket* 201, *Froiss. Chr., Bartsch Chr.*[4], *Gach.*

***quant** 1) *rel. wieviel*: de q. il querent le forsfait ... non fud troves PAS173 in quant deus savir & podir me dunat EID I, 1 por q. il pot, tant fai de miel LE135 2) *conj. als*: q. ciel' irae tels esdevent, paschas furent in epsa cel di LE79 q. infans fud donc a ciels temps, al rei lo duistrent soi parent 13 qua[nt] (?) el enfern dunc asalit, fort Satanan alo venquet PAS373 dit Salomon al primier pas, q. de son libre mot lo clas ALR2 reys Alexander q. fud naz, per granz ensignes fud mostraz 46 q. veit li pedre, que ..., dunc se purpenset ALS8a q. vint al[jurn], dunc le funt gentement 10b q. li jurs passet & (il) fut [tuz] anuitet, co dist li pedres 11a q. an la cambra furent tut sul remes, danz Alexis la prist ad apeler 13a q. sa raisun li ad tute mustrethe, pois (dunc†) li cumandet 15a q. sun aver lur ad tot departit, entra les povres se sist danz Alexis 20a q. il co sourent, qued ..., co fut granz dols, quet 21c q. n'ai tun fils, ansembl'ot tei voil estra 30e q. tut sun quor en ad si afermet, que ..., deus fist l'imagine 34a q. il c°o veit, qu' ... certes, dist il, 38a q. v[e]it sun regne, duremeut s'en redutet 40c q. ot li pedre le clamor de sun filz, plurent si oil 45a q. ot li pedre co que dit ad la cartre, ad ambes mains derump(e)t sa blance barbe 78a q. jo[t] vid (fustes†) ned, si'n fui lede 92c Cil dui seniur, ki ..., quant il i veient les vertus si apertes, il le receivent 113b n'i vint amferm ..., quant il l'apelet, sempres n(en)'ai[e]t sanctet 112b recut l'almosne, q. deus la li tramist 20c quant li solleis converset en Leõn, en icel tens ... une pulcelle(t) odi(t) HOH1 q. ce oïrent, ensenble s'e[s]crïer[en]t STEPH VIIIa q. volt fenir, se s'est ajonelet XIa

***quar** *partikel denn*: q. eu te fiz PAS67 q. sua fin veder voldrat 168 q. el forsfait non f(e)ist neũl 176 q. il lo fel mesclen ab vin 279 q. el zo dis 361 q. anc non fo nul[z] om carnals 381 q. finimunz non es mult lon 505 quar (= qui?) donc fud miels et a lui vint, il voluntiers semper reciut LE129 jamais ledece n'aurai, q. ne pot estra ALS99b q. par cestui aurum boen' adjutorie 101d lei ad laisiet, quar n'ert de bel servise(t) HOH53 q[a]r il ad deu bien servit ALS35b car co videbant VAL v°18 kar: k. ico que la scripture aprestet as lisanz, ico ALS *app.* 2 k. an icele veient les ignorans 3 = quer: q. feit i ert ALS1b q. ne sevent que funt 54e q. iloec est 63e q. tuit en unt lor voiz si atempredes 119c q. or est s'aname de glorie replenithe 123c q. c°o veduns, que 124b [q.] par [cest]ui aurum [nos] bone ajude 107e q. lui ne plastz HOH42 = que: atendet lo q. ja venra praici SPO29 faites o tost, q; ja venra l'espos 77 que reys est forz en terra naz ALR53 qui: plores assaz, q. obs vos es PAS 264 super li pies ne pod ester, q. toz los at il condemnets LE166 vedez mo las, qu' i fui plagas PAS436 qu' anz fud de ling d'anperatour ALR31 = quer *interrog.*: e, de ta medra, [n'] aveies mercit? ALS88c e d'icel bien ..., q. n'am perneies? 84d = *optativ*: e, deus, dist il, q. ousse un sergant ki ..., jo l'en fereie franc! 46a quar: filz, q. te(n) vas colcer! 11b q. me herberges pur deu! 44b

***quaranta** *zahlwort vierzig*: a sos fidel[s] q. dis PAS449

(*)**quarz** *zahlwort m. n. s. vierter*: lo q. uns fel nom a Vadart LE227 li

q. lo duyet corda toccar ALR100
quart' *obl. s.*: del q. ede HOH73, 84
quasi *s.* quaisses
*quatre *zahlwort*, *vier*: chi q. dis en moniment jagud aveie PAS31 trente q. anz ad si sun cors penet ALS56a quatr' omnes i tramist armes LE221 emfes de quatre meys ALR57
*que 1) *s.* quar, qui 2) *conj.* *dass*: [quae LE6, 122, 148 q; 18, 64 HOH64 qe 1 PAS179, 342 LE188, 218 ALR28 ALS88a qe l VALv°32 quid il EID I, 5 qued elle EUL14 qued auuisset 27 qued il ALS21c, 40d, 56d quet il VAL v°25 ALS13e, 54d, 78d ques t'asaldran PAS58 qu[ed]'elle EUL6 qu'il LE23, 196 ALS63e, 78e, 88a* HOH52, 68 STEPH XIIe† q; entre PAS439 que aia 488 que il STEPH XIIe] in o quid il mi altresi fazet EID I, 5 = il li enortet, qued elle fuiet lo nom christiien EUL14 tuit oram, que por nos degnet preier, qued auuisset de nos Christs mercit 26-7 elle no'nt eskoltet les mals conselliers, qu'elle deo raneiet (deo qued elle raneit†, *s.* raneiet *anm.*) chi maent sus en ciel 6 = cum co vidit, quet il se erent convers de via VALv°25 poscite li, que cest fructum que mostret nos habet, qel nos conservet 32 = cum co audid tota la gent, que Jesus ve lo reis podenz PAS84 quar el so dis, que resurdra 361 a toz diran, que revisquet 364 ja dicen tuit, que vivs era 430 Alo sanc Pedre perchoinded, que cela noit lui neiara 114 venrant li an, venrant li di, ques t'asaldran 58 il li non credent, que aia carn 488 zo pensent il, que entre el[z] le spiritus aparegues 489 Josepe Pilat mult a preia[t], lo corps Jesu quel li dones 342 si[l] conjuret per ipsum deu, quel lor dissets 179 per cio laissed deus se neier, que de nos aiet pieted 200 Pilaz sas mans dunques laved, que de sa mort posches neger 288 fraind[r]e devem no[z] voluntaz, que part aiam ab (nos) deu fidels 504 trenta deners dunc lien promesdrent, son bon sennior que lo tradisse 86 si fort sudor dunques suded, que cum lo sa[n]gs a terra curren de sa sudor las sanctas gutas 127 de sa raison si l'esfred[ed], que lo deu fil li fai neier 192 per sôa mort si l'a vencut, que contra omne non [a] vertud 376 si s'espauriren de pavor, que quaisses morz a terra vengren 399 los sos talant ta fort monstred, que grant pres pavors als Judeus 74 ans que la noit lo jalz cantes, terce ves Petre lo neiez 193 ans petis dis que cho fus fait, Jesus lo Laçer suscitet 29 des que carn pres, in terra fu 6 en pas quel vidren les custodes, si s'espauriren 397 fui lo soleiz & fui la luna, post que deus filz suspensus fure 312 *s.* quanque = cio fud lonxdis, que non cadit LE231 et or es temps et si est biens, quae nos cantumps de sant Lethgier 6 et sc. L. den fistdra bien, quae s'en ralat en s'evesquet 122 et Ewruïns ott en gran dol porr o que ventre nols en poth 64 cio controverent baron franc, por cio que fud de bona fiet, de Chielperig feïssent rei 58 cio confortent ad ambes duos, que s'ent ralgent in lor honors 120 ciol demonstrat, que si paias 110 cio li mandat, que revenist 87 vol li preier, quae tot ciel miel laisses por deu 148 rovat, que litteras apresist 18 quatr' omnes i tramist armez, que lui alessunt decoller 222 ab u magistre semprel mist, qu'il lo doist bien de ciel savier 23 credre(n) nel pot, antro quel vid 188, 218 miel li fesist, dontre qu'el viv 196 o que *s.* o = dicunt alquant …, quel reys fud filz d'encantatour ALR28 solas nos fas' antiquitas, que tot non sïe vanitas 8 = co[e]st sa merci, qu'il nus consent l'onor ALS73c c"oest grant merveile, que pietet ne t'en prist 88e c"oest granz merveile, que li mens quors tant duret 89e c"o peiset mei, que ma fins tant demoret 92e c"o peiset mai, que (si) purirat [en] terre 96b melz me venist, amis, que morte fusse 97e c"o lur est vis, que tengent deu medisme 108d e c"o m'est vis, que c"o est l'ume (seit li hom†) deu 69c mais lui e[r]t tart, quet il s'en seit turnet (fust alez†) 13e e c"o sai dire, qu'il fut bons cristïens 68e quant il co sourent, qued il fu[iz s'en eret] 21c e deus le set, que tute

sui dolente 91d or set il bien, qued il s'en deit aler 56d quer c"o veduns, que tuit [a]umes desves 124b quant il c"o veit, qu'il (quel†) volent onurer 38a quant veit li pedre, que mais n'aurat amfant 8a nuncent al pedre, que nel pourent truver 26b icil respondent, que neül[z] d'els nel set 65e ne[m] conuistrunt, tans jurz ad, que ne[m] virent 42e est vus l'esample ..., que cele imagine parlat 37c e ampur ic"o, que l'ancienetiet ... cumandat ..., pöeies . purtenir les c"oses *app.* 9 e c"o lur dist, cum s'en fuït par mer e cum ... e que [cum†?] l'imagine deus fist pur lui parler 77c il ne[m] taldrat, s'il veit, que jo lui serve 99e e c"o duinst deus, qu'or en puisum g[u]arir 74e c"o preium deu .., qu'[od] deu ansemble poissum el ciel regner 110e co li deprïent la süe pïetet, que lur ansein(e)t ol poissent recovrer 63b e tuit li preient, que d'els aiet mercit 102c, 37e, 120d si li preiuns, que de tuz mals nos tolget 101e, 125b ainz prïet deu, quet il le lur parduinst 54d si preient deu que conseil lur an duins[t] 66d depreient deu, que conseil lur an duins[t] 62d si [li] depreient, que la citet ne fundet 60c c"o ne volt il, que sa mere le sacet 50d or volt, que prenget moyler a sun vivant 8d jo atendi, quet a mei repairasses, par deu merci, que tu[m] reconfortasses 78de s'or ne m'en fui, mult criem, que ne t'em perde 12e durement se(n) redutet de ses parens, qued il nel recunuissent 40d ne guardent l'ure, que terre nes anglutet [asorbe†) 61e en l'altra voiz lur dist altra summunse, que l'ume deu quergent ki est an Rome 60b ja tute gent nem(en) soüssent turner, qu'[od] tei ansemble n'oüsse converset 98d or sui si graime, que ne puis estra plus 22e si la despeiret, que n'i remest nïent 28b quant tut sun quor en ad si [aturnet], que ja sum voil n'istrat de la citied 34b quer tuit en unt lor voiz si atemprodes, que tuit le plainsdrent 119d tant li prierrent ..., que la muiler dunat fecunditet 6b tant aprist letres, que bien en fut guarnit 7d ne puis tant faire, que mes quors s'en sazit 93c tant i plurat e le pedra e .... que tuz s'en alasserent 100b tut le depart par Alais la citet larges almosnes, que gens ne l'en remest (t. le d., nïent ne li'n remest, l. a. par A. la c. †) dunet as povres 19c la quele c"ose ... deüses antendra, que tu n'angendrasses scandale *app.* 6 pöeies . purtenir les c"oses ... e nïent deperdra la cuileita folc mais maïs[me]ment asemblier, que le nïent fraint num de pastur excellist e nïent anjoüst la culpa del deperdethur 11 ainz quet(ei) [oü]sse, [si'n] fui mult desirruse, ainz que ned fusses, si'n fui mult angussuse 92ab que tu n'angendrasses scandale ..., dementiers que tu esbraseras *app.* 6 ou que *s.* o = il dist de mei, que jo ere(t) molt belle(t) HOH22 chi"nc milie anz at(z), qu'il aveid un' amïe(t) 52 lui(d) m'entveiad por c"o, qu'il ert plus saives 68 il est de tel parage(t), que neüls on n'en seit conter lignage(t) 14 quel part q; alget, iluoc est ma corune(t) 80 ainz que nuls om soüst de nostre amor, li mienss amis me fist molt grant ennor 64 = mes ce trovum, que as piet d'un enfant mistrent lor dras STEPH IXa preium li tuit ... que il pre de qu(i) il ait de nos merci XIIe pardone a cet qui ..., que ja por mei ne perdent t'amiste XIe *s.* quanque 3) *comparativisch*, *als*: mels sostendreiet les empedementz, qu'elle perdesse sa virginitet EUL17 = melz ti fura, non fusses naz, que me tradas per cobetad PAS152 **masque, maisque** *s.* mais = mays ab virtud de dïes treys, que altre emfes de quatro meys ALE57 mels vay & cort de l'an primeyr, que altre emfes del soyientreyr (:) 75 = plus aimet deu, que [tres]tut sun linage ALS50e plus vos amai, que nule creäture 97c que plus ad cher, que tut aveir terrestre 12c nel cunuisseie plus qu(e)' unches nel vedisse 87e si fait ma medra, plus q; femme qui vivet 42b = blans est & roges, plus que jo nel sai dire(t) HOH19 il est plus genez, que solleiz enn ested 16

quels *s.* quals

querre *inf. suchen*: par multes terres fait q. sun amfan[t] ALS23b ne sai le leu ... u t'alge q. 27d **quert** *prs. i. 3 s.*: cil vait, sil q., mais il nel set coisir 35d, 37a **quer-r(e)uns** *1 pl.*: mercit seniurs nus an q. mecine 105b **querem**: Jesum q. Nazarenum PAS136 major forsfait que i q. (: avem)? 183 **queret** *2 pl.*: de nostr'oli q. nos a doner SPO66 cosel q., nou vos poëm doner 72 **querent** *3 pl.*: de quant il q. le fors-fait PAS173 so lor demande[t], que querent (= querez: Judeus) 134 **quergent** *prs. c. 3 pl.*: que l' ume deu q. ki [gist] an Rome ALS60b **quar** *imperat. 2 s.*: q. mei, bel frere, & enca e parcamin ALS57a **quereis** *2 pl.*: an la maisun Eufemïen q. 63d **queret** lo deu chi vos pot coseler SPO73 **quis** *part. prt.*: tut te durai, boens hom, quanque m'as q. (:) ALS 45d ore ai trovet c"o que tant avums q. (:) 71c jo l'ai molt q., encor nel pois trover(t) HOH40 *s.* cunquesist, en-quert, requeret *vgl. Cambr. Ps., Rol., Karls Reise, Horn, Ben. Chr., Wace Brut, Mont S. Michel, Mousket, Adam* 17, 19, 70, 72, 81, *Mätzn. afr. lied., Guiot Bible, Durm., Froiss. Chr., Bartsch Chr.*[4], *Gach.*

queu *s.* chieef

°**qui** 1) *s.* quar, ci, ici 2) *relat. n. s. pl. welcher* = *m. s.*: nul plaid ... q. meon vol ... in damno sit EID I, 6 eu soi Jesus q. passus soi PAS434 Christus Jesus q. deus es vers 369 Ch. J. q. man en sus 509 q. semper fu & semper es 370 q. venra 471 usque vengues q. sens pecat per toz solses comuna lei 383 encontral rei q. fez lo cel 39 respon li bons q. non mentit 297 hanc non fud hom q. ma(g)is l'audis 88 *f. s.*: q. in templum dei cortine pend, jusche la terra per mei fend 327 *m. pl.*: los toe enfans q. in te sunt 61 q. lui credran, cil erent salv, q. nol cretran, seran damnat 455-6 *m. s.*: por te qui sempre[m] vols aver LE94 al rei ... q. donc regnevet 15 dist Ewruïns q. tan fud miels 160 Ja fud tels om .. qui l' encusat ab Chielpering 74 ne fud nuls om del son juvent q. mieldre fust 32 ciel ne fud nes de medre vivs q. tal exercite vidist 138 q. fai lo bien, laudaz enn er 38 rendel qui lui lo comandat 26 Alexander .. q. fud de Grecïa natis ALS18 fils fud Amint ... quial rey Xersem ab tal tenson 38 Alexandre ... qui-(h)anc no degnet d'estor fugir 42 tal regart fay cum leu quiest preys 59 *pl.*: magestres ab ... quil duystrunt beyn 84 *m. s.*: la quele c"ose tu qui habites entra les gens deüses antendra ALS *app.* 5 bels reis q. tut guvernes 41a coest cil q. tres l'us set 36c *f. s.*: plus q. femme q. vivet 42b a la spuse [q. sole fut remese] 21b *m. s.*: il a deäble q. parole en lui STEPH IIIc saint Estevre ... q. a ce jor recut sa pasïun Ie *pl.*: preium li tuit nos q. summes ici XIId cil q. le segueient IXb tot cels q. creïvent en de IIb pardone a cet q. ci m'unt lapïe XId *s. unten* cui = **ki** *m. s.*: as me .. kil guard ALS46d ki nus raëns[t] 14b deu servirei le rei ki tot guvernet 99d li boens sergans kil serveit volentiers 68a al servitor ki serveit al alter 34d quer oüsse un sergant kil me guard[as]t 46b que l'ume deu quergent ki est (gist†) en Rome 60b suz ciel n'at home kis p[eüst confor-ter] 118e amfant nus done ki seit a tun talent 5e li poples ki tant l'at desirret 104d le pople ki ert desconseilet 64d mult fust il dur[s] ki n'estoüst plurer 86e lui le consent ki de Rome esteit pape 75c cume cil ki(l) nel set 65a un en i out ki sempres vint avant 46c nul(s) nen i at ki'n alget malendus 111d cel nenn i at ki'n report sa dolur 111e plus tost i vint ki plus tost i pout curre 103b ki vint plurant, cantant l'en fait raler 112e ki fait (ad) pechet, bien s'en pot recorder 110a grans est li dols ki sor mai est vertiz 93d e d'icel bien ki [li] toen[e] doüst estra 84c *f. s.*: sainta Marie ki portat damne deu 18e la virg(i)ne ki portat salvetet 18d ta lasse medre ... ki si'st dolente 90e ki lui portat suëf le fist nurrir 7b la main (? gent†) menude ki l'almosne desiret 105d de la vïande ki del herbere lui vint 51a vint une vois ki lur ad anditet 63c une vois .. ki ses fedeilz li ad tus amvlet 59d cose qu'il unt oït ki mult les desconfortet 61d *pl.*: li serf sum pedre ki la maisnede servent 53c cil dui seniur ki l'empirie guvernent 113a cil an respondent ki l'empirie bailissent 105a com felix cels ki par feit l'enorerent 100e n'estot somondre icels ki l'unt oït 102d trestuz li preient ki pourent avenir 102a coms fut de Rome des melz ki dunc i ere[n]t 4b ki l'un[t] oïd, remainent en grant dute 60e *f. pl.*: la gent ki ens fregundent 60d la gent de Rome ki tant l'unt desirret 115a icels ki letres ne sevent *app.* 3 ne pur honurs ki l[i]'n fussent tramise[s] 33d = chi *m. s.*: deo raneiet chi maent sus en ciel EUL 6 Maximïen chi rex eret 12 *pl.*: nos liberat chi tanta mala habeamus fait VAL*v*°31 chi sil feent cum faire lo deent 27 *s.*: lo Laçer suscitet chi quatre dis en moniment jagud aveie PAS31 chi epe lo[s] mors fai se reviv(e)re 35 chi per hun(u)a confessïon vide perdones 303 chi(e)n epsa mort semper fu pius 298 vns del[s] felluns chi sta iki 317 li dols chi traverset per lo son cor 338 *f. s.*: sõe chamise chi sens custurae fo faitice 268 chi cel non sab, tal non audid 110 sil toca res chi micha[l] peys ALE58 *m. s.*: un rey .. chi per batalle ... rey fesist mat 13 queret lo deu chi vos pot coseler SPO73 bien poet liez estra, chi si est aluës ALS 109e chi dunt li vit .. dol demener 86a chi chi se doilet 101c* sun angre(t) .. chi la salũet HOH92 nuls om ne vit aromati[z]ement chi tant biem oillet 29 *f. s.*: sams la torterele(t) chi amat c''a(a)steũd 38 *m. pl.*: cil chi guardent le m[u]r(t) 47 *f. pl.*: les escalgaites chi guardent la cites 43 = que *m. s.*: Pilas que ans l'en vol laisar PAS221 *f. s.*: de gran pavor que sobl'el[z] vengre 400 *f. pl.*: [n]o's neient ci per que creme[s] que Jesum Christ(is) ben requeret 404 *m. s.*: Ewruïns .. que lui a grand torment occist LE12 lai s'aproismat que lui firid 232 *neutr. s.*: io''o que nient ne parmaint

alquist ALS *app.* 7 = quae *m. s.*: et Ewruïns den fiedra miel quae dono deveng anatemaz LE124 *pl.*: del[s] sanz quae por lui augrent grans äänz LE4 = quet *f. s.*: e la pucele q. li ert espusede ALS48b = qu'? *neutr. s.*: ne soth nuls om qu'es (? que's) devengu(n)z LE156 *m. s.*: en icel tans qu'est (qui'st†) ortus Piladon HOH2 *f. s.*: & de la terre qu'est (qui'st†) en me Celicïe STEPH IVc = *obl. s. pl.* = que *m. s.*: sagrament q. son fradre . jurat EID II, 1 et a cel di q. dizen pasches PAS89 sacrament ... q. faire rova a trestot 96 [n]'os neient ci per q. creme[z] 403 *neutr. s.*: alques vos ai d(e)it de raison q. Jesus fes pus passïon 446 per tot obred q. verus deus 7 *m. pl.*: los soe affanz .... per que cest mund tot a salvad 4 *m. s.*: et hunc tam bien que il en fist, de Hostedun evesque en fist LE47 *m. pl.*: ditrai vos dels äänz q. li suos corps susting si granz 10 et dels fiaiels q. grand sustint 236 por ciels signes q. vidrent tels 209 *m. s.*: aisel espos q. vos hor' atendet SPO15 *pl.*: deus merchaäns q. lai veët ester 68 *neutr. s.*: oiet virgines aiso q. vos dirum 11 aiseet presen q. vos comandarum 12 *m. s.*: de sun seinor celeste q. plus ad cher ALS12c por cest saint cors q. deus nus ad donet 104c puis icel tens que deus nus vint salver 8a *f. s.*: avoc ma spuse q. jo lur ai guerpide 42c *pl.*: les c''oses q. tu attendeies *app.* 10 *neutr. s.*: ore ai trovet c''o q. tant avums quis 71c co q. dit ad la cartre 78a c''o ad ques volt 123d kar ico que la scripture aprestet as lisanz, ico ... *app.* 2 quer ne sevent q. funt 54e *f. s.*: por nule chose q. negun(t) li delt STEPH VIIb = quae *m. s.*: fud trist por ciel tiel miel q. defors vid LE144 fruit spiritïel q. deus li avret perdonat 216 = *vor voc. im hiat.* = quae *f. s.*: hanc la lingua q. aut in queu LE158 *pl.*: las poenas grans q. il en fiedra li tirans 152 dels honors q. il awret ab duos seniors 8 *m. pl.*: los marchedant q. in trobed PAS71 = que *m. s.*: estrais lo fer q. al laç eg 158 en u mont ... que Holivet numnat vos ai 466 *neutr. s.*: per tot sostcg q. hom carnals 8 *m. s.*: son queu q. il a coronat LE125 *pl.*: de lor pechietz q. aurent faiz 225 *s.*: saint cors que avum am bailide ALS 107d cel sul q. il par amat tant 8b *f. s.*: la pulcele q. il out espusede 94b = **qued**: une imagine .. q. angele(s) firent 18c & a la spuse qued il out espusethe 21b* prest est la glorie q. il li volt duner 59e d'icele gemme q. iloc unt truvede 76e an la sameine q. il s'en dut aler 59a = **quet** *m. s.*: co fut granz dols q. il unt demenet 21d Sainz Boneface que[t] (l)um martir apelet 114a *neutr. s.*: Eufemïen[s] volt saveir q. espelt 70e q. il deivent siúre *app.* 8 = **qu'**: *m. s.* lui qu(e) ajude, nuls vencera PAS497 *pl.*: e dels feluns qu'eu vos dis anz 277 contrals afanz qu(e)' an a pader 111 celz pecaz qu'e[n] nos vetdest 308 *s.*: cil biens qu'el fist, cil li pesat LE219 a sun seinor qu'il aveit tant servit ALS67d pur cel saint cors qu'il unt en lur bailïe 108c pur cel saint cors qu'il i deivent poser 118b tut sun aver qu'od sei en ad portet 19a *f. s.*: de la dolur qu'en demenat li pedra 85a cose qu'il unt oït 61d *neutr. s.*: c̃o nus dirrat qu'enz trov[e]rat escrit 74d *m. s.*: s'erme recut Jeu[s] qu(e) il a servi STEPH XIIb = **cui** *acc. m.*: neüls c. eo returnar int pois EID II,3 celui prendet c. basserai PAS144 a. c. Jesus furet menez 170 de c. Jesus vera carn presdre 330 de c. sep dïables fors medre 420 por c. tels causa vin de ciel LE208 p. c. sustinc tels passïons 240 ne sai c. antercier ALS36b par c. misire(t) mei ma[n]dat(z) HOH89 **qui**: David q. deus par amat tant ALS2b d'icel saint hume p. q. il guarirunt 62e, 66e = **cui** *dat.*: Judes . c. una sopa enflet lo cor PAS100 c. desabanz voliet mel 206 deus l'exaltat c. el servid LE29 non oct ob se c. en caleist 164 Guenes oth num cuil comandat 175 o filz c. erent mes granz ereditez ALS81a li cancelers c. li mesters an eret 76a d'icez sone sers **qui** il est provenders 25c [cui qu'en seit dols] 101c = **dont** *gen. s. pl.* = *neutr. s.*: il li enortet d. lei nonque chielt EUL13 **dunt**: per cel edre d. cil tel ... VAL*v*°16 *m. pl.*: cil .. d. ore aveist odit 27 = *s.*: empur tun filz d. tu as tel dolur ALS44d ja n'auras mal d. te puisse guarir 31c c̃o (e)st ses mesters d. il ad a servir 74b mais co (e)st tel plait d. ne volsist nïent 10d *f. s.*: od la pulcela d. il se fist (si) estranges 122c pur une imagine d. il oït parler 18b creânce d. or(e) n'i at nul prut 1c e pur l'onor d. nes volt ancumbrer 77d *pl.*: vait par les rües d. il ja bien fut cointe[s] 43b mes larges terres d. jo aveie asez 81b *neutr. s.*: tant an retint d. ses cors puet guarir 20d d. sun cors an sustint 51b = **dun** *f. s.*: et prist moylier d. vos say dir ALR39 **dum** *m. pl.*: les dras [s]uzlevet d. il esteit cuvert ALS70a 3) **chi** *interrogativ, wer m. n. s.*: di nos prophete chi t'o fedre PAS188 & chi est il(li) HOH9 **que** *neutr. obl. s.*: q. m'en darez, [s]el vos tradra[i]? PAS83 zo lor demandez: q. quere[z]? 134 major forsfait q. i querem? 183 per quem trades in to baisol? 150 seignors, q. faites? ALS 101a que valt cist cri[z]? 101b e de ta medra quer[n]'aveies mercit pur quem (teim†) vedeies desirrer a murrir? 88d pur quem fuis? 91c pur **quei[t]** portat ta medre! 27a, 89d* respont la medre: lasse, **que[d e]'st** devenut! 22b

quident *prs. i. 3 pl. denken*: par ic̃o q. aver discumbrement ALS106c *vgl. Cambr. Ps.* 43, 22, *Rol.*, *Gorm.* 191, 452, *Aiol* 15, 508, *Adam* 16, 17, *Vie Greg.* 20, 34, 71, *Ben. Chr.*, *Mont S. Mich.*, *Guiot Bible* cuidier

(*)**quins** *zahlwort m. n. s. fünfte*: li q. d[oist] terra misurar ALR104 **quint'** *f. obl. s.*: del q. ede HOH85 *vgl. Rol.*, *Rich. li b.* 2718

quons *s.* cons; **quors** *s.* cors

quunque *s.* quanque

R.

Raens s. redepns
***raisun** *subst. f. n. s. rede, grund*: ici cumencet amiable cancun e spiritel r. ALS *einl.* 1 *obl. s.*: quant sa r. li ad tute mustrethe 15a nient senz r. *non sine ratione app.* 9 cum il demandout **raison** des paintures *rationem de picturis interroganti ib. überschrift* par cui mi sire(t) mei ma[n]dat(z) sa **raisum** (: barunez) BOH89 hora vos dic vera **raisun** (: passïun) PAS1 de sa **raisen** si l'esfred[ed] 191 **raizon**: alques vos ai d(e)it de r. (: passïon) 446 cum il menaven tal r. (: trestoz) 481 *obl. pl.*: en tals raison[s] sïam mesprses 511 Pilaz cum audid tals **raisons** (: sennior) 241 **raisons**: donc oct ab lui dures r. (: corroptios) LE190 et in r. bels oth sermons 35 *s.* deraisner *vgl. Rol.*, *Horn*, *Aiol*, *Froiss. Poés.*, *Chr. etc.*
(*)**raier** *inf. zurückkehren*: ki vint plurant, cantant l'en fait r. (:) ALS 112e **ralerent** *prt. i. 3 pl.*: ansemble furent jusqu'a deu s'en r. (:) 121c **ralat** *3 s.*: cum vit les meis a lui r. (: mesfait) LE90 quae s'en r. en s'evesquet 122 et sens cumgiet si s'en **ralet** (: communiet) 84 *vgl. Rol.* 2065, *Mont S. Mich.* 763, 2824, *Ben. Chr.* 14464, *Troie* 6274, *Durm.*, *Auc. et Nic.*, *Bartsch Chr.*[4] 209, 26
(*)**ralumer** *inf. wieder zum bewusstsein kommen*: par cest saint home dolssum r. (:) ALS124e *vgl. Bartsch Chr.*[4] 319, 8
(*)**rams** *subst. m. obl. pl. zweig*: alquant dels palmes prendent r. (= rame: branches) PAS37 *s.* deramar *vgl. Cambr. Ps.* 79, 10, *Ben. Chr.*, *Trist.* I 89 *z.* 1790, *Mätzn. afr. lied.*, 27, 44, *Bartsch Chr.*[4] 61, 16, *Gach.*, *Durm.* 2239, raime 6464
rand *s.* retdræ
raneiet *prs. c. (?) 3 s. entsagen*: elle no'nt eskoltet les mals conselliers qu'elle deo r. EUL6[1]) *vgl. Gorm.* 302, 586, *Aiol* 2829, *Mätzn. afr. lied.* 45, 54; 2, 37, *Ben. Chr.*, *Mousket*, *Zeitschr.* V 189
raus *subst. m. obl. s. rohr*: et en sa man un r. li mestreat PAS246 *vgl. nfr.* roseau
rebost *adj. als subst. m. obl. s. versteckt, geheim*: als Judeus vengra en r. (: Escarioth) PAS82 *vgl.* repost

---

1) r *von* raneiet *ist unterpunktirt, kann aber nicht entbehrt werden, eher dürften die vorhandenen Härten durch Umstellung beseitigt werden*: deo qu[ed] elle ranei(e)t chi, *auch dürfte Reimpaar 4 und 3 umzustellen sein, zumal auf diese Weise das Gedicht in 2 völlig gleiche 12zeilige Absätze zerfiele, denen sich dann ein weiterer Schluss-Absatz von 2 Reimpaaren und einer siebensilbigen Schlusszeile anschlössen. Während der Schlussabsatz metrisch dem Anfang der beiden ersten Absätze entspräche, würden diese sich in je 6 Reimpaare zerlegen, von welchen die drei ersten aus zehnsilbigen, die drei letzten aus elf-, dreizehn- und zwölfsilbigen Zeilen beständen. Der Versrhythmus dieser Zeilen ist bekanntlich oder soll wenigstens derselbe sein, wie der der gleichsilbigen Zeilen des* Canticum Eulaliae, *dessen ganzes strophisches Gebilde ja abgesehen von einigen allerdings nicht unwesentlichen Aenderungen im französiscen Gedicht wiederkehrt. Doch ist zu beachten, dass im dritten Reimpaar der beiden ersten Absätze und in beiden Reimpaaren des dritten Absatzes Anapäste statt der lat. Dactylen (ausser Z. 17) vorliegen. Das von mir angenommene Strophenschema bedingt jedenfalls geringere Aenderungen des überlieferten Textes als das, für welches Suchier sich ausgesprochen hat. Ueberdies scheint es mir misslich bei der Gewalt, die hier offenbar der französischen Verskunst angethan ist, selbst arge Verstösse gegen das Metrum ohne weiteres als Verderbnisse anzusehen und demgemäss zu beseitigen, zumal, wenn uns, was mir allerdings unwahrscheinlich scheint, das Gedicht in einer vom Verfasser selbst herrührenden Aufzeichnung überliefert sein sollte.*

Cambr. Ps. 31, 1; 100, 4, *Ben. Troie, Chr., Trist.* II 98 *s.* 194, *Froiss. Chr.* VI 303 repus *Aiol* 928, *Gach.* repostement, *Vie Greg.* 33, 95

recebent, receit *s.* reciwre

(*)**recercelad** *adj. m. obl. s. gekräuselt*: saur (*sc.* ab) lo cabeyl, recercelad (:) ALR67 *vgl. Rol.* 24a, 3161, *Fierabr. prov.* 4930, *Auberi ed. Becker p.* 174[1] *Rom. u. Past.* I 1, 27, *Chants hist.* I *p.* 17, *Auc. et Nic., Durm.* 110, *Ben. Chr.* 17379, *Froiss. Chr.* XIV, 74

recesset *prs. i. 3 s. aufhören*: de tut an tut r. del parler ALS58e

recimer *inf. wieder hervorsprossen, von neuem wachsen*: son queu que il a coronat toth lo laisera r. (:) LE126

***reciwre** *inf. an-, aufnehmen, in empfang nehmen, empfangen*: ne vol r. Chielperin LE57 **receit** *prs. i. 3 s.*: cil li[ls] aportet, receit le[s] Ale[x]is ALS 57c **receivent** *3 pl*: il le r. sil plorent 113c donc lo **recebent** li fellun PAS243 **recoubist** *prt. i. 2 s.*: salvar te ving, num r. (: cognoguist) 68 **reciut** *3 s.*: il lo r., tam ben en fist LE21 qu[i] donc fud miels et a lui vint il voluntiers semp(e)r[el] r. (retint† ?) 130 il lo **reciu**, bien lo no[u]rit 27 l'anima reciu(n)t domine deus 237 il la **recent** cume li altre frere ALS24d **recut**: r. l'almosne quant deus la li tramist 20c qui a ce jor r. sa pasïun STEPH Ie, s'erme r. Jesu[s] XIIb *vgl. Cambr. Ps., Rol., Karls Reise, Aiol* 1280, *Guiot Bible* 2005, *Mont S. Michel* 1304, *Mousket* 17910, *Durm., Mätzn. afr. lied.*

***reclusdrent** *prt. i. 3 s. einkerkern*: illo r. *sc.* L. LE178 **reclus** *part. prt. als adj. m. obl. s.*: Secundin le r. *incluso* ALS *app. überschr.* = *als subst. m. obl. s. kerker*: mis l'en r. (: devengu(n)z LE155 *s.* conclüent *vgl. Guiot Bible* 1357

***recognostrâ** *inf. erkennen*: lui r. semper fiz PAS196 **reconnossent** *prs. i. 3 pl.*: dunc r. lo sennior 415 **recenuissent**: durement s'en redutet de ses parenz, qued il nel r. (: ó . . e) ALS40d ne[l] r. usque il s'en seit alet 58b **reconut** *prt. i. 3 s.*: nel r. nuls sons apartenans 55b ail r., par sun dreit num le numet 43e **reconurent** *3 pl.*: nel r. 24be, 25a *s.* conuistrunt *vgl. Rol., Gorm., Durm. etc.*

***recomanda** *prs. i. 3 s. übergeben*: sil r. Laudebert LE194 *vgl. Bartsch Chr.*[4] 33, 28

***reconfortasses** *impf. c. 2 s. trösten*: jo atendi, quet a mei repairasses par deu merci que tu[m] r. ALS78e, 90d† *vgl.* 95d *lesart* A, 118e *lesart* S *vgl. Guiot Bible* 2647, *Durm., Rich. li b.* 445, *Mätzn. afr. lied., Bartsch Chr.*[4]

***recorder** *inf. erinnern, bewusst bleiben*: ki fait (ad) pechet bien s'en pot (deit A) r. (: é) ALS110a *vgl. Cambr. Ps., Guiot Bible, Mätzn. afr. lied., Durm., Watriquet* 444, 496, *Bartsch Chr.*[4]

***recovrer** *inf. habhaft werden*: que lur ansein(e)t ol poissent r. (: é) ALS 63b *vgl. Gorm.* 105, *Aiol* 725, 5555, *Adam* 38, 40, *Ben. Troie* 8658, *Durm., Rich. li b.* 2345, *Mätzn. afr. ged., Froiss. Chr., Bartsch Chr.*

***recridet** *prt. i. 3 s. von neuem rufen*: Jesus fortmen dunc r. (: anet) PAS319 *vgl.* rescrïent *S. Voy. de Jer.* 169

red *s.* retdræ

redepns *prt. i. 3 s. erlösen*: sa passïuns toz nos r. (= redemps: rend) PAS12 ki nus **raëns[t]** de sun sanc precïus ALS14b *vgl. Gorm.* 644, *Aiol* 7349, *Parton.* 1536, *Roi Guill. p.* 162, *Ben. Chr., Bartsch Chr.*[4] 203, 25

***redemptïons** *subst. f. n. s. erlösung*: cho fu nostra r. (: passïuns) PAS14 *vgl. Bartsch Chr.*[4], *Mousket* 18625, 28835, *Froiss. Chr.* V 353

***redemptor** *subst. m. obl. s erlöser*: si l'adorent cum r. (: senior) PAS416 *vgl.* raançor *Horn p.* 148 *anm.* 4

redre *adv. rückwärts*: Jesus li pius r. garde[t] PAS259 *s.* aredre *vgl.* rereguarder *Rol.* 2774

***redutet** *prs. i. 3 s. fürchten*: durement s'en r. (: ó . . e) de ses parenz, qued il nel recunuisent ALS40c *vgl. Rol.* 905, *Gorm.* 497, *Durm., Mätzn. afr. lied.* 20, 23, *Bartsch Chr.*[4]

re"es *subst. f. n. pl. wabe*: desoiz ma langue(t) est li laiz & les r.

(: levres) *mel et lac sub lingua tua* HOH26 *vgl. Cambr. Ps.* 18, 10, *Baudouin de Condé* 396

***refuded** *prt. i. 3 s. zurückweisen*: Jesus li bons nol r. (: doned) PAS147

***refuït** *prt. i. 3 s. von neuem flüchten*: pur l'onor dunt ... s'en r. en Rome ALS77e

***regard** *subst. m. obl. s. blick*: tal a r. cum focs ardenz PAS395 **regart**: sil toca res chi micha[l] peys, tal r. fay cum leu qui(e)st preys ALR59 a fol omen ne ad escüeyr no deyne fayr r. semgleyr 79 *s.* resguart, reswardet *vgl. Rol. Elie* 1958, *Durm.*, *Ben. Chr.*

***regenerer** *inf. von neuem erzeugen*: de sain[t] batesma l'unt fait r. (:) ALS6d

***regiel** *adj. f. obl. s. königlich*: por manatce r. EUL8 *vgl. Cambr. Ps.* 131, 11, *Karls Reise* 415, *Mont S. Michel* 2277

***regïon** *subst. f. obl. s. land*: echel ten Gretia la r. (:) ALR35 *vgl.* apres lui tint la regïon *Parton* 434 e sil tramet e Grecia la regio *pr. Boetius* 54

regnaz *subst. m. n. r. reich*: lo sos r. non es devis PAS275 **regnet** *obl. s.*: et son r. ben dominat LE72 por lo r. lo sowrent toit 116 *vgl. Rol., Karls Reise, Aiol, Durm.* 710

***regne** *subst. m. obl. s. reich*: lo r. prest a devastar LE132 quant vit sun regne, durement s'en redutet de ses parenz ALS40c pres est de deu e des (del†) regne(s) del ciel 36d cum tu vendras Crist en ton **ren** (: mercet) PAS296 **regnum**: r. deï nuncent per tot 486 de r. deu semper parlet 452 *n. s.*: & r. deu fortment es prob 506 *vgl. Cambr. Ps., Rol., Aiol* 4095, *Durm., Mätzn. afr. lied.* 5, 36

***regner** *inf. herrschen*: qu'[od] deu ansemble poisum el ciel r. (:) ALS 110e **regnet** *prs. i. 3 s.*: ki est un sul faitur e r. an trinitiet *einl.* 8 **regnevet** *impf. i. 3 s.*: qui donc r. a ciel di LE15 **regnet** *prt. i. 3 s.*: r. pero cum anz se feira PAS372

***regreter** *inf. beklagen*: sou ami dolcement r. (:) HOH5, 8 s'em prist a dementer e sun ker filz suvent a r. (:) ALS26e **regret[et]** *refl. prs. i. 3 s.*: sempre s r.: mar te portai 88b *vgl. Rol., Gorm., Mätzn. afr. lied.* 12, 27, *Auc. et Nic.*, *G. Paris' anm. zu* ALS26e

***reis** *subst. m. n. s. könig*: Jesus ve lo r. podenz PAS34 lui comandat ciel r. Lothiers (: Peitieus) LE20, (: Lethgiers) 49 r. Chielperics tam bien en fist 67, 85 ne r. ne quons n'i poet faire entrarote ALS103d **reys**: r. Alexander quant fud naz ALR46 que r. est forz en terra naz 53 en tal forma fud naz lo r. (:) 54 dicunt ... quel r. fud filz d'encantatour 28 pois i vint **reis** David HOH73 **rex**: Maximïen chi r. eret a cels dis sovre pagiens EUL12 li r. pagiens 21 Jesus r. magnes sus monted PAS26 r. Chielperings il se fud mors LE115 *voc.*: o dëus vers, rex Jesu Crist PAS301 **reis**: e r. celeste ALS5d, 67e o deus, dist il, bels (bons†) reis 41a **rei** *obl. s.*: encontral r. qui fez lo cel issid lo dii le poples lez PAS39 cum aucidrai eu vostre r. (: es) 229 el escarnïe r. Jesum 288 al r. lo duistrent soi parent LE14 davant lo r. en fud laudiez 41 de Chielperig feïssent r. (: fiet = feid) 54 estre so gret en fisdren rei (: conseil) 62 pobl'e(n) lo r. communïet 83 deu servirei le r. ki tot guvernet ALS99d **rey**: fud ... filz al r. Macedonor ALR32 fils fud Amint al r. (ric†?) baron qui al r. Xersem ab tal tenzon 37-8 sor Alexandre al r. d'Epir 41 nuls hom vidist un r. tan ric chi .. tant r. fesist mat 12-14 *n. pl.*: r. furent fort & mul podent ... r. furent sapi & prudent 19-21

***relef** *subst. m. obl. s. abhub, überbleibsel*: iluec paist l'um del r. de la tabla ALS50b *vgl. Aiol* 4046, *Watriquet* 505

remaint *prs. i. 3 s. übrig bleiben, verbleiben*: se lui'n (*sc.* almosne) r., sil rent as poverins ALS20e, 51c **remainent** *3 pl.*: ki l'un[t] oïd r. en grant dute 60e **remest** *prt. 3 s.*: [nïent] ne l[i]'n r. (: é) 19c si la despeiret, que n'i r. nïent, n'i r. (laissat†) palie ne nul [ad]ornement

28bc **remanant** *ger.*: li secles ... tut s'en va[i]t r. (declinant†), si'st ampairet, tut bien vait r. (:) 2de **remes** *part. prt. m. n. pl.*: quant an la cambra furent tut sul r. (: é) 13a **remese** *f. n. s.*: dolente an sui r. (: é.. e) 27b a la spuse [qui sole fut r.] (: é.. e) 21b *vgl. Cambr. Ps.* 80, 11, *Rol., Gorm., Aiol, Horn, Ben. Chr., Durm., Froiss. Poés., Chr., Gach.*

(*)**remembrar** *inf. in erinnerung bringen, sich erinnern*: los sos affanz vol r. (: salvad) PAS3 per r. sa passïun 95 ela molt ben sab r. de söa carn cum deus fu naz 333 **remembret** *prs. i. 3 s.*: dunc li r. de sun seinor celeste ALS12b *vgl. Cambr. Ps., Rol., Mont. S. Michel* 3026, *Guiot Bible, Mätzn. afr. lied.* 48, 28, *Froiss. Poés., Bartsch Chr.*[4]

rend *s.* retdræ

renges *subst. obl. pl. schwertgehänge*: pois li cumandet les r. de s'espethe ALS15b *vgl. Parton.* 7489, *Ben. Chr., Aiol* 2067, 519, *Agol.* 152[a], *Rol.* 1158

repairent *prs. i. 3 pl. zurückkehren*: cil s'en r. a Rome la citet ALS26a a lui r. (en vindrent†) e li rice e li povre 61b **repadred** *prt. i. 3 s*: al[s] sos fidels cum r. (: conforted) PAS 129 **repairasses** *impf. c. 2 s.*: jo atendi, quet a mei r. (: a.. e) ALS78d *vgl. Cambr. Ps., Rol., Gorm., Karls Reise, Aiol, Mousket, Froiss. Chr., etc.*

***repauser** *inf. ausruhen*: e r. si podist VALv°11 fait li son lit o il pot **reposer** (:) ALS47b *vgl. Cambr. Ps., Durm, Auc. et Nic., Guiot Bible* 1675, *Bartsch Chr.*[4]

repausement *subst. m. obl. s.*: et a sun r. li donat VALv°12 *vgl. Bartsch Chr.*[4] 88, 14

replenithe *part. prt. f. n. s. erfüllt*: quer or est s'aname de glorie r. (: i.. e) ALS123c

***report** *prs. c. 3 s. zurücktragen*: cel n'enn i at ki'n r. sa dolur ALS 111e *vgl. Mätzn. afr. lied.* 28, 31

reposer *s.* repauser

***requerå** *prs. i. 2 pl. suchen, verlangen*: que Jesum Christ(is) ben r. (: creme[z]) PAS404 **requerent** *3 pl.*: si li r. conseil d'icele cose ALS61c *vgl. Cambr. Ps.* 39, 8, *Rol., Gorm., Karls Reise, Horn, Aiol* 566, *Ben. Chr., Durm., Guiot Bible, Mätzn. afr. lied., Froiss. Poés., Chr., Bartsch Chr.*[4], *Gach.*

***res** *subst. f. n. s. sache, etwas*: sil toca r. chi micha[l] peys ALR58 ne l'en est **rien**, issi est aturnet ALS49e* **ren** *obl. s.*: el mor a tort, r. non forsfez PAS290 **re** volunt fair' estre so gred LE60 *vgl. Gorm., Karls Reise, Horn, Trist., Durm., Auc. et Nic., Vie Greg.* 15, 27, 32

***resemplet** *prt. i. 3 s. gleichen*: beyn r. fil de baron ALR65 *s.* ensemble *vgl. Rol., Aiol, Durm.* 10901, *Guiot Bible* 2321, *Bartsch Chr.*[4]

***resguart**† *subst. m. obl. s. sorge*: malveis r. (malveise guarde*) t'ai fait(e) suz mun degret ALS79c *s.* regard *vgl. Bartsch Chr.*[4] 155, 27

resors *s.* resurdra

***respondre** *inf. antworten*: ad un r. non denat PAS216 nen vult respondre(t), aseiz l'ai apelet(z) HOH41 **respont** *prs. i. 3 s.*: r. la medre ALS 22b r. l'imagine 36c **respon**: tu eps l'as d(e)it, r. Jesus PAS181 r. li bons 297 **respondent** *3 pl.*: il li r. tuit ad un 135 cil an r. ki ALS105a icil r., que neüls d'els nel set 65e **respondå** *prt. i. 3 s.*: r. l'altre PAS289 si **respond[it** mo]lt avenablement HOH11 *vgl. Rol., Gorm., Karls Reise, Aiol etc.*

***respuns** *subst. m obl. s. antwort*: [e]st(e) vus le r. saint Gregorie a Secundin ALS *app. überschrift vgl. Rol.* 420, *Ben. Troie, Mätzn. afr. lied., Gach.*

***restaurat** *prt. i. 3 s. herstellen*: la labia li r. (: laud(i)er) LE181 *vgl. Guiot lied.* III, 28, *Brun de Mont.* 1641, *Gach.*

resurdra *fut. i. 3 s. auferstehen*: quar el zo dis, que r. (: pareistra) PAS361 el r., cho sab per ver 336 **resors** *part. prt. m. n. s.*: e r. es, la scriptura o dii SPO26 *vgl. Cambr. Ps.* 40, 8, *Guiot Bible* 1491, *Ben. Chr.* 21566

***reswardå** *prt. i. 3 s. anschauen*: Jesus li bons lo r. (: fiz) PAS195 *s.*

regard, reaguart *vgl. Cambr. Ps., Guiot Bible, Durm.*

***rēdre** *inf. zurückerstatten, erweisen, geben*: te posche r. gratīe PAS513 **rendra** *fut. 3 s.*: a toz r. e ben e mal 472 **rendrau** *3 pl.*: & sanitad a toz r. (: metran) 464 **rand** *prs. i. 1 s.*: mon esperite (vos r.) pren STEPH Xe **rend** *3 s.*: la süa morz vida nos r. (: redepns) PAS11 r. (e) l[o] qui lui lo comandat LE26 Jesus li bons ben **red** per mal PAS161 se lui'n remaint, sil **rent** as poverins ALS20e, 51c **rendet** *prt. i. 3 s.*: r. ciel fruit spiritīel LE215

***retint** *prt. i. 3 s. behalten*: tant an (*sc.* almosne) r. ALS20d, 51b (*s.* reciut) **retenude** *part. prt. f. obl. s.*: ma grant honur t'aveie r. (:) 82b *vgl. Rol., Gorm., Karls Reise, Aiol* 1334 *etc.*

retrames *prt. i. 3 s. zurückschicken*: fellon Pilad lo r. (: vestit) PAS220

***returnar** *inf. abbringen*: si io r. non l'int pois ne io ne neūls cui eo r. int pois EID II, 3 **reternent** *prs. i. 3 pl. refl. zurückkehren*: del munument cum se r. (: duæs) PAS422 tu[it] s'en returnent ALS64a **re**[**t**]**urnerent** *prt. i. 3 pl.*: nel reconurent sempres s'en r. (:) 24e *vgl. Cambr. Ps., Rol., Karls Reise, Mousket* 7963, *Trist.*

***revenir** *inf. zurückkommen*: r. al VAL*r*°4 **revendrai** *fut. 1 s.*: or r. al pedra & a la medra ALS21a **revint** *prt. i. 3 s.*: a l'apostoile r. tuz esmeris 71b r. li costre al imagine el muster 36a dreit a Lalice r. li sons edrers 38e cum s'en alat e cum il s'en r. (:) 57e **revenisses** *impf. c. 2 s.*: tantes feiz .. (*sc.* ai) an luinz guardet, si r. ta spuse confórter 95d **revenist** *3 s.*: cio li mandat, que r. (: oulst) LE87 *vgl. Rol., Aiol* 3458, *Guiot Bible* 2618, *Mätzn. afr. lied.* 9, 2, *Trist., Gach.*

revert *prs. i. 3 s. sich verkehren*: cesta lethece r. a grant tristur ALS 14e *vgl. Cambr. Ps., Gorm., Horn* 3570, *Aiol* 5026, *Ben. Chr., Troie* 13737, *Durm.* 14384, *Bartsch Chr.*[4]

***revestiz** (= revestir? *inf. vgl. anm. zu* preiar) *bekleiden*: sos clerjes pres [a] r. (: exit) LE145 **revestuz** *part. prt. m. obl. pl.*: clers r. an albes & an capes ALS117b *vgl. anm. zu* capes, *Rom. de Ronc. hs. C* 272, *Karls Reise* 189, 5405, *Mousket* 19087, *Durm.* 11595, *Bartsch Chr*[4] 307, 6

***revidrent** *prt. i. 3 pl. wiedersehen*: dunc lo r. soi fidel PAS426 *vgl. Ben. Chr.* 1425, *Guiot Bible, Mätzn. afr. lied.* 7, 9

***revivere** *inf. wiederbeleben*: chi eps lo[s] morz fai se r. (: encontraxirent) PAS35 **revisquet** *prt. i. 3 s. wiederaufleben*: a toz diran, que r. (: fidel) 364 *vgl. Bartsch Chr.*[4] 152, 12

revoil *prs. i. 1 s. von neuem wollen*: d'icest honur ne[m] r. ancumbrer ALS38c *vgl. Mont S. Michel* 2281, *Bartsch Chr.*[4] 112, 13

rex, reys *s.* reis

***rices** *adj. m. n. s. mächtig, reich*: r. hom fud ALS3d **riches** *voc.*: bel sire r. hom 44a **ric** *obl.*: nuls hom vidist un rey tan r. (:) ALR12 (*s.* reis) **rice** *n. pl.*: a lui [en vindrent] e li r. e li povre ALS61b **riches** *obl. pl.*: cun out le jurn as povres et as r. (:) 108b *vgl. Rol., Gorm., Mont S. Michel* 1572, *Mousket, Guiot Bible, Mätzn. afr lied., Durm., Froiss. Poés.*

Roboām *personenname*: & Salomon & R. ses fiz HOH74

***roches** *subst. f. n. pl. fels*: r. fendīent, chedent munt PAS323 *vgl. Rol., Guiot Bible* 1885

***roges** *adj. m. n. s. roth*: blans est & r. plus que jo nel sai dire(t) HOH 19 *vgl. Auc. et Nic.* 24, 19, *Mousket* 20947

Rome *stadt f. n. s.*: adunc fud faite(t) R. (: corone(t)) HOH79 *obl.*: un sire de R. la citet ALS3c seinurs de R. 93a cons fut de Rome 4b, 9b ki de R. esteit pape 75c tota la gent de R. (:) 103a, 115a li poples de R. la citet 118d mes granz paleis de R. la citet 81c repairent a R. la citet 26a [tot] dreit a R. les portet li orez 39e e vait [edrant] a R. (:) 43a a[d] un des porz ki plus est pres de R. (:) 40a s'en refuīt en R. la citet 77e l'unie deu . ki est an R. (:) 60b le cors an [gist] an R. la citet 109c aveit an R. un' eglise 114b unches en R. nen out si grant ledece 108a

roors (? = rode *rad*) *subst f. n. s.*: et si cum r. in cel es granz LE203 *vgl.* rõe *Cambr. Ps.*, *Karls Reise*, *Guiot Bible*, *Mousket* 5998, *Bartsch Chr.*[4]

rotta *subst. f. obl. s. musikinstrument:* li quarz lo duyst corda toccar & r. & leyra clar sonar ALR101 *vgl. Wace Brut*, *Elie* 1674, *Bartsch Chr.*[4] 105, 40

rova *prs. i. 3 s. bitten, befehlen*: cio li r. & noit et di LE195 bewre li r. aporter 200 por ciel tiel duol r. s clergier 65 saccrament ... que faire r. a trestot PAS96 e per es mund rōal[s] allar 453 si ruovet Krist EUL 24 **rovent** *3 pl.*: mais ne puet estra, cil nen r. nïent ALS106d **rovat** *prt. i. 3 s.*: r., que litt(e)ras apresist LE 18 penrel r., lïer lo fist 150 **rovet**: toz sos fidels seder r. (: anez) PAS 119 **roved**: un aame adducere se r. (: enveied) 20 **roveret** *plsqpf. i. 3 s.*: ad une spede li r. tolir lo chieef EUL22 *vgl. Rol.* 1792, *Karls Reise* 150, *Horn*, *Aiol* 8306, *Wace Brut*, *Ben. Chr.* 17089, *Mont S. Michel* 1876, *Mousket*, *Vie Greg.* 7, 38, 49, 102, 108, *Durm.*, *Trist.* I 147, 3084, *Mätzn. afr. lied.*, *Bartsch Chr.*[4] 101, 58, *Froiss. Chr.*

*__rües__ *subst. f. obl. pl. strasse*: vait par les r. dunt il ja bien fut cointe ALS43b par mi les r. an venent si granz turbes 108c *vgl. Rol.*, *Guiot Bible* 2340, *Durm.* 2827, 4401, *Auc. et Nic.*

*__rūpre__ *inf. zerschlagen*: r. *(aus* rūple *gebessert)* l farai & flagellar PAS231 *s.* derumpre, entrarote *vgl. Rol.*, *Gorm.*, *Aiol*

S.

S' *s.* se, ses, si; **s** *s.* lo

sa *s.* ses; **sab**, **sacet** *s.* saveir

*__sacrament__ *subst. m. obl. s. sacrament*: fort s. lor commandez PAS94 *s.* sagrament

saciet *prt. i. 3 s. sättigen*: de pan et vin sanctificat tot sos fidels i s. PAS98 **sasit** *prs. c. 3 s.*: ne puis tant faire que mes quors s'en s. (:) ALS93c *vgl. Cambr. Ps.* 102, 5

sacrarie *subst m. obl. s. sakristei*: vint une voiz .. hors del s. ALS59c *vgl. Fabl.* 544 *(in Ben. Chr.* III 527)

*__sagrament__ *subst. m. obl. s. eid.*: si Lodhuvigs sagrament .. conservat EID II, 1 *vgl. Bartsch Chr.*[4] 52, 35; 54, 32; 265, 2, *Cambr. Ps.* P. Z. 6, *Karls Reise* 35, *Parton.* 2926, *Durm.*

sags *s.* sanc; **sai** *s.* saveir

saie *s.* savie; **saignos** *s.* sendra

*__sainement__ *adv. wohlbehalten*: iloec arivet s. la nacele ALS17b *s.* saned *vgl. Cambr. Ps.*, *Durm.* 367, *Auc. et Nic.*

*__sains__ *adj. m. n. s. heilig*: s. Alexis ALS75b, 109a, 122a s. Boneface 114a s. Innocenz 61a **saint**: fist cel s. hom(o) 123b u sun s. cors herberget 114e **sanz**: s. Symeōnz PAS340 s. Pedre 167 s. Letgiers LE39 **sanoz** Lethgiers 50 **sc̄** L. 76, 81, 89, 108, 121, 143, 213 **sanct** Pedre PAS157 spiritus **sc̄s** (= sanctus) sobr'els chad 475a **seint** Estevres STEPH IIa li sen de fu feni XIIa **saint** *obl. s.*: la lecun de s. Estevre Ic s. Pol l'apellent IXe le cors s. Alexis ALS102b, 120c le respuns s. Gregorie *app. überschrift* icel s. home 35e, 40b, 62e, 66e, 106e, 124e, 125a le s. cors 100c, 103e, 104c, 107d, 108c, 116b, 118b, 121e **sain**: del s. home 70b de s. batesma 6d del cors **sainz** Alexis 67b **sanct**: dom s. L. LE140 de s. L. consilier fist 68 de s. Maxenz ubbas 30 li (*sc.* parent) s. L. 118 **sc̄** L. 178, 198, 223 **sant**: de s. Lethgier 6 s. Johan PAS108 **sanc** Pedre 113 **sanz** spiritum 515 **sainz** *obl. pl.*: es honurables lius des s. ALS *app.* 9 et a sos **sancz** honor porter LE2 **sanz**: cantomps del[s] s. (: sānz) 3 als altres s. en vai en cel 238 sepulcra s. obrirent mult PAS324 et mult corps s. en sun exit 325 des sos s. olz fort lagrimez 52 [los] sos s. ols duncques cubrirent 185 **sca** = sancta *f. n. s.*: primeral vid s. Marīe 419 **sainte**: s. escriture ALS52c *obl. s.*: la s. trinitet 110d en s. eglise 52a el num la virgine ... sainta Marīe 18e **sanc-**

tas *n. pl.*: de sa sudor las s. gutas PAS128 **saintismes** *superl. m. n. s.*: [i]cil s. hom ALS54c *voc. s.*: s. hom 72d *vgl. Cambr. Ps.* 52, 6, *Rol*, *Aiol* 1048, *Ben. Chr.*

saives *s.* savie

Salamon *personenname n.* HOH74 **Salomon** ALR1

saluablement *adv. salubriter*: pöeiss s. purtenir les c"oses que tu attendeies ALS *app.* 10 *vgl. Cambr. Ps.*, *Ben. Chr.* 1974, 4087, *Mont. S. Mich.* 1109

***saludent** *prs. i. 3 pl. grüssen*: dunc lo s. cum senior PAS251 **salüet** *3 s.*: chi (*sc.* ses angres) la (*sc.* pucele) s. d'une salud(z) HOH92 *vgl. Rol.*, *Gach. etc.*

***salud(z)** *subst. f. obl s. gruss, heil*: la salüet d'une s. novele(t) HOH92 e ne doceiet [l]or **salut** VALv°5 *vgl. Rol.*, *Gach. etc.*

***salv** *adj. m. n. pl. gerettet*: qui lui credran, cil erent s. (:) qui nol cretran, seran damnat PAS455 *vgl. Cambr. Ps.*, *Rol.*, *Guiot Bible*, *Durm.*, *Mont S. Mich.*, *Auc. et Nic.*, *Bartsch Chr.*[4]

***salvaire** *subst. m. n. s. erlöser*: Jesu s. a nom SPO13 *vgl. Cambr. Ps.*, *Horn*, *Aiol* 499, *Adam* 68, *Durm.* 14584

(*)**salvament** *subst. m. obl. s. heil*: pro ... nostro commun s. EID I, 1 *vgl. Rol.* 786, *Bartsch Chr.*[4] 73, 38, *Mont S. Michel* 3360

***salvar** *inf. retten*: si cum om .. son fradra s. dist EID I, 4 s. te ving, num receubist PAS68 **salver**: puis icel tens, que deus nus vint s. (:) ALS3a par penitence s'en pot tres bien s. (:) 110b **salvarai** *fut. 1 s.*: si salvarai eo cist meon fradre EID I, 3 **salvad** *part prt.*: cest mund tot a salvad (: remembrar) PAS4 **salvedes** *f. n. pl*: par cel saint cors sunt lur anames s. (:) ALS121e *vgl. Cambr. Ps.*, *Rol.*

(*)**salvetet** *subst. obl. s. heil*: la virgine ki portat s. (:) ALS18d *vgl. Rol.* 126, *Ben. Chr.* 14392, 28677, *Durm.* 2855, 11617, *Roi Guill. p.* 79, *Wackernagel afr. lied. p.* 62, *Auc. et Nic.*, *Mousket*, *Froiss. Chr.*, *Bartsch Chr.*[4]

***sameine** *subst. f. obl. s. woche*: an la s. qued il s'en dut aler ALS59a *vgl. Durm.* 2042, 12909

Samuël *personenname n.* HOH72

sams *s.* sens

***sanc** *subst. m. obl. s. blut*: ki nus raëns[t] de sun s. precius ALS14b i donet .. son **sang** & söa carn PAS386 **sa[n]gs** *n. s.*: que cum lo s. a terra curr[en] de sa sudor las sanctas guttas PAS127 plaient lo for[t] lo s(o)ant vet espandant STEPH Xb *vgl. Rol.*, *Gorm.*, *Karls Reise*

***san(c)tet** *subst. obl. s. gesundheit*: n'i vint amfern ... quant il l'apelet sempres n'(en) ai[e]t s. (:) ALS112b & **sanitad** a toz rendran PAS464 (as) cuntrat & (an) ces a tot dona **sante** (:) STEPH IId *vgl. Cambr. Ps.* 37, 3, 7, *Guiot lied.* V 7, 17, *Durm.*, *Bartsch Chr.*[4] 71, 34

*.**anctificat** *part. prt. m. obl. s. geheiligt*: de pan et vin s. (: saciet) PAS97 *vgl. Cambr. Ps.*, *Ben. Chr.* 6840, 7302, 7323

saned *prt. i. 3 s. heilen*: l'aurelia a[l] serv semper s. (: mal) PAS162 s. sainement *vgl. Cambr. Ps.*, *Ben. Troie* 22922, *Mont. S. Michel*, *Mousket* 2211, *Durm.*, *Wackern. lied. p.* 12, *Froiss. Poés.* I 5, 137, *Chr.*, *Gach.*

sang *s.* sanc; **sanitad, sante** *s.* sanctet; **sapi** *s.* savie

***sapïentia** *subst. obl. s. weisheit*: magestres ab ... quil duystrunt beyn ... de s. & d'onestaz ALR86 *vgl. Cambr. Ps.*, *Guiot Bible* 67, 2505

sarqueus *subst. m. n. s. sarg*: d'or e de gemmes fut li s. parez ALS118a metent le cors enz en s. de marbre 117c *vgl. Rol.*, *Ben. Chr.*, *Mont S. Michel*, *Mousket*, *Froiss. Chr.*

***sas** *subst. m.* 1) *obl. pl. sack*: s. i fait pendre [e cinces] deramedes ALS 29d *vgl. Guiot Bible* 763 (*)2) *obl. s. stein*: (d)e[n] monumen de s. (so*) entrepauset SPO23

***Satanas** *n.*: lo S. dol en a grand PAS489 **Satanan** *obl.*: fort S. alo venquet 374

Saulus *personenname*: S. ot nom d(e) Adamassa la grant STEPH IXc

***saur** *adj. m. obl. s. blond*: s. ab lo peyl cum de peysson ALR60 s.

lo cabeyl, recercelad 67 *vgl. Rol.* 1943, *Gorm.* 115, *Horn* 134, *Aiol*, *Brun de Mont.* 1165, 2465, *Durm.* 2054, 7909, *Ben. Chr.*, *Rom. d'Alix.*, *Lai du Cor* 513

save *s.* savie

***saveir** *inf.* *wissen*: Enfemlen[s] volt s. quet espelt ALS70e *subst.*: qu'il lo doist bien de ciel **savier** (: fied) LE23 in quant deus **savir** & podir me dunat EID I, 2 **sai** *prs. i. 1 s.*: [mais] co ne s. (jo), cum longes i converset ALS17d ne s. le leu ne nen s. la contrede, u 27c ne s. cui antercier 36b e c"o s. dire, qu'il 68e ne vus s. dire, cum 25e, 122e de nule cose certes nel s. blasmer 69b plus que jo nel s. dire(t) HOH19 & jo s. beem 27 moylier dun vos **say** dir ALR39 **set** *3 s.*: il [s']escondit cume cil ki(l) nel s. (:) 65a icil respondent, que neüls d'els nel s. (:) 65e or s. il bien, qued il s'en deit aler 56d e deus le set, que tute sui dolente 91d mais il nel s. coisir 85d que neüls on nen **seit** conter lignage(t) HOH14 **sab**: chi cel non s., tal non audid PAS110 el resurdra, cho s. per ver 336, 462 qual agre dol, nol s. om vivs 332 els molt ben s. remembrar 333 **sabent** *3 pl.*: de Crist non s. mot parlar 478 **sevent**: un icele lisent icels ki letres ne s. ALS *app.* 3 quer ne s. que funt 54e **saveiet** *impf. i. 3 s.* VALv°4 **sep** *prt. i. 3 s.*: de cui s. dïables fors medre PAS420 **soth**: ne s. nuls om qu'es devengu(n)z LE156 et sc. L. nes s. mesfait 89 **sot**: ja lo s. bien, il le celat 77 il fut bons clers, bien se s. deraisner STEPH Vc **sout**: nuls hom ne s. les sons ahanz ALS55c **sowrent** *3 pl.*: por lo regnet lo s. toit LE116 **seurent**: si l[i']n s. bon(t) gret ALS6c quant il co s., qued il fu[ïz s'en eret] 21c **sacet** *prs. c. 3 s.*: c"o ne volt il, que sa mere le s. (:) 50d **soüsse** *impf. c. 1 s.*: se jo[t] s. la jus suz lu degret 98a **soüst** *3 s.*: ainz que nuls om s. de nostre amor HOH64 **soüssent** *3 pl.*: ja tute gent nem(en) s. turner ALS98c **savans** *part. prs. obl. pl.*: les penses des nient s. *app.* 8

***savie** *adj. m. obl. s. klug*: ad un boen clerc e s. (: a .. e) ALS75e **saives** *n. s.*: por c"o qu'il ert plus s. (: message(t) HOH68 **save** *n. pl.*: tuit li Juëf li plus s. d'Asÿe STEPH IVd rey furent **sapi** & prudent ALR21 **sale** *f. obl. pl.*: a vostras s. sero[r]s SPO74

sazit *s.* saciet

***scandale** *subst. obl. s. ärgerniss*: que tu n'angendrasses s. de cruëles curages ALS *app.* 6 *vgl.* escandele *Cambr. Ps.* 105, 35; 118, 165 escandle (s. esample *anm.*)

scant *s.* sanc

scarnissent *s.* escarnissent

***scriptura** *subst. f. n. s. schrift*: la s. o dii SPO26 kar ico que la **scripture** aprestet as lisanz, ico aprestet la painture as ignoranz ALS *app.* 2

***se** 1) *s.* si 2) *pron. refl.* [s' *vor vocalen* (o sa'assis 24 no se' usted PAS155 s(e) ad ALS58c s(ei) an 72b) s *nach* no EUL20, 21 PAS155 ne LE 89 ALS77d, nes(e) 28e poro EUL18 lo LE28 ki ALS118e que 123d si VALv°25 aysi ALR80 posche PAS238 rova LE65] por o no s coist EUL 20 aczo no s voldret concreidre 21 poro s furet morte 18 = il se erent convers VALv°25 e si s penteiet de cel miel 25 = un asne adduc(e)re se roved PAS20 chi eps lo[s] morz fai se reviv(e)re 35 per cio laissed deus se neier 199 que de sa mort posche s neger 238 cum anz se feira 372 no s defended 155 am se paierent 208 mult se ploret 198 cum se retornent 422 el se tais 215 d'en[z] se(n) leved 117 dond s'adunovent li felon 171, 429 ja s'aproismed 131, 394 o sa'assis 24 si s'excrebantent li fellon 250 si s'espauriren 398 no se' usted 155 s'en aduned 115 s'en aled 197 = rova s clergier LE65 jus se giterent 224 il se fud morz 51, 115 ne s soth mesfait 89 ob se lo s ting 28 lai s'aprosmat 232 incontra deu ben s'i garda 70 cio l demonstrat que s'i paias 110 fors s'en exit 146 si s'en intrat 66 si s'en ralet 84, 120, 122 torne s'als altres 206 oc s'ent pavor 76 a se l mandat 43 non oct ob se 164 ob se lo s ting 28 = aysi s conten ALR80 per se medips cant adlevar 103 = se fait acomunier 52b dunt ne s volt ancumbrer ALS77d ki s puisset atarger 118e ne s(e) contint ledement 28e chi chi se doilet 101c* se volt mult esforcer 52d dunt (il) se fist si estranges 122c a[l]quant se funt porter 112c dunc se purpenset 8c entra les povres se sist 20b c"o ad que s volt 123d del duel s'asist 30a parfitement s(e)' ad (est†) a deu cumandet 58c (vgl 58b, 13e, 69d, EUL18, LE51, 115, VALv°25, STEPH XIa) jetent s(ei)' an ureisuns 72b tu[it] s'en alasserent 100b qued il s'en deit aler 56d, 59a vait s'en li pople[s] 121a tut s'en vat [declinant] 2d cum s'en alat e cum il s'en revint 57e usque il s'en seit alet 58b ne s'en volt mesaler 47d jusqu'a deu s'en ralerent 121c ne s'en puet astenir 45b si s'en commourent 103a ne s'en corucet 53e, 54c cum il s'en doloserent 119b ne s'en volt esluiner 36e, 52e cum il s'en firet lies 25e s'en fuït 15e, 88d, 77a s'en refuït 77e s'em prist a dementer 26d bien s'en pot recorder 110a durement s'en redutet 40c cil s'en repairent 26a sempres s'en returnerent 24e, 64a s'en pot tres bien salver 110b que mes quors s'en sazit 93c nuls ne s'en volt turner 104e quet il s'en seit turnet 13e, 69d en sus s'en traient 116c sei: dignement s. delitent *einl.* 11 cel son servant ad a s. apelet 56e de s. medisme 57d od s. en ad portet 19a or l'at od s. 122d tres s. la tint 58a = ne se volt desmentir STEPH VIIa ensenble s'ecrïer[en]t VIIIa s'esdrecerent IIIa s'esragere[n]t VIIIb s[i] s'est ajonelct XIa vait sei afebleänt Xc

***seat** *zahlwort sieben*: dis e s. anz ALS33a s. jurz le tenent 115b dis e set anz 55a *s.* sameine, sedme, soyientreyr *vgl.* set *Rol.*, *Cambr. Ps.*, *Mousket* 27917

***seche** *adj. f. n. s. trocken*: cilg eedre fu s. VALv°15 *vgl. Cambr. Ps*, *Guiot* 2569, *Bartsch Chr.*[4]

***secles** *subst. m. n. s. welt, leben*: bons fut li s. ALS1a, 2c bries est cist s. 110c **secle** *obl. s.*: an icest[t] s. nen at parfit' amor 14c e del honur del s. ne l'encumbrent 40e dunc se purpenset del s. [ad]ansvant 8c en icest siecle nus acat pais e glorie 125c lo seule lazsier *sterben* EUL24 & nunc per tot in sel'a (= secula: gloria) PAS516 *vgl. Rol.*, *Trist.*, siecle *Aiol*, *Auc. et Nic.* 6, 22, 39, *Durm.*, *Guiot Bible*, *Mont S. Michel* 2921, *Bartsch Chr.*[4], *Du C.-Henschel*

Secundin *personenname obl. s.*: S. le reclus ALS *app. überschrift*

sed *s.* si

(***seder** *inf. sitzen*: toz sos fidels a. rovet PAS119 **set** *prs. i. 3 s.*: sus en la peddre [uns] angel s. (= sist : dis) 401 ad dextris deu Jesus [se] s. (: cel) 470 c"oest cil qui tres l'us s. (: ie) ALS 36c **sedent** *3 pl.*: s. es bans [e] pensif e plurus 66b **sist** *prt. 3 s.*: e si s. contra orientem civitatis VALv°8 entra les povres se s. dans Alexis ALS 20b **seët** *imperat. 2 pl.*: s. vos tuit! STEPH Ib **sedant** *part. prt. m. obl. s.*: iloc truverent danz Alexis s. ALS 23d **sis** *part. prt. obl. s.*: cum il iloec unt s. (:) 67a *vgl. Cambr. Ps.*, *Rol.*, *Karls Reise*, *Gorm.*, *Horn*, *Guiot Bible*, seoir *Durm.*, *Froiss. Chr.*, *Bartsch Chr.*[4] *Du C-Henschel*

sedme *zahlwort m. obl. s. siebente*: al s. jurn ALS116a *vgl. Rol.* 3061, 3228, *Aiol* 4974, *Horn* 634, *Wace Brut* 12784, *Mousket* 9722, 13643

seguent *s.* sivre

seignor, seindrae *s.* sendra

seit *s.* estra, saveir

***seiz** *subst. f. obl. pl. durst*: e tantes fains e tantes [seiz passedes] ALS80c *vgl. Cambr. Ps.* 103, 11; 106, 33, *Mätzn. afr. lied.* 44, 27, *Mousket Chr.* 3058, *Froiss. Poës.* I 146, 2016, *Baud. de Condé* 517, *Bartsch Chr.*[4] 270, 16, *Gach.* soit

***semblant** *subst. m. obl. s. erscheinung*: mais n[e] conurent sum vis ne sum s. (:) ALS23e **semblans** *obl. pl.*: per nuls s. [aparegues] PAS450 **senblanss** *n. s.*: li suenss s. non est entr'eiz cent milie(t) HOH20 *s.* assembler, ensemble, resemplet *vgl. Cambr. Ps.*, *Rol.*, *Horn*, *Ben. Troie* 4620, samblant *Froiss. Chr.*, *Gach. etc.*

semgleyr *adj. m. obl. s. einzig*: no deyne fayr regart s. (:) ALR79 *vgl.* sengle *Cambr. Ps.*, *Horn* 1814

semper (*durchstrichnes* p) *adj. immer, sofort*: osanna s. van clamant PAS48 s. pensed 212 s̄eper (*durchstr.* p) fu pius 298 que s. fu & s. es 370 de regnum deu s. parlet 452 = en templum deu **semper** intret 70 s. li tend lo son menton 146 s. (*durchstr.* p) leved del piu manjer 103 l'aurelia a[l] serv s. saned 162 mult lez s̲. en esdevint 210 lui recognostre[l] s̄eper (*durchstr.* p) fiz 196 il voluntiers semper reciut (semprel retint†?) LE 130 **sempre**: la polle s. non amast lo deo menestier EUL10 cio s. fud e ja si er LE37 s. fud bons 39 s. fist bien 40 por te qui s. m vols aver 94 lo corps [e]stera s. sus 234 = ab u magistre s. l mist 22 Jesus las a **sempr'** encontradas PAS414 a curt fust **sempr'** e lui servist LE44 **sempres**: s. regretet ALS88b = s. s'en returnerent 24e un en i out ki s. vint avant 46c n'i vint amferm ... quant il l'apelet, s. n(en)' ai[e]t san(c)tet 112b *vgl. Rol.*, *Horn*, *Trist.*, *Aiol*, *Durm.*, *Wace Brut.*, *Ben. Chr.*, *Mousket*, *Bartsch Chr.*[4], *Du C.-Henschel*

sen 1) *s.* **sens** 2) *subst. m. obl. s. verstand*: toyl le s. otiositas ALR6 *vgl. Guiot Bible*, *Bartsch Chr.*[4] 171, 19 *3) *prs. i. 3 s. fühlen*: diable s. enz en sa gola PAS102 *vgl. Rol.* 1952, *Gorm* 180, *Guiot Bible*, *Durm.*, *Froiss. Chr.*, *Bartsch Chr.*[4]

***sendra** *subst. m. n. s. herr*: Karlus meos s. EID II, 2 lo nostre **seindre** PAS417 **sire**: VALv°30 si fut un[s] s. de Rome ALS3c il fut lur s., or est lur [provendiers] 25d s. (servit*) en doüsses estre 84e **sire(t)**: si l'aimat molt mi s. (:) HOH35 par cui mi s. mei ma[n]dat(z) 89 **sire** *voc.*: s. Alexis ALS95a Eufemian bel s., riches hom 44a amis [bels s.] 22d, 41a or(e) sui jo vedve, s., dist la pulcela 99a s., dist il 68d, 94c STEPH Xe, XIc **semier** *obl. s.*: dunc reconnossent lo s. (: redemptor) PAS415 dunc lo saludent cum s. (: emperador) 251 nostre s. lo tenden il 280 l'ira fud granz cum de s. (: pavor) LE75 il nos ajud ob ciel s. (: passions) 239 **sennior**: nostre s. cum tradissant PAS 80 ja lor gurpis nostre s. (: raisons) 242 son bon s. que lo[r] tradisse 86 **seiner**: a sun s. qu'il aveit tant servit ALS 67d dunc li remembret de sun s. celeste 12b **seinur**: plainums ansemble le doel de nostre ami, tu (de) tun s., jol f[e]rai pur mun filz 31e sert sun s. par bone volentet 32d contra s. ne s'en volt mesaler 47d al son **seignor** il lur seit boens plaidiz 120e nostre **saignor** dereechief a prie STEPH XIb **seniur** *n. pl.*: cil dui s. ki l' empirie guvernent 113a tuit cil **seinur** 100d entr'els an prennent cil **seiner** a parler 104a iloc esguardent tuit cil altre **seinor(s)** (:) 66e **seignors** *voc. pl.* 101a, 125a **seinurs** de Rome 93a **seniurs** 105b **saignes** STEPH Ia **seniors** *obl. pl.*: honors quae il awret ab duos s. (:) LE8

***sens** *praep. ohne*: s. pecat PAS383 s. custurae fo faitice 268 s. cumgiet si s'en ralet LE34 **senz**: & s. fayllencj' altet ferir ALR97 s. dutance ALS122a, *app.* 10 s. raisun 9 **sen** peched PAS 354 n'oset oi[sels] c"anter **sanz** la tort(e)rele(t) HOH38 *vgl. Cambr. Ps.*, *Rol.*, *Gorm.*, *Karls Reise etc.*

sep *s.* saveir

***sepulcra** *subst. pl. gräber*: s. sanz obrirent mult PAS324 *vgl. Gorm.* 645, *Bartsch Chr.*[4] 83, 39

***ser** *subst. m. obl. s. abend*: envers lo vesprae, envers lo s. (: fidel) PAS 425 fayr a **seyr** & a matin agayt ALR92 *vgl. Durm.* 2279, *Froiss. Poés.* I 5, 135

seren VALv°8

serf *s.* serv

***sergans** *subst. m. n. s. diener*: li boens s. kil serveit volentiers ALS 68a **sergant** *obl. s.*: quer oüsse un s. (:) kil me guard[as]t! jo l'en fereie franc 46a cel son **servant** ad a sei apelet 56e **sergant** *n. pl.*: nel reconurent li dui s. sum pedre 24b **sergans** *obl. pl.*: dunc prent li pedre de se[s] meilurs s. (:) 23a *vgl. Karls Reise* 82, *Guiot Bible* 1111, *Horn* 62, 98, 366, *Mätzn. afr. lied.*, *Auc. et Nic.*

***sermon** *subst. m. obl. s. sprache, rede*: l'uns l'enseyned beyn parv mischin de grec s. & de latin ALR 89 a cel sopar un s. fez PAS109 **sermons** *obl. pl.*: et in raizons bels oth s. (:) LE35 *vgl. Rol., Durm.* 1169, 7597

seros *s.* sor

***serv** *subst. m. obl. s. knecht*: si consegued u s. fellon PAS159 l'aurelia ad (ul†) s. semper saned 162 i visitet L. son **serw** (:) LE180 **serf** *n. s.*: en sum puing tint l[a] cartre le deu s. (:) ALS70c *n. pl.*: li s. sum pedre ki la maisnede servent 53c **sers** *obl. pl.*: d'icez sons sers qui il est [almoeniers] 25c *vgl. Cambr. Ps., Rol.* 3737, *Adam* 21, 28, *Ben. Chr., Mousket* sierf, *Froiss. Chr.*

***servir** *inf. dienen, bedienen*: voldrent la faire diaule s. (:) EUL4 ad enperadur s. (:) ALR43 puis vait li emfes l'emperethur s. (:) ALS7e de deu s. ne cesset 17e **ses** mesters duńt il ad a s. (:) 74b don deu **servier** por bona fied LE24 **servirei** *fut. 1 s.*: deu a. ALS99d **sert** *prs. i. 3 s.*: s. sun seinur par bone volentet 32d **servent** *3 pl.*: li serf sum pedre ki la maisnede s. (:) 53c il le receivent, sil p[ort]ent e sil s. (:) 113c **serveit** *impf. i. 3 s.*: li boens serganz kil s. volentiers 68a al servitor ki s. al alter 31d **servid** *prt. i. 3 s.*: deus. cui el s. (: divint) LE29 **serve** *prs. c. 1 s.*: il ne[m] faldrat, s'il veit, que jo lui s. (:) ALS99e **servist** *impf. c. 3 s.*: & cio li dist, a curt fust sempr'e lui s. (:) **servit** *part. prt. m. n. s.*: se deu ploûst, s. (sire†) en doüsses estra 84e *obl. s*: quar il ad deu bien s. & a gret 35b a sun seinor qu'il aveit tant s. (:) 67d Jesum qu(e)' il a **servi** (:) STEPH XIIb *vgl. Rol., Gorm., Ben. Chr., Guiot Bible etc.*

***servise** *subst. m. obl. s. dienst*: cum bone peine, deus, e [cum] boen s. (:) fist cel saint hom(o) ALS123a deus sun s. li volt guereduner 56b del deu s. se volt mult esforcer 52d el damne deu s. (:) 33b quar n'ert de bel servisu(t) (: amie) HOH53 *vgl. Rol., Ben. Chr., Guiot Bible, Mätzn. afr. lied., Du C.-Henschel*

***servitor** *subst. m. obl. s. diener*: al s. ki serveit al alter ALS34d

***ses** *pron. poss. m. n. s. sein*: s. pare ALR33 s. conseilers ALS52c s. cors 20d, 58d s. enemis 32e s. mesters 74b s. fiz HOH74 u **sun** saint cors herberget ALS114e **sos**: s. corps PAS403 s. munument 355 s. vestimenz 271 lo s. regnaz 275 li **suos** corps LE10 **son** : li s. edrers ALS38e nuls s. apartenanz 55b li **suenaz** senblansz HOH20 li sen[s] de[us] (?) STEPH XIIa = **son** *obl s.*: s. fradre EID II, 1 s. sang PAS386 s. vestiment 254 en s. cab 248 per s. pechiad 378 sobre son peiz 107 s. bon sennior 86 de son piu cor 51 lo s. menton 146 per lo s. cor 338 lo s. cher amic 108 s. mistier LE81 s. quen 125 s. regnet 72 Lethgier s. serw 180 a s. dom 198 nuls om del s. juvent 31 de s. libre ALR2 encuntre s. vicin 93 s. corps 77 al s. seignor ALS120e cel s. servant 56e d'un s. filz 3e le s. convers 70d† s. ami HOH5, 12 **som**: al s. plaisir 30 gurpissem mund & s. peccad PAS508 **so**: so mistier LE103 estre so gred 60, 62 **sun**: a s. soveir et a s repausement VALv°12 s. amfan[t] ALS23b s. ave[i]r 20a s. cors 33b, 51bd, 56a, 86b s. linc"ol 54b s. lit 47b s. pedre 43c s. regne 40c s. seinur 32d s. servise 56b s. talent 10e, 28d a s. filz 69e a s. seinor 67d a s. vivant 8d de s. filz 45a de s. sanc precīus 14b de s. seinor celeste 12b tut s. aver 19a tut s. quor 34a [tres]tut s. linage 50e s. mort amfant 86d s. ker filz 26e s. grant dol 86a s. grant parage 50c par s. dreit num 43e s. angre(t) HOH91 **sum**: s. filz ALS85e, *anl.* 2 s. pedre 11d, 15d, 24b, 53c, 68b s. piz 86b s. pris 16c s. puing 70c s. voil 34b s. vis ne s. semblant 23e **sen**: s. vis 86c s. cheve VALv°11 **sem**: contra s. peer 28 **suon**: lo s. element EUL15 **suo**: al s. consiel LE69 l[e] **seu** fredre 58 = **soi** *n. pl.*: s. fidel PAS426 tuit s. fidel 274 li s. fidel 363, 429, 457, 473 s. parent LE14 **sei** fedel PAS165 **si** oil ALS45b, 88a = **ses** *obl. pl.*: s. chevels 87a s. crins 86c s. fedeilz 59d de s. parenz 40d a tus s. menestrels 65d sur tus s.

pers 4c de se[s] meilurs serganz 23a sos: los s. PAS73 dels s. 19 s. olz 293 a s. fidel[z] 409, 449 a s. laz 282 en s. charnsils 344 toz s. fidelz 112, 119, 98 los s. affanz 3 lo[s] s. sans ols 185 al[s] s. fidels 129 soos: a s. fedels 92 a s. pez 44 de s. 52 ses: s. clerjes LE145 s. meis 86 a s. pez 224 a s. sancz 2 de s. piers 59 lis s. penasez 170 sons: les s. ahans ALS55c d'icez s. sers 25c = sa *f. n. s.*: sa passîuns PAS12, 13, 443 sa fin ALS58d sa mere 50d sa muiler 11e s': s'aname 123c sõa: la s. madre virge fu PAS353 sũe: mult li angreget la s. anfermetet ALS56c = sa *obl. s.*: sa virginitet EUL17 sa cruz PAS255 sa man 467 sa passîun 95 de sa mort 238 de sa sudor 128 en sa man 246 ens en sa gola 102 per sa pietad 105 de sa raison 191 sa gratîa LE46, 88 de sa lancj' ALR96 sa colur ALS1d sa dolur 111e sa main 75a sa peitrine 87a sa povérte 53b sa raisun 15a c''o (e)'st sa merci, qu' 73c par sa mercit 54e sur sa nate 50a* sa blance barbe 78b sa tendra carn 24a sa grant honur 29e sa beltez HOH61 sa raisum 89 li fil sa mere(d) 58 sa pasîun STEPH Ie s': en s' evesquet LE122 s': de s'espethe ALS15b s'erme STEPH XIIb de ss'espãa ALR95 sõa: s. carn PAS386 de s. carn 334 per s. mort 375 la s. mort 204 sõe: s. chamisse 267 s. mercid HOH24 sonue: par s. clementia EUL29 sũa: s. fin PAS168 per s. grand humilitad 25 la s. morz 11 de suo part EID II, 2 sũe: pur s. amur ALS34c, 44e la s. cara medisme 87b la s. (par sa grant P) pietet 63a la s. juvente *einl.* 6 la s. spuse 7 la s. (*sc.* cartre) li alascet 75b in su' amor LE3 = sas *obl. pl.*: s. mans PAS237 s. claritaz ALR50 s. qualitaz 52 ses: ob s. croix LE146 batant s. palmes ALS85d

set *s.* saveir, seat, seder, si

seule *s.* secles; **sevent** *s.* saveir

seyr *s.* ser; **sgarded** *s.* esgarde

.***si** 1) *conjunction wenn*: si Lodhuvigs sagrament ... consérvat et Karlus ... nom los tanit (?), si io returnar non l'int pois ne io ne neũls ..., in nulla ajudha .. nun lui ier EID II, 1-3 si tu laises vivre Jesum, non es amics l'emperador PAS235 si alcuns d'els beven veren, non aura[n] mal 461 et, si el non ad ols carnels, en corp los ad .. et, si en corps a grand torment, l'anima n'awra LE171-3 sil toca res ... tal regart fay ALR58 si me leũst, (si) t'oũsse bien guardet ALS98e = quel lor dissets per pura fied, si vers Jesus fils deu est il PAS180 e tantes feiz (*sc.* si) pur tei an luinz guardet, si revenisses ALS95d = se: se jos un creid, il me trairunt 41e se lui 'n remaint, sil rent 20e, 51c se tei ploũst, ci ne volisse estra 41b se jo[t] soũsse la jus ... ja tute gent nem(en) soũsent turner 98c se tu feïsses amvidie par discrecion, senz dutance pöeies saluablement purtenir les c''oses *app.* 10 par lui aurum, se deu plaist, bone ajude 107e se par mei non, jamaiz n'aurat clartez HOH 62 mult volentiers dannassent le barun, se il en lui trovassent l'achisun STEPH VIe = s': s'il le conclũent, ja li toldrunt la vîe IVe s'il nus funt presse, [d]unc (ore) an ermes delivre(s) ALS105e s'or me conuissent mi parent d'(ic)esta terre, il me perdrunt 41c s(e)'or ne m'en fui, mult criem 12e s(e)' a (od†) mei te vols tenir, sit guardarai 31a set: s. il fut graim (s'il fut dolens†), ne l'estot demander 26c s. a mei sole vels une feiz parlasses, ta lasse medre si la [re]confortasses .., cher fi[l]z, bor i alasses 90c = sed: s. il non ad lingu'a parlier, deus exaudis lis sos penasez LE169 *2) *adv. so derart*: si chera merz ven si petit PAS87 si fort sudor dunques suded 126 jal vedes ela si morir 335 ensobretot si l'escarnissent: di nos 187 si plamant lui appelled: de met membres 294 [et ab] las femnes [parlet si] 402 de sa raison si lestred[ed], que lo deu fil li fai neier 191 si s'espauriren de pavor, que quaises morz a terra vengren 398 per sõa mort si l'a vencut, que contra omne non [n] vertud 375 et hanc en aut merci si grand LE183 dels añz que .. susting si granz 10 et or es temps et si est biens 5 cio sempre fud et ja si er 37 cum si l'aut fait, mis l'en reclus 155 cum si l'aut toth vituperet 159 si grant dolur ALS32d, 97d si grant ledece 107c, 108a si grant perte 30c si granz turbes 103c a tel dolur & a si grant poverte 84a cum bone peine, deus e si (cum †) boen servise 123a si veirs miracles 112d quant il i veient les vertuz si apertes 113b jamais n'ert (*sc.* li secles) si vailant 2c mais or(e) les (*sc.* noveles) vei si dures e si pesmes 96e pulcela dunt (il) se fist si estranges 122c ki (*sc.* ta medre) si'st dolente 90e si pou vus ai oüt 22d bien poet lies estra chi si est aluëz 109e de noz pechez sumes si ancumbrez 124c trente quatre anz ad si sun cors penet 56a quant il co sourent, qued il fud si alet (fuïz s'en eret†) 21c c"o peiset mai, que (si) purirat [en] terre 96b del duel s'asist la medre jus(que) a terre, si fist la spuse 30b Eufemïen, si out a nnum 4a si s'en commourent 103a m[es] pedre me desirret, si fait ma medra 42b quer feit i ert e justise & amur, si ert creânce 1c[1]) des (si†) at li emfes sa tendra carn mudode 24a or sui si graime, que ne puis estra plus 22e si la despeiret, que n'i remest nïent 28b quant tut sun quor en ad si afermet, que ja .. n'istrat 34a tuit en unt lor voiz si atempredes, que tuit le plainsdrent 119c de tutes parz l'unt si avirunet, [que] 115d pois le barun entr' os si lapiderent STEPH VIIIe = si l'at destruite cum (di)s' [hom l'oüst] predethe ALS29c chi sil fëent cum faire lo döent VAL v°27 si cum il ore sunt 18 si cum om ... di[f]t EID I 4 si cum prophetes ... canted aveien PAS27 et si cum ro[de] in cel es granz LE203, 204 si cum desanz deu pres laudier 182 p[a]rlier lo fist si cum desanz 184 pro deo amur ..., inquant deus ... podir me donat, si salvarai eo cist meon fradre EID I, 3 = *partikel* = volt lo seule lazsier, si ruovet Krist EUL24 dunc co dixit, si fut Jonas VALv°3 l[i] angeles deu de cel dessend, si s'aproismet PAS394 spiritus sanctus sobr' els chad ... sils enflamet cum fugs 476 sus en la peddre [uns] angel[es] set, si parlet 402 davant l'ested le pontifex, si[l] conjuret per ipsum deu 178 estrais lo fer ... si consegued 159 ab lui parlet, sil conjaudit 424 levet sa man, sil benedis 467 dunc reconossent lo sennior, si l'adorent 416 castel Emaus ab els entret, ab el[s] ensemble si sopet 428 corona prendent ... & en son cab fellun l'asisdrent. Dedavant lui tuit a genolz sis excrebantent li fellon 250 vengre la nuvola, sil collit 468 dunc lo despeis e l'e[s]carnit li fel Herodes ... blanc vestiment si l'a vestit 219 Jesus ... l'aurelia ad serv semper saned, lïade(n)s mans .. si l'ent menen 164 granz fu li dols, fort marrimenz, si condormirent tuit 122 garda, si vid grand claritet LE201 torne s' als altres, si llor dist 206 rova s clergier, si s'en intrat in un monstier 66 peis li promest ad enavant. A grand furor, a gran flaiel sil recomanda Laudebert 194 cil vait, sil quert ALS35d, 37a tu[it] l'escarnissent, sil tenent pur bricun 54a a lui repairent e li rice e li povre, si li requerent conseil d'icele cose 61c iloc esguardent tuit cil altre seinor(s), si preient deu, que 66d velz est e frailes, tut s'en vat [declinant], si 'st ampairet, tut bien vait remanant 2e l'egua li getent, si moillent sun li-

1) *Ich habe früher* si 1c *und* 3c *mit Tobler als* s'i *gedeutet*, *doch ist bedenklich, dass sich Belege für Elision dieses* si *in unseren Texten nicht finden, wohl aber zahlreiche Stellen, welche für Duldung des Hiates sprechen.* LE37 ALS4a, 21c, 24a†, 34a, 109e, 113b, 115d, 116c, 119c, 124c, 122c *(vielleicht ist allerdings hier* si *'stranges zu lesen und statt dessen das beseitigte* il *zu belassen)* HOH54, STEPH IIIe, VIIc. *Die Schwierigkeit in* 3c, *dass dann nach* L *die locale Bestimmung zu* estra *fehlen würde*, *wird durch die von mir vorgeschlagene Aenderung beseitigt*, *während* 1c si *als 'ebenso' gedeutet, und* i *aus* 1b *leicht ergänzt werden kann.*

[c"on] 54b prenent l'or e l'argent, sil funt jeter 106b vunt en avant, si derumpent la presse 113e que l'ume deu quergent ... si [li] depreient, que 60c set a mei sole vels une feiz parlasses, ta lasse medre si la [re]-confortasses 90d aiuns .. en memorie, si li preiuns, que ..., en ipse verbe si'n dimes 125be mais sun pedre i ancuntret ..., sil reconut, par sun dreit num le numet 43e quar par cestui aurum boen adjutorie, si li preiuns, que 101e suŝf l'apelet, si li ąd conseilet 68c fud baptizet, si out num Alexis 7a tut soi amferm, sim pais· pur sūe amor 44e grant fut li dols, si l'antendit la medre 85b un filz lur dunet, si l'en sourent bon(t) gret 6c en sus sen traient si alascet la presse 116c puis icel tens que deus nus vint salver nostra anceisur ourent cristïentet, si fut un[s] sire de (en†) Rome la citet 3c [La vi]rge(t) fud de bon [entendem]ent, si respon-[dit] HOH11 cil me torverent si m'ont batuz 44 il dist de mei, que ..., si m'aimet tant 23 lei ad laisiet ... si amet mei 54 proud ne la fist si'nn est c"adeit 56 l'odor est bone(t) si l'aimat molt miaire(t) 35 esgarde el cel, si i vit Jesu Christ STEPH VIIce e sis penteiet de cel mel VAL v°25 e repauser si (? s'i) podist 11 & el medeps si pres sa cruz PAS255 & sen peched si portet lui 354 et sens cumgiet si s'en ralet LE84 plurent si oil e s[i] jetet grans criz ALS88a prenent conget .. e si li preient 120d il le receivent, sil plorent e sil servent 113c co ad ques volt .. en-sor[e] tut e si veit deu medisme 123e jotum ensenble .. & si arrum l'es-cïence de lui STEPH IIIe = quant volt fenir, se s'est ajonelet STEPH XIa quant jo[t] vid ned, si'n fui lede e goiuse 92c ainz que ne[z] fusses, si'n fui mult angussuse 92b se lui'n remaint, sil rent as poverins 20e, 51c s' [od] mei te vols tenir, sit guar-darai 31b si me leüst, (si)t' oüsse bien guardet 98e voillent o nun, sil laissent metra an terre 116d, 120b tant l'ai vedud, si nel poi aviser 79e

sia *s.* estra; **siecle** *s.* secles

sigle *subst. m. obl. s. segel*: dre-cent lur s., laisent curre par mer ALS16d *vgl.* traient lor ancre, si ont drecie lor sigle ... lor ancre getent, si abessent lor sigle *Mort Aimeri Hs.* 24370 *f.* 11b 17, 25, *Phil. de Thaön Best.* 1328, *Horn* 61, 222, 2164

***signa** 1) *subst. n. s. zeichen*: so fu grans s. tot per ver PAS272 **signes** *obl. pl.*: s. faran li soi fidel 457 s. fasen per podestad 484 por ciels s. que vidrent tels LE209 *vgl. Guiot Bible* 677, *Durm.* 1533, *Froiss. Poës., Chr.* (*)2) *prs. i. 3 s. bezeichnen*: lo mels s. deïtat PAS444 *s.* ensenna

Sire *land obl.*: au deputer furunt cil de Libïe e cil de S. STEPH IVb

sire *s.* sendra; **sis**, **sist** *s.* seder; **sit** *s.* estra

***siure** *inf. folgen*: an icele (*sc.* painture) veient les ignoranz quet il deivent s. ALS *app.* 3 **seguent** *prs. i. 3 pl.*: lo barun s. mult grant torbe de gent STEPH Xa **seguelent** *impf. i. 3 pl.*: cil qui le s. (vont segant: ant) IXb **seguen** *ger.*: femnes lui van detras s. (: gaimentan) PAS257 sanz Pedre sols s. lo vai 167 *s.* con-segued

so: si respon[di mu]lt avenablement so (de†) son ami HOH12

***sobl'** *praep. über*: de gran pavor que s. el[z] vengre PAS400 **sobr'**: spiritus sanctus s. els chad 475 **sobra**: s. malabdes mans metran 463 **sobre**: s. nos sia tos li peches 240 s. son peiz les condurmi[r] 107 lo corps estera s. la pies LE230 **super**: s. li piez ne pod ester 165 **soure**: chi rex eret a cels dis s. pagiens EUL12 **sore**: un edre s. sen cheve VALv°11 **sor**: seat jurz le tenent s. terre a podestet ALS115b granz est li dols ki s. mai est vertis 93d **sur**: soz le degret ou il gist s. sa nate 50a lur lavadures li getent s. la teste 53d tu[it] s'en returnent s. dam Eufemïen 64a s. tuz ses pers l'amat li emperere 4c bel num li metent s. la (sulunc†) cristïentet 6e **saub[r]'**: pedra s. altre non laiserant PAS64 **sor**: & exaltat s. tota gent ALR22 *s.* ensobretot

***socors** *subst. m. obl. s. aushilfe*: de oleo fasen s. a vos SPO76 *vgl. Rol.* 2562, *Adam* 29, *Ben. Chr.* 5518 *Durm. etc.*

***soferai** *fut. 1 s. ertragen*: pur tne amur an s. l'ahan ALS46e *vgl. Gorm.* 643, *Cambr. Ps.* C. E. 9; 85, 11 *etc.*

soi *s.* estra, ses

sol 1) *s.* sols 2) *subst. m. n. s. sonne*: lo s. perdet sas claritas ALR 50 *vgl. Bartsch Chr.*[4] 90, 14

(*)**solas** *subst. m. obl. s. trost*: s. nos faz' antiquitas ALR7 *vgl. Adam* 69, *Guiot Bible* 1371, *Durm.*, *Mätzn. afr. lied.* 29, 4, *Froiss. Chr.*, *Gach.*

***soleils** *subst. m. n. s. sonne*: cum [lo] s. fo esclairaz PAS390 **soleis**: fui lo s. & fui la luna 311 **solleis**: quant li s. converset en Leōn HOH1 il est plus gensz que s. enn ested 16 **soleis** *obl. s.*: commandent li les vinnes a guarder fors al s. 60 *vgl. Rol.*, *Trist.*, *Aiol*, *etc.*

(*)**solis** *impf. i. 3 s. pflegen*: quals el abans faire s. (: fidel) PAS458 **solt** *prt.* (?) *3 s.*: si cum il semper s. haveir VALv°1 *vgl. Rol.*, *Gorm.* 176, *Aiol* 994, *Horn*, *Trist.*, *Ben. Chr.*, *Guiot*, *Durm.*, *Mousket*, *Froiss. Chr.*

***sols** *adj. m. n. s. allein*: [a]van orar s. en anes PAS120 sanz Pedre s. seguen lo vai 167 sanct Pedre s. venjiar lo vol 157 **sul**: tut s. (tuz suls†) s'en est Eufemïen[s] turne[z] ALS69d ki est un sul faitur *einl.* 8 *obl. s.*: mais que cel s. que il par amat tant 8b il desirrables icel s. filz angendrat *einl.* 4 fors s. le lit ou 55d† *n. pl.*: quant an la cambra furent tut s. remes 13a **sole** *f. n. s.*: & a la spuse qu[i s. fut remese] 21b set a mei s. vels une feiz parlasses 90c **sulement** *adv.*: mais ad anstruire s. les penses *app.* 8

(*)**solses** *impf. c. erfüllen*: usque vengues qui sens pecat per toz s. comuna lei PAS384 *s.* absols *vgl. Ben. Chr.*, *Roi Guill.* p. 134, *Auc. et Nic.* 24, 58, 66, *Bartsch Chr.*[4] 297, 26, 34

***somondre** *inf. ermahnen*: n'estot s. icels ki l'unt oït ALS102d *s.* summunse *vgl. Ben. Chr.* 6689, 15297, *Wace Brut.*, *Rom. d'Alixandre*, *Durm.* 932 *etc.*, *Auc. et Nic.* 37, 13, *Bartsch Chr.*[4] 260, 24, *Mätzn. afr. lied.* 6, 19, semondre *Guiot Bible*, *Froiss. Chr.*

***sonar** *inf. spielen*: li quarz lo duyst corda toccar & rotta & leyra clar s. ALR101 **soner** *erwidern*: unques vers lui ne porent mot s. (:) STEPH Vd **soned** *prt. i. 3 s.*: de multes vises l'apeled Jesus li bons mot nol s. PAS214 *vgl. Rol.* 411, 1027, *Karls Reise* 197, 358, *Horn* 780, *Ben. Chr.*, *Guiot Bible*, *Durm.*, *Bartsch Chr.*[4], *Gach.*

***sopa** *subst. f. n. s. suppe*: cui una s. enflet lo c. PAS100 Judas cum og manjed la s. (: gola) 101 *vgl. Auc. et Nic.* 11, 15, *Mousket* 21671

***sopar** *inf. subst. obl. s. essen*: a cel s. un sermon fez PAS109 **sopet** *prt. i. 3 s.*: ab el[z] ensemble ai s. (: entret *prt.*) 428 *vgl. Durm.* 5008, 5256, 10539, *Froiss. Poés.* II 217, 38

***sort** *subst. obl. s. loos*: mais [chi l'] aura, s. an gitad PAS270 *vgl. Rol.* 3665, *Gorm.* 426, *Adam* 9, 29, *Münch. Brut.* 634, 365, 2629, *Froiss. Chr.*

***sor** *subst. f. obl. s. schwester*: et prist moylier . . . sor Alexandre al rey d'Epir ALR41 **soro[r]s** *obl. pl.*: alet areir a vostras saie[s] s. (:) SPO 73 *vgl. Rol.* 312, 3713, 1720, *Gorm.* 329, *Horn*, *Aiol*, *Ben. Chr.*, *Mousket*, *Bartsch Chr.*[4], *Auc. et Nic.* 7, 20, *Froiss. Chr.*, *Gach.*

sor, sore *s.* sobre

***soslevar** *inf. aufheben*: alcanz en cruz fai s. (:) PAS491 **susleved** *prt. i. 3 s.*: el s. del piu manjer 91 [s]uslevet *prs. i. 3 s.*: les dras s. ALS70a *vgl. Auc. et Nic.* 11, 23; 12, 23, sullever *Cambr. Ps.*

***sost** *praep. unter*: cel edre s. que cil sedebat VALv°14 **sus**: s. ciel n'at home ALS118e s. le degret ou il gist 53a, 44c, 47a, 69e, 71d, 79c, 98a **ses**: s. le degret ou il gist 50a **sub**: qual pot s. cel genzor jausir ALR40

***sostendreiet** *cond. 3 s. aushalten*: melz s. les empedementz EUL16 **sosteg** *prt. 3 s.*: per tot s. que hom carnals PAS8 **susteg**: afanz per nos s. mult granz 16 **sustinc**: por cui s. tels passïons LE240 **susting**: que (sc. afanz) li suos corps s. si granz 10

sostint: et dels fiaiels que grand s. (: audit) 236 tant an retint dunt sun cors an s. (:) ALS51b *vgl. Rol.* 1129, *Karls Reise* 521, *Guiot Bible* 1321, *Mätzn. afr. lied.*, *Bartsch Chr.*[4]

sot, soüsse, sout *s.* saveir

soveir *inf. subst. obl. s.* (? sedeir): porque deus cel edre li donat a sun s. VALv*12

***sovent** *adj. oft*: s. le virent e l[i] pedre e l[a] medra ALS48a e sun ker filz **suvent** a regreter 26e *vgl. Karls Reise* 356, *Guiot Bible etc.*

soventes *adj. f. obl. pl. öftere*: s. feiz lur veit grant duel mener ALS49a

soyientreir? = seyteneyr *obl. s. siebent*: mels vay & cort de l'an primeyr que altre emfes del s. (:) ALR75

soure *s.* sobre; **sos** *s.* sost; **spede** *s.* inspieth

spandut *part. prt. m. n. pl. ausbreiten*: [e]s. sunt per tot ces[t] munt PAS485 *s.* espandant

***spiritiel** *adj. m. obl. s. geistig*: rendet ciel fruit [e]s. (: perdenat *part.*) LE215 **e(t)spiritiels** *obl. pl.*: et si el non ad ols carnels, en corp[s] los ad e. (:) 172 **spiritel** *f. n. s.*: ici cumencet amiable cancun e s. raisun ALS *einl.* 1 la süe juvente fut honeste e s. 6 *obl. s.*: a cascun[e] memorie s. 10

***spiritus** *subst. m. n. s. geist*: spa. scs. sobr'els chad PAS475 le s. de lui anet 320 le s. aparegues 440 *obl.*: sanz spm. posche laudar 515 *vgl. Cambr. Ps.*

spus *s.* espos

***spuse** *subst. f. n. s. gattin*: co dist la s. ALS22c, 30b *obl. s.*: a la spuse 21b de la s. 119b avoc ma s. 42c, 11c ta s. conforter 95d la süe s. juvene cumandat al spus vif de veritet ALS *einl.* 7 *s.* espos

sta, stera *s.* ester; **ste** *s.* est

sub *s.* soble, sost

***subtil** *adj. m. obl. s. fein, schmächtig*: lo bu (*sc.* ab) s., non trob delcad ALR70, *vgl. Mätzn. afr. lied.* 46, 33, *Guiot Bible*, *Ben. Chr.*, *Froiss. Poés.* II 12, 393, *Chr.*, *Du C.-Henschel*

***suded** *prt. i. 3 s. schwitzen*: si fort sudor dunques s. (: anned) PAS126 s. trassudad, *vgl. Guiot Bible* 2126, *Durm.* 3146, 4742, *Bartsch Chr.*[4] 81, 7

***sudor** *subst. f. obl. s. schweiss*: de sa s. las sanctas gutas PAS128 si fort s. dunques suded 126 *vgl. Trist.* II 136 *s.* 984, *Bartsch Chr.*[4] 110, 38

***suëf** *adv. sart, sorgsam*: s. l'apelet ALS68c ki lui portat, s. le fist nurrir 7b *vgl. Cambr. Ps.*, *Rol.* 1165, *Horn*, *Karls Reise*, *Ben. Chr.*, *Durm.*, *Guiot Bible*, *Froiss. Chr.*, *Bartsch Chr.*[4], *Du C.-Henschel*

sui *s.* estra; **sul** *s.* sols

***sulunc** *praep. gemäss*: lesquels vivent purement s. castethet ALS *einl.* 11 bel num li metent s. (sur la*) cristïentet 6e *vgl.* solonc *Horn*, selunc *Cambr. Ps.*, *Guiot Bible*, *Durm.*, *Brun de Mont.* 820, 823, *Mousket*, *Mätzn. afr. lied.*, *Auc. et Nic.*, *Bartsch Chr.*[4]

sumes *s.* estra

***summunse** *subst. obl. s. ermahnung*: en l'altra vois lur dist altra s. (:) ALS60a *vgl. Ben. Chr.* 15433, *Elie* 208, *Froiss. Chr.* II 61, V 233

sun, sunt *s.* estra; **super** *s.* soble

surerain *s.* suverain

***surz** *adj. m. n. s. taub*: s. ne avogles ne contraiz ne leprus ALS111a *vgl. Ben. Chr.*, *Cambr. Ps.* 37, 13, *Durm.* 1482

***sus** *adv. oben*: Jesus rex magnes s. monted PAS26 chi maent s. en ciel EUL6 s. en la peddre [uns] angel[s] set PAS401 s. en u mont donches montet 465 cum il l'an mes s. en la croz PAS285, 281, 318 SPO22 *s.* ensus *vgl. Rol.*, *Gorm.* 279, 409, *Horn*, *Durm.*, *Froiss. Poés.* I 121, 1170, *Chr.*, *Gach.*

***suscitet** *prt. i. 3 s. auferwecken*: Jesus lo Laçer s. (: fait *part.*) PAS30 *vgl. Ben. Chr.*

susleved *s.* soslevar

(*)**suspensus** *part. prt. m. n. s. aufhängen*: post que deus fils s. fure PAS312

***suspiret** *prt. i. 3 s. seufzen*: de son piu cor greu s. (: lagrimes *prt.*) PAS51 *vgl. Rol.* 2380, *Guiot Bible* 250, *lied* 6, 28, *Mätzn. afr. lied.*, *Durm.* 4106, 8888

susteg, susting, sustint *s.* sostendreiet; **suvent** *s.* sovent
***suverain[e]** *adj. f. n. s. erhaben*: icesta istorie est amiable grace e. s. consulaciun ALS *einl.* 9 **sureraim** *obl. s.*: par l'amistet del s. pietet 7 *vgl. Guiot Bible* 2280, *Durm.* 15230, *Mousket* 8767, *Bartsch Chr.*[4] souverain
sus *s.* soet
Symeõns *personenname m. n.*: sanz S. l'o[t] percogded PAS340

T.

T *s.* te, tes; **ta** *s.* tan, tes
***tabla** *subst. f. obl. s. tisch*: iluec paist l'um del relef de la t. (:) ALS50b *vgl. Aiol* 165, *Karls Reise*, *Rol* 111, *Durm.*, *Ben. Chr.*
***tais** *prs. i. 3 s. refl. schweigen*: Judeu l'acusent, el se t. (: denat) PAS215 *vgl. Cambr. Ps.*, *Rol.*, *Ben. Chr.*, *Durm.*, *Horn*, *Mätzn. afr. lied.*, *Froiss. Poës.*
tal *s.* tels
(*)**talent** *subst. m. n. s. sinn*: a cel saint [cors] trestut est (ont turnet†) lur t. (:) ALS106e *obl. s.*: a tel tristur aturnat sun t. (:) 28d de tut an tut ad a deu sun t. (:) 10e amfant nus done ki seit a tun t. (:) 5e fer [sc. ab] lo t. & apensad ALR73 los sos 'talant ta fort monstred PAS73 **talenç** *obl. pl.*: vostres t. ademplirant 84 *vgl. Cambr. Ps.* 105, 7, *Rol*, *Gar. le Loh.* I 13, II 220, *Aiol*, *Horn*, *Ben. Chr.*, *Adam* 10, *Guiot Bible*, *Trist.* II 101 *s.* 254, *Durm.*, *Auc. et Nic.*, *Mätzn. afr. lied.*, *Mont S. Michel*, *Froiss. Chr.*, *Bartsch Chr.*[4], *Du C.-Henschel*
***talier** *inf. schneiden*: am[b]as lawras li fai t. (: queu) LE157 **talia** *prs. i. 3 s.*: entro li t. l(o)s pez de jus 233 *vgl. Rol.*, *Karls Reise*, *Froiss. Poës.*, *Chr.*, *Bartsch Chr.*[4]
***tan** *adj. m. obl. s. so mancher*: t. duc ALR16 **tant** rey 14 **tanta** *f. obl. s.*: t. terra 15 **tans** *m. obl. pl.*: t. jurz ALS95a, 42e **tantes** *f. obl. pl.*: t. consireres (seis passedes†) 80c t. dolurs 80b t. fains 80c t. feiz 95c t. lermes 80d, 95b† **tan** *neutr. so viel*: por quant il pot, t. fai de miel LE135 ... *adv. so sehr*: qui t. fud miels 160 un rey t. ric ALR12 t. dolent furunt STEPH VIIIb t. dulcement PAS106 t. durament 322 **tam**: t. benlement los conforted 130 li perfides t. fud cruëls LE153 t. ben en fist 21, 67 et hunc t. bien que il en fist 47 talant **ta** fort monstred PAS 73 **tant**: t. par est belsz HOH18 chi t. biem oillet 29 si m'aimet t. 23 [c]ui deus par amat tant ALS2b, 8b ki t. l'at desirret 104d, 115a a sun seinor qu'il aveit t. servit 67d c''o que t. avums quis 71c c''o peiset mei, que ma fina t. domoret 92e c''oest granz merveile, que li mens quors t. duret 89e ou il at geüt tant 55d† t. l'as celet, mult i as grant pechet 64e t. l'ai vedud, si nel poi aviser 79e t. aprist letres, que bien en fut guarnit 7d ne puis t. faire, que mes cors s'en sazit 93c t. i plurat e le pedra e la medre .., que tuz s'en alasserent 100a tant li prïerrent ..., que la muiler dunat fecunditet 6a t. an retint dunt ses cors puet guarir 20d, 51b nen volt turner t., cum il ad a vivre 33e *s.* entantdementres
tanit ? EID II2
Tarson *stadt obl.*: [dreit a] T. espeiret ariver ALS39c
***tart** *adj. neutr. n. s. spät*: mais lui est t., quet il s'en seit [fust†] turnet ALS13e *s.* atarger *vgl. Rol.* 2483, *Ben. Troie* 17728, *Mätzn. afr. lied.* 42, 72, *Bartsch Chr.*[4], *Du C.-Henschel*
***te** *person. pron. acc. dich*: quar eu te fiz PAS67 nos te laudam 305 salvar te ving 68 qui in te sunt 61 por te LE94 dunt te puisse guarir ALS31c mar te portai 88b s'[od] mei te vols tenir 31a or te vei mort 92d jo atendeie de te bones noveles 96d **t'**: quez t'asaldran PAS 58 il tot entorn t'arberjaran 59 cum t'ai perdut ALS22a tanz jurz t'ai desirret 95a filz, t'ies deduit 84b filz, quar t'en (te†) va colcer 11b que pietet ne t'en prist 88e que ne t'em perde 12e u t'alge querre 27d si t'oüsse (bien) guardet 98e molt t'ai odit plorer HOH7 **t**: sit guardarai ALS31b net (nel*) cunuisseie

plus qu(e)' unches net (nel*) vedisse 87e net (nen*) coneüues ne(t u)'n-cor(e) net (nen*) conuissum 72e quant jot (jo*) vid ned 92c* se jot (jo*) soüsse 98a pur quei[t] portat ta medre 27a jat(e) portai en men ventre 91c ainz quet(ei) vedisse 92a tei: ci devant t. 78a n'ert an t. demenede 29b ansembl'ot tei 30e, 98d† pur tei 80b, 95c, 88d† en pur tei 81e, 82c = tei dat.: se t. ploüst 41b t. cuvenist 83a ti: melz ti fura PAS151 te: te posche retdræ gratīæ 513 nos te præiam 359 gai te, dis el per tos pechet 54 tut te durai ALS45d t': non t'o permet PAS56 chi t'o fedre 188 eu t'o promet 299 malveis e[s]guard(e) t'ai fait(e) suz mun degret ALS79c ma grant honur t'aveie retenude 82b

*tels adj. u. pron. m. n. s. mancher, derartig: ja fud t. om LE73 tel: dunt cil t. (?) VALv°16 mais coest t. plait ALS10d jamais n'iert t. (sc. li siecles) cum fut le obl. s.: il est de t. parage(t) HOH13 tiel: ciest omne t. mult aima deus LE207 por ciel t. duol rovas clergier 65 por ciel t. miel quae defors vid 144 tal: qui tal exercite vidist 138 chi cel (sc. sermon) non sab, t. non audid PAS110 tal a regard cum focs 395 t. regard fay cum leu ALR59 tels obl. pl.: por ciels signes que vidrent t. (:) LE209 = tels f. n. s.: quant ciel' iræ t. esdevent 79 por cui t. causa vin de ciel 208 tel obl. s.: dunt tu as t. dolur ALS44d a t. dolur & a si grant poverte 84a a t. tristur aturnat sun talant 28d tal: cum il menaven t. raizon PAS431 en t. forma fud naz ALR54 qu(i)'al rey Xersem ab t. tenzon 38 tels obl. pl.: por cui sustinc t. passīons LE240 tals: cum audid t. raisons PAS241, 511

(*)tempestas subst. f. n. s. sturm: toneyres fud & t. (:) ALR49 vgl. Cambr. Ps. 54, 8, Rol., Gorm. 229, Froiss. Chr., Bartsch Chr.4

*te[m]plū subst. m. obl. s. tempel: en t. deu semper intret PAS70 qui in templ'm dei cortine pend 327 vgl. Rol. 1524, Guiot Bible, Bartsch Chr.4 306, 23

(*)temprar inf. moduliren: li quarz lo duyst corda toccar . . & en tos tons corda t. (:) ALR102 s. atempredes vgl. Horn, Chast. de Couci 3305, Aiol 580, Wace Brut.

*temps subst. m. n. s. zeit: et or es t., et si est biens LE5 li tensa est bels HOH34 temps obl. s.: de lui long t. mult a audit PAS211 o cors (p') non jag anc a cel t. (: monument) 352 del t. novel ne del antic nuls hom vidist un rey ALR11 tens: bons fut li secles al t. ancīenur ALS1a al t. Noë & al t. Abraham & al David 2a puis icel t., que 3a por ce[l] haierent a[t]u t. li Juë STEPH IIe en icel t. qu'est ortus Plīadon HOH2 al tems Noë 66 tens obl. pl.: toz t. florist li leuz 32 temps: toz t. li soi novele(t) 23 quant infans fud donc a ciels t. (:) LE13 tiemps: qui mieldre fust donc a ciels t. (:) 32 cio fud lonx t., ob se los ting 28

*tend prs. i. 3 s. hinreichen: semper li t. lo son menton PAS146 ten: sus en la cruz li t. l'azet 318 tent: li apostolie[s] t. sa main a la cartre ALS75a avant la t. ad un boen clerc 75e tenden 3 pl.: nostræ senior lo t. il PAS280 s. antendra, atendet, extendent vgl. Rol., Gorm. 459, Guiot Bible, Bartsch Chr.4

*tendra adj. f. obl. s. zart: filz Alexis, de la tüe carn t. (:) ALS91a si at li emfes sa t. carn mudede 24a tendrement adv.: e de lur oilz mult t. plurer 49b vgl. Rol., Durm. 2206, 8278, Mätzn. afr. lied. 10, 60, Froiss. Chr.

*tenir inf. halten: s(e)'a mei te vols t. (:) ALS31a desur[e] terre nel pourent mais t. (:) 120a vers lui ne pued t. nullé clartez HOH17 (vgl.: Que ceval tant soit bons a li ne se tenra Garin de Montglane Hs. 24403, 35b 11) meu evesquet nem lez tener (:) LE93 ten prs. i. 3 s.: echel t. Gretia la region ALR35 tent une cartre ALS71e tenent 3 pl.: tui[t] l'escarnissent, sil t. pur bricun 54a seat jurz le t. sor terre a podestet 115b tint prt. 3 s.: tres sei la (sc.

cartre) t., ne la volt demustrer 58a en sum puing t. le cartre le deu serf 70c cio fud loux tiemps, ob se los **ting** (:) LE28 **teyne** *prs. c. 3 s.*: aysis conten en magesteyr, cum trestot t. ja l'empeyr ALR81 **tengent** *3 pl.*: c'o lur est vis, que t. deu mediame ALS108d **tien** *imperat. 2 s.*: oz mei pulcele, celui t. ad espus 14a *s.* apartenanz, astenir, conten, retint

tenzon *subst. f. obl. s. streit*: qu(i) al rey Xersem ab tal t. (:) ALR38 *vgl. Adam* 4, 44, *Durm.*, *Aiol* 2532, 7211, *Bartsch Chr.*[4]

***terme** *subst. m. obl. s. zeitpunkt*: [n]oment l[e] t. de lur a[sembl]ement ALS10a *vgl. Rol.* 54, *Gorm.* 47, *Roi Guill. p.* 57, *Guiot Bible*, *Durm.*, *Froiss. Poés.*, *Chr.*, *Bartsch Chr.*[4]

***terra** *subst. f. n. s. erde*: tan durament t. crollet PAS322 crollet la t. de toz las ALR48 **terre**: ne guardent l'ure, que t. nes anglutet ALS 61e **terra** *obl. s.*: desque carn pres, in t. fu PAS6 jusche la t. per mei fend 328 et a t. crebantaran 60 que quaisses morz a t. vengren 399 que cum lo sa[n]gs a t. curr[en] 127 a t. joth, mult fo afflics LE163 li quinz [doyst] t. misurar, cum ad de cel entro(b) e mar ALR105 que reys est forz en t. naz 53 nuls hom vidist un rey tan ric chi ... tant rey fesist mat .. ne tanta t. cunquesist 15 venit en t. per los vostres pechet SPO16 ne jamais hume n'aurai an tute t. (:) ALS99c seat jurz le tenent sor t. a podestet 115b desur[e] t. nel pourent mais tenir 120a voillent o nun, sil laissent metra an t. (:) 116d en terre(e)l metent par vive poëstet 118c c'o peiset mai, que (si) purirat [en] t. (:) 96b la pristrent t., o deus les volt mener 106 & attement lo posent a la t. (:) 114d a t. chet pasmede 85e del duel s'asist la medre jus(que) a t. (:) 30a quels hom esteit ne de quel t. il eret 48e s'or me conuissent mi parent d'(ic)esta t. (:) 41c & de la t. qu'est en me Celicïe STEPH IVc **terre(d)**: en nostre t. n'oset oi[sels] c'anter HOH 37 **terres** *obl. pl.*: par multes t. fait querre sun amfan[t] ALS23b filz t'ies deduit par alienes t. (:) 84b mes larges t. dunt jo aveie asez 81b

***terrestre** *adj. m. obl. s. irdisch*: que plus ad cher que tut aveir t. (:) ALS12c

terz *ordinalzahl m. n. s. dritter*: li terz (*sc.* lo doyst) ley leyre ALR 98 *obl. s.*: & al t. di lo mattin clar PAS389, 362 **terce** *f. obl. s.*: t. veç lor o demanded 139, 194 *s.* antercier *vgl. Rol.*, *Gorm.* 646, *Gar. le Loh.* I 113, *Mont S. Michel etc.*

***tes** *possess. pron. m. n. s. dein*: morz est t. provenders ALS68d **tis**: cum fist t. pedre 83d **tos**: non t'o permet t. granz orgolz PAS56 t. consilier ja non estrai LE92 jamais n'ierc lede, kers filz, [ne n']ert **tun** (tes†) pedre ALS27e e li **tons** parentez 83d e d'icel bien ki **toen**[s] doüst [toz] estra 84c **to** *obl. s.*: davant to paire gloriæ PAS514 per quem trades in to baisol 150 **ton**: cum tu vendras Crist en t. ren 296 par t. cumandement ALS5d pur t. cumand 46d e tantes lermes pur le t. cors pluredes 80d, 95b† del **ton**[s] conseil sumes tut busuinus 73e **tun**: tut t. gentil linage 90b quant n'ai t. filz 30e empur t. filz 44d tu (de) t. seinur 31e a t. talent 5e suz t. degret 44c an la maisun t. pedra 94d **tum** ami HOH8 **tui** *n. pl.*: cume t. altre per ALS83b **toi**: quez t'asaldran t. inimic PAS58 li t. caitiu 65 **tos** *obl. pl.*: los t. enfanz . . . aucidrant 61 per t. pechet 54 en t. belz murs 63 = **ta** *f. n. s.*: purquei[t] portat ta medre ALS27a filz, la **tüe** aname el ciel seit absoluthe 82e **ta** *obl. s.*: per ta mercet PAS295, 302, 359 per ta pitad 512 a quel dolur deduit as ta juventa ALS91b de ta juvente bela 96a e de ta medra 88c de ta dolenta medra 80a ta lasse medre si la [re]confortasses 90d ta spuse conforter 95d avoc ta spuse 11c en ta povre herberge 84d **t'**: que ja por mei ne perdent t'amiste STEPH XIe **tüe**: pur t. amur ALS46e c'o pri t. mercit 57b par [la] t. mercit 74c de la t. carn tendra 91a an t. (ta†) maison 44b qu'e nos vetdest

tüa pietad PAS308 **tas** *obl. pl.*: en t. maisons 63

***teste** *subst. f. obl. s. kopf*: lur lavadures li getent sur la t. (:) ALS 53d *vgl. Cambr. Ps., Rol., Karls Reise, Auc. et Nic.*

Theeiri *personenname m. obl.* LE58

tiels *s.* tels; **tint** *s.* tenir

***tirans** *subst. m. n. s. tyrann*: quae il en fiedra li t. (: granz) LE152 **tirant** *obl. s.*: el corps exastra al t. (: adenavant) 191 *vgl. Guiot Bible* 1292, *Bartsch Chr.*⁴, *Du C.-Henschel*

tis *s.* tes

***tocar** *inf. berühren, spielen*: li quarz lo duyst corda t. (:) ALR100 **toca** *prs. i. 3 s.*: sil t. res chi micha[l] peys, tal regart fay 58 *vgl. Cambr. Ps.* 104, 15, *Rol.* 861, 1315, *Gorm.* 359, 387, 576, *Karls Reise* 549, *Gar. le Loh.* II 238, *Guiot Bible* 638, *Durm.*, *Mousket* 2191, *Bartsch Chr.*⁴

toi *s.* tes

tolir *inf. nehmen*: ad une spede li roveret t. lo chieef EUL22 tent une cartre, mais n[e] l'i puis t. (:) ALS71e **teldrant** *fut. 3 pl.*: s'il le conclüent, ja li t. la vie STEPH IVe **toyl** *prs. i. 3 s.*: t. le sen otiositas ALR6 **tolget** *prs. c. 3 s.*: si li preiuns, que de tuz mals nos t. (:) ALS101e **tolut** *part. prt. m. obl. s.*: et cum il l'aud t. lo queu LE229 navrëe m'o[n]t & mun palie(t) **tolud** (: mur(t)) HOH 46 *vgl. Cambr. Ps., Rol., Horn, Gorm., Aiol, Trist., Durm., Mätzn. afr. lied., Ben. Chr., Froiss. Chr., Bartsch Chr.*⁴

toned *s.* turner

***tonoyres** *subst. m. n. s. donner*: t. fud & tempestaz ALR49 *vgl. Cambr. Ps., Rol.* 1424, 2533, *Karls Reise* 359, *Froiss. Chr., Gach.*

***tons** *subst. m. obl. pl. ton*: & en toz t. corda temprar ALR102 *vgl. Bartsch Chr.*⁴ 322, 3

***torbe** *subst. f. n. pl. menge*: lo barnn seguent mult g[r]ant t. de gent STEPH Xa **turbes**: parmi les rües an venent si granz t. (:) ALS103c *vgl. Ben. Chr.* 17275, 33187, *Mont S. Michel* 3275, *Roi Guill. p.* 104, *Aiol* 9175

***torment** *subst. m. obl. s. qual*: et si en corps a grand t. (:) LE173 que lui a grant t. occist 12 **tormenz** *obl. pl.*: menad en eren a t. (: genz) PAS66 *vgl. Cambr. Ps.* 89, 3, *Rol.* 1422, 3104, *Ben. Troie*, *Guiot Bible* 2477, *Mätzn. afr. lied.*, *Bartsch Chr.*

torne *s.* turner

***tort** *subst. m. obl. s. unrecht*: el mor a t., ren non forsfez PAS290 el dreyt del t. a discernir ALR99 grant t. m'unt fait HOH47 *vgl. Rol., Gorm.* 296, *Roi Guill. p.* 52, *Guiot Bible, Mätzn. afr. lied.*

***torterele(t)** *subst. f. obl. s. turteltaube*: en nostre terre(d) n'oset oi[sels] c"anter samz la t. chi amat c"a(a)steĕd HOH39 ore vivrai an guise de turtrele (:) ALS30d *vgl.* tourtre *Mätzn. afr. lied.* 7, 3

torverent *s.* trover; **tos** *s.* tes

***tost** *adv. alsbald*: com arde t. (: coist) EUL19 que t. le volebat .. delir VALv°23 faites o t., q; ja venra l'espos SPO77 plus t. i vint ki plus t. i pout curre ALS103b *vgl. Rol., Gorm.* 423, *Guiot Bible, Auc. et Nic., Bartsch Chr.*⁴, *Du C.-Henschel*

toster *inf. rösten*: & en gradiliels fai t. (: lapider) PAS495 **tostaz** *part. prt. m. obl. pl.*: sa passions peisons t. [e] lo mels signa deitat PAS443

***toz** *adj. u. pron. m. n. s. ganz, all*: sobre nos sia t. li pechez PAS 240 jagud aveie t. pudenz 32 sos munument fure t. nous 355 lo sos regnaz ... en caritad toz es uniz 276 per pauc no fud t. obscuraz ALR51 **tuz**: a l'apostolie revint t. esmeriz ALS71b **tut**: e t. le pople 62c t. bien vait remanant 2e t. est muěz 1d t. soi amferm 44e t. sul s'en est . turnet 69d t. s'en vat (*sc.* li secles) [decli]nant 2d = **tot** *obl. s.*: per t. es mund PAS500 per t. ces[t] mund 485 quae t. ciel miel laisses LE148 t. lor marched vai desfazend PAS76 saur ab lo peyl ..., t. cresp cum ALR61 per que cest mund t. a salvad PAS4 quant sun aver lur ad t. departit ALS20a **toth**: son queu ..., t. lo laisera recimer LE126 cum si l'aut t. vituperet 159 ciel' ira grand et ciel corropt, cio li preia, laissas lo t. 106 **tut**: a t. le pople ALS64d quant t. sun quor en ad si afermet 34a t sun aver qu'od sei en ad portet, t. le depart 19ab cum avilas t. tun gentil linage 90b, 50e*, de t. cest mund 73d plus ad cher que t. aveir terrestre 12c por cc[l] haicrent a [t]utens STEPH IIe **tot** *neutr. n. s.*: solaz nos faz' antiquitas, que t. non sîe vanitas ALR8 = *obl. s.*: t. als Judeus o vai nuncer PAS104 t. noi vos posc eu ben comptar 447 t. acomplit qu[an]que vos dis 406 a sos fidel[z] t. annunciaz 409 le rei ki t. guvernet ALS99d seietat unanimes in dei servicio et en t. VAL*v*°29 ensobre t. PAS47 per t. obred 7 per t. soste[n]g 8 nuncent per t. (: mund) 486, 488, 516 sa gratîa por t. ouîst LE88 il t. entorn t'arberjaran PAS 59 zo fu granz signa t. per ver 272 **toth**: li vol miel t. per enveia, non per el LE102 **tut**: t. li amanvet quanque ALS47c t. te durai .. quanque 45d reis qui t. guvernes 41a e t. (trestut†) pur lui, unc[h]es nîent pur eil 49c de t. an t. ad a deu sun talent 10e de t. an t. recesset del parler 58e ensor[e]t. e si veit deu medisme 123e, 111c t. dreitement en vait 67c = **tuit** *m. n. pl.*: t. li felun cadegrent jos PAS138, 182, 233 enseins crident t. li Judeu 239, STEPH IVd t. li omne de ciel païs LE211 t. cil seinor ALS100d t. cil altre seinor(s) 66e t. soi fidel devent ester PAS274 t. oram EUL26 t. i. acorent ALS102e, 104e e t. li preient 102c, 37e quer t. en unt lor voiz si atempredes 119c que t. [s]umes desvez 124b que t. le plainstrent e t. le doloserent 119d ja dicen t., que vive era PAS430 il lo presdrent t. a consil LE61 mais li felun t. trassudad PAS141 dedavant lui t. a genolz 249 il li respondent t. adun 135 si condormirent t. ades 122 seêt vos t. STEPH Ib preium li t., nos qui summes ici XIId **toit**: por lo regnet lo sowrent t. (:) LE116 **tut**: del ton(s) conseil sumes t. busuinus ALS73e quant an la cambra furent t. sul remes 13a **tuz**: t. l'escarnissent 54a t. s'en returnent 64a que t. s'en alasserent 100b = **tos** *obl. pl.*: t. sos fidels ben en garnid PAS112, 119 per t. lengatg(u)es van parlan 481 & en t. tons corda temprar ALR102 crollet la terra de t. laz 48 que de t. mals nos tolget ALS125b t. temps li soi novele(t) HOH23, 32 qui t. los (*sc.* piez) at il condemned LE166 sa passîuns t. nos rede[mp]s PAS12 de(g) cel enfern t. nos liv(d)ret 387 venra t. judicar 471 t. babzizar 454 a t. diran 364 a t. rendra e ben e mal 472, 464 avan t. vai 256 per t. solses comuna lei 384 **tot**: t. sos fidels i saclet 98 a t. jors mais SPO 89 emma t. cels qui STEPH IIb (as) cuntrat & (au) ces, a t. dona sante IId **tuz**: l'enquer[t] a t. ses menestrels ALS65d sur t. ses pers 4c que de t. mals nos tolget 101e ki ses fedeilz li ad t. amvîet 59d = **tota** *f. n. s.*: cum co audid t. la gent PAS33 si s'en commourent t. la gent de Rome ALS103a **tute**: [ne m'en soûsent ja t. gent] turner 98c t. en sui doleruse 92d t. en sui esguarethe 27d que t. sui dolente 91d = **tota** *obl s*: sor t. gent ALR22 **tuta**: par t. la c[untrede] ALS21e de t. la cuntretha 4e **tute**: or vei jo morte t. ma porteûre 89b an t. terre 99c escrit la cartra t. de sei medisme 57d quant sa raisun li ad t. mustrethe 15a **totas** *obl. pl.*: per t. genz PAS 65 de t. part 154 a t. treis (*sc.* vez) chedent envers 140 de t. arz beyn enseynaz ALR83 de **tutes** parz ALS 115d

***tradetur** *subst. m. obl. s. verräther*: al t. baisair doned PAS148 *vgl Rol.* 201, 924; 1024, *Aiol* 20, 704, *Ben. Chr.*, *Guiot Bible* 2327, *Mätzn. afr. lied.*, *Mousket*, *Froiss. Chr.*, *Poés.* II 210, 31; 265, 95, *Bartsch Chr.*[4]

tradran = tradrai *fut. 1 s. verrathen*: que m'en darez, [s]el vos t. (: adem plira[i]) PAS83 **trades** *prt. i. 2 s.*: perquem t. in to baisol 150 **tradas**: melz ti fura non fusses naz, que me t per cobetad 152

***tradissant** = tradirant *fut. 3 pl. verrathen*: per mals conselz van demandan, nostre sennior cum t. (:) 80 **tradisse** *impf. c. 3 s*: trenta deners dunc lien promesdrent, son bon sennior que lo[r] t. (:) 86 *vgl. Rol., Gorm.* 590, *Guiot Bible, Mätzn. afr. lied., Bartsch Chr.*[4]

***trairunt** *fut. 3 pl. ziehen*: se jos an creid, il me t. a per[t]e ALS41e **trait** *prs. i. 3 s.*: t. ses chevels e debat sa peitrine 87a **traient** *3 pl.*: ensus s'en t., si alascet la presse 116c *s.* contraiz, detraire, estrais *vgl. Cambr. Ps., Rol., Gorm., Karls Reise, Ben. Troie* 12271, *Chr. etc.*

tramist *prt. i. 3 s. senden*: presdra sos meis, a luis t. (:) LE86 quatr' omnes i t. armez 221 recut l'almosne, quant deus la li t. (:) ALS20c **trames** *part. prt. m. n. s.*: Gabrïels soi, eu (il m'a†) t. aici SPO27 **tramise[s]** *f. obl. pl.*: ne pur honurs ki l[i]n fussent t. (:) ALS33d *s.* retrames *vgl. Rol., Gar. le Loh.* I 74, II 197, *Aiol, Durm., Mätzn. afr. lied., Vie S. Greg.* 100, *Ben. Chr., Mont S. Michel, Froiss. Poès., Du C.-Henschel*

trassudad *part. prt. m. n. pl von schweiss gebadet*: mais li felun tuit t. (: son aproismad) PAS141 *vgl. Rol.* 2100, *Aiol* 7793, *Ben. Chr., Vie S. Greg.* 9, 74, *Bartsch Chr.*[4] 146, 17, *Du C.-Henschel*

***traversà** *prt. i. 3 s. hindurchgehen*: li dols chi t. per lo son cor PAS338 *vgl. Rol.* 2590, *Guiot Bible* 1288

***trebucher** *inf. stürzen*: alquanz en fog vivs t. (: escorter) PAS493 *vgl. Rol.* 3574, *Gorm.* 254, 333, *Karls Reise* 525, *Cambr. Ps.* trubucher, *Durm., Bartsch Chr.*[4]

***treis** *zahlwort f. obl. pl. drei*: vint une voiz t. feiz ALS59b a totas t. (*sc.* vez) chedent envers PAS140 **treys**: mays ab virtud de dïes t. (:) ALR56 **tres** *m. obl. pl.*: trenta t. anç et alques plus PAS5 *f. n. pl.*: t. femnes van 391 *m. n. pl.*: li t. vindrent a sc. L. LE223 *vgl. Cambr. Ps., Rol., Gorm. etc.*

***trenta** *zahlwort m. obl. pl. dreissig*: t. deners dunc lien promesdrent PAS 85 t. tres anç et alques plus 5 **trente** quatre anz ad si sun cors penet ALS56a *vgl. Rol.* 1410, *Gorm. etc.*

tres 1) *s.* treis 2) *praep. hinter*: t. sei la (*sc.* cartre) tint, ne la volt demostrer ALS58a c''oest eil qui t. l'us set 36c *s.* detras *vgl. Gorm.* 27, *Ben. Troie* 15750, *Chr., Parton.* 2217, 8761, tries *Horn, Trist., Froiss. Poès., Chr., Du C.-Henschel* tres *3) *adv. sehr*: par penitence s'en pot t. bien salver ALS110b la dreite vide nus funt t. oblïer 124d *vgl. Rol., Gorm.* 56, *Karls Reise, Guiot Bible etc.*

***tresors** *subst. m. n. s. schatz*: iluoc est ma (coronet) & mes t. HOH81 *obl. pl.*: de lur t. prenent l'or e l'argent ALS106a *vgl. Rol.* 602, *Gar. le Loh.* II 56, 90, *Guiot Bible*

trestut *adj. m. n. s. ganz*: t. le pople lodet deu ALS108e a cel saint home t. est lur talent 106e *obl. s.*: par t. le païs 37b u ad escrit t. le son convers 70d plus aimet deu que [tres]tut sun linage 50e **trestot**: t. cest mund granz noiz cubrid PAS310 cum t. teyne ja l'empeyr ALR81 *neutr. obl. s.*: il per escarn o fan t. (? = *m. n. pl.*: Jesum) PAS284 **trestut** (e tut*) pur lui, unc[h]es nïent pur eil ALS49c **trestuit** *m. n. pl.*: t. apresdrent a venir LE212 t. l'onurent ALS87d davant Pilat t. en van PAS358 crident Pilat t. ensems 228 encontre lui s'esdrecerent t. (: ui) STEPH IIIa **trestuz** li preient ALS 102a **trestoz** *obl. pl.*: humilitiet oth per t. (: sermons) LE36 t. orar ben los manded PAS124 dis a t. (: soi *prs. i. 1 s.*) 433 Jesus estet enmet t. (: raizon) 482 que faire rova a **trestot** (: passïun) 96 *vgl. Cambr. Ps., Rol., Karls Reise, Aiol, Mätzn. afr. lied., Auc. et Nic.*

***trinitad** *subst. f. obl. s. dreieinigkeit*: toz babzizar in t. (: allar) PAS 454 e regnet an **trinitiet** ALS *einl.* 9 c''o preiums deu la sainte t. (:) 110d

***trist** *adj. m. n. s. traurig*: et sc. L. mul[t] en fud t. (: vid) LE143 *vgl. Bartsch Chr.*[4]

tristur *subst. f. obl. s. traurigkeit*: cesta lethece revert a grant t. (:) ALS 14e a tel t. aturnat sun talent 28d *vgl. Adam* 46, 69, *Wace Brut, Trist., Durm., Parton.* 3502, 3652, *Mousket, Bartsch Chr.*[4]

***trob** *adv. zu sehr*: lo bu (*sc.* ab) subtil, non t. delcad ALR70 **trop**

i avem dormit SPO35, 40 *etc.* **vgl.** *Rol.*, *Guiot Bible*, *Auc. et Nic. etc.*
***trover** *inf. finden*: u qu'il les pout t. (:) ALS19d nuncent al pedre, que nel pourent **traver** (:) 26b jo l'ai molt quis, encor nel pois **trover(t)** HOH40 **trov[e]rat** *fut. 3 s.*: co nus dirrat qu'enz t. escrit ALS74d **truvereiz** *2 pl.*: quer iloec est, (&) iloc le t. (:) 63e **trovum** *prs. i. 1 pl.*: mais ce t., que ..., si com t. l[i]sant STEPH IXad **trovat** *prt. i. 3 s.*: clerj' Ewruï il[luoc] t. (:) LE100 los marchedant quae in **trobed** (: gitez *prt.*) PAS71 **traverent** *3 pl.*: iloc t. danz Alexis sedant ALS23d cil me **terverent** HOH44 **trovassent** *impf. c. 3 pl.*: se il en lui t. l'achisun STEPH VIe **trovez** *part. prt. m. n. s.*: non fut t. (*sc.* li forsfaiz) PAS175 **trovet** *neutr. obl. s.*: ore ai t. c''o que tant avums quis ALS71c **truvede** *f. obl. s.*: d'icele gemme qued iloc unt t. (:) 76e *s.* contreverent, estrobatour
***tu** *person. pron. der 2. pers. sing. n. du*: tu douls mult VALv°20 tu m'ies fuï[z] ALS27b tu eps l'as d(e)it PAS181 e, reis celeste tu nus i fai venir! ALS67e tu nos perdone! PAS 307 pöeies .. purtenir les c''oses que tu attendeies ALS *app.* 10 tun filz dunt tu as tel dolur 44d ou tu[m] laisas dolente 94e que tu[m] reconfortasses 78e que tu n'angendrasses scandale ... dementiers que tu esbrascras *app.* 6 cum tu vendras, Crist, en ton ren PAS296 si tu laises vivre 235 se tu feïsses amvidie ALS *app.* 10 la quele c''ose tu qui habites deüses antendra 5 plainums ansemble le doel de nostre ami tu (de) tun seinur, jol f[e]rai pur mun filz 31e
tüe, **tui**, **tun**, **tum** *s.* tes; **tun** *s.* tu *und* me; **turbe** *s.* torbe
***turner** *inf. ablassen*: penat sun cors ...., n'en volt t. tant cum il ad a vivre ALS33e *hindern*: se jo[t] soüsse ... ja tute gent ne m'en soüsent (ne m'en s. ja t. g. *oder* ja t. g. nem s.†) t. (:), qu' [ensemble od tei] n'oüsse converset ALS98c *refl. weggehen*: tuit i acorent nuls ne s'en volt t. (:) 104e **torne** *prs. i. 3 s.*: t. s'als altres, sil lor dist LE206 **turnent** *3 pl. verfallen*: ne poet estra altra, t. el consirrer ALS32a **to[r]ned** *prt. i. 3 s. wenden*: envers Jesum sos olz t. (appeled *prt.*) PAS293 **tornat** *part. prt. m. n. pl.*: li soi fidel en son t. (: perveng *prt.*) 473 **tornet** *n. s.*: mais lui est tart, quet il s'en seit t. (:) ALS13e tut sul s'en est Eufemïen[s] t. (:) 69d *obl. s.*: a cel saint hume unt t. (trestut est*) lur talent 106e **turnede** *f. obl. s.*: sa grant honur a grant dol ad (a)t . 29e **tornades** *n. pl.*: elles d'equi cum sunt t. (: encontradas) PAS413 *s.* aturnat, entorn, returnar *vgl. Rol.*, *Gorm.*, *Karls Reise*, *Horn*, *Mont S. Michel etc.*
tuit, **tut**, **tuz** *s.* toz; **turtrele** *s.* torterele

U.

U *s.* lo, o, uns
***ultra** *adv. hindurch*: ne le saint cors ne pourent passer u. (:) ALS103e *vgl. Cambr. Ps.*, *Rol.*, *Karls Reise*, *Horn*, outre *Durm. etc.*
um *s.* hom
***umbre** *subst. f. obl. s. schatten*: quet u. li fesist VALv°11 *vgl. Rol.*, *Cambr. Ps.*, *Karls Reise* 795, *Ausg. u. Abh.* III: *Verb. u. Nachtr. zu S.* 5
***unanimes** *adj. n. pl. einmüthig*: seietst u. in dei servicio VALv°29
unches *s.* onque; **uncore** *s.* encor
unguement *subst. m. obl. s. salbe*: mult u. hi aportet PAS346 **unguemenz** *obl. pl.*: molt cars portavent u. (: monument) 392 *vgl. Cambr. Ps.* 44, 8; 132, 2
(*)**universa** *adj. f. n. s. allgemein*: u. vanitas ALR4 *vgl.* par universe monde *Froiss. Chr.* VI 371
***uniz** *part. prt. n. s. m. geeint*: lo sos regnaz non es devis, en caritad toz es u. (:) PAS276
unque, **unques** *s.* onque
***uns** *zahlwort und unbestimmter artikel m. n. s.*: a la(r) mort vai cum u. anel[s] PAS156 u. dels ladruns 287 u. del[s] felluns 317 lo quarz, uns fel, nom a Vadart LE227 l' u. l'enseyned ALR88 sus mun degret

gist u. morz pelerins ALS71d li uns Acharie(s), li altre Anorie(s) out num 62b si fut un[s] sire 3c ki est un sul faitur *einl.* 8 = **un** *obl.* s.: un edre VALv°11 un verme 14 un asne PAS20 un sermon 109 un raus 246 ad un respondre non denat 216 tuit li fellon crident ad un (: Jesus) 182 il li respondent tuit ad un (: Nazarenum) 135 un compte i oth LE55 ab un inspieth 228 in un monstier 66 nuls hom vidist un rey tan ric ALR12 l'un uyl ab glauc ... & l'altre neyr 62 mais non i ab un plus valent 23 mal en credreyz nec un de lour 30 atendet un espos SPO13 un anel ALS15c un filz lur dunet 6c me fai un grabatum 44c quer oüsse un sergant 46a fille ad un compta 9b filie d'un noble franc 8e ad un boen clerc e savie 75e d'un son filz voil parler 3e a[d] un des porz ki 40a un en i out 46c as piet d'un enfant STEPH IXa **u**: sus en u mont PAS465 si consegued u serv fellon 159 en u monstier me laisse intrer LE95, 98 ab u *(zum ersatz von irrigem* o *hat der schreiber* v *übergeschrieben, vgl. anm. zu* duistrent) magistre LE22 per **un**(t) matin HOH3 = **una** *f. n. s.*: cui u. sopa enflet lo cor PAS100 **une**: vint u. voiz ALS 59b, 63c *obl. s.*: ad une spede EUL22 tent u. cartre ALS71e vels u. feiz 90c u. penne 57b pur u. imagine 18b en u. nef 39a ad u. voiz 107a u. pulcelle(t) HOH4 u. vine 55 d'u. salud(z) 92 de l'u. part 15 **un'**: u. eglise ALS114b u. amie(t) HOH52 en **huna** fet, **huna** vertet PAS273 chi per **hun**(u)**a** confession 303

uraisuns *s.* oraison

***us** *subst. m. obl. s. thür*: c"oest cil qui tres l'us set ALS36c *vgl. Karls Reise* 614, 620, *Aiol* 2201, *Horn, Auc. et Nic.*

ussire *subst. f. n. s. thürwärterin*: al fog l'u. l'eswardovet PAS190

usque *conj. bis*: quar anc non fo nul[z] om ...., u. vengues qui sens pecat PAS383 ne[l] reconuissent, u. il s'en seit alet ALS58b

***usted** *prt. i. 3 s. refl. sich entziehen*: nos defended ne no **s'** u. (: u[g]nel[z]) PAS155

ut *s.* o; **uyl** *s.* oils

V.

Vadart *personenname m. obl. s.*: lo quarz, uns fel, nom a V. LE227

vait *s.* aller

valt *prs. i. 3 s. werth sein*: que v. cist crit? ALS101b **vailant** *part. prs. als adj. m. n. s. tüchtig*: bons fud li secles, jamais n'ert si v. (:) ALS2c **valent** *obl. s.*: mais non i ab un plus v. (:) ALR23 **vaillant**(e) *f. obl. s.*: dunc prist muiler v. & honurede ALS4d *vgl. Cambr. Ps., Pol., Karls Reise* 616, *Trist., Durm., Guiot Bible, Mätzn. afr. lied., Auc. et Nic., Bartsch Chr.*[4]

van *s.* aller

vanitas, vanitatum ALR3, 4, 8

(*)**vasal** *subst. m. obl. s. held*: meyllor v. non vid ainz hom ALR34 **vassalz** *pl. krieger*: armaz v. dunc lor livret PAS367 *vgl. Rol, Gorm., Aiol* 3039, *Gar. le Loh.* I 14, 49, *Rom. d'Alix, Durm., Mousket*

vay, vet *s.* aller; **veç, vez** *s.* feiz

***veder** *inf. sehen*: v. annovent pres Jesum PAS172 quae süa fin v. voldrat 168 venez v lo loc voiant 407 **vâran** *fut. 3 pl.*: allol v., o dit lor ad 412 **vei** *prs. i. 1 s.*, or v. jo morte tute ma porteüre ALS89b or te v. mort 92d mais or(e) les v. si dures 96e **veit** *3 s.*: ensor[e] tut e si v. deu medisme 123e cum v(e)it le lit, esguardat 12a quant v. li pedre, que mais n'aurat amfant 8a quant il c"o v., qu'il volent onurer 38a s'il v., que jo lui serve 99e soventes feis lur v. grant duel mener 49a **vey**: e(y) lay o v. franc cavalleyr ALR76 **vedums** *1 pl.*: quer c"o v., que tuit fumes (sumes†) desvez ALS124b **veient** *3 pl.*: quant il i v. les vertuz 113b kar an icele v. les ignoranz, quet il deivent sivre *app.* 8 **vedeies** *impf. i. 2 s.*: purquem v. desirrer a murrir 88d **vid** *prt. i. 1 s.*: en pargamen nol v. escrit ALR9 quant jo[t] v. (fustes†) ned, si'n fui lede ALS92c **vâdest**

2 s.: pecas qu'e[n] nos v. PAS308 **vid** *3 s.*: el la v. PAS50 cum lo v. (: esdevint) 209 garda, si v. grand claritet LE201 por ciel tiel miel quae defors v. (: trist) 144 qual horal v. (: fist) 149, (: dist) 205 cum il lo v. 189 antro quel v. (: audit) 188, (:) 218 meyllor vasal non v. ainz hom ALR 34 **vit**: primeral v. sca Marïe PAS 419 Petdres lo v. 423 cum v. les meis LE90 v. (veit†) mort sum filz ALS85e v. del sain[t] home le vis 70b quant v. sun regne 40c chi dunt li v. sun grant dol demener 86a nuls om ne v. aromatigement chi HOH28 esgarde el cel, si i vit Jesu Crist STEPH VIIc **veïsmes** *1 pl.*: distrent ensemble: mau v. cetui STEPH IIIb **vidren** *3 pl.*: en pas quel v. les custodes PAS397 empres lo v. celles düses 421 felo Judeu cum il cho v. (: enveie) 77 por ciels signes que **vidrent** tels LE209 **virent**: sovent le v. ALS48a tanz jurz, ad que ne[m] v. (:) 42e **vidra** *plsqpf. i. 3 s.*: Jesus cum v. los Judeus PAS133 cum cela carn v. murir 331 **vedisse** *impf. c. 1 s.*: ne[t] cunuisseie plus qu(e)' unches ne[t] v. (:) ALS87e ainz que tei v. (t'ousse†) 92a **vedes** *3 s.*: jal v. ela si murir, el resurdra PAS335 **vidist**: qui tal exercite v. (: vive) LE138 nuls hom v. un rey tan ric ALR12 **vedez** *imperat. 2 pl.*; vedez mas mans PAS435-6 **vedent** *ger.*: e lor v. montet en cel 469 **veduz** *part. prt. m. n. s.*: v. furæ veiades cinc 418 **vedud** *obl. s.*: tant l'ai v. ALS 79e *n. pl.*: & inter omnes sunt v. (: sun exit) PAS326 *s.* revidren

***vedve** *subst. f. n. s. wittwe*: or(e) sui jo v., sire, dist la pulcela ALS99a *vgl. Cambr. Ps.*, *Guiot Bible* 353, *Bartsch Chr.*[4] 51, 48, *Vie S. Thom.* 1370 (*Ben. Chr.* III 507), *Durm.* 15511

veiades *subst. f. obl. pl. fall*: veduz furæ v. cinc PAS418 *s.* feiz *vgl.* feiee *Ben. Troie* 20178

***veintre** *inf. besiegen*: voldrent la v. li deo inimi EUL3 porro que **ventre** nols en poth LE64 **vencera** *fut.*: lui que ajude, nuls vencera (: mais) PAS497 **venquet** *prt. i. 3 s.*: fort Satanan alo v. (: asalit) 374 **vencut** *part. prt. m. obl. s.*: per sõa mort si l'a vencut (: vertud) 375 *vgl. Cambr. Ps.* 50, 5, *Rol.*, *Gorm.* 371, 616, *Adam* 57, *Aiol* 8960, *Horn*, *Ben. Chr.*, vaincre *Mätzn. afr. lied.*, vaintre *Durm.*, *Mousket*

veirs *s.* vers; **vel** *s.* fel

vels *adv. nur*: set a mei sole v. une feiz parlasses ALS90c *vgl.* veaus *Du C.-Henschel*, *Dies E. W.*

***vels** *adj. m. n. s. alt*: v. est e frailes (*sc.* li secles) ALS2d *vgl. Cambr. Ps.*, *Rol.*, *Gorm.* 560, *Aiol.*, *Trist.*, *Auc. et Nic.*, *Ben. Chr.*, *Mont S. Michel*

***ven** *prs. i. 3 s. verkaufen*: si chera merz v. si petit PAS87 *vgl. Rol.*, 1690, *Guiot Bible*, *Durm.* 4260, *Mätzn. afr. lied.* 21, 3

***venir** *inf. kommen*: a lui nos laist v. (: mercit) EUL28 lai dei v., o eu laisei PAS278 trestuit apresdrent a v. (: païs) LE212 fai l'ume deu v. (:) ALS37a fait l'el muster v. (:) 37a tu nus i fai v. (:) 67e **venras** *fut. 2 s.*: ab me v. in paradis PAS 300 cum tu **vendras**, Crist en ton ren 296 **venra** *3 s.*: [d'e]qui v. toz judicar 471 que ja v. l'espos SPO77 que ja v. praici 28 **venrant** *3 pl.*: v. li an, v. li di PAS57 **ve** *prs. i. 3 s.*: que Jesus ve lo reis podenz 34 **venent** *3 pl.*: v. devant, jetent s(ei)' an ureisuns ALS72b par mi les rües an v. si granz turbes 103c **ving** *prt. i. 1 s.*: salvar t. v., num receubist PAS68 **vint** *3 s.*: si v. grancesmes jholt super caput Jone VAL v°15 v. une voiz ALS63c v. une voiz treis feiz en la citet 59b entre le dol del pedra .. vint la pulcele 94b ki v. plurant, cantant l'en fait aler 112e la v. curant(e) 85c dunc v. errant dreitement a la mer 16a eist de la nef e v. [tut] dreit a Rome 43a un en i out ki sempres vint avant 46c de la vïande ki del herberc li v. (:) 51a v. a sun filz 69e plus tost i v., ki plus tost i pout curre 103b n'i v. amferm ... sempres n(en)' ai[et] san(c)tet 112a Isaac i v. HOH70, 73, 76, 79, 85 v. en la cambra ALS11e, 28a puis icel tens que deus nus v. salver 3a quant v. al [jurn] 10b por cui tels causa **vin** do ciel LE208 en pasche **veng** vertuz de cel PAS479 Jesus cum ve[n]g, los esveled 123 **venit** en terra per los vostres pechet SPO16 **vindrent** *3 pl.*: v. parent e lor amic LE117 li tres v. a sc. L. 223 jusqu'en Alsis en v. dui errant ALS23c que quaisses morz a terra **vengren** (: vengre) PAS399 **vindre** *plsqpf. i. 3 s.*: de cel v., fud de par den LE202 **vengre**: v. la nuvols, sil collit PAS468 de gran pavor que sobl'el[z] v. (: vengren) 400 als Judeus **vengra** en rebost 82 Judas cum **veggra** ad Jesum 145 **vengues** *impf. c. 3 s.*: usque v. qui 383 melz me **venist**, amis, que morte fusse ALS 97e **venez** *imper. 2 pl.*: v. veder PAS407 **venu** *part. prt. n. s.*: est v. de cist tres dies VAL*r*°2 **venude** *f. n. s.*: a grant duel est v. (:) ALS89c *s.* avenir, deveng, envenguz, perveng, revenir

***venjiar** *inf. rächen*: Sanct Pedre sols v. lo vol PAS157 *vgl.* venger *Rol.*, *Gorm.*, *Guiot Bible* 2095

***vent** *subst. m. obl. s. wind*: ourent lur v., laisent curre par mer ALS39b *vgl. Rol.* 1424, 2533, *Renart* 22232, *Guiot Bible*

***ventre** *subst. m. obl. s. leib*: jat(e) portai en men v. (:) ALS91c *vgl. Parton.* 4530, *Guiot Bible*, *Guill. Guiart* 7815, *Auc. et Nic.* 24, 41

***veren** *subst. m. obl. s. gift*: si alcuns d'els beven v. (: ver) PAS461

(*)**verbe** *subst. m. obl. s. wort*: en ipse v. si'n dimes: pater noster ALS125e

***veritet** *subst. f. obl. s. wahrheit*: de la celeste (*sc.* vide) li mostret v. (:) ALS13d la sûe spuse juvene cumandat al spus vif de v. *einl.* 8 fid aut il grand et veritiet (:) LE34 en **veritad** los confirmet PAS442 en huna fet, huna **vertet** tuit soi fidel devent ester PAS273 *vgl. Ben. Chr.*, *Trist.* I 21 *s.* 358, *Durm.*, *Aiol*, *Guiot Bible*, *Bartsch Chr.*[4]

***verme** *subst. m. obl. s. wurm*: rogat deus ad un v., que percussist cel edre VAL*r*°14 *vgl. Cambr. Ps.* 21, 6; 57, 8

vers *adj. m. n. s. wahr*: qui deus es v. (: es) PAS369 si v. Jesus, fils deu est il 180 o dêus v., rex Jesu Crist! 301 per tot obred que **verus** deus 7 **ver** *obl. s.*: zo fu granz signa tot per v. (: vestimenz) 272 el resurdra, cho sab per v. (: morir) 336 (: veren) 462 **veirs** *obl. pl.*: si v. miracles lur [i] ad deus mustret ALS 112d **vera** *f. obl. s.*: de cui Jesus v. carn presdre PAS330 de nos aies v. mercet 306 hora vos dic v. raizun 1 *vgl. Trist.*, veirs *Cambr. Ps.*, *Rol.*, *Gorm.*, *Karls Reise*, *Aiol*, voirs *Guiot Bible*, *Mätzn. afr. lied.*, *Durm.*, *Bartsch Chr.*[4]

***vers** *praep. gegen*: v. nostre don son aproismad PAS142 v. lui ne pued tenir nulle clartez HOH17 unques v. lui ne porent mot soner STEPH Vd *s.* envers, converset, traverset *vgl. Rol.*, *Gorm.*, *Guiot Bible*, *Mätzn. afr. lied.*, *Auc. et Nic.*, *Froiss. Poës.*

vertiz *part. prt. m. n. s. wenden*: granz est li dols ki sor mai est v. (:) ALS93d *s.* convertent, revert *vgl. Ben. Chr.* 4403, *Gar. le Loh.* I 79, 227, *Aiol* 27, *Chatel. de Couci* 7074

***vertuz** *subst. f. n. s. kraft, wunder*: en Pasche veng v. de cel PAS479 **vertud** *obl. s.*: que contra omne non [a] v. (: vencut) 376 mays ab **virtud** de dies treys que altre emfes de quatro meys ALR56 **vertuz** *obl. pl. wunder*: semper pensed, v. feisis PAS212 quant il i veient les v. si apertes ALS 113b las **virtuz** Crist van annuncian PAS482 *vgl. Rol.*, *Karls Reise*, *Vie S. Greg.* 107, *Adam* 38, *Ben. Chr.*, *Mont S. Michel*, *Horn* 2662, 4088, *Durm.* 2522, *Du C.-Henschel*

(*)**vesprs** *subst. m. obl. s. abend*: envers lo v., envers lo ser PAS425 *vgl. Cambr. Ps.*, *Rol.*, *Karls Reise*, *Gar. le Loh.* I 20, *Aiol*, *Parton.* 589, 10562, *Durm.*, *Ben. Chr.* 2064, *Auc. et Nic.*

***vestent** *prs. i. 3 pl. kleiden*: dunc li v. son vestiment (vestirent *s.* vestit †) PAS254 **vestirent** *prt. i. 3 pl.*: de purpure donc lo v. (: mesdrent) PAS245 VAL*r*°24 **vestit** *part. prt. m. obl. s.*: blanc vestiment si l' av. (: retramess)

PAS219 *s.* revestis *vgl. Cambr. Ps., Rol, Gorm., Karls Reise, Aiol, Durm.*

***vestimens** *subst. m. n. s. kleid*: non fut partiz sos v. (: ver) PAS271 & cum la neue blanc v. (: ardenz) 396 **vestiment** *obl. s.*: blanc v. si l'a vestit 219 dunc li vestent son v. (vestirent *s.* vestit †) (: escarnid) 254 **vestement** *n. pl.*: aromati[z]ement chi tant biem oillet, con funt mi v. (:) HOH29 *vgl. Cambr. Ps., Rol.*

vestit *subst. m. obl. pl. kleid*: de lor mantelz, de lor v. ben li aprestunt o se' asnis PAS23, 43

***viande** *subst. f. obl. s. speise*: de la v. ki del herberc li vint, tant an retint dunt sun cors an sustint ALS 51a *vgl. Cambr. Ps., Gar. le Loh.* II, 45, *Adam* 37, *Wace Brut, Guiot Bible* 1171, 1329, *Durm.* 361 *anm., Pantosme* 1413

***vicin** *subst. m. obl. s. nachbar*: & fayr ... agayt encuntre son v. (:) ALR98 *vgl. Adam* 37, *Germ.* 181

vid, vidra *s.* veder

***vida** *subst. f. obl. s. leben*: la sûa mors v. nos rend PAS11 v. perdonent al ladrun 223 **vide**: Barrabant perdonent la v. (: clauf(r)isdr[e]nt) 225 v. perdones al ladrun 304 la dreite v. nus funt tres oblïer ALS124d en cesta mortel v. (:) 123b **vie**: de la v. de sum filz *einl.* 2 ja li toldrunt la v. (:) STEPH IVe **vithe**: la mortel v. li prist mult a blasmer ALS13c *n. s.*: la v. est fraisle 14d

vif *s.* vivs

***vil'** *subst. f. n. s. stadt*: v. es desoz mont Oliver PAS18 *obl. s.*: Gehsesmani v. es n'anez 118 fors de la **vile** ledement le giterent STEPH VIIId

***vin** 1) *s.* venir 2) *subst. m. obl. s. wein*: et per lo pan et per lo v. (: commandeç) PAS93 de pan et v. sanctificat tot sos fidels i saciet 97 quar il lo fel mesclen ab v. (: il) 279 lit & ostel e pain e carn e v. (:) ALS45e *vgl. Rol.* 2969, *Gar. le Loh.* II 166, *Guiot Bible, Aiol, Auc. et Nic.*

vindre, ving, vint *s.* venir

***vine** *subst. f. obl. s. weinberg*: il li plantat(s) une v. molt dolce(lt) HOH55 **vinnesz** *n. pl.*: les v. sont flories 34 **vinnes** *obl. pl.*: commandent li les v. a guarder 59 *vgl. Durm.* 6192, 6223, *Bartsch Chr.*[4] 359, 5

virent *s.* veder

***virge** *subst. f. n. s. jungfrau*: la sûa madre v. fu PAS353 [la vi]rge(t) fud de bon [entendem]ent HOH10 **virgine** *obl. s.*: el num la v. ki portat salvetet ALS18d de la v. en Betleëm fo net SPO17 oiet virgines aiso que vos dirum 11 *vgl. Cambr. Ps., Karls Reise, Horn, Aiol* 8033, *Guiot Bible* 2255, *Ben. Chr., Roi Guill.* p. 57, *Mousket*

***virginels** *adj. f. obl. pl. jungfräulich*: es noces v. ALS *einl.* 12 *vgl. Durm.* 14349

***virginitet** *subst. f. obl. s. jungfrauschaft*: qu'elle perdesse sa v. (: honestet) EUL17 *vgl. Bartsch Chr.*[4] 87, 33; 371, 38

virtud *s.* vertuz

vis *subst. m. n. s. ansicht*: c"o lur est v., que tengent deu medisme ALS 108d e c"o m'est v., que c"o est l'ume (seit li hom†) deu 69c *voc. s. gesicht*: o bele buce, bel v., bele faiture! 97a *obl. s.*: mais n[e] conurent sum vis ne sun semblant 23e vit del sain[t] home le v. e cler e bel 70b ses crins derumpre (e), sen v. [de]maiseler 86c *s.* aviser *vgl. Rol., Gorm.* 659, *Karls Reise, Gar. le Loh.* I, 5, *Auc. et Nic., Vie S. Greg.* 37, 28, 80, *Ben. Chr., Guiot Bible*

vises *s.* guise

***visitet** *prt. i. 3 s. besuchen*: deus ... i. v. Lethgier LE180 *vgl. Bartsch Chr.*[4] 200, 36

visquet *s.* vivre

***vituperet** *part. prt. m. obl. s. verstümmeln*: cum si l'aut toth v. (: miels) LE159

***vivs** *adj. m. n. s. lebendig*: qual agre dol, nol sab om v. (: murir) PAS332 no lor pod om v. contrastar 483 & al terz di v. pareistra 362 ja dicen tuit, que v. era 430 ciel ne fud nez de medre v. (: vidist) LE137 *obl. pl.*: alquanz en fog v. trebucher PAS494 **vif** *obl. s.*: 'al spus v. de veritet ALS *einl.* 8 **vive** *f. obl. s.*:

en terre(e)l metent par v. poëstet 118c *vgl. Cambr. Ps., Rol., Gorm.* 452, *Gar. le Loh.* I 152 *etc.*

***vivre** *inf. leben*: si tu laises v. Jesum PAS235 tant cum il ad a v. (:) ALS33e **vivrai** *fut. 1 s.*: ore v. an guise de turtrele 30d **viv** *prs. i. 3 s.*: miel li fesist, dontre qu'el v. (: di) LE196 **vivent** *3 pl.*: les quels v. purament sulunc castethet ALS *einl.* 10 **visquet** *prt. i. 3 s.*: quandius v. ciel reis Lothier LE49 **vivet** *prs. c. 3 s.*: plus que femme qui v. (:) ALS42b **vivant** *part. prs.*: prenget moyler a sun v. (:) 8d *s.* revivre

vobis *s.* vos

vocet *part. prt. m. n. s. betäteln*: par la deu gracé v. amperedor ALS73b *vgl. Ben. Troie* 26421 (*Hs.* 2181).

veiant *part. prs. m. obl. s. leer sein?*: venez veder lo loc v. (: desabanz) PAS407

veil 1) *s.* vol 2) *subst. m. obl. s. wille*: que ja sum v. n'istrat de la citied ALS84b ja le lur v. de lui ne desevrassent 117e plaid ... qui meon vol cist meon fradre Karle in damno sit EID I6 *vgl. Ben. Troie* 20166, *Vie S. Greg.* 24, 30, 78, *Mousket, Bartsch Chr.*[4] 167, 8, *Wackern. p.* 18, *Horn* 1279, *p.* 50 *var.* 5, *Froiss. Poés., Du C.-Henschel*

***veis** *subst. f. n. s. stimme*: vint une v. ki lur ad anditet ALS63c, 59b *obl. s.*: ad une v. crïent la gent menude 107a a halte v. prist li pedra a crïer 79a en l'altra v. lur dist altra summunse 60a *obl. pl.*: quer tuit en unt lor v. si atempredes 119c *n. pl.*: entro en cel en van las v. (: fellun(t)) PAS234 *vgl. Rol., Gorm., Durm., Guiot Bible etc.*

vol *s.* voil, voldrat

***volat** *prt. i. 3 s. fliegen*: in figure (de) colomb v. a ciel EUL25 *vgl. Rol., Gorm.* 55, 120, *Guiot Bible* 719, *Durm., Auc. et Nic.*

***voldrat** *fut. 3 s. wollen*: quae sũa fin veder v. (: vai) PAS168 **vol** *prs. i. 1 s.*: los sos affanz v. remembrar PAS3 pos ci non posc, lai v. ester LE96 **veill**: ansembl'ot tei v. estra ALS30e pur hoc vus di, d'un son fils v. parler 3e **ve'ls** *2 s.*: pensar non v., pensar nol po"s PAS55 **vols**: por te qui sempre[m] v. aver LE94 s(e)' a mei te v. tenir ALS31a **volt** *prs. (prt.?) i. 3 s.*: v. *(prt.)* lo seule lazsier (elle v. lazsier lo s.†) EUL24 por deu nel volt il observer LE136 c"o ad ques v. ALS123d or v. que prenget 8d c"o ne v. il, que sa mere le sacet 50d Eufemien[s] v. saveir quet espelt 70e il la v. prendra 71a o deus lés v. *(prt.)* mener 16e lui v. mult honurer 9c del deu servise se v. mult esforcer 52d deus sun servise li v. guereduner 56b la glorie qued il li v. duner 59e pur nul aver ne v. estra ancumbret 19e ne v. li emfes sum pedre corocier 11d ne la v. demustrer 58a dunt nes v. ancumbrer 77d ne s'en v. esluiner 36e, 52b ne s'en v. mesaler 47d nuls ne s'en v. turner 104e n'en v. turner 38e vil ne l'i v. guerpir 71a quant v. fenir STEPH XIa unques por els ne se v. desmentir VIIa **vult**: mei v. aveir HOH90 nen v. respondre(t) 41 **vel**: aproismer v. a la ciutas PAS15 Sanct Pedre sols venjiar lo v. (: og) 157 Pilaz que anz l'en v. laisar 221 molt li v. miel LE101 vol li preier 147 il l'i v. faire mult amet 199 ne v. reciwre Chielperin 57 **volent** *3 pl.*: veit qu'il v. onurer ALS38a lur dous amfanz v. faire asembler 9e re **volunt** fair' estre so gred LE60 **vollet** *impf. i. 3 s.*: cui desabanz v. miel PAS206 **voldrent** *prt. i. 3 pl.*: v. la veintre li deo inimi, v. la faire dïaule servir EUL3-4 li fil sa mere(d) ne la v. amer(t) HOH 58 **voldret** *plsqpf. i. 3 s.*: aczo nos v. concreidre EUL21 **voilent** *prs. c. 3 pl.*: v. o non, sil laissent ALS120b, 116d **volisse** *impf. c. 1 s.*: ci ne v. estra 41b **volsist** *3 s.*: tel plait dunt ne v. nïent 10d *s.* revoil

***volentet** *subst. f. obl. s. wille*: sainz Alexis out bone v. (:) ALS109a sert sun seinur par bone v. (:) 32d par le divine v. il .. angendrat *einl.* 4 **voluntas** *obl. pl.*: fraind[r]e devem nostres v. (: fidels) PAS503 *vgl. Cambr. Ps., Karls Reise, Guiot Bible, Mätzn. afr. lied., Durm., Auc. et Nic., Froiss. Poés.*

***volenters** *adv. gern*: en mainte eglise converset v. (: ie) ALS52a **volentiers**: kil serveit v. (:) 68a mult v. dannassent le barun STEPH VId **voluntiers**: envis lo fist, non v. (:) LE97 il v. semper reciut 130 son corps presente volunteyr (:) ALR77 *vgl. Rol., Karls Reise, Guiot Bible, Mätzn. afr. lied., Auc. et Nic.*

***vos** 1) = no's 2) *pron. pers. der 2 pl. n.*: mas v. Petdrun noi oblides PAS410 mais enavant v. cio aures LE113 aisel espos que v. hor' atendet SPO15, 89 *acc.*: seêt v. tuit STEPH Ib plus v. amai ALS97c si pou **vas** ai oût 22d per **vos** PAS263 a vos (:) SPO76 *dat.*: dels feluns qu'eu v. dis anz PAS277 qu[a]nque v. dis 406 alques v. ai d(e)it de raizon 445 que Holivet numnat v. ai 466 [s]el v. tradra[i] 88 tot nol v. posc eu ben comptar 447 obs v. es 264 per me non v. est ob[s] plorer 262 ditrai v. dels aãnz LE9, 7 contar v. ey pleneyrament ALR25 dun v. say dir 39 que vos comandarum SPO12 aiso que v. dirum 11 chi v. pot coseler 73 nou v. poêm doner 72 no v. covent ester 70 por amor de v. pri saigno[r]s barun STEPH Ia mon esperite (vos rand) pren Xe **vas**: pur [çol] v. di ALS3e ne v. sai dire 25e, 122e est v. l'esample 37b ste v. le respuns saint Gregorie *app. überschr.* **vobis**: pax v. sit PAS433

***vostre** *pron. poss. m. obl. s. euer*: cum aucidrai eu v. rai PAS229 **vostres** *obl. pl.*: v. talenç ademplirant 84 per v. fils 263 per los v. peches SPO16 **vostra** *f. n. s.*: cum est mudede v. bela figure ALS97b **vostras** *obl. pl.*: alet areir a v. (voz†) saje[s] sero[r]s SPO73 **vost**: faites v. almosnes VALv°30

vult 1) *s.* voldrat 2) *subst. m. obl. s. gesicht*: clar ab lo v., beyn figurad ALR66 *vgl. Cambr. Ps., Ben. Chr. Bartsch Chr.*⁴ 346, 34

X.

Xersem *personenname obl.*: quial rey X. ab tal tenson ALR38

Xp̄s *s.* Christs

Z.

Zacharias *personenname n.*: & dam Z. (:) HOH86

zo *s.* c"o

Verzeichniss der vorstehend angezogenen Specialglossare und Wörterbücher [1]).

Adam p. p. V. Luzarche. Paris 1854. (Citate aus Brachets Handexemplar).

Aiol p. p. J. Normand et G. Raynaud. Paris 1877 (Soc. des Anc. Textes fr.)

Alixandre s. Rom. d'Alix.

Auberi = Mittheilungen aus afr. Hss. v. A. Tobler. I. Aus der Chanson de Geste von Auberi. Leipzig 1870.

Auc. et Nic. = Aucassin u. Nicolette v. H. Suchier. 2te Aufl. Paderb. 1881.

Bartsch Chr⁴ = Chrestomathie de l'ancien français par K. Bartsch. 4te Aufl. Leipz. 1880.

Baudouin de Condé, Dits et Contes de . p. p. A. Scheler. Bruxelles 1866.

Benoit Chr. = Chronique des Ducs de Normandie par Benoit p. p. F. Michel. Paris 1844 3 Bde. (Coll. de Docuents inédits etc.)

Benoit Troie = Benoit de Sainte-Moore et le Roman de Troie par A. Joly. Paris 1871 2 Bde.

Brun de la Montagne p. p. P. Meyer. Paris 1875 (Soc. D. A. T.)

Bueves de Commarchis par Adenés li Rois p. p. Aug. Scheler. Bruxelles 1874.

Cambr. Ps. = Le livre des Psaumes p. p. Michel. Paris 1876 (Doc. inédits).

Chardry's Josaphaz, Set Dormanz u. Petit Plet herausgeg. v. John Koch. Heilbronn 1880 (Förster's Afr. Bibl. Bd. I).

Chev. as II esp. = Li chevaliers as deus espees herausg. v. W. Förster. Halle 1877.

Du C.-Henschel = Glossarium mediae et infimae latinitatis conditum a C. Dufresne dom. Du Cange ... digessit Henschel T. VII: Glossarium Gallicum. Parisiis 1850.

Durmart le Galois, li Romans de . herausg. v. E. Stengel. Stuttgart 1873 (Bibl. des Stuttg. litt. Vereins).

Elie de Saint Gille p. p. G. Raynaud. Paris 1879 (S. A. T.)

---

[1]) Bei mangelnder Stellenangabe sehe man in den betreffenden Special-Glossaren und Wörterbüchern nach. Citate aus anderweiten Texten habe ich der Mehrzahl nach aus den Wörterbüchern oder aus den Anmerkungen zu einigen Ausgaben geschöpft. Einige derselben vermochte ich nicht zu verificiren; überhaupt betrachte ich diese Verweise nur als ein Manchem vielleicht aber doch willkommenes Beiwerk. Das wird auch die sporadische Herbeiziehung des provenzalischen Sprachschatzes entschuldigen.

Froiss. Chr. = Oeuvres de Froissart. Chroniques T. XIV: Glossaire par A. Scheler. Bruxelles 1874.

Froiss. Poés. = Oeuvres de Froissart. Poésies p. p. A. Scheler. Bruxelles 1872 3 Bde.

Gachet, Emile. Glossaire Roman des Chroniques rinées de Godefroy de Bouillon etc. Bruxelles 1859.

Garin le Loherain, Li Romans de . p. p. P. Paris. Paris 1833—5 2 Bde.

Gormund et Isembard, Fragment de . von Rob. Heiligbrodt in Boehmer's Rom. Stud. Bd. III. Strassburg 1879.

Guiot Bible u. lied. = Des Guiot von Provins Dichtungen v. Wolfart u. San-Marte (Parcival-Studien Heft 1 von S. Marte. Halle 1861).

Horn et Rimenhild, Roman de p. p. Fr. Michel impr. pour le Banatyne Club. Paris 1855.

Jean de Condé, Dits et Contes de Baudouin de Condé et de son fils. p. p. A. Scheler. Bruxelles 1867.

Karls Reise = Karls des Grossen Reise nach Jerusalem u. Constantinopel, herausgeg. von E. Koschwitz. Heilbronn 1880 (Altfranz. Bibl. von W. Förster Bd. II).

Mätzn. afr. lied. = Altfranzösische Lieder berichtigt und erl. v. E. Mätzner. Berlin 1853.

Mont S. Michel = Le Roman du Mont-S. Michel p. Guill. de Saint-Pair p. p. Franc. Michel. Caen 1856.

Mousket = Chronique rimée de Philippe Mouskes p. p. le Baron de Reiffenberg. Bruxelles 1836—8.

Münchn. Brut = Der Münchener Brut herausgeg. v. K. Hofmann und K. Vollmöller. Halle 1877.

Rich. li b. = Richars li Biaus herausgeg. v. Dr. W. Foerster. Wien 1874.

Rol. = Chanson de Roland p. p. Léon Gautier 8e ed. Paris 1882.

Rom. d'Alix. = Li Romans d'Alixandre p. Lambert li Tors et Alex. de Bernay herausgeg. v. Heinrich Michelant. Stuttgart 1846 (Bibl. des Stuttg. litt. Vereins).

Trist. = The poetical Romances of Tristan ed. by F. Michel. Lond. 1835.

Trouv. Belg. = Trouveres Belges p. p. A. Scheler. Bruxelles 1876—9 2 Bde.

Vie S. Greg. = Vie du Pape Grégoire le Grand p. p. V. Luzarche. Tours 1857. (Citate aus Brachets Handexemplar).

Wace Brut = Le Roman de Brut par Wace p. p. Le Roux de Lincy. Rouen 1836 2 Bde.

Watriquet de Couvin, Dits de . p. p. A. Scheler. Bruxelles 1868.

Anhang I.

Uebersicht der Assonanz- und Reim-Wörter.

Anordnungsprincip innerhalb der Vocale: Französisch und provenzalisch ergeben Assonanzen auf denselben Vocal, fr. und pr. ergeben Assonanzen auf verschiedene Vocale, nur im fr., nur im prov. liegt Assonanz vor. Anordnungsprincip innerhalb dieser Gruppen: Die den Tonvocalen folgenden lat. Laute (bei ie zum Theil die ihm voraufgehenden) in der von A. Rambeau in seiner Schrift: 'Ueber die als echt nachweisbaren Assonanzen des Oxforder Textes der Chanson de Roland. Halle 1878' beobachteten Reihenfolge.

a EUL: animá 2 Eulaliá 1 = PAS: 1) *fut.*: pareistra 362 resurdra 361 — 2) *prt.*: aled 197 (anet) 320, 321, (anez) 120, (anned) 125 apeled 213, (appelled) 294 aproismet 49 arberget 388 comandet 368 confirmet 442 conforted 130 crollet 322 doned 148 entret 427 enveied 14 envolopet 344 gitez 72 lagrimez 52 livret 367 (livdret) 389 manget 441 (manjed) 451 neiez 194 parlet 452 ploret 198 ported 343 recridet 319 refuded 147 repadred 129 roved 20, (rovet) 119 'sguarded 50 soned 214 sopet 428 suded 126 suspiret 51 to[r]ned 298 trobed 71 :: *impf. c.* cantes 193 — 4) ad 412 vencera 497 voldrat 68 :: vai 167, 411 mais 498 *s.* ai — 5) *prt.* denat 216 montet 465 suscitet 30 :: ai 466 tais 215 fait 29 *s.* ai — 6) neiara 114 gurpira 116 mal 161, (mel) 206 part 345 carn 386 :: *prt.* aduned 115 aned 162 aported 346 donet 385 envIet 205 perchoinded* 113 *s.* è — 7) salv 455 carn 438 seculá (*lat.*) 516 :: *part.* damnat 456 espaventet 437 laudar 515 *s.* é — 8) mal 472 :: judicar 471 *s.* ie — 9) *prt.* intret 70 leved 117 monted 26 saclet 98 :: *part.*: percuidat 69 sanctificat 97 anez 118 humilitad 25 *s.* é — 10) *prt.* esfred[et] 191 laved 237 *impf. c.* dones 342 :: neger 238, (neier) 192, *part.* preia[t] 341 *s.* an, é, è, ie = LE: 2) *prt.*: celat 77 comandat 128, 175, (commandat) 220 communIet 83 demonstrat 78 dominat 72 edrat 69 garda 70 intrat 99 laissat 127 lucrat 214 menat 176 observat 71 onorat 45 perdonat 46 pesat 219 predIat 213 ralet 84 trovat 100 — 5) *prt.* adunat 91 perdonet 226 ralat 90 *impf. c.* paias 110 :: *subst.* pais 109, *fut. 1 s.* estrai 92, *subst.* mesfait 89 *part.* fais 225 *s.* ai — 6) Vadart 227 art 25 :: *prt.* commandat 26 decollat 228 — 9) *prt.* restaurat* 181 :: laudier 182 *s.* é = ALR: 3) *Reim* az (7): *subst.* claritas qualitas tempestaz, laz, *part.* nas (2×), mostraz, obscuraz; — 7) *Reim* as (1): clas pas :: antiquitas enfirmitas otIositas vanitas (3×) — 8) *Reim* ad (10): aformad, apensad, avigurad, colorad, figurad, recercelad :: enforcad, delcad; *Reim* as (12): *subst.* bontas dignitas onestas prodeltas :: *part.* affactas, enseynas; *Reim* ar (15): adlevar, misurar, sonar, temprar, mar :: toccar *s.* ie = HOH: Ananías 85 Asarías 77 Isaías (Amos*) 76 Josías 82 Nasarías 83 Zacharías 86

a .. e PAS: pasches 89: *part.* faita 90 = ALS (50, 75, 78, 90, 117): pape 75 nate 50 curage 90 linage 50, 90 message 78 parage 50 tabla 50 candelabres 117 capes 117 sacet 50 savie 75 lermes 117 alascet 75 esguardet 75 cartre 75, 78 barbe 78 marbre 117 alasses 90 parlasses 90 reconfortasses 78, 90 repairasses 78 desevrassent 117 = HOH: saives 68 li[g]nage(t) 14 message(t) 67 parage(t) 18

an: PAS: 1) grand 489, (gran) 379, (granz) 291 acusand 203 annuncian 482 clamant 48 demandant 204 laudant 46 parlan 481 voiant (?) 407 enfan 47 davan 45 desabans 408 abans 292, (afans) 490 ans 380 — 2) *subst.* ans 277: *prt. 1 s.* laisei 278 *s.* ai — 3) gaimentan 258: seguen 257 *s.* en — 4) [granz] 16 :: ciutas 15 *s.* é — 5) demandan 79: tradissánt (tradiran†) 80 *s.* é — 6) oicisesánt (aucidran†) 174: forsfait 173 *s.* a, é *u. Rom.* VIII, 209 = LE: granz 51, 10, 151 (grand) 183 adenavant 192 desans 184 franc 52 sanz 3 áánz 4, 9 tirans 152, (tirant) 191 = ALS 3) (2, 8, 23, 46, 55): Abraham 2 cumand 46 declinant (remanant*) 2, errant 23 semblant 23 amfant 8, (amfanz*) 23 tant 2, 55†, 8 avant 8, 46 franc 8, 46 ahan 46 ahanz 55 anz 55 :: aparissant† 55 apartenans 55 remanant 2 sedant 23 vailant 2 vivant 8 sergant 46, (sergans) 23 = HOH: 3) amant 51: Jerusalem 50 *s.* en = STEPH (IX, X): 8) grant IX afebleänt X enfant IX: espandant X lesant IX :: pren (rand) X gent IX, X docement X :: sequeíent (sivant†) IX

an .. e PAS: ram[e]s 37: branches 38 = ALS (122): grande dutance angeles estranges anames

en: EUL: element 15 empedements 16 paramens 7 preiement 8 = PAS: pentecostem 475 temps 352 rede(p)ns 12 dessend 393 pend 327 rend 11 monument 351, 391, 394 moniment 31 pimenc 349 tormens 66 unguemens 392 gens 65 cuschemont 350 :: fend 328 — 2) fazend 76: firend 75 — 3) pentecostem 475 moniment 31 vestimens 396 gent 33 :: ardêns 395, 476 podens 34 pudens 32 — 4) vestimens 271: ver 272 *s.* ei: — 5) Jerusalem 261 aloën 347: *part.* donad 348 plorer 262 *s.* é — 6) Hierussalem 53: pechet 54 *s.* ie — 7) vestimens (vestit†) 254: escarnid 253 *s.* i — 8) marrimens 121: ades 122 *s.* è — 9) ensems 228: crucifige 227 *s.* é — *s.* an = LE: temps 13, (tiemps) 32 consolament 174 torment 173 juvent 31 parent 14 — 2) ardant 133 percutan 134 = ALB (8): mandament gent pleneyrament prudent podent manent valent = ALS (5, 10, 28, 106): níent 10, 28, 106) asemblement (adaisement*) 10 argent 106 cumandement 5 discumbrement 106 marrement 28 ornement 28 talent 5, 10, 28, 106 gent 106 belament 10 forment 5 gentement 10 ledement 28 longament 5 parfitement 5 = HOH: aromatigement 28 [entendem]ent 10 vestement 29 avenable[ment] 11 *s.* an = STEPH *s.* an

en .. e: ALS (91): femme juventa dolente ventre tendra

ai: PAS: fei *prs. i. 3 s.* 143: basterai 144 tradrai (-ran*) 83 adempliránt (-ai*) 84 *s.* a, an = LE *s.* a

ae: PAS: gloríae 514: gratíae 513

é: EUL: honestet 18: virginitet 17 = PAS: 1) *part.* adhoraz 500 amenas 21 anas 382 aserad 477 esvegurad 499 gitad 270 parad 22 salvad 4 tostaz 443 naz 151, 384, 448 :: cobetad 152 deítat 444 podestad 484 trinitad 454 vertat 273 :: carnals 381 :: allar 453, (annar) 232 comptar 447 contrastar 483 degollar 492 deramar 269 ester 274 flagellar 231 garder 259 lapider 496 levar 491 parler 260, (parlar) 478 remembrar 3, 333 toster 495 — 2) *prs. i. 2 pl.* creme(n)t 403 requeret 404 — 3) quere(n)t 134: Judeus 133 — 4) deu 178: pontifex 177 — 5) *part.* menez 170 carnals 8 :: deus 7 Judeu 169 — 6) voluntaz 503: fidels 504 *s.* ei — 7) *imperat.*

3 pl.: obliidez 410, *part.* trassudad 141 menet 202 escorter 493 parler 106 penser 339 clar 389 :: *imper.* annuncias 409, *part.* aproismad 142 esclaires 201, (-az) 390 percogded 340 pietad 105 trebucher 494 *s.* a, ie — 8) Betfage 17: olive[t] 18 *s.* ei — 9) el 439 (*cf.* els 488:?): aparegues 440 *s.* i, a — 10) il 180: fied 179 *s.* ei, i — 11) mercet 295: ren 296 *s.* ie, i — 12) es 370: vera 369 *s.* ei — 13) es 230: rei 229 *s.* ei — 14) es 264: fils 263 *s.* i — 15) ver 336: morir 335 *s.* ei, i — 16) Judeu 222, 239 :: laisar 221 pechez 240 *s.* ie — 17) Judeu 480; *subst.* cel 479 *s.* ie — 18) apruismed 131 monstred 78 :: Judeus 74, 132 *s.* a — 19) *part.* mespras 511 *prt.* fiz 196: *prt.* reswardet 195, *impf. c.* donas 512 *s.* a, i — 20) fidel 363: revisquet 364 *s.* ei, i — 21) *prt.* commandeç 94: *subst.* vin 93 *s.* a, i — 22) lei 384: pecat 383 *s.* ie, ei — 23) emblez *part.* 360: mercet 359 *s.* a, i — *s.* a, an, en = LE: 1) *part.* adunat 131 amet 42, 199 anatemas 124 armes 221 condemnets 166 coronat 125 laudies 41 perdonat 216 vituperet 159 pensans 170 gred 60 caritet 83 ciutat 141 veritiet 84 el 102 miel [*s.* a PAS 6) 8)] 101, 123, 135, 142, (miels) 160 carnels 171 spiritiels 172, (spiritiel) 215 tels 209 devastar 132 aporter 200 conlauder 210 decoller 222 ester 96, 165 intrer 95 lauder 1, (laudier 162, 168) observer 186 parlier 161, 169, (porlier) 167 porter 2 recimer 126 piers 59 — 6) crever 154: cruëls 153 — 16) deus 148, deu 186: preier 147 preier 185 *s.* ie — 17) deus 207, 237: ciel 208, (cel) 238 *s.* ie — *s.* a = ALR *s.* a = SPO: 1) *Reim* er: achapter 67 doner 66 ester 68 — 7) *Reim* et: *part.* lutešt 18 pauset 23 net 17 *prs.* 3 *pl.* atendet 15 :: claußget 22 laidenjet 21 pechet 16; *Reim* er: demorer 71 doner 72 ester 70 :: coseler 73 = ALS (3, 6, 9, 13, 16, 18, 19, 26, 32, 34, 38, 39, 47, 49, 56, 58, 59, 63, 65, 69, 77, 79, 81, 83, 86, 95, 98, 104, 109, 110, 112, 115, 118, 124): degret 47, 69, 79, 98 agravet 58 ales (turnet) 18, (alet) 58, 65 alošt 16, (aluĕs) 109 amvlet 59 ancumbret 19, (ancumbres) 124 anditet 63 apelet 56 aturnet (afermet*) 34, 49* avirunet 115 avoglet 79, 124 converset 69, 98 cumandet 58 desirret 95, 104, 115 desves 124 donet 104 encombret, (avogles*) 124 fermet 34 guardet 95, 98 mustret 112 oneuret 109, (enoret) 81 parez 118 penet 56, 81 [pluret] 95 portet 19 (a)presentet 79 turnet 69 (a)turnet 49 gret 6 ores 89 amfermetet 98, 112, (anfermetet) 56 citet 3, 19, 26, 32, 59, 77 (2×), 81, 109, 118, (citied) 84, (ciptet) 9, 18, 38 cristientet 3, 6 credites 81 fecunditet 6 humilitet 6 lastet 95 nobilitet 3 parentez 83, (parentet) 9 pietet 63 podestet 115, (poëstet) 118 salvetet 18 sanctet 112 trinitet 110 veritet 18 volentet 32, 109 sees 81, *imperat.* atendeis 110 quereis 63, *fut.* trovereis 63 remes 13 remest 18 set 65 (2 ×) naf 39 sil 49 menestrels 65 acoler 86 aler 39, 56, 59 ancumbrer 38, 77 anganer 32 apeler 18 aprester 65 ariver 39 asembler 9 aviser 79 blasmer 13, 47, 69 comforter 95, 118 (atarger*), consirrer 32, 49 crier 79 dejeter 86 [de]maiseler 86 demander 26, 115 demener 86 dementer 26 demustrer 58 duner 56, 59, 16 (mener*), entrer 16 ester 38 guverner 83 habiter 115 honurer 9, onurer 38 mener 49, 16* mesaler 47 parler 3, 9, 18, 34, 58, 77, 104 passer 104 plurer 49, 86 porter 82 (2 ×), 112, poser 118 raler 112 ralumer 124 recorder 110 recovrer 63 regenerer 6 regner 110 regreter 26, reposer 47 salver 3, 110 trover 19, (truver) 26 turner 98, 104 ublïer 32, (oblïer) 124 edrers 38 alter 34 mer 16 (2 ×), 39, 77 per 88 :: ert 47 deu 18 (2 ×), 34, 59, 69, 109 :: atarger* *s.* ie = HOH: apeleta 41 beltez 32, 61 c"(a)steŏd 33 cites 48 clartes 17, 62 ested 16 aseiz 44 amer(t) 58 c"anter 37 durer 31 guarder 59 plorer 4, 7 regreter 5, 8 trover(t) 40 = STEPH 5) (II): bonte sante :: de demnede Juš 7) (V): contrester danner soner :: deraisner :: mister *s.* ie

é . . e: PAS: 1) tornades 413: encontradas 414 — 2) eswardovet 190: Petre 189 = SPO: livrĕas 89 malaûrêas 88 meneias 90 = ALS (4, 15, 21, 24, 27, 29, 48, 76, 80, 85, 94, 100, 119, 121): acurede 80 andurede 80 atempredes 119 demenede 29 demurede (demurere*) 94 deramedes 29 dunethe 24 e[s]guarede 94, (esguarethe) 27 escheveléde 85 espusede (comandethe*) 15, 48, 94 forsenede 85 honorethe 121, (honurede) 4 mudede 24 mustrethe 15 parede 29 pasmede 85 passedes (consireres*) 80 pluredes 80, 119 (de)predethe 29 salvedes 121 (a)turnede 29 truvede 76 contrethe 15, 21 (citiet*), (contrede) 27, (cuntretha) 4 espethe 15 acustumerent (costeierent †) 100 alasserent 100 aviserent 48 conreierent 100 demanderent 48 demene[ren]t 21 desevrerent 121 doloserent 119 esculterent 76 enorerent 100 ralerent 121 regreterent (doloserent*) 119 returnerent 24 remese 27, 21 (espusethe*), emperere 4 frere 24 medra 21, 48, 80, 100, 119, 121, (medre) 27, 76, 85, 94 pedra 85, 94, (pedre) 4, 15, 24, 27 :: eret 4, 21 (alet*), 48, 76 (2 ×) = HOH: re"es 26: levres 25 = STEPH (VIII): e[s]crîer[en]t giterent lapiderent :: esragere[n]t: baterent

è: PAS: 2) mante(n)ls 43: pez 44 *s.* ie — 3) aignel 156 envers 140 :: demanded 139 usted 155 *s.* a — *s.* é = LE: flaiel 179, 193 Laudebert 194 serv 180 = ALS (70): espelt bel cuvert serf [convers] = HOH: Abinmalec 71 Joseph 70

è..e ALS (12, 17, 30, 41, 53, 84, 96, 99, 113, 114, 116): apelet 53, 114 nacele 17 noveles 96 pulcela 12, 99 turtrele 30 bela 96 (bele) 17, 114 perte 30, 41 (perdra*), perdre 12 poverte 53, 84 acertes 30, 114, 17* apertes 113 serve 99, (servent) 53, 113 herberget 114 herberge 84, 116 guvernes 41, (-et) 99, (-ent) 113 terre 17 (acertes*), 30, 41, 96, 99, 114, 116, (terres) 84 converset 17, 53 teste 53 podeste 113, (poëste) 41 celeste 12, 116 terrestre 12 apresset 12 cesset 17 presse 113, 116 pesmes (poemes*) 96 estra 30, 41, 84 (2 ×), 96, 99, 116 = HOH: pucele 91 belle(t) 22 novele(t) 23, 92

ie: EUL: ciel 6, 25 :: consellieirs 5 menestier 10 :: pagiens 12, 21 chie(e)f 22 chielt 13 pleier 9 preier 26 Christîien 14 Maximîien 11 = PAS: 1) lez 40: cel 39, 469: set *prs.* 470 — 2) neier 199 manjer 103 nuncer 104 pecaz 307 pieted 200, (-ad) 308 — 3) ped 92, (peds) 435 ben 507 perveng 474 :: primers 377 :: plagas 436 manjer 91 chad 475 peccad 508, (pechiad) 378 — *s.* a, em, é, è = LE: 1) *fut.* er 37, 38 :: Lethgiers 50, 178, (-r) 6, 223 Lothier 49 voluntiers 97 :: monstier 98, 177: mistier 81 :: pes 224 ben 82, (biens) 5 — 2) queu 158: talier 157 — 3) pies 230 bien 121 :: mistier 103, monstier 66 :: queu 229 evesquet 122: castîer 104 clergîer 65 — 4) Lothiers: Peitieus — *s.* é = ALR (11): cavalleyr escüeyr primeyr semgleyr volunteyr :: empeyr magesteyr :: soyientreyr (?) — *s.* a = SPO *s.* é = ALS (11, 25, 36, 51, 52, 64, 68): set 36 susti[e]nt 51 vi[e]nt 51 muiler 11 :: liez 25 ciel 11, 25, 36 :: almosners 25, 51 (povrins*) conseilers 52 provenders 25, 68 volenters 52, (-iers) 68 :: muster 36 :: [mangier] 51 pechet 64 acomunier 52 colcer 11 Cristîens 68 Eufemîen 64, 68 corocier 11 nuncier 64 antercist 25 antercièr 36 esforcer 52 esluiner 36, 52 conseilet 68 desconseilet 64 blastenger 64 engraisser 51 annitet 11 — *s.* é = STEPH (XI): prîe amite (amiste), ajonelet: lapîe *s.* é

ei: PAS: 1) veren 461 fidel 426 ser 425 ver 462 — 3) fidel 429, 457, (fedel) 165: esteit (era*) 430 aveia 166 solîse 458 *s.* en, é = LE: 1) aver 94 tener 93 savier 23 aurez (*fut. v.* auxir): fied 24, (fid) 114 — 2) rei 54, 62: fiet 56 conseil 61 = ALR (8): reys treys: meys preys (*part.*) :: anceys peys

i: EUL: inimi 3 servir 4 venir 28 contredist 23 Krist 24 :: mercit 27 = PAS: 1) Davit 42 *part.* vestit 23 uniz 276 petit 41, 87 *prt.* conjaudit 424 cubrid 310 escarnit 217 mentid 297 collit 468 vive 332, 450† amic 108 inimic 58 ci 405 condurmir (-ir*) 107 murir 331 devis 275 paradis 300 :: di 57, 218, 299, 417, 423, (dis) 27,

449, meidi 309 pius 298 :: dis *prt.* 315, 406, 402 (si†), benedis 467 cinc 418 gulpist 316 Crist 28 *impf. c.*: audis 88 :: *prt.* assis 24 sis (set*) 401 — 2) vid 209 *part.* audit 211 vestit 219 cris 314 *prt.* audid 110 iki 317 dis 289 vin 279 *part.* aucis 10 di 305 Crist 301 :: retrames 220 il 280, *impf. c.* feisis 212 :: mercet 302, 306 asset 318 fes 9, 109 forsfes 290 esdevint 210 perveng 313 — 3) garnid 112: pader 111 — 4) *prt.* asalit 373: venquet 374 — *s.* en, é = LE: 1) vid 144, 188, 205, 218 *part.* mentis 11 estrit 55 viv 196 *prt.* audit 85, 187, 217 exit 146 firid 232 cadit 231 ciu (siet†) 189 amic 117 inimix 73 Chielperin 57 (-ing) 74 Theŏrri 58 Ewruĭ 118, (Evruĭ) 56 Baldequi 16 asali(e)r (Lethgier†) 140 revestir (-iz*) 145 occist 12 tramist 86 di 15, 195 dist 43, 206 trist 143 servist 44 — 2) vid 149, *part.* audit 235 vius 137, no[r]rit 27 servid 29 covit 17 venir 212 mist 22 di 80 afflicz 163 *impf. c.* calsist 164 vidist 138 apresist 18 :: fist 21, 47, 48, 67, 68, 150 divint 30 esdevent 79 sustint 236 ting 28 paĭs 211 — 5) *impf. c.* revenist 87: ouĭst 88 *s.* ā — 6) vint 129: reciut (retint†) 130 *s.* ā = ALR: 1) (6): genuĭt gentil servir dir fugir jausir Epir, *Reim* in (13): matin mischin vicin pargamin ermin latin, *Reim* ir (14): cubrir ferir jausir cabir discernir — 2) (2) estric natis mendic ric antic, *part.* escrit, dit :: cunquesist 15 occisist 16 :: fist 17 — SPO: *Reim* i: aici 27 ci 28 *prs.* dii 26 = ALS (7, 20, 31, 35, 37, 45, (51 s. ie), 57, 67, 71, 74, 88, 93, 102, 120): departit 20 *part.* deservit (gret*) 35 guarnit 7 oĭt 102 servit 67 vertis 93 esmeris 71 cris 88 petit 37, 102 plaidis 120, *prt.* murrit (-ir*) 7 ami 31, 45, 93 parcamin 57 pelerins 71, poverins 20, (51*), vin 45 avenir 102 baillir 74 servir 7, 74 venir 35, 37, 67: astenir 45 tenir 31, 120 enfodir 120 murrir 88 tolir 71: coisir 35 guarir 20, 31, 74 guerpir 71: *prt.* mist 7 tramist 20 paradis 35, 67: Alexis 7, 20, 31, 37, 57, 67, 102, 120: *prs. c.* sasit 93: *part.* escrit 74, *prt.* escrist (medisme*) 57 dist 35 filz 31, 45, 88, 93 :: mercit 37, 57, 74, 88, 93, 102, 120 revint 57, (51*), prist 88 paĭs 37 sis 67 quis 45, 71 = HOH: David 73: fi[l]z 74; STEPH (VII): dit deĭ[s]t desmentir Christ, XII: *part.* feni oĭ servi ici: merci

i . . e: PAS: vide 225 espines 247 faitice 268 chamisse 267 contraxirent 36 reviv(e)re 35 clauf(r)isdr[e]nt 226 assisdrent 248 — 2) vengre 400: vengren 399 — 3) Marĭa 329 Marĭe 419 aucise 371 vidren 77 cubrirent 185 vestirent 245 escarnissent 187 :: enveie 78, *plsqpf.* medre 420 mesdrent 246: feira 372, (fedre) 188: presdre 330 presdrent 186 — 4) *impf. c.* tradisse 86: promesdrent 85 — ALS (33, 42, 87, 105, 108, 123): departĭes 105 avoglĭe 87 replenithe 123 enhadithe 87 guerpide 42 vide 123 vivet 42 amĭe 33 riches 108 mecine 105 peitrine 87 baillĭe 42, 108 gracĭet 108 desirret 42, (desiret) 105 virent 42 ledece 108 servise 33, 123 delivres 105 medisme 87, 108, 123 vivre 33 dire 33, 123 vedisse 87 baillissent 105 tramise 33 = HOH: 1) amĭe(t) 52 servise(t) 53 dire(t) 19 milie(t) 20 3) florĭes 34: sire(t) 35 = STEPH (IV): vĭe Asye Alesandrĭe Celicĭe Libĭe

ó: PAS 1) custod(e)s 397 tot 486 trestot 96, (-os) 432, 483 voz 234 confessĭon 303 cridaizun 286 fellon 159, 250, (-un) 243, (-unt) 233 ladron 163, (-un) 304, (lasruns) 282 passĭuns 13, (-un) 2, 95, 164, (-on) 207, 446, (pasĭun) 256 raisun 1, (-on) 431, 445, (raisons) 241 redemptĭons 14 emperador 252 errors 365 majors 366 pavor 398 redemptor 416 senior 251, 415, (sennior) 242 :: crux 255, 281, 285, *prs. 1 s.* soi 434 genols 249 munt 323, (-d) 485 mult 324 cort 244 jorn 208 excos 160 — 2) avem 184, 501 devem 502 querem 183 — 3) arberjaran 59 crebantaran 60 encalceran 460 metran 463 parlaran 459 rendran 464 — 4) felluns 357 maisons 63 sunt 61 :: *prs. 3 pl.* van 358, *fut.* laiserant 64 aucidrant 62 *s.* an — 5) lon 505: prob 506 — 6) trestot 284 felon 171 ladruns 287, (-un) 228 menton 146 e[n]virum 153 emperador 286 :: Jesum 145, 154, 172, 224, 235, 283, 288 — 7) pechedors 510: ensus 509 — *s.* aa = LE: 1) toth 106 trestos 36 passions 240 raizons 190 sermons 85 honors 7, 120 pavor 76 senior 75, 289, (-rs) 8 corropticos 189 :: duos 119 :: corropt 105 = ALR: *Reim* on (5, 9): non 33 baron 87, 65 dracon 62 falcon 68 leõn 61 peyson 60 region 35 tenson 88 aviron 64 (aveyron) 36 :: hom 84; *Reim* our (4): Macedenor 32 encantatour 28 emperatour 31 estrobatour 27 losengetour 29 lour 30 = SPO: nom 18 sero[r]s 74 espos 77 glorios 75 vos 76 :: comandarum 12 dirum 11 = ALS (1, 14, 44, 54, 62, 66, 72, 78, 111): prut 1 num 63 afflictiuns 72 bricun 54 maisen 44 oraisun 62, (ureisuns) 72 amor 14, 44, (-ur) 1 anceissurs 1 celur 1 dolur 44, 111 empereõr 62, 72 (-ãr) 66, (amperedor) 78 guvernedor (jugedor*) 73 honur 14, (onor) 73 pechethuor 78 seinors 66 tristur 14 ancienur 1 busuinus 73 languerus 111 lepreus 111 malendus 111 palasinus 111 plurus 66 precius 14 espus 14 duins[t] 62, 66 parduinst 54 :: hom 44, 54, 72 linc'ol (lic"on†) 54 :: grabatum (*lat.*) 44 :: conuissum 72 funt 54 guarirunt 62, 66 = HOH: Leõn 1 Pliaden 2 barunas 88 raisum 89 amor 64 ennor 65 = STEPH (I): barun (2 ×), entenciun leçun pasiun, (VI): achisun barun (2 ×), felun larun

ó .. e PAS: gola 102 dũses 491 gutas 128 sopa 101 reternent 492 curr[en] 127 = ALS 1a) (40, 48, 60, 108): Rome 40, 48, 60, 108 cointe 48 recunuissent 40 numet 43 ancuntret 48 summunse 60 :: home 40, (humes) 48 :: dute 60 redutet 40 rote 108 encumbrent 40 fundet 60 fregundent 60 ultre 108 turbes 108 curre 108 — 1 b) (92 *cf. Gröber's Zeitschr.* III, 148): demoret angussuse curruçuse (dolerose*), desirruse goiuse = HOH: Rome 79 corone(t) 80 :: colpe(d) 56 doloe(lt) 55

ò EUL: ceist 20: tost 19 = PAS: Escarioth 81, (Escharioh) 99 robost 88 cor[s] 100 — 2) *prt.* og 158: vol 157 = LE: mors 115: tost (toit*) 116

ò .. e PAS: golgóta 265: porta (ciptat*) 266 *s.* a = ALS (61, 101, 125): apostolie 61, 101 tolget 101, 125 desconfortet 61 assorbe (anglutet*) 61 glorie 125 memorie 125 adjutorie 101 noster 125 :: cose 61 goie 101, 125 (glorie*), povre 61 noise 101

oe: PAS: po"s 55 neus 355 om 356 cor 338 dols 337 orgolz 56 — 2) baisol 150: Jesus 149 = LE pod 40, (poth) 64 om 197 dom 198 bons 39 dol 68

u: PAS: 1) envengus 175 vencut 375 vertud 376 nesũ 176 — 2) adun 135, 182 jos 138: Jesus 187, 181 Nazarenum 186 — 3) fu 6, 353: plus 5 lui 354 — 4) cognoguist 67: recoubist 68 *s.* i — 5) *part.* exit 325: vedud 326 — *s.* ó = LE desvengu(n)z 156 reclus 155 dejus 248 sus 254 — 6) *impf.* fust 112: *prt.* [e]stud 111 *s.* i = ALS (22): oũt devenut perdut tolut plus = HOH: tolud m[u]r(t)

ũ .. e PAS: luna 311: fu[re] 312 = ALS (82, 89, 97, 107): apar[e]ũde 82, 97, 107 retenude 82 canuthe 82 venude 89 absoluthe 82 menude 107 ajude 107 malfeũde 89 mune (builide*) 107 duret 89 aventure 89 crẽature 97 cure 82, 107 faiture 97 figure 97 portedre 89 fuese 97

ui: LE: lui 107, 108 = STEPH (III) cetui lui (3 ×), trestuit

Anhang II.

Uebersicht der Wort-Klassen und Formen.

I. Verba.

Inf.: EID: returnar, salvar = podir, savir EUL: laisier, pleier, preier = servir, tolir, venir = concreidre, faire, veintre VAL: anheder, aler, repauser = comburir, delir, entelgir, revenir = haveir, soveir (seder? *subst.*) = conduire, faire PAS: allar (annar), comptar, contrastar, degollar, deramar, semblar, flagellar, laudar, orar, parlar (-er), pensar (-er), remembrar, salvar, sopar (*subst.*), soslevar; escorter, ester, lapider, plorer, toster, babaisar, coleiar, judicar, laisar, pugnar; venjiar; aproismer, neier (neger), nuncer, trebucher = condurmir, morir (murir), venir = seder, veder, poder = adducere, faire, fraind[r]e, respondre, revivere, ru[m]pre, vivre; retdre, recognostrë LE: annar; devastar, intrar (-er); aporter, conlauder, crever, decoller, ester, lauder (-ier), observer, porter, recimer; parlier (porlier); clergier, talier; castier, lier, preier, preier = revertir†, venir; tener; aalier, servier = aver; savier = bewre, credre (-ren, -ere), faire, occidere, penre, reciwre, ventre ALB: adlevar, annar, contar, mesurar, sonar, temprar; toccar = cabir, cubrir, discernir, ferir, fugir, jausir (= cauzir), servir = dir (:), fayr, leyre SPO: achapter, demorer, doner, ester; cosier ALS: acoler, aler, ancumbrer, angaher, apeler, aprester, ariver, asembler, aviser, blasmer, conforter, consirrer (*subst.*), crier, dejeter, demander, demener, dementer, demustrer, desirrer, duner, edrers (*subst.*), entrer, ester, guerredoner, guverner, habiter, honurer (onurer), jeter, muiseler, mener, mesaler, muder, oblier (ublier), parler, passer, plurer, porter, poser, raler, ralumer, recorder, recovrer, regenerer; regner, regreter, reposer, salver, trover (truver), turner; acomunier, anterceier, corocier, mangier†, nuncier; atarger, blastenger, colcer, engraisser, esforcer, esluiner = astenir, avenir, baillir, coisir, enfodir, guarir, guerpir, marrir, nurrir, servir, tenir, tolir, venir = aver; saveir = curre, debatre, derumpre, detraire, dire (dirre), faire (fare), pendre, querre, somondre, vivre; ceindre, estre, metre, perdre, plaindre, prendre *cisl.*: canter = lire *opp.*: asemblier, aürier, = purtenir = anstruire, antendre, aprendre, deperdre, siwre, estre HOH: amer(t), c"anter, conter, durer, guarder, plorer, regreter, trover(t) = tenir, plaisir (*subst.*) = aveir = dire(t), respondre(t) STEPH: contrester, danner, deputer, ester, deraimer = dementir, fenir

fut. 1 s.: EID: salvarai, prindrai PAS: lauserai, laisarai; audirai, farai, tradrai (-an*) LE: didrai (ditrai), estrai ALS: guardarai; durai, lairai, revendrai, aurai, soferai, ferai, vivrai; servirei; iero (erc)

fut. 2 s.: PAS: venras (-dras) ALS: auras, estras *app.*: esbraseras

fut. 3 s.: EID: ier (?) PAS: voldrat; neiara, gurpira, venra, aura, pareistra, rendra, resurdra, vencera LE: awra, [e]stera *(od. plsqf.?)*, podra; er SPO: venra ALS: trov[e]rat, guardrat*, purirat, istrat, faldrat, aurat, dirrat;. ert HOH: aurat, iert

fut. pl. 1: PAS: aurem SPO: comandarum, dirum ALS: aurum, feruns, querr(e)uns, ermes STEPH: arrum

fut. pl. 2: VAL: preirets PAS: dares LE: aures ALR: credreys SPO: auret, seret ALS: trovereis

fut. pl. 3: PAS: arbergaran, crebantaran, encalceran, parlaran; asaldran, auran, vetran, credran (-tran), diran, faran, metran, rendran, seran; laiserant, ademplirant, tradi[r]ant, venrant, aucidrant; erent ALS: guarirunt, conuistrunt, prendrunt, trairunt STEPH: toldrunt, porrunt

cond. s. 1: VAL: dolreie ALS: fereie

cond. s. 3: EUL: sostendraiet VAL: fereiet, metreiet (mettreiet), astreiet

cond. pl. 3: VAL: astreient

prs. i. s. 1: EID: pois PAS: ai, dei, vol, dic, promet, soi, posc LE: vol, posc ALR: ey, say, faz SPO: soi ALS: guard, pri, ai, sai, vei, creid, criem, voil, revoil, di, fai, puis, sui, (soi) HOH: languis, ai, sai, soi (suid) STEPH: (rand)

prs. i. s. 2: VAL: douls PAS: laises; as, vo"ls, fais, pos, dis, es LE: vols ALS: guvernes; as, vols, ies *app.*: habites

prs. i. s. 3: EID: conservat, dunat; dist (?), tanit (?) EUL: adunet, enortet, eskoltet, ruovet; chielt, maent, volt (?) VAL: es PAS: s[i]et (:), est (es), met, permet; ad (a), chad, pod, dessend, fend, pend, rend (red), tend (ten); ajude, rova, (rōa *vor* ls) 453, signa, lez, tais, man, sab, vol, mor, ve, gurpis, sta, fai (fei), vai, fui, respon, sen, ven LE: at (ad, a), volt (vol), est (es); poth (pot (?), pod); rend; rova, (rova s clergier = *prt.?*, *s. daselbst*) 65 talis (*vor* l(o)s = *prt.?*) 233 [1]) laisse, torne; lez, fai, vai, viv ALR: cort, dit, est, mot, pot (?) ad; toca, deyne, presente; conten, ten, toyl, vey, vai, fay, faym (? = fraynt) SPO: covent, pot, a, dii, es ALS: acatet, aimet, alascet, amanvet, ancuntret, angreget, apelet, aportet, apresset, aproismet, arivet, cesset, converset, corucet, cumandet, demoret, desconfortet, deseivret, desirret (-iret), despeiret, dunet, duret, e[s]guardet, espeiret, espuset, graciet, guardet, guvernet, herberget, jetet, lodet (lothet), mostret, numet, passet, peiset, pluret, portet, priet, purpenset, recesset, redutet, regret[et], remembret, [s]uslevet; eist, espelt, tent, susti[e]nt 51b, vi[e]nt 51a, sert, consent, depart, revert, ot; at (ad), deit, gist, plaist, receit, estuet (-ot), set, remaint, valt, volt, chet, pot (poet, puet), s[i]et, veit; est, derump(e)t, quert, enquer[t], deduit, escondit, fait, trait, fuit, list, paist, debat, met,

---

1) LE 65, 233 *und* PAS 453 *sprechen also ebenfalls für Verstummen des Personalsuffixes* t. *In* LE 195: Cio li rova et noit et di *und* 200: Bewre li rova aporter, *welche dagegen zu sprechen scheinen, kann* rova *ebenfalls als Präteritum gedeutet werden; ebenso* PAS 96; *der Schreiber der* PAS *hat es allerdings als Präsens aufgefasst.* ALS 118e: puisset atargier *ist bereits von Paris durch* poisset conforter *ersetzt worden.* STEPH IIIc *spricht gegen*, VIIc *für Verstummung. Vgl. Freund's Dissert. Ueber die Verbalflexion p.* 10, *Tobler, Vom fr. Versbau S.* 50 *ff.*, *Suchier, Reimpred. p.* XXXIII (*dazu Literaturbl.* 1881 *Sp.* 380), *Koschwitz, Karls Reise p.* 13 *f.* (*dazu Literaturbl.* 1881 *Sp.* 289), *ferner die Diss. von Fiebiger, Ueber Chev. Ogier p.* 45, *Jenrich, Mundart des Münch. Brut p.* 9, *Seeger, Sprache des Guillaume le Clerc p.* 15 *und Zingerle, Ueber Raoul de Houdenc p.* 13.

prent, rent, respont, tent, vait (vat); di *cinl.*: cumencet, regnet *app.*: aprestet; parmaint HOH: aimet (amet), converset, osct, salüet; florist; seit, vult, plastz, puet (pued); est; ad (adz, atz) STEPH: faut, volt, dit, est, fait (fet), vait (vet); esgarde, parole, prïe; a

prs pl. 1: PAS: laudam, præiam; avem, devem querem, esmes LE: cantomps (-umps *conj.?*), devemps SPO: avem, poëm ALS: avums (-um), poduns, veduns, conuissum; esmes, sumes *cinl.*: avum STEPH: trovum, summes

prs. pl. 2: PAS: requeret, creme(n)t LE: avez SPO: atendet, queret ALS: faites STEPH: avet

prs. pl. 3: VAL: dëent, fëent PAS: acusent, adorent, adunent, crident, deglo(di)dicent, excrebantent, nuncent, pensent, perdonent, retornent, saludent; convertent, mentent, vestent; escarnissent; chedent, devent, sabent; conducent, credent, creisent, extendent, pendent (-en), prendent, querent, recebent, reconossent; consentunt, aprestunt; sunt (sun, son); ant (ont, an); vant (van), fan; aromatizen, canten, dobten, menen, mesclen, pausen; gurpissen; beven, curr[en], dicen (-zen), tenden LE: confortent; volunt ALR: dicunt ALS: apelent, cantent, crïent, depreient (-rïent), doment*, drecent, esguardent, fregundent, getent (jetent), guardent, guvernent, onurent, laisent (-ssent), moilent, noment, nuncent, plurent (plorent), portent, posent, preient (prïent), quident, repairent, rovent, turnent; servent, tenent, venent; escarnissent, deivent, pothent, remainent, sedent, sevent, veient, volent, acorent, conuissent, creient, derumpent, metent, prenent (-nnent), receivent, requerent, respondent, traient; sunt, unt (un), funt, vunt, estunt *app.*: deivent, sevent, lisent *cinl.*: delitent, vivent HOH: commandent; sont, ont (unt), funt STEPH: plaient, porpensent; conclüent, croisent, seguent; unt

impf. i. s. 1.: ALS: aveie; atendeie, cunuisseie, esteie HOH: ere(t)

impf. i. s. 2: ALS: aveies, vedeies, perneies *app.*: pöeies, attendeies

impf. i. s. 3: EUL: eret VAL: avardevet; doceiet, penteiet, saveiet; aveist; eret PAS: esswardovet; volïet; sollïe (: ei), escarnïe; aveie (aveia : ei), era (esteit† : ei) LE: regnevet ALS: demandout; serveit, aveit, deveit, esteit, eret (ert) HOH: apeleid, aveid; ert STEPH: feseit

impf. pl. 2: VAL: comencïest

impf. pl. 3: VAL: fisïent, erent PAS: nomnavent, portavent; adunovent, annovent; estevent; fendïent; menaven; aveien ALS: erent STEPH: segueient, creïvent

prt. i. s. 1: PAS: laisei; ving; dis, fiz, fui ALR: vid ALS: amai, portai, atendi*; vid; oi, poi, fui HOH: odi(t), dis

prt. i. s. 2: PAS: perdones, trades (-as?); gulpist 316, cognoguist, receubist; vetdest ALS: avilas, laisas; fuïs; oüs

prt. i. s. 3: EID: jurat EUL: volat, coist, contredist, volt (*prs.* ?), fut VAL: donat; escit; dist, sist, vint, solt, fut (fu) PAS: denat; arberget, confirmet, conjuret, crollet, enflamet, enflet, entret (in-), envolopet, livret (livdret), parlet, ploret, portet, recridet, regnet, reswardet, saclet, sopet, suscitet, suspiret, traverset; aproismet (-ed), donet (-ed), estet (ested), envïet (enveied), levet (leved), montet (-ed), rovet (-ed), comandet (-eç), anet (anned, anez, aled); gitez, lagrimez, neiez, demandez (-ed); aduned, apeled (appelled), conforted, escrided, esfred[ed], esveled, laved, laissed, manded, manjed (-ged), monstred, obred, pensed, perchoinded, refuded, repadred, saned, sgarded, soned, suded, susleved, to[r]ned, trobed, usted, garder (= ez); respondet, venquet, revisquet; consegued, defended; acomplit, assalit, collit, conjaudit, e[s]carnit, gurpit; audid, cubrid, issid, guarnid, mentid; fud (fut, fu, fo); vid (vit), fez (feist), forsfez, dis, benedis, despeis, estrais, assis, sis†, excos, pres, retrames, rede[mp]s, vol (*prs.* ?), jac (jag), oc (og, oi, ag), bec, veng (veg), perveng (-eing), esdevint, sosteg (sus-)

LE: adunat, aprosmat, cantat, celat, commandat, (coma-), decollat, demonstrat, dominat, edrat, encusat, exaltat, intrat, laissat, lucrat, mandat, menat, observat, onorat, pesat, predĩat, restaurat, rovat (-a *prs.?*), trovat; garda, preia, aima (amat), recomanda, talia *(prs.?)*, perdonat (-et), ralat (-et), communĩet, condignet, visitet; rendet (rende *vor* 1 26), visquet; audit, consentit, covit, exit, no[r]rit, cadit; firid, servid; exaudis; asist, dist, tramist, mist (mis), promest, occist, doist, prist (prest, pres), absols, duis; fist, fud (fu, fo), vid (vit), reciut (-iu), i(n)stud, joth, oth (ott, ant, aud, oct, oc), pot *(prs.?)*, soth (sot), deveng (divint), esdevent, vin, ting, susting (-inc, -int) ALR: crollet, degnet, janget, resemplet, enseyned; perdet; genuĩt; prist, doyst (duyst, des), fist, fud (fu), ab SPO: fo, venit ALS: alat, amat, aturnat, demenat, dunat, entrat, esguardat, menat, nuncat, parlat, penat, plurat, portat; eisit (eissit), oĩt, antendit, fuĩt, refuĩt; escri[s]t, dist, mist, tramist, prist, aprist, sist, asist, raëns[t], remest, fist, vit, fut (fud), volt (*prs.?*), out, pout, sout, receut (recut), reconut, dut, tint, contint, retint, sustint, vint, revint *einl.*: angendrat, cumandat, fut *app.*: cumandat, deut HOH: amat (aimat), enveiad, ma[n]dats, plantats, respond[it]; dist, fist, vit, vint, fud STEPH: emma, dona; vit, fut (fu), ot, sot, recut

pl. 1: ALS: fumes, coneũmes STEPH: veĩmes

pl. 3: EUL: getterent, voldrent VAL: achederent, vestirent, distre[nt] PAS: paierent, esterent, condormirent, cubrirent, encontraxirent, obrirent, vestirent, claufisdr[e]nt, asisdrent, mesdrent, promestrent, presdrent; cadegrent; auseren, espauriren, vidren, revidren, vengren LE: controverent, giterent; presdrent, apresdrent, duistrent, reclusdrent, vidrent, furent, vindrent, aurent (augrent), sowrent, fisdren ALR: duystrunt, furent ALS: acustumerent*, alasserent, aviserent, conreierent, controverent, converserent, demanderent, demenerent†, desevrerent, doloserent, enorerent, esculterent, prĩerrent, ralerent, regreterent†, returnerent, truverent; plainstrent, pristrent, virent, firent, furent, conurent, reconurent, commourent, ourent, pourent, sourent, vindrent HOH: torverent STEPH: e[s]crĩer[en]t, esdrecerent, esrugere[n]t, giterent, lapiderent; baierent, baterent, oĩrent, misdrent, pritrent, porent, furunt

plsqpf. i. s. 3: EUL: roveret, avret, furet, pouret, voldret PAS: agre, furet (-e, -ae, -a), vidra, feira (fedre), medre 420, presdre, vengre (-a, veggra) LE: avret (awret), fura, laisera, estera, exa[r]stra, presdra, fisdra, vindre ALS: firet *vgl.* dueret (= devret?) *Gorm.* 633, dexendre *Serm. de S. Bernart in Q. L. des R. p.* 526

prs. c. s. 1: PAS: posche ALS: alge, puisse, mete, serve

prs. c. s. 2: PAS: aias (aies), membres

prs. c. s. 3: EID: fazet, sit EUL: laist, degnet, raneiet (?), fuiet, arde VAL: aiet PAS: aia (aiet), sĩa (sit), tradisse, posche LE: ajud ALR: peys; teyne, fas', sĩe ALS: acat, ansein(e)t, report, asit, alget, duinst, parduinst, anglutet*, tolget, doilet*, puisset, sacet, aiet (ait*), prenget, assorbet†, fundet, vivet, perde, seit *app.*: seit HOH: alget, oillet STEPH: pre, ait

prs. c. pl. 1: VAL: posciomes PAS: aiam, façam, sĩam ALS: aiuns, poissum (puisum)

prs. c. pl. 2: VAL: aiest, faciest, seietst

prs. c. pl. 3: PAS: fazen, tradissánt* LE: ralgent SPO: fasen ALS: encumbrent, perissent, reconuissent, tengent, quergent, poissent, voilent STEPH: perdent

impf. c. s. 1: ALS: vedisse, volisse; fusse, oũsse, soũsse

impf. c. s. 2: PAS: fusses ALS: alasses, confortasses, parlasses, reconfortasses, repairasses, revenisses, doũsses, fusses *app.*: angendrasses, feĩsses, deũsses

impf. c. s. 3: EUL: amast, perdesse, auuisset VAL: podist, percussist, fesist PAS: cantes, dones; audis, feisis, fos (fus), vedes, solses, aparegues, vengues, dissets LE: laissas (-es), paias, servist, revenist, apresist, calsist, vidist, onist, fesist, fust (fus) ALR: cunquesist, fesist, occisist ALS: guardast†, cuvenist, venist, volsist, oüst, doüst, estoüst, leüst, ploüst app.: excellist, anjoüst HOH: soüst, STEPH: deit

impf. c. pl. 1: ALS: doüssum

impf. c. pl. 3: VAL: permes[isent] PAS: ocisessánt LE: alessunt, felssent ALS: desevrassent, fussent, soüsent STEPH: dannassent, trovassent

imperat. s. 2: PAS: perdone, di, met 360, aucid, crucifige LE: laisse ALS: apele, done, herberges, os, vas, fai, tien, pais, quer STEPH: pardone, pren

imperat. pl. 1: EUL: oram PAS: gurpissem ALS: preiums (-ns), depreiums, plainums, dimes STEPH: jotun, preium

imperat. pl. 2: VAL: preiest, faites PAS: annunciaz, oblidez, plorez, audez, venez, vedes, prendet SPO: preiat, alet, dormet, oiet, atendet, queret, faites ALS: aidiez, atendeiz, quereis HOH: noncieis STEPH: escotet, seët

ger. u. part. prs.: VAL: doliants PAS: annuncian, demandan (-ant), gaimentan, parlan, ploran, seguen, acusand, deslacend, firend, clamant, laudant, voiant, vedent, ardenz, pudenz LE: percutan, ardant, arda[n]s ALR: valent: ALS: cantant, errant, plurant, aparissant†, remanant, sedant, vailant (-nt(e)), batant, curant(e), lisans, vivant app.: savanz STEPH: afebleänt, espandant, lesant

part. prt.: EUL: presentede, morte VAL: laboret, mostret, penet, pretiet; ireist; odit, venu, fendut, perdut; fait, convers PAS: *s. n.*: adhoraz, amenas, anas, nas, esclairaz (-ez), plagas, menez, emblez, trovez; *s. o.*: numnat, preiat†, sanctificat, percuidat (precogded), donad, esvegurad, gitad, levad, parad, salvad; menet, canted, manjed *pl. n.*: damnat, tornat, aproismad, armu(n)d, aserad, menad, trassudad, espaventet; *pl. o.*: armaz, tostaz; *f. pl. n.*: tornades; *o*: encontradas, liade(n)s = *s. n.*: partiz, uniz; *o.*: audit, vestit, escarnid; *pl. n.*: exit (: vedud) = *s. n.*: envenguz, veduz; *o.*: vencut, agud, jagud; *pl. n.*: spandut, vedud = forsfaiz, fait (faita), dit (diz, deit), morz; aucis (-ise), devis, mes, mespraes, pres; passus, suspensus LE: anatemaz, laudaz (-iez), honorez, nez, amet; adunat, coronat, perdonat, amet, vituperet, armez, condemnets = audit = devengu(n)z, tollut, perdud = afflicz, mors, doit, fait (-z), ficta, reclus ALR: naz, obscuraz, enforcat, aformad, avigurad, colorad, figurad; exaltat, affactaz, enseynaz = dit, preys SPO: claufiget, gal(l)et, laidenjet, lavet, luteët, net, pauset, livrëas, meneias = dormit = batut, escrit, resors, trames ALS: *s. n.*: aluëz (-oët), muëz, parez, agravet, alet, ancumbret, aturnet, avoglet, baptizet, enoret (oneuret), penet, presentet, tornet, ampairet, anuitet, desconseilet, ned; *o.*: afermet, anditet, apelet, aturnet, avirunet, celet, converset, cumandet, demenet*, desirret, donet, guardet, penet, pluret, portet, tornet, trovet; anterciet, conseilet, ned; *pl. n.*: alet, vocet, ancumbrez, avoglez, desvez; *o.*: amviet, demonstret; *f. s. n.*: esguarethe, honorethe, nethe†, demenede, eschevelede, forsenede, mudede, parede, pasmede; *o.*: comandethe, depredethe, dunethe, espusethe (-ede), acurede, aturnede, e[s]guarede, honurede, mudede, truvede, turnede; *pl. n.*: salvedes; *o.*: anduredes[s], atempredes, deramedes, passedes, pluredes = *s. n.*: esmeriz, vertiz, fuit, guarnit, servit; *o.*: departit, oit (oid), servit; *f. s. n.*: replenithe, avoglie; *o.*: enhadithe, guerpide; *pl. o.*: departies (*subst.*) = *s. n.*: revestuz, devenut; *o.*: oüt, perdut, geüd, vedud; *f. s. n.*: absoluthe, apar[e]üde, venude; *o.*: atendude*, retenude = contraiz, dit, deduit, destruite, escrit, fait (-te), cuvert, morz (-rt, -rte), quis, remes (-se), sis, tramise[s] *einl.*: boneüret; nurrit app.: aluiet, fruissiet; depaint, fraint, cuileita HOH: apelet(z), navrēe, laisīe(t); odit, nercide(t), florīes; c"adeit; batuz, perdut(z), tolud; fait (-te(t)), quis STEPH: ajonelet, ire, lapīe; prīe; feni, oī, cuntrat

II. Pronomina.

s. n.: EID: eo (io), il I, 5; meos, qui nēuls EUL: il 13, elle; li, la; chi, nīule VAL: io, tu, il; li; cil (cilg); tel (*m.*), nēuls PAS: eu, tu, el; tos, sos, sa, sōa, nostræ (*m.*) nostra (*f.*); li (lo, le, l' (?)), la (l'); cel, aquel, eps, medeps, co (zo, cho); qui (chi, que), que (qui, chi), chi (*int.*); altre, toz, tota, nulz (nuls, nul), LE: il (ill, el); tos, suos; li (lo, l), l' (*f.*); cil (ciel), ciel'; eps, cio; qui (quæ, que), tels (*m. f.*), nuls ALR: li (lo, l', l), la; echel; qui (chi), nuls, tot SPO: eu (e) (*3 pers.*); l' (*m.*), la; chi ALS: i"o (io), tu, il (*m. und neut.*), ele (ela); mes (mun), mens, ma, tes (tis, tun), tons (toens), ta, tūe, ses (sun), sons, sa (s'), sūe, noster (*voc.*), vostra (*f.*), lur; li (le, l' (?)), la (le, l'); cil, cele, cist, cesta, cec, hoc, c"o (co, c'); ki (qui, chi, quet), chichi, quels; tel (*m.*) neūls, nuls, altre (-*ra*), altra (*f.*), tuz (tut), tota, (tute), trestut *einl.*: il; la; icesta, co *app.*: tu, il; la (l'); ic"o; qui, que, quela; altra (*f.*) HOH: io, il, ell': mes (mi), miens (-ss), ma, ses, suenas; li, la (l'); chi (qu'), chi (*interog.*) neūls, nuls, nulle STEPH: il; sen[s]; li, la; qui (qu'); negun(t)

s. o.: EID: mi (me), lo (l'), lui; meon, son, suo (*f.*), nostro; ist, cist, o; que, cui, quant; cadhuna, nul, nulla EUL: s, lui, la (lo, l'), lei, li; suon, sa, souue; lo (l), la; celle, o; dont VAL: se, lo (le), lui, li; sun (sen, sem), le, la; cel, cele, cest, ceste, o, co; dunt, tot, nīul PAS: me (m', m), te (t'), ti, se (s', ss', s), lo (l', l), lui, li (l'?), la (lla, l'); mo, ton (to), ta, tūa, son (som), sa, sōa (sōe, süa), nostre (-se), nostræ (*f.*), vostre, lor; lo (le, l', l), la (l'); cel (ciel), celui, cela, es, cest (ces); eps, medeps, o, zo (cho, cio); que (qu'), cui, que (*inter.*), qual, quant, qunnque; tal, neūl, altra (*f.*), tot, trestot, negun LE: me (m), te, se (s', s), lo (le, l' l), lui, li (l); meu, son (so), suo (seu), sa (s'), su'; lo (li, l', l), la (l'); cel (ciel), ciel' (cilla), ciest, eps (ipsum), epsa, o, cio; que (quae, qu'), cui, qual, quant, tan, tal (tiel), tot (toth), el, niul ALR: se (s), lo (l', l); son, sa (ss'), lo (l', l), la; chest, medips; dun, qual, tal, tan, tanta, altre, tot, tota, trestot, necun SPO: lo (u); nostr'; lo (l'), la; o, aiso; que ALS: me (m', m, n), mei (mai), te (t', t), tei, se (s', s), sei, le (l', l), lui, li (l'?), la (le, l'), lui; mun (men), ma, tun (tons), ta (t'), tūe, son (sun, sum, sen), sa (s'), sūe, nostre (-r'), lur; lu (le, l', l), la (le, l'); cel, celui, icel, icele, este 41c†, cest, cestui, ceste, icest (ices), iceste (icest'), ipse, medisme, cec (hoc, huec), c"o (co), ic"o; que (qued, quet, qu'), cui (qui), dunt, que (*inter.*), quei (que(d)), quel, quanque; tel (*f.*), nul, nule, cascune, altre (-ra), eil, tut, tute (-a), trestut *app.*: le (l *art.*), la (le); icele, maīsmement, ic"o (ico); que (quet), laquele *einl.*: l (*art.*), la (le, l'); icel (iceol), methime, delquel, cascun HOH: me (m'), mei, t', le (l', l), lui, li, la (l'), lei, li; mon (mun), ma, tum, son (som, sun), sa, sūe, nostre (*f.*); le (l), la (l'); c"o, cui, quel, tel (*m.*) STEPH: m', mei, se (s'), sei, lo (le, l'), lui (lue), li, la; meie (mei'), t', sa (s'), nostre; lo (le, l, u), la (l'); cet, cetui, icest, ce; que (qu'); nule, tu[t]

pl. n.: EUL: li; tuit VAL: il *v°* 18, 25; li; cil; chi PAS: nos, vos, il, elles; toi, soi (sei); li (l), las (les); cil, celles; qui, que; alquant, alcuns, tuit, trestuit LE: nos, vos, il 61; soi, lor; li; quae; tuit (toit), trestuit ALR: qui; alquant SPO: vos ALS: nus, il; mi (mes), mes (*f.*), tui, si, nostra (*m.*), lur; li; cil (cels), icīl (icels); ki, alquant (-nz, aquant), altre, pluisur, tuit (tut, tuz), trestuit (-ut, -uz) *app.*: il; les; ki *einl.*: nus; les; lesquels HOH: mi; li, les; cil, plussors STEPH: il, nos, li, cil, qui, tuit, trestuit

pl. o.: EUL: nos; les; cels VAL: els, lor; vost (= vostrus); cels, cist; dunt PAS: nos, vos (vobis), los (la, lz), els (elz, el), lor, las; mos, mas, tos, tas, sos (soos), sas, nostres, vostres, lor; los (lo, lis, ls, l), las (les, ls); celz (-s), cestes, eps; que (quae, qu'), quals; tals, alquans (alc-), toz (tot), totas, trestoz (-ot) LE: nos, vos, los (lis, ls, s), llor; sos, ses *(f.)*, lor; les (lis, ls, l(o)s, li), las (ls); ciels; que, tels, altres, toz, trestos ALR: nos, vos, lour (= els); sas; ls; toz, totas SPO: nos, vos, las; vostres, vostras (voz†); los (us); que; tot ALS: nos (nus), vos (vus), les (s), els, lur, les *(f.)*; ses *(m.)*, sons, ses *(f.)*, noz, lor (lur); les (s) *(m. und f.)*; icels, ices; dunt (dum), quels; tanz, tantes, altre, toz (tuz), tutes *app.*: vos; les (s) *(art. m. und f.)*: que *einl.*: s *(art. f.)* HOH: mes *(f.)*; les *(f.)*; icelsz, eis; altres (-esz), tos STEPH: vos, els (os), lor; lor *(pos.)*; les (u, s *art.*); cels, tot

III. Zahlwörter.

EUL: une VAL: un PAS: uns, un (u), una (huna), dūses, dos, treis (tres), quatre, cinc, sep 420, trenta, quaranta, cent, primers, -era, terz, terce, desen, am, dobpla LE: uns, un (u), duos, tres, quatr', primos; quarz, ambes, ambas (?) ALR: uns, un, treys, quatro, primier (primeyr), quars, quins, soyientreir (= seyteneir) SPO: un ALS: uns, un, une, dui, dous, treis, quatre, seat (set), dis, trente, cent, mil, sedme, andui, ambes *einl.*: un HOH: unt, une (un'), chi"nc, cent, milie (-ie(t), quart', quint' STEPH: un

IV. Eigennamen.

1) *Männer*: EID: Karlus, Karlo (Karle), Lodhuvigs (Lodhuwig), Ludher EUL: Krist, Maximīien PAS: Barrabant, Crist, Davit, Herodes (Erod), Jesus, Johan, Joseps, Judas (-es, -eus), Escarioth (-oh), Laçer, Nicodemus, Petre (-dre, -dres, -trus, -tdres, -tdrun), Pilaz (-at, -ad), Nicodemus, Satanas (-an), Symēonz LE: Baldequi, Chielperics (-ings, -ig, -ing, -in), Didun, Ewruīns (-īs, -ī, Evruī), Guenes, Laudeberz (-ert), Lethgiers (-ier, Letgiers), Lothiers (-ier), Thēoiri, Vadart ALR: Alexander (-dre), Amint, Philippus, Salamon, Xersem SPO: Gabrīels, Jesu ALS: Abraham, Acharies, Alexis, Anories, Boneface, David, Eufemīen, Innocens *app.*: Gregorie, Secundin HOH: Abīa, Abinmalec, Abraham, Achas, Amos, Ananīas, Azarīas, David, Eselcīas, Isaac, Isaīas, Jacob, Jeū, Joāchim, Joātam, Joēl, Joseph, Josīas, Manases, Misaēl, Moīsen, Nazarīas, Noē, Roboām, Salamon, Samuēl, Zacharīas STEPH: Christ, Estevres (-re), Jesum, Pol, Saulus = 2) *Frauen*: EUL: Eulalīa PAS: Anna, Marīe, ALR: Olimpīas ALS: Marīe = 3) *Völker*: PAS: Judeu (-us) ALR: Macedonor STEPH: Juē (-ēf, -ēs) = 4) *Länder*: PAS: Galilēa LE: Peitieus ALR: Epir, Grecia (-tia) ebrey, ermin, latin, grec STEPH: Asye, Celicīe, Libīe, Sire = 5) *Städte*: PAS: Betfage, Emaus, Gehsemani, Golgota, Hierusalem, Nazarenum LE: Fescant, Lisos, Ostedun (Hostedun), Sanct-Maxenz SPO: Betleēm ALS: Alsis, Lalice, Rome, Tarson HOH: Nazareh STEPH: Adamasen, Alesandrīe = 6) PAS: Oliver (Holivet) SPO: Jorda HOH: Plīudon

V. Substantiva.

s. n.: EID: deus, om, sendra EUL: rex, cose, domniselle, polle, pulcella VAL: sedre, sire, jolt PAS: pontifex, spiritus, deus, angeles (angel), amics, focs (fugs), dols, matins, reis (rex), obs (ob), mels, sa[n]gs, cors (corps); pechez, regnas, marrimenz, vestimenz, finimunz, filz (fils), jalz, orgolz, soleilz (-els), asnez, hom (om), seindræ, regnum, munument, a[g]nel = pax, neus, folcs, nuvols, cha[r]ns, pavors, passīuns (-ons), redemptīons, noiz, vertuz, morz, gent, madre, virge, anma, luna, signa, sopa, terra, cortine, useire, vil' LE: deus, domine-deus, biens, fils, reis (rex), abbas, fel, infans, tempus, corps; mentiz, damz, tirans; inimix, amicx; om, consiliers = anima, causa, ira (-ae); rode (roōrs*), flamm' ALR: toneyres, reys, emfes, cels, fils (-lz); hom, sol, leu, pare = res, antiquitás, enfirmitás, otīositás, vanitás, tempestás; terra SPO: espos, salvaire = scriptura ALS: deus, sarqueus, enemis, cristīens, pelerins, dols, edrers *(inf.)*, almosners, cancelers, conseilers, mesters, proveaders, quors, poples (-e), secles, apostolies (-ie), reis, emfes, cons (quons); orez, parentez, plaidiz, contraiz, boeuinz, danz, jurz, apartenanz, serganz; cors, vis, pape, pedre (-es), hom (-homs), costre, emperere, sire, crit, pechet (pecet), bien, plait ornement, talent, nīent, serf, message, palie = fins (fin), vois, anfermetet, citet, amur, dolur, muiler, feit, nef, main, rien, gent *(mit verb. im pl.)*, medre (-ra, mere), imagene (-ena, -ine), aneme (-ema, -ame), cumpainīe, vithe, demurede (-ere*), nacele, pulcele (-la), escriture, figure, terre, antente, noise, masse, presse, spuse, herberge, cartre, famme, vedve, glorie, goie, justise, ledece (leth-), fille, merveile, creānce *einl.*: emfes; faitur = cancun, consolaciun, raisun; juvente, grace, istorie *app.*: ancienetiet; c"ose, painture (pein-), scripture HOH: ortus, amis, tresors; lais, danz (dam), solleiz, fiz, reiz, leus; iversz, tensz, semblansz; om (on), aire(t); message(t), oiseet (= oisels) = clartez, virge(t), odor; corone(t) STEPH: clers, deus, apotres; deus (= dols), c(o)urs, chiens, sanc (scant*), = gent, torbe *(mit verb. im pl.)*, feste

s. v.: PAS: deus, amicx, rex; prophete ALS: deus, amis, reis; filz (fiz); vis; hom, pater, frere, sire = dama, cambra, pulcele, faiture, buce STEPH: sire HOH: pucelle(t)

s. o.: EID: deo *(gen.)*, vol, plaid, dreit, sagrament, salvament, poblo *(gen.)*, damno, fradre (-ra *ac.*, *dat.*), di = amur, part, ajudha, cosa EUL: deo *(ac., gen.)*, fou, chieef, ciel, or, menestier, colomb, argent, element, preiement, dīaule, seule, nom, corps = honestet, virginitet, mercit, mort; anima, clementia, manatce, figure, spede VAL: moud, mel, peril, soveir (= sedeir? *inf.*), peer, repausement, cheve, edre, verme, pescion = encredulitet, cherte, salut, umbre, duretie PAS: regnum (ren), spiritum, templum, pentecostem, deu *(ac., gen.)*, di (dii), meidi, rei, amic, loc, fog, cab (cap), azet, mot, marched, peccad (pecat, peched, pecchiad), mei (met), mal (mel), baisol, dol, cel, fel, mel, castel, baisair *(inf.)*, sopar *(inf.)*, ser, aur, fer, cor, paradis, raus, pan, ben, aloēn, veren, vin, mattin, fin, don, destreit, dreit, forsfait, don (= dominum), sang, pimenc, talant, argent, monument (mu-, moni-), saccrament, unguement, vestiment, mont, mund, regard, tort, sort, serv, escarn, enfern, jorn, dīable, asne, paire, vespræ, omne, fellon (-un, -unt, felon, felun), ladron, (-un), menton, sermon, emperador *(ac., gen.)*, tradetur, redemptor, senior (senn-), fil, laz, peiz, temps, corps = madre, cros (crus), mers, lei, fet (fied), ren, man, noit, gent, carn, cort, mort, part, mercet, caritat, deītat, ciptat (-ad, ciutaz), cobetad, humilitad, pietad (-ed, pitad), podestad, sanitad, trinitad, veritad (vertet), vertud, confessīon, passīon (-un, pasīun), raison (-un, raison), cridaizun, honor, pavor, sudor, gola, aurelia, cena, corona, nona, ensenna, mirra, terra, corda, porta, vida (vide), chamisae, custuræ, purpure, peddre, compánnie, enveie, gradilie, vil' = LE: deu *(ac. dat. gen.)*, di, rei, foc, cap (queu), gret (-d), regnet, camgiet, i(n)spieth, estrit, miel, cel (ciel), conseil (-iel), flaiel, dol (duol), consilier, monstier, mistier, cor, paīs, dom (= domum), bien, tirant, mesfait, fruit, corropt, dam (dem, domine), nom (num), consolament, juvent, torment, clerj', serw, exercite, evesque, dīable, poble, regne, fredre, magistre, compte, omne, senior, pris, corps (-p) = medre, pais, lei, fled (fiet, fid), re, noit, fulc, art, curt, caritet, ciutat, claritet, humilitiet, veritiet, evesquet, merci, ciu (?), amor, furor, honor, pavor, enveia, labia, hora, ira, terra, flamma, lingua, missae ALR: bu, rey, estric, duc, escud, collet, cel, conseil, peyl, fil, uyl, cabeyl, vassl, seyr, cavalleyr, empeyr, magesteyr, escĕeyr, clas, pas, an, sen, matin, mischin, pargamin (-en), vicin, poyn, ling, agayt, playt, dreyt, non, cant, alevament, mandament, talent, vult, regart, tort, estorn (estor), libre, omen (oume), baron, dracon, falcon, leōn, peysson, sermon, enperadur (-tour), encantatour, braz, solaz, peyz, temps, corps = ley, sor, mar, gent, virtud, moylier, regīon, tenzon, gratīa, pecunīa, espāa, rotta, coma, leyra, figura, terra, corda, parabla, forma, donna, lettra, sapīentia, lancj', fayllenci', batalle SPO: cosel, sas (so*), espos, flum, monumen, pont (= punctum), efern, socors, oleo (oli) = vīrgine, crot, mar, terra ALS: grabatum, verbe, deu *(ac., gen.)*, rei, di, ami, pri, leu (liu), chef, relef, mi, gret, degret, parentet, conget, pechet, prut, mal, conseil, ciel, anel, ostel, doel (duel), voil, linc"ol, alter, consirrer *(inf.)*, aveir (aver, *inf.)*, muster, martir, or, quor, deces, paīs, paradis, vis, espus, us, pain, bien, parcamin, vin, ahan, puing, num, lit, host, sanc, cumand, semblant, sergant (serv-), adaisement (asemble-†), argent, cumandement, discumbrement, marrement, talent, vent, mund, clerc, helberc (her-), resguart†, convers, jurn, dute, conpta, barnage, linage, parage, brunie, sacrarie, empirie (amp-), adjutorie, servise, esample, secle, sigle, batesma, helme, terme, regne, home (hume, ume), marbre, ventre, pedre (-re, pere), amfant (-nz), bricun, gunfanun, seinor (-ur, seignor), emperethur (-edur, *ac., gen.)*, servitor, piz, filz, danz (dam, damne), os*, tens, cors = medre (-ra), imagine, virgine, feiz, voiz, pais, nef, feit, nuit, main, mer, gent, carn, mercit (-i), amfermetet, amistet, citet (-iet, -ied, ciptet), cristīentet, fecunditet, humilitet, nobilitet, lastet, pietet, salvetet, san(c)tet, trinitet, veritet, volentet, podestet (poēs-), podéste, poéste, maison (-un), oraisun, raisun, amur (-or), clamor, colur, dolur, honur (onor), tristur muiler (moyler), egua, pulcela, enca, tabla, felunīe, amīe, contrede (-the, cuntretha), espede (-the), maismede, bailide (-īe), vide (-the), musgode, ajude, nate, entrarote, escole, turtrele, gemme, mecine, peitrine, peine, sameine, penne, ure, aventure, crēature, cure, terre, eglise, guise, spuse, cose, presse, vīande, juvente (-ta), summunse, feste, teste, herberge, barbe, guarde, perte, poverte, grace, ledece, dutance, penitence, fille (filie), compaign(i)e, glorie (-īa), memorie, femme, almosne, cartre (c"a-, cartra) *einl.*: deu, ciel, spus, barun, fils = mere, castethet, pietet, veritet, volentet, trinitiet, vīe, spuse, memorie *app.*: respuns, num, pastur, deperdethur = folc, discrecīon, leceun, culpa, scandale, painture, c"ose, naisance, amvidie, historie HOH: plaisir *(inf.)*, mur(t), amant, palie(t), angre(t), ede, ested, ami, proud, salud(z), mel, plaisir *(inf.)*, matin, aromatigement, entendement, tort, lignage(t), parage(t), servise(t), ede, ested, leōn, amant, tens (tems), soleiz = mere(d) *(gen.)*, part, fei, beltez, citez, clartez, c"a(a)steēd, mercid, amor, dolo"or, ennor, amīe(t), pulcelle(t) (pucele), torterele(t), terre(d), colpe(d), langue(t), vine STEPH: de *(ac., gen.)*, me, mot, cel, mester, jor, cor, non, esperite, deāble, demne, (dame), enfant, barun, larun, saignor, tens = amiste (amite), bonte, sante, merci, gent, achisun, entencīun, lecun, paslun, amor, vile, terre, chose, escīence (ecīencie), erme

pl. n.: EUL: inimi PAS: di, inimic, caitiu, an, munt, enfant (-an), sepulcra, prophetes = femnes, roches, custo(de)s, gutas, voiz LE: amic, parent, baron, omne ALR: rey, estrobatour, losengetour ALS: oil, serf, paleis, per, frere, sergant, parent, anceisur, seinor (-ur, -ors, seniur), empereōr (-ur, amperedor), jugedor (guvernedor†), pechethuor, clers, angeles = ereditez, turbes, anemes HOH: fil, vestement, escalgaites, re"es, vinees

pl. v.: PAS: fili = fillies SPO: domnas, chaitivas *(adj.)*, virgines ALS: seignors (seinurs, seniurs) HOH: filleaz, pulceleaz STEPH: barun, saigno[r]s

pl. o.: EUL: dis, pagiens, consselliers, empedementz, paramenz VAL: perils = almosnes, haires PAS: dextris, dis, chainsils, rams (rame†), cors, murs, deners, olivers, lenguatg(u)es, dïables, palis, pechedors, peisons, felluns (feluns), ladruns (lasr-), omnes, palmes, signes, guardes, pecaz (pechet, pece), pez (pede, ped), criz, vassalz, conselz, mantelz (-e(n)ls), fils, genolz, olz (ols), ahanz (af-, aff-), anz (anç), enfanz, semblanz, tormenz, unguemenz, talenç, laz, vestit, marchedant = part, vez, voluntaz, vertuz (vir-), genz, mans, maisons, raisons (-zon), errors, penas, estras, livras, pedras (petdres), espades, veiades, vises, espines, pasches, branches, lingues, pugnes, femnes, gratïae LE: dis, fiaiels, ols, piers, meis (= *missos*), temps (tiemps), gladies, clerjes, ca[r]tres, omnes, sermons, seniors, pensaez, pies (pes), aänz, pechiets = croix, passïons, raizons, honors, poenas, paschas, lawras, litteras, signes ALR: dïes, magestres, tons, meys, laz, porz = bontaz, claritaz, dignitas, onestaz, prodeltaz, qualitaz, arz, ensignes SPO: marchaänz, pechet = sero[r]s, penas ALS: miracles, avogles, angeles, candelabres, dras, sas, mals, chevels, menestrels, bans, mains, poverins, crins, pers, ancensers, aveirs (*inf.*), tresors, anceisurs, sers, cors, humes, pechez, criz, oilz, ahanz, anz, amfanz, sergans, deplainz, parenz, porz = parz, seiz†, feiz, voiz, vertuz, fains, afflictïuns, ureisuns, dolurs, honurs, departïes, rües, capes, noveles, gemmes, curtines, consireres*, lavadures, terres, albes, cinces, renges, palmes, lairmes (lermes), anames, almosnes, letres *einl.*: noces, goies *app.*: liu̇s, penses, curages = genz, paintures, c'oses, eglises, hystories, letres HOH: tens (temps), anz, barunsz = vinnes, levres STEPH: miracles, dras, ces, cuntrat, piet, dent

pl. g.: ALS: ancïenur (*od. adj. s. o. m.*) *vgl.* IV 8 ALR: Macedonor

VI. Adjectiva.

adj. s. n.: EUL: pagiens = buona VAL: grancesmes, las, correcious = seche: PAS: magnes, pius, vivs, novs, bons, primers, vers (verus), sols, lez, sanz (sanct), carnals, mortalz, granz, podenz, fort, fel (vel) = primera, sancta, faitice, grant (gran, granz) LE: perfectus, perfides, miels, vivs, bons (buons), corroptios, enviz, sanz (sancs, sanc), cruëls, granz, trist, mieldre = *f.* granz ALR: magnus, natiz, forz = universa ALS: avogles, dignes, estranges, saintismes, rices, bons, orbs, dolerus, languerus, leprus, malendus, palazinus, liez, muz, contraiz, velz, sainz (saint), surz, sul, graim, dur, fort, amferm, cointe, felix, bries, frailes, pecables, grans (grant) = *neutr.*: plus, tart = *f.*: longa (lu-), lede, bele, menude, sole, angussuse, desirruse, doleruse, goiuse, graime, plaine, bone, sainte, dolente, preste (prest'), fraisle, grant (granz, grande) *einl.*: desirrables, sul, spiritel = *f.* amïable, honeste, suverain HOH: roges, saives, bels (-laz), blans, premierz, gensz = *neutr.* molt = *f.* belle(t), novele(t), bone(t), amere(d) STEPH: plains, bons, seint (sen) = crestïane, g[r]ant

s. v.: ALS: celeste, gentils, riches, saintismes, las, bels (bel), bons (boens) chers (kers, kiers, cher) = *f.*: malfeüde, lasse HOH: gentilas (*f.*)

s. o.: EID: christian, commun EUL: bel, christïien = *f.* regiel, grand, bellezour VAL: grant = male PAS: nazarenum, piu, bon, clar, ver, blanc, long, sant (sanc, sanz), mult, fort, grand, fellon, major = *neutr.* mult = *f.* destre, chera, vera, pura, alta, comuna, fort, grand (-n) LE: sant (sanct), [e]spiritel, grand (-n) = *neutr.*: peis = *f.*: mala, bona, grand ALR: nobli, ample, ebrey, glauc, pauc, grec, antic, mendic, ric, apensad, delcad, recercelad, mat, novel, subtil, fol, plen, ermin, latin, clar, saur, primier (-eyr), semgleyr, neyr, franc, parv, cresp, meyllor = *f.* gentil, grant, gensor SPO: glorïos, presen (*neutr.*) ALS: celeste, savie, noble, durable, terrestre, sul, bel, gentil, boen (bont), cher (ker), cler, dur, precïus, dreit, halt, blanc, franc, grant, saint (-ns, -n), ancïenur (*subst. gen. pl.?*) = dolenta (-e), tendra, povre, durable, celeste, communc, mortel, grant, fort, vive, canuthe, bele, bone, malveise, lasse, dreite, halte, blance, sainte (-a), parfit', lung' *einl.*: vif, sul, noble, juvene = spiritel, grant, divine, su[v]erain *app.*: saint = dreit' HOH: bel, bon, grant = dolce(lt), grant, novele(t) STEPH: ben, glorïos, saint, clergil = *neutr.* poi = *f.* grant, benne

pl. n.: VAL: *m.* unanimes PAS: caitiu, petit, salv, mult, fidel (fidel), gran, fellun (fello) = sanctas LE: franc ALR: sapi, fort, manent, podent, prudent, fellon ALS: pensif, petit, sul, busuinus, plurus, grant, povre, rice, delivres, felix STEPH: save, dolent, felun

pl. v.: SPO: *f.* gentils, malaürëas, caitivas, dolentas ALS: malfeüz HOH: beles

pl. o.: EUL, VAL: mals PAS: malabdes, vivs, mals, cars, durs, fedels (fidels, fidel), majors, petiz, mulz, granz, sanz *(ac., gen)* = granz, noves, males, multes LE: sanz (sancz), granz (-nd), carnels, e(t)spiritels = dures, granz ALR: granz SPO: saje *(f.)* ALS: ories, povres, rices, veirs, meilurs, fedeilz, granz = granz, gentils, alïenes, bones, dures, apertes, larges (-as), multes, posmes, soventes *einl.*: *f.* virginels *app.*: honurables, sainz, = ignoranz, cruëles STEPH: feluns

comp.: EUL: bellezour, melz PAS: major (ors), mais, melz LE: mieldre, peis, mais ALR: genzor, meyllor, mels, plus, mais (mays), ALS: ancïenur *(od. gen. pl.)* meilurs, melz, plus *(vgl.* pluisur), mais HOH: plus (*vgl.* plussors) STEPH: plus

superl.: VAL: grancesmes ALS: pesmes, saintismes

VII. Adverbia.

EID: int, enavant, si, altresi, non (nun), nunquam EUL: melz, ent ('nt), enz, sus, tost, sempre, omque nonque, non (no) VAL: cert, mult, si, ent, foers, avant, oi, ore, tost, dunc, ne = PAS: amarament, durament, planient, benlement, cuschement, dulcement, fortment (-en), hebraïce, lon, petit, prob, fort, greu, ben, melz, mult, plus, mais, alques, asez (assaz), quaisses (quasi), si, tan, (tam, ta), i (hi), ci, iki (equi, etqui), lai, alo, dalo, en (ent, 'n, n'), enz, den[z], fors, entorn, evirun, entro, sus, ensus, jos, envers, avant (evan), davant (-an), redre, aredre, detras, oi, ades, ja, hora (or), nunc, dunc (donc), dunques (duncq-, donch-), poisses, empres, anz, desanç, abanz, desabanz, ensems, ensembl', semper (sempr'), anc (hanc), unque, non (no, nu), neient, nenpero, en, rebost, ensobretot (-oz) LE: clar, primos, volentiers, bien (ben), molt (mult, mul), mais, assz, si, tam, i, ci, lai, illo (ille), ent (en, enn, 'n), den, fors, defors, jus, lujus, dejus, ja, hor' (or), donc (dunc, doc), desanz, enavant, adenavant, apres, sempre (semper), hanc, hunc, non (no, ne) ALR: pleneyrament, altet, clar, mal, loyn, volunteyr, beyn, mels, mul, plus, mays, trob, tan, i, lay, en, enaveyron (-viron), entro, daval, ja, ains, anceys, hanc, aysi, non (no), micha SPO: lo[n]iamen, trop, mais, aici, praici, lai, en, sus, areir, ja hor' (ora), tost, non (no), pont, gaire ALS: ledement, belament, sainement, durement, attement, dreitement, parfitement, lungement (longa-), gentement, tendrement, forment, pou, bel, dreit, luinz, longes, suëf, pres, certes, acertes, volenters (iers), bien, melz, mult, plus, mais, alques, asez, tres, par, tant, si, i, ci, la, iloc (-oec, -uec), en (em, an, am, 'n), enz, dedenz, fors (hors), ensus, jus, lajus, avant, devant, enavant, ultra, ailurs, oi, ja, ore (or), enquor ('ncor), bor, mar, entant dementres (an-), dunc (dunt), idunc, puis (pois), adanavant, ensembl' (ansemble), ainz, sempres, tost, sovent, (su-). unches (-ces), avisunches, vels, issi (eisi), nun (nen, ne, n'), nïent, nepurhuec, gens (giens), ensor[e]tut (ensu-) *einl.*: purement, dignement, ici *app.*: sulement, maismement (maisment = metipsimamente *oder* maximamente *s. Gorges, Ueber Stil u. Ausdr. etc. p.* 39), cuintement, saluablement, ne (n'), nïent, geres

HOH: dolcement, avenablement, gent, be(e)em (biem), molt, plus, assis, par, tant, i, la, iluoc, en ('nn), fors, ja, or, encor, adunc, pois, ne (nen n') STEPH: ledement, docement, mau, for, volentiers, bien, mult, plus, tan, si, i, ci, ici, fors, oi, ja, pois, ensenble, unques, ne, derechief

VIII. Praepositionen.

EID: ab, contra, d', in, per, pro EUL: a (ad), de, in, sus en, ens en, par, por, post, soure VAL: a (ad), de, en (e, in), per, por, sost, sore PAS: a (ad, as), ans, avan 256, davan (-ant), dedavant, ab (ap), contra, encontra, de (deg, d'), des, jusque (-che), en (in), entre, enmet, per, empres, pus, sens (sen), desoz, sobre (re, r', l'), vers, envers, masque (mais) LE: a (ad), davant, ab (ob), incontra, de, en (in), estre, depar, per, por, apres, sens, sobre ALR: a (ad), de (d'), encuntre, en, per, sens, sub, sor SPO: a, de, en (e), per ALS: a (ad, an), devant, od (ot), avoc, de (d'), en (an, am), jusqu'an, entre (entra), sulunc†, par, pur, empur (en-, an-), puis, sens, sus (soz), sor (sur), desur, ensur, tres, maisque *einl.*: a, de (d'), an (e), sulunc, par, apres *app.*: a (ad), de (d'), an (e), par, pur, ampur, sens HOH: a, ab, de (d'), en, entr', par, por, enpres, samz, desoiz, vers STEPH: a, o, encontre, entr', de (d'), en (o), enme, par, por, vers

IX. Conjunctionen.

EID: et (&,) ne, inquant, sicum, si, in o quid EUL: et (&, e) (e), si, ne (ned), com, qued (que qu') VAL: et (e), si, u, car, cum, quet (que) PAS: et (&, e), si, ne, mais (mas), o, quar (qui, qu'), cum, sicum, cume, quant, si, que (quez), anzque, desque, masque (mais-), enpasque, postque, usque, d(r)ontre LE: et (&, e) si, mais, ut, quar (qui), cum (com), si cum, quant, quandius, si (sed), que (quae, qu'), dontre que, antro que, entro, oque, pos ALR: et (&, e, ey), ne, que (qu'), cum, quant, si, que, plusque, poyst SPO: e, ni, que (= quar) ALS: e (&), si, ou, ne (net), mais, o (ou, u), quar (quer), cum (com, cun), cume, quant, si (se, set, s'), que (quet, qued, qu'), ainzque, ouque, usque, jusque, plusque, maisque *einl.*: e (&) *app.*: e, mais, se, kar, cum, que, dementiers que HOH: e (&), si, ne, quar (quer), con, quant, que (qu'), ainzque, plusque STEPH: e (&), si, ne, mes, cum (com), quant, se (s'), que

X. Interjectionen.

PAS: gai, heli, o, osanna SPO: aise ALS: a, e, o, est (as) *app.*: ste

---

Verbesserungen und Nachträge.

S. 1. *Zur Ergänzung der Beschreibung von L diene folgendes. Die ganze Hs. besteht aus 21 ganzen und 2 unvollständigen Lagen von je 5 Doppelblättern.* 1) *Bl. 1–8 enthält einen Kalender mit Angabe des Todestages vieler Personen, aus deren Zahl ich mir folgende angemerkt habe: Januar* 11 Θ Antipater domine Cristine, 19 Θ Rob' monachus, 24 Θ Ailiua mater Mich' — *Februar* 11 Θ Adelaisa monialis, 12 Θ Gregorius ṁ frater domine Cristine, 28 Θ Ganfridus abbas ecclesie sancti Albani — *März* 19 dies sancti Cuthberti episcopi Θ Anicia priorissa de sop', 31 Θ Azo heremita — *April* 11 dies sancti Guthlaci confessoris, 19 dies sancti Alfegi episcopi — *Mai* 19 dies Dunstani archiepiscopi — *Juni* 4 Θ Aluereduus monachus, 7 Θ Beatrix mater domine Cristine — *Juli* 12 Θ Matildis monialis de Marzellis, 28 Θ Ailwardus heremita — *September* 13 Θ Ailwinus canonicus — *October* 6 Θ Ricardus monachus — *November* 2 Θ Symon frater domine Cristine — *December* 8 Θ Cristina prima priorissa de bono'. *Die häufige Wiederkehr des Namens 'Cristina' und der zuletzt angeführte Eintrag legen die Vermuthung nahe, dass wir es hier mit dem Brevier eines von ihr gestifteten anglonormannischen Klosters zu thun haben. Zu genauerer Bestimmung fehlen mir derzeit die Hilfsmittel.* 2) *Bl. 9–28 enthalten 40 wohl erhaltene farbige Bilder aus Christi Leben ohne Text, photographisch aufgenommen.* 3) *Bl. 29–34 steht die* Can"cun de S. Alexis, *nebst Einleitung und appendix, ebenfalls photographirt.* 4) *Bl. 35–37r° bieten Bilder mit lateinischer, beigefügter Erläuterung u. Bl. 37v° bis zum Schluss lat. religiöse Texte mit einer Menge in irischem Geschmack schön ausgeführter Initialminiaturen. Gegen Schluss der Hs. zu findet sich eine* letania, *in welcher eine grosse Anzahl männlicher und weiblicher Heiliger angeführt wird, deren Fürbitte erfleht wird. Die Zahl der männlichen Heiligen schliesst mit folgenden Ausrufungen:* 'Machari, arseni, ieronime, benedicte II, maure, columbane, wandregisile, philiberte, maiole, leonarde, alexi', *die der weiblichen:* 'Etheldritha, ursula et coruula cum sociis uestris, elena, barbara, florencia, consorcia, smeralda'. *Vorher gehen:* 'Radegundis, Baltildis etc. *Was die Schrift anlangt, so ist auch nach* o *fast nur das gewöhnliche* r *verwandt*, vgl. ore 1c, or 8d, 12e, 21a, seinor 12b, cors 20d, pors 40a, sor 41c, por 45c etc. *Die zweite Form findet sich nur in:* amor 45c, or 56d, empereor 62a, 72a, amperedor 73b, pechethuor 73a lonor 73c iugedor 73d enquor 80e por tai 88b por teure 89b mort 92d seignors 101a ensor 123e dispersoris *app.*, *inlautend also nur* 92d, 101a *u. app.*; *denn* 88b, 89b *steht es am Schluss der Zeilen. Initiales* d *ist von mittleren und finalen* ð *verschieden. Der Doppelaccent begegnet nur bei* c"o, j"o, ic"o, linc"ol, c"artre *und im app. in* ic"o, c"ose, ani"oust.

S. 2. *Die Hs.* S *und die Redaction* Q *haben verschiedenartige Vorlagen benutzt, vgl. dafür besonders* 80e *und* 23b. *Dieser von G. Paris nicht beachtete Umstand ist für die Textkritik im Auge zu behalten. Besserungsvorschläge sind auch von Ba*^{1} (1866) *verzeichnet, allerdings erst von S. 17 an. Weitere eigene Besserungsvorschläge, welche ich im Wörterbuch gegeben, verzeichne ich hiernach.*

S. 3. *Das Bild stellt 4 Scenen aus des Heiligen Leben dar.* 1) *Al., dem eine Taube zufliegt, übergiebt vor dem Brautbett seiner Gattin Ring und Schwertgehänge.* 2) *Die Braut steht, die Wange in die linke Hand gestützt, im Palast.* 3) *Alexis tritt aus der Thür.* 4) *Alexis zahlt im Nachen dem Schiffer sein Fährgeld, durch das schwellende Segel hindurch zeigt eine Hand auf ihn. Als Ueberschrift steht der Reihe nach*: Beatus Alesis puer electus — sponsa beata semper gemebunda. — Vltima pudice donnantur munera sponse. Anulus & reinge uerborum finis & aue. — Ecce benedictus alexis receptus in naue'. — Z. 6 *setze Punkt nach* honeste.

S. 4. 1a^{1} *vgl.* 2c^{1} — 1b† feit[e] *Li. stützt sich nur auf* servirei 99d — 1d 2d † Tos *To.* — 2b* *vgl.* 8b*

S. 5: 3c† en R. *Ste.* (?) *vgl. Wörterb. s. v.* Rome *u.* si *anm.* S. 134 — 4a † Eufemien *Mü. Ge. Ba.*^{1} a num *Ba*^{1}. *vgl. Wörterb. s. v.* nom — 4b *zu* Lune A *vgl.* Prior de la luna *im prov. Comput* 5 *Rev. des l. r. 1881 I S. 165* — † i erent *Ba*^{1}. del ... i eret *Pa.*

S. 6: 5d^{1} *vgl.* 67e^{1} — 6a † L *st.* '*L.*' — 6e metent*

S. 8: 10a *str.*: '*oder* Doinent L' — † Doinent *Ba*^{1}. — 10b † *oder* mult le funt g. *Ste.* — 10d, 17d, 21d, 22ac *l.*: 'c"o' 17d 'i"o' — 10e^{1} *vgl.* 58e^{1} — 11a † e tut fut anuitiet *Ste.* (*vgl. Rom.* IX 625) — 11d pedre corocier — 11e † ou eret *Ba*^{1}.

S. 9: 12e † t'em *Ba*^{1}.

S. 10: 15b Dunc A (*s.* 15d, 16a A) P — 15c* *vgl.* 21b, 94b, 48b — 15e *vgl.* 38d^{1} † Ensure *Ho.*

S. 11: 16c est* — †s'est *Ste.* 16d* *vgl.* 39b* — 17a aLalice* — D. a la riue (*vgl.* 38e A) cuident .. M 341 — † a Lalice *Ba*^{1}. — 17c *s. Vorwort zu Ausg. u. Abh.* III S. VIII *anm.*

S. 12: 18b pur — 19c † nient ne li'n remest *Ste.*, *der Gebrauch von* que *wie hier in* L, *ist sonst im* ALS *nicht nachweisbar.* — 19d q. le p. S

S. 13: 20b † entre *Ba*^{1}. — 20d *vgl.* 51b — 20e = 51c — 21c† *vorher wahrscheinlich 5 Z. ausgefallen Ba*^{1}. — 21d *vgl.* 85b^{1}, 93d^{1} — 21e † la citet *Ba*^{1}.

S. 14: 22a *l.* '*vgl. aber* c' — 22b † las *Ba*^{1}. — 22d^{1} *vgl.* 96a — 22e^{1} *vgl.* 96b^{1} P — 23a † de ses *Ge. Ba*^{1}. — 23b amfanz *zu* amfant *geändert* L maint pais P — † P. plusurs t. *Ste.* — 23c † Dreit en A. *Ste. vgl.* 17a, 38e — 23e † n'aconurent *Ba*^{1}.

S. 15: 24a † *l.* 124d *st.* 124a — 24b^{1} *vgl.* 24e^{1}, 25a^{1}, 23e^{1} AS — 25c † sens s. *Ge. Ba*^{1}. — 25e^{1} *vgl.* 122e^{1}

S. 16: 26c* *vgl.* 115c* — 27a † purquet *Ba*^{1} — 27c † ne ne sai *Ba*^{1}. — 27e *vgl.* 91e — † in mais *Ge. Ho. Pa.* nil *st.* nul *bess. Ge. Ba*^{1}.

S. 17: 28c† *l.* adornemenz *st.* dornemenz — 29c † cum hom l'oüst predethe *Ste.* — 29e *vgl.* 89c

S. 18: 31a *nach* amei *ist ein Majuskel-t radirt* L — 31d *vgl.* 93b — 32a *vgl.* 116e

S. 19: 32e † ne l'em poet *Ste.* — 33a *vgl.* 123d — 33b *vgl.* 56ab — 34c *vgl.* 77c, 37c *nach* fist *steht ein verwischtes* t L — 34d alter *steht auf Rasur* L

S. 20: 35d^{1} *vgl.* 37a^{1} — 36b *vgl.* 38b — 36e = 52e

S. 21: 37d* = 102e* — 37e = 102e *vgl.* 120d — 38b ni as *st.* ni ai, *wie edd. und mein Druck bieten.*

S. 22: 39d *vgl.* 106d, 99b, 82a — 40c d *von* redutet *steht auf Rasur* L — 41a *vgl.* 99d

S. 24: 45a' = 78a' — 45b' = 88a' — 47a † tot dreit *Ste.*

S. 26: 48a *bis* 49a **A** *hat nach* 55e *folgenden stark abweichenden Doppeltext*: Asez le virent e le pere e la mere — (b) et la pucele unques ne l'aviserent — (c) ne cil dum ere unc ne li demanderent — (d) cume fait hum ne de quele cuntree [*vgl.* 48e **S**] — (e) suvent le plurent e mult le duluserent — (49a) Suventes feiz lur vit [*vgl.* **PS**] dol demener [*vgl.* **P**] — (b) e de dulur mult tendrement plurer — (c) trestut pur lui unques neent pur el — (d) il les esguarde sil [*vgl.* **PS**] met al cunsirrer — (e) na suing quil facent tut est a deu turne [*vgl.* **PS**] — 48a *vgl.* 100a, 121a — 48b † qu'ot li *Ho.* quet il out *Pa.* — 48d † il nel lur dist ne li nel d. *Ste.*

S. 27: 50a *vgl.* 53a, 69e, 71d, 98a — 50d † Mais c'o ne volt *Ste. vgl.* 17d — 50e *vgl.* 97c — 51b † que *Ste.*

S. 29: 54b † liçon *Pa.* (*Rom.* VII 132) — 54c † (giens) [i]cil *Ste.* — 55c † nuls hom vivs *Ste.*

S. 30: 56a *st.* '= **AS** 900' *l.*: '= **S** 900 Trentre treis . . . son . pene **A**' — 56c † agrieve *Ste.* — 57c † cil lils a. ? *Ste.*

S. 31: 59b *l.* treisfeiz* — 60a *l.* l'alt*

S. 32: 61e † les enclodet *Pa.* — 62a = 66a, 72a — 62d *vgl.* 66d — 62e = 66e

S. 33: 63b *st.* '= **A**' *l.* 'enseint u purrunt **A**' — 63c *st.* '= **A**' *l.* 'endite **A**' 63d *st.* '= **A**' *l.* 'en la m. E. querez **A**' — 63e *beginnt* **A** 16v° — 64e *vgl.* 110a

S. 35: 69c † seit *Ste. vgl.* 108d

S. 36: 71a, e † ne l'i. v. *Ste.*

S. 37: 72c *l.* cors en (32b) granz — 72e † *l.* Ne t — ne'ncor net c. *Ste.* — 73d *s. lat. Vita* 𝔅 — 73e † De *Ste.*

S. 38: 76c *vgl.* 94a, 119a

S. 39: 77c † e cum *Ste.*

S. 40: 79c malueis resguart ? *Ste.* — 80d *vgl.* 95b

S. 41: 82c *vgl.* 107b — 82d = 97d *vgl.* 107c — 83c † Ta *Ste.*

S. 43: 88a † Plure des oilz *Ste.* (et *reiht keine Sätze mit ungleichen Subj. aneinander*) — 88d *l.* amurir — † a murrir *edd.*

S. 44: 89b *st.* mort **AP** *l.* mort (morte) **AP** — 90d *vgl.* 78e — 90e *st.* 'cher . . . . **P**' *l.* 'chier . . . . **P**'

S. 45: 91b *st.* ta i. **P** *l.* ta char tendre (*und übergeschrieben* iouente) **P** — 92c *st.* ioiuse **P** *l.* ioiouse **P**

S. 46: 94d *st.* Ai a. **P** *l.* Tai a. **P** — 95b *vgl.* 80d — † De tantes lermes le ton cors ai pluret (?) *Ste.*

S. 47: 96e *st.* moult dures et p. **P** *l.* mult dures e p. **P**

S. 48: 98c † Ne m'en soüssent ja tute gent t. *Ste.* — 98e *st.* Sil me l. **P** *l.* Sil me l. si t. g. bien **P** — 99a *st.* la p. **A** *l.* la p. **AP**

S. 49: 100d † le costeierent *Ste.* — 100e lenorerent *aus* lenonerent *gebessert* **L** — 101c † *eher*: Cui qu'en seit dols a nos en est la joie *Ste.* — 101e = 125b — 102b *vgl.* 120c

S. 50: 104b *vgl.* 115c

S. 52: 108c *vgl.* 107d, 118b'

S. 53: 110d † depreiums *Ste.*

S. 54: 112e *vgl.* 117d — 114a † quet um *Ste.* — 114c † saint Alexis *Ste. vgl. Ausg. u. Abh.* III *Vorwort* S. VIII

S. 55: 116d *vgl.* 120b

S. 57: 120e *vgl.* LE 239 — 122c † si 'stranges *Ste.* — 123a † e cum boen *Ste.*

S. 59: *app. lat.* 3 *l.* in ipsa

S. 60: *Sämmtliche 8 Hss. der lat. vita, welche sich in der Pariser Nationalbibliothek befinden* (*f. lat.* 11753, 11758, 11759, 12604, 14364, 14648, 15436, 16734) *stimmen ziemlich genau zu* 𝔅. *Die älteste Hs. ist* 15436, *wo die vita f.* 160b *steht, sie datirt aus dem 11. Jh., während* 11753 (f. 47) *u.* 12604 (f. 122b) *aus dem 12. Jh. stammen.* 𝔅 *stimmt zunächst mit den beiden letzten. Eine in* 𝔅 *fehlende*, Str. 7a *der Chanson entsprechende Stelle, welche* ℭ *bietet, hat auch* 15136: *Nach* 'et concessit eis filium' *steht hier* 'quem Alexi vocaverunt' *und* 11753: 'nomine Alexi', *während sie in* 12604 *fehlt; etwas näher an* 88c *klingt auch die allen diesen 3 Hss. gemeinsame Lesart an*: 'Quare tam crudeliter nobiscum egisti', *was auch noch an* 90a *der Chanson erinnert.*

S. 65: *Wegen Dialekt und Metrum vgl. Suchier Reimpr.* S. XV *u.* XLVIII

S. 66 Z. 19 etc. ÷ = ÷, *welches aus typischen Gründen nicht verwandt werden konnte.*

S. 69-71 *vgl. noch G. Paris' Bemerkungen zu Fö.'s Ausg. in Rom.* IX S. 154 f.: IIb emma *eher* = enmi *wie* IVc creeient *sehr wahrscheinlich* IIc o (= ou = el, *nicht* = au) nom on pourrait lire: demmnedede IId *Fö.'s* Emendation 'bien radical', *warum* ceus? *cf.* Jué De — IIe *vielleicht*: Por cel haierent a cel tens li Jué IIIb *nicht zu ändern, also wie Ba.* XIIa sen = sains *u.* fu feni, *von einem Menschen gesagt, sind anstössig.*

S. 71: IXb *bess.:* cil qui le vont seguant *Ste.* — XIb *l.* 'p're

S. 72: *Unser Bruchstück steht auch* S. 282 f. *als* No. 14 *in P. Meyer's* Rec. d'anc. textes, *von welchem mir bei Abfassung meines Textes nur die früheren Bogen zur Hand waren. Der Text weicht jedoch von dem früheren Meyer'schen nur sehr wenig ab. Gleichzeitig theilt Meyer in seinem* Rec. *als* No. 15 *die ersten 57 Zeilen der 10-Silberredaction mit und zwar im wesentlichen nach der Arsenalhs., jedoch unter Beifügung nicht nur der Varianten der entsprechenden 72 Zeilen der Venezianer Hs., sondern auch zweier Tiraden der 12-Silberversion. Die erste stammt aus der Pariser Hs.* 789 f. 1c, *steht der 10- und damit auch der 8-Silberversion sehr nahe und repräsentirt ein weiteres Mittelglied zu Mi.'s Text, der übrigens nach einer freundlichen Mittheilung P. Meyer's nicht derselben Hs., wie man nach* S. XIX *des Vorwortes glauben sollte, sondern der Hs. 786 entnommen ist. Von der Arsenalhs. sind 2 Blätter durch Photogravure als* No. 19 *der Sammlung der Pariser* Ecole des Chartes *vervielfältigt und wird die ganze 10-Silberredaction nach den 2 Hss. zusammen mit unserem Bruchstück und den* Enfances d'Alex. *nach Hs. 789 in* Bd. III *der von Vieweg in Paris verlegten* Bibl. fr. du moyen âge *erscheinen.* Bd. 4 *derselben Bibl. wird dazu eine* Histoire de la légende d'Alex. en Occident *fügen. Hss. einer afr. Prosabearbeitung der* Historia de preliis *citirt P. Meyer in den* Arch. des missions sc. et lit. 2 III 315, *einen Auszug aus* Hs. 1418 *alt* 7517 *der Pariser N.-Bibl. findet sich in* B. XIII *der* Notices et extr des Mss. p. 297-99 *und danach in* No. I *der Extra Series der* Early Engl. Text Soc. S. 209 ff. *Ueber die verschiedenen engl. Versionen s. ebenda. Das Verhältniss der von Weber* Metr. Rom. I *veröffentlichten engl. Alexander-Romanze zu der fr. 12-Silberredaction der Hs.* 24364 (*alt* La Val 45, de Bure 2702) *wird A. Schäfer untersuchen.*

S. 73. *Nachtrag ersetze* Z. 23 'Abweichung' *bis* Z. 24 'die Versetzung' *durch* 'und von Pseudo-Callisthenes und Julius Valerius als ursprüngliche bezeugte Stellung' — *zu Tir.* 1 *vgl. Reimpred.*: 'Grant mal' Str. 119, *ferner aus Hs.* 789 f. 1c *der 12-Silb. Red.* Z. 98-99: 'Quant li Rois Salemons son premier livre fist — Du vain siecle parla dont il lestoire quist'

S. 74 Z. 16 *f. zu*: nobili? *Mey.* — 18 Icil *Ste.* — *zu Tir.* 2 *vgl. Hs.* 789 Z. 109-110: 'E non porquant l'estore d'Alixandre rescrist — Por le bonte de lui qui tant regnes conquist' *und* 113-5: 'De roi naquist de Gresse & Porrus dInde ocist — Onkes puis ne fu Rois ki tel fais en preist — Dont il si bien a chief toutes oeures traist', *sowie aus Hs.* 792 f. 51a Z. 11—15: 'DAlixandre vous wel lestoire rafreschir — Cui diex donna fierte el cuer & grant aïr — Que par mer & par terre osa gens enuair — & fist a son comant tout le mont obeïr — & tant Roi orguillous assa mercit venir' — Tir. 3 Z. 19 *bessere*: mul[t]

S. 75 *zu* T. 4 *vgl. Hs.* 789 f. 1c Z. 135-7: 'Et dirent d'Alixandre ko dut estre engenres — Dun maistre encantatour en dragon figures — Mais iche fu mencoingne ne fu pas uerites' *Hs.* 792 f. 51d Z. 178-9: 'Car nes (?) de l'enfant disent il vilonnie Que il istoit bastars nez par enchanterie' — Z. 37 *vgl. Heiligbrodt's Anm. zu Gorm.* 275 —

zu T. 5 *vgl. Hs.* 789 1c Z. 140-2: 'Fix fu au Roi Phelippe ki molt fu honores — Et fu sires de Gresse & riches Rois clames — Et tint de Macidone castiax & fremetes'

S. 76: Z. 40 *zu* jausir *st.* causir *vgl.* 'jausimens' *in Hs.* I *von Ponz de Capd.* XV 26 (*ed. M. v. Napolski*) *Hs* K *hat* 'zausimens' *ferner:* jan *Bartsch Chr. pr.*[4] 18,32 jholt VAL — *zu* T. 6 *vgl. Gestes of Alex.* (Earl. Engl. Text Society Extr. S. I) 172-7: 'a Kid King. Arisba (Erubel) was hote; (173) The Marques of Molosor· menskliche hee aught, (174) For hee was King of þe kiþ· & knight wel a-losed. (175) Hee had a suster in sight· seemely to sonde, (176) The moste lufsum of life· þat euere lud wyst; (177) Olympias þe onorable' *Hs.* 789 1c Z 143-4: 'Fix fu Olimpias la dame de biautes — Onkes plus bele dame ne fu cest nerites' — Z. 52 *streiche*: '*Ba.* (*Jahrb.*') — *zu* Tir. 7 *vgl. fr. Prosabearb.* (E. E. T. S. Extr. S. I S. 210): 'Et quant li enfes cheï sur terre et la terre croulla et foudra tonoirie et signes grans furent veus par tout le monde .... aux signes qui se demonstroient, sembloit il bien que Alixandre devoit estre', *ähnlich schon Pseudo-Callisth. und Jul. Valer. Epitome* I, 12. *Eine Ueberarb. der 10-Silbl.-Red. bietet Hs.* 789 1c Z. 118 ff.: 'Quant Alixandre fu li fix Phelippe nes — Par molt grans signes fu icel jour demostres — Car li cius en muã toutes ses qualites — Li solaus & la lune perdirent lor clartes — Et li iours si en fu durement oscures — Forment croisai la tere enuiron de tous les — En mer parfonde fu molt grans la tempestes ... Ce fu seneflanche kil seroit molt senes Et que il en sa uie conkerroit maint regnes'. *Die Hs.* 24364 (f. 3c Z. 419-25) *bietet dafür*: 'Al nastre del emfant avint grant auenture — Toute terre crolla mer muã sa figure — Li soleil sa clarte la lune sa nature — Fist escliz e toneire e vent a desmesure — Tenercle fut le jor com(e) coc fut nuit obscure Molt sen espo[e]nta . chascune creature — Li peisson en la mer . bestes en lur pasture'

S. 77 Z. 1 *l.* poi ne *st.* poine — *zu* Tir. 8 *vgl. Hs.* 789 f. 2a Z. 238-9: 'Molt ot fier le visage & regart de lion — Nesgardast par mal home ke nen eüst frichon' *vgl. auch Pseudo-Callisth.* I 13 (*Uebersetzung Weissmann*): 'und er zeigte den heftigen Sinn eines Löwen' — *zu* Tir 9 *vgl. Valerii Epitome* I 13: 'Erat autem vultu et forma pulcherrimus, sub*crispa* paululum et flavente caesarie et *comae* leoninae, oculique egregie decoris, altero admodum nigro, laevo vero *glauco* atque dissimili' — *fr. Prosabearb.*: 'Car ses cheveux estoient comme crin de lyon, ses yeulx estoient grans et resplendissans et ne resembloit pas l'un a l'autre. Car l'un estoit noir et l'altre vair'. *Hs.* 789 f. 2a Z. 236-8: 'Les cheuix ot molt biax *crespes comme* toison — Lun des iex ot vermel comme fu de carbon Et lautre ot ausi vair com dun muẽ faucon' *Hs.* 24364 f. 3a Z. 462-4: 'Bloi peil avoit e *crep.* gros oil e uair le destre — E come leonine aueit neir loil senestre — E cresseit en barnage a tuz plaiseit sun estre'

S. 78: Z. 69 peis *Mey.* — *zu* Tir. 10 *vgl Valerii Epitome* I 13: 'Erat autem *vultu* et forma pulcherrimus *Hs.* 789 f. 2a Z. 227-32: 'Or vous revoel moustrer aukes de sa fachon — Il ne fu mie grans mais de bele estachon — Gros fu par les espaules espes sour le menton — Bien fais gros & quarres & les poins gros enson — Et grailles par les flans & espes le crepon — Et le pie bien tourne & bien fait le talon'

S. 79 Z. 87 estor *Mey.* — Z. 8 der anm. zu Tir. 12 *l.* '64' *st.* '83' — *zu* Tir. 12 *vgl. Hs.* 789 f. 1d Z. 186-7: 'Chiunc maistres mist li rois a cel enfant garder — Des plus sages kil pot en son regne trouer'. *Speciell zu* Z. 92 *vgl. Hs.* 24364 f. 3c Z. 452-5: 'Assez aprent li emfes si a chief poet uenir — E quant li uns le lessc laltre le veit saisir — Destr' oisif ou iolif n'auoit il leisir — A peine poet manger ou beiure ou dormir' —

Z. 96 *l.* '*liest Hey.* (*bei To.*)' *st.* 'gausir' — *zu* Tir. 14 *vgl. Hs.* 789 f. 2a Z. 208-17: 'A escremir laprisent car molt sen vaut poner — Bien sot son chief couurir & maintenant jcter — Son compaingnon ferir blechior & encontrer — Apres li ensaingnerent ses armes a porter — E ses cheuaus a courre & bien esperonner — Et a ferir despee de lanche behourder — Et preudome a connoistre & cherir & amer — Et le felon haïr & destruire & greuer — Bien sot felon tolir & preudome doner — Et seloncl lor manere sot cascun honcrer' *ferner ib.* Z. 240-1: 'Molt sot de jugement de plait & de Raison — Ne me[n]tist a preudome por nule Raenchon', *Hs.* 21364 f. 3c Z. 443-5 u. 447: 'E le tierz amer . cheualcher e eschermir — E aporter les armes . et en cheual saillir — E poindre et ateindre . e traire e ferir .... E ū apposer (?) deit e argument faillir'

S. 80 *zu* Tir. 15 *vgl. Hs.* 789 f. 2a Z. 218-21: D'estrumens li aprisent tymbre & harpe a soner — De Rote & de viele & de gige canter Et sons & lais & notes connoistre & atemprer — Et par le sien engien en toustans cans trouer' *Hs.* 24364 f. 3c Z. 448: 'E hanter par musique set de herbes por garir ... 450 E longur e haltur mesurer par a aimer'(?)

Wörterbuch[1]) S. 83', 17: *st.* 'chief 22' *l.* 'chief (*vgl.* ab un inspieth lo decollat LE 228) 22' — 1 v. u. *nach* 402 *füge ein*: 'dis a trestoz 433'

S. 84', 17 *füge vor*: a cel saint hume trestut est (unt turnet †) lur talent 106e

S. 84", 9 *nach* 'pedre' *füge ein*: '(*vgl.* nom)' — 13 *st.* a *l.* (a) — 14 *nach* 'porter' *f. ein*: 'espede ceindra (*s.* covient)'

S. 85' **absols** 2 *nach* 'len:' *f. ein*: 'de lor pechiez' — **acusent** 3 *f. zu*: '*s.* encusat'

S. 85" **adenavant** 2 *f. zu*: dunc se purpenset de secle [ad]enavant AL 88c

S. 85 anm. *f. zu*: '*eher*: o bel le costeierent *vgl. Gach.* costier'

S. 86' 1 *st.* '*part prs.*' *l.* '*ger.*' *u. so öfter*: — **afermet** 2 *f. nach* a. *ein*: '(aturnet†)' — *f. ein*: **ag, aiet, aiest** *s.* aveir, **aima** *s.* amer

S. 86" **aler** 5 *f. zu*: '121a' — 9 v. u. *f. vor* '88' *ein*: '**al&**'

S. 87' **aler** *f. am schluss an*: 'mesaler' *und* 9 v. u. *f. nach* '111d' *ein*: 'vait s'en li pople[s] 121a'

S. 87" 1 v. u. *f. zu*: '32c'

S. 88' 4 *l.*: '& senz fayllenç]'

S. 88" *zu* emma *vgl.* enmei *Mont. S. Mich.* 2932 — **amferm** 4 *f. zu*: 'confirmet'

S. 89' 1 **amvidle** *f. hinzu*: 'f. obl. s.' *und* 2 *l.* dreit' *st.* dreit — **an** *s.* **a**, anz, aveir

S. 89" *f. zu*: **anema** *s.* anima, **anet** *s.* aler

S. 91' **apostolies.** *Zu God.'s Artikel hierüber bemerke ich, dass zwei Belege eher zu* apostre *gehören*: 'Les diemenches et les jors d'apostelcs' *und* 'Nus orfevres ne puet ouvrir sa forge au jour d'apostele'. *Wegen* apostele *st.* apostle *vgl.* S. 89 anm. *Ebenso scheidet das prov. zwischen* apostólis *und* apóstols, *wiewohl Rayn. im Lex. Rom. beide Worte zusammenwirft und auch M. v. Napolski in seiner Ausgabe des Pons de Capd. p.* 33 *für Lied* 375, 2 Z. 11 *keine lyrische Cäsur angenommen hat; denn in der alten Johannis-Uebersetzung* (*Bartsch Chr. pr.*[4] 9, 40) *ist ausdrücklich* apóstols *überliefert.*

S. 91" **aprestunt** *gehört zu* **aprester,** *füge hinzu*: '*3 pl.*' — *f. zu*: **arberjaran** *s.* herberges

S. 92" **aturnat** 4 *l.* '(afermet*)' — **aurelia** 3 *l.* '162' — *füge ein*: **auseren**

---

1) *Nicht speciell notire ich Doppelpunkte, die vergessen sind: z. B.* afflictïuns, aïns, aluëz, c"a(a)steëd, conclüent, felunïe, glorïæ, *oder wenn irrthümlich fette Buchstaben gesetzt oder nicht gesetzt sind. Auch hinsichtlich der Verweise wird noch manches nachzutragen sein; ebenso habe ich bald Aphärese, bald Synizese bei* en est *mit voraufgehendem Vocal durchgeführt.*

s. oset; — **avant** 5 *versetze die worte* 'avan *praep.*: a. toz vai a passïun 256' *nach* 10 'PAS 458' *und* 8 *l.* 'avant' *st.* 'a.' — 4 v. u. *l.*: '38b†' — 2 v. u. *l.* 'ALS 38b*, 44d'

S. 93¹ 12 v. u. *l.*: 'ALS 46a, 92a†, 98d

S. 93² 8 v. u. *füge zu*: 'jo ai fait mult grant perte 30b' — 6 v. u. *f. zu*: '70d'

S. 94¹ 9 *f. zu*: '55d†'

S. 94² 7 *f. zu*: 'ainz que t'oüsse 92a† — 14 *l.*: jo i ai (jo ai fait†) si — 9 v. u. *f. zu*: 86e†

S. 95¹ **avigurad** *s.* esvegurad **avisunches** *vgl. Phil. de Taün Cumpoz* 63 — *f. zu*: avret avum *s.* aveir — **ausi** *l.* **aysi** — **azet** *vgl. Anc. poés. rél. en langue d'oc. p. p. Meyer* p. 7 z. 57: si com ac set Fel et azet Li mesquero mescladamen

S. 96¹ **baterent** 8 *f. zu*: '*s.* debatre' **bels** 12 *l.* 'ALS 17a' — **bewre** *vgl.* Anc. poés. etc. p. 8 z. 78: ab elz manjet e bec

S. 96² **biens** 3 *l.* 'b., quae nos cantumps 5 — *ib.* 10 *l.* 'ALS 84c' — **beneüret** 2 *f. zu*: '*s.* malaürëas'

S. 97¹ **bons** 5 v. u. *l.* 'ALS32d'

S. 97² **cambra** 2 *l.* '29a *obl. s.*: en la c. 11e, 13a **cambre**: eu' *etc.*

S. 98¹ 4 v. u. *st.* 'cha[r]ns' *l.*: 'tut te durai .. quanque m'as quis Lit & ostel e pain e c. e vin 45e **cha[r]ns**'

S. 99² **chieef** *f. zu*: '*s.* derechief'

S. 100¹ 11. 12 v. u. *streiche* 'chel *bis* 35

S. 100² *f. zu*: cio *s.* co

S. 101¹ **claritet** 2 *l.* '*obl.*' *st.* 'n.'

S. 101² **clers** 6 *vgl.* puis le commande a lire un sien clerc Odinel *Saisnes* I 130 — co S. 4 *bis* plait dunt 10d *versetze nach* 10: '103d', *ebenso* 6: '17d, 22ac' *nach* 16: '*obl.*'

S. 103¹ **conforter** 2 *f. zu*: '118e†' — **conget** 2 *l.*: 'prenent'

S. 103² **consirrer** 4 *f. ein*: '*s.* desirrer'

S. 104² 9 v. u. *vgl.*: Conques nul hom[e] fors vostre cors n'amai *Rom. u. Past.* I 1, 22 — 3 v. u. *f. nach*: 'PAS 342 *ein*: 'cui una sopa enflet lo cor[s] (: Escarioh) 100'

S. 105¹ **cors** 9 *l.* (cors †: Escarioh)

S. 105² **cose** *f. hinzu*: 's. acusent, encusant' — *f. ein*: '**costeierent**† *s.* acustumerent *anm.* (*Verb. u. Nachtr.*) — **covit** 2 *vgl.* encovir *Violette* 3106, 3282, *Parton.* 3999, *Ben. Chr.* 25717

S. 106² **croisent** 3 *f. hinzu*: Qui le veïst es estriers aficier & les dens croistre & la teste hocier *Anseïs de Cartage Pariser Hs.* 793 f. 178

S. 108² **curre** 9 *f. ein*: 'socors'

S. 110² 2 v. u. *l.*: ... (de) tun seinur 31e*

S. 112a **demander** 2 *streiche*: '*prs. i. 2 pl.*' *u. setze*: '**demandez**' *bis* 'PAS 134' *nach* 5: '139'

S. 116¹ 16. 17 *l.* [et] a las femnes dis (parlet si†) 402 — 1 v. u. *f. zu*: 'escondit, anditet'

S. 116² *f. zu*: **dist** *s.* deveit, dire — **doel** *s.* dols

S. 117¹ *f. zu*: **dolreie** *s.* doliants

S. 117² 7 v. u. *l.* (lai *od.* rent†) — 1 v. u. *f. zu*: 's. guereduner'

S. 118¹ *f. zu*: **douls** *s.* doliants — **duel** *s.* dols

S. 118² **duis** 5 *l.* 'duire, deduit, doceiet'

S. 119¹ **durer** 5 *f. zu*: '*s.* andurede'

S. 120¹ **els** *gehört zu* lo

S. 124¹ **encontre** 4 *l.*: 's'i garda' — **encor** 4 *nach* 'ALS 80e' *f. ein*: 's'il nus funt presse, uncore en ermes delivre(s) 105e' *und zu* ALS 72e *vgl. Rol.* 382: ki (u)'ncore en aurat hunte

S. 124² **enforcat** 3 *l.* (Lond. hs.)

S. 125¹ **ensenna** 5 *tilge*

S. 127² **escriture** 4 *f. ein*: 'Kar ico que la scripture aprestet as lisanz, ico aprestet la painture as ignoranz ALS *app.* 2'

S. 128² **espandant** 3 *f. zu*: '*s.* spandut' — **espede** 3 *f. zu*: 'ad une spede .. tolir lo chieef EUL 22' *vgl.* spethe *Cambr. Ps.*, spêe *Adam* 39

S. 129¹ 3 *f. zu*: 'spiritus' — 5 v. u. *nach* '*fut.*' *f. ein*: '*od. plsqpf. i.*' — 4 v. u. *l.* LE 234

S. 129² **estra** 9 *nach* 'PAS 455' *f. ein*: 'ALS 81a **eren** PAS 66' — 13 *nach* '84b' *f. ein*: 'es PAS 236'

S. 130¹ 27 *l.* '21, 25 ere[n]t ALS4b' *u. streiche*: 'eren PAS66 — 130 *anm. füge zu* 'qui est' *scheint in Rol. allerdings auch schon 2silbig verwandt zu werden, gesichert ist freilich nur* O 1071: Si l'orrat Carles ki est as porz passanz = V‘V’V, *sonst noch* 422, 538, 551, 1331, 3389, 3968, *einsilbige Geltung liegt dagegen vor:* O 6, 504, 1276, 1354, 1635, 3361, *die leider ebensowenig gesichert sind (vgl. wegen* coest *Perschmann zu Rol.* 2001 *in Ausg. u. Abh.* III, *ferner vgl.* u-est *Rol.* 1363, 2403, 3709, ki 'st *in dem von Herz edirten Alexis z.* 1002) qui ert *ist dagegen wohl nur 2silbig (vgl. Rol.* 296) kiert *Alexis ed. Herz z.* 1079 *ist wohl in* kiest *zu ändern, ebenso wie Rol.* 277 c"oert *in* c"oest; *ähnlich Gaidon* 8646, *Jourdain de Blaives* 2497

S. 132 *anm. vgl. noch: Crois. contre les Alb. ed. Meyer* 5909, 6101 *und* estraus (= extrales?) *ib.* 3022. *Seither hat auch Neumann in der Zeitschr.* V 385 estres *auf* exteras *zurückgeführt*

S. 133^1 **estuet** 2 *l.* ALS 115c — **esvegurad** 2 *f. zu:* 's. avigurad'

S. 135^2 *f. zu:* **e(t)qui** *s.* ici – **evan** *s.* avant

S. 136^1 *f. zu:* ey *s.* aveir, et

S. 138^1 *l.* **fayllencj'**

S. 138^2 2 *f. ein:* 'terce **veç** lor o demanded 139 *s.* veiades'

S. 139^2 *f. zu:* **firend, firid** s. ferir

S. 140^1 4 *l.* LE 133

S. 140^2 **fraind[r]e** 2 *l.* 'no[z] voluntaz'

S. 142^1 **gentils** 6 *l.* 'gentil *f. obl. s.*: Olimpias, donna g. ALR 44 *m. obl. s.*: Cum' — **genuït** 2 *f. an*: 's. angendrat, regenerer

S. 142^2 **glorie** 3 *l.* '59e *obl. s.*: en' — 6. 7 *tilge*: '*obl. pl.*'

S. 143^2 4 *st.* '*pl.*' *l.* 's.' — 27 *nach* '193' *f. an*: 'g. miel 142' — 28 *l.* 'PAS 286' — *l.* **Grecia,** *f. nach.* 'qui' *ein*: '(icil†)' *und l. in der folgenden Z.*: 'echel'

S. 144^1 1 *f. zu*: 'resguart' — **guarder** 2 v. u. *f. zu*: 'regart, reswardet,

S. 144^2 2-4 'gulpist *prt. i.*' *bis* '316' *setze* 8 *nach* '508'

S. 145^1 *f. ein*: '**haveir** *s.* aveir'

S. 145^2 6 *nach* 'ALR 34' *f. ein*: 'ne s'en corucet [i]cil saintismes h. (:) ALS 54c' — 24 *f. an*: '**ume**: que c"o est l'u. (soit li hom†) deu 69c' — 39 *tilge*: '69c'

S. 146^1 **honurer** 9 *l.* 'ALS 100e'

S. 146^2 **Hostedun** *f. zu*: 's. Ostedun' — 7 v. u. *f. zu*: 'fist i gran miel 142' — 3 v. u. *l.* 'qu'i l'

S. 147^1 **icel** 5 *nach* '*einl.* 4' *f. ein*: '**echel** *m. n. s.*: e. ten Grecia la region ALR 35' — **icest** 8 *l.* **iceste** cose

S. 150^1 **jals** 3 *f. zu*: '*Brandan* 575'

S. 150^2 **jo** 3 *f. zu*: '17d'

S. 151^1 1 *l.* 'c"o ne sai i"o' — **Judeu** 6 *nach* 'VIa' *f. zu*: 'IIe'

S. 153^1 **larges** 3 *l.* 'ALS 81b'

S. 154^1 **leu** *l.* '*wolf oder löwe (vgl.* die Lesart des Pseudo-Call.)'

S. 155^2 27 *f. zu*: [n]oment le (lur*) terme de lur a[sembl]ement 10a — 30 *l.* 'le (le) liu (li lius†) 114e'

S. 156^1 7 v. u. *nach* '30' *f. ein*: 'fors al soleiz 60'

S. 160^1 16 *nach* '74' *f. ein*: 'laisse l'intrar 98'

S. 160^2 19-20 *tilge*: 'laissel intrar 98' 22 v. u. *nach* '40d' *f. ein*: '58b†' — 8 v. u. *gehört nach* 12 v. u. 5 v. *st.* 'e jol li dis 6' *l.* 'jo nel sai dire(t)' 19'

S. 160 *anm. vgl. Gengnagel Kürzung der Pronomina. Halle* 1882

S. 161^2 3 v. u. *nach* '476' *f. ein*: sil[s] benedis 467 e per es mund rôal[s] allar 453 & en gradiliels fai toster 495

S. 162^1 3 *f. zu*: '118e* (?)' — 14 v. u. *l.* 'ALS 119c'

S. 162^2 4 v. u. *l.* 'mure[d]e ALS 94c'

S. 164^2 5 *l.* 'PAS 161' — 2 v. u. *l.* 'dan' *st.* 'adn,

S. 165^1 **mangier** 2 *l.* 'ALS 51e'

S. 165^2 *l.* **Marïa** *st.* **Marïe**

S. 166^1 **me** 13 'quer' *bis* '57a' *versetze nach* 166^2 3: '96b' — 16 v. u. *nach* '150' *f. ein*: 'por te qui[m] sempre vols aver LE 93

S. 166^2 14 *f. zu*: '*vgl.* 49a, 86a, PAS 331, 335' — 14 v. u. *f. zu*: '*vgl. indessen Anhang* II VII'

S. 169^1 **metra** 2-4 *versetze*: 'medre *plsqpf. i. 3 s.*: de cui sep dïables fors m. (: Marïa) PAS 420' *nach* 5 v. u.: 'STEPH IXb' — 7. 8 *versetze*: 'gardes i m. PAS 360' *nach* 3 v. u.: 'ALS 42d **met** *imperat. 2 s.*'

S. 169^2 *l.* **miens** *st.* **milns**

S. 170^1 **morir** 3 *tilge* 'murrir:' — 8. 9 *versetze* 'que' *bis* 'PAS 399

nach 10 '71d *n. pl.*:' — **mortalz** 4 *l.* ALS 13c

S. 171¹ 9 *l.* 'par m. (plusurs†) ter-'

S. 171² **murs** 4 *l.* 'HOH 47'

S. 174¹ 1 v. u. *l.* '4a (*vgl.* 7a PS *und* S. 75 die 12-Silbl.-Red. ed. Mich. 4, 11)

S. 179¹ 1 v. u. *f. ein*: 'la u jo sui(d), iverzz n'i puet durer HOH 31'

S. 180¹ **occidere** 12 *l.* '*2 s.*' *st.* '*2 pl.*' — **od** 4 *nach* '69a' *f. ein*: 's'od (se a*) mei te vols tenir ALS 31a'

S. 180² **odi(t)** 2 *f. ein*: 'oït *3 s.*:'

S. 181² 4. 5 *l.* 'nïent pur eil' — **orar** 5 *f. ein*: '*s.* adorent'

S. 182¹ *l.* 'os *s.* els, obs'

S. 184¹ 2 *l.* 'PAS 402' **parmaint** 5 *l.* '[per]mes[iss]ent

S. 184² *l.* 'pavors *subst. f. n. s.*'

S. 185¹ *Petre gehört auf* S. 108

S. 188¹ **petit** 4. 5 *versetze*: 'petiz' *bis* '29' *nach* 6 'PAS 47'

S. 189¹ **plaindra** 8 *l.* 'nums' *st.* 'num'

S. 189² **pluisur** 4 *f. zu*: 'plusurs † *obl. pl. f.*: par p. (multes*) terres fait querre sun amfant ALS 23b'

S. 190¹ 2 *l.* 'podent' *st.* 'p.'

S. 192¹ **poser** 2 *l.* 'ALS 118b'

S. 193¹ **povre** 2 *l.*: 'ALS 106b'

S. 194² **presse** 2 *l.* 'ALS 115c'

S. 195¹ **prophete** 5 *l.* '*Mousket*' — 3 v. u. *tilge* '*n.*'

S. 195² *l.* 'qualitaz *subst. f. obl. pl.*'

S. 199¹ **querre** 6 *l.* '*fut. pl.*' *und stelle danach um*

S. 201¹ 4. 3 v. u. *Paris fasst* cui *interrogativ*

S. 202² 2 *f. ein*: 'ralgent *prs. c. 3 pl.*: cio confortent ad ambes dos, que s'ent r. in lor honors 120'

S. 203¹ 4 v. u. *l.* 'connissent *c. 3 pl.*'

S. 203² 5 *l.* '*prs. od. prt. i. 3 s.*'

S. 204¹ **regnaz** 1 *l.* '*s.*' *st.* '*r.*'

S. 206¹ **rëdre** *f. an*: 'rende: et cum il l'aut doit de ciel art, rendel qui lui lo comandat 26'

S. 207¹ **rova** *vgl.* S. 240 *anm.*

S. 209¹ **saveir** *tilge*: 'sep *prt.*' *bis* '420'

S. 209² **scriptura** *s.* escriture

S. 210¹ **seat** 3 *f. zu*: 'de cui sep diables fors medre PAS 420'

S. 211¹ 4 *l.* '*adv.*' *st.* '*adj.*'

S. 211² *l.* 'sep *s.* seat'

S. 212¹ **servir** 7 v. u. *f. ein*: LE 44'

S. 214¹ 18 *f. an*: 'Si (Des*) at li emfes sa tendra carn mudede, Nel reconurent 24a'

S. 215¹ **sigle** *vgl. Lond. Brand.* 1077 — **signa** 5 *f. ein*: '*s.* ensenna'

S. 217¹ *l.* 'sovent *adv.*' — **spiritus** 5 *f. vor*: '*s.* esperite'

S. 218² 1 *f. zu*: '(= *lat.* tam *und* tantum)' 2 v. u. *f. zu*: 'de met membres PAS 295

S. 219² **temps** 2 *nach* 'biens' *f. zu*: 'quae nos cantumps'

S. 220¹ 18 v. u. *l.* 'SPO 16 terre: ne'

S. 221² **tost** 3 *f. ein*: 'per lo regnet lo sourent t. (toit*: mors) LE 116'

S. 222¹ 6 v. u. *l.* (tost†: mors)' *st.* '(:)'

S. 222² *stelle* 'tradran' *u.* 'tradissant' *um* — 3 v. u. *l.* 'PAS 80' — 2 v. u. *l.* '*prs.*' *st.* '*impf.*'

S. 223² **trinitad** 4 *st.* 't.' *l.* 'trinitet'

S. 227² 1 v. u. *l.* 'a v.' *st.* 'av.'

S. 229¹ **vocet** 1 *l.* '*pl.*' *st.* '*s.*' *u. vgl. Gorges*: Stil etc. Hallenser Diss. 1882 p. 44

S. 240¹ 4 *l.* f[e]rai — *fut. pl. 3 z.* 6 *l.* 'erent (eren 66)'

S. 240² 11 *l.* 'vol (prt. ?)' — anm. *f. zu*: '*Für Verstummung des* t *im prt. spricht auch* LE 26: rende l'

Inhalt.

Marburg Universitäts-Buchdruckerei. (R. Friedrich).

www.ingramcontent.com/pod-product-compliance
Lightning Source LLC
Chambersburg PA
CBHW031942230426
43672CB00010B/2021

* 9 7 8 3 7 4 4 6 7 6 1 0 6 *